浙江省哲学社会科学规划重点基地
项目（16JDGH112）
浙江省哲学社会科学重点研究基地越文化研究中心资助出版

绍兴文理学院越文化研究院（浙江省哲社重点基地越文化研究中心）
越文化研究丛书编委会（以姓氏笔画为序）

顾　　问	安平秋　黄　霖
委　　员	王志民　王建华　叶　岗　冯根尧　朱万曙　寿永明 李圣华　张太原　陈书录　周鸿勇　赵敏俐　胡晓明 费君清　高利华　郭英德　徐吉军　钱　明　谢一彪 廖可斌　潘承玉　魏小琳
主　　编	寿永明
执行主编	潘承玉

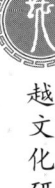

越文化研究丛书

任桂全 著

绍兴城市史

（先秦至北宋卷）

中国社会科学出版社

图书在版编目（CIP）数据

绍兴城市史. 先秦至北宋卷/任桂全著. —北京：中国社会科学出版社，2017.7
ISBN 978-7-5203-0156-5

Ⅰ.①绍… Ⅱ.①任… Ⅲ.①城市史—研究—绍兴—先秦时代—北宋 Ⅳ.①K295.53

中国版本图书馆 CIP 数据核字（2017）第 074518 号

出 版 人	赵剑英
责任编辑	郭晓鸿
特约编辑	席建海
责任校对	韩海超
责任印制	戴　宽

出　　版	中国社会科学出版社
社　　址	北京鼓楼西大街甲 158 号
邮　　编	100720
网　　址	http://www.csspw.cn
发 行 部	010-84083685
门 市 部	010-84029450
经　　销	新华书店及其他书店

印刷装订	北京君升印刷有限公司
版　　次	2017 年 7 月第 1 版
印　　次	2017 年 7 月第 1 次印刷

开　　本	710×1000　1/16
印　　张	43.5
插　　页	2
字　　数	603 千字
定　　价	188.00 元

凡购买中国社会科学出版社图书，如有质量问题请与本社营销中心联系调换
电话：010-84083683
版权所有　侵权必究

献　给

绍兴建城 2500 周年

（公元前 490 至公元 2010 年）

目　　录

绪论 ·· 1

第一章　越国的兴起与越都城的规划建设
　　　　——春秋战国时期的越都城（前490—前221） ········· 47

　第一节　越国的兴起 ·· 57

　第二节　越都城的地理环境与人口规模 ························· 79

　第三节　越都城的规划建设 ·· 105

　第四节　城市与农村经济的协调发展 ···························· 154

　第五节　城市文化的创造与累积 ·································· 181

第二章　区域行政中心的形成与城市环境的优化
　　　　——秦汉六朝时期的会稽郡（县）城（前221—581） ······ 209

　第一节　会稽郡行政中心的形成与治理 ························ 221

第二节　人口迁徙与会稽士族的形成 …………………… 246

第三节　城市环境的调适与功能区建设 …………………… 286

第四节　城乡经济从萧条、复苏到繁荣 …………………… 335

第五节　会稽文化创新与地域特色 ………………………… 377

第三章　城市形态演变与东南都会的繁荣
　　　　——隋唐至北宋时期的越州州城（581—1130）………… 417

第一节　越州的多层级建置与城市地位 …………………… 425

第二节　越州的城市人口与社会生活 ……………………… 443

第三节　越州城市的形态变迁与结构优化 ………………… 502

第四节　越州城乡工商业的发展 …………………………… 594

第五节　越州文化中心地位的进一步巩固 ………………… 639

后记 …………………………………………………………… 689

绪　　论

随着城市化进程的不断加快和越来越多的人口涌向城市，作为世界上近半数人口居住和生活的城市，自然也引起了国内外学者的研究兴趣。其研究范围涉及众多与城市相关的学科，如城市地理学、城市规划学、城市人类学、城市环境学、城市生态学、城市社会学、城市经济学、城市文化学、城市美学以及城市史学等。而且通过各方面专家学者共同努力，不少学科在自己的领域里取得了与城市发展相适应的骄人成果。城市史学虽然起步较晚、成果有限，但它同样表现出生机勃勃、欣欣向荣的景象。

一　国内外城市史研究概况

城市史学是一门新兴学科。一般认为，城市史研究发轫于20世纪20年代的美国，最初是社会学的一部分。到60年代，才开始作为一门独立的、跨学科的新兴学科，在美、英、德、法等国发展起来。[①] 这是因为在第二次世界大战以后，先是欧、美，后是亚洲、拉丁美洲和其他一些地

[①] 参见陆伟芳　[英]里查德·罗杰《英国城市史研究的发展走向》，《都市文化史：回顾与展望》(《都市文化研究》第一辑)，上海三联书店2005年版，第49页。

区，出现了第三次工业革命的浪潮。在工业化进程中，伴随出现的是世界范围内的城市化进程——新兴城市的出现、老城市的扩建和改造、城市人口的激增，使许多发达国家变成了城市国家。进入20世纪60年代后，城市史学首先在这些城市国家中得到发展。史学家企图通过对城市本身的历史研究，对城市发展、城市文明进步和由此带来的种种社会问题，做出理性的、科学的解读。①

然而，由于城市史学出现时间不长，各国的城市化进程不一，研究方法也不尽相同，城市史研究还处在不断的探索之中。因此就现阶段来说，没有也不可能有一致的理论构架，方法也是多种多样，研究的切入点和内容的着重点也不尽一致。对目前世界城市史学产生较大影响的，主要有三种观点或派别。

一是以美国某些城市史学者为代表的城市史观，认为城市史是社会史的一部分，或者说城市史就是社会史。其主张政治、经济、人口、社区、价值观及生活方式与地理维度相结合的多角度的总体透视。② 这种综合性的理论构架的优点是便于从宏观上考察城市化的渐进过程。其最大的遗憾是把城市史与城市社会史等同起来，使城市史失去了自身的重心而变得缺乏个性。

二是以加拿大一些学者为代表的城市史观，认为城市史学的重点应该是经济史，因为城市化是一个普遍的经济发展过程，经济发展的状况如何，推动或制约着城市化的进程。③ 以经济史作为城市史研究的重点，虽然在某种程度上体现了加拿大城市发展的基本特征，如经济发展与城市发展的互动关系，但如果放到历史长河中加以考察，或许缺少它的普遍意义。特别是当经济史在城市发展史中的地位被强调到不适当的程度时，对

---

① 参见于沛主编《现代史学分支学科概论·城市史学》，中国社会科学出版社1998年版，第111—148页。
② 同上。
③ 同上。

城市自身发展规律的探索，将会变得软弱无力。

三是以英国学者为代表的城市史观，把城市本身的发展作为城市史研究的重点，将城市史划分为若干历史发展阶段进行详尽考察，并将环境、人口、政治、经济、文化、休闲等与城市发展有机结合起来，进而揭示城市自身的发展规律，同时注重城市类型研究和个案研究。

此外，还有一些不同的观点或派别，如美国历史学家埃里克·兰帕德把城市看成一个"生态复合体"，主张从多方面研究"城市化过程"①。法国历史学家把城市看成一种社会结构，主张在总体史观观照下，依靠社会学家、经济学家、法律专家和建筑师等不同学科之间的共同合作，对社会结构的整个运转过程进行研究。②

尽管国外城市史研究者的观点、派别甚至理论构架不同，研究视角、切入重点和采用方法也不尽一致，但都各有特色，出现了不少代表性作品。如美国著名城市理论家和城市历史学家刘易斯·芒福德的重要著作之一《城市发展史》，从政治、经济、文化、宗教、社会、城市规划等多方面综合地研究了城市发展史，其"最突出的理论贡献在于揭示了城市发展与文明进步、文化更新换代的联系规律"③。另外，如美国乔尔·科特金编著的《全球城市史》、英国克拉克等合著的《剑桥英国城市史》和美国施坚雅主编的《中华帝国晚期的城市》等，在城市史研究领域里的创造性贡献，同样产生了广泛而又积极的影响。

相对而言，我国城市史研究起步更晚一些，到20世纪80年代中后期，才陆续有一些有志于此的学者涉足该学科领域。让人欣慰的是，虽然起步晚但发展势头迅猛，在短短20多年时间里，从城市史学理论研究、城市史编著，到城市史研究方法探讨，不仅内容丰富，涉及面广，多有独到见

---

① 于沛主编：《现代史学分支学科概论·城市史学》，中国社会科学出版社1998年版，第111—148页。
② 同上。
③ ［美］刘易斯·芒福德：《城市发展史·中文第一版译者序言》，宋俊岭、倪文彦译，中国建筑工业出版社2005年版，第7页。

解，而且从一开始就进行跨学科研究，百花齐放，各抒己见，取得了不少令人鼓舞的研究成果，为推动我国城市史研究和加强城市史学科建设奠定了良好基础。

在城市史学理论研究方面，虽然至今还未见有系统的理论构架和专著问世，但相关的专题研究或学术研讨会，则时有闻见。由天津社科院历史所、天津城市科学研究会合编出版的《城市史研究》年刊，从1989年创刊至2007年已累计出版24辑。其中不少论文，针对城市史的定义、对象、范围、内涵、主线（或主题）以及研究路径、方法等问题，结合中国城市发展实际，开展广泛深入的讨论，提出了不少富有见地的意见和主张。

如皮明庥、李怀军《城市史的思路与视野》一文认为，城市史是以城市为研究对象，与国别史、流域史、地区史不同，其研究的焦点在于城市本身，主张城市史应"着重于对城市兴衰历史进行系统的、整体的、全方位的研究，其陈述性和论述性不仅有机地结合，而且采用多学科的广角思维"[1]。

隗瀛涛、谢放认为，不同时代、不同地区、不同类型的城市总是具有不同的城市结构（包括城市的地域结构、经济结构、社会结构、人口结构、生态结构等），而不同的结构又决定了城市具有不同的功能；城市各种功能的形成和发展反过来又影响城市结构的变化。因此，主张近代城市史应以揭示城市结构、功能发展演变及其近代化的历史为基本内容和基本线索。这样既有利于揭示近代城市发展规律、体现城市史自身特色，也可以直接为当代城市规划建设提供历史依据。[2]

也有一些研究者从近代城市史的视角，赞同国外某些学者的观点，认为研究城市史就是研究城市化的演进过程。此外，针对把城市史等同社会史的观点，有学者明确认为，从严格的学科意义上说，城市史与社会史是

---

[1] 皮明庥、李怀军：《城市史的思路与视野》，《城市史研究》第5辑，天津教育出版社1991年版，第4页。

[2] 参见隗瀛涛、谢放《关于近代中国城市史研究的几个问题》，《城市史研究》第3辑，天津教育出版社1990年版，第1—4页。

平行的两门学科，虽然研究的范围同样大，但是它们的研究角度各有侧重。①

至于城市史研究方法，有的主张重视吸收传统史学的理论与方法，以城市历史为线索，追溯城市发展的历史过程。有的强调运用城市社会学的理论与方法，以城市社会为主要研究对象，研究城市人口、社区、市民心理、行为方式、宗教信仰、风俗习惯等的历史变迁。②有的把城市看作一个结构、一个系统、一个动态的主体社会，主张运用各种与城市相关学科的理论与方法，对整个城市社会、城市文明及其历史进行综合性研究。③

我国学者在城市史学理论研究取得成果的同时，在城市史编修方面也有不小的收获。虽然到目前为止，数量并不算多，但就面的拓展来说，却是全方位的。从城市总体史、区域城市史、城市类型史、断代城市史、城市专题史到城市个体史等，几乎无所不及，应有尽有。

城市总体史研究成果，属于通史类的，就有何一民的《中国城市史纲》（四川大学出版社，1994）、戴均良的《中国城市发展史》（黑龙江人民出版社，1992），虞和平的《中国近代城市史》（生活·读书·新知三联书店，1995），曹洪涛、刘金声的《中国近代城市的发展》（中国城市出版社，1998）等。何著《中国城市史纲》，是一部通论中国古代至近代城市发展史的著作，"带有填补中国城市通史研究空白的意义"④。

区域城市史研究成果包括按地理区域或行政区域组成的区域性城市群研究成果。前者以傅崇兰的《中国运河城市发展史》（四川人民出版社，1985）为代表，通过运河这条纽带，突破行政区划界线，将分布于两岸的

---

① 参见于沛主编《现代史学分支学科概论·城市史学》，中国社会科学出版社1998年版，第111—148页。

② 参见任云兰《第三届近代中国城市研究学术讨论会综述》，《城市史研究》第6辑，天津教育出版社1991年版，第138页。

③ 参见皮明庥、李怀军《城市史的思路与视野》，《城市史研究》第5辑，天津教育出版社1991年版，第4—7页。

④ 定宜庄：《有关近年中国明清与近代城市史研究的几个问题》，《中日古代城市研究》，中国社会科学出版社2004年版，第249页。

城市群联系起来加以总体考察,以探究特定自然环境条件下的城市发展规律。而《河北城市发展史》(河北教育出版社,1991)堪称后者的代表,其最大特点是通过由直辖市、省会城市、地区中心城市和县城构成的行政层次系统,来考察具有我国城市特色的区域城市系统及其规律。此外,由张仲礼主编的《东南沿海城市与中国近代化》(上海人民出版社,1996),同样属于区域性研究成果。

而所谓城市类型史,其实就是按照城市的不同类型——如古都类、经济类、矿山类、港口类等,进行分类组合的城市群研究成果。虽然这方面成果不多,但是影响不小,有陈桥驿主编的《中国六大古都》(中国青年出版社,1983)和《中国七大古都》(中国青年出版社,2005)。这些古都可以认为是我国传统城市的精华所在,参与研究的又都是我国历史地理学领域里的著名学者,该成果的发表,不仅推动了我国古都学的研究,也为我国城市史的一个重要方面即古都史研究填补了空白。

与城市类型史不同,城市专题史研究则相对活跃,成果也不少。比较有影响的有:张继海的《汉代城市社会》(社会科学文献出版社,2006),任重、陈仪的《魏晋南北朝城市管理研究》(中国社会科学出版社,2003),程存洁的《唐代城市史研究初篇》(中华书局,2002),湖南出版社1996年出版的"中国古代城市生活长卷"丛书,方志远的《明代城市与市民文学》(中华书局,2004),刘凤云的《明清城市空间的文化探新》(中央民族大学出版社,2001),孙健主编的《北京古代经济史》(北京燕山出版社,1996)等,涉及城市社会、经济、文化、生活史以及城市管理各个方面,对于把城市史研究引向深入具有重要意义。

近20年来,我国城市史研究重点和所获成果,多集中在近代史方面。这主要是因为国家哲学社会科学规划小组从中发挥了重要作用。"七五"期间,规划小组就将上海、武汉、重庆、天津等四个不同地区具有代表性的重要城市列为重点研究课题,由相关历史研究者承担了本地近代城市史编写任务,以后又相继在成都、上海、武汉、天津等地举办了有关的国际学术研讨会。接着，由张仲礼主编的《近代上海城市研究》（上海人民出版社，1990），隗瀛涛主编的《近代重庆城市史》（四川大学出版社，1991），皮明庥等著的《近代武汉城市史》（中国社会科学出版社，1992），罗澍伟主编的《近代天津城市史》（中国社会科学出版社，1992），谢本书等主编的《近代昆明城市史》（云南大学出版社，1997）等，便先后问世。这些近代史，既是城市断代史，又是城市个体史，可以认为是我国城市史研究初始阶段的一项标志性工程。

在城市史研究的初始阶段，把近代史列为重点，自然有它的道理，因为与古代城市相比，它更贴近当代、贴近现实，更有利于为目前正在迅速发展中的城市化提供服务。但是纵观我国城市发展历史，仍有不少薄弱环节值得引起高度重视，尤其要加强对以下三类历史城市的研究：一是我国历代的都城（无论是一统国家还是诸侯的都城），这些都城在特定时期内，都居于最高行政地位，在政治、经济、文化上的作用举足轻重，是城市的精华所在；二是处在首都、省会、府（州）、县等行政层次体系中的行政中心城市[①]，其兴起、发展乃至衰落，几乎无不受制于各种行政因素；三是某些历史特别悠久的城市，历数千年而城址不变，而且既不增大又不缩小，使城市的规模大小与城市的稳定性之间，达成了超乎想象的密切。遗憾的是，对于这些历史城市至今还研究不多，更没有相关的个体史问世。

从某种意义上说，以上三类历史城市代表了中国传统城市的发展历程及其特点。特别是那些行政中心城市，在中国城市体系中占了绝大多数。它们的发展道路，与西方国家由经济而发展为城市的道路不同，是由行政而发展为城市，其特点则表现为，首先是行政中心，然后才是经济中心、

[①] 冯承柏先生在《城市发展的比较观》一文中提出："首都、省会、府（州）、县构成了中国城市的行政层次体系。这个层次分明的行政体系的一项重要功能是保证帝国中央政府的财政收入，同时还发挥着保持社会秩序的稳定，镇压内部叛乱，抵御外来侵略的作用。"（《城市史研究》第8辑，天津教育出版社，第9页）笔者因此认为，中国的传统城市数千年来在"行政层次体系"条件下，逐渐形成了具有中国特色的城市体系，这就是不同于"区域城市体系"的"行政层次城市体系"。

文化中心。正因为如此，深入探讨中国传统城市特别是行政中心城市的发展历程及其轨迹，不仅会大大丰富城市史研究的成果，而且在理论和方法上，也可能会因此找到适合中国自身特点的模式和路径。

二 绍兴城市史研究的意义

与上述三类历史城市相对照，绍兴可谓是三者兼备、内涵特别丰富的历史城市。它既是春秋战国时代的越国都城，又是从秦汉以来到现在的区域行政中心，而且还是2500年城址不变的历史城市，在当代又是全国第一批二十四个历史文化名城之一。虽然在我国现有城市中，被列为历史文化名城的古都有38个[①]，有县级及县级以上城市661个，还有县域行政中心1470个，但其中既是古都又是区域行政中心，既是先秦城市又是至今城址不变的城市，恐怕就屈指可数了，而绍兴正是屈指可数者之一。这在我国传统城市中是个奇迹，从城市史个案研究角度看，有其独特的典型意义。特别是绍兴古城作为春秋时期流传下来的城市实例，在城市规划的科学性、城市功能的行政性、城市规模的稳定性和城市文化的连绵性等方面更有其不可替代的重要研究价值。

（一）一座按周代礼制规划建设的越国都城

在我国现有的大大小小的城市中，大抵不外有两种类型：一种是从一开始就按严格的规划兴建，以后便沿着这个基础向前发展，如绍兴就是；另一种是开始时并无统一规划，发展到一定规模后才重新规划，上海也许属于这一类。前者的优点当然是城市定性明确、功能齐全、布局比较合理，遗憾的是，后来城市的发展容易受到束缚，难有突破，趋向保守。后者在开始时可能出现无序状态，但反而给后来的发展留有很大空间，特别是一旦进入规划程序后，有序发展将势不可当。

---

① 参见朱士光《中国古都学的研究历程》，中国社会科学出版社2008年版，第26页。

绍兴城始建于越王勾践七年（前490），时值勾践在吴国经受三年凌辱后回国之初。① 原来的越国古都，从无余立国到勾践即位，千余年间，长期居于会稽山腹地之中。勾践深知，要使越国强大起来，实现报仇雪耻、称霸中原的目标，必须把都城从封闭的会稽山区迁到开阔的山会平原上来。因为从某种意义上说，国都是国家的象征，国都稳固、安全与否，是事关国家长治久安的大事。所以越王勾践回国后想做的第一件事，就是"定国立城"（《吴越春秋校注》卷八《勾践归国外传》），把都城建设当作振奋民心、团结国人的标志性重大工程来实施。可见，勾践对城市建设的性质定位，是十分清楚的，他不仅要建一国之都，而且还把建都与强国方略、称霸宗旨紧密结合起来，这在先秦城市建设史上，恐怕是不多见的。

根据城市的性质定位，范蠡受越王勾践嘱托，在城市选址上采取了与众不同的措施。明确提出："今大王欲国树都，并敌国之境，不处平易之都，据四达之地，将焉立霸王之业？"（《吴越春秋校注》卷八《勾践归国外传》）在综合考虑城址的地形地貌、环境条件、资源配置和防灾御敌等诸多因素之外，特别强调了地势的平坦广袤和对外的四通八达。这其实就是现代城市地理学中所谓的城市区位问题，城址如若占有区位上的优势，那么对于发挥城市的集聚功能和辐射功能，对于城市未来的发展与扩张，都是具有决定意义的。范蠡按照上述选址思想，最终选择今绍兴古城所在地为越都城城址。这里地处会稽山北麓、钱塘江南岸，地势由南向北倾斜；东西两翼，又分别以东小江（曹娥江）和西小江（浦阳江）为屏障。依靠这样的自然环境和地理条件，在东西约八里、南北约七里的范围内，依托由会稽山脉没入山会平原后崛起的种山（76米，高程，下同）、蕺山（52米）和怪山（32米）等大小九座孤丘为城址，建立起越国都城。此后绍兴城市发展的实践表明，范蠡的选址思想是富有远见的，突出表现为：一是城内有山有水，为后来绍兴山水城市及水乡风光的形成奠定了基础；

---

① 参见张觉《吴越春秋校注》卷八《勾践归国外传》，岳麓书社2006年版，第206—212页。

二是都城四周平坦广袤，给绍兴城市预留了很大的发展空间；三是以九座孤丘为城基，地质条件稳固安全，而且南来的河湖水系既可利用又能避灾，得使2500年城址不变，赓续相继。

在越都城建设中，如何利用当地的自然环境、适应当地的气候条件和满足当地的人文需求，以实现天、地、人和谐相处，是范蠡必须考虑的另一个重要问题。当他接受建城任务之后，便马上"观天文，拟法于紫宫"，并且以"象天法地"（《吴越春秋校注》卷八《勾践归国外传》）即效法天地、遵循规律为越都城规划的基本理念，把都城建设分两步走。先以种山为依托，筑作"勾践小城"，"周千一百二十二步，一圆三方。西北立飞翼之楼，以象天门；为两螭绕栋，以象龙角。东南伏漏石窦，以象地户。陵（陆）门四达，以象八风。外郭筑城而缺西北，以示服吴"（《吴越春秋校注》卷八《勾践归国外传》）。这里所谓的"天门""地户""龙角""陆门""八风"都是天上地下的对应物，目的是想通过把地上的建筑布局与想象中的天上布局相对应，把人间的建筑秩序模拟成天上的建筑秩序，以反映人与天、与地、与大自然的感性对应关系，这是古人"天人合一"宇宙观在城市建设中的形象反映。

紧接着范蠡又在勾践小城以东建"山阴大城"。据《越绝书》记载，大城周二十里七十二步，设陆门三，水门三，决西北。（《越绝书》卷八《越绝外传记地传》）山阴大城与勾践小城在空间布局和功能配置上，有两点特别值得重视：一是坚持"坐西朝东为尊"[①]的周代礼制。小城是越王勾践的"宫台"所在，具有"城"的性质，大城则承担了都城的其他功能，起到了"郭"的作用，所以《吴越春秋》卷八称为"外郭"。在空间布局上，小城在西，大城在东，这种西城东郭、城郭相连的空间结构，就是"坐西朝东为尊"的周代礼制在都城建设中的实际运用。二是创造性地提出了

---

① 杨宽先生在对大量考古资料进行深入研究的基础上，提出古代都城的基本结构为：a 由小城和大城两部分组成；b 东汉以前实行"坐西朝东为尊"礼制，以后转变为"坐北朝南"。杨宽：《中国古代都城制度史研究》，上海人民出版社2003年版。

"筑城以卫君，造郭以居民"①的都城模式。尽管我国历史上曾经作为一统政权或诸侯邦国都城的，大大小小不下数百处，但是能够在城市规划中统筹组织空间结构和功能布局的，却是越都城。这种"城""郭"组合模式，不仅凸显了"城"以君为核心、"郭"以民为主体的都城规划理念，同时也对"城""郭"的不同功能和相互关系做了明确分工和界定，实际上为越都城的规划建设解决了"城""郭"方位与功能配置两大难题。

如果与"坐西朝东为尊"的礼制联系起来看，西城东郭、城郭相连的结构形态，对越都城来说，城就是城，郭就是郭，"城"与"郭"是两个不同概念。在这里，勾践小城是"城"，山阴大城是"郭"，一在西，一在东，彼此相连，是一种毗邻关系，即"毗邻城"。这是比东汉以后出现的"套城"更早的一种城市结构形态，目前国内已不多见。②所谓"套城"，是在"坐西朝东"向"坐北朝南"礼制转换过程中出现的城市形态。主要特征就是小城（亦称内城）外面套大城（亦称外城），或大城里面建小城。③两者相比，当然是毗邻城出现时间早，更具有历史的厚重感。

（二）一个有着2500年历史的区域行政中心

当年越王勾践委托范蠡建城时，就明确告诉他，这是"立国树都"，建设越国都城，主要是给城市赋予行政中心功能。虽然对城市来说，其功能不可能是单一的，除行政中心功能外，一般都有经济中心、文化中心或者交通枢纽等功能。但对中国大多数历史城市而言，首先是行政中心功能，然后才是其他功能，这是毋庸置疑的历史事实。因为除去天灾人祸因

---

① "筑城以卫君，造郭以居民"为《吴越春秋》佚文，《初学记》《太平御览》均有著录，分别见（唐）徐坚《初学记》卷24《城郭》，中华书局1962年版，第565页；（宋）李昉等纂，孙雍长、熊毓兰校点《太平御览》卷193《居住》，河北教育出版社1994年版，第808页。

② 杨宽先生在《中国古代都城制度史研究》一书中提出的东汉以前"西城连接东郭"的都城布局观点，主要依据考古和文献资料。如果当时他能看到越都城"西城东郭"的现存实例，相信他一定会很高兴。

③ 朱大渭先生在《魏晋南北朝时期的套城》一文中认为，"套城是一种重要的军事工程"，建筑的绝对年代"大多在西晋以后南北对峙时期"。他列举的37座套城，主要分布在长江以北。参见朱大渭《六朝史论》，中华书局1998年版，第79—101页。

素外，城市的兴起与衰落，通常都是与政治意愿紧密联系在一起的。通过政治干预，可以让城市兴旺、繁荣、扩张，也可以使城市衰落、萧条甚至消失。这种政治意愿在发挥绍兴城市行政功能问题上，确实有着不俗的表现。因为25个世纪以来，尽管行政管辖范围有大小不同的变化，但它始终是区域行政中心的所在地，在政治、经济、文化上左右着区域的发展、变化与繁荣。

越王勾践自己就首先利用这一功能，借越都城这个平台，带领越国臣民经过十年生聚、十年教训，使国力大为增强，最后报仇雪耻、消灭吴国，演绎了一场威武雄壮的历史剧。此后勾践虽然去了琅琊，但绍兴仍然是于越族的经济、部落中心和越国重要的后方基地。即使是周显王三十六年（前333），越国被楚国打败，越王无彊被杀，失去钱塘江以北土地之后，据有钱塘江以南越地的部族领袖，仍以会稽为都城①，或为王，或为君，"服朝于楚"（《史记》卷四十一《勾践世家》），继续发挥着政治中心和经济中心的作用。

秦统一中国后，绍兴城作为曾经的越国古都，由于在城市区位、经济条件以及文化资源方面的优势，继续发挥着区域行政中心的作用。至于作用大小，当然取决于在行政体制中所处的行政层级及其行政区划的设置情况。在我国的行政体制中，行政中心只是一个行政区划的管理中心而已。而行政区划的基本要素有四：一是层次，即从中央到地方分若干层次进行管理，如州、郡、县；二是幅员，即区划面积大小，是管理范围问题；三是边界，即国家内部区划之间的界线；四是必须有行政中心。② 行政区划的这些基本要素，便决定了行政中心本身一是有层级的，二是有管辖范围的。绍兴城作为区域行政中心，自秦汉以来，多数情况下，是多个行政区划管理机构设置在一起的区域行政中心城市。这里既是县域行政中心，又

---

① 参见吴松弟《中国古代都城》，商务印书馆1998年版，第27页。
② 参见邹逸麟《中国历史地理概述》第八章《历代行政区划的变迁》，上海教育出版社2007年版，第164—165页。

是府域行政中心，有时还是州域、路域行政中心。换句话说，在中国历代的行政层级体系中，绍兴是个重要的节点城市，不是单一的行政中心，而是有多个行政中心设置在这里，三个层级的行政中心叠加在一起，形成了县、府（郡）、州同城而治的管理格局。

在这一管理格局中，绍兴地区的行政区划基本上是三个层次：一是县级行政层次。秦王朝统一全国后，全面推行郡县制，"更名大越曰山阴，设山阴县"（《越绝书》卷八《越绝外传记地传》），以越都城为县治。到了南朝陈代（557—588），又把山阴县域（包括县城内外）划分为山阴、会稽两县，实行同城而治，直至清宣统三年（1911）山会两县合并为绍兴县①。二是郡（州）、府（路）级行政层次。秦推行郡县制，于原吴越之地设会稽郡，虽然郡治在苏州，但掌管郡军事的都尉治所在山阴（雍正《浙江通志》卷三十一《公署（中）》）。到东汉永建四年（129），实行"吴会分治"，大体以今钱塘江为界，江北设吴郡，江南为会稽郡，辖十四县，郡治在山阴（嘉泰《会稽志》卷一）。及至隋大业元年（605），才改会稽郡为越州，下辖四县（范围相当于今宁绍地区），州治在山阴（《隋书》卷三十一《地理志（下）》）。南宋绍兴元年（1131），升越州为绍兴府，下辖八县，府治在山阴（嘉泰《会稽志》卷一）。元至元十三年（1276），改府为路，明清复为府，辖县与治所不变，直至清末（见《元史·地理志》《明史·地理志》《清史稿·地理志》）。三是郡、府以上的州、路级行政层次。这一层次的名称变化较多，简言之：南朝宋孝建元年（454），以浙东的会稽、东阳、永嘉、临海和新安五郡置东扬州，州治在山阴（《宋书》卷三十五《州郡志一》）；唐代先后设越州总管府、越州都督府、越州中都督府和浙江东道节度使，五代设越州大都督府，驻所在山阴，管越、睦、衢、婺、台、明、处、温八州（见《旧唐书·地理志》《新唐书·方镇表》《十国春秋》和嘉泰《会稽志》）；宋代设两浙东路，驻山阴，领越、衢、

---

① 参见傅振照主编《绍兴县志》第一编《建置》，中华书局1999年版，第92页。

婺、台、明、处、温七州（《宋史》卷八十八《地理志四》）。

以上事实表明，自秦至清末，绍兴城作为区域行政中心，从行政层级看，多数情况下是三级行政中心的治所或驻地；从行政实体看，一般都是三个政权机构同城而治，自南朝宋孝建元年（454）至南宋祥兴二年（1279），基本是四个行政实体。例如唐代诗人元稹于长庆三年（823）出任越州刺史，兼任浙江东道节度使，在任七年，忙于两衙之间，所以他有"功夫两衙尽，留滞七年余"①的诗句，如果加上山阴、会稽两县衙，当时绍兴城内正好是三个行政层级和四个衙门。所以在2000多年的历史进程中，对绍兴城市性质起决定作用的，始终是历史赋予的行政中心功能。城市的地位与影响，城市的延续与发展，城市的繁荣与衰落，都与行政中心功能息息相关，成为城市命运的共同体。这或许正是中国传统城市的主要特征所在。

汉顺帝永建四年（129）实行吴会分治，会稽郡还治山阴后不久，工程浩大的鉴湖水利设施，即于顺帝永和五年（140）动工兴修，为日后会稽郡经济社会发展奠定了坚实基础。并且迅速成为中国东南富庶之地，被称为"海内剧邑"（《宋书》卷八十一《顾恺之传》），其重要性被东晋初年的晋元帝司马睿比作北方的关中②。特别是苏峻之乱之后，首都建康（今南京）"宫阙灰烬"，因此三吴人士建议迁都会稽③。此举虽未实现，但会稽郡城在江南的地位可见一斑。同样道理，南宋建都临安（今杭州），绍兴作为畿辅之地，不仅升州为府，而且城市迅速扩张，其规模除临安外，"今天下巨镇，惟金陵与会稽耳，荆、扬、梁、益、潭、广皆莫敢望也"（陆游《嘉泰会稽志·序》），实际上发挥了陪都的作用。

---

① （唐）元稹：《醉题东武》，《元稹集·集外集卷七》，中华书局1982年版，第695页。
② 《晋书·诸葛恢传》载诸葛恢出守会稽时，晋元帝对他说："今之会稽，昔之关中，足食足兵，在于良守。"中华书局1974年版，第2042页。
③ 《资治通鉴》卷九十四《晋纪十六·成帝咸和四年》："是时宫阙灰烬，以建平园为宫。温峤欲迁都豫章，三吴之豪请都会稽。"中华书局1976年版，第3269页。

在传统习惯中，衡量一座城市的地位高低，主要取决于城市所扮演的行政中心角色的大小。首都的城市地位当然高于省会城市，府城自然低于省会城市，如此而已。历史曾经从不同角度给绍兴城赋予了很多名称，有的称为"东南都会"（《读史方舆纪要》卷九十二《浙江四》），即东南大城市；有的称为"浙东大府"①，指浙东最高官府；有的称为"会府"（宝庆《会稽续志》卷一。唐时以节度使为大府，亦谓之会府），唐时以节度使治所为会府；当然也有称为"都府"（节度使的别称）、首府（指省会所在的府）的。这些不同名称，集中说明一点，即绍兴城不是一般县城（有两个首县），也不是普通府城（是个大府），而是地位非同寻常的"都会"。

有趣的是，这种多个不同层次行政中心叠加于一城的情况同样在城隍庙设置中得到了反映。城隍是古代神话中的城池守护神，是城市的象征。通常情况下，县有县城隍庙，府有府城隍庙，一般都是一城一庙。而绍兴城内却有四个城隍庙，包括山阴县城隍庙、会稽县城隍庙、绍兴府城隍庙（在府山，俗称上城隍庙），还有下城隍庙（万历《绍兴府志》卷十九《祠祀志一》）。县、府城隍庙各有其主，唯下城隍庙的隍主是谁，不甚明了（徐渭《府隍神有二辨》，见《徐文长三集》卷二十九），或许是府以上的某位总管府、都督府、节度使也说不定。

（三）一座稳定性超乎想象的传统城市

在我国现有城市中，如果按其建成的时间划分，大致有三类：一是历史时期出现的，一般称为传统城市；二是近代出现或成长的，当然属于近代城市；三是因经济或其他因素快速发展起来的现代城市。就数量而言，传统城市在三类城市中，无疑占据着绝对优势，原因很简单，因为中国不是一个新兴的城市国家，而是有着五千年历史的文明国家。在众多的传统

---

① （宋）李定：《续会稽掇英集·序》，藏绍兴图书馆。"大府"，指上级官府。李定系明州人，在他看来，绍兴作为两浙东路治所，当然属于上级官府。

城市中，大多已经连续存在几个世纪，十几个世纪，少数甚至超过20个世纪，绍兴就是一座连续存在25个世纪的传统城市。在城市发展演变过程中，其表现出非常强烈的继承性、延续性和稳定性，许多方面甚至超出想象，成为一种少有的城市现象。清初就已经有人指出："浙之名城数十，然未有若蠡城（即绍兴城）之最巩固也。自越霸以来，屡经改拓，非复少伯（范蠡字少伯）之旧则，蒙业而安，赖金汤不浅。虽然'众志成城'古语不诬，又岂专情地利而已哉？"[1] 此中所谓"巩固"，其实就是城市的稳定性。主要表现为：

首先，表现在城市地理环境的安全可靠，这是最基本的稳定条件。纵观我国城市变迁历史，不少著名历史城市，不是被水冲走，就是被山体掩埋，不是被火焚烧，就是被战争摧毁。原因不外乎或因城市选址不当，或因自然环境恶化，或因资源匮乏，或因其他人为原因所致。如今西安城在地理位置上，因渭水改道，与西周沣镐、秦都咸阳、汉都长安均不相关，而是建立在隋唐长安城基础上的城市，城址移动了30多公里。又如今洛阳城，也离开了东周王城及汉魏故城原址，而是建立在隋唐故城基础上的城市[2]。与这些已经改变城址的名城不同，绍兴这座始建于公元前490年的古城，一直在原址上屹然不动。一座城市，能在原来的地理位置和建设者奠定的基础上持续存在达如此之久，不能不首先归功于主持者科学的城市选址思想和优越的城市地理环境。美国经济和社会问题的研究者乔尔·科特金，把全球城市的共同特征概括为"神圣、安全、繁忙"六个字，在他看来，安全是城市最基本的三个要素之一，是万不可掉以轻心的。[3] 虽然科特金心目中的安全，既包括地理环境安全，也包括社会环境安全，但对城市来说，地理环境是否安全，毕竟是千秋大业，必须是金城汤池，因为

---

[1] （清）康熙《山阴县志》卷二《城池志》，《绍兴丛书》第一辑《地方志丛编》第8册，中华书局2006年版，第185页。
[2] 参见陈桥驿《论绍兴古都》，《吴越文化论丛》，中华书局1999年版，第385页。
[3] 参见[美]乔尔·科特金《全球城市史》，王旭等译，社会科学文献出版社2006年版。

这是城市是否稳定的第一块基石。

其次，人口规模的相对稳定，是绍兴城市稳定性的重要方面。与其他传统城市一样，绍兴历代城市人口数少有文字记载，但是根据现有研究成果，我们仍可以找出其中的一些依据。如台湾学者赵冈先生，在广泛深入研究的基础上，提出了自春秋战国以来不同历史时期的城市人口比重①，这就为测算城市人口数量，提供了很大方便，而且也较为可信。如春秋末年，于越部族的人口总数为30万左右②，按赵先生15.9%的城市人口比重计算，越都城居住人口约为4.8万人。而事实上，在越王勾践准备伐吴前夕，已经建立了一支包括"习流二千人，俊士四万，君子六千，诸御千人"（《吴越春秋校注》卷十《勾践伐吴外传》）的军队，总数正好是4.9万人。假如军队全部驻扎在城内，那么越都城城市人口势必超过5万。东汉会稽郡人口有较大发展，总数为481196人（《后汉书》志二十二《郡国志四》），按17.5%的城市人口计算，郡城人口已经达到8.4万人。唐天宝年间（741—755），越州总人口为529589人（《新唐书》卷四十一《地理志五》），按20.8%的城市人口计算，州城人口为11万人。南宋因为绍兴地近临安，属畿辅之地，居住人口相当密集，嘉泰元年（1201），绍兴府有主客户273343户（嘉泰《会稽志》卷五），按每户4口和22%的城市人口计算，绍兴府城常住和临时居住人口多达24万人，这是绍兴城市人口的最高峰。以后不断回落，至清宣统二年（1910），绍兴城内人口为112394人③。中华人民共和国成立后的绍兴城区人口，1949年为10.85万人，1979年为11.67万人。④ 上述数据表明，从纵向比较，除南宋外，绍兴城市人口规模大体均在10万人上下浮动，其稳定性表现得十分明显。再从横

---

① 赵冈先生研究的结果认为，春秋战国以来中国城市人口的比重如下：战国（前300年）为15.9%，西汉（公元2年）为17.5%，唐（745年）为20.8%，南宋（1200年前后）为22%，清（1820年）为6.9%，清（1893年）为7.7%，近代（1949年）为10.6%。参见《中国城市发展史论集》，新星出版社2006年版，第84页。
② 参见陈桥驿《古代于越研究》，《吴越文化论丛》，中华书局1999年版，第3页。
③ 民国《绍兴县志采访稿》，《绍兴丛书·地方志丛编》第九册，中华书局2006年版。
④ 参见任桂全总纂《绍兴市志》第3卷《人口》，浙江人民出版社1996年版，第301页。

向与西安、开封比较，两城均入中国七大古都。西安唐代人口60万左右，而清末只有11万；开封北宋全盛时期城内外总人口达140多万，然而清宣统二年（1910）已降至16万。① 与西安、开封的大起大落相比，更见绍兴城市人口的稳定性。

　　再次，与城市人口稳定性密切相关的，是城市用地规模的稳定性。两者实际上是一种相辅相成的关系。长期以来，由于绍兴城市人口数量稳定，因此对于城市用地需求来说，也一直保持着相对稳定的状态。尽管南宋城市人口高度集中时期，绍兴城市面积很有超越城墙而向外扩展的可能，但就总体而言，城市规模的稳定性是毋庸置疑的。这里不妨把当年的越都城与当今的绍兴古城周长做一比较：前面已经讲到，越都城由勾践小城和山阴大城两部分组成，小城周长三里八十二步，大城周长二十里七十二步，两者相加为二十三里一百五十四步，按度地法和战国度量制换算，即为11639米。到民国初年，绍兴城墙保存完好，以后分两次拆除，合计为13566米②，与越都城建成之初相比，周长仅增加1927米，实际面积到20世纪80年代测量为8.32平方公里。从越都城到现在的历史文化名城绍兴，中间已经相隔2500年了，其城市规模竟稳定到如此程度，简直不可思议，然而这是事实。

　　最后，在城市规模基本不变的前提下，城市内部肌理居然也有超乎想象的稳定性。这些城市肌理包括城市河网水系、路网结构、城门位置、市民住宅区、市场分布、功能区布局和城市制高点等，尽管有着逐渐形成的过程，但一旦成型之后，往往长期稳定不变。一个突出的例子是城市河道，绍兴是个水城，在8.32平方公里的古城范围内，共有33条城河。③ 这些城河由天然河道与人工河道两部分组成，当然以人工河道为主。最后

---

① 转引自赵冈《中国城市发展史论集》，新星出版社2006年版，第80页。
② 参见姚轩卿《轩卿随笔》二十七，北京燕山出版社2001年版，第38页。
③ 参见任桂全总纂《绍兴市志》第5卷《城乡建设》，浙江人民出版社1996年版，第398—400页。

一条人工河道，是始挖于唐代的"新河"，嘉泰《会稽志》说："新河在府城西北二里，唐元和十年观察使孟简所浚。"（嘉泰《会稽志》卷十）这些河不仅构成了城中水网，丰富了城市景观，而且在解决城内外水上交通、方便市民生活用水和城市防洪、防火方面发挥了重要作用，成了市民长期以来须臾不可缺少的城市基础设施而始终稳定不变。另外，如在六朝时期依据南高北低地势条件形成的南部多住宅、北部多生产性用房的功能分布特点，唐宋时期形成的由沿河街、前后街、丁字街组成的路网结构，以及唐宋时期根据居民生活需求形成的大江桥市、大云桥市、清道桥市等传统市场①，也是长期没有变动。这些城市肌理的稳定性，尽管有它保守、发展缓慢，有时甚至缺少活力的一面，然而也有它的另一面，这就是文化的传承和文明的延续表现得更为强烈。

作为传统城市的绍兴，其稳定性达到如此惊人的地步，原因或许是多方面的。例如，以行政中心为主的城市功能没有产生突发性的转变，自然界的外力冲击没有影响到城市的安全，资源供给和市民需求之间没有发生过大的差异，较少受到战争之类的人为破坏等，这些都是产生城市稳定性的外部因素。就城市内部因素来说，关键是不应该去追求虚假的繁荣和过度的发展。实际上城市自身发展，有一个内在的控制系统，即对城市规模的有效控制。因为历史时期的每一座城市，都处在特定的自然环境和文化背景之下，它的扩展和繁荣，往往受到环境、资源和人文方面的制约。一座城市的规模，究竟以多大范围为宜，最基本的，就得看能否满足城市居民生产、生活的各种需求，从根本上给人以安全感。这对以自给自足经济为特点、对外交流并不发达、城市的中心功能又相当有限的传统城市来说，显得尤为重要。如果无法满足甚至失去平衡，城市就会失控而脱离健康成长的轨道，以致遭到破坏。有鉴于此，美国著名城市学家刘易斯·芒福德明确提出城市"有机体有限增长"的主

---

① 嘉泰《会稽志》卷四记及的唐宋城内市场有照水坊市、清道桥市、大云桥东市、大云桥西市、古废市、龙兴寺前市、江桥市和驿地市共8市。

张。他认为，城市是个有机体，城市的发展应当有一定的限度，"罗马的解体是城市过度发展的最终结果，因为城市过度发展会引起功能丧失以及经济因素和社会因素的失控，而这些因素都是罗马继续存在所必不可少的"①。绍兴的优点就在于自觉或不自觉地实行了城市的有效控制和"有限增长"。这不仅是绍兴城市保持稳定不变的主要原因所在，也是城市发展的一条基本规律。

（四）一座历经25个世纪沉淀的文化名城

如前所说，城市的稳定性，给城市文化的传承和延续提供了难得的机遇。城市历史愈悠久，这种机遇就愈多，继承和流传下来的文化内容就更为丰富多彩。同时也为城市文化在继承基础上的创新、发展提供了可能，因为离开继承去空谈创新，只能是无源之水、无本之木。事实上，城市的发展过程，就是城市文化创新、积累、整合和传承的过程。处在这个过程中的相对比较稳定的历史城市，常常会自觉或不自觉地将不同历史时期人类的智慧和创造，通过有形的建筑物或无形的文化式样，把它有机地连接起来，成为城市的历史文化记忆。从这个意义上说，记忆愈丰富愈深刻，城市文化的积淀也愈深厚。绍兴就是这样一座历史文化名城。

在我国现有的108座历史文化名城中，学术界按名城特点和性质分为古都类、传统建筑风貌类、风景名胜类、民族及地方特色类、近代史迹类、特殊功能类、一般史迹类等7种类型。② 通常情况下，一座名城大致属于一种类型，而绍兴按其特点和性质，却兼具了古都类、传统建筑风貌类和风景名胜类三种类型。换句话说，在绍兴城市文化构成中，既有古都

---

① ［美］刘易斯·芒福德：《城市发展史》，宋俊岭、倪文彦译，中国建筑工业出版社2005年版，第256页。

② 参见陈友华、赵民主编《城市规划概论》，上海科学技术文献出版社2000年版，第444—451页。

文化、传统建筑文化，又有风景名胜文化，历史文化积累特别悠久、丰富，也特别有价值，这或许就是绍兴进入全国首批历史文化名城行列的根本原因。

作为越国古都，绍兴所拥有的古都文化，不仅是春秋战国时代于越民族文化的缩影，也是那个时代越国文化的中心。由于于越民族是当时分布范围很广的百越民族中最先进的一支民族，所以它又是我国东南沿海具有代表性的区域文化。因此，研究越文化、浙江区域文化以及海洋文化，都离不开与越国古都文化的关系。而作为传统建筑风貌类名城，绍兴的最大优势是这方面的历史文化遗存特别丰富。可以这样说，绍兴建城以来25个世纪的历史文脉，既可以从地上、地下的文物遗存中得到解读，也可以从各种地方文献中获得印证。其实，拥有较多的历史文化遗存，是进入历史文化名城行列所必备的四个条件之一。① 由于绍兴在这方面表现不俗，所以无须争议便进入第一批历史文化名城名单之中。至于绍兴的风景名胜，不仅景点多、内容丰富，而且历史悠久、文化含量高，人们因此特别看好绍兴的人文旅游。国务院公布名单时指出："（绍兴）春秋为越国都城。有著名的兰亭、清末秋瑾烈士故居、近代鲁迅故居和周恩来祖居等。是江南水乡风光城市。"② 绍兴兼具以上三种名城文化类型，按其存在形态，有物质文化、非物质文化和更高层次的精神文化之分。

以物质文化遗存而言，绍兴当然非常丰富，在当年越都城所在的绍兴古城范围之内，至今还保存着大量的物态记忆。其中就有春秋时期选定的城址和富有地理坐标意义的种山、戢山、怪山，唐代以前成型的水城格局，宋代确立的街巷结构，明清以来的建筑风貌。这些充满时代记忆的物

---

① 历史文化名城必须具备的四个条件，参见罗哲文《再论名城保护和建设与经济发展相协调》（二），《名城报》2007年6月1日。
② 《国务院批转国家建委等部门关于保护我国历史文化名城的请示的通知》，（国发〔1982〕26号）。

质文化，脉络清晰、延绵不断，是绍兴的历史之根。特别是古城内现有的75处国家和省、市级文物保护单位，83处未公布的文物保护单位，从内容看，有古文化遗址、越国遗迹、古墓葬、历史建筑、名人故居、石刻造像以及3.5万件珍贵文物藏品。以时间跨度看，从新石器时代，夏、商、周到秦统一后的历朝历代，几乎均有分布。尤其是在8.32平方公里的古城内，每平方公里拥有19个文保单位，如此众多的历史遗存，实在并不多见。因此，有人形象地称为"满天星斗"，也有人惊叹这是"没有围墙的历史博物馆"。然而，绍兴城从越都城—会稽郡城—越州州城—绍兴府城直至今天的绍兴市，传承演进，继往开来，把它们紧紧地联系在一起。这种联系，不仅在于遗存下来的城址、河道、三山、城墙、墙门、护城河等构筑物，更在于这座城市用了整整25个世纪创造、积淀、传承下来的城市文化。

　　勤劳智慧的绍兴人，在创造丰厚的物质文化的同时，也创造了精湛的非物质文化，并且世代相传，一直延续到今天。有人将城市比作一件艺术品，"一种集合的、复杂的，但又高级的艺术"。绍兴正是这样一座城市。在这里，有越王勾践剑、车马神仙铜镜、越窑青瓷那样精湛的工艺品；有古兰亭、沈园、西园那样的园林精品；有书法圣地兰亭、泼墨画诞生地青藤书屋以及后来层出不穷的书画名品；有老百姓喜闻乐见的绍剧、越剧、莲花落那样的戏曲种类等。古城的街巷里弄，还流传着各种各样的师爷故事、名人传说、风俗民情，处处充满着浓厚的文化氛围以及由此散发出来的文化芳香。据2006年对绍兴城及其周边地区普查结果显示，现有非物质文化遗产资源3358项，其中民间文学2304项、音乐236项、舞蹈159项、戏剧51项、曲艺109项、杂技与竞技29项、美术101项、手工技艺78项、传统医药15项、民俗276项。① 而所有这些，又无不都是生长在历史文化名城绍兴机体上的文化基因，是绍兴文化

---

① 参见李永鑫主编《绍兴市非物质文化遗产读本·序》，西泠印社2007年版。

发展繁荣的源泉所在。

更为宝贵的是，这种长期流传、生生不息的文化基因，孕育、造就了绍兴特有的城市精神。在绍兴，或许一下子难以找到红极一时、腰缠万贯的巨贾豪富，但绍兴有着流芳百代、震撼人心的精神财富。这种精神财富通常都是通过杰出历史人物展现出来的。如大禹过门不入、为民造福的献身精神；越王勾践卧薪尝胆、发愤图强的胆剑精神；陆游忧忡为国、至死不忘的爱国精神；蔡元培兼容并包、海纳百川的博大精神；鲁迅俯首甘为孺子牛的精神；周恩来鞠躬尽瘁、死而后已的奉献精神等。他们的生平、他们的业绩，以及他们身上涌现出来的崇高精神，不仅受到市民的广泛认可、肯定、赞扬和崇敬，而且还通过展示遗迹、课堂教育、口碑传递，世世代代与绍兴人相生相伴在一起，成为市民的主流意识和心灵的最终归宿。"一个没有道义约束或没有市民属性概念的城市，即使富庶也注定会萧条和衰退。"① 绍兴则紧紧依靠城市赖以维系的精神支柱，撑起了城市的过去、现在和未来。当百姓需要的时候，它可以无私奉献；当事业需要的时候，它可以鞠躬尽瘁；当国家、民族生死存亡的时候，它可以挺身而出、赴汤蹈火。这种精神是绍兴人民的骄傲，也是中华民族的宝贵财富。

当然，这种城市精神，是绍兴传统价值观的历史延续，并且已经发挥和正在发挥着它特有的潜移默化的作用。但它又不是传统价值观的简单重复，而是自觉地、持续不断地接受着其他外来文化中的优秀部分，从文化的多样性中汲取营养，使之成为一种不断更新的、充满活力的、富有生命力的，在持续发展中具有独特个性的精神力量。由此迸发出来的社会凝聚力、进取精神、创新能力，便是绍兴的文化之魂，是城市发展中的精神支柱。

---

① ［美］乔尔·科特金：《全球城市史》，王旭等译，社会科学文献出版社 2006 年版，第 4 页。

三　绍兴城市史研究的路径和方法

（一）客观认识传统城市绍兴的基本特征

研究绍兴城市史，当然首先要对研究对象有一种清醒的认识，包括城市地理环境、历史沿革、城市性质、功能和布局、经济特点、文化个性、社会面貌、城市管理及其在中国传统城市中，特别是在城市的行政层级体系中所处的地位和影响力等。如果把城市比作万花筒，那么，通过玻璃片折射出来的五彩缤纷的各种"城市现象"，就应被纳入城市史的考察、研究范围之内。这或许是毋庸置疑的。然而，当我们做进一步的思考时会发现，既然把绍兴城作为一个独立的个体来研究，那么自古以来它在多大程度上保持了作为城市的独立性呢？尤其是在等级分明的中国行政层级体系中，我们的研究对象，究竟是不是从政治、经济、文化到社区、居民都是一个完整的独立体呢？回答都是否定的。

因为在中国，严格意义上的独立的城市，是民国时期才开始的。1918年，广州率先设立市政公所，1921年设市政厅，1925年设广州市。此举表明，从此开启了行政上独立的中国城市新纪元。此后，上海、南京、北京、天津、沈阳、武汉、西安、重庆等大城市和省会城市，相继设立。而当时的绍兴城，尽管在人口规模上已经超过某些省会城市[①]，但由于在行政层级上处于省会城市以下的地区中心城市，所以直到1949年绍兴解放时才设绍兴市。在此之前，我国的传统城市，也就是在传统观念里被城墙包围着的城市，从来就不是一个独立的行政实体，而是起着特定行政区划范围内的政治、经济、文化中心的作用而已。因此确切地说，这个由城墙围成的城市，是特定行政区划的一个中心地，即政治中心、经济中心和文化中心。在国人心目中，这种"中心地"观念，事实上远远强于"城市"观

---

① 以1949年城市人口为例：绍兴为10.85万人，南昌为4万人，长沙为6万人。

念,当城墙消失之后,人们仍然不由自主地说:"啊,绍兴,那是绍兴市的政治、经济、文化中心。"

在这里,"绍兴市"是行政区划名称,"绍兴"则指绍兴城,是绍兴市人民政府的驻地,按传统说法,便是绍兴市的"治所"。美国学者施坚雅在研究中华帝国晚期城市时,就发现了其中的奥秘,他说:"治所所在的城市是整个行政辖区的节点与象征,离开了辖区,它就没有独立的存在。治所以其行政区划名(包括类别名)来称呼……"[①] 这可以看作具有行政中心功能的中国传统城市的最大特点,也是中国传统城市与西方国家城市的最大区别。历史上绍兴城虽然是会稽郡、越州、绍兴府的治所,是会稽郡、越州、绍兴府行政区域的有机组成部分,又是会稽郡、越州、绍兴府的一个重要节点和象征,但绍兴城既没有自己独立的名称(与行政区划同名),更没有自己独立的行政机构,用现代话语来表达,就是没有自己独立的市政府,更没有城市的自治权,这是古往今来直至绍兴建市以前的现实。

这一无法回避的现实问题,对现代人认识和解读传统城市的肌体运营情况,造成了许许多多想象不到的困难。例如古代绍兴城内,城市的基层社会组织形态如何,是怎样管理的?城市的经济运营情况如何,是否有别于农村经济而独立存在?城市的文化生活、风俗习惯是否具有自身的独立性?城市的文化、教育、医疗资源,农民是否参与共享?城市的规划、建设和修缮,应该由谁来主持,经费如何解决?作为人口集中聚居地的城市公共事业是如何运作的?凡是与城市有关的社会、经济、文化、教育、医疗、治安、建设、维修等一系列问题,究竟由谁主持、管理,往往带有不确定性。

如果绍兴城本身是个行政实体,具有独立的行政机构和管理人员,那么上述问题该由谁来承担和解决,其职责应该是明确的。问题是,一方面

---

① [美]施坚雅主编:《中华帝国晚期的城市》,叶光庭等译,陈桥驿校,中华书局2000年版,第310页。

绍兴城本身没有独立的行政管理机构；另一方面长期以来绍兴城内驻有三个行政层级的四个行政机构，是四个衙门，同城而治。在四个行政中心同处一城的情况下，照理应该有个调节器，为切实解决上述城市问题而协调、处理好各级各个衙门之间的关系。

从绍兴的实际情况看，这种调节器只在元代出现过，名称就叫"录事司"[①]，"以掌城中户民之事"（《元史》卷九十一《百官志》）。而此前与此后，均无这类专设机构，因此在城市管理上表现为执掌无定、因时而异。如"唐末分运河（府河）以东之城属会稽（县）"（万历《会稽县志》卷四《治书·城池》），说明此时开始，城内实行山、会两县属地管理，而此前很可能是由浙江东道节度使或越州知州管理。但即使实行属地管理，一些重大事项如修筑绍兴城，仍由知州或知府来执掌，对此地方志都有明确记载。至于小规模修缮，则按属地原则，由知县去组织实施。此外，在传统赋税记录中，尽管绍兴城内也有相当可观的酒榷、茶榷、盐税、商税和其他杂税，甚至可能比其他县的数量要多，但从未给予单列记录。这也从一个侧面反映了传统城市没有独立性的基本特征。

以既不是独立的行政实体，又不是主要经济实体的传统城市为绍兴城市史的研究对象，虽然难度很大，但从某种意义上说，如果把县治史、府治史、州治史和郡治史写好了，那么绍兴城市史也就八九不离十了。因为实际上中国的传统城市，几乎都是行政层级体系中某一级权力机构的治所，这是任何一个传统城市的基本面。与其他城市不同，绍兴的特点在于，有三个行政层级的四个行政机构设在同一座城市里面，因此情况更为复杂而内涵更为丰富。我们必须面对这个现实，从实际出发，在内容、形式和方法上探索出一条适用于中国传统城市研究的路径和方法来。

[①] 万历《绍兴府志》卷一《疆域志》云："元府城四隅，不隶于县，别置录事司掌之。"（明）萧良干修，（明）张元忭、孙鑛纂，李能成点校：《万历〈绍兴府志〉点校本》，宁波出版社2012年版，第6页。

(二) 城市史研究的范围及其层次结构

这种没有自身独立性的城市特征，成了我国城市史研究中遇到的最大困惑和难点，造成在许多问题上无法划定明确界线，或给予必要的限制，留下了不少模糊空间。在确定城市史研究范围时，就遇上了这种尴尬。按常理，既然是研究城市史，其研究对象又是城市，城市无疑是研究的范围，说得确切点，城墙里面就是传统城市研究的核心范围。然而，事情并非如此简单。

因为城市是相对郊区、乡村而言的，最初是出于政治和军事目的，筑起了一道环绕四周的、高高的、厚厚的城墙。作为军事设施，当然是为了防御外来的侵略，而对于权力行使者来说，却是实行有效统治的需要。可就是这道城墙，把原来和谐一体的大自然，分割成城市和乡村截然不同的两部分。于是，从环境学的观点看，突出了开阔的田野与完全封闭的城市之间的差别；从社会学的观点看，突出了城里人与乡下人的差别；从人文学的观点看，更显示了城市文明与乡下落后之间的差别。这道具有城市标志意义的城墙，既是传统城市形成的重要条件，又是城市与乡村之间的正式分界线，而且还是促使城乡分离的"罪魁祸首"。

事实上城墙的作用和价值并没有想象中那么重要，它的"罪孽"也没有那么"深重"。现实生活中的城墙，并没有把城市和乡村截然分成两半，而是由于人类自身生存的需要，迫使城乡之间透过这道厚厚的城墙，产生了非常现实的、经常的、密切的关系，这就是城乡关系。其主要包括隶属关系、互利关系、互动关系，常常是我中有你、你中有我，是一种无法割裂的关系。

城市对于郊区或乡村，首先是一种行政上的隶属关系。虽然郊区或乡村不是辖属于城市本身，而是辖属于把官署设在城市里的某一级政府。绍兴城里所设官署，有县、府和路（州）三个行政层次，而且是层次越高，管辖范围越大。以南宋绍兴元年（1131）为例：山阴、会稽县署各管一县;绍兴府辖山阴、会稽、诸暨、萧山、余姚、上虞、嵊县、新昌八县;两浙东路辖绍兴、庆元、瑞安三府及婺、台、处、衢四州共42县。① 这种行政上的层层统辖关系,既是连接绍兴城与浙江境内三府四州的重要纽带,同时从某种意义上说,也是绍兴城市辐射力所能到达的地域范围。虽然行政管辖范围与城市辐射范围,由于各种原因造成了两者的不一致性,但在行政层级高低决定城市地位的传统社会里,两者的一致性仍然是主要的,对城市的发展仍然具有决定意义。

其次是城市与乡村的互利关系,主要表现在经济生活的方方面面。乡村生产的粮食、蔬菜、水果,农副业产品中的猪肉、禽蛋、鱼虾等,已经构成了城市居民日常生活的组成部分。而城市手工业以及府学、商店、医疗等服务性行业,如织成的布袜、制成的生产工具和生活器具,府学提供的求学环境,医生提供的医疗服务,商店里琳琅满目的各种商品,则构成了乡村农民日常生活的组成部分。农民把农产品用自备的农用船源源不断地送往城市,又从城市运回日常生活必需品,以及柴灰、粪便、垃圾等作为农家常用的有机肥料。城市居民也常去乡间扫墓、走亲、访友和游山玩水,一些富裕人家还到乡村购置田地房产,他们既是城里人又是乡下人。城市尽管富有,但解决吃饭问题还得靠农村、农民、农业;城市尽管繁荣,但这种繁荣毕竟植根于农村、农民、农业的发展与进步。这种以互利为基础构筑起来的城乡关系,只要有城市存在,就不会消亡。

至于城市与乡村的互动关系,在文化领域里可以说是表现得十分充分。当我们关起城门大谈城市文化时,仿佛觉得物质形态的历史建筑、文物古迹、生活器具和非物质形态的戏曲、绘画、书法、工艺品、习俗等,都是城市文化,因为城里确确实实存在着。然而当我们打开城门,引进农村文化、地方文化或区域文化概念时,又会觉得我们原来心目中的"城市文化",其实与"农村文化"似乎没有本质上的区别。举例说,绍剧是流

---

① 参见任桂全总纂《绍兴市志》第1卷《建置》,浙江人民出版社1996年版,第124页。

行于绍兴及周边地区的地方剧种，无论城里或乡下，都有演出活动，都受到市民和农民欢迎。你说绍剧是城市文化还是农村文化？所以施坚雅先生提出了"传统中国有没有独特的城市文化"[①] 的命题，他的结论当然是肯定的。产生这种疑惑的原因，可能是由城乡文化互动的结果所致。城市文化向乡村扩散，乡村文化向城市进军，在相互交流中共同提高，以致缩小了原本存在的差距，实际上这就是城乡文化互动的结果——产生了城乡"共有"文化。因此在某种条件下我们只能说，同一种文化形式，流行在城市时，就是城市文化，流行在农村时，就是农村文化。如果说有区别，那就像演绍剧，市民特别是士大夫阶层追求的是"雅"，而农民更喜欢的是"俗"，雅俗共存，将是历史发展的必然依归。

总而言之，城乡之间的关系是多种多样的，以上提到的行政上的隶属关系、经济上的互利关系、文化上的互动关系，只是其中的一些主要方面。但即便如此，城乡之间那种牢不可破的紧密关系已经告诉我们，如果把划定城乡界线的城墙，作为确定城市史研究范围的依据，那无疑是一种脱离实际的美好愿望。本书因此认为，传统城市史研究范围，尤其像绍兴这样的古老城市，有必要从三个层面做出综合考虑：

首先是"核心层"。即用城墙围着的里面又住着市民的地域范围，便应当是城市史研究范围的核心层。因为传统城市所必须具备的基本要素，如宗庙、社稷坛、衙门、坊市、街衢、民居、工场、作坊以及宗教活动、军事训练、集会广场等设施，毕竟大都集中在核心层里。这些毫无疑问是城市史研究的核心内容和重要组成部分，是绝对无法回避的现实，否则将是舍本逐末的徒劳之作。

其次是"有机层"。从绍兴城的历史情况考察，尽管城里驻有三个行政层级的权力机构，但是真正与城里关系十分密切的，则是山阴县和会稽县。两县不仅与绍兴府、两浙东路同城而治，其"首县"的地位，是其他

[①] [美] 施坚雅主编：《中华帝国晚期的城市》，叶光庭等译，陈桥驿校，中华书局2000年版，第317页。

任何县都无可替代的。而且除行政隶属关系外，两县乡村与绍兴城在经济、文化上的互利、互动关系以及人员交往，比其他府、县占有更多的天时、地利、人和优势，是路与属县、府与属县关系中，交往最多、最广泛，也最密切的，是一种非常自然的城乡有机联系。对于城市史研究来说，没有理由把这种有机联系排除在外，因为实际上城市发展是无论如何离不开这个"有机层"的。

最后是"辐射层"。作为我国行政层级体系中的重要节点城市的绍兴，行政层级的丰富性，必然对城市的辐射范围产生影响。透过行政权力的运作，县治对于县域的辐射，府治对于府域的辐射，路治对于路域的辐射，是很自然的城市现象。有趣的是，这三种辐射力的出发点，却都在同一个地方，即绍兴城，这对于城市的影响力和发展的内动力，或许是十分重要的。尤其是在以行政中心为我国城市主体的年代里，我们不得不去考虑这种行政功能在城市史研究中的分量，把辐射层纳入城市史研究范围，以便使研究的结果更接近历史真实。

（三）城市史研究的基本内容与方法

提起城市史研究内容，我们会很自然地联想到城市理论家刘易斯·芒福德的"容器"说，他在精心研究的基础上提出："城市无非就是一个容纳各种容器的一个巨型容器。"① 在他看来，城市首先是一个"巨型容器"，里面则容纳着各种各样大大小小的容器，容器里面又贮存着各种各样的内容物。从小容器、中容器、大容器到巨型容器，构成了城市内涵的方方面面，这或许可以成为我们解读城市的一把钥匙。因为如果把城市比作一个"巨型容器"，那么，它至少包含了三方面的结构性内容：一是容器的外部环境，即通常所谓的城市地理环境；二是容器本身，即人们常说的城市形态；三是容器内部构成，也就是城市生态系统。对于城市而言，这些都是

---

① ［美］刘易斯·芒福德：《城市发展史》，宋俊岭、倪文彦译，中国建筑工业出版社2005年版，第16页。

最基本的方面，是一个完整的系统，也是城市史研究的基本内容，三者缺一不可。

首先，我们无法否认地理环境在城市形成和发展中的重要作用。实际上，任何一个城市都是以特定的地理环境和自然条件为依托的，包括区域位置、土地面积、自然资源、气候条件等。一个城市的形成、发展和延续，离不开特定地理环境的支撑作用；一个城市的萎缩、退化和消失，同样也与地理环境的变化（包括环境容量、环境质量的变化）有着密切联系。西周都城沣镐、秦都咸阳和汉都长安，由于地理环境的剧烈变化，使这些历史上声名显赫的大都会彻底消失，而成了考古学家的兴奋点。而建成时间早于秦都咸阳和汉都长安的越都城，在经历了地理环境变迁和长达25个世纪时间考验之后，依然屹立未动。

这当然只是地理环境对于城市影响力的两个突出例子。在多数情况下，由于地理环境的差异性，使不同城市在发展快慢和规模大小上拉开距离，则是常有的事情。以绍兴与天津相比较，绍兴城是始建于公元前490年的越国都城，而天津到了明朝永乐初年（1404—1405），才开始建立天津卫所[1]，即相当于当时绍兴的三江卫所。但在此后数百年间，天津除社会、政治、经济等因素外，凭借其优越的地理环境、港口条件和畿辅之地的区位优势，迅速发展成为我国北方屈指可数的大都会。到新中国成立前夕，当绍兴还只是十万人口的小城市时，天津已经成了人口超过200万的特大城市。

实际上地理环境的作用，除直接影响城市的生存和发展外，还表现在其他许多方面。由于人类的生产、生活以及各种社会活动，都是在特定的地理环境中进行的，于是就产生了特定的人地关系。而这种特定的人地关系，经过千百年的不断创新、积累和整合，形成了绚丽多彩的城市文化。这种城市文化又表现出强烈的历史继承性，形成了华夏文化的多元特点。所以，历史地理学家陈桥驿教授说："在城市研究中，历史学家必须重视

---

[1] 参见罗澍伟主编《近代天津城市史》，中国社会科学出版社1993年版，第22页。

地理环境的作用，也正如地理学家必须重视历史沿革的意义一样。否则，城市研究总是带有片面性的。"①

城市史研究的另一个重要内容是"容器"本身，也就是城市自身的形态演变。城市是一个空间载体，承载着市民对于各种物质生活和精神生活对空间的需求，并通过城市形态反映出来。然而，随着时代的进步、社会的发展、文明的提升，人们对于空间组织不断提出新的要求，促使城市作为一个容器，不断地变化着它的尺度和外表，以满足变化了的各种社会需求。因此可以认为，城市的发展历史，实际上是一部城市形态的变迁史，是对城市的内部结构和外部形象不断进行调整、充实、丰富、完善的历史。在这过程中，先是进行规划调整，从城市的总体布局、市政公共设施到城市生态系统组织，使之与时代同步，更大范围内满足政治、经济、文化和社会需求。再是通过对城市内部用地结构与功能布局的优化处理，使城市的物质环境得到改善，包括城市中大规模的、静态的、永久的物质实体，如城墙、城壕、城河、桥梁、码头、街道、衙门、寺观、书院、民居、山丘、绿化等，从形制、结构、质量到风貌，构成相对完善的形态系统。另外，作为具有悠久历史的传统城市，在推进上述各种形态变化过程中，还必须高度重视对那些充满历史记忆的物质形态和非物质形态遗产的保护和修缮。因为只有这样，才能使历史得到延续，文化得到传承，城市的价值观和精神风貌，不致因城市形态变迁而消失。可见，研究城市形态演变历史，亦即"容器"演变历史，无论对城市规划师还是城市史研究者来说，都是很有意义的，是不可或缺的。虽然目前我国城市史研究中对于城市形态变迁史的研究还远远不够，但已经引起愈来愈多的专家学者的重视。我国建筑学家和城市规划学家吴良镛教授就希望加强城市形态史研究，他提出在重视中国城市发展的区域性研究的同时，"我们还应该加强城市技术史、交通史、风俗史、思想史、文化史、军事史以及城市与历史

---

① 陈桥驿：《中华帝国晚期的城市·后记》，中华书局2000年版，第829页。

地理等相联系，综合研究"①。

城市史研究还有一个基本内容，就是对城市生态系统的研究。城市作为"巨型容器"，其内容物的丰富多样，确实让人眼花缭乱，目不暇接。从城市人口的宗族、繁衍到流动，从家庭、社区到社会管理，从行会、社团到政府机构，从商品生产、运输到销售，从医疗、教育到文化事业，从娱乐、信仰到城市精神，从城市的规划、建设到管理等，以及由此引发的各种矛盾，如人类活动与生态平衡之间的矛盾、生产与生活之间的矛盾、经济发展与环境容量之间的矛盾等，都是城市生态系统中的有机组成部分，自然也是城市研究的重要内容。

问题是如此丰富的城市"内容物"，是不是事无巨细，都在研究之列？在大量丰富的事实面前，是不是应该有重点？在与其他城市的横向比较中，是不是有必要突出个性？这些都考问着城市史的研究者。不过，有意思的是，面对上述各种内容和问题，不同学科的专家都有自己明确的意见。如历史地理学家提醒要重视地理环境的作用；城市规划学家希望加强城市形态史研究；社会学家主张把城市作为一个社会整体来研究；经济学家则强调把城市当作一个经济体来研究；当然也有人主张把城市发展当作城市化的过程来研究。这些从不同角度提出的主张和建议，实际上反映了城市研究的复杂性和综合性。

其实，对于城市个案研究来说，在综合考虑上述各方面因素的同时，更应该从个案的实际出发，通过纵向比较和横向比较，找出不同历史时期或发展阶段上的重点和特点内容进行研究，可能更有意义。因为从纵向看，一个城市在不同的历史发展阶段，由于内部和外力作用的不同，城市发展的重点、特点和方式也不尽相同，从而构成了特定历史阶段城市史内容的重点和特点。如果从横向看，不同城市由于所处地理环境、资源配置和内部驱动力等方面的差异，在发展方向、规模和重点上可能有区别，这

---

① 吴良镛：《中国城市史研究的几个问题》，《城市发展研究》2006年第2期。

就必然影响城市史内容的选择和取舍。前面所说的绍兴与天津,如果要找出它们不同时期各自的发展重点,毫无疑问天津应该以城市近代化和近代化城市为重点,而绍兴则应当以城市文化的保护、传承和延续为重点。这是从实际出发进行城市个案研究的必然选择。

然而,无论做出何种选择,有一点却是共同的。即从城市地理环境、城市形态变迁到城市生态系统都是城市史研究必须直接面对的,也是对城市兴衰历史进行系统的、整体的、全方位的研究所不可或缺的。这种城市研究客体内涵的丰富性、复杂性,城市功能的多样性、综合性,城市生态的互补性、整体性,本身就需要研究主体具有多学科的立体式知识结构和发散式的思维视角。这就决定了城市史研究在方法和视野上必须具有多维、交叉、综合等特征。

主张用多种学科方法研究城市史,是学术界早已达成的共识。至于究竟采用哪些学科方法,以谁为主,如何运用,似乎各有各的表述,笔者以为,涂文学对第二届全国城市史研讨会有关研究方法及其运用的概括性表述,是具有代表性的。他指出:

"当我们研究城市的起源及其生态环境、人文环境时,不可避免地要兼收文化人类学、自然地理学、经济地理学、文化地理学、生态学等学科的研究方法;当我们解剖城市社会时,我们必须让社会学与历史学联姻,运用社会学中的个案分析法、材料组合法乃至模型设置等方法,来研究城市社会结构、社区、城市病等;当我们描述城市人文景观和勾勒城市文明特征时,我们只有借助建筑学、规划学、园林学以及某些工程技术知识,才能驾驭这些有异于传统人文科学的研究;由于当代城市科学要求在更广泛、更精确的程度上揭示城市历史的真实图景,因此对定量分析产生了迫切要求,这就导致将数学、统计学的手段乃至现代概率论、数理统计、模糊数学等新学科应用于研究中。"[①]

---

① 涂文学:《"第二届全国城市史研讨会"述评》,《城市史研究》第5辑,天津教育出版社1991年版,第31页。

不过在采用不同学科方法进行综合研究时，也有以下几点需要注意：一是城市史作为现代史学的分支学科，在城市发展线索、动力、内涵、分期、规律以及论叙方法等探索中，与其他学科相比，应该较多地注意吸收传统史学的理论与方法，因为离开了史学基本范式的研究结果，是城市史研究所不愿看到的。二是城市史的方法论不能脱离中国传统哲学的整体观，因为从容器的外部环境、容器本身到容器内部的生态系统，都是构成城市整体的有机部分，其中的任何一点，对于城市整体来说，既不可或缺，也不可替代。如果试图以城市生态系统中的社会生态史或经济生态史来替代城市史，那将是有悖于城市整体史观的。三是城市史研究方法也要注重创新。尽管国外城市史研究的理论和方法在许多方面值得我们学习和借鉴，但是从总体上看，我国的城市发展道路与国外的情况具有很大区别，这就决定了我们在认真学习、借鉴的同时，还要不断创新，探索出一整套适合于我国城市发展道路的城市史研究理论与方法。

（四）绍兴城市史研究的主线与历史分期问题

研究客体内涵的丰富性、复杂性、综合性和整体性，实际上已经向研究主体提出了这样一个问题，即如何透过纷繁复杂的城市现象，理清头绪，找出一条贯穿城市发展过程的主要线索或发展主线。这不仅对于城市总体发展史、区域城市发展史研究是必要的，对城市个体史研究同样也是必要的。因为就城市个体而言，无论它是具有千年历史的传统城市、19世纪兴起的近代城市，还是当代发展起来的新兴城市，都有它自身独特的形成、发展过程和轨迹。城市史研究的使命和责任，就在于以城市过去的存在和经历及其各个侧面为研究对象，依据从环境、容器到内容物等方面尚存的实物和留下的史料进行考证和解释，还原或再现城市居民过去的一切行动、思想和成就，寻找历史进程的规律，以指导未来的城市化进程。

由此可见，城市自身的发展轨迹，无疑应该成为城市史研究的主线。由于对城市史研究的对象、范围、内涵各方面存在不同认识，因此在研究主线的把握上也存在不小的差异。有的学者从城市史与地方史的区别入手，主张城市史应该更加着眼于全社会，并通过对城市社会文明的深层结构予以透视，从而勾勒出城市社会文明在时间与空间上的独特风貌。由此认为对城市社会、城市文明的演进和特点的把握与研究应为城市史研究的主要线索。也有学者从社会、经济、政治、思想、文化的近代化过程中受到启发，认为城市史研究应以揭示城市结构和功能的发展演变为基本内容和线索。另外有更多的学者认为，近代城市化和城市近代化问题无疑应该成为中国近代城市史研究的主要内容和基本线索，唯其如此，才能较为准确地把握近代城市发展的历史规律。① 当然也有主张以城市化进程为城市史研究主线的。

事实上不同城市个体有着不同的城市起点和发展经历，寻求城市发展主线，最好还是从城市个体经历中去寻找答案。比如绍兴，既不是现代城市，也不是近代城市，而是有着悠久历史的传统城市。作为传统城市，绍兴虽然也经历过城市近代化的历史阶段，但那只是受到过一些影响，本质上仍然是封建时代流传下来的古老城市。对于这样的城市，如果以近代城市化和城市近代化为研究主线，显然是不适合的，也是无法接近绍兴城市发展本质规律的。同样道理，绍兴目前正经历着城市化和城市现代化的重要历史阶段，处于城市化的快速发展期。如果以城市化进程为绍兴城市史研究的主线，对揭示当代城市发展的某些规律或有可能，但对遥远的过去也许将无能为力，甚至毫无意义。因为始终保持城市的相对稳定性，是绍兴城市发展中最显著的特点之一，这与通常所谓的城市化进程是格格不入的。这方面，美国学者施坚雅就很聪明，他说："在前现代时期要谈论什么全中国城市化的比例，几乎是毫无意义的。"② 而以城市社会、城市文明

---

① 参见涂文学《"第二届全国城市史研讨会"述评》，《城市史研究》第5辑，天津教育出版社1991年版，第25—26页。
② [美]施坚雅主编：《中华帝国晚期的城市》，叶光庭等译，陈桥驿校，中华书局2000年版，第242页。

的演进和特点为主要线索的主张，或许比较接近传统城市的研究路径，但仍表现出比较浓烈的城市社会史研究倾向，与绍兴的城市发展历程及其城市个性之间，有许多方面是难以沟通的。

所以本书认为，进行绍兴城市个体研究，应该有一条从绍兴自身成长史中提炼出来的发展主线，这就是：以把握和探索城市文化的创造、积累、延续和城市文明进步及其规律为绍兴城市史研究的主线。因为城市作为人类文明的结晶体，从它诞生那一刻起，就无时无刻不在创造着人类独特的文化，并且通过物质的和精神的形式表现出来，可以说是无时不在、无所不在，如影随形，不断地推动着城市文化的发展和城市文明的进步。城市的形成和成长过程，实际上就是人类文明的结晶过程。从某种意义上说，这个结晶过程越长，人们创造和积累文化的机会愈多，留下的文化形式和内容也就愈丰富。假如有人问，2500年给绍兴留下了什么，借用外地人的亲身感受来形容，就是留下了"一座没有围墙的历史博物馆"和"一部打开着的线装书"。假如有人问绍兴究竟是座什么样的城市，尽管可以有各种各样的回答，但是说绍兴是座"文化城"，或者"文化圣城"，恐怕是最为确切的。因为绍兴在文化创新、积累、延续和文明进步等方面的丰硕成果、杰出成就，特别是像王充、王阳明、鲁迅、蔡元培等创造的精神文化和对华夏民族所做的贡献，恐怕是某些人口超百万的大城市所无法相比的。

绍兴是一座名副其实的文化城，究其原因，客观地说是城市的容器功能得到了较好发挥。刘易斯·芒福德把城市比作"巨大容器"，又将它比作"磁体"，在讲到两者功能大小时他说："在城市发展的大部分历史阶段中，它作为容器的功能都较其作为磁体的功能更重要；因为城市主要还是一种贮藏库，一个保管者和积攒者。城市是首先掌握了这些功能以后才能完成其最高功能的。即作为传播者和流传者的功能。"① 绍兴的优良业绩就

---

① ［美］刘易斯·芒福德：《城市发展史》，宋俊岭、倪文彦译，中国建筑工业出版社2005年版，第104页。

在于城市从一开始就成了表达和释放绍兴人的创造性欲望的场所，成了人类文化、艺术、思想、宗教乃至技术的集中地，并且有人保管，有人积攒，使传播者、流传者的功能也获了淋漓尽致的发挥，最终成为一座名副其实的文化城。这既是绍兴城市自身特点所在，也是绍兴确定有别于其他城市研究主线的理由所在。

对于有着25个世纪城市史的绍兴来说，与这条主线相生相伴的，还有一个漫长的历史进程。而历史首先是一个时间的过程，正如绍兴从越都城、罗城、宋城到当代的绍兴城，整个城市的历史运动都是在时间中演化完成的，并且烙下了深深的时间印记。然而历史发展本身有着不同的时间节奏，诸如城市的兴起、快速发展、到达巅峰、趋向平稳、缓慢衰落等变化轨迹，都是通过时间节奏反映出来的。因此，按照时间节奏，把城市发展过程划分为若干个历史时期，不仅是必要的，也是可能的，而且更有利于对城市发展规律的把握。

绍兴城市发展历程，总体上比较平稳，没有出现过大起大落的局面，其稳定性甚至超出人们的想象。但在时间演进过程中，也存在着兴衰起伏之类的阶段性特点，并且在曲折中稳步前进。造成这种曲折的原因可能是多方面的，其中有经济的、社会的、军事的，但主要还是取决于政治因素。因为在传统城市中，行政层级的高低，决定了城市的等级与地位，而城市的等级与地位又直接影响着城市的成长与发展，常常是治所的行政层级越高，城市的发展机遇也就越多。虽然地方性城市的初建、修缮和扩建，多数情况下须经上级乃至中央政府的批准，但在审批过程中，又往往视治所的地位高低，从经费等方面予以优先或从优考虑。因此，对于传统城市特别是处于行政层级体系中的传统城市，其兴衰起伏实际上是以行政当局的意志为转移的。从城市发展的进程看，这恰恰成了我们按照时间节奏划分城市发展历史时期的最好依据。以此为出发点，我们将绍兴城2500年的经历划分为六个历史时期，这就是：

（1）越国都城时期（前490—前221），从春秋末到战国末，先后

270年。

（2）会稽郡城时期（前221—605），历秦汉魏晋南北朝，先后826年。

（3）越州州城时期（605—1131），历经隋唐五代至北宋，先后527年。

（4）绍兴府城时期（含路治）（1131—1912），历南宋及元明清各代，先后782年。为充分反映这一时期的历史，具体又可分为宋元、明、清三个阶段。

（5）绍兴地区中心城时期（1912—1983），这是绍兴由传统向现代的转型期。

（6）绍兴市时期（1983—　）。需要说明的是：①之所以在三个行政层级中，选择郡、州、府这一中间层级为分期依据，主要是这一层级的行政建制设置时间长、机构稳定，又有代表性；②个别中间层级如吴州、绍兴路，因为相对设置时间较短，故不做单独分期，与相关时期合并。

四　绍兴城市史研究资料述评

从资料上看，对于传统城市的研究，远比近代城市、现代城市的研究困难。这主要出于两方面的原因。一些近代城市、现代城市既有档案等大量文书资料，又可以现有的实物为证，而且离事件发生的时间很近，便于查对核实。传统城市却不同，能够反映城市基本要素的资料，如人口、用地规模、空间组织、街巷结构等，往往因时间久远而很少流传，即使在目前能够获得的有限资料中，大部分也只是性状描述，对于城市的建成时间、城市规划、历史地位等，语焉不详，或彼此矛盾。而绍兴却是个例外，正像陈桥驿教授所说："在我国的大量古代城市中，也有一部分城市，它们的历史记载完整，数据可靠，具有进行各种研究的有利条件，而研究所得的结论明确，为学术界所公认。这类城市，无论在城市形成、发展的过程以及城市规模，历史地位等方面，在国内外都已众所周知。绍兴就是其中之一。"①

（一）实物资料

多数情况下，人们研究传统城市特别是先秦城市史时，总是习惯于把目光投向考古。一位国内城市史研究专家到绍兴，就提出想看看越都城考古遗址；② 一本研究古代建筑文化的著作也说："越国都城会稽城址，位于会稽今浙江省绍兴市一带。因未经大规模的考古发掘，所以城垣建筑情况尚不清楚。"③ 这里我们并没有责怪的意思，只是想告诉他们一个事实：今绍兴城是在越都城基础上发展而来的，越都城城址至今还在延续使用，对此进行系统的、全面的、大规模的考古，显然是不可能的。但这对于城市史研究来说，却是令人振奋的，因为绍兴有着比考古资料更为可靠和珍贵的实物资料。

所谓实物资料，主要包括文物和遗址两部分，这是绍兴的优势所在。文物是"人类生活的遗留痕迹"。从广义上说，文物是人类活动的取样，如生产工具、生活用品、货币、纹帐、衣服、装饰品、武器、艺术作品等，是个无所不包的概念。遗址是指过去人类活动的各种居住和活动地点的遗迹，例如住址、村落城池、宫殿、庙宇、作坊、墓葬等。④ 绍兴作为历史文化名城，其本身就是最大的历史文物和最大的历史遗址，应该属于第一手的原始资料。因为绍兴今城与当年范蠡所建的越都城之间，虽然时间相隔已达 25 个世纪，但两者之间仍在许多方面保持着连续性，甚至"同时性"。如城内九座小山中的种山、蕺山、怪山，还是当年的小山，其余六座小山上虽然建起了房屋，但仍通过地层结构和地名载体保存了下来。这些与范蠡建城时同时存在的小山，既是历史的见证，又是研究越都

---

① 陈桥驿：《论古都绍兴》，《吴越文化论丛》，中华书局 1999 年版，第 383 页。
② 这位专家，是通过绍兴文理学院的一位老师打电话来问的，当时我回答说："越都城现在还活着，地址就在你脚下，如果问它有多大，坐车绕环城路一圈就知道了。"
③ 赵安启、王宏涛：《史记与中国古代建筑文化》，陕西人民教育出版社 2000 年版，第 53 页。
④ 参见杨豫、胡成《历史学的思想和方法》，南京大学出版社 1999 年版，第 229 页。

城的地理坐标,显然属于第一手的实物资料。正是由于这些实物资料的存在,我们才能理直气壮地说:绍兴2500年城址未变。

当然,现存的能够见证绍兴城市发展史的实物资料,远不止这些自然实体。其中有已经列入文物保护单位的古遗址、古建筑、古墓葬以及古器物;有秦汉以来留下的摩崖题记、碑碣墓志、石刻造像,特别是宋元以来的各种修城碑记;有新中国成立后在城市建设过程中发现的各种遗址和器物;还有那些已经流传使用达一两千年的历史地名,古人绘制的山川、城池、衙署、庙宇以及名胜古迹示意图,同样传递了具有重要价值的历史信息,这些都应列入实物资料范畴而引起足够重视。

(二) 文献资料

有关绍兴的文献资料,特别是地方文献资料,是十分丰富的。当代绍兴乡贤陈桥驿教授以非凡的毅力,先后用近20年时间,对绍兴地方文献进行考录并集腋成裘,奉献给学术界。考录分方志、名胜古迹游记、水利、图说、地名、城镇建设、物产经济、灾荒、语言、军事、人物、学校、寺观、庙宇、祠堂、陵墓以及汇编、总集等十八类,达一千余种,陈先生还是感到不够完善。① 绍兴素有"文物之邦"的美称,另一位当代乡贤柯灵深有感慨地说:"历史的升华,累积为悠久的文明,绍兴所拥有的文化遗产,真可以算得是'富可敌国'。"②

对于绍兴来说,可供城市史研究之用的文献资料,一是范围广,二是内容丰富。如在我国早期的史籍中,对于越部族有较详记载的,就有《国语》和《史记》等。前者有《越语》上、下两篇,记录了于越部落及其越国的兴衰历程。后者专设《越王勾践世家》篇,作者司马迁年轻时,专程"上会稽,探禹穴"(《史记》卷一百三十《太史公自序》),进行实地

---

① 参见陈桥驿《绍兴地方文献考录》,浙江人民出版社1983年版,第5页。
② 参见柯灵为《中国历史文化名城丛书——绍兴》一书所作序言,发表时题为《献词(代序)》,中国建筑工业出版社1986年版。

考察，记载当然更为珍贵。二十五史中的人物传，特别是那些会稽太守、绍兴知府或山、会县令的传记，多少也能提供一些有关绍兴的历史信息，如南朝宋初山阴令顾恺之传中所谓"民户三万，海内剧邑"（《宋书》卷八十一《顾恺之传》），就一语道破了当时绍兴的繁华和在全国的地位。还有不计其数的历代绍兴籍和非绍兴籍的文人墨客，如东汉王充，东晋谢灵运，唐代李白、杜甫、元稹，宋代陆游，明代徐渭、张岱，清代李慈铭、平步青、赵之谦和民国以来鲁迅、周作人兄弟等，他们无不以自己所见所闻为依据，运用诗歌、散文、碑记、书信、日记等形式，反映不同时期绍兴的社会风情、经济活动、城市风貌、传统习俗等，都是非常有价值的城市史研究资料。特别是那些约请当时名人撰写的修城碑记，如北宋毛维瞻所撰的《新修城记》（该文收录北宋孔延之编《会稽掇英总集》卷十九），元代杨维桢所撰的《绍兴新城记》（该文收录《东维子集》卷十二）、黄缙所撰的《绍兴路新城记》①，清代俞卿所撰的《重修府城记》（该文收录雍正《浙江通志》卷三十四《城池》）等，更是直接记录每次城市修建情况的第一手珍贵资料。

在现存的绍兴地方文献中，有不少具有很高的文献价值，其意义已经超出地方而成为全国性的重要文献，如《越绝书》《吴越春秋》《会稽掇英总集》等。《越绝书》和《吴越春秋》实际上是我国两部古老的历史文献，尽管直到今天，有关《越绝书》的成书时代、作者、书名、卷帙和《吴越春秋》的成书时代、作者、版本等问题还在争论之中，其"引用价值"也受到质疑，还有人提醒："由于它们成书的时间较晚（都在东汉时期），而且其作者不明，所以我们在引用它们作文献考证时应当特别小心谨慎"②。但所有这些争论，其实都不是围绕两书的内容的真实性而展开的，应该不会影响其本身特有的文献价值。两书的作者都是山阴人，记载

---

① 该文收录《绍兴图书馆馆藏地方碑拓选》，西泠印社出版社2007年版。
② ［美］熊存瑞：《中国古代城市史研究的新成果》，蔡云辉译，《城市史研究》第23辑，天津社会科学出版社2005年版，第316页。

的又都是春秋战国时代吴越两国的历史,对于越都城和吴都城的记载也特别翔实,为它书所未见。虽然两书载体形式不同,前者以地方志形式记载两国历史,后者用编年史形式记载,但在记载越王勾践生聚教训、兴越灭吴、称霸中原和发展生产、流通货品、保障民生等方面,都是一致的,而且颇有波澜壮阔的气势。尤其令人感到惊异的是,两书所载的越中山川、地理、城池、物产、地名、方言等内容,与现实存在进行一一比照后发现,几乎没有发生大的差异,在史料上表现出非常强烈的"同时性",以致我们无法怀疑两书的真实性,倒是这种"同时性"使我们相信:这是信史!

(三)地方志与谱牒

地方志是绍兴地方文献中的大头,据陈桥驿考证,绍兴历史上修纂的地方志多达140余种,目前存世近一半①,这对绍兴城市史研究来说,是一个极为重要的资料宝库。

绍兴有"方志之乡"的美称,这不仅是因为我国地方志之祖——《越绝书》诞生在这里②,同时这里又是我国方志学奠基人章学诚③的故乡。自《越绝书》问世之后,修志之举,赓续相继,还涌现了如南朝《山居赋》、南宋《会稽二志》、明万历《绍兴府志》、清乾隆《绍兴府志》等一批名志佳作。不过令人遗憾的是,在历代所修志书中,已经失传过半,特别是宋以前的志书,如东汉谢承的《会稽先贤传》,三国朱育的《会稽土地记》,晋代虞预的《会稽典录》、孔灵符的《会稽记》以及唐至北宋时期的各种越州图经,均已亡佚。虽然鲁迅在辑录会稽郡故书时发现了不少逸文,觉得很有价值,"书中贤俊之名,言行之迹,风土之美,多有方志所

---

① 参见陈桥驿《绍兴地方文献考录》,浙江人民出版社1983年版,第1页。
② 乾隆《澄城县志》洪亮吉序与乾隆《醴泉县志》毕沅序均云:"一方一志,始于《越绝》。"转引自陈桥驿《绍兴地方文献考录》"越绝书"条。
③ 章学诚(1738—1801),字实斋,会稽人,史学家、方志学家,代表作有《文史通义》等。

遗，舍此更不可见"①，于是都编入由他辑录的《会稽郡故书杂集》。但这毕竟只是片鳞半爪，无法窥见其全貌了，无形中增加了相应时段内的资料收集难度。

值得庆幸的是，南宋以后成书的地方志书，大多还是被保存了下来，其中被编入《绍兴丛书》第一辑《地方志丛编》的就有21种，分10册予以影印出版。② 这些志书从总体上说，门类齐全、内容翔实、体例完善，是我国地方志走向成熟定型后的产物，具有较高的编纂质量和使用价值。各种志书包括绍兴府志和山阴、会稽两县县志，对府城或多或少都有记载，只是名目不同而已。如南宋嘉泰《会稽志》以条目形式记事，有关城市的条目就有：城郭、子城、府廨、金厅、教场、军营、仓库、街巷、馆驿、邮传、狱、市、社、县社、社仓、学校、县学、贡院、宫观、寺院、戒坛等。此外，也有不少门类或类目，虽然不是为城市而专设，但其中确实含有城市的内容，如户口、贡赋、课税、和买以及古迹、园池等类目下，既含城市的，也含农村的，使用时需要细心加以区别。

如果说，地方志能为城市史研究提供较多的城市地理环境、城市形态以及城市生态系统方面的资料，那么，从谱牒中或许可以更多地找到有关人口迁徙、繁衍、婚姻、生育、教育、就业、交往、风俗、礼仪以及宗族、祠堂、族产、坟墓等城市社会生态方面的资料。据对绍兴、杭州、上海、北京等地公共图书馆和本地档案馆以及少数个人收藏者的调查统计，绍兴府城与山、会两县，现存宗谱为79氏、373部③，估计民间收藏将超出此数。这些谱牒，一般对于本家族先辈于何时何地迁至何地都有详细记载，同样道理，对本族子孙于何时迁往何地通常也被记及，这样就比较完

---

① 鲁迅：《会稽郡故书杂集·序》，《鲁迅辑录古籍丛编》第3卷，人民文学出版社1999年版，第236页。

② 《绍兴丛书》，是由绍兴县人民政府、国家图书馆和中华书局组织力量编印的大型地方文献集成，计划分十辑影印或排印出版。第一辑《地方志丛编》十册，已于2006年12月出版。

③ 其中收藏于绍兴、杭州、北京等地图书馆和绍兴县档案馆的家谱，计56姓氏、175部；收藏于上海图书馆的为61姓氏、198部。除去重复姓氏，两者合计为79个姓氏、373部家谱。参见《上海图书馆馆藏家谱提要》和《绍兴县志》。

整地反映了该家族迁移的历史。靖康之难以后,大量北方人南下江浙等地定居,绍兴当然是他们定居的首选地之一。据对《上海图书馆馆藏家谱提要》统计,在该书著录的绍兴府城及山阴、会稽两县共计61个姓氏的198部家谱,其中28个姓氏,就是南宋时通过各种途径辗转迁来绍兴定居的。在后世子孙中一部分继续留居绍兴,另一部分又外迁各地,如会稽日铸宋氏,南宋初年落户会稽,至南宋嘉泰末年有宋绪者始迁山阴江头。据纂修于清咸丰十一年的《山阴江头宋氏世谱》载:"后世分迁至兴州左屯卫、萧山东泾、越城清道桥、海宁江北沙地、杭州天水桥、盛京、余姚方桥镇、直隶平泉州、直隶天津府等地。"① 如果将此类资料积累起来,再运用科学的分析或计算方法,就能获得城市人口时间分布或地域分布的结果。

当然,地方志和谱牒也有它的局限性。地方志不光是当代人记当代事,还要追溯历史、引用其他资料,所以在一般情况下,记叙当地、当代的事件或人物状况时,比较可信,因为著述者占有地近、时近的有利条件,便于核实。但在引用资料、追溯历史时,由于受资料本身可信度和引用者自身主观愿望等因素的制约,难免出现差错而影响到志书的价值。特别是地方志是官修之书,在一些问题上恐怕也得受长官意志或时代风尚的左右,出现一些不该发生的事情。与地方志一样,谱牒类文献资料也有其局限性,主要表现为有些谱牒为了炫耀本家族历史,总要找出一位煊赫的祖宗,不是名人、高官,就是圣贤、帝王,追溯得很久远。或者因为出身卑微,干过一些当时认为不光彩的事,即使极富史料价值的内容,也以回避方式不予记载,实在可惜。以上说明,无论谱牒还是地方志,虽然其中保存的史料许多都是难能可贵的,有些甚至是很珍贵的,但也不能小看甚至忽视其存在的局限性,要在比较、鉴别、验证中提高史料的可信度。

---

① 王鹤鸣等主编:《上海图书馆馆藏家谱提要》,上海古籍出版社2000年版,第302页。

第一章

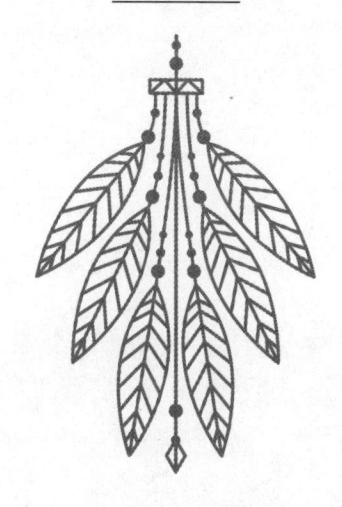

越国的兴起与越都城的规划建设
——春秋战国时期的越都城（前490—前221）

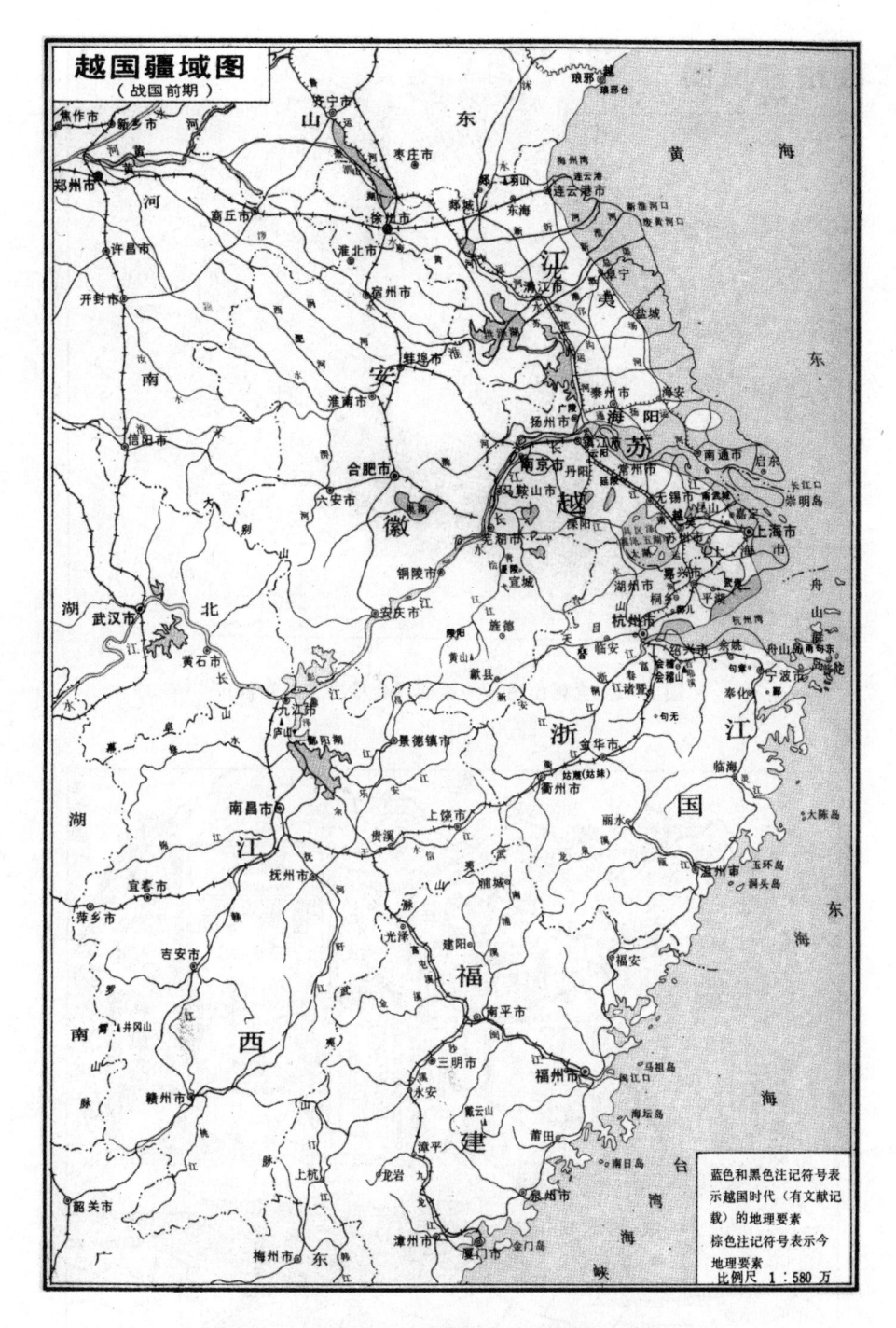

图 1-1 越国疆域图（谭其骧：《中国历史地图集》）

图1-2 会稽山图（清康熙《会稽县志》卷首）

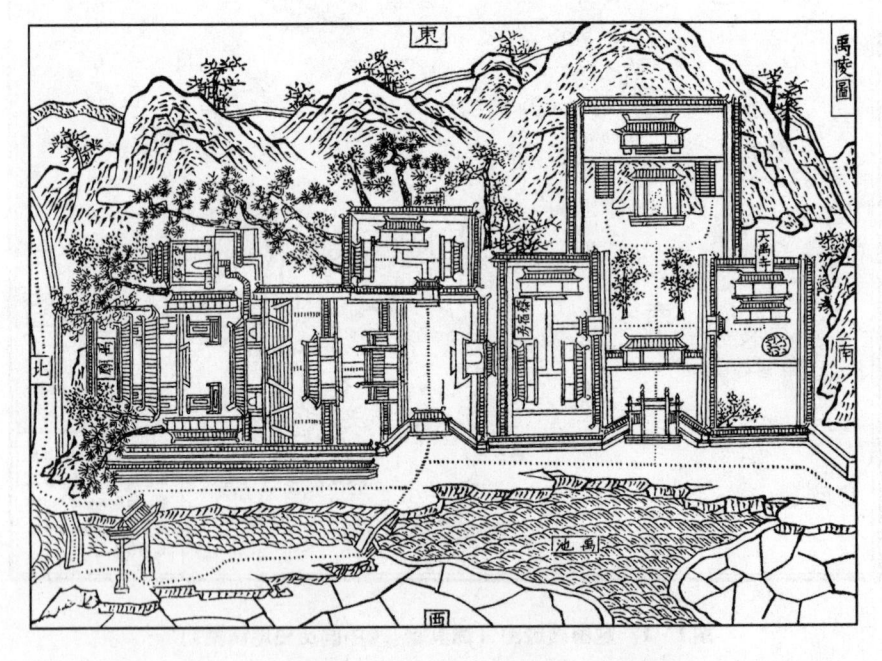

图1-3 禹陵图（明万历《绍兴府志》卷之二十）

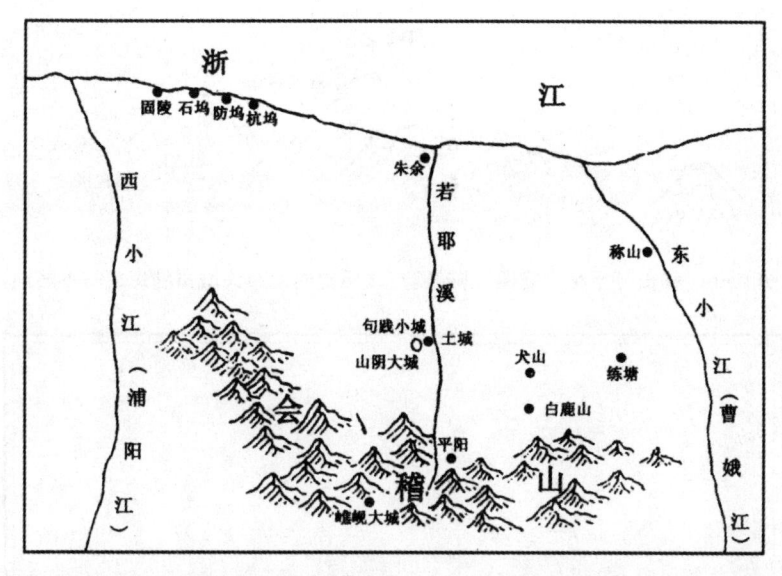

图1-4 小城和大城的地理位置（陈桥驿：《历史时期绍兴城市的形成与发展》）

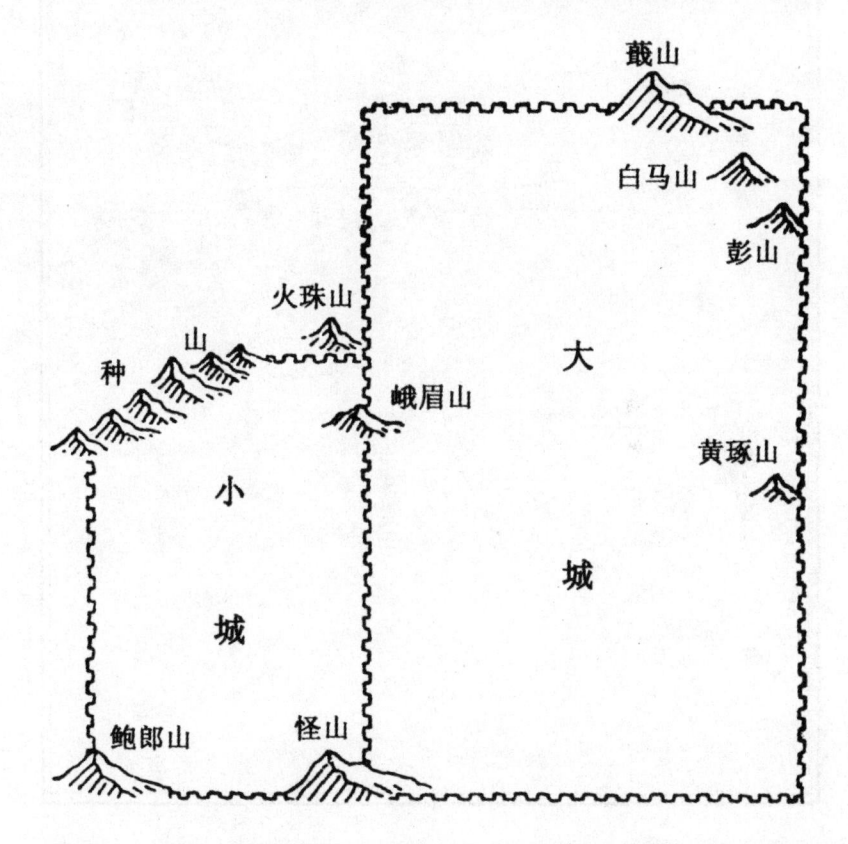

图1-5 小城和大城示意图（陈桥驿：《历史时期绍兴城市的形成与发展》）

图1-6 种山与于越宫室图（陈桥驿：《历史时期绍兴城市的形成与发展》）

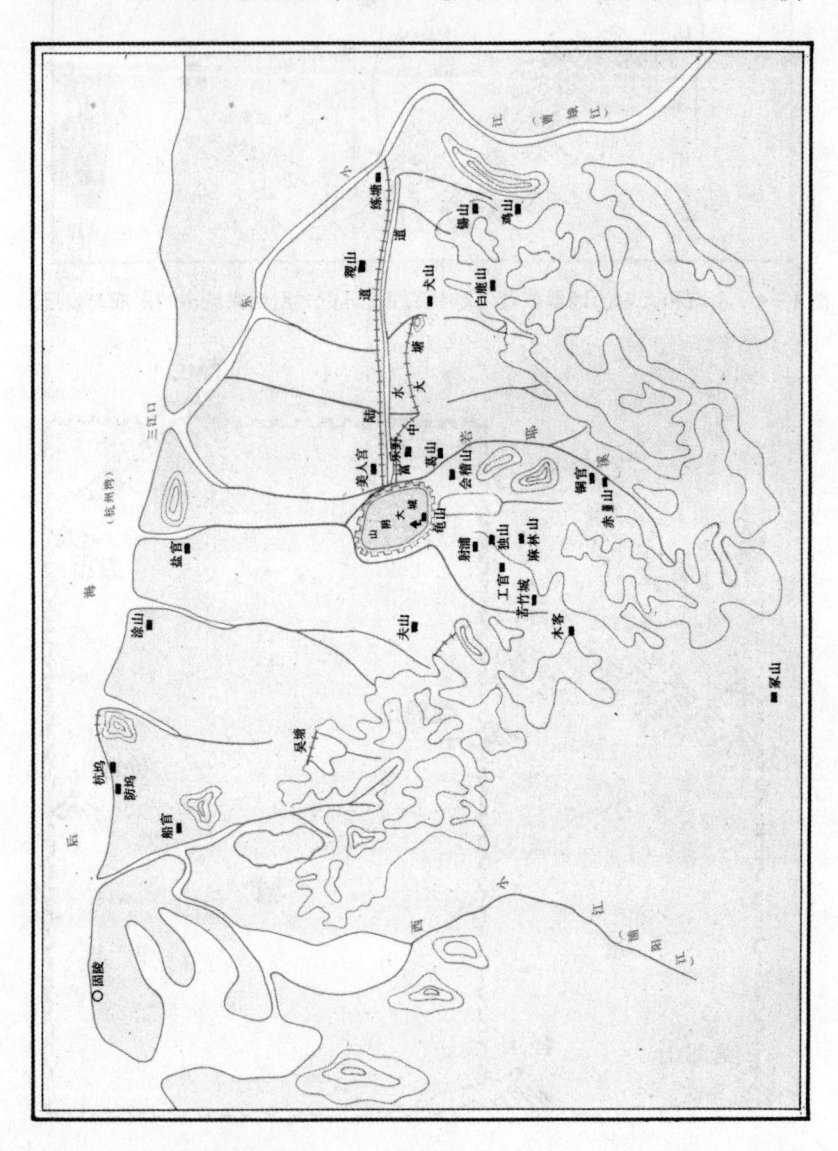

图1-7 春秋越国主要经济、军事基地分布示意图（《绍兴市志》卷首）

第一章 越国的兴起与越都城的规划建设

图1-8 高台建筑模型（绍兴博物馆《走近大越》）

图1-9 伎乐铜屋（《中国历史文化名城丛书——绍兴》）

图1-10 越王勾践剑上的鸟篆铭文"越王鸠（勾）浅（践）自作用剑"
（绍兴市档案馆《越地记事》）

绍兴城及其周边地区，是中国古代于越部族的主要活动中心。这支号称百越之首的于越民族，其源流虽然目前尚不清楚，但自20世纪70年代至21世纪初相继发现余姚河姆渡、萧山跨湖桥和嵊州小黄山等新石器时代早期遗址后，学术界就很自然地把这些文化遗址与古代于越民族联系起来，不约而同地意识到，这些遗址的原始居民，很可能就是于越部族的祖先。[①]

这些在宁绍平原发现的古文化遗址，经过大规模考古发掘，出土了大量珍贵文物和历史遗存。地处宁绍平原东部的河姆渡出土的史前人工栽培稻谷遗存，各种榫卯形式的木构件和"干栏"式建筑，由炊器、盛贮器、食器、水器或酒器等容器组成的陶器群，以及能反映纺织、髹漆、刳木和凿井技术的其他文物，其年代距今已有7000—6000年。[②] 继河姆渡之后发现的宁绍平原西部的跨湖桥遗址，除出土大量陶器和石器，以及少量木器、骨（角）器、木构件、彩绘陶片与古动物、古植物遗存外，还有人工栽培水稻及独木舟等珍贵文物，经碳-14和热释光测定，其年代距今

---

① 参见陈桥驿《于越历史概论》，《吴越文化论丛》，中华书局1999年版，第15页。
② 参见章亦平主编《余姚市志·文物古迹》，浙江人民出版社1993年版，第893—902页。

8000—7000年。① 与河姆渡、跨湖桥遗址不同，小黄山遗址位于宁绍平原南部的会稽山丘陵地带，其年代较之前者更为古老，距今10000—8000年。出土文物有大量的夹砂红衣陶和用于加工食物的石磨盘、磨石以及储藏坑，首次发现的立柱建筑遗址，被认为开创了中国用石杵立柱的先河。② 小黄山与跨湖桥、河姆渡遗址，具有某种相同的文化因素，虽然三者关系的结论尚早，但已经为深入探讨提供了重要线索。特别是作为新石器时代早中期的文化遗址，不但在年代上已经提供了新石器时代文化发展的序系，而且以大量稻谷等实物证明，这一时期的聚落先民们，初步完成了由采食经济向产食经济的过渡。③ 进而表明，长江流域与黄河流域一样，都是中华民族的摇篮。④

从河姆渡遗址的发现，到小黄山遗址的考古发掘，相隔不过30年，但每次发现，对中国考古学界来说，都是一次不小的震动。河姆渡遗址被称为"中国史前考古学上的一件重大事件"，轰动了当时的国内外史学界。跨湖桥遗址的考古报告一出，很快就被评为"2001年度全国十大考古新发现"之一。紧随其后的小黄山遗址，以较为独特的文化内涵，进入"2005年度全国十大考古新发现"行列。需要指出的是，这些重大考古遗址的地理位置，恰恰都处在春秋越国和宋元以来的绍兴府境内，而且就在绍兴城周围。其中，河姆渡遗址在绍兴城东75公里处，跨湖桥遗址在绍兴城西40公里处，小黄山遗址在绍兴城南55公里处。即使是濒临杭州湾（古时称后海）的绍兴城北17公里处，也有马鞍古文化遗址被发现，其年代虽晚于河姆渡文化，但距今也有5000多年。⑤

---

① 参见金普森、陈剩勇主编，林华东撰《浙江通史·史前卷》，浙江人民出版社2005年版，第85—87页。

② 2006年11月25日《绍兴日报》。参见金普森、陈剩勇主编，林华东撰《浙江通史·史前卷》，浙江人民出版社2005年版，第83—84页。

③ 参见金普森、陈剩勇主编，林华东撰《浙江通史·史前卷》，浙江人民出版社2005年版，第10页。

④ 参见林华东《河姆渡文化初探》"浙江文化丛书"总序，浙江人民出版社1992年版，第1页。

⑤ 参见绍兴县文物保护管理所编《绍兴县文物志》，浙江古籍出版社2002年版，第5—6页。

这种种迹象表明，绍兴城及其周边地区，至少在距今9000年前就已经初步得到开发。而这种开发，为后来于越部族以此为中心建立越国、建都绍兴、与建都苏州的吴国相抗衡奠定了坚实的物质生产基础，也为越国在政治、军事、经济、文化等方面的迅速崛起，创造了极为有利的条件。公元前473年，越王勾践一举灭吴，挥师北上，争霸中原，令时人刮目相看。于越部族和由勾践领导的越国，之所以能干出如此惊世之举，无疑是当地传统越文化不断创新、累积和发展的必然结果。

第一节 越国的兴起

一 禹葬会稽与无余立国

（一）禹葬会稽

绍兴是一座历史悠久的城市，始建于春秋末年的越王勾践七年（前490）[①]，也就是周敬王三十年。如果问城内现存历史最早、与城市关系最为密切的文化是什么，则可以肯定地说，是大禹陵。

大禹，又称夏禹、伯禹，据传姓姒氏，号文命，是中国古代的治水英雄和夏王朝的第一代君主。

由于夏王朝既是中国历史上建立的第一个王朝，又处在中华文明的早期阶段，因此关于大禹的活动和故事，有商周人及后来人追述的文献记载，有广泛流行于民间的口头传说，也有经过加工并寄托着人类美好愿望的神话故事。但尽管如此，这些看似将历史、传说、神话糅合在一起的史

---

① 绍兴城建成时间，见《吴越春秋校注》卷第八《勾践归国外传》，《越绝书》卷第八《越绝外传记地传》。

料，包括大禹在绍兴的历史、传说与神话在内，几乎无一例外地反映了大禹治水的壮举。

大禹所处的时代，是"鸿水滔天，浩浩怀山襄陵，下民其忧"（《史记》卷二《夏本纪》）的时代。这场特大"鸿水"，不是一般的山洪暴发，也不是偶尔的黄河溃决，而是一场铺天盖地、持续不断的"洪荒"。这便是当代历史地理学家告诉我们的"卷转虫（asnmonia）海侵"。这次海侵，大约从15000年前开始，到8000年前，海平面已上升到-5米的位置上，在距今7000—6000年前到达最高峰。从而使东海海域内伸到今宁绍平原南部和杭嘉湖平原西部，钱塘江以南的会稽、四明诸山山麓冲积扇以北，成为一片浅海。[①]

卷转虫海侵的过程，实际上既是宁绍平原自然环境恶化的过程，也是民间孕育、产生英雄治水传说故事的过程。大禹的出现，就顺应了这种历史的需要。上古典籍如《尚书》《诗经》《礼记》《国语》《论语》《孟子》《山海经》《吕氏春秋》等，都记载了大禹治水的故事。《史记·夏本纪》说大禹的父亲鲧，受尧之命治水，因为采用堵的方法治理，结果九年而洪水不息，为舜所殛。舜又命禹续鲧之业，禹便兴工傅土，"行山表木，定高山大川"（《史记·夏本纪》），终于治平洪水，得到天下诸侯的朝服，舜死后被拥戴即天子位，国号夏后，成了中国第一个王朝夏的开国之君。大禹治水之所以成功，是因为他根据海进海退的特点，采用疏导方法，如"导河积石""嶓冢导漾""岷山导江""导淮自桐柏"等，以"四海为壑"，引全国主要河流"东入于海"。（《史记·夏本纪》）

就是这样一位伟大的治水英雄，无论是在古籍记载、地名传说，还是在神话故事中，都与绍兴（古时称会稽，亦称大越）有着密切关系。从有关记载和传说看，大禹曾三至会稽。

第一次是忧民治水到大越，得金简玉字之书。大禹继承父业之初，

[①] 参见陈桥驿《越族的发展与流散》，《吴越文化论丛》，中华书局1999年版，第42—44页。

"愁然沉思",总结父亲治水失败的教训和寻求新的治水方法,为此,他"闻乐不听,过门不入,冠挂不顾,履遗不蹑"①。后来传说是按照《黄帝中经历》书中提示,于"三月庚子,登宛委山,发金简之书,案金简玉字,得通水之理"(《吴越春秋校注》卷第六《越王无余外传》)。这被认为是大禹得疏导之法的关键。这里所谓的宛委山,一名玉笥山,为会稽山之支峰,在今绍兴城东南十五里。②

第二次是会集群臣,计功行赏。大禹治水成功以后,即天子之位,并在会稽大会群臣,商讨治国之策。对此,《吴越春秋》卷六有明确记载:禹即位以后,"三载考功,五年政定。周行天下,还归大越,登茅山,以朝四方群臣,观示中州诸侯。防风后至,斩以示众,示天下悉属禹也。乃大会计治国之道,内美釜山州镇之功,外演圣德以应天心。遂更名茅山曰会稽之山。因传国政,休养万民,国号曰夏后。封有功,爵有德;恶无细而不诛,功无微而不赏"(《吴越春秋校注》卷第六《越王无余外传》)。大越地区因此有了"会稽"的地名。③

第三次是东巡狩而崩葬会稽。就在大禹建立夏朝后的第十年,他巡狩到会稽而身亡。(《史记》卷二《夏本纪》)他临终前对群臣说:我去世后,就把我葬在会稽山。以苇为椁,以桐为棺;深挖七尺,不要有水;坟高三尺,土阶三级就够了。下葬之后,周围的田地照样可以耕种,为了让这里的人高兴,就请你们辛苦了。(《吴越春秋校注》卷第六《越王无余外传》)

大禹三上会稽,并且最终以此为安息之地,说明会稽一带正是夏王朝建国初期的主要活动中心地之一。④ 由此留下的大禹故迹,从地方文献记载到民间相传的就有大禹陵、禹穴、禹庙、禹祠、禹池、禹井、禹山、会

---

① 张觉:《吴越春秋校注》卷第六《越王无余外传》,岳麓书社2006年版,第158页。
② 宛委山,《史记·太史公自序·正义》引《括地志》云:"石篑山,一名玉笥山,又名宛委山,即会稽山一峰也。"
③ 会稽山,嘉泰《会稽志》引《舆地志》云:"会稽山一名衡山,其山有石,状如覆釜,亦谓之覆釜山。"又引《十道志》云:"会稽山本名茅山,一名苗山,一名涂山,禹行天下,会稽名山,因为名。"又引《太平御览》云:"会稽之山,古防山也,亦名茅山,又名栋山。"
④ 参见陈剩勇《中国第一王朝的崛起》,湖南人民出版社2002年版,第184页。

稽山、宛委山、鸟田、刑塘、夏履桥、夏盖山等 21 处之多。① 特别是大禹"劳身焦思,居外十三年,过家门不敢入"(《史记》卷二《夏本纪》)的公而忘私、一心为民的精神,实在是大禹留给绍兴城的第一笔精神财富。越王勾践似乎十分看重于此,在他营建越都城时,将禹庙作为宗庙而纳入规划之中。②

(二) 无余立国

大禹死后,其子启继位,执掌国政于夏。按祭祀祖先的要求,在大禹陵所在的会稽山建立宗庙,每年春秋时节派人前往祭祀(张觉《吴越春秋校注》卷第六《越王无余外传》:"启使使以岁时春秋而祭禹于越,立宗庙于南山之上。"南山,即会稽山;宗庙,即禹庙,在大禹陵右侧,南朝宋时已有)。

其实,自启即位之后,夏王朝历太康、仲康至相各朝,政权并不稳固。启接位时,伯益反对,有扈氏表示不服③;太康因为荒淫,被羿所逐,夏政权也一度被夺走④;帝相则被寒浞的儿子浇率军杀害。由于羿、浞、浇等相继制造动乱,致使祭禹活动时断时续,禹祀失常。所以当少康及其儿子后杼,相继灭掉寒浞的两个儿子浇、殪,重新掌握夏政权,即史家所谓"少康中兴"后,恐禹祭之绝祀,就把自己的儿子无余封于会稽,"以奉守禹之祀"。

《吴越春秋·越王无余外传》说:"少康恐禹祭之绝祀,乃封其庶子于越,号曰无余。"这说明"于越"(古籍中于越与会稽其实是指同一个地方,所以常常通用)是无余的封地。按司马迁"禹为姒姓,其后分封,用

---

① 参见任桂全总纂《绍兴市志》卷 35《文物古迹》,浙江人民出版社 1996 年版,第 2154—2155 页。
② 《越绝书》卷第八有云:"故禹宗庙,在小城南门外大城内。禹稷在庙西,今南里。"
③ 《史记》卷 2《夏本纪》:"有扈氏不服,启伐之,大战于甘。"
④ 《史记》卷 2《夏本纪·集解》引孔安国,太康"盘于游田,不恤民事,为羿所逐,不得反国"。

国为姓"之说,"于越"作为无余的分封之地,既是国名,又为姓氏。而事实上会稽地区确实既有越国又有越姓。如春秋时就有越石父(《晏子春秋·杂上二十四》),不过此后姓越的人的确比较少见,可能是姒姓比较多的缘故。《左传·宣公八年》,"盟吴越而还"孔颖达疏曰:"越,姓姒。其先,夏后少康之庶子也,封于会稽,自号于越。于者,夷言发声也。"(《左传》卷二十二《宣公八年》)也就是说,会稽虽然是无余封地,但同时也是大禹的葬地,因此仍然使用大禹的本姓"姒",于越则是"自号","于"是发声字。由此可见,越国之名实始于此,无余也因此被认为是越国的开国之祖。

这在各种史籍中都有记载,且说法大体相同。《史记》说:"越王勾践,其先禹之苗裔,而夏后帝少康之庶子也。封于会稽,以奉守禹之祀。"(《史记》卷四十一《越王勾践世家》)《汉书》说:"粤(越)……其君禹后,帝少康之庶子云,封于会稽。"(《汉书》卷二十八《地理志》)《越绝书》也说:"昔者,越之先君无余,乃禹之世,别封于越,以守禹冢。"(《越绝书》卷第八《越绝外传记地传》)《元和郡县图志》说得更明白:"夏少康封少子无余以奉禹祀,号于越,越国之称,始于兹矣。"另外,《史记·越王勾践世家·正义》引贺循《会稽记》云:"少康,其少子号曰于越,越国之称始此。"〔(宋)宝庆《会稽续志》卷一作:"少康封其少子,号曰于越。越国之称始于此。"〕

无余封于会稽,建立越国,当然不仅仅是为了守陵和祭祀,还有行使国家管理职责的性质。作为封国,越国有它自己的都城,这在《越绝书》《吴越春秋》《水经注》中都有记载。其中《水经注》说:"(秦望山)山南有嶕岘,岘里有大城,越王无余之旧都也。"(《水经注》卷四十《浙江水》)同时在越国国内推行租赋制度,征收"租贡",作为宗庙祭祀的费用。所谓"余始受封,人民山居,虽有鸟田之利,租贡才给宗庙祭祀之费"(《吴越春秋校注》卷第六《越王无余外传》),说的就是这件事情。不过从中也不难看出,尽管征收"租贡"所得仅能满足宗庙祭祀费用而已,但毕竟这是行使了国家政权的重要职能。至于无余"春秋祀禹墓于会稽",作为一种定例,不仅反映了于越先民的祖宗崇拜思想,更在于他坚持了夏代已经出现的礼制,这是国家政权的有机组成部分。

越王无余之后,直至越王勾践,中间经历了夏、商、西周和春秋的漫长历史时期。有关勾践之前的越王前期世系,史籍记载甚略,其间又屡有断缺,且各书记述也不尽一致。综合《史记·越王勾践世家》《越绝书》卷八和《吴越春秋》卷六各种记载,也仅得"无余……无壬、无瞫、夫谭、允常"① 数世。

从无余到无壬,其间究竟相隔几代,记载也有分歧。《史记》说,无余"后二十余世,至于允常"。《史记·正义》引《舆地志》说:"越侯传国三十余叶(世),历殷至周敬王时,有越侯夫谭,子曰允常。"《越绝书》卷八则比较谨慎,说:"越王夫谭以上至无余,久远,世不可纪也。"而《大禹世家》一书,依据守陵村传世《姒氏世谱》排定,无余为姒氏六世祖,无壬则为四十世祖,从无余到无壬,中间相隔应为三十四世。② 由此看来,《舆地志》与《姒氏世谱》的说法比较接近。至于从夫谭、允常到勾践的世系,各家非但没有歧见,且都认为越国自允常起,"拓土始大",开始强盛起来,到勾践时终于成为一代霸主。

二 越王勾践及其生聚教训

(一)勾践即位

于越历史最早见诸文字记载的,是今本《竹书纪年》,其中周成王二十四年(约公元前11世纪末),有"于越来宾"四字,说明越国在西周初年,已与地处中原的西周王朝保持着某种联系,而且位在宾客之列。

---

① 刘亦冰:《勾践家世》,北京出版社2004年版,第29—30页。
② 参见姒元翼、姒承家《大禹世家》,浙江古籍出版社2003年版,第55—93页。书中所录《姒氏世谱》修于清光绪元年(1875),世系已排至141世,现已繁衍至148世。

但时隔不久，周穆王在征伐楚、纡的同时，也大举起兵伐越。《古本竹书纪年辑证》引《北堂书钞》卷一一四·武功部称："《纪年》云：周穆王伐大越，起九师，东至九江，驾鼋鼍以为梁也。"[①] 时在周穆王三十七年（前940）。这显然是对当时地处江南一隅的越国的一次沉重打击。到春秋中期的周惠王六年（前671），楚成王即位后，一方面联络诸侯中的旧好，另一方面又派人向周天子贡献物品，取得好感，受到"赐胙"的礼遇，并接受了周天子征服"南方夷越之乱，无侵中国"（《史记》卷四十《楚世家》）的命令。这里的"夷越"，当然包括于越在内的南方百越及东南地区其他少数民族。

周天子下令征服"夷越"，目的非常清楚，就是要使南方诸国不再进犯中原地区。事情本身说明，当时中原诸国的势力，可能还未及越国；相反，倒是南方诸国势力的强大，已经对中原地区构成威胁。所以周天子希望夷越"无侵中国"，并把这个任务交给了楚国。楚国则借天子之令，征服南方小国，直至周定王六年（前601），还兴师攻灭以"舒"命名的同宗小国（在今安徽舒城县一带），并占据其地。同时，又召集吴、越两国，在滑水结盟（《左传》卷二十二《宣公八年》），扩大自己的势力范围，出现"楚地千里"（《史记》卷四十《楚世家》）的局面。由此可见，当时的楚国实际上已经称霸南方，而吴、越两国都成了楚国的附庸国。

其实，在春秋进入晚期之前，越国只是一个南方的弱小国家而已，从总体上看，与吴国也基本相安无事。其疆域范围很小，一般被认为是小国，同时，接受中原先进生产技术的能力也受地域条件限制，不如吴国占据地利优势。所以《史记·越王勾践世家·索隐》（以下简称《索隐》）说："越在蛮夷，少康之后，地远国小，春秋之初未通上国，国史既微，略无世系，故《纪年》称为'于奥（越）子'。"《索隐》所谓"春秋之初

[①] 方诗铭、王修龄撰：《古本竹书纪年辑证》，上海古籍出版社2005年版，第52页。

未通上国",显然与《纪年》有"于越来宾"的记载相悖,其余则与事实基本相符。就是这样一个小国,在公元前6世纪中后叶,作为楚国的附庸国,经常被迫胁从去攻打吴国。如周景王八年(前537)冬,越大夫常寿随楚军伐吴(《左传》卷四十三《鲁昭公五年》);周敬王二年(前518),越公子仓和越大夫寿梦胁从楚国的"舟师"攻吴。(《左传》卷五十一《鲁昭公二十四年》)这对于越国来说,既耗费了原本就不强的国力,又因此加深了与吴国的对立。当然,这也为此后越国的崛起开阔了眼界,注入了生机。

越国到允常时期开始发展壮大起来。允常作为于越部族首领,其即位时间虽无确切记载,但他在位之际,正"当吴王寿梦、诸樊、阖闾之时"(《吴越春秋校注》卷第六《越王无余外传》),却是明确的,说明给允常发展壮大越国的时间是比较充裕的。《史记·越王勾践世家·正义》引《舆地志》云,越国自允常"拓土始大,称王"。《吴越春秋》也说:"越之兴霸,自元(允)常矣。"史书所谓越国的壮大,集中表现在开拓疆土方面,却又缺乏具体资料。不过到勾践即位初期,越国的疆域范围,《国语·越语上》已有明确记载:"勾践之地,南至于句无,北至于御儿,东至于鄞,西至于姑蔑,广运百里。"这里所说"句无",在今浙江诸暨南;"御儿"亦作语儿,在今嘉兴;"鄞"在今鄞县;"姑蔑"在今龙游县北。大致包括今浙江省境内的宁绍平原、金衢丘陵和杭嘉湖地区的一部分,面积约五万平方公里。[①]

就在越国疆域不断拓展,综合国力日益增强,吴越对立不断加深之际,越王允常于公元前497年病死,于是,与强吴抗争的重任便落在了勾践身上,"允常卒,子勾践立,是为越王"(《史记》卷四十一《越王勾践世家》)。公元前496年勾践即位,是为越王勾践元年。

---

① 参见陈桥驿《古代于越研究》,《吴越文化论丛》,中华书局1999年版,第3页。

（二）入吴为奴

越国与吴国，是东南沿海南北相连的邻国。吴国国君是周太王长子太伯之后，越国国君则为夏少康之裔。越、吴两国虽然有着不同的发展进程，但两国土地相连、习俗相同、语言相通、产食相类，这在许多古籍中都有记载。① 从两国的共同性出发，有研究者认为，"句吴是百越的一支"（见隐同强等著《百越民族史》，中国社会科学出版社，1988年版），也有的主张吴越两国"人民宜为同一民族"②。

越、吴两国毗邻而居，难免在生产、生活中发生摩擦与冲突。比如吴国军队就经常越过边境，抓走越国百姓，施以残酷刑罚，甚至断其手足，罚其看管船只杂物，这实际上是一种掠夺奴隶的行为。③

到越王允常时，越、吴之间的这种"疆事小争"便逐步升级发展成为"仇雠敌国"。其根本原因，就在于双方都想扩大疆土，争夺霸主地位。对于这一点，还是吴国谋臣伍子胥（名员）说的最具有代表性。他说："夫吴之与越也，仇雠敌战之国也。三江环之，民无所移，有吴则无越，有越则无吴，将不可改于是也。员闻之，陆人居陆，水人居水。夫上党之国，我攻而胜之，吾不能居其地，不能乘其车。夫越国，吾攻而胜之，吾能居其地，吾能乘其舟。"（《国语》卷二十《越语上》）因此对于越国，吴国从阖闾到夫差，都是志在必得，伍子胥也在各种场合力主消灭越国。

吴国第一次大规模征伐越国，是在公元前510年。《春秋左传·昭公三十二年》是这样记载的："夏，吴伐越，始用师于越地。"杜预注："自此之前，虽疆事小争，未尚用大兵。"（《左传》卷五十三《昭公三十二年》）而这次吴王搬运"大兵"攻越，据说是因为越国信守楚、越、吴的

---

① 如《吕氏春秋·知化》说，吴越两国"习俗同，语言通"。又如《春秋谷梁传·哀公十三年》所说"吴，夷狄之国也，祝发文身"，与《墨子·公孟》所说"越王勾践，剪发文身"相同。《越绝书》卷第七也有"吴、越两邦，同气共俗"的记载。
② 蒙文通：《越史丛考》，人民出版社1983年版，第18页。
③ 见马王堆汉墓出土帛书《春秋事语》，《文物》1977年第1期。

滑水之盟，拒绝跟随吴国去伐楚，于是吴军转而南下伐越，在欈李（又作醉李、就李，在今嘉兴西南）大打了一仗。（《吴越春秋校注》卷第四《阖闾内传》）

对于吴王的不义之战，允常怀恨在心，伺机还击。五年后，经过精心准备，趁吴军正与楚军交战之时，出师伐吴，以报阖闾破欈李的一箭之仇。（对于这次战争，《左传·定公五年》《吴越春秋校注》卷第四《阖闾内传》均有记载）这次偷袭，对越国来说，似无多大战果，但却表明，越国已从被动挨打，转为主动出击。

吴王阖闾对越国的这种公开对抗，当然心怀不满，恨不得马上出兵伐越。当阖闾听说允常病死，即于越王勾践元年（前496）发动大规模的"伐越"战争。(《史记》卷四十一《越王勾践世家》）年轻而又刚刚即位的越王勾践，匆忙率领军队赶往欈李御敌。并以扰乱敌人阵营和分散敌人注意力的战术，乘其不意，突然袭击，吴师大败。① 吴王阖闾也在战争中负伤而不久去世，史载临死前再三叮咛太子夫差"尔而忘勾践杀汝父乎"，夫差发誓三年报仇。（《史记》卷三十一《吴太伯世家》）

公元前494年，即勾践即位第三年，得知吴王夫差日夜练兵，以图报复，勾践就想先发制人，主动出击。尽管越大夫范蠡等人从天时、地利、人和等方面分析敌我双方形势，认为此举"不可"，竭力加以阻止（《国语》卷二十一《越语下》），但勾践年轻气盛、草率行事，在实力不足、准备不够充分的情况下出兵交战。吴王夫差从全国调集十万精兵，与越军相遇于夫椒（今江苏吴县西南太湖边），初战于五湖②，吴军仗着人多势众和伍子胥的"诈兵"战术，使得"勾践大恐"（《越绝书》卷第九《计倪》）而仓皇退兵至钱塘江边，待站住脚跟后再与吴军决战。由于守候在此的越

---

① 勾践所用战术，《左传·定公十四年》有如下记载："吴伐越，越子勾践御之，陈于欈李。勾践患吴之整也，使死士再禽焉，不动。使罪人三行，属剑于颈，而辞曰：'二君有治，臣奸旗鼓，不敏于君之前，不敢逃刑，敢归死。'遂自刭也。师属之目，越子因而伐之，大败之。"

② 《左传·哀公元年》："吴王夫差败越于夫椒，报欈李也。"《国语·越语下》："（越）果兴师而伐吴，战于五湖，不胜。"

国大将石买，为人刚愎自用，专制独裁，治军无方，军中动摇，当吴军袭来时，军败失众，陷入一片混乱。（《越绝书》卷第八《越绝外传记地传》）勾践自知越兵已经无力抵挡吴军进攻，便带着剩下的五千士兵，退守会稽山上城。吴军乘势攻破无余旧都，毁坏越国陵墓，掠夺越国财物宝货（《吴越春秋校注》卷第十《勾践伐吴外传》），这就是所谓"吴伐越，隳会稽"（《国语》卷五《鲁语下》），损失十分惨重。同时吴军还驻扎会稽山北城（会稽山上城、会稽山北城，参见《越绝书》卷第八《越绝外传记地传》），将会稽山麓团团围住，不给越军以喘息的机会。

越军在会稽山上小城，被逼得走投无路时，勾践只好与越大夫范蠡、文种等商议对策。最终以"柔而不屈，强而不刚"（《国语》卷二十一《越语下》）的策略，提出"屈辱求和"主张，只要吴国保存越国，不杀越君，可以全军投降，尽献宝器，越王勾践也将带领越国之众，服侍吴王左右（《国语》卷二十《越语上》）。于是在处理完"葬死者，问伤者，养生者，吊有忧，贺有喜，送往者，迎来者，去民之所恶，补民之不足"诸事后，越王勾践便带着"宦士三百人于吴"（《国语》卷二十《越语上》），成了夫差的奴役。被囚禁于石室之中，在整天忙于养马、除粪、洒扫之外，还"身执干戈为吴王洗马"（《韩非子集解》第七卷《喻志》，上海人民出版社，1974年7月），甚至替吴王"尝粪诊疾"（《吴越春秋校注》卷第七《勾践入臣外传》），此外还"虚其府库，尽其宝币"，献给吴国及其大臣们。曾经作为一国之君的越王勾践，在种种欺侮、凌辱和卑视面前，"三年不愠怒，面无恨色"。吴王终于被越王的义、慈、忠所感动①，三年后赦越王归国，并"封地百里于越，东至炭渎，西至周宗，南造于山，北薄于海"②。这是吴王第一次给越王封地，可谓是归还了部分越国领土。后

---

① 参见张觉《吴越春秋校注》卷第七《勾践入臣外传》，吴王对伍子胥有这样一段话，越王"弃守边之事，亲将其臣民来归寡人，是其义也；躬亲为虏，妻亲为妾，不愠寡人，寡人有疾，亲尝寡人之溲，是其慈也；虚其府库，尽其宝币，不念旧故，是其忠信也"。

② 张觉：《吴越春秋校注》卷第八《勾践归国外传》。炭渎：在会稽县东六十里。周宗：在今浦阳江沿岸。南造于山：即今会稽山一带。北薄于海：今钱塘江南岸。

因勾践臣服于吴,不断进献礼物,大得吴王欢心,又"增之以封",其四至范围:"东至于句甬,西至于檇李,南至于姑末,北至于平原,纵横八百余里。"① 这次增封面积,与越王勾践即位初的疆域大致相似,但还不是越国疆土的全部。从夫差所说的"夫越本兴国千里,吾虽封之,未尽其国"(《吴越春秋校注》卷第八《勾践归国外传》)看,勾践之前,即越王允常在位时的越国疆域,或许更为辽阔。

(三) 生聚教训

勾践是个有雄才大略的越国君主。在吴受尽凌辱归国后,不忘会稽之耻,开始他"十年生聚,十年教训"② 的复仇雪耻之路,采取一系列富国强兵的改革措施。

政治上越王勾践按照建立霸业的需要,首先决定"筑城立郭",即将越国都城,从秦望山南的平阳迁入山会平原,建立新的越国政治、军事、经济中心,并把此任务交给越大夫范蠡去完成。(《越绝书》卷第八《越绝外传记地传》;《吴越春秋》卷第八《勾践归国外传》)同时实行广"收天下雄隽之士"的人才路线,把吸引、搜罗、延揽、任用贤人达士(达士,指达于政事之士),当作振兴越国的一项国策。为了延揽四方之士,特地在会稽山建起越王台,以"馆贤士"(任昉《述异记》卷上,勾践"延四方之士,作台于外而馆贤士。今会稽山有越王台");对有名望的"达士",把房间打扫干净,让他们过"鲜衣美食"的生活,激励他们为国尽力。"四方之士"投奔越国,勾践必在庙堂上接见,以示尊重。(《国语》卷二十《越语上》:"勾践……其达士,洁其居,美其服,饱其食,而摩厉之于义。四方之士来者,必庙礼之。")并"使贤任能,各殊其事"(《吴越春秋校注》卷第九《勾践阴谋外传》),属文种"举国政",拜范蠡为"上将军",又问

---

① 张觉:《吴越春秋校注》卷第八《勾践归国外传》。句甬:指句章和甬江,今宁波一带。檇李:在今嘉兴西南七十里。姑末亦称姑蔑,在今龙游县北。平原:《越绝书》作武原,在今海盐县。
② 《左传·哀公元年》:"越十年生聚,而十年教训,二十年之外,吴其为沼乎?"

计于计倪。勾践还把诚信爱民视作国家、民族兴亡之根本。自己"苦身焦思，克己自责"，悬胆于户，出入尝之，自问："勾践，你忘了会稽之耻吗？"（《史记》卷四十一《越王勾践世家》）生活上"躬行节俭"，"食不重味，衣不重彩"（《越绝书》卷第十三《枕中》，又《吴越春秋校注》卷第八《勾践归国外传》），"目不视靡曼，耳不听钟鼓"，这是中国历史上著名的"卧薪尝胆"的故事。而对百姓则实行"富者吾安之，贫者吾与之，救其不足，裁其有余，使贫富皆利之"和"疾者吾问之，死者吾葬之，老其老，慈其幼，长其孤，问其病"（《国语》卷十九《吴语》）的爱民政策。

经济上越王勾践推行"内实府库，垦其田畴，民富国强，众安道泰"（《吴越春秋校注》卷第八《勾践归国外传》）的强国富民政策。他自己首先"身自耕作""夫人自织"，"与百姓同其劳"，以示倡导。为确保粮食丰收，大力兴修水利，相继建成吴塘、苦竹塘、富中大塘、练塘、石塘和山阴故水道等水利工程。在会稽山区和山会平原分别建立粮食作物、经济作物和养殖的生产基地，出现豕山、鸡山、犬山、白鹿山以及南池、坡塘等地的专业化养殖基地（《越绝书》卷第八《越绝外传记地传》）。同时还根据资源分布状况，因地制宜，发展陶瓷、纺织、冶炼、造船、制盐和兵器制造等手工业。其生产基地，从文献记载到文物考古，都一一得到证明。而且生产技术也达到很高水平，所织葛布"弱于罗兮轻霏霏"，所铸"越王勾践自作用剑"[①] 被称为盖世无双。

在实施政治改革、发展经济的同时，越王勾践在军事上也做了一系列准备。他想消灭吴国，但又感到"人民不足，其功不可以兴"（《吴越春秋校注》卷第八《勾践归国外传》），从发展经济、增强国力和增加兵力需要，积极鼓励人口生育。对男娶女嫁，在年龄上做出严格规定；生儿育女，都有公家派出医生守护；对生男生女和生育子女的多少，分别采取不同的奖励政策（《国语》卷二十《越语上》）。同时十分重视兵器的制造，

---

① "弱于罗兮轻霏霏"，见《吴越春秋校注》卷第八《勾践归国外传》。"越王勾践自作用剑"，1965年12月湖北江陵望山出土。

在赤堇山、若耶溪、姑中山、练塘、西施山等地，开辟采矿、冶炼、制造兵器的场所，聘请欧冶子铸剑，所铸兵器有戈、矛、戟、剑、弓、弩、质、盔甲等，其中以越剑最为著称。还按照"农兵合一"常例，将壮士分为"习流"（水军）、"教士"（步兵）、"君子"（禁卫军）、"诸御"（后勤）诸兵种，分组进行军事学习（参见方杰主编《越国文化》，上海社会科学院出版社1998年版）。为提高越军战斗力，特请武艺高强的"越女"（失名）教习剑术，请楚人陈音传授"弓弩之巧"，士兵习之，无不成为神箭手（《吴越春秋校注》卷第九《勾践阴谋外传》）。

经过"十年生聚，十年教训"，越国从政治、经济、军事到士气，显得日益强大，国力明显增强，为灭吴雪耻、争霸中原奠定了基础。

三 灭吴雪耻与退守大越

（一）灭吴雪耻

到公元前482年，即越王勾践十五年，当伐吴准备停当以后，勾践吸取当年匆促发兵、兵败夫椒的教训，召集五大夫（《吴越春秋》记载为"八大夫"）对车马、兵甲、卒伍的准备情况，充分发表意见，不要勉强曲从。并对军中赏罚、旌旗、守备以及指挥等，一一做了检查，做到万无一失（《国语》卷十九《吴语》）。

这次伐吴，勾践在时机上做了精心选择。当他得知吴王夫差率精兵北会诸侯于黄池，而国内空虚，仅以老弱者及太子留守吴都（今苏州）。勾践抓住战机，乘虚而入，于六月十一日发"习流二千人、俊士四万、君子六千、诸御千人"（《史记》卷四十一《越王勾践世家》；又见《吴越春秋校注》卷第十《勾践伐吴外传》）伐吴。师行之日，父老为子壮行，"父勉其子、兄劝其弟"；又有壶酒送行，勾践跪受后投之于江，与将士们迎流共饮，勇气百倍，这便是中国历史上"投醪劳师"（醪是一种浊酒）的故事，河也因此称为"投醪河"（《吕氏春秋·顺民》，嘉泰《会稽志》卷十《箪醪河》），在今绍兴城内。

伐吴兵分三路：南路军由大夫畴无余、欧阳率领，目标主攻吴都姑苏城；东路军由大夫范蠡、舌庸率舟师，自海上入淮，以切断吴王归路；勾践亲率中路军逆水而上，冲入姑苏城内接应。(《国语》卷十九《吴语》) 六月二十日，南路军先于勾践中路军到达吴都城郊，因长途奔袭，士卒疲惫，初战被吴军击败。所幸勾践军及时赶到，次日再战，"大败吴师，获太子友、王孙弥庸、寿于姚"（《左传》卷五十九《哀公十三年》）。第三天，勾践率军攻入吴都，"焚其姑苏，徙其大舟"（《国语》卷十九《吴语》）。姑苏之役，历时三天，越军取得初步胜利。吴王夫差回国后，根本无力与越国军队抗衡，只好"使人厚礼以请成越"，而越国鉴于吴国精兵尚存，又与晋国有"黄池之盟"，"自度亦未能灭吴"（《史记》卷四十一《越王勾践世家》；《吴越春秋校注》卷第十《勾践伐吴外传》），所以越王勾践同意议和撤军。

越、吴议和，双方停战近四年。其间，吴王采取"息民不戒"的休养生息策略，以图恢复国力，重整旗鼓；越国则采取"我不可以怠"（《国语》卷十九《吴语》）的积极备战方针，以寻求战机。到勾践十九年（前478），吴国大旱，越王勾践率师北上，在笠泽（即今松江，又名松陵）与吴军隔水对阵，吴军在江北，越军驻江南。勾践在南岸分左、中、右三军布阵，到夜间令左、右两军乘黑鸣鼓佯渡，造成左右夹攻之势。吴王夫差错误判断形势，急忙左右分兵迎战，正当吴军"两拳分开，胸膛露出"之际，越以中军六千君子（越王身边有志行者），不鼓不噪，潜涉偷袭，吴军大败。笠泽一战，吴军主力丧失，吴王又在"没"这个地方收拾残军，再战越军而再败。最后退兵至吴都郊外，集中倾国兵力第三次发起决战，结果又以失败告终。"越师遂入吴国，围王台（姑苏）。"（这次战役，《左传·哀公十七年》《国语·吴语》《吴越春秋校注》卷第十《勾践伐吴外传》均有记载）越军筑城于胥门（西门）外，以围相逼，吴王夫差被困三年之久。

越军包围吴都之后，没有马上发起进攻，而采取围而困之的战术。当时吴国已将全国兵力集结姑苏，一旦强攻，吴军势必全力突围，倒不如将其有生力量困死在城内。"居军三年，吴师自溃。"（《国语》卷二十一《越语下》）吴王夫差感到山穷水尽，三次派吴国大夫王孙雒向越王勾践乞和求存：

> 昔不穀先委制于越君，君告孤请成，男女服从。孤无奈越之先君何，畏天之不祥，不敢绝祀，许君成，以至于今。今孤不道，得罪于君王，君王以亲辱于弊邑。孤敢请成，男女服为臣御。（《国语》卷十九《吴语》）

勾践只同意将吴王夫差安置于甬句东（今舟山），送给男女三百人，"以没王年"，度完余生。夫差自知走投无路，伏剑自杀，吴国至此灭亡。时在越王勾践二十四年，即公元前473年，越国君臣百姓终于实现了灭吴雪耻的夙愿。

（二）争霸中原

消灭吴国，报仇雪耻取得胜利，对越王勾践乃至越国臣民来说，当然是值得庆贺的，"越王平吴后，立贺台于越"（《吴越春秋校注》佚文"越王平吴后，立贺台于越"，《初学记》卷二十四著录），这是越都城建"贺台"的原因。但勾践并没有因为胜利而放松谋求经营北方，控制中原，成为一代霸主的决心。

争霸中原，越王勾践心中早有打算。就在越国灭吴的前一年，即周元王二年（前474），越国一面重兵围困吴都，一面派使者北上，到鲁国、齐国开展外交活动。其目的《左传》可谓说得一清二楚："越既胜吴，欲霸中国（指中原），始迁使适鲁。"（《左传》卷六十《哀公二十一年》）

事实上，从勾践灭吴后采取的一系列措施看，他北上争霸的基本指导思想，不是拼军事，而是拼外交与内政。这是因为他已经从吴越战争，乃至中原的诸侯之战中看到战争的结局,这便是《越绝书》开头所说的"中国侵伐,因斯衰止"。因此他要换一种方法,即通过"诚在于内,威发于外"(《越绝书》卷第一《本事》)的内政、外交政策来树立威信,取得霸主地位。

所以当灭吴之役一结束,勾践便乘胜率兵渡过江、淮,与齐、晋等诸侯国会盟于徐州(今山东滕州市南),起到稳定北方形势的作用。在他看来,当时还保存着天下共主地位的周元王,是应该受到尊重的。所以他派人向周王室贡献物品,以示尊重;同时又派使者到齐、楚、秦、晋等国,号令它们共辅周室,歃血订立盟约。秦君秦厉共公①不从,越王勾践就选派吴越将士,西征渡河伐秦。秦厉共公得知越兵前来攻打,顿生恐惧,急忙认罪,越军方罢兵而归(《吴越春秋校注》卷第十《勾践伐吴外传》。参见杨善群《越王勾践新传》,上海人民出版社1988年版)。而对于曾经杀害齐简公,对齐平公也很不尊重,还大有篡君夺国之势的齐田恒,越王勾践也曾"兴师"问罪。周元王对勾践与诸侯共辅周室的种种努力,当然心领神会,便派人赐给勾践祭祀时用过的肉,命他为诸侯之长,也就是《史记》所谓的"赐勾践胙,命为伯"(《史记》卷四十一《越王勾践世家》)。这无疑为勾践在诸侯中树立了威望。

在争霸中原的方略中,勾践特别注意处理好与邻国的关系。吴国原来是个强国,它利用军事手段,曾经侵占了不少邻国的土地。当吴国灭亡之后,其全部土地并入越国版图,越国疆域因此大大扩展了。勾践为了抚慰各国,在诸侯国中建立威信,便主动把吴国原来侵占的楚、宋、鲁等国的部分土地,归还原主。他把今江苏沛县一带的土地归还宋国,又把今山东泗水以东百里之地给予鲁国。(《越绝书》卷第一《本事》)即使是企图以武力来与越国分享吴地的楚国,勾践也割五百里之地(在今淮河沿岸)以满足楚欲。(《韩非子集解》第七卷《说林下》,上海人民出版社,1974年

---

① 《吴越春秋校注》卷第十《勾践伐吴外传》作"秦恒公",元人徐天祜据《史记·六国年表》认为,勾践二十五年为秦厉共公六年,故秦恒公当为秦厉共公。

7月）由于勾践采取了抑强扶弱、以诚心对待各诸侯国的措施，中原各国互相之间出现睦邻的局面（《越绝书》卷第一《本事》）。

在内政上，勾践对于被覆灭的吴国人民，采取宽大政策。他没有像当年夫差伐越时那样，毁陵墓、掠财宝、"隳会稽"，最终激怒越人而成为吴国的埋葬者。勾践灭吴，既没有毁坏吴国先民的坟墓，也没有出现战后掠夺财富的场面。这种"顺于民心"的做法，使"吴人服"（《说苑》第八《尊贤》）而无反抗者，对越国继续北上争霸来说，就有了一个巩固的后方。而对于跟随勾践辗转南北、驰骋疆场的子弟、功臣，也不忘予以封赏。当时封于故吴地的越国君王就有宋王、摇王、荆王、干王、烈王、襄王、越王史、周宋君、余复君、上余君等。（《越绝书》卷第二《记吴地传》）不过勾践对于文种的不当处置，自然也给后人留下了话柄（《史记》卷四十一《越王勾践世家》）。

越王勾践推行的一系列外交、内政措施，果然十分奏效，在灭吴后的短短几年里，越国的威望大为提高。鲁、宋、卫、邾等国，听命于越，一旦有事，便来寻求越国帮助。郑、陈、蔡等国国君也都来朝贺于越，同时来朝贺的还包括滕、薛、莒等小国在内的"泗上十二诸侯"。即使像齐、晋、楚那样的大国，由于国内局势不稳，或以战争创伤、元气尚未恢复等原因，也都得让越三分，照理越王勾践完全可以"南面而霸天下"（《淮南子》卷十一《齐俗训》）了。

但勾践有着更为长远的考虑。周贞定王元年（前468），他决定将越国国都从会稽（今浙江绍兴）迁至琅琊（今山东诸城县东南）。（《越绝书》卷第八《越绝外传记地传》）尽管会稽都城是越王勾践卧薪尝胆、发愤图强，十年生聚、十年教训的战略基地，是一片充满故事的热土，但毕竟与中原相去甚远，于长期争霸中原也极为不利。而琅琊是丘陵地带，东面靠海，地理形势与会稽都城相仿。更重要的是，在琅琊以西的今山东境内，当时除齐、鲁等国外，还有莒、郯、滕、薛、缯、邾等诸侯小国，这些都在越王勾践长期争霸中原的视野之内。另外，从搬迁角度看，可以充分利用海上运输的有利条件,因为"舟师"是越国的最大优势。

(三) 退守大越

就在越国迁都琅琊后的第四年,即周贞定王四年(前465)冬,勾践因病去世。临终前回顾自大禹、允常及勾践自己所创大业后,意味深长地对太子兴夷说:"夫霸者之后,难以久立,其慎之哉!"(《吴越春秋校注》卷第十《勾践伐吴外传》)告诉他久持霸业千万要慎重!

勾践去世后,其创下的霸业,子孙相传,从勾践子兴夷,兴夷子子翁(《史记》《竹书纪年》作"翳"),子翁子不扬,不扬子无彊①,持续称霸达近百年之久。《越绝书》是这样记载的:"勾践子与夷,时霸。与夷子子翁,时霸。子翁子不扬,时霸。不扬子无彊,时霸……"(《越绝书》卷第八《越绝外传记地传》)这些勾践子孙,不仅守住了勾践霸业,还喜好战争。"攻伐并兼",拓展疆域。越国凭借琅琊的有利地形,攻占了近邻莒国(《墨子》卷五《非攻中》)和缯国(《战国策》卷二十五《魏策四》云:"越人亡缯。");越国利用位于长江下游,得逆流而进、顺流而退的水战优势,屡"败楚人";越国依仗自己的国力,于周威烈王十一年(前415)攻灭滕国(今山东滕州市西南)(方诗铭、王修龄撰《今本竹书纪年辑证》卷下《周威烈王十一年》),次年又攻灭郯国(今山东郯城县西南),虏其国君而归。(《今本竹书纪年辑证》卷下《周威烈王十二年》)难怪生活在战国前期的墨翟(约前468—前376)在讲到"天下好战之国"时,把"齐、晋、楚、越"(《墨子》卷五《非攻下》)放在一起,指出:"南有楚、越之王,而北有齐、晋之君,此皆砥砺其卒伍,以攻伐并兼为政于天下。"(《墨子》卷六《节葬下》)

---

① 勾践以后的越君世系,古籍所载甚不一致,兹分列数种于下:
《越绝书》:勾践—与夷—子翁—不扬—无彊—之侯—尊—亲。
《吴越春秋》:勾践—兴夷—翁—不扬—无彊—玉—尊—亲。
《史记·越王勾践世家》:勾践—鼫与—不寿—翁—翳—之侯—无彊。
《竹书纪年》:勾践—鹿郢—不寿—朱句—翳—(诸咎)—(孚错枝)—初无余—无颛—无彊。

从勾践灭吴、封闽瓯(《太平寰宇记》卷九十引《越绝书》佚文云:"东瓯,越王所立也。周元王四年越相范蠡所筑。"),到他的继承人先后灭掉莒、缯、滕、郯等诸侯国,经过几代人的"攻伐并兼",越国的疆域达到了历史上最为辽阔的时期。北方与齐、晋、鲁等国接壤,西与楚国相邻,南有东瓯、闽越为屏障,这时的越国版图:北起鲁南,南达福建,西接安徽、江西,东薄于海,是战国中期的泱泱大国。

到越王翳三十三年,越国国都南迁吴中。按《竹书纪年》"于越迁于吴"的记载,时间当在周安王二十三年,亦即公元前379年。越王翳为什么要迁都吴中,史籍虽未说明缘由,但从迁吴后发生的事件看,显然是越国开始走向衰落的重要信号。就在迁都吴中不久,越国接连发生弑君事件。《史记·越王勾践世家·索隐》引《纪年》云:"翳三十三年迁于吴,三十六年七月太子诸咎弑其君翳,十月粤杀诸咎。粤滑,吴人立子错枝为君。明年,大夫寺区定粤乱,立无余之。十二年,寺区弟忠弑其君莽安,次无颛立。无颛八年薨,是为炎蜀卯。"也就是从周安王二十年(前376)到周显王七年(前362),短短十四年间,越国三弑其君,四易君位。看起来纯粹是王室内部的王位之争,但在事件发展过程中,有大夫的参与,有吴人的加入,特别是吴人能够立错枝为君,说明当时王室内部矛盾、朝廷内部矛盾和与吴国旧势力的矛盾,已经十分尖锐(参见《古本竹书纪年辑证》,《吕氏春秋》卷九《知士》,《庄子·杂篇下·让王》)。

这场内乱到国人拥无颛为国君时才得以平息下来。无颛为之侯之号,是越王翳之子,无彊之父。《史记·越王勾践世家》云:"王翳卒,子壬之侯立。王之侯卒,王无彊立。"无颛在位八年,虽然时间不长,但他"善于抚治,兆庶赖宁"①。他的继承者无彊,也是勾践之后最有作为的国君。经过父子俩近20年精心治理,既清除了内乱隐患,又增强了经济实力,社会呈现稳定局面。这就是越王无彊敢于"兴师北伐齐,西伐楚,与中国争

---

① 姒元翼、姒承家:《大禹世家》引《姒氏世谱》,浙江古籍出版社2003年版,第61页。

强"(《史记》卷四十一《越王勾践世家》)的原因所在。

在无疆的争强计划中,原打算先伐齐后攻楚,因为此时的齐威王(田因)即位不久,与魏、赵诸国又战事不断,加上田忌之乱,可谓内外交困,无以应对。不料,齐威王却派使者游说无疆,大谈什么"大不王,小不伯"之类的蛊惑人心的话,目的是把战祸引向楚国,借楚国之手削弱越国,以坐收渔人之利(参见刘亦冰《勾践家世》,北京出版社,2004年版)。无疆轻信齐使蛊惑之言,"释齐而伐楚",结果犯了战略性重大错误,连自己的性命也赔了进去。《史记》对这场战争的结果是这样记载的:

> 于是越遂释齐而伐楚。楚威王兴兵而伐之,大败越,杀王无疆,尽取故吴地至浙江,北破齐于徐州。而越以此散,诸族子争立,或为王,或为君,滨于江南海上,服朝于楚。(《史记》卷四十一《越王勾践世家》)

发生这场战争的时间,应该是在楚威王七年(前333)。因为楚军在大败越国之后,马上挥师北上伐齐,理由是"齐……欺楚",是齐国说客,挑起了无疆攻楚的战争。① 这场由无疆发起的战争,对越国而言当然是一次惨败,不仅越王无疆被杀,今钱塘江以北的"故吴地"也纳入了楚国版图。但这只是"败越",而不是"灭越",这一点《越绝书》与《史记》的说法也基本一致:"尊子亲,失众,楚伐之,走南山……无疆以上,霸,称王。之侯以下微弱,称君长。"(《越绝书》卷第八《越绝外传记地传》)

"南山"是会稽的别名之一,《越绝书》所谓"走南山",是说越国在无疆被杀、吴地被占之后,重新回到钱塘江以南的会稽山一带。② 对此,唐杜佑《通典》卷第一百八十二《州郡》十二有如下明确记载:"越州,

---

① 《史记·楚世家》有"齐……欺楚,楚威王伐之,败之于徐州"句,《集解》徐广曰:"时楚已灭越而伐齐也。齐说越,令攻楚,故云齐欺楚。"

② 会稽山又称"南山"。《吴越春秋校注》卷第六:"祭禹于越,立宗庙于南山之上。"又《水经注》卷四十《浙江水》:"勾践语范蠡曰'先君无余,国在南山之阳,社稷宗庙在湖之南'。"

春秋时越国之都，至周显王时，为楚所破。其浙江南之地，越犹保之，而臣服于楚。"此时越国保有的疆域面积，与当年越王勾践即位初期大致相仿。虽然这时的越国已经衰落，但是它退守会稽后，既有国土，又有君长，仍然以侯国身份开展各种内政、外交活动，斗争仍在继续。

《水经·河水注》引古本《竹书纪年》："（魏襄王七年）四月，越王使公师隅来献乘舟，始罔及舟三百、箭五百万、犀角、象齿。"（又见方诗铭、王修龄撰《古本竹书纪年辑证》，上海古籍出版社，2005年版）按魏襄王七年为公元前312年，时距越王无彊被杀仅21年，派公师隅北上献舟的越王是谁，史籍未有记载，但这条记载至少说明两点：第一，此时的越国，仍有足可主持内政、外交的越王；第二，此时越国向魏国赠送如此厚重的礼品，目的很可能是联魏制楚。

此后，越国虽已退守大越，但其活动，仍屡见记载。如公元前288年，苏秦告诉齐闵王，当时天下十国，"皆以相敌为意"，"而宋、越专用其兵"（《战国策》卷十二《齐策五》），还不断主动出击。公元前248年，已被楚国占领的吴故墟，成为春申君的封邑之后，他筑城加强守备，"以御越军"①。韩非子（前280—前233）是战国晚期人，熟知当时各国形势，他认为越国国富兵强，中原诸国难以制服，而且地处偏远，得之亦无益于己。（《韩非子集释》第四卷《孤愤》）即使到秦统一全国之前十二年，越国还想与楚、燕、赵联合伐秦，秦始皇得此消息，急忙派姚贾出使四国，用重金收买，破坏四国联合伐秦计划（《战国策》卷七《秦策五·四国为一》）。

越国最终灭亡时间，当在秦统一全国之时，而且与齐国一起，是最后被秦灭亡的两个国家之一。据《史记·秦始皇本纪》载，秦王政十七年（前230）灭韩，十九年灭赵，二十二年灭魏，二十三年"虏荆（楚）王"，二十五年灭燕，"王翦遂定荆江南地；降越君，置会稽郡"，二十六年齐国亡，至此，秦始皇才完成统一中国大业。

---

① 见陆广微编《吴地记》。又《后汉书·郡国志四》注引《越绝书》曰："有西岑冢，越王孙开所立，以备春申君，使其子守之，子死遂葬城中。"

第二节 越都城的地理环境与人口规模

一 越都城的自然环境

（一）地理位置

越国的立国之祖无余，为大禹五世孙，少康之子，按三代纪年推算，其立国时间，约在公元前20世纪前后。从无余立国，到秦始皇降越君，越国作为诸侯国的存在时间约为18个世纪。① 在这漫长的历史时期内，越国在会稽地区的都城，主要有两处，一为"无余旧都"，一为"勾践新都"。无余旧都的名称，按历代绍兴地方志所载，应该叫"侯城"，有侯国之城的意思。② 侯城作为无余旧都，距今已有约40个世纪，其遗址踪迹尚无考古发现，但从《越绝书》等地方文献记载可知，其城址相当于现在的绍兴县平阳［（清）毛奇龄《重修平阳寺大殿募疏序》，《四库全书》本《西河集》卷三十九］。侯城何时废弃，无明确记载，不过从越王勾践三年（前494）吴王夫差伐越"隳会稽"③ 的记载看，战争的破坏是很厉害的。所以当勾践在吴国受辱三年后回到越国，所做的第一件事就是"立国树都"④。从时间上看，夫差"隳会稽"，到勾践徙建新都，前后不过四年

---

① 参见张觉《吴越春秋校注》卷第十《勾践伐吴外传》："从无余越国始封，至馀善返越国空灭，凡一千九百二十二年。"馀善（？—前110），西汉时越族首领。"越国空灭"，指馀善兄闽越王郢被杀，国内无君，时在汉武帝建元六年（前135）。据此推算，约为18个世纪。
② 侯城，嘉泰《会稽志》、万历《绍兴府志》、康熙《会稽县志》和乾隆《绍兴府志》均有记载。乾隆志云："嘉泰《会稽志》：侯城在会稽县东五十八里。《水经注》云秦望山南有嶕岘，岘里有大城，越王无余之旧都也。故勾践语范蠡曰，先君无余，国在南山之阳，社稷宗庙在湖之南。旧经云夏后氏少康封子无余于越，所都即此城也。"康熙《绍兴府志》（俞志）卷二说："侯城，越始侯无余所都城也。"笔者按："东五十八里"疑漏"南"字，应为"东南五十八里"。
③ 《国语》卷五《鲁语下》，上海古籍出版社1988年版，第213页。
④ 张觉：《吴越春秋校注》卷第八《勾践归国外传》，岳麓书社2006年版，第206页。

时间。由于新都是范蠡受勾践委托所建,所以后人也称勾践新都为"蠡城"。

无余旧都侯城,在会稽山区,其方位《越绝书》说在"秦余望南"①,《水经注》说在秦望山南(《水经注》卷四十《浙江水》),勾践对范蠡说"在南山之阳"②,虽然表述不一,但都说无余旧都在山的南面。而勾践新都即蠡城,在会稽山的北面,即今绍兴城所在处,与无余旧都平阳相距58里,与嘉泰《会稽志》的记载相合。因此,无论侯城还是蠡城,都没有离开以会稽山和山会平原为中心的自然地理环境。

越都城即今绍兴市,位于浙江省中北部的钱塘江南岸,会稽山北麓,宁绍平原西部。地域范围介于北纬29°13′36″(新昌县安顶山)至30°16′17″(绍兴县镇海闸以北钱塘江航道中心线),东经119°53′02″(诸暨市三界尖)至121°13′38″(新昌县平砚)之间。西北距杭州60公里,东距宁波130公里,南与台州和金华相连,北隔钱塘江与嘉兴相望。东西长130公里,南北宽116公里,总面积8256平方千米,相当于越王勾践即位初期越国疆域面积的六分之一。③

从越国疆域看,越都城正好处于今浙西山地丘陵、浙东山地丘陵和浙北平原三大地貌单元的交接地带。地形特点略呈"山"字形:即越都城西部是龙门山脉,南部为会稽山脉,东南部是四明山脉和天台山脉,北部则是由山阴和会稽两县平原构成的山会平原。同时,又以绵延起伏的会稽山脉为分水岭,西有西小江(今称浦阳江),东有东小江(今称曹娥江),中有源自会稽山区的43条溪水,并且按西南向东北倾斜的地势走向,经三江

---

① 《越绝书》卷第八《越绝外传记地传》,上海古籍出版社1985年版,第57页。
② 张觉:《吴越春秋校注》卷第八《勾践归国外传》,岳麓书社2006年版,第206页。
③ 越王勾践即位初的越国疆域,按《国语·越语上》所载:"南至于句无,北至于御儿,东至于鄞,西至于姑蔑。"据陈桥驿先生估算,其面积大体为5万平方公里。参见陈桥驿《古代于越研究》,《吴越文化论丛》,中华书局1999年版,第3页。

口流入钱塘江。① 历史上称为"后海",当年秦始皇上会稽,祭大禹,"望于南海",所指就是这里。

(二) 会稽山地

会稽山在越都城东南 5 公里处,一般认为是大禹下葬的地方,即今大禹陵所在那座山就叫会稽山。不过在大多数人的心目中,都习惯于将越都城南部的崇山峻岭统称为会稽山,如果用会稽山脉称之,或许更为合适。

从《史记》记载、民间传说到神话故事,都认为大禹治水成功后,东巡苗山,在这里会集诸侯,按各人功劳大小进行奖励。大禹"计功而崩",死后葬在这里,因此改苗山为会稽山。"会稽"就是"会集诸侯,计功行赏"的意思。对此,司马迁是这样记载的:"禹会诸侯江南,计功而崩,因葬焉,命曰会稽,会稽者,会计也。"(《史记》卷二《夏本纪》)关于会稽地望,历来多异说,有辽西说、山东说、河东说和安徽说等②,其实都是依据不足的。因为在司马迁的叙述中,已经将禹会诸侯、死葬会稽以及会稽地名由来三者紧密联系在一起了,缺少其中一项,便不足为信。何况司马迁年轻时就"上会稽,探禹穴"(《史记》卷一百三十《太史公自序》),做过实地调查。尽管会稽地望有争论,但与会稽地名密切相关的大禹陵,唯有浙江绍兴一处,不管论者持何说,这都是必须面对的事实。

会稽山本名苗山,另有茅山、涂山、防山、衡山、釜山、覆釜山、栋山、南山等别名,其中多数别名与大禹治水故事有关。会稽山又是中国古代五大镇山之一,称为"南镇"。其他四镇,分别为东镇沂山(山东临朐)、西镇吴山(陕西宝鸡)、北镇医巫闾山(辽宁北镇)和中镇霍山(山西霍州)。中国古代皇帝登基时,对名山大川都要加封祭祀,如五岳、

---

① 据地方文献记载,源自会稽山区的溪流为 36 源,均流入境湖。如嘉泰《会稽志》卷十"平水"条云:"镜湖所受三十六源水,平水其一也。"又据今绍兴市水利局盛鸿郎、邱志荣调查,实为 43 源,成果载《鉴湖与绍兴水利》,中国书店 1991 年版,第 30—31 页。
② 参见张仲清《"会稽"新释》,《越文化国际学术讨论会论文集》,浙江古籍出版社 2006 年版,第 53—61 页。

四渎、五镇等。《史记·封禅书》说"禹封泰山，禅会稽"；秦汉以会稽为名山，用牲犊圭璧祭祀；隋代皇帝下诏"就山立祠"，建南镇庙，成为历代皇帝派员祭祀山川的场所。可见，会稽古来就是一座名山。

从地形方面考察，越都城正南及其东西两侧，是一片丘陵，可称为会稽山地。主干部分绵亘于山阴、会稽南部和诸暨、嵊县边界，古人所谓"会稽山周回（围）三百五十里"（嘉泰《会稽志》卷九）只是大体而言。其实包括低山、丘陵、河谷地在内，隶属于山阴、会稽县境的面积就有757平方公里。①

按山势走向，会稽山有三条主要分支，按后来的名称，大致分布如下：

东翼是真如山（五百冈），向东北延伸，经鹅鼻山、四峰山、衙堂山、驻跸岭、葡萄岭等，直至曹娥江边，是曹娥江与其支流小舜江的分水岭。

中翼称为化山，从尖子冈向东北延伸，经龙池山、陶宴岭、五峰岭、甘平冈、台五冈、凤凰山等，是曹娥江与古代鉴湖水系的分水岭。

西翼称为西干山，从尖子冈向北经作丹冈、古博岭、辣岭、关口山、大武尖等。然后又从大武尖向西北、向西分出牛头山、越王峥山和王家大山诸山。西干山是浦阳江下游诸水与古代鉴湖水系的分水岭。②

在上述会稽山三条分支范围内，经近年来实地调查测量，有名可溯和有实测高程的山冈273座，山岭24座。③ 主峰如鹅鼻山、真如山（五百冈）、五岩山、尖子冈等，高度都在海拔700米以上，鹅鼻山最高达788米，其他山峰一般在300—400米。

越都城南部会稽山地，由于山体抬升强烈，地表深切、破碎，因而低山、丘陵、河谷地就成为这里的主要地貌特征。山体形态丰富，峰、岗、岭、峦、岫、坡、崖、岩兼有，加上这里植被丰富，林木茂盛，气候温和，雨量丰沛，水资源的涵养量也十分丰富。晋代画家顾恺之，用"千岩

---

① 参见傅振照主编《绍兴县志》第二编《自然环境》，中华书局1999年版，第182页。
② 参见车越乔、陈桥驿《绍兴历史地理》，上海书店出版社2001年版，第30—31页。
③ 参见傅振照主编《绍兴县志》第二编《自然环境》，中华书局1999年版，第185页。

竞秀,万壑争流,草木蒙笼其上,若云兴霞蔚"① 来形容会稽山川之美,这是恰如其分的。

(三) 山会平原

山会平原是指山阴县与会稽县在会稽山麓向北延伸的平原地带,属宁绍平原的一部分,大致包括后海(今杭州湾)以南,会稽山麓以北,东小江以西和西小江以东的范围,面积约2200平方公里。历史上山会两县,城内以南北向的府河为分界,城外大体以若耶溪(北出三江口)为界,以西属山阴县,以东属会稽县。山会平原倚山枕海,南高北低,地势由南向北呈山地—平原—海洋的阶梯状格局。来自会稽山区的许多溪流,从山麓冲积扇北流进入当初还是一片沼泽的山会平原,然后注入后海。

山会平原实际上是卷转虫海退以后的产物。当全新世最后一次海侵极盛时,海水直薄会稽山麓,整个山会平原的极大部分还是一片浅海,露出水面的主要是会稽山没入平原地区后隆起的孤丘。而长江、钱塘江等河流携带的泥沙,通过后海潮汐的滚涌推动,就在这片浅海上自南向北沉积下来,成为最初的山会平原雏形。所以在夏代无余立国时,于越部族的活动中心以及越都侯城,都只能选择在南部会稽山区,过着"随陵陆而耕种,或逐禽鹿而给食"(张觉《吴越春秋校注》卷第六《越王无余外传》,第172页)的迁徙农业和狩猎业兼具的经济生活。

一般认为,这次海侵后的海退,始于距今4000年左右,大致在无余立国以后就开始海退,直到勾践即位时,经过15个世纪的漫长岁月,海平面逐渐下降,海岸线离会稽山麓地带而去。后来的山会平原,这时已完成了从浅海到沼泽平原的过渡,其间发生的变化,是可想而知的。

这次海退,大致退到一个叫"朱余"的地方,因为越人称盐为"余",朱余是设盐官的地方,位置应当在当时的海边,《越绝书》说朱余"去县

---

① 徐震堮:《世说新语校笺》卷上《语言第二》,中华书局1994年版,第82页。

三十五里"(《越绝书》卷第八《越绝外传记地传》),可能就是现在的朱储一带。而那些浅水海湾,因被泥沙封积成坝而逐渐发育为潟湖,如至今尚存的容山湖、狭漎湖、瓜渚湖等,都是这类潟湖。湖区最初是盐碱地,后来由于沙坝将湖、海彻底隔离,加上来自会稽山区水流的不断冲洗,遂成为天然的淡水湖泊。至于山会平原北部的广大地区,当时显然还是一片充满泥泞的沼泽地,除隆起于深厚冲积层上的孤丘外,地面高程一般都在海拔5米上下。在离地表10~12米,普遍存在着一层牡蛎壳层,无疑是这次海侵的历史见证。(车越乔、陈桥驿:《绍兴历史地理》,上海书店出版社,2001年版;又见金普森、陈剩勇主编,徐建春:《浙江通史·先秦卷》,浙江人民出版社,2005年版)

　　山会平原虽说是河流纵横的水网平原,然而就在这水天共色的山会平原上,至今还分布着大大小小的孤丘二三百座,成了山会平原上的一大地貌特征。这些会稽山脉没入山会平原后的隆起部分,尽管地脉相连,却仍有突然隆起之感,形成平地起峰、独立存在的平原孤丘。一般山体不大,小者不足千把平方米,大者也无非一二平方公里。海拔大多在100米以下,最高不过200米,最低10余米。而且山上土地肥沃、常年披绿,宋代诗人陆游形象地称为奔涌在水网平原的颗颗"翠螺"。诗中说"道路如绳直,郊园似砥平。山为翠螺踊,桥作彩虹明"。这是山会平原的真实写照。

　　(四)自然资源

　　自然资源通常都处于动态之中,人为消耗,随时都有可能。历史时期的许多自然资源,现在早已不复存在,因此研究越都城时期的自然资源,主要还得从文献记载和已有的考古成果入手,去复原当时的自然资源状况。

　　在越都城及其周边的自然资源中,自然植被资源当然具有十分重要的意义。从文献记载可知,在春秋战国的越王勾践时代,除越都城北面的沼泽地外,城南及其东、西两侧的丘陵,到处都是高大茂密的森林。传说离越都城西南 6 里的外山，曾是越王勾践樵采之地。（万历《绍兴府志》卷四"外山"引旧经曰："在府城南六里，俗名外山。相传以近城，勾践时采樵赖之，俗今呼为外山。"）城东 7 里的乐野，则是越王勾践弋猎之处（《越绝书》卷第八《越绝外传记地传》曰："乐野者，越之弋猎处，大乐，故谓之乐野……去县七里。"），此地有鹿池山，在 20 世纪末的城市扩建中，曾有鹿角等动物骨、角出土。①

面积最大的森林分布在会稽山区，当时称为南林（张觉《吴越春秋校注》卷第八："纵于南林之中。"卷第九："越有处女，出于南林。"嘉泰《会稽志》："南林在山阴县南。"）。这片茂密的原始森林，可以分为稽南丘陵和稽北丘陵两部分，可能与当时的浙中、浙南和浙东等地的森林是连成一片的。由于这一带都属于亚热带季风气候区，气候温和、湿润多雨，因此天然森林植被中，针叶林、阔叶林、灌木林、混交林、竹林和盐生林等均有分布。主要树种，除松柏以外，尚有檀、檡、枯、桧、榖、楝、楸、柽、樗、枫、桐、檫、棐、梓、梗、栎、柟、楮、榆等，拥有巨量的建筑"善材"和薪炭资源。②

稽北丘陵的木客（今称木栅）一带，可以说是春秋战国时期越国木材蓄积量最为丰富的原始森林之一。"木客"，以采伐木工而得名（嘉泰《会稽志》卷十八引十道志云："勾践使木客入山求大木，三年不得，忧思作《木客吟》。"），在会稽山北麓、越都城西南 15 里处。越王勾践时代，曾先后两次到这里进行大规模的采伐木材活动。

第一次是勾践自吴返越，实施灭吴九术时，投"吴王好起宫室"之好，派良工、送善材，"使之起宫室以尽其财"，并以此为灭吴第二术。于是"越王乃使木工三千余人入山伐木。一年，师无所幸。作士思归，皆有怨望之心，而歌《木客之吟》"（张觉《吴越春秋校注》卷第九《勾践阴谋外传》，第 230 页）。此歌亦作《木客吟》（《水经注》卷四十《浙江

---

① 据绍兴市经济开发区管委会副主任丁士廉 2000 年口述。
② 参见车越乔、陈桥驿《绍兴历史地理》，上海书店出版社 2001 年版，第 56 页。

水》，"勾践使木工伐荣楯，欲以献吴，久不得归，工人忧思，作《木客吟》"），惜不见流传。

第二次大规模采伐是在勾践灭吴后，准备迁都琅琊，大批兵马从水路北上，需要大量船只。勾践因此"使楼船卒二千八百人，伐松柏以为桴"。又说勾践北上时，有"死士八千人，弋船三百艘"（张觉《吴越春秋校注》卷第十《勾践伐吴外传》），说明当时越国水师至少有八千人，战船则有"戈船""楼船"等，其中"戈船"有三百艘。有多少艘"楼船"，尽管没有记载，但《越绝书》和《吴越春秋》都把越国水兵称为"楼船卒"，表明"楼船"的地位更为重要，或许数量也更多。

仅木客一地，第一次"三千余人"采伐一年（另说三年），第二次"二千八百人"入山采伐，短时间内能历经两次大规模采伐，其木材蓄积之多，是可想而知的。而且树种也多，完全可以根据用途需要挑选。第一次主要采伐梓树、楩树和柟树（即楠木），这些都是上等木材，所以《吴越春秋》称为"善材"，据说后来被吴王用于建造姑苏台。而第二次采伐的是松树和柏树，这当然是建造船只的理想材料。

南林树木，硕大挺拔，确实具有原始森林的特征。《吴越春秋》所谓木客"一夜天生神木一双，大二十围，长五十寻"，虽然说得有点像神话，但树木如此高大，也许不是没有可能。《越绝书》说勾践父允常冢，就在木客，称"木客大冢"（《越绝书》卷第八《越绝外传记地传》云："木客大冢者，勾践父允常冢也。"）。前几年，这座深埋地下15米的木客大冢终于被发现，经考古发掘，墓室内还完整地保存着"巨型独木棺，为国内罕见，它全长6.1米，直径1.12米"①。宋代绍兴知府吴芾疏浚鉴湖，"未一二尺，多得古棺，皆刳木为之"[（宋）吕祖谦《入越录》，《四库全书》本《东莱集》]，足见历史时期稽北丘陵的木材因硕大，而被大量应用于制作独木棺。

---

① 绍兴县文物保护管理所：《绍兴县文物志》，浙江古籍出版社2002年版，第37页。

春秋战国时期的南林，还是虎豹出没之地（张觉《吴越春秋校注》卷第八《勾践归国外传》云："纵于南林之中，今但因虎豹之野……"），动物资源十分丰富。从文字记载中尚可查得猿、猴、熊、罴、野猪、鹿、麂、狐、兔等。① 而且还有一些现在温带地区已经无法看到的动物，如犀、象之类。《水经注·河水注》引《纪年》云："魏襄王七年四月，越王使公师隅来献乘舟，始罔及舟三百、箭五百万、犀角、象齿焉。"② 按魏襄王七年为公元前312年，当时越国能以犀角、象牙这样一些珍贵礼物去赠送魏国，说明犀、象出没南林的可能性是很大的。

从文献记载和出土文物看，越都城周边的矿产资源也比较丰富。《越绝书》和《吴越春秋》都有关于赤堇山产锡和若耶溪产铜的记载。一位名叫薛烛的相剑客，曾对越王勾践说："赤堇之山破而出锡，若耶之溪涸而出铜。"（《越绝书》卷第十一《记宝剑》）赤堇山位于若耶溪上游的铸浦附近，距越都城东南20余里，这一带地名中的日铸、铸浦、上灶等，都与传说中欧冶子铸剑有关，而且都在若耶溪两岸。有意思的是，就在当年薛烛所说"涸而出铜"的若耶溪边，经20世纪60年代地质钻探，溪下不仅有铜，而且是个具有开采价值的中型铜矿。此外，当年越国训练西施美女的美人宫，即后人称为"西施山"的地方，20世纪50年代曾有铁镰、铁锄、铁钁、铁锹等生产工具出土③，说明越国的冶铁业已有相当的发展。文献中虽无铁矿的记载，但用现代技术钻探，越都城西南30里的今漓渚铁矿为目前浙江省境内最大铁矿则是事实。

（五）气候与灾害性天气

现在的绍兴气候属于温暖多雨的亚热带季风气候。受东亚季风活动影响，气候特征表现为四季分明、气候温和、湿润多雨。冬季在蒙古冷

---

① 参见车越乔、陈桥驿《绍兴历史地理》，上海书店出版社2001年版，第62页。
② 方诗铭、王修龄：《古本竹书纪年辑证》，上海古籍出版社2005年版，第287页。
③ 参见沈作霖《绍兴出土的春秋战国文物》，《考古》1979年第5期。

高压控制下,以干冷的西北风为主,天气较冷但并不严重,多晴朗天气。夏季受副热带高压影响,以东南风为主,降水较少,多高温晴热天气。春季为北方干冷空气与南方暖湿空气交会频繁季节,风向多变,温度上升,雨量较多。秋季是夏季风向冬季风转换的季节,随着夏季风的逐渐减弱和冬季风的逐渐增强,再度出现冷暖空气交会,降雨增多,天气逐渐转凉。①

这种天气的变化规律,是不是与历史时期的气候变化有着某种内在联系呢?这当然有待专门研究,但有一点是可以肯定的,即历史时期的气候是有变化的,有暖期和冷期的交替。②竺可桢对中国近五千年来这种暖期和冷期的交替,有过专门研究。他从气候研究入手,认为周朝早期气候是寒冷的,到春秋时期开始转暖,"战国时期,气候比现在温暖得多"。冷期和暖期的年平均温度之差,通常有2~3摄氏度的摆动。③战国晚期,越王向魏襄王赠送"犀角、象齿",足以证明当时越国气候正处在"暖期"。因为犀和象都是典型的热带动物,对气候反应极为敏感,而处于亚热带气候区的越国,如果不在"暖期",犀和象都将无法生存,越王也将因此少了一道珍贵礼品。

可见气候的变化,对植物的生长、动物的生存和人类自身的生产与生活,都有着直接的影响。自然界中的各种生物之所以能够繁衍生息,是因为有着与之相适应的自然生态环境和气候条件,否则将是不可能的。也许是越王勾践看到了气候对于人类生存的重要性,在建造越都城时,特地在龟山上新建了一座怪游台,这是我国有历史记载的最早的气象和天文观察台之一。《越绝书》卷第八:"龟山者,勾践起怪游台也。东南司马门,因以炤龟,又仰望天气,观天怪也。高四十六丈五尺二寸,周五百三十二

---

① 参见任桂全总纂《绍兴市志》卷2《自然环境》,浙江人民出版社1996年版,第219—224页。
② 参见车越乔、陈桥驿《绍兴历史地理》,上海书店出版社2001年版,第42页。
③ 参见竺可桢《中国近五千年来气候变迁的初步研究》,《竺可桢全集》第四卷,上海科技教育出版社2004年版,第450—452页。

步。"这个怪游台（也有称"灵台"）显然有着"仰望天气"和"观天怪"的双重功能，而对于天气的观察，主要从"望云"入手。这从南朝宋孔灵符的记载中可以得到证明，他说："城西门外百余步有怪山，越时起灵台于山上，又作二层台以望云。"①

其实越国对灾害天气和天气规律的观察与研究，是早已付诸行动的，因为在勾践看来，这是关系经济发展和国家安定繁荣的大事情。所以在他遭受"会稽之困"时，就向大夫计然（亦作"倪"）请教过货物流通与天气变化之间的关系。计然则把自己在这方面的研究告诉勾践，他说："岁在金，穰；水，毁；木，饥；火，旱。旱则资舟，水则资车，物之理也。六岁穰，六岁旱，十二岁一大饥。"（《史记》卷一百二十九《货殖列传》）旨在说明天气的水旱灾害和粮食丰歉的变化是有规律的，物资的积聚与流通，就应该符合气候变化规律。（《越绝书》卷第四《计倪内经》，计倪对越王勾践说："太阴三岁处金则穰，三岁处水则毁，三岁处木则康，三岁处火则旱……水则资车，旱则资舟，物之理也。天下六岁一穰，六岁一康，凡十二岁一饥，是以民相离也。"）计然所说涉及阴阳五行语言，显然不符合气象、气候学原理，但在 2500 年前对气候与经济活动关系的这场探索，其重大意义却是毋庸置疑的。

从越大夫计然到越王勾践如此重视对天气规律的研究与关注，也许与当时越国发生的严重自然灾害有着某种内在联系。历史上绍兴的灾害性天气主要包括水、旱、热带风暴（台风）等。虽然有关这方面的文献记载很少，但据仅有的两条记载已经将当时的主要天气灾害反映出来了。第一次在越王勾践元年（前494），"吴王夫差兴师伐越，兵败就李。大风发狂，日夜不止；车败马失，骑士堕死；大船陵（陆）居，小船没水"（《越绝书》卷第六《纪策考》），这显然是一次强有力的热带风暴。第二次为水旱并发的灾害性天气，时间在越王勾践十三年（前484），由于水、旱交替，

---

① （南朝宋）孔灵符：《会稽记》，《鲁迅辑录古籍丛编》第三卷，人民文学出版社1999年版，第310页。

粮食无收，勾践只好派文种去向吴王借粮。文种说："越国洿下，水旱不调，年谷不登，人民饥乏，道荐饥馁。"（张觉《吴越春秋校注》卷第九《勾践阴谋外传》）他希望吴国能救越国一时之窘。自然灾害造成的惨重损失，不得不引起越王勾践对天气的关注。而这两次发生在越国的自然灾害，恰好在计然"十二年一大饥"的预测之中。

二 越都城的民族与人口规模

（一）于越族及其分布

聚居在越都城的人口，就种族而言，无疑属于越民族。因为从史前时期到先秦时期，大越地区一直是于越民族的重要活动中心，而且这个民族在当时中国南方的百越民族中，是最先进的一支。这是史学界已有的共识。

"越"作为族称，与地名意义上的"越"一样，在古籍中存在多种称呼。地名中的"越"，常见的有"越""于越""大越""会稽"等名称，而作为族称的"越"，则有"越""越人""于越""越族"等称呼。在先秦的重要典籍中，凡具有族称意义的，《世本》无一例外地称为"越"[①]，《春秋左传》较多地用"越人"（如《春秋左传》卷六十《哀公二十四年》云："邾子又无道，越人执之以归。"）称呼之，而《竹书纪年》则运用了"于越"[②] 的称呼。其实，这些不同称呼的含义是不尽相同的。"越"本国名，后来也用为族称，泛指古代东南沿海地区的民族。[③]"越人"实际上是于越人的简称，突出强调了于越人的群体性。至于"于越"，是越人的一种"自号"，"于"是发声字，唐代孔颖达的这一主张，得到后人的普遍认

[①] 如《世本·王谟辑本》云："越，芈姓也，与楚同祖。"见《世本八种》，中华书局2008年版，第24页。

[②] 如《古本竹书纪年辑证·周贞定王四年》："于越子勾践卒，是为鼫与。"上海古籍出版社2005年版，第275页。

[③] 参见蒙文通《越史丛考》，人民出版社1983年版，第1页。

同。(《春秋左传》卷二十八《宣公八年》:"盟吴越而还。"孔颖达疏曰:"越,姓姒。其先夏后少康之庶子也。封于会稽,自号于越。于者,夷语发声也。")因而在"越"字之前有无"于"字是不一样的。《世本》所谓"越,芈姓也,与楚同祖"之说一出,后人在追述于越来源时,便有"越楚同源"说。事实上,《世本》所指的"越",不是于越,而是南越,即"古南越国,在广州",这是已经被清代学者陈其荣和张澍粹的研究结果证明了的。①

可见,越王勾践之于越与地处广州的南越,虽同种却不同族,应该是可信的。这里实际上已经涉及"百越"的问题。"百越"一名,最早见于《吕氏春秋·恃君》,其中有"扬汉之南,百越之际"句,说是扬州汉水之南为百越之地,但对百越的范围和种姓未做具体说明。《汉书·地理志》臣瓒作注时才有明确交代,他说:"自交阯至会稽七八千里,百越杂处,各有种姓,不得尽云少康之后也。"(《汉书》卷二十八《地理志下》)说明从会稽到五岭以南的广大地区,都是种姓各异的百越居住地。在从今浙江、江苏、安徽、江西、福建、台湾到广东、广西、海南、云南各省的东南沿海弧形地带中,分布着于越、扬越、东瓯、闽越、东越、南越、西瓯、骆越、滇越等越人集团。各种姓尽管居地不同,名称各异,后来的分化、融合、发展经历也不一样,但在生产、生活、习俗上却有许多相同或相似之处。② 这或许便是统称为"百越"或"越"的原因所在。

当然,这些相同或相似之处,并没有否认百越之间存在的一些差异或区别。例如臣瓒百越"不得尽云少康之后"的提醒,就不该被忽视,因为其中涉及各民族的来源问题。关于于越族起源,学界往往见仁见智,有"越为禹后"说,"越楚同源"说,"三苗苗裔"说,"东南土著"说等。

---

① 《世本·陈其荣增订本》:"越,芈姓也,与楚同祖。"句疏曰:"此指南越。"又《世本·张澍粹集补注本》亦云:"《春秋会盟图》云,芈姓,古南越国,在广州。"中华书局2008年版,陈本第37页,张本第55页。

② 参见王钟翰主编《中国民族史》,中国社会科学出版社2001年版,第311页。

如前所说,"越楚同源"之说肇自《世本》,紧随其后的《国语·吴语》韦昭注也秉承了《世本》说(《国语》卷十九《吴语》云:"勾践,祝融之后、允常之子,芈姓也。"),但是《世本》将姓芈的主体"南越"误指为"于越",因此"越楚同源"说也就不能成立。

"越为禹后"说认为,于越是夏禹的后裔,理由是《史记》《越绝书》《吴越春秋》等古籍中都有关于禹葬会稽和无余奉守禹祀的记载。《史记》说:"越王勾践,其先禹之苗裔,而夏后帝少康之庶子也,封于会稽,以奉守禹之祀。"(《史记》卷四十一《越王勾践世家》)《吴越春秋》也说:"少康恐禹祭之绝祀,乃封其庶子于越,号无余。"(张觉《吴越春秋校注》卷第六《越王无余外传》)但也有学者对"越为禹后"说持否认态度。东汉王充《论衡·书虚篇》说:"禹到会稽,非其实也。"当代学者中持否认说的也不少。如林惠祥《中国民族史》认为,"越为禹后"说不过是"越人托古之词"。陈桥驿《"越为禹后说"溯源》认为,这是"为了军事上、外交上和内政上的需要,而从于越内部有意编造和传播出来的"。蒋炳钊《"越为禹后说"质疑》则认为:"越族不是夏族南迁遗民,而主要是由当地先住民发展形成的。"他实际上是主张"土著说"。

从20世纪70年代以来,河姆渡文化、跨湖桥文化和小黄山文化相继被发现以后,学术界都注意到它与于越民族的关系。认为这些文化遗址的原始居民,很可能是于越民族的先祖。这三个文化遗址都分布在当年于越民族的活动中心区内,即今宁绍平原一带,距今在9000—6000年。这至少说明,传说中的大禹死葬会稽和无余奉守禹祀之前的四五千年间,这里已有土著先民从事文明活动了。这就容易使人想起战国晚期著名思想家荀子的一段话,他说"居楚而楚,居越而越,居夏而夏",又说"越人安越,楚人安楚,君子安雅(夏)"(《荀子集解》卷四《儒效篇》,卷二《荣辱篇》)。意思是越、楚、夏本为三地,越人、楚人、夏人本为三族,这是显而易见的。河姆渡、跨湖桥和小黄山文化遗址的发现,客观上为荀子的观点提供了佐证。

由此可见，于越作为一支独立的民族，是毋庸置疑的。尽管关于越族起源有多种说法，但对一个历史悠久的民族来说，与夏、楚、三苗的交流与互相影响，是不可避免的。因此，在于越民族文化中包含一些其他民族的文化基因，也是符合民族发展自身规律的。反过来也告诉人们，抓住其他民族文化的某一方面，便认定其与某民族同源，为某民族后裔，也是不可取的。特别是在民族居住区域交织分布的状态下，不同民族之间的文化交流、影响和最后趋向融合，是历史发展的必然趋势。

于越族的区域分布，在越王勾践时，"南至于句无（今浙江诸暨县南），北至于御儿（今浙江嘉兴），东至于鄞（今浙江鄞县），西至于姑蔑（今浙江龙游县）"（《国语》卷二十《越语上》）。大体包括今宁绍平原、杭嘉湖平原和金衢丘陵地区。考古发现证明，自商周至战国，浙江境内除瓯江水系外，宁绍、杭嘉湖和金衢地区，是几何印纹陶流行的时期，其文化风貌和总体特征是非常接近的。（《三十年来浙江文物考古工作》，载《文物考古工作三十年》）考古反映的这种情况，与文献记载的于越范围是相互吻合的。当然这种分布不是一成不变的，当越王勾践灭吴以后，占领吴地的自然是于越人；当越王无疆被杀，越国势力退守南山，并进而向东瓯（今温州）、闽中（今福建）拓展的，自然也是于越人。在占领吴地和拓展闽瓯的过程中，于越民族的区域分布随之扩大，与当时太湖地区的句吴交错杂处，在瓯闽则成为这一地区的始迁移民，但这并没有改变会稽作为于越族活动中心的地位。①

以会稽为中心的于越人，在长期的经济社会活动中，也逐步形成了具有本民族特色的生产、生活和信仰习俗。于越人"断发文身"习俗，在中原人看来是不可思议的，因为受之于父母的身体发肤，万不可毁伤，否则就有违于起码的"孝"道。但于越人在南方特定气候条件下，为适应生存环境，剪头发、文身躯，绵延达数千年之久。即使像勾践那样身份至尊的

---

① 参见王仲翰主编《中国民族史》，中国社会科学出版社2001年版，第97页。

一国之君,也不无例外地遵循乡风习俗,据说这也是一种治国之道。墨子有言:"越王勾践,剪发文身,以治其国。"(《墨子》卷十二《公孟》)可见于越人断发文身,不仅仅是简单的传统习俗,实在还有习俗之外的意蕴在其中。也难怪《春秋左传》《墨子》《韩非子》《史记》《汉书》《论衡》等文献中一再记及南方越人"断发文身"这件事。

其实,勾践作为一国之君,不仅自己断发文身,而且对于越人的习俗也感悟颇深,甚至从治国之道的视角来看待习俗。就在他迁都琅琊、"躬求贤圣"时,孔子带着他的七十弟子应求来到越国,试图以五帝三王之道,告诉勾践应该如何治理国家。出乎意料的是,勾践竟对孔子说了如下一段话:"夫越性脆而愚,水行而山处;以船为车,以楫为马;往若飘风,去则难从;锐兵任死,越之常性也。"(《越绝书》卷第八《越绝外传记地传》)接着又补上一句:先生讲五帝三王之道,那就不必了。勾践的话,常常被后人当作于越习俗来引用,然而在孔子面前,勾践仅仅是谈论习俗吗?不错,勾践话中确实有习俗内容,但是透过习俗,勾践似乎看到了于越人勇敢、好战、不怕死的一面。对于志切沼吴的越王勾践来说,还有什么比这更重要的呢?

在原始宗教信仰方面,于越民族大概属于信奉多神教的部族。于越人也有图腾崇拜,除龙图腾外①,还有鸟图腾,后者可以从20世纪末在绍兴出土的"伎乐铜屋"和"青铜鸠杖"两件春秋器物中得到证明。② 于越人还信巫术,敬鬼神、重祭祀,以占卜来决定做事的依据。据《越绝书》记载,越国神巫所居之地称为巫里,巫里建有亭祠,作为神巫施行巫术的场所。神巫死后,集中葬在一座山上,称为巫山。他的子孙世代为神巫,越王勾践还亲自为神巫经营过墓葬。(《越绝书》卷第八《记地传》)

---

① 参见方杰主编《越国文化》,上海社会科学院出版社1998年版,第283页。
② "伎乐铜屋",1982年3月从绍兴县坡塘狮子山东周墓出土,铜屋屋顶树有图腾柱,柱顶塑大尾鸠,为国家一级文物。"青铜鸠杖",1993年3月从绍兴县漓渚坝头出土,杖顶端有短啄翘尾鸠,呈展翅欲飞状,为国家一级文物。以上见《绍兴文物志》,中华书局2006年版,第276—278页。

(二）人口繁衍与规模

越国是历史久远的侯国之一，如果从无余立国算起，到秦始皇降越君、建立统一国家，先后长达约 18 个世纪。由于历史久远、资料缺乏和疆域变迁等复杂原因，对战国以前的人口总数和越都城的人口规模，即便是做最粗略的估算，也是非常困难的。对战国时期的人口数和越都城的人口规模，由于没有调查和直接记录，也只能根据史籍中偶尔提到的越国兵员和从业人口数来推算。

这是因为，在越国与吴、楚等国的抗衡中，战争频繁，胜负主要取决于人力因素。既要有人生产粮食、制造兵器、提供保障，又要有人专服兵役，征战疆场。因此，人口变动，包括增长或减少，与经济社会发展和战争规模大小之间，有着紧密联系。所以，从越王允常到勾践，无不关注人口之多寡，并且将人口多寡视为兴功立业的重要依据（张觉《吴越春秋校注》卷第八《勾践归国外传》，越王勾践对范蠡说："今欲定国立城，人民不足，其功不可兴，为之奈何？"）。从春秋末到战国初年，越国的兵员和从业人员数史籍所载的有（见表 1-1）：

表 1-1　　　　古籍所载战国初年越国人口中的兵员数

年　代	人员情况	资料来源
越王勾践三年（前494）	越国兵败夫椒，"越王乃以余兵五千人保栖于会稽"	《史记·越王勾践世家》
越王勾践四年（前493）	吴王夫差伐齐，越王勾践无奈"出士卒三千"从之	《吴越春秋》卷第五
越王勾践初年	吴王好起宫室，"越王乃使木工三千余人人山伐木一年"，以献吴王	《吴越春秋》卷第九
越王勾践十二年（前485）	伍子胥对吴王说，越王勾践"聚敢死之士数万，是人不死，必得其愿"	《吴越春秋》卷第九

续 表

年 代	人员情况	资料来源
越王勾践十五年（前482）	越伐吴，"乃发习流二千人，教士四万人，君子六千人，诸御千人"①	《史记·越王勾践世家》
越王勾践十九年（前478）	越攻姑苏城，越王"躬率君子之军六千人以为中阵"②	《吴越春秋》卷第十
越王勾践年间（前496—前464）	越将迁都琅琊，越王勾践"使楼船卒二千八百人，伐松柏以为桴"③	《越绝书》卷第八
越王勾践二十五年（前472）	"越王葬种于国之西山，楼船之卒三千余人，造鼎足之羡……"	《吴越春秋》卷第十
越王勾践二十九年（前468）	越王勾践迁都琅琊，"起观台，周七里，以望东海，死士八千，戈船三百艘"④	《吴越春秋》卷第十

表中数字，虽然不很精确，只是一种大概数，而且都集中在越王勾践在位期间，勾践之前或之后均无反映。但即便如此，仍然释放了许多信息，如果以此为基础，再联系其他文字记载，对越国的人口发展和城市人口规模推算出一个可以让人接受的数字，也不是没有可能的。

越国在允常之前，被称为小国。（《史记》卷四十一《越王勾践世家·索隐》云："越在蛮夷，少康之后，地远国小，春秋之初未通上国，国史既微，略无世系……"）其所以小，不外乎疆域范围较小，经济实力不强，人口相对稀少。从允常起越国开始强大起来，一个显著标志就是"拓土始大"（《史记》卷四十一《越王勾践世家》正义引《舆地志》："有越侯夫

---

① 对习流、教士、君子、诸御，《史记》索隐、集解与《吴越春秋》徐天祜注多有不同，此从徐说。习流：指熟悉水性之兵，即水师；教士：《吴越春秋》作"俊士"，指才智出众的士兵；君子：指君主当作儿子来扶养的士兵，即忠于自己的嫡系；诸御：指各种勤务兵。
② 《国语》卷十九《吴语》云："越王军于江南。越王乃中分其师以为左右军，以其私卒君子六千人为中军……"称君子为"私卒"，足见系越王之嫡系。
③ 《史记》卷三十《平准书》云："是时越欲与汉用船战逐，乃大修昆明池，列观环之，治楼船，高十余丈，旗帜加其上，甚壮。"可见"楼船"是高大的船只，汉时仍用于战争。
④ 死士，指敢死的勇士。《春秋左传·定公十四年》："勾践患吴之整也，使死士再禽焉，不动。"

谭，子曰允常，拓土始大，称王。"），这种疆土拓展，在春秋战国时代，主要依靠战争来实现。而发起战争的基本前提，就要求有一定的经济实力和人口规模，越王允常曾先后于昭公五年（前537）和昭公三十二年（前510）两次率兵伐吴。（《春秋左传》卷四十三《昭公五年》，《春秋左传》卷五十二《昭公三十二年》）说明当时的越国人口较之允常之前，已经有了较大的发展。勾践即位后第三年（前494）之所以能主动出兵伐吴，恐怕也是因为有允常奠定的基础。

然而，勾践此次出兵，在经济发展比越国要早、军事实力比越国要强的强吴面前，是一次错误的选择，以致给越国造成了几乎是毁灭性的打击。后来勾践认识到了自己的错误决策，对国人做了自省，他说："寡人不知其力之不足也，而又与大国执雠，以暴露百姓之骨于中原，此则寡人之罪也。"（《国语》卷二十《越语上》）可见在这场战争中越国的兵力损耗，是触目惊心的，勾践带着五千残兵败将退守会稽山上，而暴死中原的很可能是三五倍甚至更多。

这次血的教训，使勾践清醒地认识到"人民不足，其功不可以兴"的道理。因为发展经济、加强国防，都需要有足够的人民参与其中，于是"十年生聚，十年教训"，开启了越国臣民卧薪尝胆、发愤图强的艰苦历程。他在奖励生育、发展人口方面，采取了一系列重大政策措施，包括：

> 令壮者无取老妇，令老者无取壮妻。女子十七不嫁，其父母有罪；丈夫二十不娶，其父母有罪。将免者以告，公令医守之。生丈夫，二壶酒，一犬；生女子，二壶酒，一豚。生三人，公与之母；生二人，公与之饩。当室者死，三年释其政；支子死，三月释其政。必哭泣葬埋之，如其子。令孤子、寡妇、疾疹、贫病者，纳宦其子。（《国语·越语上》《吴越春秋》均有记载，文字略有出入）

对结婚年龄、孕妇保健、生育奖励、死伤抚恤，以及对孤儿、寡妇、伤残、贫病者子女的优待照顾，都做了详细规定。先秦时期就提出如此完备、系统的人口政策,实在是闻所未闻,对于推动越国人口的发展,实践证明是起了很大作用的。

经过若干年休养生息,从事农业、手工业的劳动力人数大为增加。除大量参加"春种八谷,夏长而养,秋成而聚,冬畜而藏"(张觉《吴越春秋校注》卷第九《勾践阴谋外传》)的农业生产劳动外,还形成了一支具有一定专业化程度的手工业队伍,包括纺织、制陶、冶炼、造船、采伐、酿酒、制盐等,并设"工官""铜官""船官""盐官"(《越绝书》卷第八《越绝外传记地传》)等职,实行专业化生产和管理。这样的结果,使物质生产、兵器制造和经济实力,获得空前发展和提升。从一份越国向吴国进献的物资清单中,可以清楚看出这一点,当时越王勾践派文种大夫送去:葛布十万匹,蜂蜜九桶,文笥七个,狐皮五双,竹箭十船。(张觉《吴越春秋校注》卷第八《勾践归国外传》)在一切以手工劳动为特点的先秦时期,生产十万匹葛布,如果把种葛、采葛、煮葛、纺织、织造等①各个生产环节中投放的劳动力都计算在内,恐怕在五千人以上,最起码不会少于三千人。因为勾践为此采取了两条措施:一是"使国中男女入山采葛",同时派人去"葛山"(今仍名葛山)种葛,采取人工种植和野生采集相结合的办法,以保证原料供应;二是"使发工织细布",献给吴王,甚至勾践夫人也投入纺织劳动,足见劳动力动用之广和投入之多。(张觉《吴越春秋校注》卷第八《勾践归国外传》)当时越国投入纺织业、采伐业的劳动力,估计在万人以上,如果加上制陶、采矿、冶炼、造船、酿酒、制盐等从业人员数,手工业者总体规模,或许可达四万人之谱,越国的经济繁荣状况,由此可见一斑。

当然,在战争频发、争霸激烈的年代里,越王勾践除鼓励发展经济外,最主要的还是为了增加兵源。吴国的伍子胥就清楚地看到了这一点,他认为勾践回国以后,"舍其愆令,轻其征赋,施民所善,去民所恶,身

---

① 孙毓棠在《战国秦汉时代的纺织业》中说,葛在刈后"须用沸水煮,方能使它的皮容易剥落,纤维容易从木质组织脱离"。见《孙毓棠学术论文集》,中华书局2005年版,第98页。

自约也，裕其众庶，其民殷众，以多兵甲"。(《国语》卷十九《吴语》)就是说，勾践采取的一系列改革措施，目的还是为了繁衍人口，增加兵力。当勾践经过十年生聚、十年教训，亲自带领一支由习流、俊士、君子、诸御组成的四万九千兵力向吴国发起首次进攻时，伍子胥的话便得到了应验。

近5万兵力，已经是一支规模不小的军队，陈桥驿先生分析认为，如果按两丁抽一来估算，当时越国的青壮年男子应当已达10万人之多，相应加上等量的青壮年妇女，则总数就达20万。另外还应按比例加上各占四分之一的不成丁幼年和老年。陈先生因此认为，当时于越部族的人口总数约为30万。① 但因为勾践初次出兵伐吴是在周敬王三十八年（前482），即勾践十五年，离他推行人口奖励政策仅十年左右时间。因此，此次应征入伍的青壮年，应该都出生在越国战败之前。而奖励政策经过十年左右的贯彻，一个人口出生的高潮正在到来。若以20万青壮年中平均一对夫妇生育一个孩子，估计勾践初次出兵时的越国人口总数约为40万人。而周自强主编的《中国经济通史》先秦经济卷在对卫国士兵与人口之数进行研究的基础上得出的结论是，春秋战国时期士兵与人口之比为300∶5000，即士兵占总人口的十七分之一。以当时越国四万九千兵力，按300∶5000之比计算，这时越国的总人口约为81.5万人。以同样方法推测，吴国的总人口约为85万人。②

至于越都城的城市人口，按越国总人口数推算，也许在5万人以上。因为假如越国军队全部驻扎城内，就达四万九千人，加上皇室、宦士(《国语》卷二十《越语上》，有勾践"卑事夫差，宦士三百人"句)成员及其家眷，总数很可能超过5万。而当时范蠡是按照"筑城以卫君，造郭以居民"(《初学记》卷二十四《城郭》引《吴越春秋》云："鲧筑城以卫

---

① 参见陈桥驿《古代于越研究》，《吴越文化论丛》，中华书局1999年版，第3页。
② 参见周自强主编《中国经济通史·先秦经济卷》（下），经济日报出版社2000年版，第1319—1324页。

君，造郭以守民。此城郭之始也。"）模式来建造越都城的，因此城内应当还有其他居民，包括从事蔬菜种植、手工业品生产和商品流通的居民。事实上，越都城建成之后，越大夫文种为越王深谋远虑，"垦草入邑，辟地殖穀"，积极招抚战争离散人口，充实城市，发展生产。即《史记·蔡泽传》索隐所谓的"招携离散，充满城邑"（《史记》卷七十九《蔡泽传》）。所以，即使军队不是全部驻扎城内，城市人口也不会少于5万。这也从赵冈先生的研究中得到了证实。他对先秦城市进行综合研究后得出结论，认为战国时代城市人口占总人口的比重为15.9%①，照这个比例计算，越都城的城市人口为6.4万人，这在当时，显然已经属于中等城市规模（赵冈、陈钟毅《中国经济制度史论》认为"战国时期的中等城市，应该有万户左右，约5万人口"）。

当然，越国人口总数和越都城人口规模，始终处于动态之中，不可能一成不变。在越王勾践打败夫差，占领吴国之后，越国人口总数中自然包括原吴国人口在内。在勾践迁都琅琊时，难免带去一批士兵和其他人员，越都城人口规模相应减少，也在情理之中。当越王无彊在越楚战争中兵败被杀，余部重新返回钱塘江以南的于越部落中心地后，越都城人口规模再次回升，也属必然趋势。

（三）于越人口的迁移与向外发展

人口迁移是人口动态表现之一。一般都是从人口相对稠密地区迁入稀疏地区，从经济文化比较发达的地区迁入落后地区，从开发程度高的地区迁入开发程度比较低的或尚无开发的地区，从人均耕地少的地区迁入人均耕地较多的地区②，这是农业社会中人口迁移的基本特征。而以会稽为中心的于越部族原始居民，在卷转虫海侵时期，面对滔天洪荒，为寻求新的生存环境，而进行过一次大规模人口迁移。到了春秋战国时期，由于战争

---

① 参见赵冈《中国城市发展史论集》，新星出版社2006年版，第58、84页。
② 参见葛剑雄《中国移民史·导论》，福建人民出版社1997年版，第131—132页。

的原因，也有过两次规模较大的人口迁移。所不同的是，前者为了生存而移民，后者为了发展而移民，对迁入地而言，两者都对人类文明进步做出了贡献。

大约始于距今1.5万年前的卷转虫海侵，在7000—6000年前到达最高峰，海平面不断上升到会稽山、四明山山麓线一带。这对原来背山面海、南有山林之饶、北有渔盐之利的宁绍平原来说，无疑是一次严重的环境恶化。① 这片经过于越先民初步开发的东南沃土，由此变成一片与杭嘉湖平原互相连接的浅海。原来生活在这里的于越人，不得不随着海平面的升高而开始大规模的人口迁移。越族居民在这次迁移中的主要路线，陈桥驿先生提出有三条：

"他们中的一部分，越过钱塘江进入今浙西和苏南的丘陵区，另一部分随着宁绍平原自然环境自北向南的恶化过程，逐渐向南部丘陵区转移。还有一部分利用平原上的许多孤丘特别是今三北半岛南缘和南沙半岛南缘的连绵丘陵而安土重迁。海侵扩大以后，这些丘陵和舟山群岛一样地成为崛起于浅海中的岛屿，这些越族居民也和舟山群岛的越族居民一样成为岛民。"②

通过这三条路线迁移出去的于越先民，很可能就是后来形成的、史籍上经常提到的"内越""外越"和"句吴"三个于越族分支。

相对而言，"内越"分支的迁移路线最近。这部分于越先民，在宁绍平原变成浅海以后，便向南部会稽山区和四明山区转移，并依托这里的丘陵山地，在此后长达几千年的漫长岁月中，过着"人民山居""随陵陆而耕作，或逐禽鹿而给食"（张觉《吴越文化校注》卷第六《越王无余外传》）的迁徙农业和狩猎业生活。虽然进入山区以后，"内越"分支发展逐渐趋缓，但因为这一分支从根本上没有离开以会稽为中心的于越文化圈，与考古发现的小黄山、跨湖桥、河姆渡文化保持着某种传承关系。这或许

---

① 参见陈桥驿《越族的发展与流散》，《吴越文化论丛》，中华书局1999年版，第42—43页。
② 同上书，第44页。

就是到春秋战国时，内越人返回宁绍平原后，为什么会出现出乎意料的迅速崛起的原因所在。这支"内越"，实际上就是后来的所谓大越，即《汉书·地理志》所谓的"勾践本国"。所以《越绝书》有言："秦始皇并楚，百越叛去，东（更）名大越为山阴也。"（《越绝书》卷第二《记吴地传》）

《越绝书》记载的"外越"，经常与"东海"连在一起，据此可以设想，这部分于越分支在迁移过程中，恰好发挥了他们"水行而山处，以船为车，以楫为马"（《越绝书》卷第八《越绝外传记地传》）的优势，具有向外发展的有利条件。一般认为，"外越"是相对大陆"内越"而言的，指今舟山群岛及沿海岛屿上的于越分支。蒙文通认为是"指东海外之越地而言"①，即台湾地区、澎湖群岛的于越人。陈桥驿进一步提出，"外越"不仅包括在今台湾地区、澎湖群岛上的越人和印度支那的越人，而且还有迁至日本列岛的越人移民。②"内越"与"外越"人的居住地，看似相距较远，但从《越绝书》的记载看，到春秋战国时，仍保持着较为密切的联系。当时勾践之所以把越国都城从会稽山区迁到会稽山北的宁绍平原上来，目的之一就是"引属东海内、外越"（《越绝书》卷第八《越绝外传记地传》），以加强内、外越的联系。另外，从吴王阖闾在娄北和宿甲两地建立军事设施以防备"外越"（《越绝书》卷第二《记吴地传》）入侵一事，也说明内、外越在对待吴国问题上有着某种默契。

而越过钱塘江进入浙西和苏南丘陵地区的于越分支，历史上称为"句吴"。考古表明，这个分支渡江后发展较快，他们实际上就是以后的马家浜文化、崧泽文化和良渚文化的创造者。③ 吴国的开国之君吴太伯是周太王长子，是来自中原的华夏人，在他初到"句吴"时，《竹书纪年》卷七有这样一段记载："周……季历之兄曰太伯，知天命在昌，适越，终身不反，弟仲雍从之。"《史记·吴太伯世家》"正义"曰："太伯居梅里，在

---

① 蒙文通：《越史丛考·外越与澎湖、台湾》，人民出版社1983年版，第102—108页。
② 参见陈桥驿《吴越文化和中日两国的史前交流》，《浙江学刊》1990年第4期。
③ 参见陈桥驿《越族的发展与流散》，《吴越文化论丛》，中华书局1999年版，第44页。

常州无锡县东南六十里。"这两段话联系起来说明一个问题，即于越分支早在吴太伯之前就到达苏南，所以才有吴太伯"适越"的记载。而这些早期定居苏南梅里的于越人，其实就是越王无余的子孙，《越绝书》卷第八说："自无余初封于越以来，传闻越王子孙，在丹阳皋乡，更姓梅，梅里是也。"潘光旦先生因此有"吴地本越地，吴人本越人"[1] 的结论。这部分来自中原的周人，经本地民族的长期同化，其后裔早已越人化了。[2] 一个显著标志，是他们用古越语自号为"句吴"。"句"是越语地名中经常出现的用字，如句章、句无、句甬东、句容等。由此看来，在吴太伯到来之前，这一带的于越人后裔已经繁衍生息、人丁兴旺，并且最终把来自中原的华夏人同化。后来句吴的语言、风俗与于越相同，原因就在于此，因此当代学者谭其骧、陈桥驿、潘光旦、蒙文通，从文献、考古、风俗和历史地理等多方面研究结果，都主张句吴是于越族的一个分支或吴、越同族。

　　于越部族的另一次居民大迁移，发生在春秋末年到战国初期，是由越王勾践发起的，是在与吴王夫差争夺中原霸主的战争中实现的。这场越吴之战，始于越王勾践十五年（前482），经过近十年征战，至勾践二十四年（前473）吴国被灭之后，勾践接着迁都琅琊。战争开始时，越国出兵近5万，要打败拥有13万兵力的吴国（张觉《吴越春秋校注》卷第十《勾践伐吴外传》，越军出师日，勾践对士兵说："今夫差衣水犀甲者十有三万人，不患其志行之少耻也，而患其众之不足。"），实非易事。因此可以设想，在后来的战争中，越国一定不断增兵前线，其总数甚至有可能与吴国兵力相当。在越国的疆土扩大以后，那些跟随勾践赴汤蹈火、浴血奋战多年的将士被分为两部分：一部分子弟、功臣受勾践之封，留在吴地。当时受封的越国君王就有宋王、摇王、荆王、干王、烈王、襄王、越王史、周宋君、余复君、上舍君等。（《越绝书》卷第二《记吴地传》）如"顾氏"是吴中著姓，其先为越王勾践之后。《世说新语》"顾荣"条引《文士传》

---

[1] 潘光旦：《中国民族史料汇编》，天津古籍出版社2005年版，第342页。
[2] 参见葛剑雄主编《中国移民史》第二卷，福建人民出版社1997年版，第27页。

说:"荣字彦先,吴郡人。其先越王勾践之支庶,封于顾邑,子孙遂氏焉。"① 另一部分则继续跟随勾践北上,到琅琊新建越国都城。这部分人员应该占据伐吴兵力中的大部分,再加上家眷随从等,规模一定相当可观。如果包括留守吴地的人员在内,总数占当时越国人口的四分之一,不是没有可能。当然,对这两部分于越人来说,无论留守吴地,还是继续北上,对于加快于越人与中原华夏人以及史前时期北上的于越人(即后来所谓的句吴人)之间融合的意义,是不应该被低估的。

继勾践时期的大规模迁移之后,越王无彊被杀后也有一次迁移。不过此次迁移方向,正好与勾践北上争霸相反,而是"败走南山(即会稽山)",重新回到当年越王勾践的出发点。原因是无彊轻信齐国使者之言,获胜心切,主动向强楚发起挑战,结果越军大败,无彊被杀。史籍记载这次战争较为全面的是《史记·越王勾践世家》,书中说:"楚威王兴兵而伐之,大败越,杀王无彊,尽取故吴地至浙江,北破齐于徐州。而越以此散,诸族子争立,或为王,或为君,滨于江南海上,服朝于楚。"(《史记》卷四十一《越王勾践世家》)战争使今钱塘江以北土地,全部纳入楚国版图,曾经跟随越王无彊的于越人,相信有的继续留在吴地,有的在退回南方时迁回浙东,甚至可能向东南沿海的瓯、闽一带发展,成为后来瓯越、闽越的重要力量。

从越、吴两国的兴衰过程可以看出,于越人从卷转虫海侵时环境恶化到春秋战国时吴越战争中,几次人口迁移,最北到达今山东南部和江淮流域,主要分布于今浙西和苏南,后来又向东南沿海转移。尽管经历时间很长,迁移距离也很远,但就其性质而言,卷转虫海侵时期的人口迁移,由于环境恶化的原因,为求生存而辗转异地,属于自发性移民。而春秋战国时期两次较大规模的移民,是出于统治者政治、经济、军事甚至个人欲望的需要而采取的强制性移民,许多人往往以军人身份移民外地。

---

① 徐震堮:《世说新语校笺》卷上《德行第一》,中华书局1984年版,第15页。

第三节　越都城的规划建设

越都城是事先经过周密规划后建立的城市。① 从建城目的、选址思想、规划理念，到空间结构、功能布局和建筑意象等方面，都有比较详细、周密、系统、完整的思考与规划，并付之于营造实践。城市的规划思想和方法，既包含古都肌理，又充满文化韵味，即使在 2500 年以后的今天看来，仍然具有不少科学的、合理的成分。仔细考察由越都城发展演变而来的今绍兴古城，无论是城市区位、生态环境，还是城市形态、结构布局，都依稀可见当年规划建设者的深谋远虑和智慧匠心。

这种深谋远虑和智慧匠心，当然不是凭空产生的，而是有着漫长的创造与积累过程。这个过程，可以分为聚落形成、城市起源到越都城规划建设三个阶段。时间跨度，大致经历了从小黄山文化、跨湖桥文化、河姆渡文化，直到春秋战国时期，先后长达数千年之久。

一　早期的聚落与城邑

（一）聚落变迁

从前面越都城及其周边自然环境介绍中可知，越都城南部是连绵起伏、高度不超过一千米的会稽山地，山地北缘分布着一系列的山麓冲积扇，冲积扇以北是开阔的山会平原。历史时期这里曾是一片河湖交错的沼泽地，其中分布着数百座高度为一二百米的平原孤丘。平原北滨杭州湾，古代称为后海。这种由山地到海岸的地貌多样性，客观上为本区域内聚落

---

① 参见乐祖谋《历史时期宁绍平原城市的起源》，《中国历史地理论丛》1988 年第 3 期，第 261 页。

类型的多样性，提供了环境条件。陈桥驿先生按照聚落形成先后，把历史时期绍兴地区聚落分为山地聚落、山麓冲积扇聚落、孤丘聚落、沿湖聚落、沿海聚落和平原聚落六种类型，这是对绍兴早期开发史的科学总结。①

聚落是人类文明的起点。聚落的形成和发展，实际上是历史时期于越人认识自然、利用自然和改造自然的产物。当由于卷转虫海侵而失去初步得到开发的宁绍平原时，一部分于越居民只好向南撤离，进入南部山区，过着"人民山居"（张觉《吴越春秋校注》卷第六《越王无余外传》）的生活，活动范围也仅限于会稽山、四明山地。他们利用山区向阳坡地、河谷、小盆地等自然条件，逐步经营了进入山地后的第一批会稽山地聚落。聚落名称中应该带有岙、坞、坑、湾、谷等字眼，以表明各自的地形特征。其中规模最大的中心聚落，毫无疑问，应该是位于会稽山南、若耶溪旁被称为"嶕岘大城"（《水经注》卷四十《渐江水》）的越国旧都。

生活在会稽山、四明山地的原始聚落先民，利用山地拥有的丰富的森林和动植物资源，在山间盆地、河谷地带刀耕火种，长期过着"随陵陆而耕种，或逐禽鹿而给食"（张觉《吴越春秋校注》卷第六《越王无余外传》）的生活。以后随着生产力的发展和人口的逐渐增加，山地聚落以采食农业为主的局限性逐步显现。为了改变原先那种迁徙农业和狩猎业并重的生产方式，寻求新的发展机遇，于越先民随着会稽山北海平面的逐渐下降，从崎岖的会稽山地出发，重新进入山北的一系列山麓冲积扇地段。这里地势平坦，范围广阔，灌溉便利，水土资源也更为丰富，又不受咸潮威胁，这对发展定居农业和兼营渔业来说，是极为有利的。于是山麓冲积扇聚落迅速发展起来，成为后来向平原聚落发展的跳板。考古发现一再表明，绍兴地区地下文物蕴藏最为丰富的，就在会稽山北麓的冲积扇地带。②

---

① 参见陈桥驿《历史时期绍兴地区聚落的形成与发展》，《吴越文化论丛》，中华书局1999年版，第282—296页。

② 如原始聚落遗址和能充分体现越文化特征的印纹陶窑址，都在这一带被发现。见宣传中主编《绍兴文物志》，中华书局2006年版。

在山麓冲积扇地带发展起来的定居农业，经过一段时间的实践摸索，使农业生产力很快得到提高，也为后来发展孤丘聚落奠定了基础。山会平原上原本就拥有许多崛起的孤丘，数量多达数百座，高度从二三十米至百余米不等。这些崛起于沼泽平原的孤丘上，有森林和泉水，又不受咸潮冲刷，于是便成了于越人开发沼泽平原的最初立足点。大约到公元前6世纪前后，大批孤丘聚落已在山会平原上形成。在越王勾践时，得到充分开发和利用的就有：种植纺织原料的麻林山、葛山，驯养牲畜的犬山、白鹿山、鸡山、豕山，此外还有木客山、稷山、独山、巫山、外山、独妇山、涂山等。特别是种山、龟山、土城山等10余个孤丘聚落，因为相对比较集中，所处位置地势平坦、交通方便，后来发展演变成了新的越国都城。

从山地聚落、山麓冲积扇聚落到孤丘聚落，由于所处地理环境不同，聚落建筑模式自然也有区别。史籍记及的有两种：一是"伐木为邑"，二是"披草莱而邑"。邑，在春秋战国时是卿大夫的封地，这里也可看作聚落或城邑。

《吴越春秋》说大禹治水成功后，治水民工像小孩想念母亲、儿子归顺父亲那样想留在越地，又怕大臣们不赞成，于是大禹"纳言听谏，安民治室居，靡山伐木为邑，画作印，横木为门。调权衡，平斗斛，造井示民，以为法度"（张觉《吴越春秋校注》卷第六《越王无余外传》）。禹不仅建立城邑，还调整权衡，统一斗斛，建立法度，实际是一系列的立国之举。其中所谓"靡山伐木"（靡：《汉书·楚元王传》集注引晋灼曰："靡，随也。"）就是随山伐木，这对于山地聚落、山麓冲积扇聚落和孤丘聚落来说，都是不难办到的。这种用木材建成的城邑，很可能是河姆渡时期已经出现过的干栏式建筑。虽然史籍中没有记载城邑的名称和地址，但从建城邑到立法度的记载看，此举是十分隆重的，因此仍可将它看作历史时期聚落的代表性建筑。

与《吴越春秋》记载明显不同的是，《史记》称于越人"文身断发，披草莱而邑"(《史记》卷四十一《越王勾践世家》),《越绝书》也说,越人"宿之于莱"。"莱"是一种草名,亦称藜,将藜编织成草扇而搭建的草房,或许就是《史记》所谓的"披草莱而邑"。这种草房,与延绵至20世纪50年代绍兴滨海地区被叫作"草厂"的民居形式,可能有共通之处。草厂冬暖夏凉,搭建方便,不失为滨海聚落的理想建筑。从大禹时期的"伐木为邑",到勾践时期的"披草莱而邑",表面看似是一种退步,其实并非如此。因为滨海地区没有"靡山伐木"的条件,倒是沿海地区杂草丛生,使得"披草莱而邑"成为可能。这种因地因材而异的聚落开发模式,只能说是一种聪明智慧。

从"披草莱而邑"和"宿之于莱"的记载看,沿海聚落很可能在春秋战国时期已经出现。至于沿鉴湖而布局和散落在山会平原上的聚落,即前面所述的沿湖聚落和平原聚落,应该是在鉴湖建成和山会平原开发过程中逐渐形成的,出现的时间比其他聚落更晚。

(二) 无余旧都

越国的初创者是无余。《元和郡县图志》说:"夏少康封少子无余以奉禹祀,号曰于越,越国之称,始于兹矣。"[①] 贺循《会稽记》也持此说。[②] 无余作为侯国之主,哪怕最简单,也得有个都,或聚落中心。而这个聚落中心地的选择或建立,在当时来说,至少必须符合两个条件:一是由于卷转虫海侵尚未完全退去,会稽山北还是一片浅海,聚落中心只能选择在地势较高的会稽山地;二是无余受封于越的主要任务是守陵和祭禹,因此聚落中心应该具备拜墓与祭祀近便的条件。于是最理想的位置,便是会稽山南、若耶溪旁后来被称为"嶕岘大城"的越国旧都。

若耶溪是来自会稽山区的43条溪水之一,又名越来溪和西施浣纱溪

[①] 《元和郡县图志》卷二十六,中华书局2005年版,第617页。
[②] (晋)贺循《会稽记》云:"少康封其少子,号曰于越。越国之称始于此。"见《鲁迅辑录古籍丛编》第三卷,人民文学出版社1999年版,第307页。

（若耶溪：嘉泰《会稽志》卷第十曰："若耶溪乃西子采莲、欧冶铸剑之所。"）源于崇山峻岭中的若耶溪，自南而北流经平水、铸浦（铸浦：嘉泰《会稽志》卷第十曰："铸浦在县东南三十里，与若耶溪接，一名锡浦……昔欧冶子铸神剑之所。"）、葛山（葛山：《越绝书》卷第八："葛山者，勾践去吴，种葛，使越妇织治葛布……"），进入山会平原水网，最终注入历史时期的后海（今杭州湾），全长近60里。这里溪水潺潺，清澈如镜，众山倒影，窥之如画，两岸地名中饱含许多于越历史信息。其中"若耶"为何意，至今不得其解，很可能为"句无"之类的越语地名。"平水"则无论是文献记载，还是民间口传，都以为是古代海水至此而平，因名"平水"。经20世纪60年代地质钻探，平水地区地表7米以下即为海涂常见淤泥，说明当年海侵确实到过这里。嶕岘大城的具体位置，正好在平水以南，地名"平阳"[（清）毛奇龄《重修平阳寺大殿募疏序》云："平阳即平原也，相传其地在平水之北，以水北曰阳，故名平阳，越王勾践尝都之。"见《西河集》卷三十九，四库全书本]的地方，地处若耶溪上游，大禹陵则在若耶溪中游的葛山附近。以此为无余旧都城址，既避开了海侵造成的无奈，又实现了拜墓祭祀近便的初衷，应该属于理想之地。

为什么无余旧都被称为"平阳"？这很可能与夏都名称有关。因为夏朝多次迁都，据《中华古国古都》一书作者张轸统计，夏都先后迁徙14次，涉及12个都城，其中有一个名为"平阳"。《世本·王谟辑本》说："夏禹都阳城，避商均也。又都平阳，是在安邑。"无余受封于越，命都城所在地为"平阳"，是为了表达他对夏都的怀念之情。这种地名学意义上的"移民地名"，往往把新开发的地名与原住地地名联系起来，或加上一个"新"字，或干脆照搬原名，"平阳"属后者，这是地名命名的基本方法之一。

有关无余旧都的史籍记载中，具体方位基本相同，但是名称说法不同。《水经注》说："秦望山，在州城正南……山南有嶕岘，岘里有大城，越王无余之旧都也。"接着又对"嶕岘"做了说明,若耶溪"上承嶕岘麻溪,溪之下,孤潭周数晦……麻潭下注若耶溪"(《水经注》卷四十《渐江水》),说明嶕岘就在若耶溪上,因此无余旧都也称"嶕岘大城"。勾践徙治山北时也曾对范蠡说"先君无余,国在南山之阳,社稷宗庙在湖之南"(张觉《吴越春秋校注》卷八《勾践归国外传》),所说与《水经注》相同。《史记·越王勾践世家》正义引《越绝书》说,"无余都会稽山南,故越城是也",称无余旧都为"越城"。而越州《旧经》称为"侯城",并说"在会稽县东五十八里,《史记》云夏后氏少康封子无余于越,所都即此城也"(嘉泰《会稽志》卷一《古城》)。这里的"县东"似应为"县东南",其里程与实际基本相符。综上所述,"侯城""越城""嶕岘大城",其实都是无余旧都的别称,明乎此,即可省去许多麻烦。

对无余旧都的聚落形态与规模,除《吴越春秋》的记载外,其他很少有涉及,所以显得特别珍贵,兹录如下:

> 少康恐禹祭之绝祀,乃封其庶子于越,号曰无余。余始受封,人民山居,虽有鸟田之利,租贡才给宗庙祭祀之费。乃复随陵陆而耕种,或逐禽鹿而给食。无余质朴,不设宫室之饰,从民所居,春秋祠禹墓于会稽。(张觉《吴越春秋校注》卷第六《越王无余外传》)

从中不难看出,处在会稽山地聚落阶段的越王无余,在迁徙农业兼狩猎业的生产力条件下,财税收入仅能维持宗庙祭祀费用而已,根本不可能大规模营造都城和豪华宫室。"不设宫室","从民所居",很可能是当时的真实情况。尽管无余旧都至今未曾进行考古发掘,即使有此举动,谅也不可能有惊人发现。因为无余以后的很长时间里,越国的经济社会发展缓慢,是个弱小侯国,直到越王允常时,越国才开始强大起来。

从少康之子无余始封于越,到越王允常之父夫谭时,越都城城址似乎一直保持在秦望山南、若耶溪旁不变。而允常、勾践之都,有说在

"句乘"的，也有说在"埤中"的，均在今诸暨境内，然而两说颇多疑点。

句乘是一座山，在诸暨县南五十里（嘉泰《会稽志》）。北宋晏殊《晏公类要》说句乘"本越王允常所都"。《会稽志》则引《旧经》说句乘"勾践所都也"。《旧经》是一部佚书，可能是指北宋祥符《越州图经》，所谓"允常都"或"勾践都"，都是宋代人的发现。其依据之一是把《国语·越语上》所说越国疆域"南至于句无"，说成"南至于句乘"（嘉泰《会稽志》卷九《山》）；之二是把《国语·越语下》所说越败于吴，退保会稽山，说成"退保句乘山"（光绪《诸暨县志》，句乘山"越王勾践曾栖于此"）。既然根据的资料错了，结论当然站不住脚。①

"越王都埤中"说，唐以后被炒得沸沸扬扬，为不少史籍所采信。究其由来，几乎都出自北魏郦道元《水经注·渐江水》中的一段话，全文如下："允常卒，勾践称王，都于会稽。《吴越春秋》所谓越王都埤中，在诸暨北界，山阴康乐里有地名邑中者，是越事吴处。"（《水经注》卷四十《渐江水》）所引《吴越春秋》的话，为今本所无，显然是佚文。然而，这是一段存在诸多不确定性而又容易引发争议的佚文。如既然说勾践都于会稽，又为什么说越王都埤中？"都埤中"者是哪一位越王？既然地名叫"邑中"，为什么还要用"埤中"的字眼（埤，是低湿之地，是山坳之类的地形，因此"埤中"不是实指地名）？既然所都在山阴康乐里之"邑中"，为什么又说"在诸暨北界"？正是这些充满想象空间的说法，让后人引申、推演出诸如"越王允常都埤中""越王都埤中，在诸暨""越王允常所都"（如《旧唐书·地理志》，越州诸暨县"汉县，属会稽郡。越王允常所都"；又如《太平寰宇记》卷九十六，越州诸暨县"秦旧县，界内有既浦诸山，因以为称。越王允常所都"；又如1993年版《诸暨县志》："越王都埤中，在诸暨。"）等，这些结论貌似出自

---

① 参见邹逸麟《勾践国都句乘山献疑》，《义乌方志》2007年第2期。

《水经注》，其实均非《水经注》原文或原意。那么《水经注》引《吴越春秋》的原意是什么呢？还是让唐代人李吉甫的《元和郡县图志》来回答："诸暨县，秦旧县也，界有暨浦诸山。越王允常所居。"① 是"允常所居"，而不是"允常所都"，这是十分清楚的。允常作为一国之君，除正宫以外，必然还有供他出巡时居住的"离宫"，邑中可能就是其中一处。南朝宋会稽太守孔灵符，就在山阴、诸暨交界处亲眼看到过："离宫别馆，遗基尚存。"②足见地名"邑中"所在的，不是允常所都，而是允常所居的"离宫"。就像越王勾践新建越都城时，还在淮阳里建有"离宫"（张觉《吴越春秋校注》卷第八《勾践归国外传》："勾践起离宫于淮阳。"），是一样的道理。"越王允常所都"与"越王允常所居"，虽只一字之差，却是"都"与"非都"的分界，《元和郡县图志》所说是可信的。

事实上无论"句乘"说还是"埠中"说，都采信了唐宋以来的说法，却都不约而同地忽视了有关越都城迁移的最早记载。这就是《越绝书》保存的记载：

> 无余初封大越，都秦余望南，千有余岁而至勾践。勾践徙治山北，引属东海，内、外越别封削焉。（《越绝书》卷第八《越绝外传记地传》）

明明白白写着，从无余到勾践，越国都城就在秦余望南，对此不能视而不见。如果按"埠中"说，所谓"埠中"，据说在地处会稽山之西的今诸暨境内店口、阮市一带，那么，勾践应该是"徙治山西"，而不是"徙治山北"了。

---

① 《元和郡县图志》卷二十六，中华书局 2005 年版，第 619 页。
② （南朝宋）孔灵符：《会稽记》，《鲁迅辑录古籍丛编》第三卷，人民文学出版社 1999 年版，第 318 页。

二 越都城的选址与地理环境

(一) 勾践迁都的原因

促使越王勾践把越国都城从会稽山南迁移到会稽山北，有着多种原因。其中的直接原因，就是那场几乎使越国濒临灭亡的越吴之战。这场由勾践发起，败于夫椒，最后以余兵五千人退守会稽山、吴王追而围之的战争，使越国损失十分惨重。用勾践的话说，"吴为不道，残我社稷，夷吾宗庙，以为平原，使不得血食"（张觉《吴越春秋校注》卷第十《勾践伐吴外传》），社稷宗庙都毁了，以致无法再行祭祀之礼。由无余开始经营、位于会稽山南而又历经千年的越国旧都，很可能在那场战争中遭受重大创伤。人口减少，经济萧条，城市建筑毁坏，是不难想见的。所以当越王勾践结束在吴国的三年奴隶生活，回到越国后所做的第一件事，就是"定国立城"，把越国都城从会稽山南迁到山北予以重建。其内心的真实想法，在他与范蠡的对话中做了坦率的表白：

> 先君无余，国在南山之阳，社稷宗庙在湖之南。孤不能承前君之制，修德自守，亡众破军，栖于会稽之山，请命乞恩，受辱被耻，囚结吴宫。幸来归国，追以百里之封。将遵前君之意，复于会稽之上，而宜释吴之地。（张觉《吴越春秋校注》卷第八《勾践归国外传》）

可见，这时的越王勾践，已经下决心遵前君之意，复会稽之地，释吴国之地（即暂时放弃被吴国侵占的领土），先把国都建设好。勾践把建立越国新都，当作"定国"之策，是十分富有远见的。因为从某种意义上说，国都是一个国家的象征。在中国古代，无论是统一王朝之都，还是诸侯列国之都，其稳固与安全与否，是一件关系国家长治久安的大事。它既是一个国家最高权力机关的所在地，是全国的政治中心，在多数情况下又是这个国家的经济中心和文化中心。因此，国都对于国家在政治、军事、经济、文化中的重要地位，是可想而知的。特别对于战败的越国来说，要使国家重新发展、强大起来，重建国都显得尤为迫切。虽然越国当时面临医治战争创伤、实施战后重建的任务十分繁重而又艰巨，但是医治国人的心理创伤，更是刻不容缓。而重建越国都城，对于振奋民心、鼓舞士气、团结国人、消除心理阴影，是极为有效的措施。所谓"勾践徙治山北，引属东海，内、外越别封削焉"（《越绝书》卷第八《越绝外传记地传》），目的就是想借此举将内越与外越的人民团结起来，共同应对强吴。

当然，易地重建越国都城，对曾经"请命乞恩，受辱被耻，囚结吴宫"的勾践而言，不仅想重振国威、沼吴雪耻，更想北上逐鹿称霸中原。虽然勾践自己没有把话说出来，但长期在勾践身边、深知勾践所思所想的范蠡，却道出了建都山北的真实目的："今大王欲（定）国树都，并敌国之境，不处平易之都，据四达之地，将焉立霸王之业。"（张觉《吴越春秋校注》卷第八《勾践归国外传》）勾践是一位具有雄才大略的君主，他之所以能够在吴王面前忍辱负重，受尽屈辱，就因为他胸有大志，不但要报仇雪耻，还要消灭吴国，称霸中原。而实现这一目标，必须从政治、经济、军事、兵力等各方面做好充分准备，包括营建一个安全可靠的越国都城。

因为事关重大，所以勾践经过深思熟虑，最后决定把建设越都城的重任，委属给范蠡大夫。范蠡是位富有才能的政治家和军事家，为了成就事业，他与文种从楚国跑到越国，辅佐越王勾践治国兴军，立下汗马功劳。他认为天时、气节随阴阳二气的矛盾而变化，国势盛衰也在不断变化之中，衰弱时要抓住有利时机，创造有利条件，使之转弱为强，反败为胜。他不仅是越王勾践的重要谋臣，也是杰出的城市规划师和建筑师。他的智慧与才能在由他主持兴建的越都城里，得到充分体现，以致后人称越都城为"蠡城"。

(二) 越都城的选址思想

"古人建都邑，立家室，未有不择地者。"宋代人罗大经在其《鹤林玉露》一书中提出的"择地"问题，其实就是住宅、城邑、都城的选址问题，是中国自古以来的传统。而选择什么样的地方为宅基、城址，其中就包含着择地者的指导思想，即选址思想。

传统习惯往往把这种选址归结为"风水思想"，它"以传统哲学的阴阳五行为基础，糅合了地理学、气象学、景观学、生态学、心理学以及社会伦理道德等方面的内容，将崇尚自然的山水文化同城市环境的选择融于一体，指导了千百个古代城市的选址"[①]。这显然是对传统风水思想在现代科学技术背景下的重新阐述，看上去似乎很有道理。但事实上在科学技术并不发达的古代，这种种的科学理念，难免被蒙上各种迷信色彩，使人真假难辨。

实际上城址的选择，特别是都城的选址，涉及各种因素。史念海先生认为：

> 作为都城，有其社会的因素，也有其自然的因素。这是一般城市选择其所在地的通例，作为都城当然就更为重视。所谓自然的因素，具体说来，就是城市所在地的地理环境。这应是选择城市所在地时首先注意到的因素，而为自古迄今的通例。[②]

对越都城建设来说，选址确实是一项非常复杂的前期准备工作。因为它既要考虑城市自身的地理条件和周边的自然环境，又要考虑当时人口分布和经济社会发展状况，同时还要面对吴越对立和诸侯争霸的国际环境。而所有这些自然因素、社会因素和国际因素，都要求越都城的选址具有长

---

① 龙彬：《风水与城市营建·序》，江西科学技术出版社2005年版，第1页。
② 史念海：《先秦城市的规模及城市建置的增多》，《中国历史地理论丛》1997年第3期，第4—5页。

远的战略眼光，所选城址，必须在城市安全、城市发展和向外拓展等方面，做出战略性安排。

所以，在越王勾践提出"定国立城"主张却又犹豫不决时，范蠡就说："唐、虞卜地，夏、殷封国，古公营城，周、雒，威折万里，德致八极，岂直欲破强敌、收邻国乎？"（张觉《吴越春秋校注》卷第八《勾践归国外传》）他在回顾总结尧舜时代择地而居，夏商分封诸侯各建邦国，古公亶父避敌迁都，周公建雒邑威服天下、德化八方的基础上，强调指出，无论是迁都还是建都，都不仅仅是为了消灭强敌、吞并邻国，实在还应该有更为长远的考虑。这就是范蠡选择城址的基本出发点。

正因为如此，范蠡在选址时，除综合考察城址及其周边地区的地形、地势、地貌等环境条件外，还将城市用水、预防灾害、城市守护、防御外敌来犯以及其他城市必需的资源等因素，纳入选址视野。虽然专门记载吴越历史的《越绝书》《吴越春秋》中，没有这方面的具体记述，但实际上都已经做了周密的考虑和安排。从成书于战国时期的《管子》一书中，完全可以找到范蠡选址思想的影子：

> 凡立国都，非于大山之下，必于广川之上，高毋近旱，而水用足，下毋近水，而沟防省。因天材，就地利，故城郭不必中规矩，道路不必中准绳。①

这里所说，当然是一般都城的选址通例，如果按"因天材，就地利"的要求，选址还必须考虑城市的辐射范围和交通条件。这就是范蠡所谓的"不处平易之都，据四达之地，将焉立霸王之业"。

范蠡实际上提出了理想城址的两个重要条件：地理条件——必须位于平坦的地方；交通条件——必须位于四方通达的枢纽上。范蠡提出的，其实就是现代城市地理学所谓的城市区位理论。尽管新建越都城城址的"平

---

① 黎翔凤撰、梁运华整理《管子校注》卷一《乘马第五》，中华书局2004年版，第83页。

易"与"四达"区位，是与地处会稽山中的无余旧都相对而言的，但以此作为城市的选址条件，实在称得上是中国古代最早的区位理论，至今仍然广泛适用。①

选择平易之地为越都城址，从地理条件看，当然十分理想。按照现代地理学的观点，越都城城址正好位于宁绍平原西部，地处会稽山、四明山北麓和杭州湾南岸。作为浙江第二大堆积平原，东西延伸达150多公里，南北宽在50公里上下，总面积约4824平方公里。② 这里土地肥沃，气候湿润，以此为越国都城的腹地，在农业经济为主的社会里，无疑是一种最佳选择。

至于交通条件，比之于地处会稽山区的无余旧都，确实占尽了"四达之地"的优势。因为越国的政治中心迁入宁绍平原后，一方面，以无余旧都为中心形成的原交通干线，如向西越驻日岭抵诸暨、义乌、金华、衢州线，向南越陶宴岭至嵊县、新昌、台州线，向东越日铸岭达上虞、余姚、宁波线，作为越国的陆路干线，仍可继续发挥作用。而另一方面，地处越都城东侧的东小江（今曹娥江）和西侧的西小江（今浦阳江）以及绍兴平原水网的水运优势，将得以充分利用，形成新的水运干线，为最终开通"堰限江河，津通漕输，航瓯舶闽，浮鄞达吴"③ 的水运网络创造了条件。同时也为加强"内越"与"外越"之间联系，团结于越人民和大规模创办水师，并通过水路向吴国发起进攻，做了充分准备。因此可以说，"处平易之都，据四达之地"的越都城选址思想，实际上是越王勾践和范蠡综合考虑自然因素、社会因素和国际因素后的必然选择。

---

① 参见乐祖谋《历史时期宁绍平原城市的起源》，《中国历史地理论丛》1988年第3期，第287页。
② 参见陈桥驿《浙江地理简志》，浙江人民出版社1985年版，第54页。
③ （宋）王十朋：《会稽三赋》，《王十朋全集》，上海古籍出版社1998年版，第825页。按：文中的瓯、闽、鄞、吴，分别指今温州、福建、宁波、苏南地区。

（三）城市的地理环境

当然，越都城的选址思想最终必然在越都城的城市区位与地理环境中体现出来。由范蠡主持营建并且在原址上延续至今的绍兴古城，实际上已经为客观解读越都城选址思想，提供了经过2500年时间验证的极为罕见的实物例证。

越都城地处会稽山北麓、钱塘江南岸的山会平原偏南的地理位置上，地势由南向北倾斜。东西两翼以东小江和西小江为屏障，都城正好处于两江居中的位置上，加上来自南部会稽山区的43条溪水，城市水源丰沛。而勾践建都时，山会平原还是一片潮汐直薄的沼泽平原，于是范蠡便在今绍兴城一带东西约7里、南北约10里的范围内，以已经初步得到开发的数十个孤丘为基础，建立起越国都城。这是一片南离会稽山麓线约10里，北离钱塘江岸线约30里的有山有水的平原孤丘地带。以此为越都城城址，确实是非常科学而富有远见的选择。

第一，所选城址为绍兴山水城市的形成和发展，奠定了永久性的基础。越都城无疑是座山水城市，不仅城的南门外有"千岩竞秀，万壑争流"①的会稽山，周边有城东及城东南的西施山、少微山、龙池山、鹿池山、凌家山、香山、涂山，城西南的外山、龙山、亭山、小隐山、张大明山，城西的行宫山、石堰山、韩家山和城北的梅山等方圆一里上下的小型平原孤丘。②即使是面积不到10平方公里的城内，也有卧龙（又名种山、府山，海拔76米）、戢山（又名戒珠、王家山，海拔52米）、怪山（又名龟山、飞来山，海拔32米）、白马、彭山、火珠、鲍郎、峨眉和黄琢9座山，另有两座土山。[（明）张岱《琅嬛文集》卷之二《越山五佚记》]直至清代，站在城墙上还能看到这些高低不一的城中山，因此有"女墙屈曲路回环，城里高低十一山。妆罢无须问夫婿，自分黛色画眉间"的鉴湖竹

---

① 徐震堮：《世说新语校笺》卷上《言语第二》，中华书局1994年版，第81页。
② 参见《绍兴市城区图》，《绍兴年鉴》，方志出版社2008年版。

枝词①，描写了少妇经过浓妆淡抹之后，欲与这座千年古城相媲美的急切好胜心理。

有山必有水，城内水源也很丰富。自南而北穿城而过的，有南池江和坡塘江两条终年川流不息的山溪性河流。相传南池江和坡塘江的源头，分别是当年范蠡的两个养鱼池——南池和坡塘[嘉泰《会稽志》卷十：南池，在山阴"县东南二十六里会稽山。池有上下二所，旧经云范蠡养鱼于此……三年致鱼三万，今破（坡）塘村乃上池。"]。城东若耶溪（今名平水西江）和城西娄宫江，又分别在城东南和城西南汇入城区河道。城内经过长期疏浚与治理，逐步形成了由纵横33条城河、27个池沼组成的城市水网。②因此，有人称为水城，也有人称为江城，站在城楼上，但见"越山长青水长白，越人长家山水国"[（宋）王安石《登越州城楼》，《王文公文集》卷第四十五]。这就是北宋王安石当年看到的绍兴山水城市风貌。

第二，所选城址给绍兴城市留下了用水、用地以及经济发展空间。越都城位于会稽山北麓、钱塘江南岸的山会平原上，但具体城址，既不在会稽山山麓线上，而在离山麓线以北约10里的地方，又不在钱塘江岸边，而在离江岸以南约30里的山会平原偏南的地方。这样既体现了"非于大山之下，必于广川之上"的选址原则，又满足了"高毋近旱，而水用足；下毋近水，而沟防省"的实用需要。如果当年让城址紧贴会稽山山麓线，不在南门外留出空间，那么，在南高北低的地势条件下，出现城中水源不足，甚至旱情濒仍，都不是没有可能的。而北退10里，不仅扩大了城市上游南池江、坡塘江、若耶溪、娄宫江的截雨面积，还为后来通过人工围筑鉴湖，广纳来自南部会稽山区东、中、西43源之水，创造了条件。而在城市上游筑堤围湖，对解决城市防洪、满足城市用水和灌溉城市下游的万顷

---

① 这是清光绪九年（1883），山阴县尉陈祖昭《鉴湖棹歌百首》中的一首。参见裘士雄、吕山编注《越中竹枝词》，西泠印社2008年版，第119页。

② 见清光绪十八年（1892）宗能述绘制的《绍兴府城衢路图》，《绍兴市志》卷首，浙江人民出版社1996年版。

良田,都发挥了无可替代的重大作用。

第三,所选城址为城市提供了可靠的安全保障。这种安全保障,主要体现在防御重大自然灾害和实现国防安全两个方面。以防灾而言,越都城是以孤丘聚落为基础建成的,又远离了会稽山山麓线,其好处是:一有比较稳固的地质条件;二可避免因山洪暴发或泥石流等突发性自然灾害造成的损失。城址又离钱塘江较远,这样可以避免因钱塘江改道而造成的城市灭顶之灾。历史上许多繁华一时、声名赫赫的都城,如西周沣镐、秦都咸阳、汉都长安,都因渭水改道而早已沦为废墟。"绍兴城却不同,自从春秋于越以来,一直在原址上屹然不动,因此,它的历史悠久,实为其他古城所无法比拟。"①

范蠡之所以选择会稽山北麓孤丘如此密集之地为城址,其实还有国防安全的考虑。因为越国是从会稽山后盆地中发展起来的,当越国的政治中心迁入宁绍平原之初,这些山后盆地与新建的越都城继续保持,仍然是越国重要的后方基地。后来弱越之所以能够战胜强吴,城市地理因素从中所起的作用,是不应该被低估的。吴越战争史研究者,一般都习惯于把胜败原因归结为两国君主在个人品质、智力上的优劣,而忽视了越国比吴国更为优越的地理条件。②当越王勾践以五千兵甲退守会稽山时,吴王带兵围困山麓,企图切断越军水源,结果因为山顶有井,吴"遂解军而去"(嘉泰《会稽志》卷一《古城》)。其实很可能是山后盆地发挥了作用。吴越战争中,由于两国所处地理位置不同,吴国容易四面受敌,而越国除北面受敌外,其重要的地理优势就在于拥有大量安全可靠的山后盆地作为后方基地。得山水之利而无旱涝之忧,能攻易守而基业可据。一旦战事发生,这里攻守两便,进退咸宜,是作为政治、军事中心地的理想选择。

---

① 陈桥驿:《论绍兴古都》,《吴越文化论丛》,中华书局1999年版,第385页。
② 参见乐祖谋《历史时期宁绍平原城市的起源》,《中国历史地理论丛》1988年第3期,第289页。

三 天地人和谐合一的规划理念

中国古代城市,仿佛是一个由城墙、城壕围合而成的生命活体。楚大夫范无宇似乎看到了这一点,所以他对楚灵王说:

> 且夫制城邑若体性焉,有首领股肱,至于手拇毛脉,大能掉小,故变而不勤。地有高下,天有晦明,民有君臣,国有都鄙,古之制也。(《国语》卷十七《楚语上》)

范无宇所说,实际上是城市规划制度问题,不过在这个制度中,把城市当作"体性",赋予其大脑指挥系统,神经中枢系统,血液循环系统,有日夜不息的新陈代谢活动。

作为生命活体的城市,大到"首领股肱",小至"手拇毛脉",都是按一定的规则如大小、高下、晦明、君臣、有序等进行规划布局的,具有城市自身的肌理体征特色。然而,这种体征肌理,又不是孤立存在的,它与当地的自然环境、气候条件、人文背景等有着必然的、千丝万缕的联系。因此,在越都城规划建设中,如何利用当地的自然环境,如何适应当地的气候条件,如何满足当地的人文需求,以实现天、地、人的和谐相处,成了主持者必须考虑的重大课题和追求目标。

范蠡可谓深知其中奥妙的城市规划师。当他接受越王勾践新建越国都城的嘱托之后,所做的第一件事,"乃观天文,拟法于紫宫"(张觉《吴越春秋校注》卷第八《勾践归国外传》),按照"象天法地"(张觉《吴越春秋校注》卷第四《阖闾外传》)的理念,编制具有"法律"意义的城市建设规划。"象天法地"是中国古代尊重自然规律的基本理念,它的核心价值就是天、地、人的和谐合一。尊重自然,效法天地,一切从实际出发,因时因地制宜处理好人与自然的关系。《老子》提出的"人法地,地法天,天法道,道法自然"(《老子》上篇《第二十五章》)的法则;《周易》提出的"在天成象,在地成形,变化见矣"的规律和"仰以观于天文,俯以察于地理,是故知幽明之故"(《周易》卷七《系辞上》)的道理,都是古代"象天法地"思想的反映。

范蠡的贡献在于,他把"象天法地"的思想,第一次运用于城市建设,并且成为城市规划的基本理念。范蠡观天文、察地理,实际上就是对城市自然环境、地理条件、气候状况以及人文背景的系统考察,所得结果,成了他"拟法"即编制城市规划的依据。突出表现在"辨方正位"和"效法天象"两个方面,前者在确定城市区位中发挥了作用,后者在城市肌理形成中突出了个性。

中国古代住宅、聚落、城市选址和规划中,十分讲究"辨方正位",并且形成了丰富多彩的方位意识,如四方方位①、星象方位②、八风方位等③。这种方位意识,实际上就是现代地理学中的城市区位学说,所不同的是,在古人的方位意识中,包含了天象、地理、人气等因素。这些方位意识在越都城选址和规划中,体现得十分明显,虽然范蠡对此没有作出具体解释,但在三国时越人虞翻与太守王朗的对话中,已经说出了其中的内容,他说:

> 夫会稽上应牵牛之宿,下当少阳之位,东渐巨海,西通五湖,南畅无垠,北渚浙江,南山攸居,实为州镇。昔禹会群臣,因以命之。山有金木鸟兽之殷,水有鱼盐珠蚌之饶。海岳精液,善生俊异,是以忠臣继踵,孝子连间,下及贤女,靡不育焉。(《三国志》卷五十七《吴书·虞翻传》注引《会稽典录》)

---

① 四方方位:指东南西北四个方向。《礼记·射义》云:"男子生,桑弧蓬矢六,以射天地四方。天地四方者,男子之所有事也。"同时古人又把青龙、白虎、朱雀、玄武看作主管四方之神。

② 星象方位:古代堪舆理论中有复杂的星象方位系统,其中主要有三垣方位、四灵方位、二十八宿方位等。参见赵安启、王宏涛《史记与中国古代建筑文化》,陕西人民教育出版社2000年版,第257—259页。

③ 八风方位:《说文·风部》:"风,八风也。东方曰明庶风,东南曰清明风,南方曰景风,西南曰凉风,西方曰阊阖风,西北曰不周风,北方曰广英风,东北曰融风。"

牵牛是二十八宿之一，俗称牛郎星，是寄意人间牛郎织女爱情故事的星宿。少阳则指东方，是太阳升起的地方，也是太子所居的东宫所在。越都城正好处在上应牵牛、下当少阳的位置，不仅四方通达，物产殷富，而且海岳精液，善生俊异，是个人才辈出的地方。由此可以想见，范蠡在"辨方正位"、选择城址时，对于越都城所处地理位置、物产经济、人文历史、民风习俗等，均有整体考量。也表明越都城乃至整个会稽地区，是一个天、地、人和谐合一的好地方，是现代意义上的宜居城市。

至于范蠡在越都城规划建设中是如何"效法天象"的，《吴越春秋》的如下一段话，颇值得深思："范蠡乃观天文，拟法于紫宫，筑作小城……西北立龙飞翼之楼，以象天门；东南伏漏石窦，以象地户。陵门四达，以象八风。"（张觉《吴越春秋校注》卷第八《勾践归国外传》。张觉按：这段文字，四部丛刊本"飞"字前有"龙"字，而无"为两螺绕栋，以象龙角"句，今据《太平御览》卷一百七十六引文补入。"陵门"当为"陆门"）

张觉讲到的"天门""地户""陆门""八风"，都是天上地下的对应物。古代传说中天有门，地有户，天门在西北，地户在东南。所以在小城西北的种山上"立龙飞翼之楼"以为"天门"，又在小城东南的地下埋伏"漏石窦"（漏石窦：《水经注》卷十一《渐水》："始筑两宫，开四门，穿北城，累石为窦，通池流于城中。"所谓"伏漏石窦"，当与此相类。伏：埋伏；漏石窦：指在城下用石块砌成的排水系统）以为"地户"，与"天门"相对应；在大城设立"陵（陆）门"，旨在与"八风"相呼应。这样把地上的建筑物与想象中的天上的建筑物相对应，把人间的建筑秩序模拟成天上的建筑秩序，看似简单的比附，实际则从都城建设的视角，反映了人与天、地、大自然的感性对应关系。古人建城立郭，十分讲究阴阳风水，无论"象天法地"还是"度天相地"，都是为了与天相应，与地合形。所以范蠡认为自己筑城是"应天"之举，当勾践小城和山阴大城建成之后，他意味深长地对越王勾践说："臣乃承天门制城，合气于后土，岳象已设，昆仑故出，越之霸也。"（张觉《吴越春秋校注》卷第八《勾践归国外传》。此处所谓"昆仑之象",是指想象中的通天的神秘之处)说自己取法天门而兴建城郭,又与地神气数相合,山岳之形已经设制,昆仑之象所以存于其中,象征着越国将成霸业。勾践因此接着说,假如真的如相国所说,那接下来就是我的使命了(勾践原话是:"苟如相国之言,孤之命也。")。君臣之间的这番对话,实际上是对越都城规划建设中"辨方正位""效法天象"的一次总结。

范蠡之所以坚持"象天法地"的规划理念,或许与"天人合一"的宇宙观有一定关系。古人对自然界始终怀有敬畏的心理,认为"天"是有意志、有人格的最高主宰。从自然界的灾异,国家王权的更迭,社会秩序的安定,到普通百姓的凶吉祸福,都与"天"有关,是"天命"所致。于是,人们开始寻求建立人与"天"之间的联系,形成了"天人合一"的宇宙观。在这种宇宙观支配下,人们觉得无论做什么事,都应当顺天意、承天命,以求得天人协调,取得人间平安。①

四 西城东郭的空间结构形态

从文献记载到对绍兴古城的实地考察可知,越都城的空间组织,主要有"勾践小城"和"山阴大城"(《越绝书》卷第八《越绝外传记地传》)两部分组成。从地理位置看,小城在西部,也就是在种山(今府山)东南面;大城则在东部,地域范围更为广阔。从功能布局看,小城是越王"宫台"所在之地,具有"城"的性质;大城则承担了都城的其他功能,起到了"郭"的作用。这种西城东郭、城郭相连的空间结构形态,虽然具有利用种山地形的因素,但起决定作用的,是一种制度性安排,这就是"以西方为上"(《礼记》卷二云:"席南乡北乡,以西方为上;东乡西乡,以南为上。""乡"即"向"),即通常所谓的"坐西朝东为尊"的周代礼制。

---

① 参见张晓虹《万民所依——建筑与意象》,长春出版社2005年版,第4—8页。

中国是传统的礼仪之邦，向来重视以"礼制"来规范人们的一举一动。"礼，经国家，定社稷，序人民，利后嗣者也。"（《春秋左传》卷四《隐公十一年》）在儒家学说中，礼意味着管理、规范、秩序，意味着遵守各种宗法制度。即使是建筑领域里，上至都城宫室，下及百姓民居，都必须在礼制的规范下运作。《唐会要》中所说的"宫室之制，自天子至于庶人，各有等差"，在城市、宫殿、坛庙和墓葬制度中，都有不同程度的反映。"坐西朝东为尊"就是这种"等差"制度在越都城建设中的实际运用。

范蠡建越都城分两步走，第一步先"筑作小城"，并以种山为依托，"西北立龙飞翼之楼"，可见小城的具体位置是在越都城的西部。若以种山和今天山上的飞翼楼为坐标，其地理位置正好与实际情形相符。因为小城是越国"宫台"所在地。《越绝书》因此直呼其为"勾践小城"。紧接着第二步，范蠡在小城东南的"司马门"（即王宫的外门）外，建起面积比小城大十倍的"大城"，即"山阴大城"。司马门在怪山的东南面，由此向北延伸至蕺山以西，都应该是大城的范围，就地理位置而言，正好在小城的东面，与小城紧密相连。从山阴大城的规模看，大致赋予了除宫台以外的都城必需的其他所有功能。因此，相对于"小城"而言，"大城"实际上就是"郭"，虽然史书中称其为"山阴大城"，而按功能看，称之为"郭"或许更为合适，这是"坐西朝东为尊"价值观的体现。

其实，"坐西朝东为尊"的礼制，在先秦时期的适用范围是很广的。除了都城、宫殿、民居等建筑布局外，在墓葬形制中，在君臣关系上，在宾主席次安排时，都有实际反映。春秋战国时的越国墓葬布局，无一例外地印证了这一点。1996年发现的绍兴木客（今作"木栅"）越王允常陵，便是一座"平面呈现'凸'字形的竖穴岩坑木椁墓，呈东西向，墓穴全部在岩层中挖凿而成，全长100米……"[①] 在浙江东阳发现的4座春秋战国

---

① 绍兴县文物保护管理所：《绍兴县文物志》，浙江人民出版社2002年版，第37页。

土墩墓群，也都是东西朝向。① 这种坐西朝东为尊的礼制，直到西汉还很盛行。在鸿门宴上，项王、项伯东向坐，亚父（范增）南向坐，沛公北向坐，张良西向侍。(《史记》卷七《项羽本纪》) 让项王、项伯"东向坐"，是表示对他们的尊重，而张良"西向侍"，表明他不敢居尊长之位。即使是明清时代官员与绍兴师爷的关系中，也还残留着这种周代礼制。虽然彼此只是一种雇佣关系，但幕主往往尊绍兴师爷为"西宾"，而师爷则称幕主为"东翁"或"东家"。② 这说明，"坐西朝东为尊"是古代特别是春秋战国时代普遍存在的礼制。

范蠡为什么对越都城作出西城东郭、城郭连接的空间安排？学术界有两种解释：一种解释认为东方是太阳升起的地方，坐西朝东是古人的太阳崇拜在建筑形制上的反映。因此不仅具有宗教信仰的含义，而且还有向东可以避开冬季寒冷的西北风的功利目的。另一种解释则认为，这是礼制的规范要求，这在古人的许多论述中，有充分体现。《礼记》所谓"席南向北向，以西方为上"，"上"当然是尊者。王充进一步指出：

> 夫西方，长老之地，尊者之位也。尊长在西，卑幼在东。尊长，主也；卑幼，助也。主少而助多，尊无二上，卑有百下也。[（东汉）王充《论衡》第二十三卷《四讳篇》]

顾炎武也说："古人之坐，以东向为尊。故宗庙之祭，太祖之位东向。即交际之礼，亦宾东向而主人西向。"[（清）顾炎武《日知录》卷二十八] 师爷与官员的"西宾""东翁"相称，就是一种交际礼。这种以东向为"尊"、为"长"、为"上"的强烈的等级观念，必然要反映到越都城的规划建设中来，所以，采用西城东郭的空间结构形态，实在是一种制度

---

① 据新编《金华通志》稿本，这四座墓葬群分别为：石角山石室土墩墓，东西向，方向290°；石墩洞山石室土墩墓，东西向，方向283°；银角山石室土墩墓，东西向，方向270°；峋界尖土墩墓，东西向，方向225°。

② 任桂全总纂：《绍兴市志》卷45《绍兴师爷》，浙江人民出版社1996年版，第3359页。

性安排。

然而，这种"以西方为上"的周代礼制，从东汉开始逐渐被"坐北朝南"的礼制所代替了。杨宽先生研究认为东汉以后的魏都洛阳、吴都建业、唐都长安等都城的空间形态，实行的都是"坐北朝南"的制度①。

这种从"坐西朝东"向"坐北朝南"的礼制转换，使得都城的空间结构形态发生了重大变化。如前所述，原来按照"坐西朝东"礼制规划建设的古都，都是西城东郭、城郭连接的结构形态，如西周初期的东都成周、秦都咸阳等②。"城"与"郭"既是小城和大城的空间结构，又是东西连接的毗邻关系，实际上就是一种"毗邻城"。而实行"坐北朝南"礼制后所建都城及其他类型的城市，已经不再是"毗邻城"而是"套城"了。所谓"套城"，往往按照"中轴线"布局的原则，不是在"小城"（或称内城）外面建"大城"（或称外城），就是在大城里面建小城。于是，小城和大城从毗邻关系向内外关系转化过程中，大城的功能也随之发生变化。因为无论是国都还是一般的州县城，小城总是作为政治中心而存在的，而小城之外的大城，则总是起着捍卫小城的作用。

其实，"套城"完全是一种"军事工程"。据朱大渭先生研究，在长江以北的长安、邺城、洛阳、江陵等35座套城中，其建成的绝对年代大多在西晋末以后南北对峙时期，"建筑原因多出于军事政治的需要……是适应当时战乱的形势而发展起来的"③。可见，套城的出现，明显地要晚于毗邻城，但后来的发展结果是，套城取代了毗邻城。有趣的是，中国目前公认的七大古都即北京、西安、安阳、洛阳、开封、南京、杭州④，基本上都是"套城"的建筑形制。而七大古都之外的越国都城绍兴，透过种山、戢山、怪山等地理坐标系统，至今仍然可辨别出西城东郭的大致方位，其重

---

① 参见杨宽《中国古代都城制度史研究》，上海人民出版社2003年版，第179—182页。
② 同上书，第2页。
③ 朱大渭：《魏晋南北朝时期的套城》，《六朝史论》，中华书局1998年版，第79—101页。
④ 参见陈桥驿主编《中国七大古都》，中国青年出版社2005年版。

大历史文化价值,由此可见一斑。

五 "筑城以卫君"和"造郭以居民"的都城格局

中国历史上曾经作为一统政权或诸侯邦国都城的地区,大大小小不下数百处。这些都城的营建制度,《周礼·考工记》有如下记述:

> 匠人营国,方九里,旁三门。国中九经九纬,经涂九轨。左祖右社,前朝后市,市朝一夫。

这是一幅城内功能布局的标准蓝图,对面积、城墙、道路、宗庙、市肆、用地等都有明确规定,但对掌握城市命运的"君"和城市主要人口"民"的功能区,却没有作出明确安排。而以记述吴越两国历史为主的《吴越春秋》,首次提出了"筑城以卫君,造郭以居民"的都城布局模式。虽然在当今流行的《吴越春秋》一书中,这一具有概括性、指导性、经典性的表述语言已经成为佚文,但所幸被其他古籍保存了下来。《初学记》引《吴越春秋》说:"鲧筑城以卫君,造郭以守民。此城郭之始也。"《太平御览》引《吴越春秋》说:"鲧筑城以卫君,造郭以居人。此城郭之始也。"(分别见:《初学记》卷二十四《城郭》,《太平御览》卷一百九十三《居住部》)两书引用中出现"居人"与"守民"的区别,当是避讳所致。

事实上,大凡为"都"者,往往是"国君所居,人所都会"[《初学记》卷二十四《都邑》引《释名》曰:"(都)国君所居,人所都会"]之地。既是"国君所居"之地,又是市民"都会"之所,人多而杂,对于国君而言,必须保持绝对安全,无法与市民杂处而安。因此,对都城规划建设者来说,必须开辟"卫君"和"居民"的不同功能区。范蠡的不寻常处就在于,设置不同功能区,既有利于保护"国君"的安全又能使万民得以"都会",拥有居住的地方。

可是《吴越春秋》把"筑城以卫君,造郭以居民"的都城布局模式归于禹父鲧所创造,是鲧开创了筑城造郭的建都历史。鲧生活于传说时代,而鲧的儿子大禹不仅开创了夏代,还开创了建城历史。当大禹治水告成后,治水民工像小孩思念母亲、儿子归顺父亲那样要求留在越地,为满足他们的要求,大禹随即采取"伐木为邑"的举措。

> 乃纳言听谏,安民治室居,靡山伐木为邑,画作印,横木为门;调权衡,平斗斛,造井示民,以为法度。(张觉《吴越春秋校注》卷第六《无余外传》)

由于没有这方面的考古资料,今天还无从知道"伐木为邑"的具体模式,不过从其他同时期考古发掘情况看,可能只是城堡而已,如王城岗城堡遗址和平粮台城堡遗址就是例证。① 尽管两处遗址已有城墙出现,但从根本上说,两者都还没有把"城"与"郭"加以区别。杨宽先生把"城"与"郭"的发展进程分为三个时期,即"商代是有城无郭的时期;从西周到东汉是西城连接东郭的时期;从东汉到唐代是东西南三面郭区环抱中央北部城区的时期"②。说明"郭"的出现以及"城"与"郭"相连接的历史,是从西周开始的。《吴越春秋》的贡献在于,首次将这段历史记载了下来,为中国古代都城制度史研究提供了一条重要信息。"筑城以卫君,造郭以居民"的都城布局模式,实际上是越王勾践和大夫范蠡的创造,但因为勾践是大禹的子孙,当然也是鲧的后代,所以把创"城郭之始"的功劳记到鲧的头上去是可以理解的。

"筑城以卫君,造郭以居民"模式的创立和"坐西朝东为尊"礼制的实施,不仅把"城"与"郭"的不同功能和"城"与"郭"的相互关系做了明确界定,而且还为越都城的规划建设解决了"城""郭"方位与功能配置两大难题。这就是"西城连接东郭"的区位安排和"君""民"功能区的确立,在功能配置上,"城"以君为核心,"郭"以民为主体的观念也是十分明

---

① 参见河南省文物研究所、中国历史博物馆考古部、周口地区文化局文保科《登封王城岗遗址的发掘》《河南淮阳平粮台龙山文化城址试掘简报》,《文物》1983年第3期。
② 杨宽:《中国古代都城制度史研究·序》,上海人民出版社2003年版,第2页。

确的。这就是越都城构筑勾践小城、山阴大城和分设里闾的主要规划依据。

六 勾践小城与宫台建筑

勾践小城，也叫山阴城，位于越都城西部。

> 勾践小城，山阴城也。周二里二百二十三步，陆门四，水门一。今仓库是其宫台处也。周六百二十步，柱长三丈五尺三寸，霤高丈六尺。宫有百户，高丈二尺五寸。（《越绝书》卷第八《越绝外传记地传》）

《吴越春秋》也说，范蠡筑作小城：

> 周千一百二十二步，一圆三方。西北立飞翼之楼，以象天门；为两螭绕栋，以象龙角。东南伏漏石窦，以象地户。陵门四达，以象八风。外郭筑城而缺西北，示服事吴也，不敢壅塞；内以取吴，故缺西北，而吴不知也。（张觉《吴越春秋校注》卷第八《勾践归国外传》）

两书记载侧重点有所不同，但联系起来看，勾践小城的规模、功能区、主体建筑及其建筑意象，大体都反映出来了。

（一）小城的范围

城墙是古代城市的标志性建筑物，衡量城市规模大小，一般都以城墙周长为依据。小城周长，按度地法三百六十步为一里换算，《吴越春秋》所说应为三里四十二步。而《越绝书》所说之数，嘉泰《会稽志》在引用其说时则谓"小城周二里七十步"（嘉泰《会稽志》卷一《城郭》），与《吴越春秋》所记略同。按战国秦汉时一尺合今约0.23米计[①]，周千一百二十二步，合六千七百三十八尺，合今约1549.74米。这是小城可以计量的范围。

---

① 国家计量总局：《中国古代度量衡图集》，文物出版社1981年版。

小城是依托种山而建的。其山势自东北向西南呈圆弧状延伸，峰峦逶迤起伏，宛如盘旋静卧憩息的蛟龙，所以又名卧龙山。后因山之东南麓为历代府治、衙署所在，亦名府山。山的西、北、东三面陡峭，而南麓渐趋平缓，是理想的天然屏障。范蠡就利用这一有利地形，在卧龙山的东南腹地建起了勾践小城，其形制则为"一圆三方"。即在东面、南面和西面的部分地段筑有城墙，而北面和西面的部分地段，利用种山地势的险峻而不筑城墙，这就是所谓的"一圆三方"。因为"一圆"是山体而不是城墙，所以很可能不在史籍所称的小城周长之内。如果将山体也计入小城周长之内，那么，光种山山麓线周长，实际已超过三里。这显然是不可能的。

不过有一点可以肯定，即小城的范围，西北至种山东南山麓线，其他三面所至范围，与隋代杨素修建的子城即越小城大致相仿。嘉泰《会稽志》在讲到子城与小城关系时引旧经说子城"西、北两面，皆因重（种）山以为城，不为壕堑"。又引《吴越春秋》说"小城周千一百二十步，一圆三方……陵门四达"，又说："今子城陵门亦四，曰镇东军门，曰秦望门，曰常喜子城门，曰酒务桥门。水门亦一，即酒务桥北水门是也，其南秦望门去湖亦仅百步。虽未必尽与古同，然其大略不相远矣。"（嘉泰《会稽志》卷一《城郭》）

由此可见，其西城墙应在今府山西南角即俗谓龙舌嘴至旱偏门，尔后东折沿今鲁迅路河至凤仪桥为南城墙，而东城墙当自凤仪桥沿作揖坊、宣化坊，与府山东端相连[①]。这样，勾践小城的形制，与《吴越春秋》所谓的"一圆三方"相吻合。

小城设"陆门四，水门一"，其具体位置，因西、北两面不筑城墙，自然也不会去设城门。由此可以推定，五处水陆城门，应该分布于东、南两面，很可能与后来子城的五处水陆城门重合。除去开设于南城墙的秦望

---

① 参见林华东《越国都城探研》，《绍兴师专学报》1989年第1期。

门和常喜门,包括水城门在内的其余三座城门,应该都在东城墙,这显然是为了加强勾践小城与山阴大城之间的沟通与联系。当然,水城门由于受城市河道制约,只要城河没有改道,水城门是不会易地另建的。

(二)宫台与军事设施

小城内部建筑,按功能区要求,当然是以"君"为核心来展开布局的。其中规模最大的一组建筑群就是越王宫台,位于龙山东南腹地,也是小城的核心地块。据《越绝书》记载:

> 越王宫台周长六百二十步,柱高三丈五尺三寸,檐溜高一丈六尺。宫中有百门,门高一丈二尺五寸。

作为越国政治中心的象征,这组建筑群即使在今天看来,也是工程浩大、气度不凡,面积约为勾践小城的一半。这里西北有种山为依傍,东面紧靠今环山河(坡塘江流经城内段),南面地势开阔,是理想的宫台选址,后来又成了会稽郡治、越州州治和绍兴府治的治所。

这些都可以从文献记载和出土文物中得到证实。北魏郦道元说:"州郡馆宇,屋之大瓦,亦多是越时故物。"(《水经注》卷四十《浙江水》)这应当是有所依据的,说明了越王宫台与后来州郡治所之间的连续性。他所谓的"大瓦",民间也称"板瓦",后来在绍兴城北里谷社村春秋战国遗址中,确实"出土有少量板瓦和半圆形筒瓦,瓦面饰交错绳纹"[①]。以越国宫台的重要地位,相信建筑材料中不仅有大瓦,更应该有筒瓦用于宫殿建筑。晋太元(376—396)中,也曾在郡治的厅柱下掘得古铜器,嘉泰《会稽志》引《舆地志》说,这是"勾践所藏"。并说:"太元中,谢輶为郡守,掘郡厅柱下深八尺,得古铜罂,可容数斗。题作越王,字文甚分明,是今隶书,余不可识,輶以为范蠡厌胜之术,遂埋

---

① 宣传中主编:《绍兴文物志》,中华书局2006年版,第2页。

之。"（嘉泰《会稽志》卷十三《古器物》）。"厌胜"，是古代一种巫术，谓能以诅咒制胜）无论是勾践所藏，还是范蠡所厌，都说明这里原来是越王宫台，后来成了会稽郡治所。《越绝书》虽然有"今仓库是其宫台处"之说，但这并不妨碍它原来是越王宫台，也不影响它后来成为郡治、州治、府治的事实。

小城内除越王宫台外，还有飞翼楼、灵台等重要建筑，不过两者都建在孤丘之上。飞翼楼建在小城西北的种山上，种山以越大夫文种葬此而得名，海拔74米，为城中各孤丘之最。登此远眺，南有秦望之雄，北有江海横流；俯视全城，万家灯火尽收眼底，实为一郡登临之胜。名义上范蠡建飞翼楼象征"天门"，是风水中的"应天"之举，事实上因为这里地势高峻、视野宽广，可以一直望到钱塘江边（后人因此改名为"望海亭"），对于监视北方吴国军情，是理想的瞭望楼。嘉泰《会稽志》引《旧经》说，飞翼楼"高一十五丈，范蠡所筑，以压强吴也"。飞翼楼的建筑形制，史籍没有记载，但顾名思义，"飞翼"应指两端水戗（参见《营造法原》）翘起，如飞鸟之双翼。说明当时越国的建筑，已经使用榫卯结构和斗拱技术。

与飞翼楼南北呼应的灵台，建于小城东南怪山上。灵台也称游台、怪游台、望云楼。（嘉泰《会稽志》卷十八《拾遗》）名称看似不同，其实有联系，又有区别。《越绝书》说："龟山者，勾践起怪游台也。"《吴越春秋》说，怪山为琅琊东武海中之山，"一夕自来，故曰怪山"，故龟山也称怪山、飞来山。范蠡"起游台其上"，并在山顶筑层楼，"以为灵台"。游台大概依山而建，《越绝书》说"周五百三十二步"，实际约1.8里，与怪山山麓线周长相仿。"灵台"则是在游台基础上所建的层楼，《越绝书》说"高四十六丈五尺三寸"。以汉制4.5尺折合1.06米计，高达110米，以当时的建筑技术，是难以达到如此建筑高度的。《水经注》所说"作三层楼，以望云物"（《水经注》卷四十《浙江水》）的三层高度，为重檐式楼阁建筑，其形制、高度与飞翼楼大致相仿①。至于怪游台和灵台的功用，从有关"龟山……东南司马门，因以炤龟。又仰望天气，观天怪也"（《越绝书》卷第八《越绝外传记地传》）的记载看，既是观察天文气象之所，又是占卜祸福凶吉之地。实际上这是"我国有记载的第一座综合性的天文台和气象台"②，对于越国军民的生产、生活和军事活动，同样具有不可否认的科学意义。

台，原来是一种高而上平的方形建筑，主要供观察眺望之用，其平面也有圆形的，"圆基千步，直峭百丈，螺道登进，顶上三亩，朔望升拜，号为朝台"（《艺文类聚》卷六十二《居处部》）。台的结构形式，多为"台"与"榭"的组合体，高出地面的方形（也有圆形）台基用土夯筑而成，台上建榭，是一种只有柱、顶而没有墙壁的房子。所以《尔雅》说："四方而高曰台，有木曰榭。"

在越都城建设中，高台建筑特别多，成了一大特色。据《越绝书》《吴越春秋》《述异记》等古籍记载，越都城内外先后建有越王台、怪游台、灵台、斋戒台、驾台、燕台、离台、中宿台、贺台、昌土台和望鸟台等11处高台，这在先秦都城中是很少见的。现据以上古籍及地方志和实地考察，综合整理成下表：

表1-2　　　　　　　越都城中分布的高台及其概况

台　名	别　名	地　址	规　模	功　用	资料出处
越王台	越台	在会稽山		勾践"延四方之士，作台于外而馆贤士"	《述异记》卷上
怪游台	游台	在怪山	周532步	勾践炤龟占卜处	《越绝书》卷第八

① 参见张仲清《浅议飞翼楼与灵台的用途》，《绍兴史志》2007年第4期。
② 陈桥驿：《古代于越研究》，《吴越文化论丛》，中华书局1999年版，第10页。

续 表

台 名	别 名	地 址	规 模	功 用	资料出处
灵台		在怪山	高46丈5尺2寸	"仰观天文,候日月之变怪。"	《越绝书》卷第八(《初学记》卷二十四引《吴越春秋》云:"范蠡起游台于怪山,以为灵台,仰观天文,候日月之变怪。")
斋戒台	斋台	在稷山(稷山:嘉泰《会稽志》卷九云:"在县东五十三里,越王种菜于此。"《吴越春秋》"稷"作"禝"。今仍作"稷山")		勾践斋戒处①	《越绝书》卷第八
驾台		在安城里②	周600步	勾践停放车驾处	《越绝书》卷第八
离台	离宫③	在淮阳里丘	周560步	勾践之离宫别馆	《越绝书》卷第八
宴台	燕台(宴台:《吴越春秋》"宴"作"燕",宴、燕相通。《旧经》云:"宴台,在州东南十里。")	在城东南		勾践宴饮之所	《吴越春秋》卷第八

---

① 斋戒:祭祀前淋浴更衣,整洁身心,以示虔诚。
② 今绍兴县马山镇有安城村。
③ 离宫:是勾践在正式的宫殿之外建于别处的随时游居的宫室,亦称别馆。

续表

台　名	别　名	地　址	规　模	功　用	资料出处
中宿台	中指台①	在高平里丘	周600步	勾践外出时，中途歇宿之所	《越绝书》卷第八
贺台		在鼓吹山之西		"越伐吴，还而成之，故号曰贺台。"	《水经注》卷四十
望鸟台②		在镜湖旁		丹鸟夹越王而飞，故筑台以示祥瑞	《拾遗记》卷三
昌土台		在石室旁		"领功铨土，已作昌土台。"	《越绝书》卷第八。昌土台，是越王勾践论功行赏、测量疆土的场所

　　表中反映出来的这些高台建筑的特点，归纳起来不外乎：第一，除灵台、怪游台建于城内，其余都在郊外。究其原因，一则小城容量有限，只好转移到大城甚至大城以外去；二则勾践是一位有作为的君主，他忍辱负重，志切沼吴，像他这样临朝之日"翼翼小心，出不敢奢，入不敢侈"（张觉《吴越春秋校注》卷第八《勾践归国外传》）的君主，是不可能安逸于宫殿生活的。他需要走出宫室，与国人一起，共同做好富国强兵、洗却国耻的准备。第二，据文字记载，这些台的规模、体量都很大，最小的怪游台，周长也有五百三十二步，合1.8里，比周围仅仅三十多米的秦始

---

① 中宿台：《越绝书》作"中指台"，《吴越春秋》作"中宿台"。《旧经》云："中宿台在会稽县东七里。"据《绍兴县志资料第一辑·皋部志》，"高平里"在今皋埠越营山，离县东约二十里。
② （晋）王嘉《拾遗记》卷三云："越王入吴国，有丹鸟夹王而飞，故勾践之霸也，起望鸟台，言丹鸟之瑞也。"

皇"望想台"① 足足要大出三十倍。以当时越国的经济实力，建设如此大规模的宫台，显然是有困难的。所以勾践和范蠡建台，都利用了孤丘的地理形势，如怪山、稷山、淮阳里丘、高平里丘等，都是理想的现成台基。第三，最初赋予台的功能，是在高处起到观察眺望的作用，而越国则大大丰富了台的功能和作用，有观察天象的灵台，祭祀用的斋戒台，会聚人才的越王台，受领封地的昌土台，有供越王住宿、停车、吃饭的离台、驾台、宴台、中宿台等，从治国、安邦、兴军到饮食起居，都是越王勾践经常出入的地方。

此外，为满足勾践之需，范蠡还在城东鹿池山、若耶溪一带开辟"乐野"，即古籍所谓的"立苑于乐野"（张觉《吴越春秋校注》卷第八《勾践归国外传》），作为弋猎场所，堪称越国最早的园林建筑，也是绍兴有记载的第一家皇家园林。《越绝书》卷第八《越绝外传记地传》在讲到乐野时说："乐野者，越之弋猎处，大乐，故谓乐野。其山上有石室，勾践所休谋也。去县七里。"这里有山有水、有石室，还有"冰厨"，使勾践既可弋猎于"乐野"，亦可谋事于"石室"，还能吃到冷藏食品。《吴越春秋校注》卷第八云："起离宫于淮阳，中宿台在于高平，驾台在于成丘，立苑于乐野，燕台在于石室，斋台在于襟山。勾践之出游也，休息石台，食于冰厨。"可见，石室就是石台，为燕台所在，里面有较为深邃的山洞，中间温度较低，故曰"冰厨"，《越绝书》称为"冰室"）对于勾践日常行踪，《越绝书》有如下描述：

> 勾践之出入也，斋于稷山，往从田里；去从北郭门，炤龟龟山；更驾台，驰于离丘；游于美人宫，兴乐，中宿；过历马丘，射于乐野之衢；走犬若耶，休谋石室；食于冰厨。领功铨土，已作昌土台。藏其形，隐其情。一曰：冰室者，所以备膳羞也。（《越绝书》卷第八《越绝外传记地传》）

---

① 韦明铧：《说台》，山东画报出版社2005年版，第11页。

七　山阴大城的范围与功能区

在勾践与范蠡的"筑城造郭"规划中，由于受用地规模和功能的特殊性等因素制约，小城不可能承担过多的城市功能，这就非常自然地要将其他城市功能附加到比"西城"大出十倍的"东郭"即山阴大城身上了。

山阴大城的城墙、城门及其范围，有如下记述：

> 大城周二十里七十二步，不筑北面。
>
> 山阴大城者，范蠡所筑治也，今传谓之蠡城。陆门三，水门三，决西北，亦有事。(《越绝书》卷第八《越绝外传记地传》)

《吴越春秋》称山阴大城为"外郭"，并说：

> 外郭筑城而缺西北，示服事吴也，不敢壅塞；内以取吴，而吴不知也。(张觉《吴越春秋校注》卷第八《勾践归国外传》)

(一) 大城的范围

山阴大城周二十里七十二步，依度地法三百六十步为一里和战国秦汉时一尺合今约 0.23 米计，合七千二百七十二步，四万三千六百三十二尺，合今约 10035.16 米。[①] 如果加上勾践小城周长 1549.74 米，越都城的总面积，与《周礼·考工记》"匠人营国，方九里"的标准，基本吻合，说明范蠡规划营建越都城是有所本的。

至于山阴大城的范围，尽管后来遭受战争洗礼，历代郡守局部改建城墙也时有发生，但即便如此，对于由越都城发展而来而且至今城址未变的绍兴城来说，完全可以从城市地理环境、古文献记载，结合古地名与城区出土春秋战国时期文物的地点进行稽索，勾画出蠡城的大致范围来。

[①] 曲英杰《越城复原研究》为 8379.36 米，可能计算有误，《浙江学刊》1992 年第 4 期。

根据西城东郭、城郭相连的空间结构形态，大城的西城墙与小城的东城墙应该是重合的，这条重合的分界线，从小城的规模看，当在今环山河西岸。所不同的是，由于大城规模大于小城，因此对于大城而言，这条分界线必须向南、北两个方向延伸。据嘉泰《会稽志》引《旧经》蠡城"城南近湖，去湖百余步"的记载看，分界线南延终点，当在鲍郎山西南侧，换句话说，西城墙至此折而向东，沿着今望花新村、罗门新村南端至环城东路为南城墙。至于东城墙走向，《水经注》有"城东郭外有灵汜"的记载，又嘉泰《会稽志》引《舆地志》说"山阴城东有桥名灵汜"，经实地调查，今东郭门外原来确有灵汜桥。同时，城东偏北还有五云门，又名雷门，《旧经》称这是"勾践旧门"（嘉泰《会稽志》卷十八《拾遗》）。综合上述记载说明，东城墙大致与今东郭门与五云门一线相合。此外，由于当时越国是战败国，勾践向北称臣，北面不筑城墙，即使是小城与大城交界的北延伸线上，也不筑城墙，名义是效忠于吴，事实是越国另有所图，即《越绝书》所谓的"决西北，亦有事"。

这里的"亦有事"，既表示敬畏吴国，"不敢壅塞"，才不筑北城墙，也反映了城北有水，用不到筑城墙的事实。因为大城北面有大滩、大城湾、迪荡等基本相连的大面积水域，而这些至今犹存、地势又低于山阴大城的水域，很可能是第四纪海退时形成的潟湖，水很深，对越都城来说，无疑是一道天然屏障。实际上，除勾践小城因种山而"不为壕堑"（乾隆《绍兴府志》卷七《建置志一·城池》）外，大城亦无壕堑之设。原因是大城东有若耶溪，西有娄宫江，北有大滩等，形成了难得的城市周边天然河流网络，起到了城外护城河的作用，而且河里有鱼。西汉"会稽陈嚣，少时于郭外水边捕鱼"（《艺文类聚》卷九十六《鳞介部上·鱼》），这里的"郭外水边"，指的便是这些具有护城河作用的天然河流。

同样由于环境的因素，大城的城门设置亦有其自身特点。通常意义上的城门，是一种防御性设施，兼备出入通道和对外防御的功能。具体开设多少座城门，则视城市地位、规模和城内外交通状况而定。据文献记载，大城设"陆门三，水门三"，加上小城的"陆门四，水门一"，越都城共设城门十一座，按"方九里，旁三门"的都城形制，应为十二座城门，大城因为"决西北"而无西北方向的城门。即使如此，大城六座城门中，水城门（专指通船的城门）与陆城门（仅通陆路）各占其半，说明城内水上交通已经达到与道路交通同等重要的程度。而且这些水城门，按理均设在城乡贯通的河道上，如南池江、坡塘江、平水西江进出城市的关口上，都是沟通城乡交通的重要节点。

在山阴大城的道路系统中，水上交通之所以如此受到重视，一方面，是因为城市地理环境，为开辟水上交通网络提供了得天独厚的自然条件；另一方面，也因为勾践深知于越人"水行而山处，以船为车，以楫为马，往若飘风，去则难从"（《越绝书》卷第八《越绝外传记地传》）的水性和习俗。也许勾践与范蠡在选择城址时，已经考虑到如何适应和满足越人生产、生活乃至习俗的需要，同时也为后来绍兴成为著名江南水城（唐宋诗词中多称"江城"）奠定了基础。

（二）宗庙与市肆的易位布局

按照大城规模，它所承担的城市功能，当然要比小城多得多。而且根据"筑城以卫君，造郭以居民"的总体规划，必须突出以"民"为主体的布局特点。虽然大城才刚刚建成，还处于初级阶段的形式，但即便如此，街衢、河流、民居、作坊、市肆、耕地、牧场、军训场地、集会广场以及儿童玩耍的空间等，所有古代城市的这些基本特征，都应当在围着的城墙里面找到自己的最佳位置。而这些城市功能区的最终确定，又无不受到建都制度、人口规模、自然环境乃至吴越关系等各种因素的制约。也正因为如此，大城的功能布局，在很多方面具有自己的特色，而且影响和引领着后来绍兴城市形态的发展。

嘉泰《会稽志》引《舆地志》说，范蠡筑大城时，首先想到越国"北向称臣"的现实，"故城北向，街衢市邑，悉在城北。"（嘉泰《会稽志》卷一《古城》）从当时越国所处形势看，作为战败国，既不筑西、北两面城墙，又将街衢市邑设在城北，以示向吴国开放，这对志切沼吴的越王勾践来说，或许是一种无奈的安排。但从城市地理的视角看，倒不失为是一种合理的选择。因为大城与小城一样，总的地势是南高北低，在地势较低处安排这些公共建筑，而在地势较为高燥的地方开辟居民住宅区，显然是两得之举。

"北向称臣"对于大城功能布局的限制，主要表现在宗庙与市肆的区位置换上。《周礼·考工记》所谓"左祖右社，面朝后市"，明确规定了都城宗庙、社坛、宫室、市肆的方位。但范蠡无法照章办理，因为"北向称臣，委命吴国，左右易处，不得其位，明臣属也"。（张觉《吴越春秋校注》卷第八《勾践归国外传》）越王向北称臣，把自己的生命都交给吴国来支配，所以城内的布局只好改变常规做法，将左边的改置于右边，将右边的改置于左边，使它们无法处于正常的位置，以此来表明自己是属臣。对勾践来说，这是又一次的忍辱负重。

禹庙是越王勾践的宗庙（《史记》卷一百三十《太史公自序》正义引《吴越春秋》云："勾践迁都山阴，立禹庙为始祖庙，越亡遂废也。"），在会稽山下。按西城东郭、坐西朝东的礼制和左祖右社的规定，禹庙应当位于小城左侧，即小城东北，而实际却在小城东南面。《吴越春秋》说，"社稷宗庙在湖之南"，即在鉴湖之南。《越绝书》也说："故禹宗庙，在小城南门外大城内。"，把故禹宗庙定位在大城之内，关系大城的范围问题。若以周长二十里七十二步计，宗庙是不可能在大城内的，因此后人也有认为大城周四十五里的，但争论颇多。（本书将在后面几章中继续予以讨论。）对照今存禹庙所在位置，与两书所说，完全吻合。同样道理，社稷坛照理应当位于小城东南，而实际却在小城东北的稷山上（嘉泰《会稽志》卷九《山》）。尽管稷山在城东郊外五十八里处，但那里有供勾践祭祀前淋浴更衣、整洁身心的斋戒台（《越绝书》卷第八《越绝外传记地传》云："稷山者，勾践斋戒台也。"）。将稷山与斋戒台联系起来看，社稷坛在稷山似乎是不必争论的，因为这是《吴越春秋》所谓"左右易处"的必然结果。

事实上，大城功能布局，除"左右易处"外，还有个"前后易处"的问题，主要反映在市肆功能区的定位上。"面朝后市"是《周礼·考工记》对都城里面宫室与市肆位置的明确规定，是营国者必须遵守的。而越都城是按西城东郭礼制营建的，如果执行"面朝后市"制度，这个市肆只好设到西面郊外去了，这显然不可能的，而"前后易处"倒成了一种选择。事实就是这样。

文献记载，大城范围内至少有两处市肆，一是都亭桥南的"越大市"，二是五云门头的"吴市"。两者均在宫室前面，从地理方位看，前者在小城东南大城内，后者在小城东北的大城城门口。越大市至宋代已成废市，嘉泰《会稽志》说："古废市在都亭桥南礼逊坊，旧经云蓟子训货药于此。"万历《绍兴府志》说："越大市在都亭桥南，秦汉时越人于此为市，即蓟子训卖药处。"都亭桥在今绍兴市区新建路与鲁迅路河交界处，桥南的"越大市"是越人中午进行交易的市肆，以较为富裕的百姓和贵族派来的管事人及仆役为主。① 西周以降，市肆分为"大市""朝市"和"夕市"三种。《周礼》说："大市日昃而市，百族为主；朝市，朝时而市，商贾为主；夕市，夕时而市，贩夫贩妇为主。"（《周礼》卷十四《司市》）对不同市肆的开市时间和主要入市对象，都有明显区别，是一个比较完整的市场流通体系。所以越大市到秦汉时代还很活跃，连传说中的蓟子训也不远万里，从成都赶来越大市卖药。另一处五云门头的"吴市"，清代会稽茹敦和考证认为，勾践所筑雷门即今五云门，是汉代梅福归隐的吴市门，并说"越地通吴货，而后吴市以名"。[（清）茹敦和《越言释》卷上] 如依其说，是吴越货物交换场所，以商贾为主，当属"朝市"。这样的布局，也符合越都城"街衢市邑，悉在城北"的规划原则。至于"夕市"设于何

---

① 参见贾新政《商业史》，《中国全史》（简读本）第18册，经济日报出版社1999年版，第209页。

方,若按《礼记·郊特牲》"大市于中,朝市于东南,夕市于西偏"① 的礼制来推断,应当在城的偏西处。因为"吴市"在偏东的五云门外,"越大市"在中间,"夕市"据偏西位置,是很有可能的。这虽然是个市场布局问题,但对城市规划来说,是至关重要的,毕竟它与市民生活密切相关。

与越大市处于同一区位的,还有"都亭",是古代城郭附近的亭舍。据颜师古《汉书·高帝纪》"泗上亭"注,都亭既不是建置亭、岗亭,也不是路亭、名胜亭,而是一种"停留行旅宿食之馆",与驿亭的功能相近。但驿亭通常都在城外路旁,都亭却在城郭附近,即靠近大城南城墙,并且与越大市相伴而生。这其实是很好的构想,因为这里出入经商的人员多,提供行旅食宿场所是必不可少的。这种类似后来饭店、宾馆的设施及其功能,直至秦统一全国后继续存在。"秦始皇帝,以其三十七年,东游之会稽……以正月甲戌到大越,留舍都亭。"(《越绝书》卷第八《越绝外传记地传》)当年秦始皇游大越,就吃住在都亭。

(三)工场作坊与居民区分布

大城内的工场作坊分布情况,虽然文献没有记载,但当代城市建设过程中出土的文物中,仍有这方面的遗址或遗物发现。如1982年,建设部门在大城东南钱王祠前开挖粪池坑时出土了为数不少的春秋战国时期的印纹陶、原始青瓷片、木板、木柱和陶纺轮。② 其中陶纺轮是重要的纺织器具之一,当时越国的纺织业十分发达,尤以葛布闻名,勾践夫人自织,民间传为美谈。出土陶纺轮的钱王祠前,很可能是大城内的纺织作坊之一。又如大城东北的土城山,山上建有"周五百九十步,陆门二,水门一"(《越绝书》卷第八《越绝外传记地传》)的土城,是对西施、郑旦"饰以罗縠、教以容步"(张觉《吴越春秋校注》卷第九《阴谋外传》)的地方,

---

① 转引自尚秉和《历代社会风俗事物考·市肆》,岳麓书社1991年版,第163页。
② 参见林华东《越国都城探研》,《绍兴师专学报》1989年第1期。

人称西施山、美人宫。1958年西施山被夷为平地，建起了绍兴钢铁厂，1959年又在原西施山南开挖河道，其间出土了大批春秋战国时期的青铜器、印纹陶、原始青瓷和泥质黑陶器。特别是坩埚等炼铜器具的出土，说明西施山不但是当时的土城所在，而且附近还有炼铜工场。春秋末年，越国手工业很发达，像冶炼、纺织、陶瓷、造船、酿酒等，既有工场作坊，又有专门管理机构。大城内的手工作坊，相信为数不少，只是山阴大城绵延至今，城内居民集聚，无法进行大规模考古发掘而已。

大城内的民居分布状况，大致也是如此，不过范蠡与勾践的一段对话，透露了其中奥妙。范蠡对越王勾践说："臣之建城也，其应天矣。"又说："臣乃承天门制城，合气于后土。"（张觉《吴越春秋校注》卷第八《勾践归国外传》）所谓"应天"和"合气于后土"，当指顺应和利用天然的地理环境而言。城市虽然也是一种聚落，但它由乡村聚落发展而来。历史时期绍兴的聚落经历了从山地聚落、山麓聚落、孤丘聚落、湖堤聚落、滨海聚落到平原聚落的发展。范蠡选择城址时，就萌生了利用这些孤丘聚落的想法，因为对当时还处在沼泽地带的山会平原来说，在孤丘周边与穿城而过的河道两岸，无论如何是理想的建立居民点的栖息之地。

在越都城内的自然山水中，有山九座，有河五条。九山中除种山、龟山外，其余诸山的分布是：火珠山，"在卧龙山东隅，小而圆，绝类龙含之珠"（嘉泰《会稽志》卷九《山》），有"龙珠里"地名，在小城内；峨眉山，在火珠山东南一里，以状似峨眉而名，"山高丈余，阔三丈，长数十丈，南至轩亭，北至香橼弄"[（明）张岱《琅嬛文集》卷之二《越山五佚记》]，在大城内；阳堂山，又名鲍郎山（东汉有名鲍郎者葬于此），"在府山南二里二百四步"（嘉泰《会稽志》卷九《山》），在小城内；蕺山，在种山东北三里，嘉泰《会稽志》引旧经云"越王嗜蕺，采于此山"，其实因为勾践尝了夫差之秽，"遂病口臭，乃采食之，以乱其气"[1]，其山

---

[1] （清）悔堂老人：《越中杂识》，浙江人民出版社出1983年版，第2页。

至今仍长蕺草①，在大城内；白马山，在蕺山东南一里许，有"越城白马山产芹最美"（嘉泰《会稽志》卷十七《草部》）之说，今有白马畈地名，在大城内；彭山，在白马山东，嘉泰《会稽志》引旧经云"昔彭祖隐居之城"，在大城内；黄琢山，在华严寺后，即今纺车桥东，亦在大城内。自南而北进入越都城的天然河道有四条，即平水西江（平水江古称"若耶溪"）进入大城后称"稽山河"，南池江进入大城后称"府河"（后来成了山阴、会稽两县在城内的界河），坡塘江进入大城后称"环山河"（环种山），娄宫江沿小城西侧向北流去。另有一条穿过酒务桥水门的东西向河道，东出东郭门，与勾践时开挖的山阴古水道相连。

这些自然山水，包括孤丘周围与河道两岸，确实成了越都城居民点的最佳选择，并且是一再被出土文物证明了的。在20世纪后半叶的绍兴城市建设中，鲍郎山周边的绍兴茶厂和绍兴师专、怪山南麓的绍兴地质队、怪山东面的绍兴县府和稽山中学、稽山河近侧的半野塘、种山东北面的绍兴一中、蕺山南麓的蕺山小学、白马山四周的白马畈住宅区和土城山周边，都有春秋战国时期的印纹陶、原始青瓷、泥质黑陶、夹砂陶片及青铜器等日常生活用品出土②，表明上述地段作为越都城居民点的可能性是很大的。

如前所述，一个有着近六万人口居住的城市，以何种材料建筑民居是个大问题。究竟如《史记》所说的"披草莱而邑"（《史记》卷四十一《越王勾践世家》），或如《吴越春秋》所言禹"安民治室居，靡山伐木为邑"（张觉《吴越春秋校注》卷第六《越王无余外传》），还是两者兼有之？山会平原海滨多莱草，是不争的事实，因此滨海之民"披草莱而邑"不是没有可能。而大城乃至小城内的民居以及其他公共建筑，从出土文物或文献记载看，"伐木为邑"的可能性更大。近年在绍兴城区出土的春秋战国时期的遗物中，就有钱王祠前伴随印纹陶出土的木板、木柱，绍兴剧

---

① 蕺草：又名鱼腥草，多年生草本植物，有令人难闻的特异气味。
② 参见林华东《越国都城探研》，《绍兴师专学报》1989年第1期。

院旁边出土的木构件，绍兴钢铁厂建设时出土的木构件。鲁迅电影院西侧还发现有大量木构件，据王士伦先生对其中的一件圆木柱进行鉴定，认为是当时房屋梁架上的构件。① 实际上，从当时勾践派出 3000 伐木工上木客山伐木一事，本身就说明这里有丰富的森林资源，有足够的伐木工具，有超乎想象的运输能力（运抵吴都建姑苏台）和加工能力。因此，木材作为主要建筑材料，被广泛应用于民居和其他公共建筑，显然是不难理解的。《水经注》提到的雷门，"门楼两层，勾践所造，时有越之旧木矣"（《水经注》卷四十《渐江水》），就是证明。

八　里闾的设置和管理

在酝酿营建越都城时，越王勾践就想到，越都城建成以后，应当将地方的行政组织里闾建立起来，因为这对于都城乃至整个国家的行政与管理，是至关重要的。他因此对范蠡说："寡人之计未有决定。欲筑城立城，分设里闾。欲委属于相国。"（张觉《吴越春秋校注》卷第八《勾践归国外传》）将"分设里闾"，置于与"筑城立郭"同等地位。

里闾，亦称闾里。在"里""闾"分别使用时，"里"既是古代居民聚居之处，也是居住区规划的基本单元，在配备里宰并行使管理职能时，"里"又成了地方的行政组织。"闾"的本意是里巷的大门，自周代起，里的平面一般呈方形或矩形，围以墙，设里门出入，里内为民居住宅。② 而"里""闾"连用时，其义相同。如《周礼·地官·大司徒》"五家为比……五比为闾"，与《周礼·地官·遂人》"五家为邻，五邻为里"是一样的，即"里""闾"都是二十五家。秦汉以后，里闾逐渐被里坊所替代，可以认为，里坊是对里闾的发展。但是坊作为封闭型聚居单元的性质，并没有随着名称的改变而改变。对于城市来说，无论是里还是坊，都

---

① 参见林华东《越国都城探研》，《绍兴师专学报》1989 年第 1 期。
② 参见《中国大百科全书·建筑·园林·城市规划卷》，中国大百科全书出版社 1993 年版，第 298 页。

是用地的规划单位，一座城市有多少里、多少坊，通常被作为衡量城市大小的标准。

(一) 里间的数量与分布

这里有必要对越都城内外的里间分设、规模大小、数量多少、形态特征及其功能与管理情况，进行一番考察。因为这既是都城建设的重要环节，也是当时社会形态的反映。考察的依据，除文献资料、实地调查外，结合历史地名，通过古今对照，先对主要里间作简单叙述。

（1）东武里。《越绝书》说："龟山者，勾践起怪游台也……高四十六丈五尺二寸，周五百三十二步，今东武里。一曰怪山。"《吴越春秋》亦称："怪山者，琅琊东武海中山也，一夕自来，百姓怪之，故名怪山。"嘉泰《会稽志》卷九引《太平寰宇记》说"龟山下有东武里。"怪山虽有其怪异的神话色彩，但从中透露出的明确信息是，东武里就在龟山即今塔山下，位于山阴大城西南隅。

（2）东明里。《水经注》说："勾践所立宗庙，在城东明里中甘滂南。"勾践宗庙即禹庙，以此为标志，足可证明东明里就在山阴大城东南隅。

（3）南里。《越绝书》卷第八《越绝外传记地传》称："故禹宗庙，在小城南门外大城内。禹稷在庙西，今南里。"说禹庙之西有"禹稷"，在南里，据此，"南里"应在山阴大城正南面，即今绍兴城南。

（4）北坛利里。《越绝书》卷第八《越绝外传记地传》云："美人宫，周五百九十步，陆门二，水门一，今北坛利里丘土城，勾践所习教美女西施、郑旦宫台也。"这是一座为培训西施、郑旦歌舞而营造的土城，一名土城山，俗称西施山，在山阴大城雷门即五云门外。1958年在西施山新建绍兴钢铁厂和第二年在山下开挖河道时，出土大量春秋战国时期的青铜锄、镢、镰刀、削刀和青铜剑、矛，以及铁锄、镢、镰刀等农具与兵器。①

(5) 阳城里。系范蠡城,《越绝书》卷第八《越绝外传记地传》说"阳城里者,范蠡城也。西至水路,水门一,陆门二。"地址不详。

(6) 北阳里。系文种城,或称南安。《越绝书》卷第八《越绝外传记地传》说"北阳里城,大夫种城也。取土西山以济之,经(径)百九十四步。或为南安。"地址不详。

(7) 高平里。《越绝书》卷第八《越绝外传记地传》说"中指台马丘,周六百步,今高平里丘。"据《皋部志》载,高平里在今绍兴城东皋埠镇越营山,"昔越王建营于此……即传记中所称之中宿台是也。""相传越臣诸稽郢居此。"[(清)周少山纂《皋部志》,《绍兴县志资料第一辑》]

(8) 苦竹里。《水经注》卷四十《渐江水》说"又迳会稽山阴县,有苦竹里,里有旧城,言勾践封范蠡子之邑也。《越绝书》卷第八《越绝外传记地传》也说:"苦竹城者,勾践伐吴还,封范蠡子也。其僻居,径六十步。因为民治田,塘长千五百三十三步。其冢名土山,范蠡苦勤功笃,故封其子于是。去县十八里。"今绍兴城西南娄宫镇有古筑村,或为"苦竹"之谐音,地属旧山阴县。

(9) 康乐里。《水经注》卷四十《渐江水》说:"《吴越春秋》所谓越王都埤中,在诸暨北界山阴康乐里,有地名邑中者是。"此处所谓的"邑中",很可能就在今绍兴城西的湖塘镇,那里有"古城村"和"古城岭"地名。万历《绍兴府志》卷六《山川志三》说"古城岭在府城西六十里,越王允常筑城处。"嘉泰《会稽志》引旧经说:

越王城,旧经云在县西南四十七里。旧经越王墓在古城村,今城虽不可考,然地名犹曰"古城"也。

(10) 安城里。《越绝书》卷第八《越绝外传记地传》说:"驾台,周

---

① 参见宣传中主编《绍兴文物志》,中华书局2006年版,第2页。

六百步，今安城里。"又说："安城里高库者，勾践伐吴，禽夫差，以为胜兵，筑库高阁之。周二百三十步，今安城里。"说明安城里既有停息越王车马的驾台，又有建于高台上用以贮存从吴国获取的战利品的仓库。今绍兴城北马鞍镇有安城村。

（11）淮阳里。一名淮阳宫，陈隋间夏侯曾先《会稽地志》说："越王之宫，范蠡立于淮阳。"① 《越绝书》卷第八《越绝外传记地传》也说："离台，周五百六十步，今淮阳里。"按嘉泰《会稽志》卷十八《拾遗》，"淮阳里，今会稽县北三里甘滂巷北也"。甘滂巷今已无考，但位于城北，离城很近。

（12）富中里。嘉泰《会稽志》卷十八《拾遗》云："富中里，旧经云富中大塘，勾践治以为义田，田肥美，故曰富中也。"富中大塘是越国重要水利工程，此处以田肥美著称，《越绝书》卷第八《越绝外传记地传》说："去县二十里二十二步"，当在今绍兴城东陶堰、樊江一带。②

（13）练塘里。"练塘者，勾践时采锡山为炭，称'炭聚'。载从炭渎至练塘，各因事名之，去县五十里。"（《越绝书》卷第八《越绝外传记地传》）说从炭渎到练塘的各个地名，都是因事而命名的。今绍兴城东东关镇仍有"练塘村"名。

（14）富阳里。"富阳里者，外越赐义也。处里门，美以练塘田。"（《越绝书》卷第八《越绝外传记地传》）是外越所赐予的义城，美丽富饶，从此处有"练塘田"分析，富阳里应当在今绍兴城东，与"练塘里"毗邻，而且很可能是外越与内外的重要联络据点。

（15）巫里。《越绝书》卷第八《越绝外传记地传》说："巫里，勾践所徙巫为一里。"是勾践将巫师迁聚至一起居住的地方。又说："巫山者，

---

① （南朝陈）夏侯曾先：《会稽志》，《鲁迅辑录古籍丛编》第三卷，人民文学出版社1999年版，第322页。

② 参见陈鹏儿等《春秋绍兴水利初探》，《鉴湖与绍兴水利》，中国书店1991年版，第117—119页。

越鬼（鬼扁），神巫之官也，死葬其上。去县十三里许。"旧经说"巫山一名梅山"，今绍兴城北十里有梅山。

（16）吴王里。嘉泰《会稽志》卷十八《拾遗》说："吴王里，在州东南一里，《舆地志》云吴阖闾伐越所次舍也。"

（17）兰上里。《水经注》卷四十说：镜湖"南有天柱山，湖口有亭，号曰兰亭，亦曰兰上里，太守王羲之、谢安兄弟，数往造焉"。兰亭在今绍兴城西南二十六里的兰渚山下，宝庆《会稽续志》卷四引《越绝书》云："勾践种兰渚山。旧经曰，兰渚山，勾践种兰之地。"

此外，史籍记及的里间尚有弘训里、上塘里、阳中里、百官里、蜂扶里、粟里、项里、梅福里、孝家里等九处。从里名、地理位置、设置时间以及相关事件等因素考察，均非范蠡所设之里，如与传说中与虞舜有关的百官里，与汉代梅福有关的梅福里等，其他与越国史事不甚关联而不再列举。然而，即便如此，这些由范蠡分设的，与当时越国政治、经济、军事乃至人物有着密切关系的里间，仍具有十分明显的个性特征。

例如，在范蠡分设的里间中，就有城中之里与城外之里的区别。所谓城中之里，当然是指越都城内的里，与越都城外的里，是同时存在的，两者互不矛盾，功能上或许有所区别。城中之里，可能比城外之里更为重要，但从数量上看，城外之里显然比城中之里多得多。有文字记载的城中之里，仅有东武里、东明里和南里等七个里，还不足以涵盖越都城的地域范围，说明应当还有其他的城中之里，只是没有文字记载而已。城外之里，不仅数量多，面更广，有城西的康乐里、兰上里、苦竹里，城北的巫里、安城里，城东的富中里、富阳里、高平里、练塘里，城东南的吴王里等。虽然数量上多于城中之里，但与城中之里一样，也不足以反映城外之里的全貌。在里间布局上，为什么城外多于城中？理由很简单，因为城外土地面积广袤，是于越人赖以生存和发展的根本所在。所以，离城西六十里的康乐里、离城东五十里的练塘里、离城北四十里的安城里，都在范蠡分设里间的视野之内。

（二）里间是有城郭的

范蠡分设的里间，作为一种聚落形态，无论是城中之里，还是城外之里，基本上都是有城郭的，这可以从里间名称和建筑方面得到证实。

在上述里间中，仅从名称方面考察，就有称"里"的，也有称"城"的，有"里""城"互用的，甚至有"里""城"存在于同一名称之中的。如康乐里亦称"越王城""古城"，苦竹里亦称"苦竹城"，阳城里亦称"范蠡城"，北阳里亦称"文种城"，北坛利里亦称"土城"，安城里则"城"与"里"在同一名称中。即使是东郭外的勾践冰室，虽未见有什么"里"的称呼，但它也是一个城，如"南小城"，《越绝书》卷第八《越绝外传记地传》云："东郭外南小城者，勾践冰室，去县三里。"类似"南小城"有城名而无里名的，还有"会稽山上城""会稽山北城""北郭外路南溪北城"等。《越绝书》卷第八《越绝外传记地传》云："会稽山上城者，勾践与吴战，大败，栖其中。"又云："会稽山北城者，子胥浮兵以守城是也。"又云："北郭外路南溪北城者，勾践筑鼓钟宫也，去县七里。其邑为龚钱。"这些都表明，在范蠡分设的里间中，里即是城，城即是里，里是有城郭的地域单元，这是无可否认的事实。同时也进一步证实，范蠡分设的里间，其数量是远不止文献所记载的。

事实上，里间之有城郭，也从建筑形态上得到了证实。北坛利里的土城，周五百九十步，有陆门二、水门一，按城郭要求，城墙、城门两个基本要素都具备了，而且称为"土城"，说明城墙是用泥土夯筑而成的。应该说，这在当时是很普遍的，包括其他城内之里和城外之里的城郭在内，很可能都是用泥土夯筑的。当然，这需要有文物考古来证明。与土城一样，阳城里的范蠡城，虽无周长记录，但有水门一、陆门二，而且西通水路，同样具有城郭的特征。至于那些里间中的高台建筑，如高平里的中宿台、安城里的驾台、淮阳里的离台，都有周长的记录，分别为六百步、六百步和五百六十步，表面看似乎是为越王勾践提供活动场所，实际上完是一种具备城郭特征的建筑，因此既称为"台"，亦称为"里"。此外，所设城郭，也有大小之别，如同为越王勾践赐封之城，北阳里作为文种的封城，城内南北道路之长，达一百九十四步，面积不可谓不大。而封给范蠡之子的苦竹城，城内道路仅长六十步，面积也只文种城的三分之一，而且地方偏僻。(《越绝书》卷第八《越绝外传记地传》) 这只是一个例子，说明无论城内之里还是城外之里，其规模大小，是不可能完全相同的。

特别值得一提的是，这种里间设城郭的形制，日本学者宫崎市定研究认为，是一直被保存到汉代的。他说："汉代的县、乡、亭是先秦古邑国在聚落形态上的遗留。从这个意义上说，汉代的县、乡、聚、亭都是有城郭的。"[1] 中国学者张继海在具体深入研究的基础上指出宫崎市定的研究是开创性的，他并以《水经注》中山阴苦竹里等为例，得出了"里是城"的结论[2]，与笔者"里即是城"的意见相合。

(三) 里间的功能与管理

城中之里与城外之里，由于所处地理位置不同，一在城内，一在城郊或离城较远的地方，管理上应当也有所不同。城内与城外在空间结构上的差异是十分明显的，城内之里组织严密，在由方形或矩形构成的地理单元中，里与里之间是一种紧密相连的邻里关系，因此在管理上也应该有与之相适应的严密组织和严格要求。而城外之里，相对来说都是独立存在的，里与里之间保持着一定的距离。当门监打开闾门，看到的是田间小路、农作物和田野风光，而不像城中之里那样，走出闾门，便进入另一里了。这种空间结构上的离散性，或许就是导致城外之里管理比较松散和居民自由散漫的习惯的原因所在。

城中之里，实际是一个居民住宅区，里面住着包括士农工商在内的各

---

[1] 日本学者宫崎市定，转引自张继海《汉代城市社会》，社会科学文献出版社 2006 年版，第 61 页。

[2] 参见张继海《汉代城市社会》，社会科学文献出版社 2006 年版，第 68 页。

阶层人士。但这些居民因为职业不同，有务农的、经商的，也有从事文职的，为了方便，居住地也有所选择，"凡仕者近宫，不仕与耕者近门，工贾近市"（《管子》卷第七《大匡》）。这种选择与布局，目的显然是就近居住，方便生活与就业。至于一里有多少户人家？关于这一点，先秦文献记载不一。《周礼》卷十五《地官·遂人》以"五家为邻，五邻为里"，一里共二十五家（户）；《管子》以"五家为轨，十轨为里"（《管子》卷第八《小匡》），一里实有五十家（户）；《尚书大传》以"八家而为邻，三邻而为闾，三闾而为里"，一里为七十二家（户）。此外尚有一里三十家、八十家、一百家等多种说法，可能是由于记载的时间、地点不同而导致的差异。越都城里面究竟设多少里，每里多少户人家，无法知道，但如果以每里一百户，每户五口人计算，在总人口五万人的前提下，大约需要设置一百个左右的里。这虽是一种测算，但后来绍兴城里最兴旺时，确实设置过九十六坊（宝庆《会稽续志》第一卷《坊巷》载，南宋嘉定十七年，绍兴知府汪纲饰新巷坊华表，重揭扁榜，凡九十六所）。

通常情况下，里设里宰、门监各一人，一百家共一门出入。门监的职责是"司启闭，稽奸邪，使莠民无所容纳"[①]。如果邻里发生土地争讼，则"听间里以版图"，即让争讼双方随带户籍与地图，"以版图决之"（《周礼》卷三《天官·小宰》）。这些当然属于维护社会治安问题。此外如传达政令、宣示戒禁、教治稼穑、征敛财赋以及维护社会秩序等，更是这些里宰亦被称为"遂人"的职责（《周礼》卷十五《地官·遂人》），也是先秦城市管理的基本内容。

至于城外之里是如何进行管理的，尽管缺少文字记载，但它既然与城中之里一样被称为里，在形制上也是封闭式建筑，在管理上与城中之里也应该有许多共通之处。不过因为一在城里一在乡下，管理重点肯定是有区别的。如"教治稼穑，征敛财赋"，虽然也是城中里宰的职责之一，因为

---

① 尚秉和：《历代社会风俗事物考》，岳麓书社1991年版，第170页。

有些城里人在郭内或郭外拥有一定的耕地，对这些人来说，"教治稼穑"是必不可少的，但这类人毕竟是少数。而居住在城外里中的居民，他们的主要职业就是农耕，"教治稼穑"毫无疑问成了城外里宰们的主要职责。这是已经被事实证明了的。

苦竹里是偏僻的城外之里，范蠡的儿子被分封到那里后，替老百姓整治田地，还修筑了一条长一千五百三十三步的塘堤，目的当然是改善农田灌溉条件。分封本是一种恩赐，越王勾践以恩赐的名义，让范蠡之子去整治农田、兴修水利，这既表明勾践对农业的重视，也说明城外之里的主要职责是开发与发展农村。事实上这种开发也取得了不小的成绩：富中里就因为兴修了富中大塘水利工程，土地肥沃，因此被称为"富中"；练塘里同样因为练塘工程的建成，使这一带成为丰产田；富阳里则因为有美丽富饶的"练塘田"而受人赞美等等。这些都告诉人们一个事实，凡在城外分设里间的地方，都是较早得到开发的地方，同时还为后来绍兴城镇体系的形成奠定了基础。历史绵延的结果是，当时的城外之里或里的周边，后来都发展成了绍兴农村的集散中心。

第四节 城市与农村经济的协调发展

一 城乡一元的经济结构

春秋战国时期，越国之所以能够在政治、军事等方面由弱变强，反败为胜，消灭吴国，最后北上称霸，一个重要原因，就是越王勾践为振兴越国经济，从思想、政策、行动上，采取了一系列富有远见的、具有开创性的措施，推动了越国传统农业、城乡手工业和商品流通的空前发展和繁荣。

特别是在越都城建立以后，面对当时新兴城市的实际情况、城乡生产力发展水平和切实推进城乡经济社会全面发展的需要，把城乡作为一个整体进行规划布局，统一安排城乡产业分布和组织实施，在一定程度上实行了城乡一元的经济结构，而没有出现城市工业化条件下的所谓"城乡二元经济结构"。

这是因为刚刚新建的越国都城，相对于广大的农村地区而言，还不存在造成城乡二元经济结构的基础和条件。有学者认为，二元经济结构的特征表现在三个方面：一是基于技术或生产力差异的二元性；二是基于组织制度差异的二元性；三是基于空间发展不平衡性的二元性。[①] 这些城乡之间的二元性，对于二十五个世纪以前的越国和新诞生的越都城来说，是不明显的，有些甚至是不存在的。从某种程度上说，倒是城乡之间在经济领域内的一元性，远远超过了二元性。因为说到底，这种二元性的产生，完全是城市文明的加速发展拉开了与农村文明之间的距离而产生的结果。而新建的越都城，是刚刚从会稽地区山地聚落、山麓冲积扇聚落和孤丘聚落基础上发展而来的，作为城市聚落，在许多方面，包括社会形态、经济模式等，都继续与农村聚落保持着千丝万缕的联系。从严格意义上讲，城市文明还处在萌芽阶段，还不足以形成独立的有别于农村的城市经济体系和发展模式。

所以，根据当时的经济社会发展水平，组织实施城乡一元经济结构，既是一种从实际出发的选择，又是推动城乡经济协调发展的模式，使城乡之间在经济上形成了互为依托、互为补充、互相促进、共同发展的关系，而不是相反。这种城乡一元经济结构的特征，在农业、手工业和商业等领域，都有充分体现。

从农业方面看，当所有劳动者都要靠农业、畜牧业、狩猎业和渔业的产品维持生活，农业还是整个国民经济的决定性的生产部门，农业劳动仍然是其他一切劳动得以独立存在的自然基础和前提的时候，生活在城里的

[①] 参见夏耕《中国城乡二元经济结构转换研究》，北京大学出版社2005年版，第27页。

士农工商，对于农业的依赖性是显而易见的。所以在越国君主和大臣中间，以农为本的思想是十分坚定的，对农业生产在富国强兵中的重要地位的认识和将农业放在各项经济活动首位的指导思想也是十分明确的。

越王勾践卧薪尝胆，励精图治，认识到要富国强兵，必先"劝农桑"，把发展农业放在首位。他"食不重味，衣不重衫"（张觉《吴越春秋校注》卷第八《归国外传》），尽心自守，亲自去城外赖山采樵（万历《绍兴府志》卷四《山川志》云："赖山，在府城西南六里，勾践时采樵赖之。"赖山今俗称外山），到稷山种菜［嘉泰《会稽志》卷九："稷山，在（会稽）县东五十三里……勾践种菜于此。"］，"身亲耕而食，妻亲织而衣"（《吕氏春秋》卷第九《顺民》），带头从事农业生产劳动，以示倡导。范蠡认为："天生万物而教之而生。人得谷即不死，谷能生人，能杀人……"他又说："天下尊万乘之主，使百姓安其居、乐其业者，唯兵。兵之要在于人，人之要在于谷。故民众，则主安；谷多，则兵强。"（《越绝书》卷第十三《枕中》）计然也认为"兴师者必先蓄积食、钱、布、帛"，建议越王勾践减轻赋税，奖励农桑，随时关注饥荒，无论水网地带还是湖塘区域，都应当在丰收时重视积蓄，以防不测之变（《越绝书》卷第四《计倪内经》）。

其实，在越国君臣心目中，以农为本，不仅是国之大事，也是城之大事。在勾践把营建越都城的任务交给范蠡的同时，也把分设里间的任务交给了他，而且在城内与城外都分设了里间。如果说，城内分设里间，是为了加强城市管理，那么在城外分设里间，则完全是为了开拓农村和发展农业。事实上，大凡分设里间的地方，土地得整治、水利得兴修、田地肥沃、美丽富饶，是它们的共同特点。为了有效推动农村发展，勾践甚至把"分封"这一行政措施也作为引导诸如范蠡之子、诸稽郢大夫等开发苦竹里和高平里的手段加以运用。可见，在以农为本思想指导下，由范蠡主持筑作的城郭，并没有从组织制度上拉开越国城乡差距，也没有在发展空间上造成城乡不平衡性。相反，城乡一元经济结构的模式，推动了越国农业生产的迅速发展。

这种城乡一元经济结构的特征，在完全从农业生产中脱离出来的数量众多的手工业中，表现得尤为突出。这主要体现在手工业的生产力布局和行业管理方面。

在越王勾践时代，农业生产的迅速发展，为以独立形式存在的手工业的发展提供了基础和前提，使越来越多的劳动力从农业转向手工业，手工业在扩大门类和产品等方面，都有长足的发展和进步。以越国向吴国进献的礼物为例：当吴王夫差第二次扩大对越国的封地，即从原来的"封地百里"，增加到"纵横八百余里"的时候，越王勾践便派文种送去了葛布十万匹、蜂蜜九桶、竹器七件、狐皮五双、箭竹十船，作为报答增封的礼物（张觉《吴越春秋校注》卷第八《归国外传》）。仅此五种礼物，就涉及纺织、养蜂、竹器、狩猎、兵器制造等行业，而且一次性输出十万布匹和十船箭竹，其中需要付出多少个手工劳动日，是可想而知的。

当然，越国除上述手工业外，还有制陶业、采矿业、冶炼业、造船业、酿酒业、制盐业等，看起来已经拥有非常完整的手工业生产体系，基本上能满足当时条件下的生产生活、交通运输、军事国防等各方面的需要。

而这众多的手工业生产基地，在地域分布上，范围很广，既有在城内的，也有在城外的，城乡一元，根本不受城郭限制。如陶纺轮是春秋战国时期纺织行业常见的生产用部件，20世纪七八十年代，山阴大城内的龟山南麓和大城北郭外的里谷社，均有出土[①]，表明两地都曾是纺织基地。而且在生产技术和组织管理上，也没有发现城乡之间有何差异。实际上据文献记载和考古证明，当时越国的手工业生产基地，主要分布在都城以外的农村，因为那里常常是原料产地，便于就近组织生产。从文献到地质钻探都表明，若耶溪两岸拥有比较丰富的铜锡矿藏（《越绝书》卷第十一《记

---

① 参见宣传中主编《绍兴文物志》，中华书局2006年版，第2页。又见林华东《越国都城探研》，《绍兴师专学报》1989年第1期。

宝剑》载，越国相剑师薛烛曾对勾践说："赤堇之山，破而出锡；若耶之溪，涸而出铜。"若耶溪今名平水江，旁有正在开采中的平水铜矿），以欧冶子为代表的采矿、冶炼、铸剑等生产基地，都在若耶溪一带，而且这些生产生活的内容，诸如铸浦、剑灶等后来都融入了当地的地名之中，被沿用至今。

即使是对各行业实施管理的机构，也从就近和便于管理的原则出发，分别设在城郭以外手工业生产比较集中的地方。仅《越绝书》记及的就有：工官，即掌管工匠事务的官吏，在官渎，今仍旧名，在西郭门外；铜官，即《水经注》所谓的"冶官"，掌铜锡冶炼之事，在姑中山，离城二十五里；船官（一作"宫"），掌船舶制造之事，地址不详，离城五十里；盐官，掌制盐业，越人称盐为"余"，在朱余，今称"朱储"，离城三十五里。[有关工官、铜官（冶官）、船官、盐官的记载，均见《越绝书》卷第八《越绝外传记地传》。]当时越国设工官、冶官、船官、盐官等机构与人员，实际上是对手工业实施行业管理的一种组织制度。本身就只按行业而不论城乡进行管理，而且像当时越国最为先进的冶炼技术，不是产生在城里而是在农村。这些都说明，在手工业领域，越国完全是城乡一元经济结构。

这种城乡一元经济结构的特征，同样也反映在商品流通领域里，特别在兼顾农业和商业的利益关系时，充分运用了价格的杠杆作用。越大夫计然认为，"论其有余不足，则知贵贱。贵上极则反贱，贱下极则反贵"是价格的基本规律。而利用这一规律从事商业活动的原则是"旱则资舟，水则资车"，"贵出如粪土，贱取如珠玉"（《史记》卷一百二十九《货殖列传》），贵卖贱买，从中谋利。但这种"贵卖贱买"也必须有个度，这就是"农末俱利"的原则，要使农业和商业都有利可图。他曾以粮食价格为例，对越王勾践说：

> 籴石二十则伤农，九十则病末。农伤则草木不辟，末病则货不出。故籴高不过八十，下不过三十，农末俱利矣。故古之治邦者本之，货物官市开而至。（《越绝书》卷第四《计倪内经》）

意思是说，以一石二十钱的价格买进粮食，就会伤害农民的利益；以一石九十钱的价格买进粮食，则会损害商人的利益。农夫的利益受到伤害，他们就不会去耕种，田地长满草木；商人的利益受到损害，他们就不会去经营，货物便不能流通。所以，买入粮食的价格最高不能超过石米八十，最低不能低于石米三十，这样农夫与商人都有利可图了。表面看，这似乎是谈论价格问题，其实却是事关"治邦者之本"的大事。因为只有这样，才能促进农业生产的发展和加快商品流通，使国民经济从总体上活跃起来。这或许就是城乡一元经济结构的优势所在。

这种在农业、手工业和商业领域里表现出来的城乡一元经济结构特征，其实就是古代城市国家的具体表现形式。这个城市国家，显然是以越都城为中心的，同时也包括城市周围的里闾①，是一个城乡统一体。从这个意义上说，记述城市经济时离不开农村经济，记述农村经济时，同样也离不开城市经济。就像《考工记》所谓"匠人建国"和"匠人营国"一样，"国"就是城邑，城邑就是"国"。这也许就是工业化到来之前城市经济的最大特点，当然也是记述古代城市经济的基本内容。

二 传统农业的发展

会稽地区的原始农业起步很早，可以追溯到小黄山文化、跨湖桥文化和河姆渡文化时期，距今已有八九千年历史。其突出的贡献在于，对水稻作物的栽培和利用，是中华民族稻作文化的起源之一。从已经出土的内涵极为丰富的稻作文化遗存看，此后在马家浜文化、良渚文化等时期，稻作

---

① 城市国家也叫"城邦"，中国著名学者侯外庐、杜正胜、童书业都有深入研究。侯外庐认为，中国在殷末周初就建立了城市国家，文王所作的丰邑便是初期城市国家。古人"邦、封同义，城、国同义"，筑城便是营国；所作之国，"是氏族的贵族所居的"；氏族联盟，是城市王国作为统治阶级的靠山；城市握有对农村经济的支配关系，侯外庐对古代城市国家的这些论述，主要集中在《中国古代社会史论》第五章"中国古代'城市国家'的起源及其发展"，河北教育出版社2003年版，第108—135页。参见童书业《中国手工业商业发展史（校订本）》，中华书局2005年版，第16页。

文化仍然绵延不绝，持续发展。①但这种发展也不是一帆风顺的，当海侵到来的时候，原来已经得到开发的宁绍平原，再次成为会稽山北麓的浅海地带。从文献记载看，于越人从无余时期（相传为夏少康中兴时期）直到越王允常时期，重新回到会稽山地，过着"人民山居……乃复随陵陆而耕种，或逐禽鹿而给食"（张觉《吴越春秋校注》卷六《无余外传》）的生活。当然，对至少已经有着数千年稻作文明的于越人来说，原始农业早已发展到了顶峰，司马迁的总结，很可能反映了当时的实际：

  总之，楚越之地，地广人稀，饭稻羹鱼，或火耕而水耨，果隋蠃蛤，不待贾而足。地埶饶食，无饥馑之患，以故呰窳偷生，无积聚而多贫。（《史记》卷一百二十九《货殖列传》）

这种不贾而足的原始农业，对于一心想振兴越国经济的越王勾践来说，虽然有其自给自足的优势，但也因此容易产生苟且懒惰、吃光用光的弊病。因此，勾践从强本固基的愿望出发，在原始农业的基础上，采取各种措施，促进农业生产的发展，为推动原始农业向传统农业的转变做出积极贡献。

（一）改善农业生产条件

勾践即位初期，会稽山北麓的山会平原，还是一片沼泽平原，由海侵造成的水土斥卤、咸潮出没、淡水无法蓄积等不利于农业生产的因素，还远没有消除。因此，对于勾践而言，要振兴越国农业，首先必须从加强农田水利工程建设和整治土地、开垦良田入手，从根本上改造自然环境和改善农业生产条件。

按照当时的自然环境状况，想把山会平原自南而北改造成万顷良田，

---

① 参见金普森、陈剩勇主编，徐建春撰《浙江通史》先秦卷，浙江人民出版社2005年版，第142—143页。

最根本的，一是要拒咸蓄淡，一是向沼泽要耕地。而实现这两条的有效办法，就是围堤筑塘。这就是越大夫计然所说的"饥馑在问，或水或塘，因熟积以备四方"（《越绝书》卷第四《计倪内经》）。通过人工筑作的堤塘，外拒咸潮倒灌，内蓄淡水灌溉，对于改良堤内土壤，发展堤外垦殖，都是一举多利的，这种情况与20世纪中后期围涂造田极为相似，只是在规模和技术上不能相比而已。

这一时期围筑的堤塘，仅《越绝书》记载的就有富中大塘、练塘、苦竹塘、石塘，以及勾践灭吴后利用吴国战俘建筑的吴塘等。每筑一处堤塘，实际上就是从沼泽平原上获得了一批耕地，而且十分肥沃。如所筑富中大塘，《越绝书》说："富中大塘者，勾践治以为义田，为肥饶，谓之富中。"又如练塘："富阳里者，包越赐义也，处里门，美以练塘田。"还有苦竹塘："……范蠡子也……为民治田，塘长千五百三十三步。"其中《越绝书》中与防坞、杭坞一起的石塘，去山阴大城四十里，其位置濒临江海。"石塘者，越所害军船也。塘广六十五步，长三百五十三步，去县四十里。"说明这是一条用石块建筑的海塘。

特别值得注意的是《越绝书》所说的："山阴古故陆道，出东郭，随直渎阳春亭；山阴故水道，出东郭，从郡阳春亭，去县五十里。"（有关富中大塘、练塘、苦竹塘、石塘以及山阴故水道等记载，均见《越绝书》卷第八《越绝外传记地传》）这条看来平行的"故陆道"和"故水道"，位置在山阴大城东郭外，是连接大城与曹娥江的水上通道，与今浙东运河一致。河为东西向，与山会平原上其他南北向天然河流是不同流向，因此，这条"山阴故水道"，很可能是于越人民在开发山会沼泽平原过程中，最先疏浚的运河。因为当时越国的重要生产基地，如富阳里、高平里、练塘里、稷山等，都在大越城东的山阴故水道沿岸，必须有一条沟通城乡联系的运河①，这对于"以船为车，以楫为马"的于越人，显得尤为重要。

---

① 参见陈桥驿《绍兴水利史概论》，《吴越文化论丛》，中华书局1999年版，第400—401页。

(二) 拓展农业生产领域

经过于越人的不断努力，山会平原得到了前所未有的开发和利用。特别是随着农业生产条件的逐步改善，越国的农业不仅由迁徙农业发展到了定居农业阶段，原来在经济生活中占有重要地位的采集和狩猎业，也退居次要位置，而且逐渐被更为广泛的农业部门所代替。种植业、林业、畜牧业、渔业等，都相继成为独立的农业部门，为后来会稽地区传统农业的发展奠定了坚实基础。

粮食作物种植当然是最主要的农业部门。稻作文化历史悠久，伴随着海退过程中农业生产条件的逐步改善，水稻种植业得到迅速发展，稻成了于越人的主食。同时，对水稻栽培有着悠久传统的于越人，也没有忘记对其他粮食作物品种的引种和培育。计然与勾践关于"春种八谷"的对话，也并非泛泛而谈，因为当时越国确实按照"春种八谷，夏长而养，秋成而聚，冬畜（原文如此）而藏"（张觉《吴越春秋校注》卷第九《阴谋外传》）的作物生长规律，种有粱、黍、赤豆、稻粟、麦、大豆、穄等作物，而且每种粮食的价格都不相同（《越绝书》卷第四《计倪内经》）。

除粮食作物外，经济作物也成了当时重要的农业部门。据《越绝书》《吴越春秋》记载，水果、蔬菜等日常生活必不可少的食品，都已进入人工栽培阶段，而且开始在市场上流通（张觉《吴越春秋校注》卷第九《阴谋外传》）。至于像麻、纻、葛之类通常被用作纺织原料的纤维植物，也同样进入了大面积人工栽培的阶段。《越绝书》说："葛山者，勾践罢吴，种葛，使越女织治葛布，献于吴王夫差，去县七里。"（《越绝书》卷第八《越绝外传记地传》）其中有一次，勾践就送去葛布十万匹（张觉《吴越春秋校注》卷第八《归国外传》）。《越绝书》又说："麻林山，一名多山，勾践欲伐吴，种麻以为弓弦，使齐人守之，越人谓齐人'多'，故曰'麻林多'，以防吴。"（《越绝书》卷第八《越绝外传记地传》）可见还是秘密种麻。

从产业结构看，畜牧业在农业中所占地位已经非常突出，并且成为农民发家致富的重要途径。据《齐民要术》记载，范蠡曾劝导百姓说："子欲速富，当畜五牸。"（《齐民要术》卷六《养牛马驴骡》）这里所谓的"五牸"，是指牛、马、猪、羊、驴五种母畜，这无疑是畜牧繁殖的捷径。从《越绝书》的记载看，当时越国的畜牧业，已经具有相当规模：

> 犬山者，勾践罢吴，畜犬猎南山白鹿……
> 白鹿山，在犬山之南，去县二十九里。
> 鸡山、豕山者，勾践以畜鸡豕，将伐吴，以食士也。鸡山在锡山南，去县五十里。豕山在民山西，去县六十三里。（《越绝书》卷第八《记地传》）

以上说明，当时越国饲养的畜禽有狗、猪、鹿、鸡等，此外当然还有范蠡鼓励饲养的牛、马、羊等。从犬山养狗、豕山养猪、鸡山养鸡的情况看，当时越国畜牧业主要采用牧饲的饲养方式，即利用山地进行围山圈养。这实际上是一种集约化的规模养殖，既省力、省料，又容易形成规模，使当时人少地多的资源优势，得到最大程度的发挥。①

在以"饭稻羹鱼"的越国，养鱼业与粮食作物一样受到高度重视。这里地处水乡泽国，江、河、湖、海、塘各种形态的水域齐全，渔业生产条件优越。越王勾践退守会稽山之后，想解决山上吃鱼之难，范蠡因此建议说：

> 臣窃见会稽之山，有鱼池，上下二处。水中有三江四渎之流，九溪六谷之广。上池宜于君王，下池宜于臣。畜鱼三年，其利可以致于万，越国当富盈。（此为《吴越春秋》佚文，《艺文类聚》卷九十六引）

据嘉泰《会稽志》记载和实地考证（嘉泰《会稽志》卷十《池》云：

---

① 参见洪惠良、祁万荣《绍兴农业发展史略》，杭州大学出版社1991年版，第50—52页。

"南池,在县东南二十六里。会稽山池有上下二所。旧经云范蠡养鱼于此。又云,勾践栖会稽,谓范蠡曰:'孤在高山上不享鱼肉之味久矣。'蠡曰:'臣闻水居不乏乾熇之物,陆居不绝深涧之宝。会稽山有鱼池。'于是修之,三年致鱼三万。今上坡塘村乃上池。"),上池在今绍兴城南坡塘村,下池在今绍兴南池秦望村,两池均属于半封闭水域。张克银先生认为,范蠡南池养鱼,属堰塘养鱼,实为开启外荡养鱼之始。① 相传范蠡还依据自己养鱼实践经验,撰成《养鱼经》,《齐民要术》称之为《陶朱公养鱼经》(范蠡《养鱼经》,《齐民要术》卷六《养鱼》),是世界上第一部养鱼经。日本水产专家渡边宗重认为:"《养鱼经》,这是世界上最早的养鱼专门文献,也是养鱼学的始祖,对世界养殖学说史来说,是有重要价值的文献。"② 书中对鱼池的建造、鱼苗的孵化、雌雄的搭配、鱼种的选择以及捕捞的方法和经济价值等,都有具体论述。

(三) 生产力的提高和技术进步

春秋战国时期,越国的农业生产获得巨大发展,主要表现在:一是以精耕细作为特点的传统农业逐渐替代了以粗放为特点的原始农业;二是传统农业在经济上的主导产业地位逐渐替代了原始农业的辅助产业性质。从原始农业到传统农业过程中发生的这些变化,又得益于农业生产力的提高和技术进步。

生产工具的进步,无疑是促使原始农业向传统农业转变的重要原因。从石器时代、木石时代、青铜时代到铁器时代的演变过程,实际上与农业生产的进步是相伴而行的。出土文物表明,新石器时代中晚期,于越人常用的农业生产工具,主要有石犁、石铲、石耨、石捣锤等,分别用于翻

---

① 参见洪惠良、祁万荣《绍兴农业发展史略》,杭州大学出版社1991年版,第52页。
② 转引自周自强主编《中国经济通史·先秦经济卷(下)》,经济日报出版社2000年版,第1178页。

土、锄草和谷物脱壳等。① 而从春秋战国遗址中出土的农用工具已有很大进步，青铜器和铁器工具主要有犁铧、锄、铲形器、镰、锸、耨等。② 特别是绍兴城东西施山春秋战国遗址出土的铁镰、铁锄、铁锸、铁削③和上灶村出土的铁斧表明，铁器工具在当时已被广泛应用于农业生产。④

这一时期的农业生产技术，也有很大进步，文献记载中就传递了不少这方面的信息。如《吴越春秋》说，大禹死后，"天美禹德而劳其功，使百鸟还为民田，大小有差，进退有行，一盛一衰，往来有常"（张觉《吴越春秋校注》卷第六《无余外传》）。《水经注》也说禹"崩于会稽，因而葬之，有鸟来为之耕，春拔草根，秋啄其秽"（《水经注》卷四十一《渐江水》）。两书所说虽同为"鸟田"的神话故事，但都在表明：（1）"大小有差，进退有行"是人工插秧的行为；（2）"一盛一衰，往来有常"说明已有水稻轮作制；（3）"春拔草根，秋啄其秽"则是清除杂草和挑选种子。从耕作制度、播种季节、田间管理、秋收冬藏到预留种子各个生产环节，都借助这个神话传达出来了。计然与越王勾践的对话中，特别强调精耕细作，提倡"留意省察，谨除苗秽，秽除苗盛"（张觉《吴越春秋校注》卷第九《阴谋外传》）。

此外，从吴王夫差所说的"越地肥沃，其种甚嘉，可留使吾民植之"（张觉《吴越春秋校注》卷第九《阴谋外传》）和"吴种越粟"以及"畴粪桑麻，播种五谷"（《越绝书》卷第八《越绝外传记地传》）的记载看，培育良种和农作物施肥，显然也已受到足够重视。

三 城乡手工业的繁荣

城乡手工业是春秋战国时期越国经济的重要组成部分，它的发展和繁

---

① 参见宣传中主编《绍兴文物志》，中华书局2006年版，第240—241页。
② 参见沈作霖《越国的青铜农具和兵器》，《越文化研究文集》，中华书局2001年版，第147—151页。
③ 参见沈作霖《绍兴出土的春秋战国文物》，《考古》1979年第5期。
④ 参见沈作霖《古代越国的农耕工具》，《农业考古》1984年第2期。

荣，不仅为于越人的生产、生活提供了丰富的物质财富，也为越国灭吴雪耻、称霸中原提供了坚实的物质保证。当时越国的手工业部门已经十分齐全，举凡经济社会不可或缺的生产部门，如纺织、制陶、采掘、冶炼、铸造、造船、酿酒、制盐等，都得到了空前的发展和繁荣。为促使手工业更好地为生产、生活和军事斗争服务，越国还专门设置了如工官、冶官、船官、盐官（《越绝书》卷第八《越绝外传记地传》）等掌管手工业的机构和人员。完全脱离农业的手工业者人数，随着手工业的发展也越来越多，如伐木工就有三千余（张觉《吴越春秋校注》卷第九："越王乃使木工三千余人，入山伐木一年。"）。越国生产的越王剑、楼船、绨绤（葛织品）和原始青瓷，技术水平都很高，居当时各诸侯国的领先地位。还涌现了欧冶子那样的铸剑大师和勾践夫人那样的纺织女工。

（一）冶炼铸造业

这是一个复杂而技术含量比较高的手工行业，涉及采矿、冶炼、铸造等生产部门，而又与其他产业一样，受到自然条件的限制。很明显，没有铜矿、铁矿，或矿产资源很少，就不可能有发达的、大规模的冶炼铸造业。越国的矿产资源很丰富，不仅有铜矿、锡矿，还有铁矿。关于前两种矿产地，《越绝书》记录了相剑师薛烛对越王勾践说的话："赤堇之山，破而出锡；若耶之溪，涸而出铜。"（《越绝书》卷第十一《记宝剑》）若耶溪今名平水江，赤堇山就在若耶溪旁的铸浦岙。铁矿产地虽不甚明了，但从楚国胡风子"见欧冶子、干将，使人作铁剑"（《越绝书》卷第十一《记宝剑》）的记载，以及在若耶溪旁的西施山出土铁镰、铁锄、铁锹的情况看，越国境内肯定有铁矿存在。当代的采矿实践证实了这点，地处城郊若耶溪旁的平水铜矿，于1967年建成投产至今，形成日采选650吨的生产能力（杨继友、杜宝夫总纂《平水铜矿志》，1997年10月印行）；地处城郊苦竹里至兰上里的漓渚铁矿，于1959年开始采选，是浙江唯一具有开采价值的铁矿（王如海总纂《漓铁志》，1999年7月印行）。

这些资源优势,当然在勾践时代已得到了开发与利用。尽管采矿点、冶炼处、铸造工场等,由于没有考古成果而无法知其究竟,但《考工记》却保存了一条重要信息:

> 粤无镈,燕无函,秦无庐,胡无弓车。粤之无镈也,非无镈也,夫人而能为镈也……(《周礼》卷三十九《考工记·序》)

"粤"指越国;"镈",是一种农业生产工具,古时候称"田器",其实就是除草的阔锄。郑玄注云:"粤地涂泥,多草薉,而山出金锡,铸冶之业,田器尤多。"意思是说,越国没有专门制造镈的工场,这不是因为越国不会造镈或没有镈,而是民间会制造镈的人很多,也很普遍。

事实上出土青铜器和铁器已经说明了这一点。当时越国制造的青铜器和铁器,品种很多,大致可分为礼器、兵器和生产工具三类。其中自绍兴城内、外出土或明显属于越地出产的青铜礼器有:鼎、尊、鉴、盉、甗、盉、罍、甬钟、钩鑃、铎、铙、鸠杖等,如今多数流落在外。[①] 而1951年至1995年绍兴出土越国兵器,仅文物部门收藏的就有53件,其中剑18件、矛20件、戈2件、矢镞13件。[②] 青铜生产工具则为数更多,有犁2件、锄21件、铲2件、镰3件、镢23件、凿1件、削34件,共86件。[③] 从品种的分布看,以生产工具为第一,紧随其后的是兵器,这从一个侧面说明,春秋战国时期越国冶炼铸造业的重点是发展生产和加强国防。

在越国的兵器中,越剑是最杰出的代表,其精湛的铸造技艺,古籍记载中就有高度评价。《考工记》认为离开越地,无法铸造出如此精良之剑(《周礼》卷三十九《考工记·序》);《庄子》视越剑为宝,藏而不敢随意使用(《庄子·刻意》云:"夫有干越之剑者,柙而藏之,不敢用也,宝之

---

① 参见宣传中主编《绍兴文物志》,中华书局2006年版,第276—280页;董楚平《吴越文化新探》浙江人民出版社1988年版;徐建春《浙江通史·先秦卷》,浙江人民出版社2005年版。
② 参见方杰主编《越国文化》,上海社会科学院出版社1998年版,第132页。
③ 参见金普森、陈剩勇主编,徐建春撰《浙江通史·先秦卷》,浙江人民出版社2005年版,第162页。

至也。");《越绝书》专设《记宝剑》一卷,把越剑描绘得出神入化,简直成为不解之谜。经现代科学测试,越剑确实不同凡响,古籍所作各种评价,都不为过。经对越王勾践自作用剑的科学分析,该剑各部位分别由铜、锡、铅、铁、硫、砷等元素组成,而各部位含量不同。

表1-3　　　　　　越王勾践剑各部位元素成分检测①

分析部位	元素成分(%)					
	Cu(铜)	Sn(锡)	Pb(铅)	Fe(铁)	S(硫)	As(砷)
剑冈	80.3	18.8	0.4	0.4		微量
黄花纹	83.1	15.2	0.8	0.8		微量
黑花纹	73.9	22.8	1.4	1.8	微量	微量
黑花纹特黑处	68.2	29.1	0.8	1.2	0.5	微量
剑格边缘	57.3	29.6	8.7	3.4	0.9	微量
剑格正中	41.5	42.6	6.1	3.7	5.9	微量

专家认为,越王勾践剑成分配比,是有意识控制的,目的是解决剑的刚性与柔性的矛盾。不过这种复合金属铸造技术在秦汉时代已经失传。②

(二) 纺织业

春秋战国时期,越国的纺织品是以丝、麻、葛等纤维为原料的,经加工编织而成的产品称为布帛,即后人所谓的"越布"。对于越布的生产,

---

① 参见复旦大学静电加速器实验室、中国科学院原子核研究所活化分析组、北京钢铁学院《中国冶金史》编写组《越王剑的质子X荧光非真空分析》,《复旦大学学报》(自然科学版)1979年第11期。
② 参见金普森、陈剩勇主编,徐建春撰《浙江通史·先秦卷》,浙江人民出版社2005年版,第168—169页。

越王勾践是极为重视的。他接受计然建议，将"劝农桑"纳入富国强兵计划，把增加越布生产当作"兴师者必先蓄积"（《越绝书》卷第四《计倪内经》云："兴师者必先蓄积食、钱、布、帛。"）的重要战略物资之一来看待。从计然与勾践的对话中得知，勾践不仅亲自耕种粮食，还让夫人自己织布。并给自己立下一条规矩："非其身之所种则不食，非其夫人之所织则不衣。"（《国语》卷二十《越语上》）十年之内，吃、穿不曾向国家要过一分。可见，勾践夫妇演绎的，实在也是可圈可点的"男耕女织"故事。

丝织品在越布当中占有重要地位，但相关记载很少，传世丝织品更是极其难得。1985年入藏浙江博物馆的越王者旨于赐剑，剑柄上缠着的丝织品，实属稀有之物。据《浙江通史·先秦卷》记载，丝织品有丝带和绢两种。该剑柄上的丝带呈黑色，约2毫米宽，190厘米长，仍富有弹性，松散地绕在剑柄上，约40圈。丝带用4根股线编成，非常平挺，与当代的四股辫编法一致。绢则裹在剑柄顶端宽约2.5厘米处，绢的外面再绕以丝带。用高倍放大镜才发现，这是用极其纤细的蚕丝制成的平纹纺织品。[①] 赵丰先生因此认为："越国一带所饲养的蚕品种一般为多化性蚕，蚕体小，单丝细，因此缫得丝较匀，织出的丝织品较轻薄，这已成为江南丝绸生产的传统风格。"[②]

不过从纺织品产量来看，与丝织品相比，可能是葛织品数量最多。因为越国所处的温带气候，非常适宜于葛的生长。葛是一种多年生的高纤维蔓生植物，是织治葛布的上佳原料。所以越王勾践"使国中男女入山采葛，以作黄丝之布"（张觉《吴越春秋校注》卷第八《勾践归国外传》）。然而"入山采葛"，仍无法满足需要，勾践又派人"种葛，使越女织治葛布"（《越绝书》卷第八《越绝外传记地传》）。此中的所谓"越女"很自

---

① 参见金普森、陈剩勇主编，徐建春撰《浙江通史·先秦卷》，浙江人民出版社2005年版，第181页。

② 赵丰：《浙江省博物馆新入藏越王者旨于赐剑笔谈》，《文物》1996年第4期。

然地会使人想起"西施浣纱"的故事。

葛有野生的，有人工种植的。《诗经》里已有采葛、煮葛和取其纤维织造葛布的记载（《诗经》中采葛见《王风·采葛》，煮葛见《周南·葛覃》，葛织品见《邶风·绿衣》）。其纺织、织造的方法，与麻织没有什么差别。一般将葛刈后用清水沤渍，用沸水煮，使纤维从木质组织中脱离出来。葛的纤维，比麻更细更长，因此可以织成比麻更细更薄的织物。① 所以采葛治布的越女作了一首《苦之诗》歌，形容葛布"弱于罗兮轻霏霏，号绨素兮将献之"（张觉《吴越春秋校注》卷第八《勾践归国外传》）说织成的葛布软于绸，轻如罗，飘若云。葛织品细薄的称"绨"，粗厚些的称"绤"，所谓越王勾践"冬披毛裘，夏披绨绤"（《越绝书》卷第十二《九术》），说他夏天穿葛布。

麻织品虽然在加工方法上与葛织品没有差别，但据研究，麻的种植和利用，比蚕丝更为古老。新石器时代的氏族社会里，人们已经服用麻织品，在仰韶文化遗物中发现麻布纹就是证明。② 或许因为麻的纤维性能优于葛，所以在越王勾践时代，更多地把野生麻和栽培麻用于制作弓弦。麻，成了越国重要战略物资，《越绝书》言，"勾践欲伐吴，种麻以为弓弦"（《越绝书》卷第八《越绝外传记地传》），而且派专人看守。在这种情形之下，像生产葛布那样大批量生产麻布的可能性，似乎不大。

（三）造船业

造船业无疑是越国重要的手工业部门，它在经济、军事、交通上的地位，是无可替代的。一方面越国是个水乡泽国，这里西靠大江，东临沧海，远望水天相接，看不到尽头。这就是勾践所谓的"西则迫江，东则薄海，水属苍天，下不知所止"（《越绝书》卷第四《计倪内经》）的自然环

---

① 参见孙毓棠《战国秦汉时代的纺织业》，《孙毓棠学术论文集》，中华书局2005年版，第98—99页。

② 同上书，第89页。

境。另一方面，长期生活在水乡泽国的人们，船只已经须臾不可或缺。正如勾践所说：于越人"水行而山处；以船为车，以楫为马；往若飘风，去则难从"（《越绝书》卷第八《越绝外传记地传》）。因此，发展越国的手工造船业，既有环境的驱使，又有人们内在的需要。当时越国不仅有专管造船的"船官"，还有专供建造船只的"船坞"（《越绝书》卷第八《越绝外传记地传》云："舟室者，勾践船宫也，去县五十里。"又云："石塘者，越所害军船也。塘广六十五步，长三百五十三步，去县四十里。"），实际上就是为适应自然环境和顺应人类自身需要而采取的措施。

当然对勾践来说，发展造船业的第一需求是战船，因为建立一支强大的水师，在灭吴雪耻中是至关重要的。据文献记载，越国建造的战船，以"戈船""楼船"最为著名。"戈船"是越族首创的战船，后来传到中原。①为什么称为"戈船"？《史记·南越列传》对"故归义越侯二人，为戈船、下厉将军"句的注释中有两种解释：《集解》引张晏曰"越人于水中负人船，又有蛟龙之害，故置戈于船下，因以为名也"，又引臣瓒曰"《伍子胥书》有戈船，以载干戈，因谓之'戈船'也"（《史记》卷一百一十三《南越列传》）。其实，"置戈于船下"，恰恰是越国的风俗，即使到了近代，"乌篷船船头均雕以状如虎头之'鹢'，用以镇蛟求吉"②。至于"载干戈"，那显然是吴国的事情，与越俗无关。而"楼船"是指有楼的大船，并代指水师，如越王勾践"初徙琅琊，使楼船卒二千八百人"（《越绝书》卷第八《越绝外传记地传》），可见楼船在战船中是具有代表性的船只，汉代也是如此。《史记·南越列传》有"楼船十万师"，《集解》应劭曰"时欲击越，非水不至，故作大船。船上施楼，故号曰'楼船'也"（《史记》卷一百一十三《南越列传》）。可见楼船是一种有层楼的大船，在施工技术上显然比戈船要求更高，可以认为楼船是越国造船业的代表性产品。

越国制造的船只，除戈船、楼船之类的战船外，应该还有其他船只。

---

① 参见董楚平《吴越文化新探》，浙江人民出版社1988年版，第227页。
② 任桂全总纂：《绍兴市志》卷四十一《风俗》，浙江人民出版社1996年版，第2915页。

如《初学记·器物部·舟》引《越绝书》说:"越为大翼、小翼、中翼,为船军战。"(《初学记》卷二十五《器物部·舟》)《事类赋注》亦有类似的引文,说明越国不仅制造过大翼、小翼、中翼之类的船只,而且"为船军战",是编入水师的战船。不过因为《伍子胥·水战兵法内经》,专门介绍过大翼、中翼、小翼的船只大小情况,有学者以为"此本吴事",《初学记》和《事类赋注》"皆属之越,疑误"①。其实此中未必有误,因为吴有"三翼",未必越就不能有"三翼",道理就像越有戈船、楼船,吴亦有戈船、楼船一样简单。

越国的造船手工业历史很悠久,西周初年已有这方面的记载。《艺文类聚》引《周书》说:"周成王时,于越献舟。"(《艺文类聚》卷七十一《舟车部·舟》)到越王勾践时,越国的造船工业有很大发展,规模已经十分可观。从水师的兵员看,《史记·越王勾践世家》说勾践有"习流二千人";《越绝书·记地传》说,勾践初徙琅琊时有"楼船卒二千八百人";《吴越春秋·伐吴外传》说有"楼船之卒三千余人"。无论二千人还是三千人,在古代的内陆江河中,已经是一支非同小可的水师了。然而三千余人仅仅是"楼船之卒",还不包括戈船之卒,那么戈船之卒有多少?《越绝书·记地传》只说有"戈船三百艘",其兵员或许多于楼船卒也说不定。

(四)其他手工业

在越国的其他手工业中,与城乡居民日常生活密切相关的陶瓷业,也十分发达。在20世纪中后期发现的窑址就有富盛西周至战国窑址,皋埠东堡、富盛万户春秋战国印纹陶窑址,皋埠吼山春秋战国原始青瓷窑址等20余处烧制工场遗址。② 这些窑址时间跨度自西周至春秋战国不同时期都有分布,地域范围大致都在会稽山北麓、越都城以南的东西两侧郊区。每个

---

① 俞纪东:《越绝书全译》附录《佚文》,贵州人民出版社1996年版,第309页。
② 参见绍兴县文物保护管理所编《绍兴县文物志》,浙江古籍出版社2002年版,第11—14页。又杨旭《绍兴陶瓷志》,中国美术学院出版社1995年版,第12页。

遗址的范围都比较大，普遍生产和使用印纹硬陶和原始瓷。在绍兴城西南漓渚发现的23座中小型战国墓随葬陶瓷器中，印纹硬陶占50%，原始青瓷占46%。① 烧制印纹硬陶和原始青瓷的窑炉，有圆窑和龙窑两种。富盛窑址为印纹陶和原始青瓷同窑合烧的龙窑，是中国最早使用的龙窑，窑址现为国家重点文物保护单位。② 上述窑址和越都城及其城郊出土的陶瓷器中，有泥质灰陶、泥质黑皮陶、泥质红陶、夹砂陶、印纹硬陶和原始青瓷等。③ 印纹陶器中以坛、罐、瓮、盂、杯为主，尤以罐、坛、瓮等盛贮器居多。常见的纹饰，西周、春秋早期有曲折纹、云雷纹、叶脉纹、方格填线纹、方格纹、回字加×纹、大小方格纹组合等；春秋晚期至战国为米字纹、方格纹、回纹、米筛纹等。印纹硬陶的胎质原料与原始瓷器基本相同，其烧成温度比一般陶器（泥质陶、夹纱陶）高，约在1050—1200℃，接近原始瓷的烧成温度1250℃。因此有专家认为，印纹硬陶既是越文化的标志，也是原始青瓷的直接祖先④，与后来绍兴成为越窑青瓷的发源地是一脉相承的。

会稽地区的酿酒历史堪称悠久，距今7000年前的河姆渡文化遗址发现的酒器就说明了这一点。到了春秋战国时期，农业生产的迅速发展和粮食作物的大规模垦种，为酿酒业的更大发展创造了条件。这一时期出土的酒器，品种多，数量可观，分布也很广。有坛、罐、罍等盛贮器，特别是出土的卷口、束颈、弧肩、上腹稍鼓、缓缓斜收至底的坛，与当代使用的酒坛器形别无二致。⑤ 饮酒器中的印纹陶鸭形壶，黑陶杯，原始瓷的盂、盅、

---

① 参见浙江省文物管理委员会：《绍兴漓渚汉墓》，《考古学报》1957年第1期。
② 参见国发〔2006〕19号《国务院关于核定并公布第六批全国重点文物保护单位的通知》，2006年5月25日。
③ 参见绍兴县文物保护管理所编《绍兴县文物志》，浙江古籍出版社2002年版，第11—14页。
④ 参见金普森、陈剩勇主编，徐建春撰《浙江通史·先秦卷》，浙江人民出版社2005年版，第173—179页。
⑤ 参见绍兴县文物保护管理所编《绍兴县文物志》，浙江古籍出版社2002年版，第12页。

尊等，在城郊富盛窑址、上灶墓葬、西施山遗址中都有出土①，说明当时酿酒、饮酒，已经十分普遍。越王勾践甚至还把酒当作增加人口生育的奖励品，他制订的人口政策中规定：生儿子，国家奖励两壶酒、一条狗；生女儿，国家奖励两壶酒，一头猪（《国语》卷二十《越语上》）。同时还用酒来激励士气，在越王勾践率领军队伐吴之际，越国父老以酒饯行。勾践接过美酒，倒入河流，与将士们迎流共饮，"民饮其流，战气百倍"（嘉泰《会稽志》卷十《箪醪河》）。《吕氏春秋·顺民》因此有"有酒，流之江，与民同之"的记载。后人为纪念此事，就把勾践倒酒的河流称作"投醪河"，也称"劳师泽""箪醪河"，此河在今绍兴城内。

此外，越国的采伐业、制盐业也有不小的规模。越王勾践为迎合吴王"起宫室"之好，为建设越都城和建造伐吴战船之需，几次派遣伐木工人去离城十五里的木客采伐木材，人数都在二千人以上，时间一年左右，采伐业规模之大可见一斑。特别是越国东临大海，咸潮出没，制造海盐条件优越，在离都城以北三十五里的朱余建立盐场，设立盐官，组织盐业生产。（《越绝书》卷第八《记地传》云："朱余者，越盐官也，越人谓盐曰'余'，去县三十五里。"）

四 交易市场与物资流通

越都城建成以后，越国的农业生产，由于铁器农具的普遍使用和积极推行"劝农桑"政策，使生产力有了较大的发展，农作物产量日益增加，农民除满足自身生活需要外，有更多的农产品可供出售，交换日常生活用品。与此同时，城乡手工业生产也有较大发展。考古发掘和文献记载都表明，越王勾践继位以后，越国的采矿、冶炼、铸造、制陶、纺织、造船、采伐、酿酒、制盐等手工业专业化生产程度越来越高，手工

---

① 参见绍兴市政协文史资料委员会编《绍兴酒文化》，中国大百科全书出版社上海分社1990年版，第68—69页。

工艺日益提高，独立手工业者也逐渐增多。在农业、手工业生产不断发展的情况下，越王勾践采纳越大夫范蠡、文种、计然等人的建议，从市场设置、货物积聚、价格调节、资金流转到农商、农工关系处理等方面，采取了一系列积极的政策措施，使越国的城乡经济步入了良性循环和健康发展的道路。

（一）越都城的市场模式

春秋时期的城市，特别是作为一国之都的城市，按《周礼·考工记》"面朝后市"的原则，通常都把市场设置纳入营造规划。这不仅有文献记载，考古发掘也证实了这一点。地处山阴大城内都亭桥南的"越大市"（万历《绍兴府志》卷一《疆域志·市》云："越大市，在都亭桥南。秦汉时，越人于此为市……"），虽然没有按照"面朝后市"的原则布局，但它无疑是范蠡筑城时所设的市场，后来秦始皇到会稽时，就住在越大市附近（《越绝书》卷第八《越绝外传记地传》云："秦始皇帝，以其三十七年东游之会稽……以正月甲戌到大越，留舍都亭。"）。不过城内以设置多少个市场为宜，大抵按城市规模大小和人口多少而定，一般情况下至少设三个。这就是《周礼》所说的：

> 大市，日昃而市，百族为主；朝市，朝时而市，商贾为主；夕市，夕时而市，贩夫贩妇为主。（《周礼》卷十四《地官·司市》）

这是一座城市的三个基本市场。从开市时间看，有早市、昃市和夜市之分；从入市对象看，早市以商贾为主，昃市以大众为主，夜市以商贩为主；从营销方式看，有零售的、批发的、贩运的。这里特别把商贾和贩夫贩妇加以区别，说明一是从业人员之多，二是经营中已有坐商与行商之分，三是经营规模有大小之别。

这些纳入都城营造规划的市场，一般都是封闭的，用围墙与周围居民区、行政区或工场区相隔离，设有几道市门（多为四道门），以供车马人流出人。考虑到交易时人来车往，人声鼎沸，以及入场交易方便等因素，规划中通常都把手工劳动和商品经营者的住宅，安排在市场附近。因此，《管子》有"凡仕者近宫，不仕与耕者近门，工贾近市"（《管子》卷第七《大匡》）的城市功能布局说。这对士农工商各业来说，不失为是一种合理、方便的安排。

像越大市一类统一规划设置的市场，实际上是由官方设置的市场，即《越绝书》所谓的"官市"。越大夫计然在与越王勾践讨论贫富之道时认为，农商"俱利"，"故古治邦者本之，货物官市开而至"（《越绝书》卷第四《计倪内经》），强调了官市对于积聚货物的重要性，并获得勾践的支持。据此，越大市很可能是根据计然建议，在勾践支持下建立起来的市场，因此，在市场管理上也具有浓厚的官方色彩。市场是通过"司市"来进行管理的，"司市"是市场的最高长官，他的职责是"掌市之治、教、政、刑、量度、禁令"等。包括：

> 以次叙分地而经市，以陈肆辨物而平市，以政令禁物靡而均市，以商贾阜货而行布，以量度成贾而征价，以质剂结信而止讼，以贾民禁伪而除诈，以刑罚禁虣而去盗；以泉府同货而敛赊。（《周礼》卷十四《地官·司市》）

（二）流动商品的构成

越都城的商品积聚，在市场开张以后，确实如计然所说，"货物官市开而至"。各地的商品蜂拥而至，堆积如山，出现了前所未有的商品交易盛况。《拾遗记》中的下面一段记载，基本反映了这一事实。

> 范蠡相越，日致千金。家童闲算术者万人，收四海难得之货，盈积于越都，以为器。铜铁之类，积如山阜，或藏之井堑，谓之'宝

第一章 越国的兴起与越都城的规划建设

井'。奇容丽色,溢于闺房,谓之'游宫'。历古以来,未之有也。①

当时范蠡派出上万名的私家奴仆和账目管理人员,到处收购难得商品,包括铜铁器具、珠宝饰品在内。越国以上万名的从业人员,投入商品流通领域,其队伍之庞大,无论怎么说,都不为过。尽管王嘉的《拾遗记》向来被视为"专说伏羲以来异事"②的笔记小说,其中所谓"铜铁之类,积如山阜"的事实,即使在今天也有人不敢相信,以为越国没有使用过铁农具③,但出土文物已经否认了这一观点。1958年3月当年西施练习歌舞的绍兴西施山出土了铁镰、铁锄、铁镢、铁削等工具④,后又在绍兴县上灶出土过铁斧……铁镰刀刃部铸有细锯齿,具有吴越文化的特色。⑤事实证明越国不仅使用过铁农具,而且农具种类多,使用范围广,《拾遗记》所谓"铜铁之类,积如山阜"是有所依的。

在"盈积于越都"的诸多货物商品中,农产品无疑是重要构成部分。仅以粮食而言,按越都城约六万城市人口,以每人每天七百五十克的用粮水平,据战国衡制三万克一石计算,全年消费口粮将达五十五万石。如果把四万九千名士兵也计算在内,则总数将达九十九万五千石,实在是铜铁之外的另类"积如山阜"。而进入粮食市场的商品,若以有价与无价为衡量标准,那么按《越绝书》记载,有价的粮食品种有粱、黍、赤豆、稻粟、麦、大豆等六种,另有穄、蔬菜、果等四种无价(《越绝书》卷第四《计倪内经》)。换言之,入市交易的粮食品种,除稻谷、麦之外,还有稷、糯米、赤豆、大豆等。

除以粮食作物为代表的农产品外,畜产品和水产品也是越都交易商品的重要组成部分。从豕山养猪、鸡山养鸡、犬山养狗(《越绝书》卷第八

---

① 《拾遗记》卷三《周灵王》,中华书局1981年版,第88—89页。
② 参见王嘉《拾遗记·前言》,中华书局1981年版,第1页。
③ 参见张泽咸《汉晋唐时期农业(上)》,中国社会科学出版社2003年版,第291页。
④ 参见沈作霖《绍兴出土的春秋战国文物》,《考古》1979年第5期。
⑤ 参见沈作霖《古代越国的农耕工具》,《农业考古》1984年第2期。

《越绝外传记地传》），南池、坡塘养鱼（嘉泰《会稽志》卷十《池》）的记载看，越国的养殖业已经进入集约化、规模化的饲养阶段，这对于发展饲养业，增加畜产品和水产品的市场投放量，都具有积极意义。而发展养殖业在当时来说，都是范蠡"致富"思想指导下实施的重要步骤。范蠡把饲养牛、马、猪、羊、驴五种牲畜的母畜，作为"速富之术"传授给越人，他说，"子欲速富，当畜五牸"（《齐民要术》卷六《养牛马驴骡》），自己还亲自养鱼，"三年致鱼三万"，成了致富带头人。这些由人工饲养的禽产品和水产品，除"将伐吴，以食士"（《越绝书》卷第八《越绝外传记地传》）外，相信极大部分进入越都市场交易。

此外，日常生产、生活用品，无疑是越都市场上的大宗商品。从手工业的盛况不难看出，诸如铁器农具、陶瓷器具、纺织葛布、酿造酒、运输船只等，都应该能从市场上买到称心如意的商品。而且物流畅通，供应充足，有的还建有专用物资仓库，如《拾遗记》所谓收藏财富的"宝井"，《越绝书》所谓建筑高大的"高库"（《越绝书》卷第八《越绝外传记地传》云："安城里高库者，勾践伐吴，禽夫差，以为胜兵，筑库高阁之。周二百三十步，今安城里。"），都是货物商品丰富的证明。

（三）计然的商品经营思想

越国大夫计然，亦称计倪，姓辛氏，名研，字文子，葵丘（在今山东临淄西）濮上人，先世为晋国亡公子（《史记》卷一百二十九《货殖列传》"计然"《集解》，中华书局标点本）。计然博学而无所不通，尤善计算，南游于越，范蠡尊其为师。越王勾践回国后，问计然兴师谋敌之法，计然以为"兴师举兵，必且内蓄五谷，实其金银，满其府库，励其甲兵"（张觉《吴越春秋校注》卷第九《阴谋外传》）。等到灭吴雪耻之后，范蠡深有感叹地说："计然之策七，越用其五而得意。"其实后来范蠡去越，"十九年之中三致千金"（《史记》卷一百二十九《货殖列传》），用的也是"计然之策"。所谓"计然之策"，实际上就是计然的商品经营思想，主要表现在：

1. "知斗则修备,时用则知物"(《史记》卷一百二十九《货殖列传》),即根据生产规律来决定经营方式,强调要重视储备,积蓄物资,有备无患。认为农业丰歉,六年一循环:"六岁穰,六岁旱,十二岁一大饥。"(《史记》卷一百二十九《货殖列传》)根据天时变化规律,预测未来的粮食丰歉。他提出:"凡十二岁一饥,是以民相离也。故圣人早知天地之反,为之预备。"(《越绝书》卷第四《计倪内经》)而预备的最好办法是根据商品供求变化的趋势,"水则资车,旱则资舟"(《越绝书》卷第四《计倪内经》。《史记·货殖列传》作"旱则资舟,水则资车"。)。主张商人在水灾时准备车辆,旱灾时准备船只,以此来应对天时变化,这是事物的常理。实际上,当时越都城建"库"、挖"宝井",本身就是为了储备更多的商品。

2. 掌握和运用物价涨落的规律。计然认为,物价的规律是"论其有余不足,则知贵贱。贵上极则反贱,贱下极则反贵。贵出如粪土,贱取如珠宝"(《史记》卷一百二十九《货殖列传》)。就是说,从货物多少可知商品价格的涨落,涨到极点时反贱,落到极点时反贵。贵到一定程度时,像粪土一样把商品抛售出去;贱到一定程度时,又像贱宝一样把货物收购进来。贵卖贱买,从中谋利,这种思想后来被战国商人白圭发展成"人弃我取,人取我与"的原则。

3. 运用平籴和平粜的方法控制粮价。粮食是事关国计民生的大事,计然首次提出由国家买卖粮食,以调节、稳定粮食价格。主张国家在丰年按平价购粮储存,以备荒年出售;国家在荒年缺粮时,将仓库所存粮食平价出售。前者称"平籴",后者称"平粜"。计然说:"夫粜,二十病农,九十病末。末病则财不出,农病则草不辟矣。上不过八十,下不减三十,则农末俱利。平粜齐物,关市不乏,治国之道也。"(《史记》卷一百二十九《货殖列传》)以为平粜既可调剂粮食,又不减少税收,这才是治国之术。

4. 经商务必注意商品质量。计然对越王勾践说:"积著(聚)之理,务完物，无息币。以物相贸易，腐败而食之货勿留，无敢居贵。"（《史记》卷一百二十九《货殖列传》）积聚的基本道理是贮藏货物要完好，商品质量要注意。容易腐烂变质的食物不能久留，更不能卖高价。

5. 货物与资金应当"行如流水"般周转。货币作为一般等价物，当时在越国已经普遍流行，今绍兴出土的就有青铜戈多批，达几千枚之多，被认为可能是越国的金属戈币。另外还有窖藏青铜块出土，也可能是一种称量货币。① 不过文献记载的名称不一，有称"金"（《史记》卷六十七《仲尼弟子列传》云："越王大说，许诺，送子贡金百镒……"）的，有称"宝币"的，有称"财币"（《吴越春秋》卷第七《入臣外传》云："虚其府库，尽其宝币……"同书《阴谋外传》计倪曰："夫官位、财币、金赏者，君之所轻也。"）的。计然主张"无息币"，"财币欲其行如流水"（《史记》卷一百二十九《货殖列传》），即要加速商品和资金流动，不应该让货币在手上积压、停滞，也不应该让商品长期积压、滞销。计然的这一理论，提出了货币周转与增值之间的关系，为中国经济思想史上之首议。

6. 和而生财与自然贫富。计然认为，社会的贫富是自然现象，"犹同母之人、异父之子，动作不同术，贫富故不等"（《越绝书》卷第四《计倪内经》）。人的素质不同，谋生的手段和方法也不同，产生贫富是客观的、必然的。计然还特别强调和而生财的观点，他说："父子不和，兄弟不调，虽欲富也，必贫而日衰"（《越绝书》卷第四《计倪内经》）。

计然的商品经营思想，实际上是他在吴、楚、越之间经商的经验总结。起初，计然建议越王勾践，随时掌握货物流通信息，以取天下之利。但因为当时计然"年少官卑"（张觉《吴越春秋校注》卷第九《阴谋外传》），勾践没有听他，于是计然"退而不言"，往来于吴、楚、越之间，用流通货物的办法来谋取三国之利，就知道天下容易改变了（《越绝书》

---

① 参见王贵民、杨志清编著《春秋会要》卷三十三，中华书局2009年版，第660页。

卷第四《计倪内经》，计倪对越王说"尝言息货，王不听，臣故退而不言。处于吴、楚、越之间，以鱼三邦之利，乃知天下之易反也"）。

第五节　城市文化的创造与累积

实际上越都城从规划建设起，已经开始了城市文化的继承、创造和累积的历史进程。

这种历史进程反映在城市物质文化层面上的，如城市的空间结构、功能布局、形态特征和宫室、宗庙、社坛、高台、民居、道路、市场以及为保护城市安全而筑作的城墙、城门等。这些城市的可感知的、有形的各种基础设施，构成了城市文化的外在的物质形态，是最生动、最形象、最直观的城市文化景观，代表着不同于吴国文化、楚国文化的越国文化的历史文化内涵和气质风格。这种城市的物质化功能，不仅给城里人在居住、生活、劳动以及互相之间交流上的满足，还赋予了城里人以美、欢乐、亲情和友谊的享受。

而城市文化反映在精神层面上的，无疑是城市文化最主要的内容，是城市文化的核心所在，通常称为"城市灵魂"。它包括一座城市的信仰、认知、道德、法律、艺术、习俗以及通过城里人表现出来的市民素质、思想观念、价值取向、心理状态、思维方式和行为习惯等。这些在特定的区域环境和人群中经过长期的创新、传承、更新、升华而形成的城市精神文化，一般都具有区域性、群体性和可传承性的特点，有着顽强的生命力。

摧毁一座城市的物质环境或许是容易的，通过战争、洪水、火灾、资源枯竭、经济萧条等不同途径或方式，都可以让它在地平线上消失，但要摧毁一座城市的文化遗产，特别是精神层面上的城市文化，却并不容易。即使是物质文化遗产被摧毁殆尽，由于非物质文化遗产的力量和作用，被摧毁的城市，照样能够重建，恢复昔日的美丽、欢乐。从吴王夫差用战争

"隳会稽",到越王勾践"筑城立国",重建越国都城,就是一个很好的例证。

这就是城市文化的力量!

一 民间信仰与习俗

(一)"鸟语"与语言习俗

不同民族有不同的语言,于越族作为中国古代南方民族,自然有它自己的民族语言。在于越人之间用相同的语言进行交流,谁也没有感到听不懂或不方便,但在中原人听起来,于越人说话像鸟鸣一样,不能听懂。他们视越人为"南蛮鴂舌之人"。孟子就是这样认为的,他说:"今也南蛮鴂舌之人,非先王之道。子倍子之师而学之,亦异于曾子矣。"(《孟子》卷五《滕文公上》)其实中原人听不懂于越人说话,不足为怪,就像楚人皙听不懂《越人歌》一样道理。汉代刘向《说苑》有如下记载,说楚国的鄂君子皙泛舟新波,越女为他边划舟,边用越语唱歌,歌词曰:

滥兮抃,草滥予,昌枑泽予?昌州州,锟州焉乎?秦胥胥,缦予乎。昭澶秦踰,渗惿随河湖。

鄂君子皙听不懂,便请"越译"翻译,原来歌词是这样的:

今夕何夕兮,搴洲中流。今日何日兮,得与王子同舟。蒙羞被好兮,不訾诟耻。心几顽而不绝兮,知得王子。山有木兮木有枝,心悦君兮君不知。(《说苑》卷十一《善说》)

这显然是一首先秦时期于越族姑娘献上的情歌,假设没有那位高明的"越译",《越人歌》恐怕早已湮没了。语言在文化交流与传承中的重要性,由此可见一斑。

于越人的语言与中原地区的华夏语和荆楚之地的楚语确实不一样,董楚平先生认为中原华夏语是单音语，古越语是复音语，或称"胶着语"。他并以越国的地名为例，中原人称"越"，古越语中自称"于越"。①《汉书·货殖传》"辟犹戎翟之与于越，不相入矣"句，颜师古注："于，发语声也，戎蛮之语则然。于越犹句吴耳。"（《汉书》卷九十一《货殖传》）在这里，"于"是发声字，"句"也是发声字，进而表明董先生主张的"胶着语"在古越语中是很普遍的。这在讲单音语的中原人，仿佛像鸟叫一样，被称为"鸟语"自然也不足为怪了。

由于于越人后来的流散和与其他民族的融合，古越语实际上已经不复存在了。陈桥驿先生研究认为，除了大量的地名和人名外，古代于越语言中的一般词汇至今存留的只有两个：一个是"余"，即汉语中的"盐"；另一个是"须虑"，即汉语中的"船"。② 至于地名、人名中的古越语，如句容、句章、句余、姑蔑、姑末、乌伤、乌城、余杭、余姚、余暨等，又如勾践、余善、无壬、无余、无彊等都是。陈先生还特别指出，秦会稽郡二十六县名称，多数都因循原来的吴越方言，"其义不可强解"。③ 正如清代李慈铭所说："盖余姚如余暨、余杭之比，皆越之方言，犹称于越、句吴也。姚、暨、虞、剡，亦不过以方言名县，其义无得而详。"[（清）李慈铭《越缦堂日记》，同治八年七月十一日。]

与"鸟语"有着密切联系的是越国曾经盛行的"鸟虫书"。通过鸟这一自然界的可爱小动物，把语言和文字联系在了一起。"鸟虫书"是以篆书为基础的一种鸟形美术字，约流行于周灵王十八年至周威烈王二十二年（前554—前404），跨度在150年左右。从近数十年间出土的越国青铜器看，这种鸟篆书实际上是镌刻在青铜兵器、礼器、乐器上的鸟形铭文，是一种高规模的装饰纹样和徽记。如1962年湖北江陵出土的越王勾践自作用

---

① 参见董楚平《吴越文化新探》，浙江人民出版社1988年版，第10页。
② 参见陈桥驿《古代于越研究》，《吴越文化论丛》，中华书局出版1999年版，第4页。又见《越绝书》卷八《越绝外传记地传》。
③ 参见陈桥驿《古代于越研究》，《吴越文化论丛》，中华书局出版1999年版，第4页。

剑，剑身布满菱形几何图案，近格处铸有"戉（越）王鸠浅（勾践），自乍（作）用鐱（剑）"八个鸟篆铭文字，十分精美。董楚平先生的研究表明，国内各地出土的越王剑，包括勾践及其子孙佩用的剑、矛中，大多镌有鸟篆"戉王""王戉"，以及至今尚未破译的其他鸟篆文字。①

虽然鸟虫书不是越国独有的文字，但当时最为流行却是在越国。据徐建春先生统计，在国属可考的铭有鸟篆书的103件铜器中，越国56件，蔡国24件，吴国9件，楚国8件，曾国3件，宋国2件，徐国1件。越国不仅占有总数的54%，而且兵器铭文无一例外的都是鸟篆文，即使在已发现的礼乐器中，也同样铭以鸟篆文，为其余各国所无。② 越国之所以盛行鸟虫书，除了说明当时于越民族文化的发展水平，已经不是"南蛮"或"蛮夷"所能达到者之外，可能与于越民族崇鸟历史源远流长有关。

（二）鸟崇拜与信仰习俗

于越民族的民间信仰，与其他民族一样，在世代相传过程中都具有一定的崇拜对象。而且内容极其丰富，种类繁多，主要包括灵魂、自然神、图腾、生育神、祖先神、行业神崇拜等。或许由于于越人在争取生存过程中，对大自然的恩惠感受特别深，所以往往把发生在身边的自然现象视为神灵并加以崇拜。如：视自然现象为神的有风神、雨神、雷神、火神；视无生物为神的有会稽山神、伍子胥潮神以及遍于城市和乡间的土地神（又称"社神"）；还有动物中的鸟神、蛇神，植物中的树神、花神；等等。这些显然都是最早的原始宗教信仰，并且广泛流行于民间。

鸟图腾崇拜便是于越人原始宗教信仰之一，其信仰历史之久远和信仰流行之广泛，在越国的各种图腾崇拜，如蛇图腾、蛙图腾、龙图腾中，是最具有代表性的。人们爱慕、敬仰、崇拜鸟类，喻凤凰为有德之人，慕鹏

---

① 参见董楚平《吴越文化新探》，浙江人民出版社1988年版，第9—15页。
② 参见金普森、陈剩勇主编，徐建春撰《浙江通史·先秦卷》，浙江人民出版社2005年版，第254—255页。

鸟的万里之志，视喜鹊为祥瑞之兆，借鸳鸯以抒男女爱慕之情……人栖草泽，鸟翔蓝天，于越人与鸟类早就结下了不解之缘。这种缘分在河姆渡遗址出土的"双鸟朝阳"象牙雕刻中已有充分反映。7000多年前的于越先民，以精湛的雕刻工艺，将自己的所爱与心仪表达于珍贵的艺术品之中。他们用娴熟的线条，将两只相向而飞的神鸟，从鸟首、鸟喙、鸟身到翅膀，刻画得惟妙惟肖，出神入化。①

于越人通常都把鸟类看作祥瑞、和合、吉祥之物。当大禹治水告成，百姓安宁，天下太平时，"凤凰栖于树，鸾鸟巢于侧，麒麟步于庭，百鸟田于泽"（张觉《吴越春秋校注》卷六《勾践无余外传》），人鸟相逐，友好相处，一派升平兴旺景象。后来越王勾践入质吴国时，是丹鸟为他保驾护航，以致后来能够称霸中原。对此《拾遗记》是这样记载的："初越王入吴国，有丹鸟夹王而飞，故勾践之霸也，起望鸟台，言丹鸟之瑞也。"（《拾遗记》卷三《周穆王》）勾践获胜后，果然没有忘记丹鸟的恩泽，特地建造了一座望鸟台，以此来表达于越人对于鸟的崇敬之情，实属罕见。

最让于越人感恩的，是百鸟居然能按照自然季节变化，种五谷，拔草根，"教民鸟田"，为大越之民免除了"进退有行""一盛一衰"的劳作之苦。这则被称为"鸟田"的神话故事，在古籍中多有记载：《吴越春秋》说禹崩之后，"天美禹德而劳其功，使百鸟还为民田，大小有差，进退有行，一盛一衰，往来有常"（张觉《吴越春秋校注》卷六《无余外传》）。《越绝书》记载得更为详细："……畴粪桑麻，播种五谷，必以手足。大越滨海之民，独以鸟田，大小有差，进退有行……教民鸟田，一盛一衰……"（《越绝书》卷八《越绝外传记地传》）《水经注》也说，大禹"崩于会稽，因而葬之。有鸟来为之耘，春拔草根，秋啄其秽"（《水经注》卷四十《浙江水》）。此外王充《论衡·偶会篇》也有类似记载。其实这些无非是借用"鸟田"这个神话故事，反映了古代于越人稻作农业的生产情况，包

---

① 参见林华东《河姆渡文化初探》，浙江人民出版社1992年版，第205—207页。

括适时播种、种田插秧、耘田除草、田间管理、耕作制度和秋收冬藏各个环节。这种以鸟代人耕种稻作的神话，实在为大越之地所独有，是于越人鸟崇拜的见证。

与"鸟田"神话相类似，城里还有一种反哺老鸟、以孝闻名的"孝鸟"。当初小鸟叽叽待哺，是父母穿梭觅食，哺育孩子们长大；而当父母老了，不能飞了，又是孩子们争相赡养，让父母安度天年。因此会稽城内有"城上乌鸣哺父母，府中诸吏皆孝友"（嘉泰《会稽志》卷十七《草木虫鱼鸟兽》）的民谚。嘉泰《会稽志》引《耆旧传》说，汉代张霸任会稽太守时，就用这两句民谚来教化他的僚属，于是郡中大化，孝悌连闾。后来又不知是哪位县官，见鸟之"春拔草根，秋啄其秽"，就下令"禁民不得妄害此鸟，犯则刑无赦"［《水经注》卷四十《渐江水》。又见（明）张岱《夜航船·灵部》]。这很可能是人类历史上第一道关于不得任意捕杀鸟类的禁令。

从文献记载和考古发掘看，大越鸟的品种很多，都是于越人的崇拜对象。但究竟哪一种鸟是于越人的象征或族徽，即通常所谓的图腾呢？《搜神记》中下面一段话，很能给人启示：

> 越地深山中，有鸟大如鸠，青色，名曰'冶鸟'。……越人谓此鸟为越祝之祖。（《搜神记》卷十二《百子全书本》）

这里所谓的"冶鸟"，是一种什么样的鸟，没有交代，但它大如鸠鸟，而且是"越祝之祖"，是可以肯定的。尽管"越祝"为何物，现在还无法确认，但从后来汉武帝"令越巫立越祝祠"（《史记》卷二十八《封禅书》）的记载看，"越祝祠"是祭祀鬼神的祠庙，亦称"祝祠"。据此，所谓"越祝"很可能是"越祝祠"的省略或脱字，"冶鸟"则是很久以前就供奉在越祝祠里的神主。如果是这样，那么，以形似鸠鸟的冶鸟为于越人的图腾，自然也在情理之中了。

事实上，出土文物已经证明，鸠鸟才是于越人崇拜的图腾鸟。1990年

3月,绍兴县漓渚镇中庄村坝头山出土的春秋时期的青铜鸠杖,杖首就是一只鸠鸟,"短啄翘尾,展翅欲飞,通身羽纹"①。此前,1981年11月在绍兴县坡塘村狮子山东周墓中发现的伎乐铜屋屋顶上,有一八角形图腾柱,柱顶也是一只大尾鸠。②鸠杖是古代敬老的一种礼器,"赐九十以上几杖,八十以上鸠杖"(《新唐书》卷五《玄宗纪》)就是一例。而伎乐铜屋,有研究者认为,是于越人专门用作祭祀的"庙堂建筑模型"③。从用途看,无论是鸠杖还是铜屋,都含有庄严、隆重之意,在这种场合中,或雕以鸠鸟,或塑以鸠鸟,实在不是巧合,而是于越人鸟图腾崇拜的必然。

(三) 崇鬼信巫与祭祀习俗

于越被称为是个淫祀滥祭的民族。从原始宗教信仰空间上说,于越人主张人、鬼、神三者有着不同的居住环境,又互相之间保持着各种各样的联系。认为人生于阳间,亡灵生于阴间,人世与鬼世是两个世界;神则天上、地下、人间、生物界、无生物界,无处不有,无时不在。正是在这种人鬼两界说和自然界的泛神说支配下,崇鬼神、信巫觋、重祭祀成了于越民族普遍的文化现象。

而在人、鬼、神之间起媒介作用的,是巫觋,他能通鬼神,即既能"请神附体",代神言行,又能"灵魂出走",到鬼神所在地"走阴差"。一般称女性巫术操持者为"巫",男性巫术操持者为"觋",习惯连称"巫觋",简称"巫"。这其实是一种职业宗教活动者,自称以占卜、预知、驱鬼、治病等为能事,也就是《吕氏春秋》所谓的"越人信禨"[《吕氏春秋》卷第十《安死》。禨(jī),祭鬼神以求福祥之意]。

从文献记载看,春秋战国时越国的巫觋,是地位很高的一个特殊阶

---

① 宣传中主编:《绍兴文物志》,中华书局2006年版,第278页。
② 同上书,第276页。
③ 金普森、陈剩勇主编,徐建春撰:《浙江通史·先秦卷》,浙江人民出版社2005年版,第282页。

层。在越大夫文种的伐吴"九术"中,"尊天事鬼以求其福",不仅被列为第一术,而且同其他八术一样被"守之以神"(张觉《吴越春秋校注》卷九《阴谋外传》)。尊天事鬼是巫觋的拿手戏,以巫术为国策之一,无疑是把巫觋的地位提升到了极致。所以,当时从事巫术的神职人员也特别多,越王勾践干脆将他们迁移到一起,集中居住,形成了一个巫术活动中心。这个中心就叫"巫里",离越国都城仅二十五里(《越绝书》卷第八《越绝外传记地传》:"巫里,勾践所徙巫为一里,去县二十五里。")。越国还专门设有管理巫觋的官吏,称之为"神巫之官",死后葬于巫山(《越绝书》卷第八《越绝外传记地传》:"巫山者,越魋,神巫之官也,死葬其上。去县十三里许。"),离越国都城十三里,巫山就是现在绍兴城北的梅山(嘉泰《会稽志》卷九引旧经曰:"巫山,一名梅山。")。

巫觋有如此高的地位,其实与勾践信礼有着密切关系。《越绝书》记载了这样一件事:"江东中巫葬者,越神巫无杜子孙也。死,勾践于中江而葬之。巫神,欲使覆祸吴人船,去县三十里。"(《越绝书》卷第八《越绝外传记地传》)意思是说,神巫无杜的子孙死后,勾践将其遗体葬于离都城三十里的中江之中,以为这样可以颠覆吴国的战船。这实际上是诅咒一类的巫术。

勾践信礼还表现在预卜巫术方面。在越军发起夫椒之战前夕,越王勾践请巫觋用大乌龟壳占卜凶吉,预卜胜负。结果在那场过江的战争中,越国以大败而告终,险遭灭顶之灾。所以回国后,勾践就抛弃了那只大乌龟壳。韩非子深有感慨地说:"越王勾践恃大朋之龟与吴战而不胜,身臣入宦于吴,反国弃龟,明法亲民以报吴,则夫差为擒。"(《韩非子》卷第五《饰邪》)

当然,于越人的祭祀活动,并不只限于在占卜时举行。因为祭祀天神上帝百鬼,多数情况下只是向神祇乞求吉祥福佑和驱灾避祸,有时还带有纪念的意义。当时无余受封来到会稽,目的就是为了守禹陵、祭宗庙,并且以有限的财政收入作为祭祀宗庙的费用(张觉《吴越春秋校注》卷六

《勾践无余外传》）。无余以大禹为自己的祖宗，所以祭禹实际上就是祭祖，并作为一种传统文化，世世代代被传承了下来，直到现在。

实际上从文献记载看，于越人最初的祭祀活动，就是从祭禹开始的。以后在各种原始宗教信仰的驱使下，祭祀的范围不断扩大，祭祀的对象不断增加，祭祀的形式也越来越讲究。特别是祭祀对象之多，简直到了应接不暇的地步，天地鬼神在祭祀之列。如当年越王勾践除祭大禹、祭宗庙、祭社稷之外，在施行灭吴第一术时，就"立东郊以祭阳，名曰东皇公。立西郊以祭阴，名曰西王母。祭陵山于会稽，祀水泽于江州"（张觉《吴越春秋校注》卷九《阴谋外传》），在祭完东皇公、西王母之后，还得去祭会稽山神以及水乡泽国之中的河神、海神等。

在名目繁多的祭祀中，以祭社神最为普遍，这实际上是周代以来的制度性安排。对此，《礼记》有如下记载：

> 王为群姓立社，曰大社；王自为立社，曰王社。诸侯为百姓立社，曰国社。诸侯自为立社，曰侯社。大夫以下，成群立社，曰置社。（《礼记》卷四十六《祭法》）

所谓"置社"，按孔颖达的解释是："大夫以下，士、庶成群聚而居，其群众满百家以上者得立社，为众特置，故曰置社。"换句话说，聚族而居达百家以上的里间，就得建庙祭神，通常称之为"土地庙"，也有称"土谷祠"的。百家置一社，说明社庙应该很普遍了，这或许便是导致于越民族淫祀滥祭的重要原因之一。

二　文艺活动与文化产品

越王勾践灭吴以后，率兵北渡江、淮，与齐、晋诸侯会盟徐州，还向周王朝献上了贡品。周元王随即派人赐给勾践祭祀用的肉，即《史记》所谓的"胙"，又任命勾践伯爵的称号。同时，勾践还积极开展外交活动，甚至用归还或出让土地的方式，旨在结束吴王夫差与楚国、宋国、鲁国结下的冤仇，最终实现了称雄中原的目的（《史记》卷四十一《越王勾践世家》）。

至此，勾践"十年生聚，十年教训"的所有心愿，都已完美实现，此时此刻，对勾践、对将士、对臣民来说，无论如何，应该好好庆贺一番。于是勾践置酒文台，请乐师作伐吴之曲，与群臣同庆共贺。面对越王勾践的这番安排，乐师再也按捺不住内心的激动，他对越王说：

> 臣闻即事作操，功成作乐。君王崇德，诲化有道之国，诛无义之人，复仇还耻，威加诸侯，受霸王之功。功可像于图画，德可刻于金石，声可托于管弦，名可留于竹帛。臣请引琴而鼓之。（张觉《吴越春秋校注》卷十《代吴外传》）

乐师这番话，表面看是引琴前的开场白，也歌颂了越王勾践的不朽功绩，实际上是对文艺创作提出了一系列理论与实践问题，如关于文艺创作的功能问题、题材问题、爱憎问题、教育与感化问题以及体裁与形式问题等。仅就表现手段而言，已经涉及运用竹帛的语言艺术，运用绘画、雕刻的造型艺术，运用音乐、舞蹈的表演艺术等。

文艺作品，毫无疑问是城市文化的重要组成部分。从某种意义上说，文艺作品内容是否丰富，形式是否多样，技巧是否娴熟，是一个时代或一座城市文化是否繁荣的重要标志。越都城的城市文艺作品，与同时期的其他城市相比是毫不逊色的。

（一）诗歌创作

春秋战国时期越国的诗歌创作是很活跃的。其作品有多种称呼，有称"越吟"（《史记》卷七《项羽本纪》云："夜闻汉军四面皆楚歌"，《正义》注："楚人之歌也，犹言'吴讴''越吟'。"）的，称"越声"（《史记》卷七十《张仪列传》云,有越人庄舄仕楚,病中"思越则越声，不思越则楚声"）的，也有称"越歌"的。《汉书》讲到"越歌"时说："成都侯商尝病……引内沣水注第中大陂以行船，立羽盖，张周帷，櫂擢越歌。"

颜师古还特别加注说:"越歌,为越之歌。"(《汉书》卷九十八《元后传》)可见越国诗歌不仅源远流长,而且流传也很广。

这些在当时已经流传很广的诗歌谣谚,经过历史的选择,至今还保存着诗句或诗题的,仍不在少数。在《越绝书》《吴越春秋》《吕氏春秋》《说苑》等文献中保存下来的越歌就有①:

表1-4　　　　　　　　古籍所载越地诗歌一览

篇　名	类　别	产生时代	文　献　出　处
作弹歌	狩猎歌	远古	(东汉)赵晔《吴越春秋》
禹上会稽	传说歌	远古	(南朝)释智匠《古今乐录》
涂山歌	传说歌	远古	(东汉)赵晔《吴越春秋》
侯人歌	传说歌	远古	(秦)吕不韦《吕氏春秋》
木客之吟	伐木歌	春秋	(东汉)赵晔《吴越春秋》
苦之诗	采葛歌	春秋	(东汉)赵晔《吴越春秋》
文种祝词	离别歌	春秋	(东汉)赵晔《吴越春秋》
越王夫人歌	哀歌	春秋	(东汉)赵晔《吴越春秋》
军士诀别词	壮士歌	春秋	(东汉)赵晔《吴越春秋》
越人歌	情歌	春秋	(西汉)刘向《说苑》
章　畅	伐吴曲	战国	(东汉)赵晔《吴越春秋》
文种祝酒辞	庆功歌	战国	(东汉)赵晔《吴越春秋》
河梁之诗	凯歌	战国	(东汉)赵晔《吴越春秋》
越王钟诗	宴乐歌	战国	(南宋)薛尚功《宣和博古图》

---

① 本表据朱秋枫《浙江歌谣源流史》中"先秦越歌之要目"编制,内容略有调整与补充。

从表中不难看出，越歌的内容是十分丰富的，有大禹治水的传说歌、越人采葛伐木的劳动歌、勾践伐吴的出征歌、军士诀别的壮士歌、灭吴雪耻的凯旋歌、举国欢庆的庆功歌，此外当然也有表达离愁别绪的哀歌和男女倾心的情歌。在被保存下来的有限的诗歌之中，竟有如此广泛的歌咏题材，实际上从一个侧面反映夏商以来越地诗歌创作的繁荣。

其中有的诗歌，为劳动者所创作，作者借诗歌这一文学形式，反映劳动场面，表达劳动者心情，既有劳动号子的韵味，又有诗歌特有的意境。如《作弹歌》虽然只用"断竹，续竹。飞土，逐肉"（张觉《吴越春秋校注》卷第九《阴谋外传》）短短八字，却把猎人切断竹子，再用绳子连接竹子两头做成弹弓，然后装上竹箭，射取飞跑中的鸟兽之类的肉食动物等一系列动作，通过"断""续""飞""逐"四字连贯起来，构成一组完整、迅捷、紧张、形象、生动的狩猎画面，表达了于越先民机智、敏捷、乐观、进取的精神风貌，堪称"杭育杭育派"[1]的代表之作。

现存越歌若以数量而言，当然是以反映吴越战争题材为主，唱出了于越人"激越的复仇之音"[2]。如《军士诀别词》，不仅反映了越都城外父母送子出征，妻子与夫诀别，兄弟互相勉励的壮观场面，更表达了军民同仇敌忾，战气百倍，复仇雪耻的意志和勇气。词中"三军一飞降兮，所向皆殂，一士判死兮，而当百夫。道佑有德兮，吴卒自屠，雪我王宿耻兮，威振八都。军伍难更兮，势如貔貙，行行各努力兮，于乎于乎！"（张觉《吴越春秋校注》卷第十《伐吴外传》）把三军飞降的气势、所向无敌的勇气、一夫百勇的豪情、洗刷耻辱的决心、威震天下的壮观，都淋漓尽致地表达出来了。说明勾践引以为豪的于越人"锐兵任死，越之常性也"（《越绝书》卷第八《越绝外传记地传》），实非夸饰之辞。

在艺术上越歌也很有自己的特色。从句式看，有二言句的《作弹歌》、

---

[1] 鲁迅：《且介亭杂文·门外文谈》，《鲁迅全集》第六卷，人民文学出版社1981年版，第94页。

[2] 朱秋枫：《浙江歌谣源流史》，浙江古籍出版社2004年版，第31页。

三言句的《章畅》、四言句的《涂山歌》、六言句的《越王夫人歌》、七言句的《河梁之诗》和十言句的《军士诀别词》，而且往往根据诗歌反映的情景和情感需要，来确定句子的长与短，并且有着从二言句到十言句甚至更多的选择空间。从艺术手法看，以白描式的写实风格为主。《苦之诗》作为采葛诗，从种葛、采葛、作丝、织绨到送给吴王以及企求增封土地，从头到尾贯穿着织妇的劳作之苦、勾践的用心之苦和复仇的家国之恨，既是一首记事诗，又是一首抒情诗，句句写实，字字真情（《苦之诗》见《吴越春秋》卷第八《归国外传》）。与《苦之诗》质朴、直率的抒情不同，《越人歌》的抒情带有婉约、含蓄的色彩。这位多情越女，以"山有木兮木有枝"为比兴，来表达"心悦君兮君不知"的企盼与等待。梁启超认为《越人歌》"译木之优美，殊不在《风》《骚》下"，给予了很高的评价。

然而，这样的越歌，《诗经》"三百篇中无吴越之诗"①，"春秋时十五国有风，而无越风"[（清）商盘选编《越风》卷首《自序》]，这是为什么呢？于是引起了后人的种种猜疑。清代蒋士铨以为三百篇中无越诗，想必是因为当时越国"文物未盛耳"②。清代商盘认为里巷、桑间的民歌、谣谚等，没有归入采风之列，那是选编者的偏颇[（清）商盘选编《越风》卷首《自序》]。也有学者认为，三百篇只收集了中原和江、汉的国风，江南的吴、越、楚都没有在"风""雅"中占得一席之地，或许是因为时"蛮夷鴃舌之音"，还不足以登上中原文化的大雅之堂。③ 不过由于列国之间缺少交流，相互了解不多，知之甚少也说不定。总而言之，三百篇中无越风是事实，越风的存在与流行也是事实，这是值得治中国文学史者深思的文学现象。

---

① （清）蒋士铨：《忠雅堂集校笺》第四册《文集》卷一《越风序》，上海古籍出版社1993年版，第2022页。
② 同上。
③ 参见金普森、陈剩勇主编，徐建春撰《浙江通史·先秦卷》，浙江人民出版社2005年版，第264页。

(二) 音乐舞蹈

音乐舞蹈在于越人中间，应该说是具有悠久传统的。《述异记》在讲到风俗时说："越俗祭防风神，奏防风古乐，截竹长三尺，吹之如嗥，三人披发而舞。"（《述异记》卷上）防风氏是古代传说中的部落酋长，大禹在会稽会集诸侯时，"防风氏后至，禹杀而戮之"（《国语》卷五《鲁语下》）。后来于越人在防风氏被戮处建有防风庙以示纪念〔嘉泰《会稽志》卷六云："防风庙，在（会稽）县东北二十五里，禹诛防风氏，此其遗迹。"〕《述异记》所说，很可能是在防风庙举行的祭祀活动，边奏防风古乐，边披发而舞。"截竹长三尺"，说明不是精制的竹笛，而是比较长的竹管，所以"吹之如嗥"，是一种非常原始的音乐舞蹈。

不过到了越王勾践时代，这种原本产生和流行于民间的，带有自娱自乐性质的音乐与舞蹈，与越国的振兴和强大发生了紧密联系，其娱乐性和教化作用，在越国的政治、军事、经济、文化活动中得到了充分发挥。特别是越王勾践抓住吴王夫差"淫而好色，惑乱沉湎"（张觉《吴越春秋校注》卷第九《阴谋外传》）的致命弱点，采纳文种建议，把"遗美女"列为灭吴第四术，并加强了对西施、郑旦的歌舞训练，专门在越都城雷门外建起了周五百九十步的土城，里面有训练西施、郑旦歌舞的美人宫（《越绝书》卷第八《越绝外传记地传》），又特地请来乐师、舞师，从服饰、仪态、美容、舞步、姿势等各方面，提高她们的音乐舞蹈艺术水平，培养她们的内在素养和气质。这就是《吴越春秋》所谓的"饰以罗縠，教以容步，习于土城，临于都巷"，目的在于改掉她们身上的"鄙朴"[①]之气，使之声色俱佳。经过三年严格训练，吴王看到的西施、郑旦果然是"五色令人目盲，五音令人耳聋"（张觉《吴越春秋校注》卷第九《阴谋外传》）。

其实歌舞对于越国来说，是无时无处不有的。《吴越春秋》保存下来

[①] 金普森、陈剩勇主编，徐建春撰：《浙江通史·先秦卷》，浙江人民出版社2005年版，第168—169页。

的《木客之吟》《苦之诗》《作弹歌》《越王夫人歌》《章畅》等越歌,不但有歌词,念起来朗朗上口,而且还有音乐伴奏,通常是以鼓与琴为主要伴奏乐器。① 对于越人来说,无论是狩猎人、伐木工、采葛妇之类的劳动者,还是文种大夫、勾践夫人、伐吴将士那样有身份的人,大概都知道"声可托于弦管"(张觉《吴越春秋校注》卷第十《伐吴外传》)的道理。伐木工入山一年,苦不堪言,"作士思归,皆有怨望之心,而歌《木客之吟》"(张觉《吴越春秋校注》卷第九《阴谋外传》);采葛妇"伤越王用心之苦,乃作《苦之诗》"(张觉《吴越春秋校注》卷第八《勾践归国外传》);勾践夫人痛别国土,"顾见乌鹊啄江渚之虾,飞去复来,因哭而歌之"(张觉《吴越春秋校注》卷第七《入臣外传》)。这些都说明于越人在感情激动时,不论喜怒哀乐,都会放声歌唱,尽情抒发。因为这样乐舞既有"大悦而笑"的娱乐性,又有"声音之道与政通"的功能。

勾践对于音乐舞蹈可"通政"的感受,当然更深一层。因为他身边的范蠡就曾经说过:"舜弹五弦之琴,歌南风之诗,而天下治。"(《越绝书》卷第十二《枕中》)这与《礼记》的"通政"之说,如出一辙。《礼记》认为"凡音者,生人心者也。情动于中,故形于声。声成文,谓之音。是故,治世之音安以乐,其政和;乱世之音怨以怒,其政乖;亡国之音哀以思,其民困。声音之道,与政通矣"(《礼记》卷三十七《乐记》)。所以勾践十分注重文学艺术的教化作用,当他出游美人宫时,就"兴乐",既是检阅,又是娱乐;当他从徐州会盟回来时,"群臣为乐,乃命乐(师)作伐吴之曲"(张觉《吴越春秋校注》卷第十《伐吴外传》)。大凡重要时刻,勾践都会从文学艺术中寻找力量。

至于当时越国的音乐舞蹈已经发展到什么水平,由于文献少有记及,现在还知之不多。但从绍兴306号春秋墓发掘的"伎乐铜屋"模型中,仍可获得不少信息。铜屋室内为伎乐俑演出场面:室内跽坐六人,分两排。

---

① 参见谢涌涛《古越族先民乐舞艺术表现形态摭述》,《戏场余墨》,远方出版社2003年版,第216页。

前排一人为鼓师、面向西,执槌击鼓;另二人面向南,均双手交叉置于小腹,应为歌伎。后排三人均面向南,二人为琴师,抚琴弹拨,另一人为乐师,捧笙吹奏。六人均无衣着,从束发与体征看,两歌伎为女性,鼓师、琴师和笙师均为男性。① 整个演出场面,既有演唱,又有伴奏,组合有条不紊,虽然对演出人是伎乐还是巫乐,学界尚有争论,但从场面看,越国的音乐舞蹈已经脱离了"截竹长三尺,吹之如嘷"的原始阶段,正处在从单一的艺术形式向综合型艺术发展的过程中。

其实音乐艺术的发展,始终离不开乐器的发明与创造。"伎乐铜屋"的演出场面中,就有鼓、琴、笙等乐器,当时实际拥有的乐器当然远不止这三种。在越国境内考古发现的有多种乐器:有河姆渡时期的骨哨、陶埙,有起源于商代的句鑃,有春秋战国时期流行的錞于、铙、鼓、琴、甬钟、者钟(即编钟)等。其中具有铭文的越国青铜乐器中,有钟18件,句鑃3件。这些乐器的制作材料除青铜之外,有骨、陶、木、竹、皮、丝竹等,随处可取,易于普遍采用。就其用途而言,有打击乐器、吹奏乐器、弹拨乐器和声乐器等。② 仅从乐器一端,即可知当时音乐舞蹈的发展状况。

(三)《越绝书》的诞生及其价值

春秋战国时期曾经风云一时的越国,不仅创造了以弱胜强、反败为胜的奇迹,而且还以独特的体裁形式记录了这段风起云涌的历史。这就是"由战国后期人追记汇编而成,直到东汉还在有人'附益',因而并不是一人一时的作品"的《越绝书》。③

《越绝书》是以记述吴越国历史为主的历史文献,虽然就其体裁而言,有属于"志体"还是"史体"之争,但这只是形式之争,从内容来看,都

---

① 参见宣传中主编《绍兴文物志》,中华书局2006年版,第276—277页。
② 参见金普森、陈剩勇主编,徐建春撰《浙江通史·先秦卷》,浙江人民出版社2005年版;谢涌涛著《戏场余墨》,远方出版社2003年版;董楚平著《吴越文化新探》,浙江人民出版社1988年版。
③ 参见仓修良《〈越绝书〉是一部地方史》,《历史研究》1990年第4期。

认为是一部极为珍贵的历史文献。在我国现存历史文献中，记述吴越史事的著作为数不少，但记述比较系统、全面而又经常为治史者引用的，主要有《国语》《史记》《吴越春秋》和《越绝书》。不过从成书的时间看，最早的是《国语》，相传为春秋时期左丘明所作，记述周、鲁、齐、晋、郑、楚、吴、越的史事。其次便是《越绝书》，所记史事主要为战国后期人的追记，比起成书于汉代的《史记》和《吴越春秋》来，当然离事件发生的时间更为接近。这也是《越绝书》受到珍视的原因之一。

由于《越绝书》成书过程比较复杂，包括该书形成时间较长，参与人员较多，内容时间跨度延伸到汉及汉以后，篇幅也有散佚，加上有些地方"辞义奥衍"等因素，所以在《越绝书》的书名、成书年代、原作者与整理者、篇帙、佚文以及版本等问题上，历来多有不同意见。李步嘉先生的《〈越绝书〉研究》一书①，对这些问题，做了系统研究和阐发，是一次全面的清理和总结。

尽管上面提到的这些问题，学术界意见不一，但对《越绝书》本身的文献价值，却多持肯定意见。陈桥驿先生将它总结归纳为四点：第一，这是一部历史书，不仅记载了春秋于越的历史，并且也记载了与于越相邻的句吴和楚的部分历史，清钱培名认为这是一部"复仇之书"。第二，历来不少学者认为《越绝书》是我国地方志的鼻祖。如万历《绍兴府志》说"是地志祖"，清毕沅、洪亮吉都说"一方之志，始于《越绝书》"。第三，书中"纪策考""陈成恒""宝剑""九术""军气"等各篇，也都涉及权谋、术数和兵法之事，故历来学者颇有以此为兵书的。第四，书中记及许多农田水利、畜牧养殖、旱涝灾异，并涉及各种手工业和交通运输业等，所以也是一部经世致用之书。此外，陈先生还特别强调了《越绝书》在语言学和地名学方面的贡献。②

---

① 李步嘉：《〈越绝〉书研究》，上海古籍出版社2003年版。
② 参见乐祖谋点校《越绝书》序，上海古籍出版社1985年版。参见陈桥驿《关于〈越绝书〉及其作者》，《吴越文化论丛》，中华书局1999年版，第72页。

事实确如陈桥驿先生所说，《越绝书》是一部很有价值的历史文献。一方面它是以记述春秋越国史事为主的地方文献，与其他泛记各国史事的文献不同，更具有地方性和专记性的特点，许多资料为此书所独有，所以特别值得珍视。另一方面，虽然关于该书的原始作者和最后完成者究竟是谁，至今还在争论之中，但作为追记汇编者的"战国后期人"和作为最后完成者的袁康、吴平，基本上都被认定为是越人或生活在越地者，对史料的征集和核实，占有"地近"和"时近"的独特优势，对于文献的真实性具有不可否认的重要意义。

这种真实性在地名的使用上，就有不俗的表现。地名通常是作为记事的要素之一被记入文献史料中，是衡量史事真实性的依据之一。《越绝书》卷八《地传》所记，涉及地名86个，解释地名渊源27处。① 除去23个吴国、楚国地名和6个异名，其余地名经实地考察，现有古今相同地名如会稽山、若耶溪、种山、官渎、安城、苦竹、练塘等21处，有转音（如"犬山"转音为"吼山"）或改字（如改"吴塘"为"湖塘"）地名5处，剩下的虽然已经改名，但其中的大多数仍可以通过志书等地方文献找出古今对应的地名。这既是《越绝书》资料真实性的体现，也是对于地名学的一种贡献。

然而也有学者认为，《越绝书》与《吴越春秋》"由于它们成书的时间较晚（都在东汉时期），而且其作者不明，所以我们在引用它们作文献考证时应当特别小心谨慎"②。这种友谊提醒，当然令人敬佩，是任何治学者都应当努力的方向。但问题是《越绝书》可否大胆引用，关键在于其所记内容是否真实可靠。该书《记宝剑》中有"若耶之溪，涸而出铜"（《越绝书》卷第十一《记宝剑》），意思是说若耶溪干涸，方可采到铜。能否采到铜，怎么会与溪水干涸有关呢？逻辑上无论如何不能成为因果关

---

① 参见华林甫《中国地名学史考论》，社会科学文献出版社2002年版，第59页。
② ［美］熊存瑞：《古代中国城市史研究的新成果》，刘海岩主编：《城市史研究》第23辑，天津社会科学院出版社2005年版，第316页。

系，然而这是事实。1967年地质部门就在若耶溪平水段溪西一百米处找到了一处中型铜矿床，至今已开采40余年。[1] 这种表述方法看来并不科学，而所记内容，则被现代科学技术手段证明，是真实可信的。

同样道理，越王允常墓是《越绝书》《吴越春秋》都有记载的，并且都确认墓在木客（《越绝书》卷第八《越绝外传记地传》），今名"木栅"，离绍兴城十五里。灭吴后勾践打算迁都琅琊，同时也把允常墓迁走，此事《吴越春秋》作如下记载："越王使人如木客山取元常（《左传》《史记》均作'允常'）之丧，欲徙葬琅琊。三穿元常之墓，墓中生熛风，飞砂石以射人，人莫能入。勾践曰：'吾前君其不徙乎？'遂罢而去。"（张觉《吴越春秋校注》卷第十《伐吴外传》）从墓中飘出热风，本来是一种自然现象，经作者一番描述，增加了不少神秘色彩，以致让人怀疑它的可信性。事实上允常墓的葬地、形制、规模和当年的"三穿"痕迹，已经被考古发掘得到证实，此次发现，还被评为"1998年全国十大考古新发现"[2] 之一。

实际上从进入20世纪以来，通过现代科学技术手段，特别是文物考古手段的运用，大批已被发现的春秋战国时期的越国遗址，如万户印纹陶窑址、木栅越王允常墓、西施山遗址、袍谷遗址等，以及出土的越王剑、编钟、铁器工具、印纹陶器等各种文物[3]，都一一印证了《越绝书》的记载是真实的、可信的，《越绝书》是于越人留给后人的一部不可多得的信史。

三 城市精神的创新与传承

如同宫殿需要有柱子来支撑整座大厦一样，一座城市也需要有赖以维系的精神支柱。市民对于城市价值观的认同、道德操守的自我约束、行为规范的共同遵守，对保持城市的和谐、秩序、繁荣和进步是至关重要的。

---

[1] 参见杨继友、杜宝夫总纂《平水铜矿志（1967—1996）》，1997年10月印行。
[2] 绍兴县文物保护管理所编：《绍兴县文物志》，浙江古籍出版社2002年版，第36—38页。
[3] 参见宣传中主编《绍兴文物志》、绍兴县文物保护管理所编《绍兴县文物志》。

光有物质享受而无精神支撑的城市，无异于仅有躯壳而无灵魂的大厦，坍塌是迟早的事。正如美国著名城市史研究者乔尔·科特金（Joel Kotkin）所说："一个没有道义约束或没有市民属性概念的城市即使富庶也注定会萧条和衰退。"①

越都城是幸运的。在勾践、范蠡营建越都城时，就注重了城市精神的培育，既继承了大禹为民造福的精神，又注入了勾践发愤图强的精神。生活在这里的市民，都能深切感受到大禹、勾践的精神影响和成就了一代又一代的于越人；是大禹、勾践的精神，支撑和维系着城市的过去、现在和未来。

（一）大禹为民造福的精神

大禹是传说中的华夏民族的开国之君，同时又是治平洪水、为民造福的治水英雄。从大量保存或流传于会稽地区的有关大禹的故迹和传说看，其实于越人更喜欢大禹作为治水英雄的形象，他们从心底里崇敬大禹无私奉献、为民造福的精神。

大禹治水故事，反映的是人与自然的关系，是于越人改造自然、征服自然理想的形象化诠释。神话中洪水是人类诞生后的一次重大灾难，经过这次灾难之后，人类社会才真正得以延续下来。后人凭着自己的实际体验和充分想象，无不以为治平这场洪水的为真正的治水英雄。于是在人们的口口相传中，出现许许多多、形形色色关于大禹治水的传说、故事和神话。于越人甚至将这些史事和充满想象力的神话故事，熔铸到当地的山川名物之中，成为褒扬和传承大禹精神的物化了的教科书。这些既有文献记载，又在绍兴民间流传至今的大禹故迹，就多达20余处（见表1-5）。

---

① ［美］乔尔·科特金：《全球城市史·简言》，王旭等译，社会科学文献出版社2006年版，第4页。

表1-5　　　　　　　　　古籍所载绍兴之大禹遗迹一览

名　称	地　址	内　容	资料出处
会稽山①	会稽县东南十一里	禹会诸侯、计功而崩,因名	《史记·夏本纪》
禹　陵②	会稽县东南十一里	禹下葬处	《墨子》卷六
窆　石③	会稽县东南十一里	禹下葬之工具	嘉泰《会稽志》卷六
禹　祠④	会稽县东南十一里	少康立祠于禹陵所在处	《越绝书》
禹　庙⑤	会稽县东南十一里	梁时所修	嘉泰《会稽志》卷六
禹　池⑥	会稽县东南十一里	在禹陵前	万历《会稽县志》卷二
禹　井⑦	会稽县东南十一里	禹遗训,宰白马祈祷于禹井	《越绝书》卷八
涂　山⑧	山阴县西北五十里	禹娶妻之山	《史记·夏本纪》
宛委山⑨	会稽县东南十五里	禹发金简玉字之书,得通水之理	《吴越春秋》卷六
夏盖山⑩	上虞县北六十里	禹尝驻盖山	万历《绍兴府志》卷五
夏履桥⑪	山阴县西南四十五里	禹遗履处	《吴越春秋》卷六

---

① 会稽山:本名苗山,另有茅山、衡山、涂山、防山、釜山、覆釜山、栋山、南山等别名。
② 大禹陵:在今绍兴城稽山门外,是一座陵碑亭,碑阳刻"大禹陵"三字,上覆以亭,现为全国重点文物保护单位。
③ 窆石:在今禹庙左侧,高2.06米,上下大,顶端有一圆孔,上覆以亭。石上有多处题刻,宋以来金石家王顺伯、翁方纲、阮元、俞樾等都有考证。鲁迅《会稽禹庙窆石考》认为窆石即为"碣",是碑的一种。碑上刻字篆文,有汉代所为和三国孙吴所为二说。
④ 禹祠:在今大禹陵左侧,为姒姓子孙祭禹之所。据庙下村《姒氏世谱》载,大禹子孙到清末已繁衍至141世。
⑤ 禹庙:在今大禹陵右侧,相传为启所建。今庙主体结构为清代早期建筑风格。
⑥ 禹池:在今大禹陵前方的山脚下,告成桥跨池而建,过桥登石级可达大禹陵碑亭。
⑦ 禹井:在今禹祠内。
⑧ 涂山:在今绍兴县安昌镇东,今名西扆山,亦称西余山。
⑨ 宛委山:一名玉笥山,又名天柱山,为会稽山之别峰。
⑩ 夏盖山:又名夏驾山、大禹峰,在今上虞市盖北镇。
⑪ 夏履桥:在今绍兴县夏履镇境内。

续表

名　称	地址	内　容	资料出处
菲饮泉①	会稽县东南十一里	禹恶旨酒	《孟子·离娄下》
石　船②	会稽县东南十一里	禹所乘船只	嘉泰《会稽志》卷十三
禹余粮③	嵊县东北十二里	禹所弃余粮化为石，名禹余粮	嘉泰《会稽志》卷九
了　溪④	嵊县东北十二里	禹治水毕功于此	嘉泰《会稽志》卷六
禹会桥⑤	山阴县西北六十里	禹会诸侯处	嘉庆《山阴县志》卷五
禹　山	山阴县北三十里	禹驻跸于此	万历《绍兴府志》卷四
刑　塘⑥	山阴县西五十五里	禹杀防风氏处	《国语·鲁语下》
金帛山⑦	山阴西北四十三里	诸侯执玉帛朝会于此	万历《绍兴府志》卷四
鸟　田	会稽县东禹庙下	禹崩会稽，有鸟来为之耕	《越绝书》卷八

　　表1-5中所列山川名物，除少数为纪念大禹所建外，大多与大禹生前治水活动有关，而且一地一故事，主题明确。虽然其中有史事，有传说，也有神话，但都是围绕大禹公而忘私、为民治水这个中心话题在展开。娶妻涂山、三过家门而不入的忘我精神，履遗不蹑、十三年于外（《史记·夏本纪》：禹"居外十三年，过家门不敢入。"《孟子·滕文公上》作"禹八年于外"。《吴越春秋》卷六作禹"劳身焦思，以行七年"）的奋斗精

---

① 菲饮泉：在今禹庙东辕门外山坡下，旁有菲饮泉亭。
② 石船：即石船山，以形似船只而名，亦称石帆山，与宛委山相连。
③ 禹余粮：今嵊县北十五里有余粮山，相传禹治水毕功于此，所弃余粮化为石，如拳大小，碎之内有赤糁，名曰禹余粮。
④ 了溪：在嵊县北二十里，注入剡溪。
⑤ 禹会桥：今绍兴县华舍镇有禹会村。
⑥ 刑塘：今名型塘，在今绍兴县湖塘街道。
⑦ 金帛山：今名金白山，在绍兴县齐贤镇境内。

神，金简玉字、改堵为疏的科学精神，手足胼胝、劳身焦思的奉献精神；勇于探索、毕功了溪的务实精神，菲饮食、恶衣服、卑宫室的刻苦精神（《论语·泰伯》载"子曰：禹，吾无间然矣。菲饮食，而致孝乎鬼神；恶衣服，而致美乎黼冕；卑宫室，而尽力乎沟洫。禹，吾无间然矣"。），公而忘私、为民造福的公仆精神，种种精神感天动地，光照千秋，圣德楷模，万世流芳，"禹大圣也"（《庄子·杂篇·天下第三十三》）。这些已经深深融入山川名物之中的故事，在于越人看来，故迹本身是否真实其实并不重要，重要的是从中反映的大禹无私奉献、为民造福的精神。

这无疑是越都城宝贵的精神财富和文化遗产。然而一直被中原华夏人视为"蛮夷"之地的会稽地区，为什么有那么多关于大禹和大禹治水的传说、故事、神话以及如此众多的大禹故迹？顾颉刚先生在对大量古典文献进行深入研究的基础上，进而在《古史辨》中明确提出"禹是南方民族神话中的人物"，"这个神话的中心点在越（会稽）"[1] 等观点。顾先生这个关于大禹传说的起源地的结论，已经被卷转虫海侵学说和考古工作成果所证实。产生大禹治水故事的背景，其实就是卷转虫海侵时发生在南方的那场洪水。当洪水茫茫之际：

> 越族居民在会稽、四明山地的山麓冲积扇顶端，俯视这片茫茫大海，面对着这块他们的祖辈口口相传的，如今已为洪水所吞噬的美好故土，当然不胜感慨。他们幻想和期待着有这样一位伟大的神明，能够驱走这滔滔洪水，让他们回到祖辈相传的这块广阔、平坦、富庶美丽的土地上去。[2]

于是，关于大禹治水的传说、故事、神话不期而至，在宁绍平原广为流传，故迹也特别集中，成为大禹治水故事的发源地和中心点。由于

---

[1] 顾颉刚：《古史辨》第1册，上海古籍出版社1982年影印本，第104—286页。
[2] 陈桥驿：《越族的发展与流散》，《吴越文化论丛》，中华书局1999年版，第46页。

大禹公而忘私的价值观和为民造福的精神风范具有普遍意义，所以有关大禹治水故事不胫而走，传到广大的中原地区，成为华夏民族共同的精神财富。

治水，是人类与自然既广泛又永恒的话题。产生在东方的大禹治水故事和产生在西方的挪亚方舟故事，就说明了这一点。所不同的是，同样是面对滔滔洪水，大禹以积极疏导治理应对，挪亚则以方舟避难求生为目标。反映在价值观上，大禹以造福人类为己任，挪亚则以行善和维护正义为旨归。同样，为了宣示各自的价值观，挪亚成了《圣经》中洪水灭世后的人类新始祖，大禹则成了老百姓心目中的治水英雄。千百年来，于越人对于大禹崇敬和信仰，常常通过祭山川、祭禹陵、祭禹生日（农历三月初五）[嘉泰《会稽志》卷六：会稽山为我国五大镇山之一，名曰南镇。隋朝开皇十四年（594）诏建南镇庙，后代有祭祀。又据沈建中《大禹陵志》载，祭禹为越地传统风俗，自无余以来，祭祀不绝，要言之有皇帝祭、地方公祭、社团民祭和姒氏宗族祭等。又据阮庆祥等《绍兴风俗简志》，相传六月初六为禹生之日，但越地习俗以三月初五为禹生日，是日民间有"嬉禹庙"习俗]等一系列的祭祀活动，来表达对大禹治水故事的认同、对大禹价值观的肯定、对大禹精神的赞扬，并且世代相传，生生不息。

（二）勾践发愤图强的精神

发生在2500多年前的越王勾践卧薪尝胆、发愤图强的故事，即使在2500年后的今日绍兴，仍然妇孺皆知。其社会影响力及文化穿透力，已经远远超出故事发生地而遍及全中国，甚至在国际上也不乏传播和鉴赏者。

迫使越王勾践身不安席、口含苦胆的直接原因，当然是那场由勾践发起，最后败于夫椒（今太湖边）的吴越之战。一个当时还弱小的越国，敢于向强吴发起挑战，其勇气固然可嘉，但是失败的命运和失败后的惨烈，却是常人难以想象的。而遭受这场惨烈失败的主角，自然就是这场战争的始作俑者勾践自己。

作为战败国君主的勾践,在一向骄横的吴王夫差面前,所处的弱势地位是十分明显的。特别是对即位不久,年方三十多岁,立志想要干番事业的勾践来说,心理落差之大,是可想而知的。一方面对于吴王败越的怨恨,他必须深深埋在心底,不露声色,若无其事;另一方面在吴王面前,又必须"克己自责"(《越绝书》卷第一《本事》),强颜欢笑,恭敬有加。为了报效国人,给越国的复兴留下一线希望,他只好采取"近则用柔,远则用刚","柔而不屈,强而不刚"(《国语》卷二十一《越语下》)的策略,向霸气十足的吴王屈膝求和,入吴为奴,带着三百宦士,自己又"身亲为夫差马前"(《国语》卷二十一《越语下》),这对一国之君的勾践实在是一种奇耻大辱。

因为是战败国,主宰越国沉浮的是吴王夫差,他可以夺你疆土,毁你宗庙,灭你社稷,掠你珍宝,占你美女,杀你君臣。因为是吴国的属国,你就得听命于吴王夫差,面北称臣,委曲求全,听候使唤,而且还得进贡宝器,敬献美女。因为是吴国的奴隶,你就得被"囚之石室","卑事夫差"(《国语》卷二十一《越语下》),卑躬屈膝,驾车养马,入则洒扫,出供使唤,甚至还得向吴王"请求问疾","求其粪而尝之"。此外,还得备受来自各方面的讽刺、嘲笑、侮辱、欺凌,夫差就说过:"越王无道,国已将亡,社稷崩坏,身死世绝,为天下笑。"(张觉《吴越春秋校注》卷第七《入臣外传》)这就是被后世称为"会稽之耻"的残酷现实。

会稽之耻对勾践是一种体力上的劳苦、人格上的侮辱、心灵上的煎熬。然而在残酷的现实面前,勾践不但没有丧失信心和勇气,反而更坚定了报仇雪耻的决心和意志。荀子说得好:"越王勾践霸心生于会稽,齐桓公小白霸心生于莒。故居不隐者思不远,身不佚者志不广。"(《荀子》卷二十《宥坐篇》)挫折、失败、困顿对于民族、国家和君主来说,未必不是一种财富,因为它能使人清醒,催人奋发,促人求进。关键时刻,越大夫文种、范蠡对勾践说："闻古人曰：'居不幽，志不广；形不愁，思不远。'圣王贤主皆遇困厄之难，蒙不赦之耻；身拘而名尊，躯辱而声荣；处卑而不以为恶，居危而不以为薄。"（张觉《吴越春秋校注》卷第七《入臣外传》）勾践确实听从了两位大夫的劝慰，经过三年的囚徒生活，他饱尝了人间痛苦与煎熬，但他丝毫没有怨言，而无恨色，因为有一种无形的力量在支持着他，这就是发愤图强，报仇雪耻。

当勾践被赦回到越国以后，国家破败、满目疮痍的现实，更激起了他心中的仇恨。他曾对人说，过去吴王仗着国势强盛，"残伐吾邦，杀败吾民，屠吾百姓，夷吾宗庙，邦为空棘，身为鱼鳖耳。今孤之怨吴王，深于骨髓"（《越绝书》卷第七《陈成恒》）。刻骨之恨，激励着越王勾践艰苦奋斗，发愤图强，带领越国军民开始了"十年生聚，十年教训"（《左传·哀公元年》："越十年生聚，而十年教训，二十年之外，吴其为沼乎！"）的奋斗历程。

如何才能将发愤图强的事业坚持到底，在勾践看来，关键是要"知耻"。他对国内的父老兄弟们说：作为贤明的君主，"不患其众之不足也，而患其志行之少耻也"（《国语》卷二十《越语上》）。所以，他首先自己做出榜样，回国后"苦身焦思，克己自责"（《越绝书》卷第一《本事》），把一块苦胆悬挂在屋中，"坐卧即尝胆，饮食亦尝胆"，出来进去都要尝胆，并且自己责问自己："勾践，你忘了会稽之耻吗？"（《史记》卷四十一《越王勾践世家》）这就是后人所谓的"卧薪尝胆"① 故事。勾践以尝胆的方式，时时刻刻在提醒自己，鞭策自己，激励自己，警示自己不要忘了会稽之耻，可谓用心良苦。越国的采葛、织葛女工有感于此，作《苦之诗》："葛不连蔓棻台台，我君心苦命更之。尝胆不苦甘如饴，令我采葛以作丝。饥不遑食四体疲，女工织兮不敢迟。"（张觉《吴越春秋校注》卷第

---

① "卧薪"一词，始见于北宋苏轼的文章，似与《史记·越王勾践世家》中"置胆于坐，坐卧即仰胆"有异。因此，有人认为"卧薪尝胆"或由《越绝书·陈成恒》中"孤身不安床席"句演化而来。参见王竹楼《越王勾践卧薪尝胆说质疑》，《光明日报》1963年1月16日。

八《归国外传》）反映出榜样的无穷力量。

　　为了洗却国耻，勾践苦身劳心，夜以继日，"目卧，则攻之以蓼；足寒，则渍之以水。冬常抱冰，夏还握火"（张觉《吴越春秋校注》卷第八《勾践归国外传》），过着常人难以想象的艰苦生活。为了强国富民，他坚持与夫人参加劳动，"非其身之所种则不食，非其夫人之所织则不衣"，十年未向国家要过一斤粮食一寸布，而老百姓却家有三年余粮（《国语》卷二十《越语上》）。为了凝聚人心，他严于律己，宽以待人，自己"食不加肉，衣不重彩，折节下贤人，厚遇宾客，振贫吊死，与百姓同其劳"（《史记》卷四十一《越王勾践世家》）。为了沼吴复仇，他远离安逸，拒绝享乐，如他自己所说："孤身不安床席，口不甘厚味，目不视好色，耳不闻钟鼓。"（《越绝书》卷第七《陈成恒》）这种坚韧不拔、奋发图强的精神，不仅受到越国军民的拥护和爱戴，即使是始终与越为敌的伍子胥，也一再称"勾践贤君"（《史记》卷四十一《越王勾践世家》），只不过他是想借此进逼吴王杀了勾践而已。

　　就这样，勾践以非凡的意志、毅力和勇气，经过长期的艰苦奋斗、发愤努力，终于使越国日益强大起来，最后消灭吴国，称霸中原，创造了中国古代以弱胜强、反败为胜的杰出范例。在这过程中创造、培育、发展起来的发愤图强精神，也成了继大禹为民造福精神之后，留给越都城的又一笔巨大精神财富，子孙后代无不以此为自豪。清朝末年出生于绍兴城内都昌坊的文学巨匠鲁迅（1881—1936）说："会稽乃报仇雪耻之乡，非藏垢纳污之地！这对于我们绍兴人很有光彩，我也很喜欢听到，或引用这两句话。"①

---

　　① 鲁迅：《女吊》，《鲁迅全集》第六册，人民文学出版社1981年版，第614页。"会稽乃报仇雪耻之乡，非藏垢纳污之地"是明末绍兴人王思任的话。弘光元年（1645）清兵破南京，明朝宰相马士英逃往浙江，还想再逃绍兴，王思任回信骂他说："叛兵至则束手无策，强敌来则缩颈选逃……且欲求奔吾越，夫越乃报仇雪耻之国，非藏垢纳污之地也。"鲁迅确曾多次引用其说，如1936年2月10日鲁迅在致黄苹荪的信中说："'会稽乃报仇雪耻之乡'，身为越人，未忘斯义。"

第二章

区域行政中心的形成与城市环境的优化
——秦汉六朝时期的会稽郡（县）城（前221—581）

第二章 区域行政中心的形成与城市环境的优化

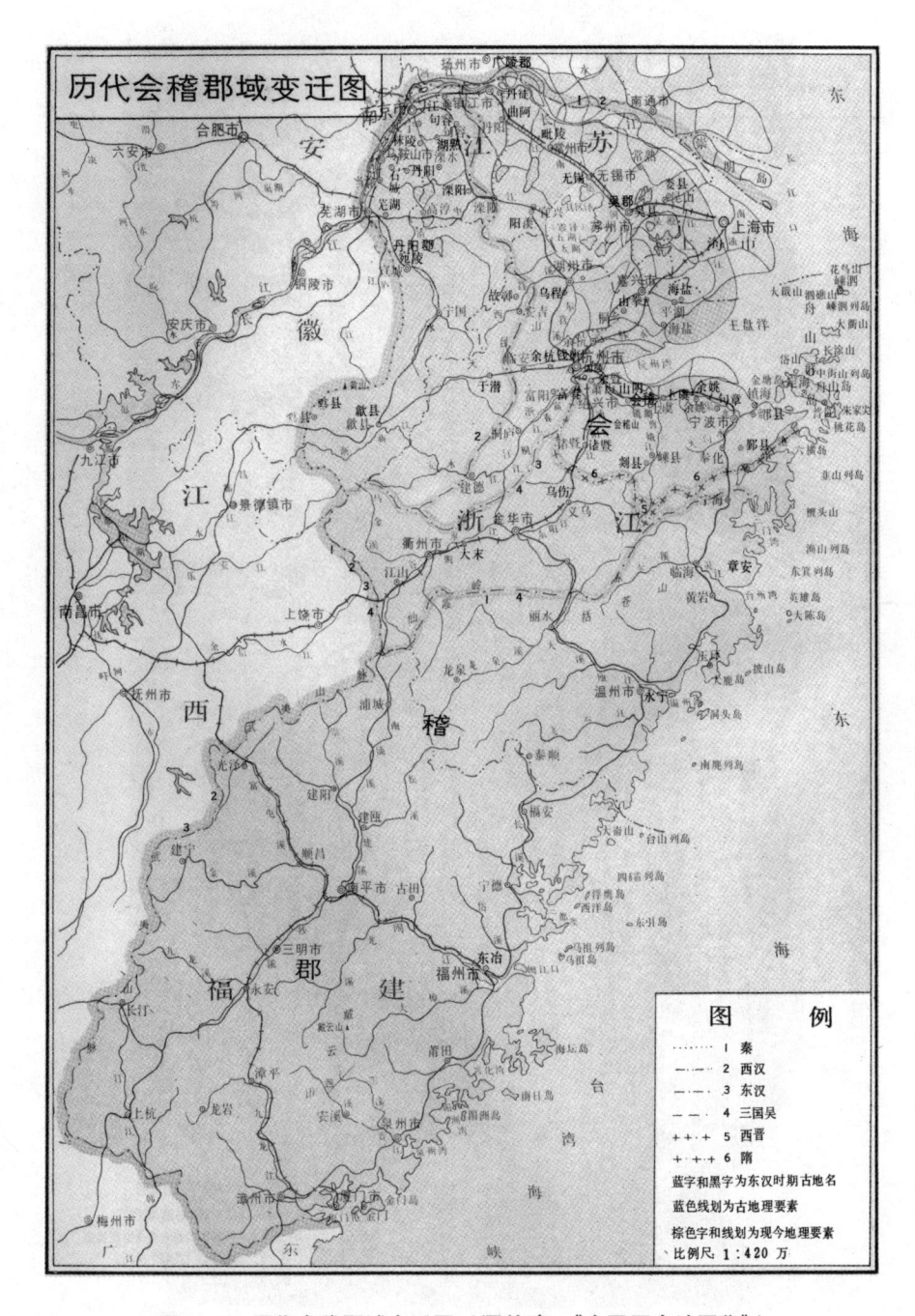

图 2-1 历代会稽郡域变迁图（谭其骧：《中国历史地图集》）

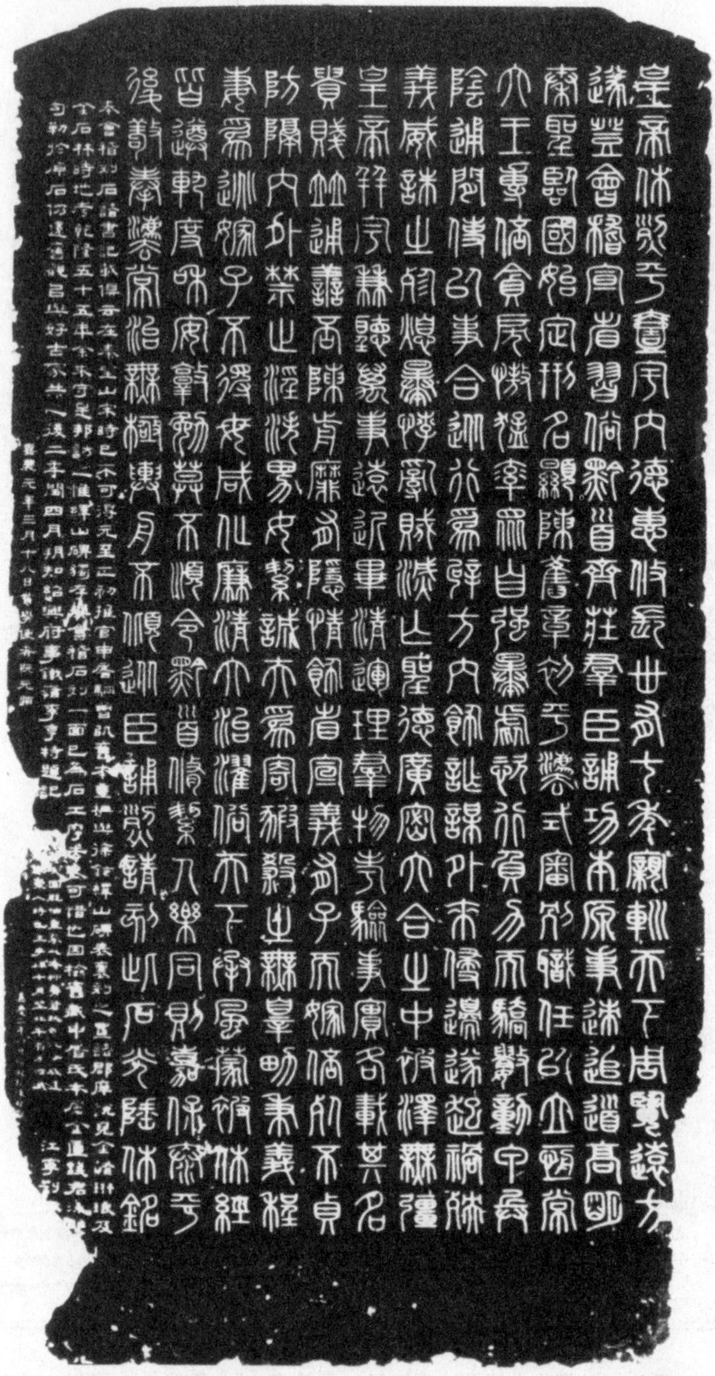

图 2-2 会稽刻石碑拓片（《中国历史文化名城丛书——绍兴》）

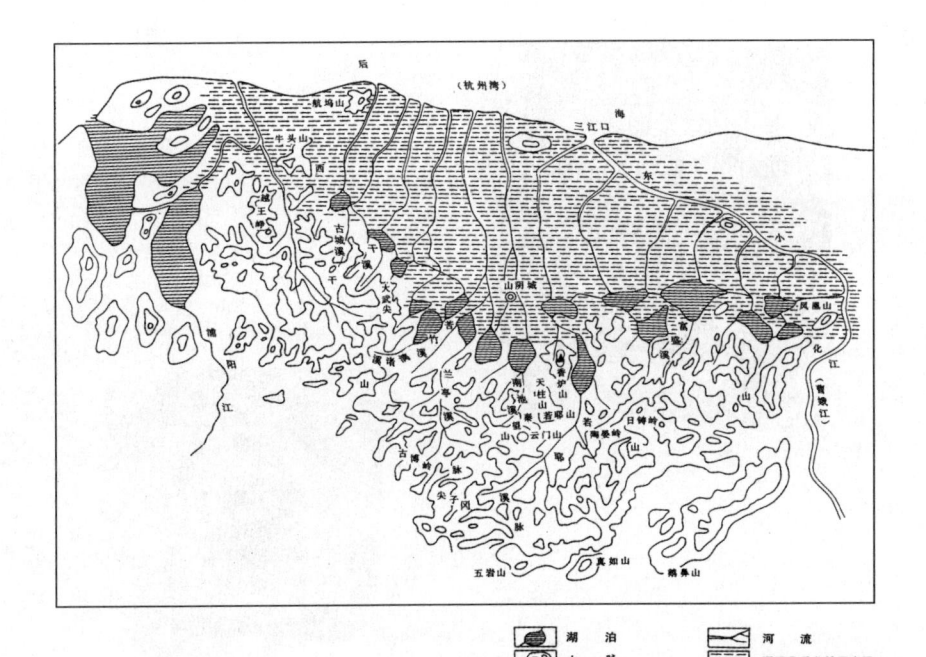

图 2-3 古代绍兴地区自然环境示意图（《中国历史文化名城丛书——绍兴》）

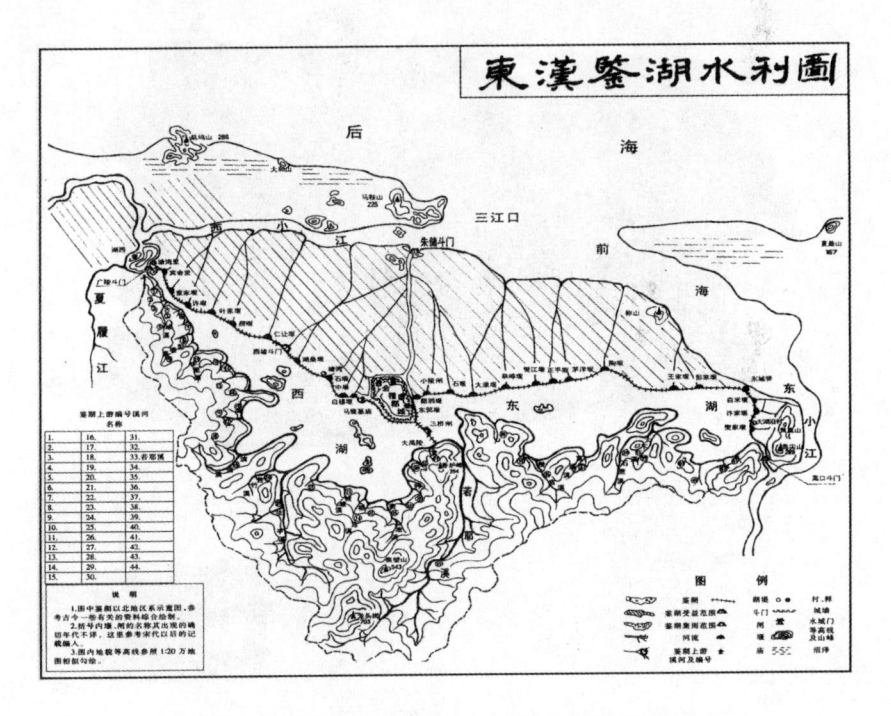

图 2-4 东汉鉴湖水利图（邱志荣《鉴水流长》）

图 2-5（a） 釉陶干栏式屋模（绍兴博物馆《走近大越》）

图 2-5（b） 釉陶屋模

图 2-5（c） 釉陶屋模

图 2-5（d） 釉陶屋模

图 2-5（e） 青瓷屋模

图 2-6 越窑青瓷谷仓罐（绍兴市文物局《绍兴文物精华》）

车马神仙画像镜

东汉

直径22.5厘米

1971年绍兴县兰亭镇娄宫出土

绍兴市文物管理局藏

圆形。圆锥形纽,连珠纹纽座。内区纹饰布局以四乳钉间隔成四组:两组为四匹骏马驾轿式车;两组为神仙,分别是东王公、题榜和西王母、侍者画像图案。周铭为:"驺氏作镜四夷服,多贺国家人民息,胡虏殄灭天下复,风雨时节五谷孰(熟),长保二亲(文未完)。"外区为栉齿纹、锯齿纹和双线波浪。三角缘。国家一级文物。(沈一萍)

Mirror with Design of Immortals, Horse and Carriage

The Eastern *Han* Dynasty

Preserved by the Cultural Relics Administration of *Shaoxing* City

It is round shaped with a conic knob whose base is decorated with the connected beads pattern. In the inner zone, there is a decorative design of fine horses pulling a sedan-type carriage, the inscription of "*Dong Wanggong* (Eastern Duke)" and the pictures of Queen Mother of the West and her attendants; in the outer, there exist the patterns of comb-tooth, sawtooth and double line ripple.

图 2-7 东汉车马神仙画像镜(绍兴市文物局《绍兴文物精华》)

图 2-8 王羲之《兰亭集序》摹本(绍兴市档案馆《越地记事》)

始建于越王勾践七年（前490）的越国都城，从秦汉到六朝（前221—581）的八百余年间，由于政治、经济和城市地理等原因，经历了从停滞、衰落到复兴的发展过程。

秦始皇统一六国后，为了加强对越国故地的统治，采取了一系列行政措施。其中突出一条，就是把"大越"改为"山阴"（《越绝书》卷八《越绝外传记地传》），设山阴县，越都城因此成了山阴县治。由一国之都，降为一县之治，虽然在消除于越部族势力和降低越都城的城市地位上贯彻了秦始皇的意志，但对于山阴县城发展的制约，却是毋庸置疑的。特别是在行政性功能对于城市发展具有决定意义的传统社会里，山阴县城的停滞与衰落将是不可避免的。

刘邦建立西汉政权后，以秦郡县制为基础，实行郡国并行的行政体制，也无法从根本上改变山阴县城走向进一步衰落的命运。特别是西汉末年王莽推行新政，法令烦苛，"民摇手触禁，不得耕桑，徭役烦剧，而枯旱蝗虫相因……富者不得自保，贫者无以自存，起为盗贼……"（《汉书》卷二十四《食货志》）城市人口大批入山为盗的状况，山阴县城也不能幸免。《越绝书》所谓"到始建国时，蠡城尽"①（《越绝书》卷八《越绝外传记地传》）的记载，说明那时山阴县城人口已经大幅减少，几乎到达"尽"的地步。直到东汉和帝永元十一年（99）张霸出任会稽太守时，仍然"贼未解，郡界不宁"（《后汉书》卷三十六《张霸传》）。山阴县城这时的萧条和荒凉，是可想而知的。

山阴县城经过三百余年的沉寂和衰落之后，到东汉中期的顺帝年间（126—144），开始出现转机。主要由于朝廷和地方政府在政治、经济和城市建设方面采取了一系列重要措施，使山阴县城乃至整个会稽地区从停滞、衰落的阴影中摆脱出来。这些措施包括：一是在顺帝永建四年（129）实行吴（郡）会（稽郡）分治，即在钱塘以南越国故地设会稽郡，郡治设山阴，实行郡县同城而治（《后汉书》卷六《孝顺皇帝纪》）。此举不仅在继越国都城之后再次确立了会稽城作为区域行政中心的历史地位，对后来会稽城市性质定位和城市功能演变，也发生了不可估量的重大影响。二是吴会分治十一年后，即顺帝永和五年（140），会稽太守马臻发动和主持了鉴湖围堤工程。这项以郡城为中心，以蓄水为目的，面积超过二百平方公里的大型湖泊的建成②，不仅以人工方式改善了会稽郡城的地理环境，而且为日后山会平原的开发创造了条件。三是促使区域经济获得空前发展，包括扩大耕地面积，推广铁制农具，发明越窑青瓷，铜镜制作中心的形成，国内外贸易的迅速崛起，农业、手工业和商贸业的繁荣和发展，为会稽郡城成为区域政治、经济、文化中心奠定了坚实基础。此后，孙策、孙权兄弟执掌会稽太守，又全力推进地方经济文化事业发展，为东吴政权的建立创造了条件。

从东吴政权建立到西晋末年的近百年间，中原及江东大部分地区战乱

---

① 目前学术界对于"到始建国时，蠡城尽"，还有另外解释。如贵州人民出版社1996年出版的余纪东《〈越绝书〉全译》，译为"到汉代开始建国时，蠡城就毁坏了"，见第168页。岳麓书社1998年出版的刘建国、黄仁生《白话〈越绝书〉·白话〈吴越春秋〉》，译作"到王莽始建国时，蠡城已经快毁坏完了"，见第121页。人民出版社2009年出版的张仲清《〈越绝书〉校注》，译为"到王莽始建国的时候，蠡城已经毁坏殆尽"，见第168页。

② 参见陈桥驿《历史时期绍兴城市的形成与发展》，《吴越文化论丛》，中华书局1999年版，第362—363页。

频仍，社会动荡，而会稽地区相对安宁，经济社会承后汉之势，继续得到发展。到东晋初年，会稽郡境内城市发展，市面繁荣，出现"今之会稽，昔之关中"（《晋书》卷七十七《诸葛恢传》）的欣欣向荣局面。晋元帝司马睿就是依靠江南地理、经济上的这些优势和土著士大夫阶层的支持而站稳脚跟，建立了东晋朝。这时会稽地区及会稽城的重要地位，太常侍韩伯在为会稽太守王述所撰的《王述碑》中有如下评述：

述迁会稽太守，淮海维扬，皇基所托，此盖关河之重复，泱泱大邦。①

作为皇基所托的泱泱大邦，会稽在朝臣心目中的地位，当然引人注目。当咸和四年（329），首都建康发生苏峻之乱，"宫阙灰烬"时，三吴人士②便提出朝廷迁都会稽的主张［《资治通鉴》卷九十四《晋纪十六·成帝咸和四年（329）》］。说明在当时的江南城市中，除建康以外，会稽郡城已经首屈一指，因此有"海内剧邑"（《宋书》卷八十一《顾觊之传》）之称。迁都会稽虽未实施，但到刘宋孝建元年（454），便"分扬州之会稽、东阳、新安、永嘉、临海五郡为东扬州"（《宋书》卷三十五《州郡一》），州治设在山阴。山阴县城，由一郡之治所，变为五郡首府，当在情理之中。

第一节 会稽郡行政中心的形成与治理

一 行政区划的设置与演变

秦王政二十五年（前222），秦将王翦平定了长江中下游以南地区，灭越国，降越君，并于古吴越地设会稽郡（《史记》卷六《秦始皇本纪》）。这是会稽郡名的第一次出现。翌年，秦王统一六国，全面推行郡县制，先

---

① （东晋）韩伯：《王述碑》，（清）严可均辑《全晋文》，商务印书馆1999年版，第1431页。
② 参见《水经注》卷四十，三吴，系指吴兴、吴郡、会稽。

后于会稽郡境设二十余县，大致以钱塘江为界，南北各设十余县，包括由"大越"改名的山阴县。当时，会稽郡的范围很大，北起长江南岸，南到今福建北部①，山阴县正好处在会稽郡的中心地理位置。

然而，郡名为会稽，郡治却不在一郡中心之地的山阴县城，而在偏处一隅的吴中（今苏州），这是为什么呢？秦始皇当然有他的考虑，因为越都城也就是后来所谓的大越城及其周边地区，是千百年来于越人繁衍生息中心地区，既是剽悍善战的于越民族聚居区，又是越国势力根深蒂固的地方。在秦统一六国前夕，越国曾试图与楚、燕、赵四国联合伐秦。②秦始皇对此深有感触，认为"东南有天子气"，所以要想尽办法"厌当之"（《汉书》卷一《高帝纪》）。颜师古注："厌，塞也。"所谓"厌当"，其实是一种迷信，试图以某种方法压服抑制将来可能出现的灾祸。为此，他把所有地名中的"越"字都去掉，把已经使用了上千年的"大越"改名为"山阴"；为了降低大越城的地位，他把会稽郡治放到吴中去；为了削弱于越民族的势力，他用改变人口民族结构的办法，将于越人迁散各地③等等。所有这些，都可以看作是秦始皇所采取的"厌当"之术，然而所有这些"厌"，都无法"当"住秦王朝迅速灭亡的命运。

与秦代推行郡县制略有不同的是，汉代实行郡国并行之制。汉高祖刘邦夺取政权后，以秦郡县制为基本行政体制，又先后在功臣和亲属中分封异姓王、同姓王，因此出现郡县制和封国制并存局面。名将韩信最初被封为齐王，高祖五年（前202），因"齐王信习楚风俗，更立为楚王"（《汉书》卷一《高帝纪》），并将今浙江中北部包括山阴县在内的大部分地区，归属于分封给韩信的楚王国，会稽郡这时不再存在。高祖

---

① 《史记》卷六："分天下以为三十六郡。"《集解》所列诸郡中，有会稽郡，无闽中郡；《汉书·地理志》也有会稽郡，无闽中郡，故学术界对闽中郡有不同说法。

② 《战国策》卷七中注作燕、赵、吴、楚，实际越灭吴已有二百多年，故"吴"应作"越"。

③ 《越绝书》卷八：秦始皇嬴政三十七年，"徙大越民置余杭、伊攻、□故鄣。因徙天下有罪适吏民，置海南故大越处……"

六年（前201），改封韩信为淮阴侯，废除楚王国，并以包括山阴县在内的故会稽郡境置荆王国，以刘贾为荆王，辖下邳、丹阳、会稽等三郡五十三县（《汉书》卷一《高帝纪》）。到高祖十二年（前195），荆王刘贾被杀，汉高祖又以荆王国辖地分封给吴王刘濞（《汉书》卷一《高帝纪》）。汉景帝前元三年（前154），时年六十二岁的吴王刘濞，率二十余万人起兵谋反，胶西、胶东、楚、赵、济南、菑州等六国也同时反叛，发生了历史上所谓的"七国之乱"[《资治通鉴》卷十六《汉纪八·景帝前元三年（前154）》]。景帝平叛后，于第二年消除吴王国，恢复会稽郡建置，直隶于汉室。从汉高祖五年（前202）开始，会稽郡相继为楚王国、荆王国、吴王国封地的历史，至此宣告结束。后来朝廷为加强对地方的控制，汉武帝于元封五年（前106），在郡国之上，"置刺史部十三州"（《汉书》卷六《武帝纪》），扬州为十三州之一，会稽郡隶属于扬州，辖区范围，仍然保持着汉初规模。这种辖区范围和隶属关系，一直维持到东汉中期，如果从改"大越"为山阴县算起，已延续了三百多年。在此期间，会稽郡内部生产力提高不快，经济萧条，社会并不安宁。原因之一是行政区划面积过于庞大，交通不便，经济社会和地方行政管理不力。于是，分郡成了当时的一致要求："后汉顺帝时，阳羡令周喜上书，以吴、越二国，周旋一万一千里，以浙江山川险绝，求得分置。"（《元和郡县图志》卷二十六《江南道二》）分置是在后汉永建四年（129）进行的，大致以今钱塘江为界，江北置吴郡，郡治在吴（今苏州）；江南置会稽郡，郡治设在山阴（今绍兴），下辖山阴、余暨（今萧山）、诸暨、上虞、剡（今嵊州）、余姚、句章（今慈溪西北）、鄞（今鄞州东鄞山北）、鄞（今奉化白杜）、乌伤（今义乌）、太末（今龙游）、章安（今椒江章安）、永宁（治今温州城）、东冶（治今福州城）。这就是嘉泰《会稽志》所说的"后汉顺帝永建四年，分浙江以东十四县为会稽郡"（嘉泰《会稽志》卷一），其实应为十五县，因为东汉永和三年

(138)又分剡县北乡、上虞南乡为始宁县,属会稽郡。①

吴会分治带来的积极成果,是加快了会稽地区经济社会的发展。一些原来比较落后的山区,如今浙江南和福建北部地区,也相继得到开发。而且随着人口增加,生产力提高,经济实力增强,增设县级行政机构成为一种不可逆转的趋势。从东汉永和元年(136)到三国黄初二年(221)的数十年间,会稽郡辖县从15个迅速增加到30个。这些新设的县包括:浙江境内的汉宁(今东阳城东)、丰安(今浦江浦阳城南)、长山(今金华城)、遂昌、新安(今衢州城)、定阳(今江山城北)、南始平(今天台城)、罗阳(今瑞安城)、松阳和福建境内的建安(今建瓯城南)、汉兴(今浦城)、昭武(今邵武)、南平、东安(今泉州城西北)、侯官(今福州)等十五县。到吴赤乌八年(245),会稽郡又增设永康县②,所属达31县。

会稽郡所属建置县的不断增加,客观上为分郡创造了条件。孙吴政权后期,吴主孙亮、孙休将分郡视作一件大事,短时间内迅速付诸实施:吴太平二年(257),分会稽郡东部设临海郡,领六县,郡治设在章安(今椒江);永安三年(260),以会稽郡南部设建安郡,领九县,从此会稽郡不再辖有今福建之地;宝鼎元年(266),分会稽郡设东阳郡,领九县,郡治在长山(今金华)。③ 至此,在不到十年时间内,原会稽郡被一分为四,而此时的会稽郡所辖,仅剩山阴等十县,范围相当于今宁绍地区。

但这种一郡分解为四郡的行政区划调整措施,到南朝刘宋时,通过东扬州的设置又重新统一了起来。所不同的是,由原来的以郡统县,变成这时的以州统郡,虽然统辖的地域范围(除建安郡外)不变,但提高了一个行政层级。当时朝廷认为,晋室南迁后,以扬州为京畿,粮食布匹都出自该州;荆州、江州作为军事重镇,又"兵甲所聚""大将所居"。三州的户口,居有江

---

① 参见万历《绍兴府志》卷一。另外,邹福民主编《嵊县志·大事记》:东汉永建四年(129)"析剡县北,合上虞县南,置始宁县"。唐元明主编《上虞县志·建置》:"永建四年,分上虞南乡入始宁县,同属会稽郡。"本书从万历志说。

② 参见浙江省地名委员会编《浙江分县简志》,浙江人民出版社1984年版,第3—93页。

③ 参见(清)钱仪吉《三国会要》卷三十七,上海古籍出版社2006年版,第741页。

南之半，因此孝武帝"恶其强大，故欲分之"，于孝建元年（454），将原来隶属于扬州的浙东五郡，即会稽、东阳、永嘉、临海、新安分出，置东扬州，州治设在山阴。荆、江两州，也做了相应调整［《资治通鉴》卷一百二十八《宋纪十·孝武帝孝建元年（454）》］。这样一来，会稽郡城再次成为浙东的区域行政中心。此后，历齐、梁、陈各代，尽管以山阴为州治的东扬州的设与撤，有过短暂反复，但基本保持了东扬州建置。管辖郡数则不断增加，到陈天嘉三年（562），东扬州管会稽、东阳、临海、永嘉、新安、新宁、晋安、建安八郡（《陈书》卷三《本纪·世祖》），直到陈末。

二 三个行政层级下的会稽郡城

从秦始皇二十六年（前221），至南朝陈太建十四年（582）的800余年间，以山阴县城为中心，相继设有山阴县、会稽县，会稽郡（会稽国）和东扬州三个不同层级的行政建置。原来作为越国都城的大越城，相继承担了秦汉六朝行政体制下的四个行政机构治所。这种州、郡、县（两个）同城而治的格局，在中国古代城市中，恐怕是不多见的。这实际上也反映了会稽郡城的功能性特点。

（一）从越都城到山阴县城

如前所述，秦实行郡县制后，大越城一下子降为山阴县城，由此引起的城市地位下降，是显而易见的。春秋末年的越国疆域，按《国语》所说的"南至于句无，北至于御儿，东至于鄞，西至于姑蔑"（《国语》卷二十一《越语》下）的范围，面积大约为五万平方公里。而在秦置郡县时，上述范围内共设十四县，山阴县为其中之一，县域面积可能不到四千平方公里。① 在此情况下，山阴县城的重要性和影响力，已非从前，所能发挥

---

① 据清人全祖望《鲒埼亭集外编》卷四十九，旧绍兴府境在秦时已置山阴、馀暨、诸暨、上虞、剡、馀姚，而未置会稽、新昌县，故山阴面积很可能大于其他县。

的作用，也应当是有限的。

但与其他县城相比，山阴县城毕竟是浙江境内有明确文献记载的第一座城市，建成区面积也是其他县城无法相比的。更何况秦始皇在浙江境内分设建置县时，除山阴县有大越城为县城外，其他各县实际上还没有县城，处于有县无城的状态。这是因为秦是通过连年战争才统一中国的，而统一后又忙于打扫战场，根本来不及去建设县城；即使马上兴建，十三个县城也不是一朝一夕可以完成的。到西汉高祖六年（前201），建设县城才被提上议事日程。《汉书·高帝纪》载"令天下县邑城"，张晏注曰"令各自筑其城"，颜师古注"县之与邑，皆令筑城"。说明此前确无县城，南宋程大昌进一步确认了筑作县城始于高祖六年的观点。他说："高帝六年，令天下县邑城。前此州故有城矣，县邑至此方筑也。"①

其实这时的大越城，除作为山阴县治外，也是会稽郡尉治所，只因为郡尉治所变动较多，才不为人注意。按秦汉体制，每郡必置郡尉，其职责是掌管一郡军事。汉景帝时改郡尉为都尉，六朝时给刺史或太守加将军号，不再另置都尉。以山阴为都尉治，《元和郡县图志》卷二十六《江南道二》说："会稽山阴，汉初为都尉。"《越绝书》卷二《记吴地传》说："汉文帝前九年，会稽并故鄣郡，太守治故鄣，都尉治山阴。前十六年，太守治吴郡，都尉治钱塘。"南宋程大昌考证也认为，会稽东部都尉治就在绍兴府。②说明秦和西汉会稽郡的太守治与都尉治是分设的，同时也表明，作为都尉治的山阴县城与太守治的吴（今苏州），具有同等重要的地位。

（二）会稽郡还治山阴

这种太守治与都尉治的同等地位，到后汉顺帝永建四年（129）实行吴会分治时，得到了进一步的证实。朝廷将会稽郡一分为两，钱塘江以北的吴郡仍以吴为郡治，钱塘江以南的会稽郡则以山阴县城为郡治。两郡的

---

① （宋）程大昌：《考古编·续考古编卷之六》，中华书局2008年版，第315页。
② 同上书，第260页。

管辖范围，吴郡包括长江下游南岸至钱塘江以北，会稽郡的管辖范围更大，从钱塘江以南的浙江全境到福建泉州以北地区。

实行吴会分治并以山阴县城为会稽郡治，从文献记载看，实际上是民意的反映。《水经注》卷四十《浙江水》说："永建中，阳羡周嘉上书，以县远，赴会稽至难，求得分置，遂以浙江西为吴，以东为会稽。"《会稽典录》说："到永建四年，刘府君（汉及魏晋，太守自辟僚属如公府，因尊称太守为府君）上书，浙江之北，以为吴郡。会稽还治山阴。"① 前面所引的《元和郡县图志》也有类似记载，不过《舆地纪要》引述绍兴府沿革时，"喜"作"嘉"，而且"嘉"下有"山阴令阴重"字样。综上所述，上书请求吴会分治的，有阳羡县令周嘉，山阴县令阴重和会稽太守刘府君。周嘉、阴重阐述了吴会分治的理由，而刘府君提出了具体方案，最终朝廷采纳了刘的建议，足见刘府君的上书是至关重要的。有关刘府君的生平事迹，正史和地方志均无载录，连名字都没有留下，"府君"是对他的尊称。他的任职时间，万历《绍兴府志》卷二十六《职官志二》说在永建四年（129）（万历《绍兴府志》），三年后离任。②

促使吴会分治，是刘府君任内促成并有文字记载的一件大事。正因为有刘府君、周嘉、阴重等人的努力，会稽郡才得以还治山阴。刘府君自己，则成了还治山阴后的第一任会稽太守。官署就在种山（又名"卧龙山""府山"）东南麓昔日越王勾践宫室的所在地，这里曾经是秦汉会稽都尉署。雍正《浙江通志》"绍兴府治"条，引明弘治《绍兴府志》说："本秦汉会稽都尉治。自东汉以郡移治山阴，即为府廨。"（《浙江通志》卷三十一《公署》中）此后，会稽郡、会稽国、越州、绍兴府、绍兴路的公署，都设在这里③，直至清宣统末年。

---

① （晋）虞预：《会稽典录》，《鲁迅辑录古籍丛编》第三卷，人民文学出版社1999年版，第289页。
② 参见任桂全总纂《绍兴市志》卷二十七，浙江人民出版社1996年版，第1619页。
③ 参见（清）章大来《镇东阁记》，乾隆《绍兴府志》卷七十一《古迹志（一）·镇东阁》。

（三）名至实归的浙东首府

如前所述，南朝刘宋孝武帝即位第一年，就采取果断措施调整京畿地区的行政区划，分扬州的会稽、东阳、新安、永嘉、临海五郡置东扬州，并将州治设在会稽。因为在他看来，京畿地方势力过于强大，对于巩固封建集权统治显然是不利的。而他之所以将州治设在会稽，是事出有因的。

因为会稽郡在经历了东汉、三国、两晋到刘宋时，无论是政治、经济还是文化事业方面，在浙东五郡中都是遥遥领先的。即便是人口规模，以会稽一郡之数，也远远超出其余四郡的总和。《宋书·州郡志》载：当时东阳郡辖九县，人口107965；临海郡辖五县，人口24226；永嘉郡辖五县，人口36680；新安郡辖五县，人口36651。以上四郡合计人口为205522，而会稽郡所辖十县则有人口348014，比四郡总和还超出十四万多（《宋书》卷三十五《州郡志一》）。这也从一个方面反映了此时会稽郡在浙东的非同一般。事实上将州治设在会稽，不仅因为会稽是"浙东奥区（腹地）"（《梁书》卷二十三《永阳嗣王伯游传》）所在，而且也是"皇基所托"之地。这里的山阴县城，既为浙东首府，又是"泱泱大邦"（《全晋文》卷一百三十二《王述碑》），是作为州治的理想选择。

对于会稽郡来说，与东扬州同城而治的事实表明，这时已经恢复到昔日"浙东首府"（也称"大府"）的地位，可谓实至名归。而对于山阴县来说，驻县行政层次的升级、行政机构的增加、城市人口的增长、社会经济的繁荣和行政性功能的凸显，使得"山阴邦治，事倍余城"（《南齐书》卷四十一《周颙传》），及时调整行政区划、加强城市管理，已经成为一种必需。面对这种形势，齐高帝萧道成早在建元（479—482）初，就明确表示了"山阴户众，欲分为两县"（《南史》卷三十六《沈宪传》）的想法。他的愿望到数十年后的陈代（557—588）才得以实现。作为郡治所在的山阴县，包括城内和城外，城内以南北向的中心河道即府河为界，划分为山阴、会稽两县。① 山阴在西，会稽在东，由此开启了长达十四个世纪的山、会两县同城而治的历史。

会稽县的增设，表明会稽郡城在两浙乃至中国东南沿海的城市地位，获得最终的确认。因为这时的会稽郡城，既不是一般县城，也不是一般郡城，更不是一般州城，而是集县城、郡城、州城于一身，实行山阴县和会稽县、会稽郡、东扬州三个行政层级、四个行政机构同城而治的区域行政中心。清人全祖望说："六朝扬州封内，以丹阳为王都，而吴郡乃其近畿，故多合二郡为扬州，而以会稽为东扬州。"（《鲒埼亭集外编》卷四十九《浙西分地录》）说明以"人物殷阜"[《资治通鉴》卷一百五十九《梁纪十五·武帝中大同元年（535）》]著名的会稽，当时已与建康东西相峙，成为六朝江南的两大都会。②

三 会稽太守的品秩与任用

大越城进入秦汉以后，作为区域行政中心，从山阴县城到会稽郡城，再到东扬州州城，城市的行政功能在不断的叠加中扩大。城市主管的行政层级，也随着行政建置的升级而递增，从县令、太守到都督（有时也称刺史或州牧），城内拥有四个署廨。这些身为朝廷命官的各级官员，尽管品秩不同，职责有别，权力有大小，但都生活在同一座城市中，都是这座城市的主宰。从主宰城市的时间看，当然以县令为最早，其次是太守，最后为都督。县令、太守、都督，一般都由朝廷分别任命，但在东晋以后，特别是设东扬州建置后，通常都是太守、都督一起任命。因为多数是都督兼任太守，如东晋太元四年（379），王蕴"为都督浙江东五郡、镇军将军、会稽内史，常侍如故"（《晋书》卷九十三《王蕴传》）。也有太守加都督的，如刘宋泰始三年

---

① 关于山阴、会稽两县分置时间有多种说法。《读史方舆纪要》卷九十二：会稽县"本山阴县地，陈析置会稽县，后皆因之"。《一统志》中，分置时间在陈后主陈叔宝时（583—589）。万历《会稽县志》卷一："隋开皇九年，平陈废郡，并于山阴、上虞、始宁、永兴地置会稽县，隶吴州，会稽有县自此始。"此外还有陈永定年间（557—559）分置说。

② 《读史方舆纪要》卷九十一《浙江四·会稽》："襟海带江，为东南都会。"

（467），张永"徙会稽太守，加都督，将军如故"（《南史》卷三十一《张永传》）。因此，在不同品秩的城市主宰者中，太守往往处于城市的核心地位，格外引人注目，甚至郡级地方志也多着眼于对太守的记述。

据《绍兴市志》的不完全记载，秦汉六朝间，有姓名可查的会稽太守多达155名。① 他们的名称，随着行政体制的更替而有所变化。在秦代的郡县制下，统称"会稽郡守"。而在郡国并行体制下的西汉初期，按"郡为诸侯王国者，置内史以掌太守之任"（《通典》卷第三十三《职官十五·郡太守》）的汉制规定，以会稽地区先后为楚王韩信、荆王刘贾和吴王刘濞的封地，受诸侯王国管辖，分别为楚王国、荆王国和吴王国，而会稽郡不再存在，当然也无会稽郡守名录。这种局面，到汉景帝诛刘濞，平"七国之乱"［《资治通鉴》卷十六《汉纪八·景帝前三年（前154）》］后才得到改变，重新恢复会稽郡建置，更名郡守为"太守"。此后王莽改名为"太尹"（《通典》卷第三十三《职官十五·郡太守》），但不久就恢复"太守"名称，直到三国吴末。"晋为会稽国"（《通典》卷第一百八十二《州郡十二》），特别是在东晋时，先后于咸和二年（327）封司马昱（后为简文帝）为会稽王，兴宁元年（363）封昱之子司马昌明（后为孝武帝）为会稽王，太元十七年（392）徙封琅琊王司马道子为会稽王，义熙元年（405）封临川王之子司马修（亦作"休"）为会稽王。按东晋制度，在会稽王空缺时，会稽王国不废，"故内史领郡事"②，多称"会稽内史"。刘宋以后恢复会稽郡，为太守至陈末。

如上所述，会稽太守通常都由浙东诸郡都督兼任，其品秩较之其他郡守无疑高出一筹。会稽太守实际上是会稽郡城、会稽郡和浙东地区的最高行政首脑，在浙东地区的行政运转中，起着承上启下的作用，是联系中央与所属郡县行政的枢纽。太守的素质、能力与品格如何，对地方社会稳定和经济文化的发展，有着直接影响。因此，朝廷对于会稽太守的遴选，处

---

① 参见任桂全总纂《绍兴市志》卷二十七，浙江人民出版社1996年版，第1619—1623页。
② 见嘉泰《会稽志》卷第二。

置慎重，强调才干，这方面晋元帝司马睿很有代表性。当愍帝在位时，征用四方贤俊，想召诸葛恢为尚书郎，但司马睿以为诸葛恢具有"纵横"之才，上书调为会稽内史。莅任时，元帝为诸葛恢置酒钱行，并说：

> 今之会稽，昔之关中，足食足兵，在于良守。以君有莅任之方，是以相屈。

晋元帝推心置腹的这番话，确实给了诸葛恢以极大鼓励，他"莅官三年，政清人和，为诸郡首"（《晋书》卷七十七《诸葛恢传》）。

当然，对于会稽太守的任用，除强调才干、品行等因素外，也考虑到太守任前的功绩，而且作为重要考量条件之一。如陈文帝陈蒨为会稽太守时，就是"以功授持节、都督会稽等十诸军事、宣毅将军、会稽太守"（《陈书》卷三《世祖本纪》）。此外，皇亲国戚和世族弟子，无疑是封建社会条件下的用人主轴。特别是会稽郡城因为经济繁荣，百姓富庶，社会安定，更是他们心目中的肥缺，在朝廷任命的会稽太守中，这类人物占有很大比重。

表现最为明显的，是从东晋到南朝末年的近三百年间，会稽太守职位几乎被少数几个姓氏所占据。东晋初年，晋元帝司马睿所以能在江南站住脚跟，除地理、经济上的优势外，还因得到南渡的北方世家大族和江南土著世家大族的支持和拥护。其中起关键作用的，南渡世家主要有琅琊王氏、阳夏谢氏，土著世家主要有山阴贺氏、孔氏等。从晋元帝到宋顺帝（317—477）之间，琅琊王氏出任会稽太守共14人，阳夏谢氏4人，山阴贺氏1人，山阴孔氏6人，余姚虞氏2人，吴中顾氏2人，占同期太守总数近一半。[①] 其中琅琊王氏有王导从兄王舒，王导之子王恬、王荟，王导之侄王羲之、王彪之、王允之，王导之孙王琨，王导之玄孙王僧虔等。[②]

[①] 参见任桂全总纂《绍兴市志》卷二十七《政府》，浙江人民出版社1996年版，第1620—1622页。

[②] 参见王云根《王羲之家世》，北京出版社2004年版，第152—188页。又见刘茂辰等编撰《王羲之王献之全集笺证》，山东文艺出版社1999年版，第292—293页。

山阴孔氏中有孔愉,孔愉之子孔安国,孔愉之孙孔季恭,孔愉之玄孙孔山士、孔灵符等(《宋书》卷四十五《孔季恭传》)。①

南朝从刘宋起,出任会稽太守的绝大多数为宗室成员。刘宋一朝,宋武帝弟、族弟,宋文帝第六、八、九、十九子,宋孝武帝第二、六子,宋明帝第八子,均曾为会稽太守②。南朝齐、梁间,南兰陵萧氏掌有半壁江山,两朝二十五名会稽太守中,萧氏宗室就占有十六名③,其中梁武帝萧衍第七子萧绎(后为梁元帝)、第五子萧续、第六子萧纶、第八子萧纪相继为会稽太守。④南朝陈氏从萧氏手中接过政权后,继续以宗室成员为会稽牧,或许这就是历史的绵延性。

值得注意的是,在秦汉六朝的会稽太守中,尽管有着不同的身世和经历,能力也不一样,甚至品行也有很大差异,但在他们中间,确实也涌现了一批曾经对会稽郡城乃至浙东地区做出过贡献,一直为老百姓崇敬和怀念的名宦。东汉会稽太守张霸尚贤为治,启用人才,"郡中争厉志节,习经者以千数,道路但闻诵声"(《后汉书》卷三十六《张霸传》)。刘宠拜会稽太守,简除烦苛,清廉为民,自己"(清)约省素,家无货积"(《后汉书》卷七十六《刘宠传》)。马臻在会稽太守任内营筑鉴湖,蓄三十六源之水,溉九千余顷良田,到后来蒙冤被刑于市(嘉泰《会稽志》卷二),赢得"十万家春祈秋报"。⑤会稽内史王羲之东晋名士雅会兰亭,临池得"天下第一行书",使会稽俗尚风流而多翰墨之士。⑥还有如贺循开凿贯穿郡城的浙东运河(嘉泰《会稽志》卷十),孔愉在郡城西南开辟小隐山园(嘉泰《会稽志》卷十四),王彪之发布整顿市场的"整市教"[严可均辑

---

① 参见吴正岚《六朝江东士族的家学门风》中的"孔氏世系"。
② 参见《宋书》有关刘怀敬、刘思考、刘诞、刘祎、刘昶、刘休若、刘子尚、刘子房、刘跻本传。
③ 参见任桂全总纂《绍兴市志》卷二十七《政府》,浙江人民出版社1996年版,第1622页。
④ 参见《梁书》卷五、卷二十九、卷五十五。
⑤ 马臻墓在今鉴湖边,墓前石牌坊上有联曰:"作牧会稽,八百里堰曲陂深,永固鉴湖保障;薨灵窀穸,十万家春祈秋报,长留汉代衣冠。"
⑥ 参见(宋)王十朋《会稽三赋》,《王十朋全集》,上海古籍出版社1998年版。

《全晋文（上）》卷二十一］等。太守们的举措，对会稽郡城而言，在改善城市地理环境、发展城市水上交通、美化城市公共环境、繁荣城区市场、提高城市文明程度和开拓城市文化内涵等方面，都为后继者树立了榜样。

事实上，一些在会稽太守任上业绩卓著者，后来也得到朝廷的肯定，被委以各种重任。其中担任宰相的，东汉有以清廉为民著称的刘宠；孙吴时有"至德忠贤、辅国以礼"的顾雍和"身居宰辅，虑不经国"的濮阳兴；东晋有以政清人和为诸郡之首的诸葛恢，以"在郡甚有德政"（《晋书》卷七十七《何充传》）美誉的何充，以"莅政清肃"（《晋书》卷七十五《王述传》）闻名的王述，以"保国宁家"（《晋书》卷七十六《王彪之传》）为己任的王彪之，以及作为皇室成员出守会稽的司马道子、萧子良等九人。

还有六名会稽太守和会稽王，在特定历史时期和皇室成员背景下，成了一国之主。曾经为东汉末年会稽太守的孙权，在纷乱中于黄武元年（222）建立东吴政权，号称吴大帝。东晋朝会稽郡作为司马氏的领地，司马昱、司马曜（字昌明）父子先后封为会稽王，以后又分别于咸安元年（371）和宁康元年（373）继承皇位，史称晋简文帝和晋孝武帝。梁元帝萧绎作为萧氏皇室成员，幼年出道为会稽太守，于四十多年后的承圣元年（552），才登上皇帝宝座。南朝梁代末年的最后两位会稽太守，即陈霸先、陈蒨父子，在更朝换代中建立陈氏天下，陈武帝陈霸先于永定元年（557）建立政权，陈文帝陈蒨在天嘉元年（560）继位。

陈寿在《三国志》中说："天下英豪布在州郡。"（《三国志》卷四十七《吴书·吴主传》）如果以"天下"而论，恐怕言之有过，但若以会稽而言，或正中其说。

四　会稽郡城的治理

政府对城市的管理，内容是多方面的，如贯彻上级政令，登记户口，统计田亩，征收赋税，征发徭役，规范市场，维持社会秩序，审办刑事和民事案件，管理监狱、学校、仓储、邮驿等。对实行州、郡、县三个行政层级同城而治的会稽城来说,面对这些城市管理职能,同在这里任职的都督(有时称刺史)、郡守、县令之间,当然有必要进行合理分工。按照秦汉六朝官制,南朝刘宋孝建元年(454)分设东扬州,治山阴之前,在会稽城内任职的最高行政长官是郡守或会稽内史,之后虽然增加了一个行政层级,即太守之上设都督(刺史),但由于都督通常都由太守"兼充",因此,实际上太守仍然是实行城市管理的最高行政长官。当然,这种管理与其他城邑郡守或县令的城市管理,侧重点有所不同。从这一时期会稽太守的主要经历看,以下是他们实施城市管理的重点。

(一)捍卫城池安全

城市原本就应该是市民安居乐业的安全之地,从某种意义上说,假如不能为市民提供起码的居住、生活的安全保障,城市也就失去了它存在的意义。特别是当天灾、人祸、战争等突发性事件对城市安全发起挑战时,城市管理者的首要任务就是捍卫城池,保护市民,所谓"守郡"即守城。

会稽郡城地处东南沿海,从地理环境看,既不是交通枢纽、军事要塞,更不是兵家必争之地,在经历了春秋战国之际的吴越之战后,这里很少发生大规模的战事,即使是改朝换代时,偶尔发生的争夺城池之战争,也是小规模的,相对而言,城市的基本安全是有保障的。现在的绍兴古城,从范蠡建成至今,25个世纪城址不变,得以延续,就是明证。但会稽城也有自己特点。由于自然条件等因素,这里经济向来比较繁荣,属于江南米鱼之乡、富庶之地。但在秦汉六朝的封建经济制度下,地主阶级和农民阶级之间的矛盾错综复杂,由此引发的农民起义和争夺城池之战,也常有发生,主要列举如下。

秦末下相(今江苏宿迁西南)人项梁因杀人,与侄子项羽一起避仇钱塘江南的山阴县境内。① 始皇三十七年(前210),秦始皇渡钱塘江,游会

---

① 据《史记·项羽本纪》:"项梁杀人,与籍避仇于吴中。"后秦始皇渡浙江,项梁、项籍往观。可见此处所谓"吴中",当在钱塘江以南,今绍兴县境内有项里村、项里庙。

稽，项梁叔侄前往观看。见始皇如此威风气派，项羽脱口而出："彼可取而代也。"项梁急掩其口："毋妄言，族矣！"（《史记》卷七《项羽本纪》）秦二世元年（前209）七月，陈胜起义的消息震撼了会稽郡。九月，时为会稽郡守的殷通，召项梁商量说："江西皆反，此亦天亡秦之时也，吾闻先即制人，后则为人所制。"想利用项梁先发制人，举行反秦起义，结果被项梁叔侄杀死。项梁自立为会稽郡守，任项羽为裨将，安排豪杰为校尉、侯、司马，收山阴等县兵，得八千人，起兵反秦（《史记》卷七《项羽本纪》）。

项梁的会稽起义，以杀殷通而坐上了会稽郡守宝座，而东晋孙恩的会稽起义，虽然两次攻下会稽城，最终还是以失败告终。孙恩（？—402），字灵秀，琅琊人。与其叔孙泰"世奉五斗米道"，百姓"敬之如神，皆竭财产，进子女，以祈福庆"。其时，会稽地区世族大地主对于佃客的剥削奇重，阶级矛盾激化。孙泰以为"晋祚将终"，以传教方式，"扇动百姓，私集徒众，三吴士庶多从之"（《晋书》卷一百《孙恩传》）。由此引起了门阀世族的极大恐慌，会稽王司马道子便诱斩了孙泰和他的六个儿子。孙恩逃入海岛，得以幸免（《晋书》卷一百《孙恩传》）。为了个人报复，孙恩发动起义，会稽郡城因此造成惨重损失。

晋安帝隆安三年（399），会稽王司马元显征发浙东诸郡免奴为客者（即将官奴婢免为客户，以减轻其奴役性）移至京师，以充兵役，引起三吴地区骚乱。就在这年十月，孙恩趁机率百余人从海岛登陆，攻上虞，杀县令，袭会稽郡城（《晋书》卷一百《孙恩传》）。而笃信五斗米道的会稽内史王凝之（王羲之次子），不但不积极设防，反而大行其道，祷请"鬼兵相助"，结果被杀（《晋书》卷八十《王凝之传》）。于是乎，会稽、吴郡、吴兴、义兴、临海、永嘉、东阳、新安等八郡响应，杀长吏，结党羽，旬日之中，聚众数十万。孙恩以会稽郡城为指挥中心，自号"征东将军"，称部下为"长生人"。老百姓有不愿与之同流者，"戮及婴孩，死者什七八"（《资治通鉴》卷一百一十一《晋纪·安帝隆安三年》），血腥屠杀，十分残忍。凡被攻破的地方，"皆烧仓廪，焚邑屋，刊木堙井，掳掠财货，相率聚于会稽"。十二月，朝廷派卫将军谢琰（谢安次子）、镇北将军刘牢之出兵征讨，克义兴，破吴兴，紧逼钱塘江。孙恩见机"虏男女二十余万口"，仓促东撤，面对刘牢之的步步追逼，又不得不丢弃大量所掠辎重、宝器和女子，才逃回海岛（《晋书》卷一百《孙恩传》）。而此时的会稽郡城及其他县城，已经"城中无复人迹，月余乃稍有还者"（《资治通鉴》卷一百一十一《晋纪·安帝隆安三年》），战乱对城市的破坏与杀伤是可想而知的。朝廷担心孙恩再次登陆，任命谢琰为会稽内史，都督会稽、临海、东阳、永嘉、新安五郡军事（《晋书》卷七十九《谢琰传》）。

孙恩第二次攻陷会稽郡城，在隆安四年（400）五月。谢琰以资望镇越，既"无绥抚之能"，又"不为武备"，孙恩便率领军队从浃口（今镇海东南）登陆，入余姚，破上虞，直入山阴。谢琰闻讯，仓促跨马上阵，至城东千秋亭，因塘路狭隘，步骑难以发挥优势，孙恩从水路发箭，前后夹击，官军大败，谢琰和他的两个儿子谢肇、谢峻均死于阵中，会稽郡城再次陷入孙恩之手（《晋书》卷七十九《谢琰传》）。于是朝廷再次派冠军将军桓不才、辅国将军孙无终、宁朔将军高雅之围攻堵截，并任命刘牢之为会稽太守，都督会稽等五郡军事（《晋书》卷八十四《刘牢之传》）。孙恩避开官军，撤回海岛。见浙东已无立足之地，便于翌年三月沿海北上至海盐，为刘牢之部将刘裕所败。后又转辗上海、临海等地，几年战争，已成强弩之末，于元兴元年（402）与部下一起投水而死（《晋书》卷一百《孙恩传》）。

继孙恩之后，富阳人唐寓之也于齐永明三年（485）冬，以不满当局"连年检籍（亦称'校籍'，即检校核实户籍）"而聚众起兵，先后破桐庐，占钱塘、盐官、诸暨、余杭，袭金华等地。唐寓之在钱塘称帝，国号吴，年号兴平，钱江两岸却籍户（指除去户籍注文中冒充士族之类的不实之词），纷纷加入，众至三万人。为夺取会稽城，唐寓之乘会稽太守王敬则正月朝见天子之机，派孙泓伪装成会稽太守，以为"乘虚可袭"，不料被郡丞张思祖识破，派浃口（今镇海）守备汤休武迎战，大破之，会稽郡城保卫战取得胜利。①

（二）大都会的治理难点

自东汉永建四年（129）会稽郡还治山阴以后，经过马臻、孙权等会稽太守的不断开发建设，到南朝东晋时，会稽郡城已经成为中国东南沿海的一大都会。对于这个东南都会的形成过程，清人顾祖禹有如下概括：

> 府襟海带江，为东南都会。勾践生聚教训于此，遂以灭吴。汉武尝用以制闽粤。后汉末，孙策取王郎于会稽，而江东以定。晋隆安中，海贼孙恩据会稽，三吴八郡一时奔溃（时以会稽、临海、永嘉、东阳、新安、吴郡、吴兴、义兴为"三吴八郡"）。自是以后，皆以会稽为浙东重地。沈约曰："会稽带海傍湖，良畴数千万顷，膏腴土地，亩直一金，盖财赋所资也。"（《读史方舆纪要》卷九十二《浙江四·绍兴府》）

六朝时期的会稽郡城确实经济繁荣，人口密集，加上州、郡、县同城而治，在江南城市中，除却建康，非一般郡城所能比。城市管理责任大，难度也大，连齐高帝也认为这是一个比较"难治"（《南齐书》卷五十三《沈宪传》）的地方。难就难在"三多"上，即多人口、多狱讼、多豪猾。

人口多少是衡量一座城市规模大小和是否兴旺发达的重要标志。史籍对这一时期会稽郡城所在地山阴县，多因人口兴旺而称之为"大邑""剧邑""大县"，如"山阴大县"（《南史》卷七十《循吏传》）、"山阴剧邑"（《南史》卷三十五《顾觊之传》）、"山阴，东土大县"（《南齐书》卷五十三《傅琰传》）、"稽阴大邑"（《南史》卷二十八《褚玠传》）、"海内剧邑"（《宋书》卷八十一《顾觊之传》）等。有关人口数量，《南齐书》只

---

① 齐永明年间的唐㝢之起事，见《南齐书·沈文季传》《南史·虞玩之传》《南史·茹法亮传》等。

说"山阴户众"(《南齐书》卷五十三《沈宪传》),《宋书》则有明确记载,指出"山阴民户三万,海内剧邑"(《宋书》卷八十一《顾觊之传》)。这一记载与同书《州郡志》所载是一致的。志载刘宋大明八年(464),会稽郡辖十县,人口五万二千二百二十八户,三十四万八千一十四人,各县平均五千二百二十三户、三万四千八十一人,户均六点六六人。山阴大邑按民户三万、户均六点六六计算,总人口应该是十九万九千八百。需要指出的是,《宋书》所说的三万户,是专指"民户",即士、农、工、商各业人户,还不包括与之相对称的"官户"。当时会稽属于畿辅之地,寓居在这里的官户数量可观,如果加上这部分官户人口,那么,山阴县人口肯定超过二十万,称"山阴大邑"是名副其实的,因为在郡内,民户三万,是各县平均户数的六倍,与郡外其他县比,则会更高。同样以《宋书·州郡志》所载人口数字为依据,山阴县民户数与今浙江省境内各郡属县平均户数做比较,分别是吴郡(含今苏州、无锡)的七倍、吴兴郡的六倍、东阳郡的十七倍、临海郡的三十八倍、永嘉郡的二十四倍。实际上山阴县一县的民户,比东阳、临海、永嘉三郡的总和还要多。[①] 人口多本属好事,但确实也给城市管理增加了难度。刘宋元嘉(424—453)中,顾觊之任山阴令,由于人口众多,"前后官长,昼夜不得休,事犹不举",工作量很大,政务繁剧(《宋书》卷八十一《顾觊之传》)。刘宋泰始六年(470),傅琰任山阴令,也感到"东土大县,难为长官"(《南齐书》卷五十三《傅琰传》)。后来齐高帝萧道成看到这种情况,觉得山阴的确"户众难治",便产生了"分为两县"(《南齐书》卷五十三《沈宪传》)的想法。

"户众难治"的另一个原因是多狱讼,即所谓"山阴大邑,狱讼繁滋"(《南齐书》卷五十三《良政传论》),这在当时似乎是一种常态。刘宋泰始(465—471)中,江秉之"复出为山阴令,民户三万,政事烦扰,讼诉

[①] 据《宋书》卷三十五《州郡一》载:刘宋大明八年(464),吴郡54088户,12县,县均4207户;吴兴郡49609户,10县,县均4961户;东阳郡16022户,9县,县均1780户;临海郡3961户,5县,县均792户;永嘉郡6250户,5县,县均1250户。

殷积,阶庭常数百人"(《宋书》卷九十二《江秉之传》)。政事杂乱纷扰,讼诉大量聚积,衙内聚集数百人,竟成常态。紧随江秉之之后的傅琰,因在县明察秋毫,办案有方,两度出为山阴令,其中第二次就"以山阴狱讼烦积,复以琰为山阴令"。所谓"狱讼烦积",有这样两个案例即可说明。"卖针卖糖老姥争团丝,来诣琰,琰不辨,缚团丝于柱鞭之,密视有铁屑,乃罚卖糖者。二野父争鸡,琰各问:'何以食鸡。'一人云粟,一人云豆,乃破鸡得粟,罪言豆者。县内称神明,无敢复为偷盗。"(《南齐书》卷五十三《傅琰传》)为了一团丝、一只鸡,就不惜诉讼到衙门,这是民风好讼的反映。《宋书》就有这样的记载:"江东民户殷盛,风俗峻刻,强弱相陵,奸吏蜂起,符书一下,文摄相续。"(《宋书》卷五十三《谢方明传》)谢方明是谢安族人,又任过会稽太守,民间风俗当然了解。好讼之风,最终也迫使朝廷采取特别措施,于建元三年(481)"别置狱丞,与建康为比"(《南史》卷七十《循吏传论》)。在机构设置上采取与京师建康相同的措施,也表明会稽郡城的地位非同寻常。

但实际上即使"别置狱丞",也解决不了会稽城内"多豪猾"的实际问题。被称为"三吴奥区"①之一和"浙东奥区"②的会稽郡,在不断更替的六朝政权中,始终是政治上的重要依靠和经济上的主要供给地之一。孙权以此为基地建立了东吴政权,司马氏过江以此为依靠而站稳了脚跟,此后又是宋、齐、梁、陈政权的经营重点。会稽郡的这种特殊地位,使得历代的皇亲国戚、世族大家、官僚士人,纷纷来此定居、做官和经营产业,由此也引发了会稽"多豪猾"的社会问题。他们当中有强横狡猾而不守法纪的"豪猾",有出身世家大户的"豪右",有依仗权势的"豪吏",也有有钱有势的"豪富"等。六朝史籍多有这方面的记载。如《南史》

---

① 据《南齐书》卷四十《竟陵文宣王萧子良传》:"三吴奥区,地惟河辅,百度所资,罕不自出。"
② 据《梁书》卷二十三《永阳嗣王萧伯游传》载,天监元年(502)四月,梁武帝下诏萧伯游为会稽太守、都督五郡军事时说:"浙东奥区,宜须抚莅。"

载:"山阴县多豪猾,前后令皆以赃污免。"(《南史》卷二十八《褚玠传》)又如《南史》载:"会稽多诸豪右,不遵王宪,幸臣近习,参半宫省。封略山湖,妨人害政……又以王公妃主多立邸舍,子息滋长,督责无穷……"蔡兴宗因为得到齐明帝支持,对这些横行霸道的违法行径,都能"以法绳之"(《南史》卷二十九《蔡兴宗传》),予以打击。但也有会稽太守或山阴县令因无视权贵,伸张正义而受到排挤陷害,会稽太守王僧虔就是其中之一。其时,中书舍人阮佃夫家在会稽,请假东归,有人劝王僧虔,阮佃夫是重臣要幸,"宜加礼接"。王僧虔却说:"我立身有素,岂能曲意此辈,彼若见恶,当拂衣去耳。"结果阮佃夫不仅把原话传到了宋明帝那里,还指使御史中丞孙夐罗织罪名,在皇帝面前告了一状,王僧虔因此被就地免官(《南齐书》卷三十三《王僧虔传》)。

(三) 郡城治理中的儒家理念

秦汉六朝时期的会稽郡守,不仅重视郡城的管理,同时也在治理上花了功夫。虽然"管理"与"治理"没有严格区别,但从实践看,管理注重规范,而治理重在引导。两者互为补充,各有侧重,前者注重行为上的规范,后者重在观念上的引导,即用儒家倡导的价值观培养市民意识和规范市民行为。突出表现为:

1. 尚贤为治。"尚贤为治"是儒家思想库中有关治理国家的重要理论,这种理念也同样适用于地方城市的治理。秦汉六朝的会稽郡守,都比较重视依靠当地的贤达之士,参与地方城市管理。西汉更始元年(23),任延为会稽都尉,驻山阴,代理郡守行事。时会稽颇称多士,任延皆聘请高士如董子仪、严子陵等,待以师友之礼,郡中贤士大夫争相应聘(《后汉书》卷七十六《任延传》)。[1] 东汉和帝永元十一年(99),张霸为会稽太守,上表推荐郡中处士顾奉、公孙松等,其他有行业专长的也都一一见用。于

---

[1] 参见(宋)王十朋《会稽风俗赋》,《王十朋全集》,上海古籍出版社1998年版。

是"郡中争厉志节,习经者千数,道路但闻诵声"(《后汉书》卷七十六《张霸传》)。东晋元帝太兴年间(318—321)的会稽内史诸葛恢,承秦汉遗风,"尊五美,屏四恶,进忠贤,退浮华"(《晋书》卷七十七《诸葛恢传》)①,将"尚贤为治"提高到新的境界。

任延、张霸、诸葛恢等坚持"尚贤为治",实际上只是行使自己的职权而已。秦汉制度规定,在人员问题上,郡守具有以下职权:一是辟除权,除郡守、长吏、都尉等由朝廷任命外,郡守的幕僚属吏如功曹、五官掾、督邮等,一般都由郡守自行辟除,而且要求都是本郡人,其任用方式有召、请、署等,都是辟除的意思。二是选举权,即由地方选拔向朝廷推举人才,诸如孝廉、贤良方正、文学、茂才、明经以及有道之士等,都在郡守选举的范围之内。② 有这两条,客观上就为郡守"尚贤为治"提供了制度性保障。在山阴人当中,东汉时,郑弘由太守第五伦"召署督邮,举孝廉"(《后汉书》卷三十三《郑弘传》);谢夷吾也被第五伦"擢为督邮","举孝廉"(《后汉书》卷八十二《谢夷吾传》);钟离意"少为郡督邮","举孝廉"(《后汉书》卷四十一《钟离意传》)。孙吴时,阚泽"察孝廉"(《三国志》卷五十三《吴书·阚泽传》);贺齐"少为郡吏,察孝廉"(《三国志》卷六十《吴书·贺齐传》)。两晋时,贺循初为"郡五官掾","举秀才"(《晋书》卷六十八《贺循传》);杨方由内史诸葛恢荐为"郡功曹主簿"(《晋书》卷六十八《杨方传》)等等。

这些受会稽太守或会稽内史辟除或选举的贤达之士,不仅为郡城治理做出了贡献,以后又在更高的职位上担起了治理国家的重任。然而"尚贤为治"的意义,远不止这些,更为重要的是不仅养成了郡城百姓尚贤良,

---

① 五美:《论语·尧曰》载,"子张曰:'何谓五美?'子曰:'君子惠而不费,劳而不怨,欲而不贪,泰而不骄,威而不猛。'"四恶:"子张曰:'何谓四恶?'子曰:'不教而杀谓之虐;不戒视成谓之暴;慢令致期谓之贼;犹之与人也,出纳之吝谓之有司。'"

② 参见白寿彝《中国通史》第四卷《秦汉时期(上)·典志》,上海人民出版社2000年版,第830—831页、第850—854页。

贵士子，喜功名，好诵读的社会风尚①，而且还为后来此地人才辈出，"儒风之盛，冠于东州"（万历《会稽县志》卷四《治书·作邑之三·学署》）奠定了基础。

2. 倡导睦邻。在人口密集的城市里面，里居百姓，前后为舍，左右相邻，众多的邻舍隔壁，构成了错综复杂的邻里关系。这些社会最基层的邻里关系，如何处理，是城市面临的非常实际的社会问题，也是秦汉六朝时期会稽太守、会稽内史在城市治理中必须面对的现实问题。

西汉末年，里居在会稽城内大竹园的陈嚣，在对待和处理邻里关系上，称得上是典范。陈嚣少时去郭外捕鱼，有人偷其所捕之鱼，嚣见而避之草中，当作没看见，然后拿着自己的鱼追上去说，这是你忘了的。盗贼惭而不受，"自后无复盗其鱼者"（《艺文类聚》卷九十六《鳞介部上·鱼》）。又，陈嚣与纪伯为邻，纪伯夜间偷偷移动藩篱位置，侵占邻居陈嚣土地。此举为陈嚣所见，等纪伯离去，陈嚣又"拔其藩，自退一丈以益伯。伯惭悔，既还所侵，又退却一丈"。②还有一位同郡的车姓老妪，年过八十，无子，"慕嚣仁义"，求至其家寄命养老。嚣以车妪有财，未敢允诺，长者以为"甚宜"，"嚣遂迎妪，朝夕定省，如其所亲，出家财以供肴膳"，如对待亲生父母一样，养老、送终、守墓。③

发生在陈嚣身上的三个故事，实际上反映了对待和处理邻里关系的方方面面，也就是儒家观念中的以和为贵、与人为善、温良恭俭、职守孝悌、恪尽孝道等，把邻居当作朋友、亲人。以此为处理邻里关系的行为准则和道德规范，显然是符合城市治理要求的。汉成帝鸿嘉二年（前18），会稽太守周君刻石旌表，命陈嚣所在之里为"义里"（嘉泰《会稽志》卷十三《古第宅》）。后来陈

---

① 参见（宋）王十朋《会稽风俗赋》，《王十朋全集》，上海古籍出版社1998年版，第837—838页。
② 参见（吴）谢承《后汉书·陈嚣传》，《鲁迅辑录古籍丛编》第三卷，人民文学出版社1999年版，第187页。
③ 参见（晋）虞预《会稽典录·陈嚣传》，《鲁迅辑录古籍丛编》第三卷，人民文学出版社1999年版，第247页。

嚣官拜大中大夫，成帝待以师父之礼，并按当时礼制，赐以几杖。① 宋代诗人华镇在《陈大夫宅》② 一诗中写道：

> 邻里相欢起美谈，
> 通衢高柳碧毵毵。
> 至今风俗轻虞芮，
> 目击岐周始自惭。

陈嚣的"仁义"之风，后来竟然在会稽城内绵延相续，"仁义"者也层出不穷，仅《宋书·孝义传》为之列传的就有贾恩、郭世道、郭原平、严世明和何子平五人。③ 他们都是平凡之辈，也没有惊天动地的伟业，但他们如《汉书·食货志》所说："出入相友，守望相助，疾病相救，民是以和睦，而教化齐同，力役生产可得而平也。"（《汉书》卷二十四《食货志》）

秦汉六朝时期会稽城内居民的里居情形，可从《汉书·食货志》的记载中得到启示："在野曰庐，在邑曰里。五家为邻，五邻为里，四里为族，五族为党，五党为州，五州为乡。"（《汉书》卷二十四《食货志》）这里所说的虽然都是最基层的行政单位，但在邻里关系中，对邻、里、族、党、州、乡仍有不同的要求和职任。这就是《周礼》所谓的：

> 令五家为比，使之相保；五比为闾，使之相受；四闾为族，使之相葬；五族为党，使之相救；五党为州，使之相赒；五州为乡，使之相宾。（《周礼》卷十《地官·大司徒》）

个别行政单位名称，《汉书》与《周礼》有所不同，但实际是一样的。其中的保、受、葬、救、赒、宾，各有具体内容和施行范围，简言之：

---

① 参见（吴）谢承《后汉书·陈嚣传》，《鲁迅辑录古籍丛编》第三卷，人民文学出版社1999年版，第188页。
② （宋）华镇《陈大夫宅》，（宋）张淏撰《会稽续志》卷一引录，《景印文渊阁四库全书》第486册，第446页。
③ 五人传记，均见《宋书》卷九十一《孝义传》。

五家之间（邻）——相互保卫；

五邻之间（里）——相互接纳；

四里之间（族）——参加葬礼；

五族之间（党）——相互援助；

五党之间（州）——相互救济；

五州之间（乡）——相待以宾客之礼。

由此可见，邻里关系的内涵是十分丰富的。《周礼》是从"施教法于邦国都鄙"的角度提出问题的，明确规定这是治理国家和治理城市的基本任务，而且必须"教其所治民"，落到实处。

3. **孝悌治家**。对城市而言，无论其规模大小，都由无数的家庭户组成。这些被视为社会细胞的家庭户，在中国传统社会里，是"修身为本，为政以德"的基础教育范畴。在儒家的政治路线中，"修身，齐家，治国，平天下"是一个完整的教育链。其中包含两个基本原则：一是个人的道德修养与政治双管齐下而以修身为本；一是"道之以德，齐之以礼"，即以德教礼治为基本的施政方针。① 由此出发，孝悌便成了修身的基本内容之一，并一直受到为政者的重视。

西汉末年，任延拜会稽都尉，代郡守行事，每次去属县视察，都要对当地的孝子进行慰勉，并且请他们一起吃饭。② 东汉时，侍中张霸"年数岁而知孝让"，博览《五经》，和帝永元十一年（99）任会稽太守。在郡三年，尚贤为治，安定社会，提倡孝道，感化盗贼。有童谣曰："弃我戟，捐我矛，盗贼尽，吏皆休。"（《后汉书》卷三十六《张霸》）治理中特别强调孝悌，虽然《后汉书》本传没有具体记述，但在嘉泰《会稽志》中却有形象的描绘，该志引《耆旧传》说有一种"孝鸟"，能反哺父母：

> 张霸为会稽太守，举贤劝讲，一郡慕化，道路但闻诵声，野无遗

---

① 参见张岱年、程宜山《中国文化论争》，中国人民大学出版社2006年版，第122页。
② 据《后汉书》卷七十六《任延传》："（延）每时行县，辄使慰勉孝子，就餐饭之。"

寇。民语曰:"城上乌鸣哺父母,府中诸吏皆孝子。"(《会稽志》卷十七《草木鱼虫兽》)

父母喂小鸟,被视为天经地义,而当父母年老不能自食其力时,小鸟就反哺父母,因此被认为是"孝鸟"。据《广雅》说:纯黑而反哺者谓之(孝)鸟,小而腹下白不反哺者谓之雅鸟,白项而群飞者谓之燕鸟。以民谚方式传播"孝鸟"故事,说明张霸所处时代,会稽地区"孝悌"之道已经深入人心。

然而影响最大、传播最广、历时最久的关于孝的故事,非曹娥莫属。《后汉书》曹娥本传全文如下:

> 孝女曹娥者,会稽上虞人也。父盱,能弦歌,为巫祝。汉安二年五月五日,于县江泝涛(迎)婆娑神,溺死,不得尸骸。娥年十四,乃沿江号哭,昼夜不绝声,旬有七日,遂投江而死。至元嘉元年,县长度尚改葬娥于江南道傍,为立碑焉。(《后汉书》卷八十四《曹娥传》)

曹娥的孝女行为,情节简单,但确实在人们的内心世界发生了强烈的震撼作用。"孝"本来就是人伦之常,子女赡养父母、敬重父母,是最起码的伦理道德。《论语·为政》云:"子游问孝,子曰:'今之孝者,是谓能养。至于犬马,皆能有养;不敬,何以别乎?'"孔子论孝,强调对于父母,应既养且敬,如果不敬,那么人与犬马还有什么区别呢?曹娥受到后世的追思,是可想而知的。

汉桓帝元嘉元年(151),上虞县长度尚,改葬曹娥于江南道旁,命邯郸淳作文,刻石立碑,建曹娥庙,以彰孝烈。邯郸淳所作就是著名的《曹娥碑》,当年蔡邕夜访此碑,手摸其文而读之,题"黄绢幼妇,外孙齑臼"(绝妙好辞)八字于碑阴。北宋大观四年(1110)封曹娥为灵孝夫人,此后代有加封,香火不断。

曹娥的孝行对会稽地区百姓孝敬父母,以孝治家,从思想观念、伦理道德方面，都产生了持续不断的影响，孝子孝女也层出不穷。《南史·孝义传》为南朝宋、齐、梁、陈的孝义人物列传，共 120 名，其中会稽郡人士就达 11 名。

第二节　人口迁徙与会稽士族的形成

会稽郡的城市人口，在秦汉六朝的八百余年间，有过两次大的变动。第一次是秦统一六国后，秦始皇用强制性手段，将大批聚居在大越城及周边地区的于越居民，迁移到钱塘江以北的今浙西、皖南地区，同时又从北方迁入部分汉族人口，以改变大越地区居民的民族结构①，目的当然是巩固对该地区的统治。第二次是随着东晋王朝的南下，大批皇室宗族、北方士族和一般庶民，纷纷南下寓居会稽等地。② 这两次人口大迁徙、大流动，对会稽郡城乃至整个会稽地区的政治、经济、文化以及民情民风等，产生了深远而又深刻的影响。一个突出表现是，在人口流动过程中，逐渐形成了影响后世千百年的会稽士族和名士群体。③

一　于越人口的迁散与民族融合

（一）于越人口的北迁与南散

秦始皇嬴政三十七年（前 210），秦始皇出游江南，丞相李斯和少子胡亥（秦二世）随从，于十一月沿长江东下，过丹阳，至钱唐（塘），临浙江，到大越。这是《史记》所载的秦始皇行程：

---

① 参见陈桥驿《越族的发展与流散》，《吴越文化论丛》，中华书局 1999 年版，第 51 页。
② 参见《晋代人口的流动及其影响》，《陈寅恪魏晋南北朝史讲演录》，万绳楠整理，黄山出版社 1987 年版，第 114—129 页。
③ 参见王志邦《东晋朝流寓会稽的北方士人》，《六朝江南史论》，中国青年出版社 1989 年版，第 47—64 页。

> 上会稽，祭大禹，望于南海，而立石刻颂秦德。(《史记》卷六《秦始皇本纪》)

秦始皇不远万里上会稽，表面所似乎是普通巡游，其实他到会稽后的所作所为，无不说明他是想借此威慑越人，收服民心，消除隐患，巩固秦王朝在会稽地区的长治久安。

长期生活在这里的于越民族，素以勇猛、强悍、好战闻名。[①] 秦兵也领教过于越人的这种厉害，当秦得越地、置会稽郡后，越人奋起反抗。于是秦派会稽都尉屠睢予以镇压，"越人逃入深山林丛，不可得攻。留军屯守空地，旷日（持）[引]久，士卒劳倦，越（乃）出击之。秦兵大破，乃发适戍以备之"（《汉书》卷六十四《严助传》）。秦始皇大概没有忘记这次教训，而且还以为"东南有天子气"[②]，这对迷信深信不疑的他来说，无疑是一大心腹之患。因此，即使是秦始皇在生命的最后岁月[③]，也要登上山阴城南海拔544米的秦望山，立下《会稽刻石》。刻石除标榜秦始皇"平一宇内"的历史功绩外，对各地能否"皆遵度轨，安和敦勉"也深表担忧，同时还借"禁止淫泆"之名，试图限制越地人口繁衍。[④]

实际上，秦始皇对越地人口采取了两条非常严厉的措施：一是"禁止淫泆"，二是"刻石徙之"（《越绝书》卷二《记吴地传》）。"淫泆"当然是中国传统道德的禁区。而秦始皇之所以在其留下的泰山等六通刻石中，唯独在《会稽刻石》中提出"禁止淫泆"问题，这显然是有其用意的。因为当年越王勾践为灭吴雪耻，曾经推行过一系列奖励人口生育的政策，经过二十年生聚，人口大增，国力日强。[⑤] 这种有利于人类自身发展的人口政策，后来一直被延续下来，到战国末年，"其风犹在"。这显然与秦始皇防患于未然的目

[①] 据《墨子·非攻下》："今天下好战之国，齐、晋、楚、越。"据《吕氏春秋·季秋篇》："齐庄子请攻越，问于和子。和子曰，先君有遗言曰：'无攻越。越，猛虎也。'"
[②] 据《秦会要订补》卷六："始皇尚曰：'东南有天子气'，于是东游以厌之。"
[③] 据《秦始皇本纪》载，始皇于嬴政三十七年七月回咸阳途中"崩于沙丘平台"。
[④] 以上均引自《会稽刻石》，《史记》卷六《秦始皇本纪》。
[⑤] 参见《国语》卷二十《越语（上）》，越国人口奖励政策。

标是背道而驰的，必须严厉禁止。因此在《会稽刻石》中刻上了这条禁令，以威慑越人，控制越地人口增长。对此，清人顾炎武有如下评述：

> （越国奖励人口生育的政策）传至六国之末，而其风犹在。故始皇为之厉禁，而特著于刻石之文。以此与灭六王并天下之事并提而论，且不著于燕、齐，而独著之于越。然则秦之任刑虽过，而其坊民正俗之意固未始异于三王也。（《日知录》卷十三《秦纪会稽山刻石》）

说明实施奖励人口生育政策，并没有导致坊间居民对三王以来的传统道德发生异化。而秦始皇自己却把控制越地人口与灭六国并天下相提并论，表明刻石"禁止淫泆"的禁令，绝对不是通常所谓的风俗问题。

迁散于越人口，是秦始皇上会稽时采取的另一条严厉措施，即《越绝书》所谓的"刻石徙之"。将大规模人口迁徙政策刻之于石上，表明这是一项重大决策，是于越居民必须服从的具有强制性的法令。对这次于越历史上罕见的人口大迁徙，《越绝书》有如下两段记载：

> （秦始皇）以其三十七年，东游之会稽……是时，徙大越民置余杭、伊攻、□故鄣。（《越绝书》卷八《记地传》）
>
> 乌程、余杭、黝、歙、无湖、石城县以南，皆故大越徙民也。秦始皇刻石徙之。（《越绝书》卷二《记吴地传》）
>
> 秦徙大越鸟语之人置瞀。①（《吴越春秋》佚文）

这次按照秦始皇政治意志被迫迁徙的于越人口，其迁入地都在今钱塘江以北，蒙文通先生有"秦时越人之徙是北迁而非南走也"②之说。古籍中所说的迁入地，据葛剑雄先生考证，大致范围包括今浙江西北和安徽东

---

① 张觉：《吴越春秋校注》附录一《吴越春秋》佚文，岳麓书社2006年版，第294页。
② 蒙文通：《越史丛考》，人民出版社1983年版，第40页。

南的丘陵山区①，总面积远远超过于越人繁衍生息的核心地区，即今宁绍平原。虽然古籍中没有关于于越人口北迁的数字，但从迁出后分布的地域范围看，数量一定是很可观的，甚至可能超过大越人口的一半。如果按周自强《中国经济通史·先秦经济卷》的数字，当时越国人口为81.5万人，那么北迁人口很可能超过40万。因为若非如此，根本无从改变越地人口的民族结构，秦始皇的初衷也无从实现。

在强制性人口"北迁"的同时，也有相当一部分包括城市人口在内的于越人，以反抗的姿态，逃离故土，走上另一条"南散"之路，进入南部山区，包括今绍兴南部山区和浙南、闽北等地。尽管目前尚未见到这方面的文字记载，但入汉以后瓯越、闽越的迅速崛起和此后"山越"人的大量出现，无疑与于越人的南散之间有着某种必然的联系。

在大批迁散大越城及其周边地区于越人口之际，秦始皇自然还采取了另一手，即"徙天下有罪适吏民，置南海故大越处，以备东海外越"（《越绝书》卷八《越绝外传记地传》），将国内其他地区有罪之吏和不轨之民，迁入今绍兴一带，以防御先前流散东南沿海的"外越"反抗。这就是古人所谓"秦徙民有二端"，既迁送了罪民，又充实了越地（《秦会要订补》卷十六《徙民》）。其实秦始皇的"二端"政策中，迁入一手并不灵。因为，一方面迁入的人数非常有限，以至后来变得无声无息；另一方面，由于"南方暑湿，近夏瘅热，暴露水居，蝮蛇蠚生，疾疠多作，兵未血刃而病死者什二三"（《汉书》卷六十四《严助传》）。北方人到了南方很难适应当地水土，这恐怕是秦始皇始料不及的。但他迁散于越人口，改变越地民族结构，削弱越国传统势力的目的显然是实现了。

---

① 《越绝书》记及的于越人口迁入地，葛剑雄先生考证后指出："余杭在今浙江余杭市西南余杭镇，乌程在今湖州市南，故鄣在今安吉县北，石城在今安徽当涂县东北，芜湖在今芜湖市东，黟县在今县东北，歙县即今县，于潜县在今浙江临安县西于潜，仅伊攻故址无考。"见葛剑雄《中国移民史》第二卷，福建人民出版社1997年版，第76页。

(二) 山越人的流变

事实上，迁散于越人口的势头，并没有因秦王朝的灭亡而终止。汉高祖刘邦虽然曾经利用和依靠于越人的反秦力量，推翻秦王朝在东南沿海的统治而夺取了政权，并且先后封闽越首领无诸为闽越王［《汉书》卷一《高帝纪第一（下）》］、东瓯首领摇为东海王，但他并不信任身为越王勾践之后的聚居在东南沿海的于越人①，生怕他们起来作乱。这种心态在汉高祖十二年（前195）封于会稽的荆王刘贾被杀，决定改荆王国为吴王国，另立兄子刘濞为吴王时，就充分暴露了出来：一方面，"上患吴、会稽轻悍，无壮王填（镇）之"，即没有强有力的人把会稽镇住，恐怕有人会作乱，于是封刘濞为吴王，将会稽、东阳、鄣三郡五十三城交给了他；另一方面，又担心刘濞与若耶（山阴城东一条溪，此处代指于越人）人一起造反，所以他警告刘濞，"汉后五十年，东南有乱，岂若耶？"（《汉书》卷三十六《吴王濞传》）以为越人造反是迟早的事，叮咛刘濞千万不要参与。此后，一旦会稽有事，汉王朝便仿效秦始皇迁散于越人的办法，以"虚其地"。汉武帝就是这样做的，他曾下诏说："东越险阻反复，为后世患，迁其民于江淮间。"（《汉书》卷六《武帝纪》）实际上，山阴城及其周边地区的世居于越人口，在西汉初期和末期，由于各种原因，不是被成批迁散，就是零星流落他乡，成为后来"山越人"中的一部分。

"山越"是居住在山区，活跃于东汉末年至南朝陈末的于越人后裔。史籍中最早出现"山越"之名的是《后汉书·孝灵帝纪》，其中说"丹阳山越贼围太守陈寅，寅击破之"（《后汉书》卷八《孝灵帝纪》）。《资治通鉴·汉纪四十八》在抄录《孝灵帝纪》此条时，胡三省注云："山越本亦越人，依阻山险，不纳王租，故曰山越。寇扰郡县，盖自此始。"清代王鸣盛也有类似解释，他说："自周秦以来，南蛮总称百越，伏处深山，故

---

① 据《史记》卷一百一十四《东越列传》："闽越王无诸及越东海王摇者，其先皆越王勾践之后也。"

名山越。"① 史籍中也有称"山越"为"山民""山贼"或"贼"的。

山越人主要聚居在今皖南、浙西、赣东北三省交界的山区和今绍兴市的嵊州、新昌以及临海等浙中南部山区。大致包括三国吴属的丹阳、会稽、新都、建安、豫章、鄱阳、庐陵诸郡，范围很广。二十五史中从《后汉书》到《隋书》都有记载，尤以《三国志·吴书》为详。孙吴末年，以吴郡和丹阳郡分设吴兴郡时，末帝孙皓说："今吴郡阳羡、永安、余杭、临水及丹阳、故鄣、安吉、原乡、于潜诸县，地势水流之便，悉注乌程，既宜立郡以镇山越……"② 孙皓列举的九县，正是当年秦始皇将于越人"刻石徙之"的去所，也是后来汉武帝"迁其民于江淮间"的范围。这就进一步表明，这些山越人便是于越人的后裔。

此外，《三国志·吴书》所谓"贺齐守剡长，斩县吏，大破山越"（《三国志》卷六十《吴书·贺齐传》）；《宋书》云谢灵运"尝自始宁南山伐木开迳，直至临海，从者数百人，临海太守王诱惊骇，谓为山贼"（《宋书》卷六十七《谢灵运传》）；《梁书·武帝纪》云中大通二年"山贼聚结，寇会稽郡所部县。九月……讨之"（《梁书》卷三《武帝纪（下）》）。以上涉及的山越或山贼均在山阴县城的南部山区，这些山越人很可能就是秦汉时期为摆脱强制性北迁而逃入南部山区的于越人。

事实上对于越人来说，无论是被强制北迁还是自发南逃，有一点是共同的，即都进入了深山林丛的"溪谷之间，篁竹之中"，与原先世居的宁绍平原相比，无论是生产条件还是生活环境，都发生了很大变化。而对统治者来说，即使据有其地，也无法实施有效管理，这就是西汉会稽太守严助所谓的"得其地，不可郡县也；攻之，不可暴取也"（《汉书》卷六十四《严助传》）。山越人长期居住在深山老林之中，与世隔绝，生活习性独特，抗御能力很强。他们：

---

① 见《资治通鉴》卷五十六《汉纪四十八·灵帝建宁二年（169）》。又见清王鸣盛《十七史商榷》卷四十二《山越》。

② （清）钱仪吉：《三国会要》卷三十四《舆地一》，上海古籍出版社2006年版，第667页。

未尝入城邑，对长吏，皆仗兵野逸，白首于林莽。逋亡宿恶，咸共逃窜。山出铜铁，自铸甲兵。俗好武习战，高尚气力。其升山赴险，抵突丛棘，若鱼之走渊，猿狖之腾木也。时观间隙，出为寇盗，每致兵征伐，寻其窟藏。其战则蜂至，败则鸟窜，自前世以来，不能羁也。（《三国志》卷六十四《吴书·诸葛恪传》）

这是三国孙吴讨伐山越名将诸葛恪传记中的一段话。从中不难看出，这时的山越人身上，仍然保留着许多越王勾践时代的特征，如机敏、尚武、强悍的民族个性及其顽强的生存能力。但同时也表明，时至三国，山越人犹未尽与汉族人融合①，而东吴孙权为开发江南，扩张自己的割据势力，便开始了讨伐山越的军事行动。

客观上山越的分布，都在孙吴统治地区中心的建业、会稽、吴郡附近，对东吴政权的巩固和稳定，有相当大的威胁②，孙吴统治者不得不采取征服山越的行动。但目的很清楚，是"悉取其地，以民为兵"③，使山越聚居地成为东吴疆土，增加东吴的兵源和财源，变不利因素为有利条件。所以诸葛恪在讨伐丹阳山越时，采取了"山民去恶从化，皆当抚慰，徙出外县，不得嫌疑，有所执拘"的宽松政策，"于是老幼相携而出"，并且一次就得兵四万人（《三国志》卷六十四《吴书·诸葛恪传》）。据《三国志·吴书》各传所载，诸将讨伐山越所得士兵加起来，总数已不下十三四万。④如果按五抽一计算，至孙吴末年，山越人口总数至少在七八十万以上。

孙吴讨伐山越的军事行动，将山越人从深山老林中赶出来，客观上增加了山越人与汉族人接触的机会，为南朝陈末山越人与汉族人基本融合奠定了基础。

---

① 参见周一良《南朝境内之各种人及政府对待之政策》，《周一良学术论著自选集》，首都师范大学出版社1995年版，第127页。
② 如《三国志》卷六十《吴书·贺全吕周钟离传》评曰："山越好为叛乱，难安易动。"
③ 见《资治通鉴》卷五十六《汉纪四十八·灵帝建宁二年（169）》"丹阳山越"条注。
④ 参见何兹全《孙吴的兵制》，《何兹全文集》第二卷，中华书局2006年版，第713页。

（三）于越种姓与望族

人口迁徙和民族融合，是人类文明进步的阶梯。以会稽为中心的于越先民，由于自然环境和战争等原因，历史上有过几次大规模的人口迁徙。在卷转虫海侵时期，宁绍平原的于越先民分别向内地、沿海和钱塘江以北迁徙，形成内越、外越和句吴三个部族分支。[①] 在越王勾践时期，为消灭吴国、北上称霸中原而采取的大规模军事行动中，大批于越人辗转江淮乃至胶东地区，创造了与句吴、中原华夏民族共处共融的时代。[②] 在秦始皇统一中国后，又以改变会稽地区民族结构的方式，将于越人按照他的政治意志，迁徙到浙北、皖南和赣东北地区[③]，也有部分于越人按照自己的意愿，向东南沿海撤离，寻求新的发展天地。

在经历了多次大规模的人口迁徙之后，于越族的人口分布范围已经大为扩展，包括今山东、江苏、安徽、浙江、江西以及福建一带。并且与早期北上或南下的句吴、瓯越、闽越、山越以及后来南迁的汉族人口，重新生活在一起，最终完成于越、于越分支与汉族的融合过程。这一过程，大致到南朝陈时基本结束，在陈以后的文献中，已经很少有关于于越人活动的记载，表明于越人与汉人已经完全融合。[④]

但是，这种民族的融合，并不表示于越种族文化的消失。与其他种族一样，在长期的历史发展进程中，于越人也逐步形成了自己的种姓与望族，并且作为一种有符号、有体系的姓氏文化，被世世代代沿袭和传承了下来。这种中华民族先有"姓"，后有"氏"，最后形成姓氏合一的符号体系[⑤]，在于越民族的后裔中，同样表现得淋漓尽致。如以封国为氏的"越

---

① 关于内越、外越、句吴的形成，参见陈桥驿《越族的发展与流散》和《"越为禹后"说溯源》，两文均载《吴越文化论丛》，中华书局1999年版。
② 参见《史记·越王勾践世家》，越王勾践十五年（前482）出师伐吴，兵力就达4.9万人。
③ 据《越绝书》卷二《记吴地传》："乌程、余杭、黝、歙、无湖、石城县以南，皆古大越徙民也。秦始皇刻石徙之。"
④ 参见王钟翰主编《中国民族史》，中国社会科学出版社2001年版，第322页。
⑤ 参见汪泽树《姓氏·名号·别称》，四川人民出版社2003年版，第21、31页。

氏"，以封邑为氏的"欧阳氏"，以住地为氏的"会稽氏"，以先祖之字为氏的"皋氏"，以先祖之姓名为氏的"姒氏"，以先祖的官职为氏的"寺氏"等（《通志》卷二十五至卷三十《氏族》），都是通过姓氏来保存和传递于越族文化的实例。这些源于会稽地区的于越族人后裔，虽然后来分散居住在全国各地，但都保持着自己的种姓。有的种姓子孙繁衍，人才辈出，声望显赫，具有较高的社会地位，因而被视为望族。包括嘉泰《会稽志》（嘉泰《会稽志》卷三《姓氏》）在内的各种文献记载的种姓和望族有：

表2-1　　　　　　　文献所载绍兴地区姓氏源流及分布一览

姓氏	姓氏来源①	命氏方式	举例	分布情况	资料来源
越氏	少康封无余于越，建越国	以国为氏	今台湾地区有越方如	较罕见	通志·氏族
虞氏	舜以天下授禹，禹封舜之子商于虞城	以国为氏	三国有虞翻	望出会稽	浙江通志稿 通志·氏族（民国《重修浙江通志稿》第十二册《民族·氏族·望族·旧族》）
夏氏	禹治水有大功，舜以天下授之，是为夏后氏	以国为氏	明有夏完淳	望出会稽	通志·氏族 浙江通志稿
姒氏	鲧为尧崇伯，赐姓姒。其子禹，受舜禅为夏	以姓为氏	当代有姒元冀	今绍兴禹陵村民以姒姓为主	通志·氏族
会稽氏	少康封少子季杼于会稽，遂为会稽氏	以地为氏		罕见姓	通志·氏族 元和姓纂（林宝《元和姓纂》，四库全书本）
嵇氏	少康少子季杼之后，汉初徙谯之嵇山，取稽字之上以为姓	以地为氏	三国嵇康	分布很广	姓谱 浙江通志稿

① 有些姓氏有多种来源，此处只录与越地有关之说。

续 表

姓氏	姓氏来源①	命氏方式	举 例	分布情况	资料来源
摇氏（亦作"徭"）	姒姓,越王勾践裔孙,东越王摇之后	以人名为氏	东越王摇	罕见姓	通志·氏族 中国姓氏大全②
植氏	春秋时,越王之后	系自姒姓	明有植以进	南北皆有	中国姓氏大全
欧阳氏	姒姓,越王勾践之后,支孙封乌程欧阳亭	以亭为氏	宋有欧阳修	分布很广	通志·氏族 中国姓氏大全
欧侯氏	越王无疆的后代			罕见姓	中国姓氏大全
欧氏	越王无疆之子封于乌程欧余山之阳	以封邑为氏	春秋有欧冶子	分布很广	中国姓氏大全
瓯氏	越王无疆后代,住瓯水	以地为氏		罕见姓	中国姓氏大全
讴氏	越有大夫讴阳,为越王无疆的后代	以名为氏		望出会稽	浙江通志稿 中国姓氏大全
顾氏	越王勾践子孙封于顾余	以邑为氏	汉有顾翱	分布很广	世说新语·德行
彊氏	越王无疆的后代	以人名为氏	汉有彊华	罕见姓	中国姓氏大全
闽氏	越王无疆子孙散居闽中	以地为氏		北南皆有	中国姓氏大全
驺氏	一说邹,越王勾践的后代		汉有驺余善	罕见姓	世本·秦嘉谟辑补本③
寺氏	古代宫中供使令的小臣称"寺"	以官为氏	越国有寺区	今北京、台湾地区有分布	中国姓氏大全
鸥夷氏	越大夫范蠡后改名为鸥夷子皮	以人名为氏		今无此姓	中国姓氏大全
姑氏	越大夫姑浮为姑氏之始	以人名为氏	越国有姑浮	南北皆有	中国姓氏大全

---

① 有些姓氏有多种来源,此处只录与越地有关之说。
② 陈明远、汪宗虎:《中华姓氏大全》,北京出版社 1989 年版。
③ 汉宋衷注、清秦嘉谟等辑:《世本八种》,中华书局 2008 年版。

续 表

姓氏	姓氏来源①	命氏方式	举 例	分布情况	资料来源
皋氏	越大夫皋如之后	以人名为氏	西汉有皋伯通	南北皆有	姓氏考略(清陈廷炜《姓氏考略》)
皓氏	越大夫皓进之后	以人名为氏		今沈阳有	中国姓氏大全
灵姑氏	传说为越王余善的后代	以姓为氏	越国有灵姑浮	罕见姓	中国姓氏大全
舌氏	传为越国贵族之后	以人名为氏	有越大夫舌庸	罕见姓	中国姓氏大全
綦母氏	春秋晋大夫綦母张之后	以姓为氏	唐有綦母潜	望出会稽	姓氏考略
区氏	越铸造剑匠欧冶子之后转为区		唐有区寄	分布较广	通志·氏族
诸氏	越王勾践裔,闽越王无诸之后	以人名为氏	越国有诸发	望出会稽	中国姓氏大全
诸稽氏	越大夫诸稽郢之后	以封地为氏			世本·秦嘉谟辑补本
贺氏	吴国王子庆忌,避祸隐居会稽,东汉避讳改称贺氏		唐有贺知章	望出会稽	浙江通志稿
鄮氏	以住鄮县(今鄞州东)命氏,后改贸氏	以地为氏		望出会稽	中国姓氏大全
留氏	卫大夫留封人之后	以邑为氏	东汉有留朌	望出会稽	通志·氏族
镜氏	以住镜湖为氏	以地为氏	汉有镜敏	南北皆有	中国姓氏大全
康氏	姓姬,卫康叔支孙	以谥为氏	南朝有康穆	望出会稽	通志·氏族

① 有些姓氏有多种来源,此处只录与越地有关之说。

续　表

姓氏	姓氏来源①	命氏方式	举　例	分布情况	资料来源
鄞氏	以居鄞(今宁波)为氏	以邑为氏		南北皆有	中国姓氏大全
甬氏	越国有地名甬东(亦作"甬句东"),在今舟山	以地为氏		极罕见姓	中国姓氏大全
余氏	今作"余"。越王无疆的二子蹄守欧余亭之阳	以地为氏	后燕有余蔚		中国姓氏大全
梅氏	无余初封于越,子孙有住丹阳皋乡者,更姓梅,地名梅里	以地为氏	汉有梅福	南北皆有	越绝书②
句章氏	句章为春秋时期越国之邑,在今慈溪西南	以邑为氏	战国时有越大夫句章昧		战国策、中华姓氏大辞典③
成功氏	相传夏禹治水大告成功,而少子遂以为氏		汉有成功恢		姓苑
苦氏	春秋时越大夫苦成之后	以人名为氏	汉有会稽太守苦灼	望出会稽	中华姓氏大辞典
杭氏	春秋时越王之后有杭氏		明时有杭琪	分布较广	姓考
计氏	春秋时越大夫计然之后	以名为氏	汉有计训	分布较广	中华姓氏大辞典
秣氏	春秋时越王迁秣林(故城在今南京),后有秣氏、末氏	以国为氏			中华姓氏大辞典
乌氏	越王勾践之后迁居乌程者	以地为氏	唐有乌承恩	分布较广	中华姓氏大辞典

① 有些姓氏有多种来源,此处只录与越地有关之说。
② 《越绝书》卷八载:"自无余初封于越以来,传闻越王子孙,在丹阳皋乡,更姓梅,梅里是也。"梅里在今无锡东南三十里。
③ 袁义达、杜若甫编:《中华姓氏大辞典》,教育科学出版社1996年版。

续 表

姓氏	姓氏来源①	命氏方式	举 例	分布情况	资料来源
剡氏	剡县，汉置，居者因以为氏	以地为氏			中国姓氏大全
沤氏	系自姒姓。越王无彊之后有沤氏			今台湾地区有此姓	中华姓氏大辞典
资氏	黄帝之后来食于益州资中，因以为氏	以地为氏	明时有资金	望出会稽	元和姓纂
稽氏	越王居会稽，其后以为氏	以人名为氏	春秋时有稽黄		姓源
骆氏	少康之后有骆氏，或作駱	以人名为氏	汉时有骆甲	望出会稽	中华姓氏大辞典
钟离氏	钟离为楚邑，在今湖北汉川东	以邑为氏	汉时有钟离意	望出会稽	千家姓
谢氏	炎帝之裔申伯受封于谢	以国为氏	晋时有谢安	望出会稽	中华姓氏大辞典
畴氏	春秋时越王之后有畴氏	以人名为氏	有越大夫畴无余	望出会稽	中华姓氏大辞典
阚氏	黄帝支系姞姓之裔封于阚	以邑为氏	三国有阚泽	望出会稽	通志·氏族
兹氏	鲁大夫兹无之后		鲁有兹无	望出会稽	嘉泰《会稽志》（嘉泰《会稽志》卷第三《姓氏》）
庄氏	楚庄王之后	以谥为氏	六国有庄周	望出会稽	嘉泰《会稽志》
黄氏	勾践之后	以地为氏	三国时有黄忠	望出会稽	嘉泰《会稽志》
裘氏	卫大夫之后采食于裘	以地为氏	唐有裘甫	望出会稽	嘉泰《会稽志》

① 有些姓氏有多种来源，此处只录与越地有关之说。

二 户籍管理与城市人口

（一）户籍的管理

户籍是登记户口的册籍，是统治者控制社会人口的重要手段，大约初创于秦献公时期（前384—前362）。① 这种对户口实行登记造册的制度，经过不断完善和严密，在秦并六国后被推行到全国。

大越地区是如何实施这种户籍制度的，尽管没有具体文字记载，但可以肯定，是与郡县制同时推行的。因为已经成为秦王朝管辖范围的会稽郡，必须奉行已经颁行的政令法规，必须缴纳应该缴纳的赋税徭役，必须接受地方政权的控制和监督，而这一切都离不开户籍制度的贯彻和按户籍制度规定进行人口调查所得的数据，这是国家和地方实行有效管理的基本条件之一。

特别是秦始皇决定"徙大越民"，即迁散长期聚居在大越城及其周边地区的于越人口时，对当地人口状况必须有所了解，包括具体的家庭成员、性别、与户主的关系、成年成员的婚姻状况、男性成员的身高等项。② 民间传说，秦始皇到会稽登山望海，目的之一是俯视灶烟数量，以判断人口多少，最终做出"刻石徙之"的决定。其实秦代户籍制度，对人口迁徙的限制是很严的，要办理更籍手续，否则要受到惩罚。③ 说明秦始皇"徙大越民"是经过精心准备的。

汉代的户籍制度不断得到强化。汉高祖五年（前202）五月下诏："民

---

① 《史记》卷六《秦始皇本纪》载：献公"十年（前375）为户籍相伍"。葛剑雄先生认为，"这是现在能找到的'户籍'一词最早的出处"。见葛剑雄著《中国人口史》第一卷，复旦大学出版社2002年版，第227页。

② 参见葛剑雄《中国人口史》第一卷《导论·先秦至南北朝时期》，复旦大学出版社2002年版，第230页。

③ 参见王志邦著，金普森、陈剩勇主编《浙江通史·秦汉六朝卷》，浙江人民出版社2005年版，第59页。

前或相聚保山泽，不书名数，今天下已定，令各归其县，复故爵田宅，吏以文法教训辨告，勿笞辱。民以饥饿自卖为人奴婢者，皆免为庶人。"[《汉书》卷一《高帝纪（下）》] 天下新定，那些"不书名数"者，即没有在户口册上登记过的平民，都应回原籍登记户口，已经自卖沦为奴婢的，可以恢复平民身份。

已经登记的平民，称为"编户民"。如何对编户民实施管理，《后汉书·百官志》云："里有里魁，民有什伍，善恶以告。"本注曰："里魁掌一里百家。什主十家，伍主五家，以相检察。民有善事恶事，以告监官。"（《后汉书·百官志五》）这种户口编制方式表明，汉代以五户为伍，十户为什，百户为里，头目称"魁"，目的是为了互相纠察、监督。这对于加强社会控制、征收徭役赋税、维护政权稳定的重要性，是不言而喻的。

这种强有力的户籍管理措施，客观上也为人口调查与统计提供了保障。因为此前会稽地区无确实的人口统计资料，汉代保存下来的两次官方人口数据，就显得非常珍贵。第一次为西汉末年的元始二年（公元2年），会稽郡（含吴越两地）领26县，223038户，1032604口，每县平均8578.38户，每户平均4.63口。按83970平方千米（不含闽中）面积计算，人口密度为每平方公里12.3人。第二次在东汉永和五年（140），即在吴会分治后不久，会稽郡领14县，123090户，481196口，每县平均8792.14户，每户平均3.91口。按68670平方公里面积计算，人口密度为每平方公里7人。① 与人口密度超过200人每平方公里的郡国相比，会稽郡确如司马迁所说的"地广人稀"。出现这种情况的原因，如前所述，主要有二：一是秦始皇大规模迁散于越人口后，这里的人气尚未恢复；二是因王莽推行新政而逃亡山区的越人亦即山越人，很可能没有纳入统计范围。

三国、两晋、南北朝时期大体沿袭了秦汉的户籍制度，但在具体管理

---

① 以上数据，均据梁方仲先生编著《中国历代户口、田地、田赋统计》一书，甲表3、甲表4、甲表7、甲表8，上海人民出版社1980年版。

上又有所不同，有普通民户户籍和特殊民户户籍之分。普通民户，主要包括地主、农民等，占国家人口的大多数；特殊民户，主要有兵、僧尼、奴隶、杂户等，一般不包括在国家统计户口内。① 东晋以后，会稽地区的普通民户户籍被称为"黄籍"，特殊民户即北方移民的户籍被称为"白籍"。所谓黄籍，通常认为是用黄纸制成的户口簿籍，不过在北方移民大量流入的东晋南朝时期，黄籍也隐含着南方土著人户籍的意思。所谓白籍，其本意是用普通白纸制成的户口簿籍，实际上是北方移民在南方侨居地带有临时性质的户籍。这就是周一良先生所说的"土著户籍原为保存久远，故用入潢之黄色纸。侨人户籍原系临时性质，故用普通白纸"②。

白籍的出现，实际上是依靠南北士族建立起来的东晋政权，为招怀流民而采取的政策之一。为吸收南迁的北人参加政权，一方面在长江南北设置了许多"侨置郡县"，目的当然是安置北方移民及其后裔；另一方面又通过黄、白两种有区别的户籍制度，对侨民给予免除赋役的优待。持白籍的人不编入侨居地的伍什之中，不需要向国家缴纳赋税和服徭役，只要在户籍中注明原籍即可享受。

虽然会稽郡不在东晋政权设置的侨州郡县范围之内③，但这不等于说会稽郡就没有接受过移民。事实恰恰相反，迁入会稽地区的移民从数量上看，甚至比某些侨郡还要多。姚培峰、齐陈骏研究认为，东晋南朝会稽郡人口应在100万以上，其中就包含了18万左右的北方移民，与谭其骧先生北方移民占南方编户六分之一的结论，基本相符。④

起初对于北方移民实行白籍编户制度，为他们在南方取得安身之地，生活有着落，确实发挥了积极作用。后来随着侨民的增加，政府为增加编户，

---

① 参见白寿彝总主编《中国通史》第五卷《中古时代·三国两晋南北朝时期（上）》，上海人民出版社1995年版，第654页。
② 周一良：《魏晋南北朝史札记》，第246页。
③ 关于东晋朝境内的侨州郡及其地理分布情况，见葛剑雄《中国移民史》第二卷《先秦至魏晋南北朝时期》，福建人民出版社1997年版，第391—398页。
④ 参见姚培峰、齐陈骏《试论会稽郡在孙吴及两晋政权中的政治地位》，李洪天主编《回望如梦的六朝》，凤凰出版社2009年版，第200—201页。

扩大赋役对象，协调黄、白籍之间的不平衡，便着手进行"土断"。晋成帝在咸康七年（341）就下诏实编户（指检查核实），"王公下至庶人，皆正土断白籍"[《资治通鉴》卷九十六《晋纪十八·成帝咸康七年（341）》]。所谓"土断"，就是将侨民断入居住地户籍，即由原来的白籍改为黄籍，编入当地伍什，与黄籍编户一视同仁。

这实际上是取消白籍优待的措施，但实施起来并非易举。从成帝咸和年间（326—334）首次土断，到陈文帝天嘉二年（561）最后一次土断，先后土断十次，历时230余年。① 不过晋成帝咸和、咸康年间（326—342）的两次土断，从稍后会稽内史王羲之致友人的书信中可以看出，会稽郡的土断白籍，不仅得到有效执行，而且并无抵触。这是因为这里采取了土断后不加重赋役的政策，使得北来移民愿意土断入黄籍，安居于当地。这就是王羲之信中所说的"今不为赋，得里人遂安黄籍"和"乡里人乐著县户"②的原因。这里的"里人"和"乡里人"，当指王羲之的故乡人，也泛指南下会稽定居的北方人。

（二）城市人口的数量及其变化

虽然境内的户口管理，始于秦汉时期，汉代还有过两次较为可靠的人口调查数据，但对于大越城的城市人口情况，却没有留下一个可靠、完整的数字。因此，要研究秦汉时期大越城的人口数量是相当困难的。

不过秦汉时期大越城的人口数量，仍然可以从频繁的人口迁徙，包括迁出和迁入中发现一些人口数量起伏变化轨迹。

如前所说，越王勾践经过十年生聚、十年教训，越都城人口至少已经达到五万。此后直至秦并六国前的200余年间，越地一方面"生聚"（《日

---

① 参见曹文柱《关于东晋南朝时期的"土断"问题》，《魏晋南北朝史论合集》，商务印书馆2008年版，第163页。

② （清）严可均辑：《全晋文（上）》卷二十五、二十六《王羲之·杂贴（四、五）》，商务印书馆1999年版，第238、250页。

知录》卷十三《秦纪会稽山刻石》)之风犹存,另一方面无战事发生,人口增殖是毋庸置疑的,估计比春秋末年增长一倍左右,城市人口也可能达到七八万之数。这在当时可谓大城市了。然而紧随其后,接连发生了几次足可影响城市人口规模的人口大迁徙。首先是如前所述的秦始皇"徙大越民",迁出人口的数量,估计在当时大越人口的一半以上。汉武帝时,会稽郡人口有进有出,有增有减。汉武帝元狩四年(前119),关东连年水灾,"贫民徙陇西、北地、西河、上郡、会稽,凡七十二万五千口"(《汉书》卷六《武帝纪》)。其中迁入会稽郡约为十四万五千口,"会稽生齿之繁当始于此"①。可是没过多久,汉武帝害怕这里的原住民造反(《汉书·吴王濞传》),便于元封元年(前110)采用"虚其地"的办法,下诏"迁其民于江淮间"(《汉书》卷六《武帝纪》),迁出于越人约有七八万。② 到了西汉末年王莽始建国时,又出现了大越城城市人口的大逃亡。《越绝书》卷第八所谓"到始建国时,蠢城尽",将城市人口说成"尽",或许言之有过,但此时大越城人口极为稀少是完全可能的,仅有一二万也说不定。

其实王莽始建国时,是大越城人口最少的时期,进入东汉以后,这里的城市人口开始缓慢回升。虽然这种回升仍无法用确属的数字来反映,但用与人口生存密切相关的柴米供应情况来衡量,或许也能看出这种回升的大概。通常情形下,人口越多对柴米需求也越大,反之亦然。

在东汉以后的文献中,时有山阴人采樵为业、进城卖薪的记载。如汉太尉郑弘(? —86)"少贫贱,以采薪为业"③;晋宋间隐士朱百年(368—454)"以伐樵采箬为业"(《宋书》卷第九十三《朱百年传》);后为梁武帝检阅群书的孔子祛(496—546)"少孤贫好学,耕耘采樵,常怀书自随"(《梁书》卷四十八《孔子祛传》)等等。郑弘的采樵卖薪,还被演绎成"樵

---

① (清)王鸣盛:《十七史商榷》卷九,上海书店出版社2005年版,第60页。
② 参见葛剑雄《中国移民史》第二卷,福建人民出版社1997年版,第243页。
③ (南朝宋)孔灵符:《会稽记》,《鲁迅辑录古籍丛编》第三卷,人民文学出版社1999年版,第312页。

风"的神话故事。《后汉书·郑弘传》注引孔灵符《会稽记》曰：

> 汉太尉郑弘尝采薪，得一遗箭，顷有人觅，弘还之。问："何所欲？"弘曰："常患若耶溪载薪为难，愿旦南风，暮北风。"后果然。故若耶溪风至今犹然，呼为"郑公风"也。（《后汉书》卷三十三《郑弘传》）

若耶溪是大越城东南的一条主要运输水道，每天运往城里的柴薪早出晚归，足见当时城中需求之大。事实也正是这样，进入东汉以后，会稽郡城人口迅速增加，据《后汉书·郡国志四》载：永和五年，会稽郡人口为481196人。如果按赵冈先生17.5%的汉代城市人口比例计算，会稽郡城人口已经达到8.4万人。而汉顺帝永和五年（140），正是会稽太守马臻发动民工进行大规模水利建设之际，鉴湖的形成如果没有足够的劳动力储备，无疑是不可能的。

粮食的紧缺同样反映了这种人口增长的趋势。故越地原本"地广人稀，饭稻羹鱼……不待贾而足，地埶饶食，无饥馑之患……"（《史记》卷一百二十九《货殖列传》）可是在东晋南朝的文献中，频频出现关于粮食紧缺的记载，说明由于城市人口的激增，促使人们对于粮食的关注。《梁书·贺琛传》载："琛家贫，常往还诸暨，贩粟以自给。"这时山阴农村所产粮食已不敷城市居民口粮之需，贩运粮食因此成为求生之路。贺琛"贩粟以自给"不过是个体行为，其实早在东晋初年，将外地粮食贩运到会稽郡城，已经成为重要的商贸活动。"山阴道上商旅往来频繁，征货贸粒，是两浙绢米交易的中心。"① 歉收之年，商旅更能起到籴平粜俭的作用，《南齐书·顾宪之传》载："吴兴无秋，会稽丰登，商旅往来，倍多常岁。"而地方政府也十分重视粮食储备，郡县都有仓储，数量颇为可观。东晋太和（366—371）中，郗愔为会稽太守，"六月大旱灾，火烧数千家，延及

---

① 任桂全总纂：《绍兴市志》卷十四《国内贸易》，浙江人民出版社1996年版，第1045页。

山阴仓米数百万斛"[《晋书》卷二十七《五行志（上）》]。按故宫博物院所藏西晋太康铜釜铭文"一斗铜釜，重九斤七两"①和十斗一斛计算，山阴仓米多达数亿斤。拥有如此多的储备粮，说明这时会稽郡治所在的会稽城人口已经非同寻常了。按《宋书·刘勔传》"二万人岁食米四十八万斛"的用粮水平推算，当时山阴米仓所储粮食，至少可以满足十万城市人口一年的用粮需求。

晋室南迁，大批北方人士南下定居会稽，促使会稽郡城人口增加，这是情理中的事。然而这仅仅是问题的一方面，从另一方面看，当时城市人口之所以迅速增长，其实与会稽内史王羲之提出并付诸实施的"实都邑"政策有着非常密切的关系。他在给谢安信中分析了当时"征役及充运死亡、叛散、不反者众"的原因，针对差役无可替代、百姓流亡、户口日减的现实，提出减死刑的、五岁刑的均令其移家都邑，认为"实都邑""是政之本"。他说：

> 百工医寺，死亡绝没，家户空尽，差代无所，上命不绝，事起或十年、十五年，弹举获罪无懈息而无益实事，何以堪之！谓自今诸死罪原轻者及五岁刑，可以充此，其减死者，可长充兵役，五岁者，可充杂工医寺，皆令移其家以实都邑。都邑既实，是政之本，又可绝其亡叛。不移其家，逃亡之患复如初耳。(《晋书》卷八十《王羲之传》)

事实证明，王羲之充实城市人口的"实都邑"主张，不仅得到切实贯彻，而且效果非常明显。紧随其后出守会稽内史的王彪之，"居郡八年，豪右敛迹，亡户归者三万余口"(《晋书》卷七十六《王彪之传》)。而会稽郡城能在短时间内吸纳安置三万人口，说明城市基础设施方面已经具备"实都邑"的条件。

发展到刘宋时，会稽郡城人口数量已相当可观，《南史》称："山阴剧

---

① 见《中国历代量制演变测算简表》，载《汉语大词典》。

邑三万户。"(《南史》卷三十五《顾觊之传》）所谓"剧邑"，是指政务繁剧之郡县，由于人口众多，政务自然繁剧。据刘宋大明八年（464）的人口资料，会稽郡这时领10县，共52228户，348014口（《宋书》卷三十五《州郡志一》），户均6.66人。按此推算，此时山阴县人口为19.98万人，占全郡的57%。而作为会稽郡和浙东五郡首府的山阴县城，这时的城市人口很可能已经超过十万人之数，继续保持着浙江境内自春秋战国以来第一大城市的地位。

两晋南朝时期的会稽郡人口，在浙江省区人口中所占比重就证明了这一点。西晋太康元年（280），浙江省区人口约有9万户，会稽郡为3万户，占省区的33%；刘宋大明八年（464），浙江省区约有10万户，会稽郡为5.2万户，占省区的52%。[①] 从太康元年到大明八年，浙江省区人口增加1万户，其中会稽郡人口增加2.2万户，说明省区内其他郡县人口实际上是减少的。可见当时浙江省区的人口主要聚居在会稽郡，而会稽郡又以山阴为第一大县，进而表明山阴县城亦即会稽郡城人口超过十万人，是与当时的实际情况相吻合的。

三　会稽士族与名士群

会稽士族与名士群是东汉魏晋南北朝时期以会稽郡城为中心逐渐发展起来的一种人文现象。这种在人口迁移和文化交流中形成的会稽士族，包括东汉时期在会稽本土形成的"土著士族"、东晋朝开始南下会稽定居的"北方士族"和南北士族交融后出现的"会稽士族"三部分。在南北士族相遇会稽之前，双方都已产生过不少名士，而当南北士族相遇交融之后，涌现出更多的名士，形成影响会稽地区社会文化形态的名士群。虽然名士不一定从士族中产生，但出于士族大姓的，无疑占有很大比例。[②] 会稽地

[①] 参见《晋书·地理志（下）》《宋书·州郡志一》，高敏主编《中国经济通史·魏晋南北朝经济卷（上）》。

[②] 参见唐长孺《东汉末期的大姓名士》，《魏晋南北朝史论拾遗》，中华书局1983年版，第28页。

区的情况尤其如此。从东汉初年的"会稽颇称多士"(《后汉书》卷七十六《任延传》),到东晋初年的"名士多居之"(《晋书》卷八十《王羲之传》),就反映了士族与名士群之间的这种内在联系。

(一) 土著士族的形成

士族有很多称谓,常见的有世族、世家大族、大姓豪族、豪门士族、门阀士族以及名族、望族等。

一般认为,豪门士族是封建门阀制度的产物,东汉开始首先在地主阶级内部逐渐形成,魏晋南北朝达到鼎盛时期。这些世家大族中,既有世代位居高官的,也有世代据守儒业的,还有既是高官又是名儒的。作为封建时代的士人或士大夫阶层,在政治、经济、文化乃至法律上都享有很高的特权①,并且世代相袭,逐渐形成了为数众多的世家大族或名门望族。

会稽地区的土著士族形成时间,大致与北方地区士族相同,都在东汉时期。但由于在汉顺帝永建四年(129)会稽郡移治山阴之前,位于钱塘江以南的会稽地区,远离当时的政治文化中心,南北交流的机会非常有限。即便是移治山阴后,这种交流也是零星的、小规模的,然而又是多元的。因此,会稽土著士族的形成过程要更长一些,形成的原因要更复杂一些,主要表现在:其一,有的世家大族子弟,其先祖原本就很有名望,后来被迫"移居山阴",东汉太尉郑弘就是一例。"其曾祖父,本齐国临淄人,官至蜀郡属国都尉。武帝徙强宗大姓,不得族居,将三子移居山阴,因遂家焉。"② 长子郑吉西汉西域都护,次子为兖州刺使,少子为东部侯。其二因功受封而来到会稽。东汉王充,其先本魏郡元城(今河南元村),"几世尝从军有功,封会稽阳亭……因家焉"③。世祖勇,祖汛,父诵,世

---

① 参见曹文柱《东晋南朝时期国家户籍名籍中的各类人口》,《魏晋南北朝史论合集》,商务印书馆2008年版,第204—223页。
② 《后汉书》卷三十三《郑弘传》注引《谢承后汉书》。
③ (东汉)王充:《论衡》卷三十《自纪篇》,上海人民出版社1974年版,第447页。

祖的受封时间在西汉末年。其三，两汉政权交替之际，黄河流域战乱频仍，而江南地区相对安定，为避开战乱，中原世族大家纷纷南迁。到更始元年（23），任延拜会稽都尉，"时天下新定，道路未通，避乱江南者皆未还中土，会稽颇称多士"（《后汉书》卷七十六《任延传》）。在"未还中土"者当中，有光武帝时的余姚严光，一名遵，字子陵，谢承《会稽先贤传》引沈钦韩《疏证》云："光本新野人，避乱会稽。"① 有后来成为山阴第一大士族的孔氏，其代表性人物孔愉，"先世居梁国。曾祖潜，太子少傅，汉末避地会稽，因家焉"（《晋书》卷七十七《孔愉传》）。

世居会稽的名门望族，他们当中，东汉有以庆忌（安帝时避讳改贺氏）为代表的山阴贺氏②，以钟离意为代表的山阴钟离氏（《后汉书》卷四十一《钟离意传》），以谢夷吾为代表的山阴谢氏（《后汉书》卷八十二《谢夷吾传》），以赵晔为代表的山阴赵氏，以陈嚣为代表的山阴陈氏，以綦母俊为代表的上虞綦母氏。孙吴时有以虞翻为代表的余姚虞氏（《三国志》卷五十七《吴书·虞翻传》），以丁览为代表的山阴丁氏③，以阚泽代表的山阴阚氏④等。而且这些士人在汉代"举贤良方正"和孙吴"聘求名士"的背景下，都得到起用，读书之风称盛。"郡中争厉志节，习经者以千数，道路但闻诵声。"（《后汉书》卷三十六《张霸传》）这是会稽太守张霸任内的盛况。

上述会稽士人、士族的出现，表面看似乎是一种零星、小规模的个人行为，但实际上由于会稽土著士族之多，外来人士流入之多，加上新一代士人的不断涌现，士人队伍迅速扩大。西汉末年至东汉初年，会稽土生土长的士人，已经远远超过他们初入会稽时的人数。这时的会稽士人，确如余英时先生所说，已不再是初入会稽时的"游士"，而是具有浓厚的社会基础的"士

---

① （三国·吴）谢承：《会稽先贤传·严遵》，载《鲁迅辑录古籍丛编》第三卷，人民文学出版社1999年版，第238页。

② 参见（三国·吴）谢承《会稽先贤传·严遵》，载《鲁迅辑录古籍丛编》第三卷，人民文学出版社1999年版，第241页。

③ 参见（晋）虞预《会稽典录（下）》，《鲁迅辑录古籍丛编》第三卷，人民文学出版社1999年版，第272页。

④ 同上书，第277页。

大夫"了。这种社会基础，具体地说，便是宗族。换言之，士人的背后已附随了整个的宗族。士与宗族的结合，便产生了中国历史上著名的"士族"①。这种士与宗族的结合，前面所说的郑弘家庭便是一个代表。

与东晋初开始南下并在会稽境内逐渐形成的北方士族不同，会稽土著士族不仅形成时间早，而且都有一个共同特点，即不同士族都有自己的家学传统。这些士族对于六经之类的儒学经典，均有独到的研究成就，并在士族内部世代相传，成为家族之学。如山阴孔氏的《经》学，山阴贺氏的《礼》学，余姚虞氏的《易》学，山阴谢氏的《春秋》，山阴赵氏的《诗》学，上虞王氏的《书》学等，都是非常有代表性的家族之学。其中山阴贺氏《礼》学，在士族内部的传承体系十分清晰，并且不断有治《礼》大家出现，在六朝时期始终保持兴旺发达景象，受到朝廷的重视和重用。

山阴贺氏《礼》学，为西汉庆普所创。《晋书·贺循传》云："其先庆普，汉世传《礼》，世所谓庆氏学。"贺氏因此世代精通《三礼》。贺循"博览众书，尤精礼传"（《晋书》卷六十八《贺循传》）；贺循之孙贺道力"善《三礼》，有盛名"；贺道力之子贺损"亦传家业"。贺损之子贺玚，不仅领《五经》博士，著有《礼》《易》《老》《庄》讲疏，朝廷博士议数百篇，《宾礼仪注》一百四十五卷，还在"乡里聚徒教授，四方受业者三千余人"；贺玚之子贺革、贺季与弟之子贺琛，"并传玚业"：贺革"领儒林祭酒，讲《三礼》"，贺季"亦明《三礼》"，贺琛"尤精《三礼》"。②清代学人李慈铭有如下评述："山阴贺氏，自晋司空循，至孙道力，曾孙损，玄孙玚，玚子革、季及从子梁太府卿琛，六世以三礼名家，为南土儒宗。"③

山阴贺氏家学传承系统④：

---

① 余英时：《东汉政权之建立与士族大姓之关系》，《士与中国文化》，上海人民出版社2003年版，第195页。
② 以上均见《南史》卷六十二《贺玚·贺革·贺琛传》。
③ 见（清）李慈铭《越缦堂日记》同治四年正月初六日，广陵书社2004年版，第3143页。
④ 该传承系统据《晋书·贺循传》《南史·贺玚·贺革·贺琛传》《梁书·贺琛传》编制。

庆普……纯—齐—景—邵—循—隰—道力—损—玚—革—徽
　　　　　　　　　　　　　　　　　　　　　　　　—季
　　　　　　　　　　　　　　　　　　　　　　　　—琛—诩

余姚虞氏家学，也与山阴贺氏家学一样，可谓源远流长，而且传人辈出。孙吴时的虞氏代表人物虞翻曾对孙权说，虞氏之所以治《易》学，是因为"六经之始，莫大阴阳，是以伏羲仰天县象而建八卦，观变动六爻为六十四，以通神明，以类万物"。所以虞翻的高祖光，"少治孟氏《易》"；曾祖成"缵述其业"；祖父凤"为之最密"；父歆"世传其业"①，成为当时士人辈出、名闻朝野的世家大族。

余姚虞氏世系表②：

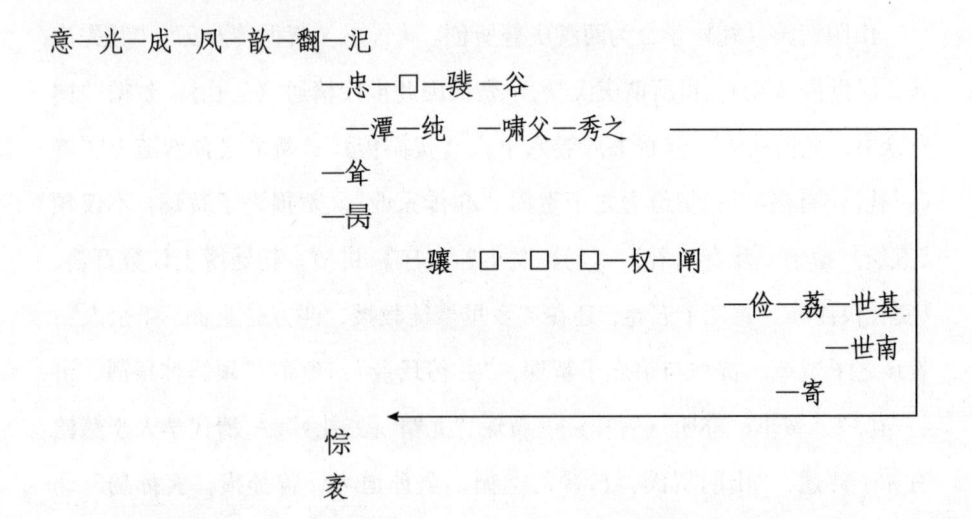

意—光—成—凤—歆—翻—汜
　　　　　　　　　—忠—□—骏—谷
　　　　　　　　　　—潭—纯　—啸父—秀之
　　　　　　　　　　—耸
　　　　　　　　　　—昺
　　　　　　　　　　　—骧—□—□—□—权—阐
　　　　　　　　　　　　　　　　　　　—俭—荔—世基
　　　　　　　　　　　　　　　　　　　　　　—世南
　　　　　　　　　　　　　　　　　　　　　　—寄

惊
袠

（二）北方士人的迁入

西晋末年永嘉之乱后，"中州士女，避乱江左者十六七"（《梁书》卷

---

① 《三国志》卷五十七《吴书·虞翻传》注引《翻别传》。
② 此表根据吴正岚《六朝江东士族的家学门风》所附虞氏家族世系表第一部分编制，南京大学出版社2003年版，第339页。

六十五《王导传》）。伴随晋室南迁而来的皇室成员、公卿士大夫以及一般庶民，在南下避难中涌入会稽的，自然不在少数。据谭其骧先生统计，自永嘉南渡到刘宋时期，南渡人口约有 90 万，占南方编户的六分之一。① 而刘宋大明八年（464）会稽郡的编户人口为 52228 户、348014 口（《宋书》卷三十五《州郡志一》），按六分之一计算，南渡会稽的人口，至少在 5.8 万人以上。

从北方士人迁入会稽的原因分析，主要有三种情况：一是本书所说的"士人"，由仰慕"会稽有佳山水"（《晋书》卷八十《王羲之传》）而迁入的；二是被分封或派迁到会稽为官的；三是通过投亲靠友而来的。王羲之书信中经常提到的"乡里人""里人""乡人"，就是经常出没在他身边的、名不见经传的琅琊同乡。②

这些士人到达会稽后，政治上有靠山，经济上有保障，生活安定，子孙繁衍，名士辈出，形成南下士族，并与土著士族结合，成为东晋南朝著名的会稽士族群体。其中影响较大的南下士族有③：

北地泥阳傅氏：傅玄，西晋初拜散骑常侍。子咸，晋武帝咸宁初袭父爵，拜太子洗马，累迁尚书左丞。孙敷、晞、纂。敷"永嘉之乱，避地会稽，元帝引为镇东从事中郎"；晞"为上虞令，甚有政绩"（《晋书》卷四十七《傅玄传》）。

高阳许氏：许玚，永嘉三年（309）任会稽内史，其子许询，为江东名士。《剡录·许询传》载：询"父玚，晋元帝渡江，迁会稽内史，因居焉"（《剡录》卷三《许询传》）。住地在山阴城内"大能仁禅寺，在府南二里一百四步，本晋许询舍宅，号祇园寺"（嘉泰《会稽志》卷七《寺院》）。与

---

① 参见谭其骧《晋永嘉丧乱后之民族迁徙》，《燕京学报》第十五期，1934 年。
② 王羲之杂帖中经常提及同乡，如"得里人共事""迁乡里人往""得乡里人书""乡里人择药""乡里人乐着县户""里人遂安黄籍"等。见《全晋文（上）》卷二十二至二十六，商务印书馆 1999 年版。
③ 对北方士人流寓会稽影响较大的，列举了 13 姓氏，有代表性的尽在其中了，本节主要吸收了王志邦先生《六朝江东史论》的研究成果。

《建康实录》卷八"因家于山阴"说是一致的。

陈郡阳夏谢氏：《晋书·谢安传》载，谢安出仕前"寓居会稽，与王羲之及高阳许询、桑门支遁游处，出则渔弋山水，入则言咏属文，无处世意"（《晋书》卷七十九《谢安传》）。王春灿、陈秋强《谢安家世》，根据上虞《盖东谢氏族谱》《东山志》和《浙南谢氏宗谱》，认为"谢衡于西晋末年永嘉之乱时南迁，居会稽郡之始宁县"[1]。谢衡为谢安祖父，西晋武帝、惠帝两朝历官博士、散骑常侍、国子祭酒。谢衡之所以迁居会稽，作者从上虞东山谢氏与山阴谢氏的立谱始祖，同为东汉巨鹿太守山阴谢夷吾的史实出发，认为谢衡南迁，是"打了一个历史的大来回"[2]。此后，谢氏一门名士辈出，地位显赫：

谢氏世系表[3]：

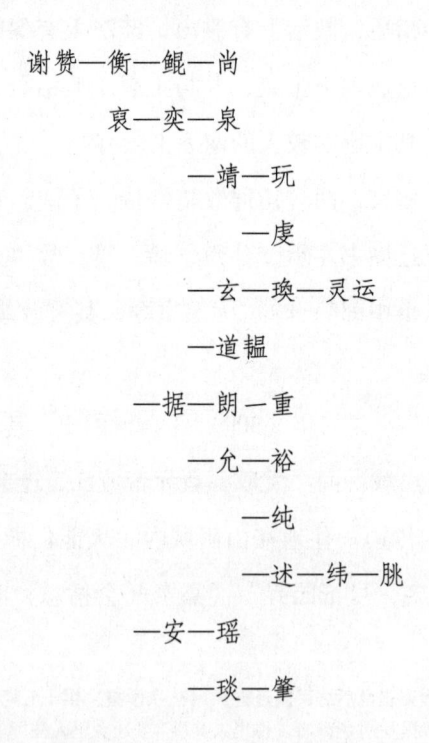

谢赞—衡—鲲—尚

哀—奕—泉

—靖—玩

—虔

—玄—瑍—灵运

—道韫

—据—朗—重

—允—裕

—纯

—述—纬—朓

—安—瑶

—琰—肇

---

[1] 王春灿、陈秋强：《谢安家世》，北京出版社2003年版，第23页。
[2] 同上书，第30页。
[3] 本表据《晋书·谢尚·谢安传》和王春灿、陈秋强《谢安家世》编制。

第二章 区域行政中心的形成与城市环境的优化

　　　　　　　　一峻

　　　　　　　　一混

　　　　　　一万一韶一思

　　　　　　　一喻复

　　　　　　一石一汪一明惠

　　　　　　一铁一邈

　　　　　　　一冲一方明一惠连

　　　　　　　　　一惠宣

颍州鄢陵庾氏：庾琛"永嘉初为建威将军，过江，为会稽太守"（《晋书》卷九十三《庾琛传》）。时在晋元帝大兴二年（319）。① 其子庾亮，《晋书》本传谓"随父在会稽"。《世说新语》则曰："侍从父琛避地会稽，端拱嶷然，郡人严惮之，觊接之者，数人而已。"② "元帝为镇东时，闻其名，辟西曹掾。及引见，风情都雅，过于所望，甚器重之。"（《晋书》卷七十三《庾亮传》）

庾氏世系表③：

　　　　琛一亮一彬

　　　　　一羲一准一悦

　　　　　　一楷

　　　　　一和一恒

　　　　一怿一统一玄之

　　　　一冰一希

　　　　一袭

---

① 参见任桂全总纂《绍兴市志》卷二十七《政府·机构》，浙江人民出版社1996年版，第1620页。
② 《世说新语》卷上《德行第一》"庾公"条注。
③ 本表据《晋书·庾亮传》编制。

```
—友—叔宣
—蕴—郭之
—倩
—邈
—柔
—条—稚恭
—翼—方之
    —爱之
```

陈留阮氏：阮裕，陈留尉氏人，"咸和初，除尚书郎。时事故之后，公私弛废，裕遂去职还家，居会稽剡县"（《晋书》卷四十九《阮裕传》）。"在东山，萧然无事，常内足于怀。除东阳太守，征侍中，皆不就"，"卒葬剡山"（《剡录》卷三《阮裕传》）。

```
阮觊—放
  —裕—佣—歆之—弥之
    —宁—腆
      —万龄
    —普
```

太原晋阳王氏：王述，字怀祖，少袭父爵。"年三十，尚未知名，人或谓之痴。司徒王导以门地辟为中兵属。既见，无他言，惟问以江东米价。"说明此时王述已居江东，时为成帝咸和八年（333）。永和元年（345）任会稽内史，"莅政清肃"，"禄赐皆散之亲故，宅宇旧物不革于昔"（《晋书》卷七十五《王述传》），房子家具都是当年旧物。王述的后任会稽内史是王羲之，"（王）述先为会稽，以母丧居郡；羲之代述"（《晋书》卷八十《王羲之传》），说明王述不仅寓居会稽，而且住居郡城。

王承①—述—坦之—恺

　　　　　—愉—绥

　　　　　—国宝

　　　　—忱

　　　—祎之

　　—处之

太原中都孙氏：孙楚，"才藻卓绝，爽迈不群"（《晋书》卷五十六《孙楚传》），终官冯翊太守。他的两个孙子孙统、孙绰，幼年相携过江。孙统"征北将军褚裒闻其名，命为参军，辞不就，家于会稽。性好山水，乃求为鄞令，转在吴宁。居职不留心碎务，纵意游肆，名山胜川，靡不穷究。后为余姚令，卒"（《晋书》卷五十六《孙统传》）。孙绰"博学善属文，少与高阳许询俱有高尚之志。居于会稽，游放山水，十有余年，乃作《遂初赋》以致其意"（《晋书》卷五十六《孙绰传》）。

江夏李氏：李充，字弘度，为剡县令。《剡录》注引《中兴书》曰："充初辟丞相掾记室参军，以贫求剡县。"在越中，李充与孙绰、许询、支遁等，皆以文义冠世，并筑室东土，与羲之同好，参与兰亭雅集。（《晋书》卷八十《王羲之传》）

琅琊王氏：王羲之"少有美誉，朝廷公卿皆爱其才器，频召为侍中、吏部尚书，皆不就"。永和六年（350）为右军将军、会稽内史。居会稽郡城蕺山南麓。② 羲之"雅好服食养性，不乐在京师，初渡浙江，便有终焉之志。会稽有佳山水，名士多居之，谢安未仕时亦居焉"（《晋书》卷八十《王羲之传》）。永和九年与同志宴集兰亭，作兰亭序以申其志。后因与扬州刺史、太原中都王述有隙，称病辞职，优游山水，修植桑果，"率诸子，

---

① 此表据《晋书·王述传》编制。
② （南宋）嘉泰《会稽志》卷七"戒珠寺"条载："戒珠寺在府东北六里四十七步，蕺山之南，本晋右将军王羲之故宅，或曰其别业也，门外有二池，曰鹅池、墨池。"

抱弱孙，游观其间，有一味之甘，割而分之，以娱目前。虽植德无殊邈，犹欲教养子孙以敦厚退让。戒以轻薄，庶令举策数马，仿佛万石之风"①。羲之培育子女的这番苦心，在王门名士辈出中得到了回报。

高平金乡郗氏：晋司空郗鉴之郗愔，初为临海太守，在郡优游，与姐夫王羲之等栖心绝谷，修黄老之术。太和元年（366）简文帝辅政，征光禄大夫，出为会稽内史。继迁晋陵诸军并领徐、兖二州刺史，愔"以己非帅才"，固辞解职，转冠军将军、会稽内史，"久之，以年老乞骸骨，因居会稽"。"性好聚敛，积钱数千万"（《晋书》卷六十七《郗超传》），卒葬山阴县西南二十里（嘉泰《会稽志》卷六《冢墓》）。其子郗超，性好施，"每闻欲高尚隐退者，辄为办百万资，并为造立居宇。在剡，为戴公起宅，甚精整。戴始往旧居，与所亲书曰：'近至剡，如官舍。'"②

郗鉴—愔—超—僧施
　　　　—融
　　　　—冲
　　　　—昙—恢—循③

谯国戴氏：戴逵，性高洁，不乐当世，以琴书自娱。居剡中（《剡录》卷三《戴逵传》）。晋孝武帝时以散骑侍郎、国子博士累召，皆以父疾不就，郡县也多次催促，便逃至吴中。会稽内史谢玄上疏，"请绝其召命，帝许之"。晋《安帝记》曰："逵有清操，性甚快畅，泰于娱生，好鼓琴，善属文，尤乐游宴，多与高门风流者游。谈者许其通隐，屡辞征命，遂著高尚之称。"④

---

① 《晋书》卷八十《王羲之传》，王羲之致谢万书。
② 《世说新语》卷下《栖逸》，又见《剡录》卷二《郗超传》。
③ 此表据《晋书·郗鉴传》编制。
④ （宋）高似孙：《剡录》卷三《戴逵传》，注引晋《安帝记》。

第二章　区域行政中心的形成与城市环境的优化

　　戴硕—绥—逯
　　　　—逯—勃
　　　　　　—颛

　　济阳考城江氏：江彪①，字思玄，永和中为护军将军，出为会稽内史，加右军将军，居山阴城内都赐里，"有终焉之志"。其六世孙江总，于梁太清四年（550）七月，避地会稽龙华寺，作《修心赋并序》曰："此伽监者，余六世祖宋尚书右仆射州陵侯元嘉二十四年（447）之所构也。侯之王父晋护军将军（彪），昔莅此邦，卜居山阴都阳［赐］里，贻厥子孙，有终焉之志。寺域则宅之旧基……"（《陈书》卷二十七《江总传》）

　　江氏世系表②：

　　江统—彪—敳　—恒
　　　　　—夷—湛—恁—敩—蒨—紑—总—溢
　　　　　　　　　—昙
　　　　　　　　　—禄—徽

　　以上列举的，其实只是南下士族中的极少部分。但即便如此，当时南下士族的来源地、南下的途径、南下后的生存情况以及在士人中的名声地位，也已约略可知。这些北来的士族大姓，虽然都是社会的上层阶级，政治上也很有地位，但在逃命江左后，也不能不做"求田问舍"之计，营建房舍，购买田地，寻求经济上的依靠，便是他们的首要任务。王羲之到了会稽之后，就曾为相宅基地和购买田地，着实忙碌了好一阵子。他曾因购

---

①　江彪，《南史》卷三十六《江夷传》作"霢"；《陈书》卷二十七《江总传》原作"彪"，标点本据《晋书》本传改"彪"。
②　此表据《晋书·江彪传》《晋书·江夷传》《陈书·江总传》编制。

买四十亩宅基地,而向山阴县令征求过意见①;也曾为友人去余姚购买田地而帮助办理过证件②;他还曾以自己的身份地位,为同乡办理过编户手续,获取经济上的优待照顾。这些上层阶级,尽管大多在首都建业从事政治活动,然而经济上的依靠则主要来自会稽,正如陈寅恪先生所说:

> 上层阶级的王谢诸家,之所以需要到会稽、临海之间来求田问舍,是因为新都近旁既无空虚之地,京口晋陵一带又为北来次等士族所占有,至若吴郡、义兴、吴兴等郡,都是吴人势力强盛的地方,不可插入。故唯有渡过钱塘江,至吴人士族力量较弱的会稽郡,转而东进,求经济之发展。③

(三) 会稽名士群

从东汉开始,随着会稽地区土著士族的逐渐形成,北方士人的逐步加盟和具有区域性特征的会稽士族的不断发展壮大,会稽名士也随之陆续涌现。这些名士的出现,既不是个别的,也不是时断时续的,而是接连不断的、成群结队的,形成了具有自身特色,又独立于吴地的会稽名士群体。会稽名士作为群体性人才现象,从东汉、孙吴到南朝末年(25—581)的五百余年间,按名士数量和特点,大致可以分为三个时期:

1. 西汉末年至孙吴时期

这一时期会稽名士群是在土著士族形成过程中产生的。土著士族实际

---

① 刘茂辰等编撰《王羲之王献之全集笺证》中第113帖,是王羲之给家人的一封信,信中说:"丘令送此宅图,云可得四十亩。尔者为佳,可与水丘共行视。佳者决便当取。问其贾。"丘令当为山阴令,即参与兰亭修禊的丘髦。又据嘉泰《会稽志》卷七载,山阴县南三十里有云门寺,本王献之(字子敬)旧居。此信很可能是为购置云门宅基而致王献之的。

② 刘茂辰等编撰的《王羲之王献之全集笺证》第91帖,是王羲之给友人的信。信中说:"足下所欲余姚地,辄敕验,所须辄告。"意思说:你想在余姚买地,郡里给你办证,需要的话就告诉我。

③ 陈寅恪:《陈寅恪魏晋南北朝史讲演录》,万绳楠整理,黄山书社1987年版,第118—119页。

上是在人口交流和文化碰撞中产生的,过程本身便为名士群的形成创造了环境和条件。但相对而言,这时的宗族背景和势力,对名士成长的影响并不十分强烈。在名士群的构成中,仍然以来自不同宗族的士人为主,个别宗族独占名士群的现象并不明显。换句话说,这时产生名士的社会基础比较广泛,对普通士人来说,进入名士群的机会还是很多的。虽然名士出身的族群比较分散,但就整体而言,一个名士群体已经形成。

这时会稽名士群的构成情况和表现出来的某些特征,在山阴朱育与濮阳兴论会稽人物的对话中,有较全面而又概括的反映。濮阳兴是孙亮太元年间(251—254)的会稽太守,初上任便向朱育了解会稽人才情况,朱育以当年会稽名士虞翻对太守王景兴的话作答,首先道出了会稽名士辈出的原因:

> 夫会稽上应牵牛之宿,下当少阳之位;东渐巨海,西通五湖,南畅无垠,北渚浙江……山有金木鸟兽之殷,水有鱼盐珠蚌之饶。海岳精液,善生俊异。是以忠臣继踵,孝子连闾,下及贤女,靡不育焉。①

然后虞翻一一列举了各类人物的情况,在讲到名士时他说:

> (汉)中大夫山阴陈嚣,渔则化盗,居则让邻……太尉山阴郑公(弘),清亮质直,不畏强御。鲁相山阴钟离意,禀殊特之姿,孝家忠朝,宰县相国,所在遗惠……有道山阴赵晔,征士上虞王充,各洪才渊懿,学究道源。著书垂藻,络绎百篇,释经传之宿疑,解当世之盘结,或上穷阴阳之奥秘,下撮人情之归极。交趾刺史上虞綦毋俊,拔济一郡,让爵土之封。决曹掾上虞孟英,三世死义。主簿句章梁宏,功曹史余姚驷勋,主簿句章郑云,皆敦终始之义,引罪免居……扬州从事句章王修,委身授命,垂声来世。河内太守上虞魏少英,遭世屯

---

① 《会稽典录》卷下《朱育》,《鲁迅辑录古籍丛编》第三卷,人民文学出版社1999年版,第284—285页。

蹇，忘家忧国，列在八俊，为世英彦……①

未及答完，王景兴接过话题说："贵郡虽士人纷纭，于此足矣。"陈述完虞翻所答，朱育又向濮阳兴做了补充：

> 近者太守上虞陈业，絜身清行，志怀霜雪……其聪明大略，忠直謇谔，则侍御史余姚虞翻、偏将军乌伤骆统。其渊懿纯德，则太子少傅山阴阚泽，学通行茂，作帝师儒。其雄姿武毅，立功当世，则后将军贺齐，勋成绩著……其文章之士，立言粲盛，则御史中丞句章任奕，鄱阳太守章安虞翔……②

虞翻所答，为东汉名士，朱育所补，则为孙吴名士，两人一答一补，基本反映了东汉至孙吴时期会稽名士群的大体风貌。

2. 晋元帝至晋穆帝时期

东晋时特别是东晋的前半期，会稽地区出现的第二次人才高潮，与第一次相比，有许多不同之处。一是形成高潮的时间较短，从晋元帝到晋穆帝先后才四十年左右时间；二是名士在时空上比较集中，几乎是同时存在的群体；三是在名士的构成中，突现了土著士人和南下士人的空前融合。

形成这次人才高潮的主要原因，一方面由于土著士族的长期耕耘和辛勤培育，已经储备了培育人才的优良土壤，一旦播种，便有可能成群的苗壮成长。另一方面随着晋室南迁，大批北方士人中的精英，携手涌入会稽，为这方东汉以来已经得到耕耘的沃土，带来了无限生机。土著士人和南下士人，在文化交流中互相学习、互相促进，使大批名士的出现，成为水到渠成的必然趋势。王羲之邀集41位名士举行兰亭会，就是一个例证。

---

① 《会稽典录》卷下《朱育》，《鲁迅辑录古籍丛编》第三卷，人民文学出版社1999年版，第285—286页。

② 同上书，第287—288页。

晋穆帝永和九年（353），时在会稽内史任上的王羲之，邀集谢安等41人，在郡城西南20余里的山阴兰亭进行流觞曲水活动。这既是一次文化交流，更是一次名士聚会，"群贤毕至，少长咸集"（王羲之《兰亭序》，《晋书》卷八十《王羲之传》），一觞一咏，畅叙幽情。与会雅集的都是当时名流，主要由三部分人组成：

一是以王羲之、谢安为首的南下名士及其子孙。他们当中，有王羲之的六个儿子和长孙及其他王氏族人，有出仕前寓居东山的谢安、谢万兄弟，有从祖辈南下定居山阴的庾友、庾蕴兄弟，有自幼相携过江的孙统、孙绰兄弟及绰子孙嗣，有时已定居会稽的王羲之妻弟郗昙等。[①]

二是以孔氏、虞氏为代表的土著名士。如孔炽、虞说、虞谷等。需要指出的是，在与会雅集名士中，不少人由于资料原因，无法判定其籍贯世系。但即便如此，向当地的名门望族寻找线索，仍不失为有效途径。如有"江东士林领袖"之称的山阴贺循[②]，有"会稽三康"之称的孔愉、张茂、丁潭[③]，有孙吴以来就著名的山阴孔、魏、虞、谢"四大士族"[④]等。这既是东晋初年会稽名士群体实力的反映，也是东晋中叶会稽名士群的基础。事实上，他们的子孙后裔名士辈出，参加兰亭盛会的不是没有可能。

三是此前或正在会稽任职的地方官吏。除会稽内史王羲之外，有山阴县令丘髦[⑤]，余姚县令孙统[⑥]，上虞县令华茂[⑦]，以及郡功曹魏滂，郡五官

---

① 参见宋孔延之编、李石民笺注《会稽掇英总集》，宁夏人民出版社2007年版，第57—65页。
② 《晋书》卷六十五《王导传》载王导曾向司马睿献计："顾荣、贺循，此士之望，未若引之以结人心。二子既至，则无不来矣。"因此有江东士林领袖之称。
③ 《晋书》卷七十八《孔愉传》载：孔愉字敬康，与同郡张茂字伟康、丁潭字世康齐名，时人号曰"会稽三康"。
④ 王志邦：《六朝江东史论》，中国青年出版社1989年版，第48页。
⑤ 《王羲之王献之全集笺证》第113帖："丘令送此宅图，云可得四十亩。"刘茂辰注曰：丘令即山阴县令，或即参与兰亭修禊的丘髦。
⑥ 《晋书》卷五十六《孙统传》载，统"后为余姚令，卒"。
⑦ 参见宋孔延之编、李石民笺注《会稽掇英总集》，宁夏人民出版社2007年版，第62页。

佐谢绎，参军曹茂之，郡主簿任凝、后绵，行参军羊模等，说明当时王羲之身边确实集聚了一批才华横溢的名士。

兰亭聚会所反映的会稽名士盛况，在游放山水中，相会林下时，同样也有不俗的表现。这些既有"公才"又有"公望"①的名士，几乎清一色地"性爱山水"，尤其是会稽山水。他们常常结伴而行，三五成群，出则游弋山水，入则言诵属文，萧然自适。还留下了十八名士与十八高僧相会林下的佳话。唐代白居易在写到沃州山禅院时说，这里自晋宋以来：

  初有白道猷居，次有竺法潜、支道林居，次又有乾、兴、渊、支、遁、开、威、蕴、崇、实、光、识、斐、藏、济、度、逞、印，凡十八人居焉。高士名人有戴逵、王洽、刘恢、许玄度、殷融、郗超、孙绰、恒彦表、王敬仁、何次道、王文度、谢长霞、袁彦伯、王濛、卫玠、谢万石、蔡叔子、王羲之凡十八人，或游焉，或居焉。

（白居易《沃洲山禅院记》，《白居易集》卷五十九）白居易将这种现象说成是"有非常之地，然后有非常之人栖焉"。

3. 晋哀帝至陈末时期

会稽地区的第三次人才高潮，出现在晋哀帝元年（362）至陈宣帝末（581），前后达200余年。这次人才高潮，仍以名士群体存在为主要特征。其持续时间比第二阶段长，名士人数比第二阶段多，但名士的知名度和影响力，总体上不及第一或第二阶段。主要原因有二：

一是名士的本色正在逐渐淡化，而以入仕为主要价值取向的士人越来越多。像处在第一、第二时期的贺纯、戴安道、谢敷那样的名士，则越来

---

① 《世说新语》卷中《品藻第九》载：王导从公才、公望两方面评价会稽孔愉、丁潭、虞斐三俊，他对虞斐说："孔愉有公才而无公望，丁潭有公望而无公才，兼之者具在卿乎？"

越少。东汉时期的山阴贺纯，以"博极群艺"而受朝廷重视，但他"十辟公府，三举贤良方正，五徵博士，四公车徵，皆不就"①。东晋时期的戴安道"性高洁，不乐当世，以琴书自娱"；山阴谢敷"澄清寡欲，入太平山十余年，以母老，还南山若耶中。内史郗愔表之，徵博士，不就"(《剡录》卷三《戴逵、谢敷传》)。这些极具名士个性本色的志趣，在东晋后期和南朝宋、齐、梁、陈的名士身上，表现并不明显或突出，甚至看不到了。虽然他们博学，有才气，也很有名士风度，但多为世所用，在仕途上耗尽了才气。

二是产生这些名士的社会背景即宗族势力被强化了，差不多名士背后都有一股强大的宗族力量在支撑着。从这一意义上说，会稽名士群只有到这时，才称得上是士人与宗族的无缝对接。并通过政治上寻找靠山，经济上加强聚敛和采取崇教化、传家学、正门风等一系列措施，以提高族人的政治才能、道德品行、文化素养，使更多的士人能融入当时社会。这方面，孔、王两门是最具代表性的。

山阴孔氏既具有尚忠义、崇礼典、厉节操等江南士族共有的风范，又有自己崇尚教化、爱好文学的独特家风。晋宋以降，孔氏素以博闻多识的学风著称，在坚持"政事"与"文学"兼重的家学传统中，保持了孔氏一门自宋以来数百年人才辈出和政治上的长盛不衰。② 从孔愉为会稽内史起，孔安国、孔季恭、孔山士、孔灵符、孔觊等，相继为会稽内史或太守。名士孔坦、孔严、孔汪、孔琳之、孔休源、孔稚珪、孔子袪、孔奂、孔灵产、孔范等皆有文名，著述多见《隋书·经籍志》。

山阴孔氏世系表③：

---

① （三国·吴）谢承：《后汉书》卷六《贺纯传》，《鲁迅辑录古籍丛编》第三卷，人民文学出版社1999年版，第168页。
② 参见吴正岚《六朝江东士族的家学门风》第六章"会稽士族的家学门风"，南京大学出版社2003年版，第218—283页。
③ 本表系吴正岚先生编制，见《六朝江东士族的家学门风》附录，第337—338页。

潜—竺—恬—愉—閤—静—山士
　　　　　　　—灵符—湛之
　　　　　　　　　—渊之
　　　　　—灵运—琇之—瑉—稚孙
　　　　　—道穰　　　　—虔孙
　　　　　—汪
　　　　　—安国—□—景伟—滔—岱—范
　　　　　—□　—□—祐　—□—总
　　　　　　　　　　—道微
　　　　　　　—祗
—冲—侃—滔—俟—幼—遥之—华—佩
↳—休源—云童
　　　—宗轨—伯鱼—德绍—昌寓—祖舜—齐参—全祯
　　　　　　　　　　　　　　　　—克符
　　　　　　　　　　　　　—述睿—敏行—回望
　　　　　　　　　　　　　　　　—克让
　　　　　　—侃—坦—混
　—奕—伦—严—道民—宁子
　　　　　　—静民
　　　　　　—福民
—群—沈—廞—琳之—邈—觊—长公
　　　　—璩之　—道存
↳—奂—绍安—构—仲思
　　　　　　—若思—至
　　　　　　—祯—季诩
　—绍薪
　—绍忠

与土著孔氏不同，南下琅琊王氏，凭借于晋室南渡有功的政治资本，入居会稽后，经过数十年苦心经营，宗族势力十分强大，以宗族为背景的人才不断涌现，有"东晋第一大族"①之称。

王羲之家族世系表②：

---

① 郭廉夫：《王羲之评传》，南京大学出版社1996年版，第27页。
② 本表参照王云根《王羲之家世》（北京出版社2004年版）和刘茂辰《王谢家属人员表》（见《王羲之王献之全集笺证》，山东文艺出版社1999年版）编制。

王览—正—虞—颐之
　　　　—胡之—茂之—裕之
　　　　　　—承之
　　　　　　—和之
　　　　　　—耆之—随之—镇之
　　　　　　　　　　—弘之
　　　　　　—羡之—伟之—韵之

　　—旷—籍之—穆松
　　　　　　—腾之
　　　　　—羲之—玄之—蕴之（嗣）—抚之—懿之
　　　　　　　　—凝之—平之———禹之
　　　　　　　　　—亨之
　　　　　　　　　—恩之
　　　　　　　　—涣之—淳之
　　　　　　　　—肃之—□———道迄
　　　　　　　　　　　—道隆—法贞
　　　　　　—徽之—桢之———兴之
　　　　　　　　　　　—翼之—法朗
—彦祖—昱—智楷—孝宾—少宾
　　　—智永
　　　　　　—宣之
　　　　　　—静之
　　　　　—操之—宣之（嗣）——瞻—磷—昙
　　　　　　　　　　　　—彝—辅
　　　　　　　　　　　　—瞬—仲昭
　　　　　　　　　　　—众
　　　　　—慧之———庆
　　　　　　　　—福
　　　　　—献之—静之（嗣）

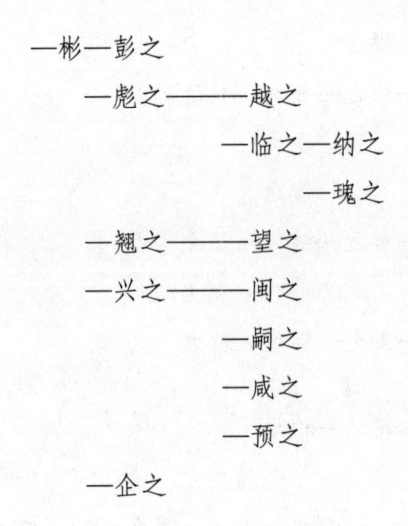

```
         —彬—彭之
         —彪之———越之
                —临之—纳之
                    —瑰之
         —翘之———望之
         —兴之———闽之
                —嗣之
                —咸之
                —预之
—企之
```

第三节　城市环境的调适与功能区建设

  地理环境是城市生存和发展的基础。对城市而言,包括地质的、地貌的、水文的、气象的、生物的等条件,既是构成城市生存的物质基础,更是促使城市发展的自然前提。"人类在任何发展阶段都离不开地理环境。无论对哪一发展阶段的、城市的和农村的人类文明进行研究,都不能忽视'人—地'关系的考察。"①

  会稽郡城即越都城原本就是一座山水城市,在当年越大夫范蠡选址时,就决定了这座依托自然山水建立起来的历史古城形态。南部离城10里,是连绵起伏的会稽山地。由于山体抬升强烈,地表深切、破碎,因此低山、丘陵、河谷地就成了城南主要的地貌特征。东晋山阴县令顾恺之所谓"千岩竞秀,万壑争流,草木蒙笼其上,若云兴霞蔚"(刘义庆《世说新语》卷上《言语第二》),便是他亲眼所见的城南会稽山区风光。而北部离城30余里,则是海潮滚滚、水势浩瀚的杭州湾。处在这片被古人称为

---

① 傅崇兰等:《中国城市发展史》,社会科学文献出版社2009年版,第3页。

第二章 区域行政中心的形成与城市环境的优化

"后海"与会稽山之间的是一马平川，因为古时这里分属山阴、会稽两县，当地便称之为"山会平原"，总面积约2200平方公里。有山有水有平原，对会稽郡城来说，这是大自然的慷慨赋予，是人类赖以生存的风水宝地。

然而就是这样一块风水宝地，在鉴湖①修筑之前的很长一段历史时期内，虽然上游城南的淡水资源十分丰沛，但由于自然山体的阻隔，来自城南会稽山区的43源②溪水，绝大多数在郡城的东西两侧自南而北流入后海，既不能为城市所利用，又起不到灌溉农田的作用。特别是城北的大片土地，作为卷转虫海退后留下的沼泽地，高低不平，坑坑洼洼。洪水泛滥，咸潮倒灌，山洪和潮汐肆虐，严重阻碍了人类的开发利用。

可见，光有大自然的恩赐是远远不够的，还有赖于人为的精心加工和雕琢。尤其对城市来说，本身就是自然要素与人工要素相结合的产物。为了满足人类自身需要，就有必要对自然环境进行人为的加工、调适和改造。这种加工、调适和改造，不能以牺牲甚至破坏自然环境和资源为代价，而是通过人为加工，使自然环境的供给能力和人类对于环境的需求之间，更趋平衡、协调与和谐，使环境更加优美，使资源更为合理地得到利用。会稽地区的实践证明，这是完全可能的。

一 人工鉴湖与城市水环境的改善

（一）鉴湖的围筑

为实现上述目标，根据会稽郡城的环境特点，最理想的办法是：围堤

---

① 历史上鉴湖有多个名称：起初因庆忌所居，故名庆湖；又因鉴湖宁静似镜，亦称镜湖、照湖；唐代贺知章秘监告老还乡住鉴湖边，唐玄宗赐"镜湖剡川一曲"，故又名贺监湖、贺家湖；因湖在绍兴城南，又称南湖；湖呈狭长形，因亦称长湖、带湖；城南稽山门外旧有堤，将湖分隔为东西两部分，东部称东湖，西部称西湖。参见孙永江《鉴湖名称考论》，《鉴湖与绍兴水利》，中国书店1991年版，第95—103页。

② 鉴湖上游水源，古籍记载均称三十六源，如嘉泰《会稽志》卷十云："镜湖所受三十六源，平水其一也。"今盛鸿郎、邱志荣实地考察后认定为43条溪河，本书采用其说，见《古鉴湖新证·古鉴湖上游主要溪河、集雨面积统计表》，《鉴湖与绍兴水利》，中国书店1991年版，第30—31页。

筑塘。此举既可以调节上游洪水泛滥，排除内涝，又可以抵御下游咸潮出没，蓄淡灌溉农田。实际上早在越王勾践时代，就已经开始了这种水利工程建设。文献记载的就有城东的富中大塘、练塘，城西的吴塘等①。由于这些堤塘工程零星分散，规格也不统一，而且还远离城市，即使是离城东南仅4里、筑于东汉永元年间（89—105）的回涌湖②，虽然是以防止若耶溪水暴涨而筑塘"弯回"的中型滞洪水库，但若耶溪仅仅是郡城上游43源溪水中较大一源而已，因此无法从根本上解决城市饮用水和防洪问题。会稽郡城和山会平原的大部分地区，仍然处于山洪和潮汐的威胁之中。然而勾践以来的围堤筑塘，事实上已经为修筑鉴湖积累了经验。

鉴湖湖堤的修筑时间是在东汉顺帝永和五年（140），也就是实行吴会分设、会稽郡还治山阴11年后。工程由会稽太守马臻主持。鉴湖并非开凿而成，而是通过围筑湖堤，实现内蓄洪涝、外拒咸潮的水利工程。湖堤的位置选择在会稽郡城上游，紧靠南城墙。湖堤以此为中心，分东西两段，全长127里。东段自五云门至东小江（今曹娥江），长72里；西段自常禧门至西小江（今浦阳江），长55里。湖堤筑成后，总纳来自会稽山区的43条溪水为湖，湖面南至会稽山北麓一线，北界鉴湖湖堤，全湖呈狭长形，周长据文献记载为358里，面积包括湖中洲岛在内为206平方公里。③ 当代水利专家考证研究表明，鉴湖总集雨面积为610平方公里，正常水平高程为5米，平均水深1.55米，古鉴湖正常库容为2.68亿立方米左右，总库容至少为4.4亿立方米。④ 被认为是中国古代长江以南最早最大的塘堰工程。

---

① 《越绝书》卷第八《越绝外传记地传》，上海古籍出版社1985年版，第61—62页。

② 回涌湖，又称回踵湖。南宋嘉泰《会稽志》载："回涌湖在（会稽）县东四里，一作回踵。"并引旧经曰："汉马臻所筑，以防若耶溪水暴至，以塘弯回，故曰回涌。"据盛鸿郎、邱志荣考证，主持筑湖者似为另一位与马臻同为茂陵人的会稽太守马棱。而马棱出任会稽太守的时间，在东汉和帝永元十四年（102）。本书从盛、邱之说，见《回涌湖新考》，《鉴湖与绍兴水利》，中国书店1991年版，第131—145页。

③ 陈桥驿：《古代鉴湖兴废与山会平原农田水利》，《吴越文化论丛》，中华书局1999年版，第235—236页。

④ 盛鸿郎、邱志荣：《古鉴湖新证》，《鉴湖与绍兴水利》，中国书店1991年版，第27页。

鉴湖要发挥适时调蓄的水利效益，除了湖堤，还需要配备其他工程设施，主要是涵闸排灌系统。这个系统包括斗门、闸、堰、阴沟等四种，用以拦蓄、灌溉、防洪和航运之需。其中以斗门最为重要，尽管它也是一种水闸，但主要设置在鉴湖水与潮汐河流直接沟通处，既用于排洪，又用于拒咸。堰和闸设置在鉴湖水与下游内河水的沟通处，规模不及斗门，但却具有排洪、灌溉和保证内河必要水位以通舟楫等多种功能。阴沟则是沟通湖内和湖外内河的小型输水隧道，其功能与堰闸相当，只是更为灵活方便。① 当然，这些斗门、堰、闸、阴沟的设置，在湖堤建成之后，出于各种功能的需要也会有所增减。郦道元写到长湖（即鉴湖）时说："湖广五里，东西百三十里，沿湖开水门六十九所，下溉田万顷。"（《水经注》卷四十《浙江水》）而据陈桥驿先生实地考证，共有 76 处，其中斗门 8 处，闸 7 处，堰 28 处，阴沟 33 处，仍可追溯当年的建置规模和水道形势。②

会稽太守马臻带领民工，以人为的方式，在面积约为 4000 平方公里的山阴县境内，围堤筑湖，建造起库区面积为 206 平方公里的特大型蓄水工程，实在称得上是发生在 1800 多年前人类历史上对自然环境的一次大规模的加工、调适和改造。此举不仅没有对会稽郡城乃至会稽地区的自然环境造成无序的破坏和损害，恰恰相反的是，行动本身以人类独具的智慧，通过人为方式，因势利导地变害为益、变小利为大利，是自然因素与人工因素的完美结合，使天－地－人的关系变得更加和谐与融洽，带给会稽地区人民的利益是多方面的。

（二）鉴湖的效益

鉴湖建成以后产生的社会经济效益是多方面的，除了使下游山会平原迅速得到开发、万顷良田获得有效灌溉外，对会稽郡城而言，在改善城市

---

① 陈桥驿：《古代鉴湖兴废与山会平原农田水利》，《吴越文化论丛》，中华书局 1999 年版，第 237 页。

② 同上书，第 237 页。

环境、保障水源供给、捍卫城市安全、组织城市水陆交通等许多方面，都起到了决定性的作用。

鉴湖的建成，首先是从根本上解决了城市饮用水和城市抗洪两方面难题。地势南高北低的会稽郡城，在修筑鉴湖之前，仅有上游几条山溪水源可供利用，城市水资源极其有限。虽然城区海拔不过五六米，地下水资源非常丰富，但因长期的海潮冲刷，水咸而苦涩，无法饮用。而位于城市上游的鉴湖筑成之后，来自会稽山区的43条山溪全部纳入城南的鉴湖之中，这对会稽城而言，有淡水鉴湖在，不仅可以调集东小江与西小江之间的43源之水为我所用，而且是左右逢源，取之不尽。即使是在上游洪水泛滥时，也可以同时开启分布在127里鉴湖长堤上的76处斗门和堰闸，下泄库区洪水。这种分流泄洪，对于减轻城市抗洪压力是十分行之有效的。

其次，鉴湖的建成，为后人建立城乡互联互通的平原水网，组织水上交通奠定了基础。对位于山会平原南端的会稽郡城来说，城南的鉴湖水位，高于城内的河网水位，而城北的山会平原水位又低于城内水位，这当然是由南高北低的地势特点所决定的。这种水位差别，北宋已有明确记载。曾任越州通判的曾巩在《越州鉴湖图序》一文中说，鉴湖之水"高于城中之水，或三尺有六寸，或二尺有六寸"①。另有一位叫徐次铎的会稽县尉也在《复（鉴）湖议》中说："会稽之水，高于山阴二三尺，于三桥闸见之；城外之水，亦高于城中二三尺，于都泗闸见之。"（嘉泰《会稽志》卷十三著录）虽然两人表述角度有所不同，但都说明：一是城外（指城南）之水高于城内；二是会稽之水高于山阴。造成这种水位差别的原因，是由于鉴湖实际上是以城东南稽山门外的驿路为分湖堤，分为东西两部分，东部称为东湖，西部称为西湖，东部地势略高于西部，因此东湖水位一般较西湖高0.5—1米。②徐次铎所谓会稽、山阴的水位差，可"于三桥

---

① （宋）曾巩：《越州鉴湖图序》，《曾巩集》卷第十三，中华书局1984年版，第206页。
② 陈桥驿：《古代鉴湖兴废与山会平原农田水利》，《吴越文化论丛》，中华书局1999年版，第236页。

闸见之",这里的"三桥闸"很可能建于稽山门外的驿路上,以沟通东西湖之水,用"三桥"名之,表明这是一处较大的水闸。而所谓城内外的水位差,可"于都泗闸见之",这里的"都泗"亦作"都赐",其实就是城东北的都泗门所在处。总体上看,城南和城东水位明显高于城内,因此在筑作鉴湖时,城南设有南门堰、陶家堰,城东设有东郭堰、都泗堰[①],用以掌控城内外水位调节。为沟通城内外和上下游之间的水上交通,在城市四周的城门设置中,原则上均以水门为主。以上述及的南门、东郭门、都泗门,就都是水城门。实际上会稽郡城与上游的鉴湖、下游的山会平原,就是互联互通的城乡水网。

最后,鉴湖的建成,以人工方式美化了城市环境,使城市与自然更加融合,浑然一体。城市之美,需要有自然环境的衬托。城南的鉴湖水面辽阔,按《水经注》说法,鉴湖南北"广五里,东西百三十里"(《水经注》卷四十《浙江水》)。南边岸线,沿会稽山北麓的山麓线展开,与山体亲密相拥;北岸以湖堤为界,具有堰限江河、河清海晏的功效。形成了"山川映发"的奇特景观。这种山川映发的景观,是可遇而不可求的。它不仅要有山有水,而且山要青,水要秀,湖面要宁静,只有当这三者兼备时,湖水像一面偌大的镜子,光鉴可照,才达到"山川映发"的效果。鉴湖水以清澈可鉴而闻名于世。用现代技术检测,湖水矿化度为137毫克/升,总硬度为3.35德国度,属于低矿化度软水,透明度较高。[②] 行走在山阴道上,远览山色,近挹湖光,山明水秀,一派江城风光。若是在云霁初敛、春光明媚之际,则宛若明镜。那苍翠的远山,碧绿的近水,倒映的城墙,依依的岸柳,一起映入湖中,交相融合,颇有人在镜中、舟行画里之感。然而这一切,都是人工造就的美景,是自然因素与人为因素的完美结合。只有当鉴湖围成之后,才有王羲之"山阴道上行,如在镜中游"的体验;只有

[①] 城内都泗堰、东郭堰、陶家堰、南门堰,见宋徐次铎《复(鉴)湖议》,嘉泰《会稽志》卷十三著录。

[②] 陈桥驿:《浙江地理简志·序》,浙江人民出版社1985年版,第183—184页。

当人为因素恰到好处时，才有王献之"从山阴道上行，山川自相映发，使人应接不暇，若秋冬之际，尤难为怀"（《世说新语》卷上《言语第二》）的赞美。

（三）鉴湖之父马臻

马臻围筑鉴湖对于改善城市饮用水条件，提高城市抗洪能力，建设城市河网和组织水上交通，保障农田灌溉，优化和美化城市环境，都是"境绝利博"①、泽被千秋的重大水利工程，马臻也因此成为越人心目中至今妇孺皆知的鉴湖之父。

可就是这样一位功垂千秋的"鉴湖之父"，却因为围筑鉴湖而惨遭杀身之祸。

马臻字叔荐，茂陵人（一说山阴人），东汉永和五年（140）任会稽太守，其实他是一位杰出的水利专家。当时山会平原一片沼泽，每逢山洪暴发、咸潮倒灌，常常农田被淹，家园遭毁，越人深以为患。马臻忧民所患，发动民工，以工代赈，筑堤围湖，拦洪拒潮，使山会平原从此成了美丽富饶的鱼米之乡。

但是，马臻这一功垂千秋的兴利之举，却深受豪强劣绅忌恨，他们罗织罪名，千余人联名具状诬告马臻耗用国库，毁坏庐墓，淹没良田，溺死人命。朝廷轻信诬告，将马臻召回京城，终致蒙冤被刑于市。后来派员查验，结果发现，千余名具状人无一不是早已亡故者的姓名。② 这种以死人姓名联手诬告马臻的行径和朝廷滥杀功臣的昏庸，激起越人的无比愤恨，暗中派人将马臻遗骸从京城运回会稽，葬于他为之献身的鉴湖之滨，永志纪念。

---

① （宋）王十朋：《会稽三赋》，《王十朋全集·文集卷十六》，上海古籍出版社1998年版，第825页。
② 马臻惨遭杀身一事，南朝宋孔灵符《会稽记》有如下记载："创湖之始，多淹冢宅。有千余人怨诉于台。臻遂被刑于市。及台中遣使按鞫，总不见人。验籍，皆是先死亡人之名。"见《鲁迅辑录古籍丛编》第三卷，人民文学出版社1999年版，第317—318页。

马臻可谓是越地继大禹之后的又一位治水英雄。尽管官修史书很少记及马臻可歌可泣的英雄事迹，但地方文献和老百姓心目中的马臻，却永远是可敬可颂、功德无量的英雄。正如晚清著名学者会稽李慈铭所说："太守功德在人，虽远日彰。"① 说明凡是为人民做了好事的人，人民始终是不会忘记他的。马臻墓前石碑坊上的一副对联是这样写的：

作牧会稽，八百里堰曲陂深，永固鉴湖保障；
奠灵窀穸，十万家春祈秋报，长留汉代衣冠。

二 城池的功能与变迁

（一）城池及其功能

确保安全是中国传统城市必备的基本功能之一。要求"城"或"城池"能够在发生军事冲突、社会动乱、自然灾异、人为破坏等各种情况下，切实为居住在城里的市民提供安全保障。正如美国《全球城市史》的作者乔尔·科特金所说，"和世界其他文明一样，中国最早的城市也履行着作为神圣、安全、繁忙的基本功能——有环绕的城墙拱卫其安全，有商业市场维系其繁荣的宗教中心"②。

在中国人的传统观念中，都城或城邑四周的墙垣就是"城"，是为都邑安全而设置的防御工程。通常所谓的"筑城"或"修城"，实际上就是修筑城墙。不过从都邑安全考虑，光有"城"似乎显得不够，于是又有"城池"或"城隍"之设，这里所谓的"池"是指护城河，与都邑四周的城垣一样，起着防守的作用，故有城池之称；所谓的"隍"，据《说文》说，护城河有水曰"池"，无水曰"隍"。护城河是人工挖掘围绕城墙的

---

① （清）李慈铭：《越缦堂日记》第六册，同治七年四月初九日记，广陵书社2004年版，第4012页。
② ［美］乔尔·科特金：《全球城市史·中文版序言》，王旭等译，社会科学文献出版社2006年版，第1—2页。

河,其名称除护城河之外,还有"壕""壕堑""壕堑""城堑""城壕""城沟"等别称。

当然,在古代都城或城邑安全防卫系统中,除城墙、护城河外,还有城门、城楼、谯楼等设施。城门是沟通城内与城外联系和城乡交通往来的关口,更是保障城市安全的重点。城门的设置及其多少,很大程度上取决于城内的道路系统与河网系统。只为陆上交通而设的城门——这是最普通的——称为陆门;而把城内河道同护城河或城外其他水系联系起来的城门,则叫水门,这在江南水乡城市中是常见的。城门上一般都设楼,用以瞭望,称之为城楼。《后汉书》"光武舍城楼上,披舆地图"(《后汉书》卷十六《邓禹传》)的记载,说明城楼的设置是很早的。此外,还有兼具敲更与报警之用的谯楼[1],有的以城楼为谯楼,有的则是建于城内其他地方。

都城或城邑的城墙、城门、城楼和谯楼等设施的安全功能,主要体现在政治军事或社会治安方面,其他如干旱、洪涝、台风等气象安全和防火、防毒等人为安全上,城池的安全功能是极其有限的。因此,国内外一些城市学研究者,都把城市建设视为"服务于国家管理"的行为。我国学者傅筑夫先生就认为"中国古代城市是根据政治和军事需要而兴建,它是统治的一个组成部分"[2]。正因为如此,历代统治者都十分重视城池的修筑,把"饰城郭"当作重大军政要务来对待。

如《宋书》载:曹魏"好攻战,轻百姓,饰城郭,侵边境,魏氏三祖皆有其事。"(《宋书》卷三十一《五行志二》)

又如《汉书·食货志》曰:帝王治国安民之本,是为域民"筑城郭以居之,制庐井以均之,开市肆以通之,设庠序以教之,士农工商,四民有

---

[1] 如清钱仪吉《三国会要》卷三十八有吴主孙权"诏……起谯楼"的记载,上海古籍出版社 2006 年版,第 775 页。
[2] 转引自彭卫《20 世纪以来中国的秦汉城市史研究》,《中日古代城市史研究》,中国社会科学出版社 2004 年版,第 4 页。

业。"(《汉书》卷二十四《食货志四》)

所以汉高祖刘邦在夺取政权后的第六年十月,就"令天下县邑城"(《汉书》卷一《高帝纪第一》),规定各县都要建立县城。三国吴赤乌三年(240),吴主孙权"诏诸郡县治城郭,起谯楼,穿堑发渠,以备盗贼。"(《三国志》卷四十七《吴主传》)从当时形势分析,孙权所谓的"盗贼"应该是秦和西汉时期被强行迁往今浙西、皖南、江淮地区和自发逃亡今浙南、闽北山区的于越人,即当时所谓的"山越"人。山越人在深山老林中艰难度日,苦苦煎熬了数百年之后,虽然人口得到了繁衍,但是山区的有限资源越来越无法满足日益增长的生存需求。因此,走出山林,寻求新的生存机会,到城市及其周边平原地区寻找食物和其他生活必需品,成了他们的唯一选择。这对于孙吴政权来说无疑是一次严峻挑战,所以他对修筑城池的要求特别明确,包括修筑城墙、谯楼、护城河,旨在构筑完整的郡县安全体系,以应对山越人的不断侵扰。确切地说,诏书已经把城池功能从军事安全扩大到了社会治安的层面。诏书与刘邦下令修筑县城一样,都是封建时代的制度性规定,凡都城或城邑均得照办,会稽郡城自然也不例外。

(二)城池的演变

会稽城池的基础是由先秦越大夫范蠡奠定的。这座原本由勾践小城和山阴大城按照"西城东郭"之制建成的越国都城,虽然文献明确记载,小城周3里42步①,大城周20里72步,但由于范蠡建城时,越为吴之属国,因此小城"决西北",大城"不筑北面",不敢壅塞,以示服吴。② 可见当时的城墙是不完整的。小城西北城墙和大城北面城墙,只有当消灭吴国之

---

① 小城周长,《越绝书》卷第八记载为二里二百二十四步,《吴越春秋》卷第八为三里四十二步。从勾践小城坐落方位、周边环境和有关记载综合分析,《吴越春秋》的记载更接近实际,故采用后一说。

② 《越绝书》卷第八《越绝外传记地传》,上海古籍出版社1985年版,第58页。

后才有可能完善起来，时间应该在战国甚至更晚的秦汉时期。具体什么时候完成虽然难以确定，但在东汉末年会稽太守孙策死后，其从兄定武中郎嵩"欲取会稽"，时为会稽功曹的虞翻就对嵩说，"翻已与一郡吏士，婴城固守"，嵩只好放弃夺城企图（《三国志》卷五十七《吴书·虞翻传注》）。"婴城"系指绕城、环城之意，虞翻能够环城而守，说明当时的城墙已经完善。

至于小城和大城有否挖掘护城河，《越绝书》和《吴越春秋》都没有提到，倒是嘉泰《会稽志》写到后人在勾践小城基础上扩建子城时，引用旧经说子城"西、北二面，皆因重山（即种山）以为城，不为壕堑"（嘉泰《会稽志》卷一《子城》），据此可以推定勾践小城西北面是没有护城河的。但即便如此，也不能肯定城外无河，因为紧靠山阴大城北面，被后人称为"大滩"的大片水域，与城周边的狭獳湖、石湖一样，很可能是海退时留下的潟湖。①《艺文类聚》引谢承后汉书说："会稽陈嚣，少时于郭外水边捕鱼"（《艺文类聚》卷九十六），这里的"郭外水边"，指城外的护城河或天然河道都有可能，但不论是天然还是人工河道，由于地处郭外，客观上都起到了护城河的作用。

会稽郡城的城门数量和方位。据《越绝书》载，范蠡筑城时，小城有"陆门四，水门一"，大城有"陆门三，水门三"②。城门名称和具体方位没有具体记载，《吴越春秋》也只笼统地说"陵（陆）门四达"，看起来城内外通行十分方便。但《越绝书·记地传》的两处记载，仍透露了一些信息：其一"东郭外南小城者，勾践冰室，去县三里"，说明勾践去冰室很可能出入于后来的"东郭门"；其二"勾践之出入也……去从北郭门"，因此北郭外有"路南溪北城"。这粗看似与"外郭筑城而缺西北"有悖，实际上并不矛盾，很可能是后人在当时勾践出入处所建成的水城门，因为

---

① 参见陈桥驿主编《浙江古今地名词典》"狭獳湖"条，浙江人民出版社1991年版，第416页。

② 《越绝书》卷第八《越绝外传记地传》，上海古籍出版社1985年版，第58页。

地处城北，故名北郭门，与东郭门相类。再查阅其他地方文献，东汉以前，包括城门在内的城池设施，基本上没有大的变化。这可以从城东五云门的沿革中得到证实。五云门古称雷门，《汉书》有"毋持布过雷门"，颜师古注："雷门，会稽城门也，有大鼓。越击此鼓，声闻洛阳……布鼓谓以布为鼓。"（《汉书》卷七十六《王尊传》）雷门是越王勾践建城时所立①，究其设置雷门的原因，《吴越春秋》在记述吴都时说："越在东南，故立蛇门以制敌国。吴在辰，其位龙也，故以小城南门上反羽为两鲵鱙，以象龙角。越在巳地，其位蛇也，故南大门上有木蛇，北向首内，示越属于吴也。"②因此勾践特设"雷门"，据说"雷能威于龙也"（嘉泰《会稽志》卷十八），是勾践对于吴国的一种反制措施。这就是"布鼓雷门"典故的由来。到了东晋时，因王献之宅见五色祥云，便改名为"五云"。《水经注》的记载更说明了五云门没有大变，该书说："……雷门，门楼两层，勾践所造，时有越之旧木矣。"（《水经注》卷四十《浙江水》）其他城门，也可想而知。

从东汉开始，会稽城池设置情况陆续发生一些变化，而且与城市水利建设工程有着密切关系。

东汉永元年间（89—105），会稽太守马稜在离城东南修筑回涌湖，目的是防止若耶溪水暴涨。若耶溪又称平水江，湖成之后，平水江上游水位相应得到提高，为湖水引入郡城创造了条件。③后来由于鉴湖的筑成，回涌湖逐渐废弃，而平水江很可能在回涌湖湮废过程中分解为平水东江和平水西江。东江按照原来流向，出山会平原向北流入后海。平水西江则向西北方向流至东郭门头，然后分两路，一路折而向北，绕城而行，与都泗水

---

① 《太平寰宇记》引《郡国志》云：雷门，"勾践所立"，见清乾隆《绍兴府志》卷七。
② （汉）赵晔著，张觉校注：《吴越春秋校注》卷四《阖闾内传》，岳麓书社2006年版，第56页。
③ 参见盛鸿郎、邱志荣《回涌湖新考》，《鉴湖与绍兴水利》，中国书店1991年版，第131—144页。

门汇合；另一路与山阴故水道汇合流入东郭门，与城内河网相连通。① 可见，从回涌湖的筑成、湮废到平水西江的形成，虽然时间不长，但对郡城东护城河的形成和东郭堰、东郭水门的完善，是起了关键作用的。

继马棱之后，另一位会稽太守马臻也于东汉永和五年（140），在会稽郡城上游围筑鉴湖，其规模之浩大、对郡城影响之深远，是回涌湖无法相比的。对于城池而言，鉴湖的筑成，至少在两方面产生了深远影响。一是促使南护城河的形成。山会平原南高北低的地势特点，决定了会稽城南不可能有东西向的天然河道可以发挥护城河的作用，因此，必须依靠人工所为。而马臻创湖，不是采取"挖"的方法，而是通过"筑"的途径，在城南筑起堤长127里、蓄水2.68亿立方米的大型水库。湖水南至会稽山麓，北离城墙百步（嘉泰《会稽志》卷一），水面辽阔，既为城市贮足了水源，又是拱卫城市安全的护城河。二是南城墙成了城市防洪墙。鉴湖虽然位于郡城上游，而且蓄水量很大，但湖面辽阔，水位落差不大。一旦湖水上涨，先由湖堤拦截，继有离堤百步的城墙抵挡，使防洪压力大为减轻，南城墙实际上成了备用防洪墙。

到西晋永嘉元年（307），又一位会稽内史贺循，主持开凿沟通会稽郡城与钱塘江联系的西兴运河，后人进一步向东延伸，与明州（今宁波）连接，形成浙东运河。郡城段运河从西北方向进城，继续向东经北海桥、江桥、广宁桥，至都泗门出城，然后沿山阴故水道达曹娥江。西兴运河的开凿不仅扩大了郡城的对外交通，也为城池设施的进一步完善奠定了基础。处于运河城内段两端的西郭门和都泗门，其建成时间很可能在运河开通之后。都泗门的记载就说明了这一点。都泗门也称都赐门、都督门、督护门，康熙《绍兴府志》（俞志）引《十道志》云："晋中将军王憎（疑为王舒），成帝时拜为督护，到郡开此门出入，时人贵之，因以为名。"（康熙《绍兴府志》卷二《城池》）王舒为都督、会稽内史，时在成帝咸和元

---

① 《越绝书》卷第八《越绝外传记地传》云："山阴故水道，出东郭，从郡阳春亭。去县五十里。"上海古籍出版社1985年版，第63页。

年（326）①，从时间上看，督护门的开通，确实比运河开通晚了 20 年左右。

综上所述，东汉以来回涌湖、鉴湖和西兴运河等水利工程的实施，对于东护城河、南护城河的形成，对于东郭门、都泗门、西郭门等水门的建设，都有密切关系。从某种意义上说，会稽城池的修筑，几乎离不开城市水利工程建设。两者的难分难解和相辅相成，既为会稽水城的建成迈出了实质性的步伐，同时也反映了会稽郡城作为水城的基本特征。

（三）城池的修筑

对都城或城邑来说，修筑城池是一件大事，是国之大事或地方之大事。必须投入的财力、人力、物力，在后人看来似乎难以想象，古人却为之做出了不懈努力。而投入的力度，往往与城址面积大小有着密切关系。

《先秦城市考古学研究》一书的作者许宏，将先秦城市按面积大小分为四类：Ⅰ类为城址面积在 10 平方千米以上，Ⅱ类为 1—10 平方千米，Ⅲ类为 0.25—1 平方千米，Ⅳ类为城址面积在 0.25 平方千米以下。《汉代城市社会》的作者张继海认为"这一分法适用于秦汉时期的城市情况"，并补充指出，第Ⅳ类城市面积应为 0.25—0.1 平方千米。进而认为，汉代郡治所在地的大县基本上属Ⅱ类城市，一般县城多属第Ⅲ、Ⅳ类，首都和诸侯王的都城规模则为第Ⅰ类。② 由越国都城演变而来的会稽郡城，面积在 8—10 平方千米之间，属于第Ⅱ类城市，与许宏、张继海的研究结果是一致的。

既然秦汉时期会稽城池规模仅次于当时的都城，那么，修筑城池所需的人力也一定相当可观。当时究竟哪些人参与修筑、有多少人参与，虽无文献记载，但仍可从秦汉时期修筑都城的记录中得到启示。秦代刑法规定："凡有罪：男髡钳为城旦，城旦者，治城也；女为舂，舂者，治米也。

---

① 据《绍兴市志》卷二十七《政府》载，晋成帝在位（326—334）期间的会稽都督中，王姓者唯王舒一人，都泗门似为王舒任内所建。
② 张继海：《汉代城市社会》，社会科学文献出版社 2006 年版，第 99—100 页。

皆作五岁，完四岁。"(《秦会要订补》卷二十二)

（汉）惠帝三年，发长安六百里内男女十四万六千人城长安，三十日罢。五年复发长安六百里内男女十四万五千人城长安，三十日罢。(《西汉会要》卷四十七)

秦将男犯剃去头发，用铁圈束颈去修筑城池，女犯为他们烧饭，如此服刑五年。汉则在方圆六百里内征集那么多民工，显然除了罪犯之外，大部分应该是普通劳动者，以服徭役的方式参与城池的修筑。东汉时期的会稽郡城，属Ⅱ类城市，规模当然比西汉时期的长安要小一些。但如果按长安三十天内完工的要求，会稽城池或许也应征集十万左右劳动力，方可实现短时间内完工的目标。从当时人口状况分析，征集十万徭役来修筑城池，估计难度不会太大。因为马臻创立鉴湖时，共筑"高丈余"[①]的湖堤127里，如果把湖堤围合起来，便是一座周长127里的特大城市。何况秦与西汉时期会稽城池规模与越都城时期相比，无明显变化。

以徭役方式征集修城民工，在古代应该是一种常态，但即使政府把修城经费列入财政收支项目，安排一些"修城钱"，也由于数量有限，加上变化多端，难以为继。南朝齐武帝的诏书，足以说明这一点。建元四年（482）三月：

诏"免逋城钱，自今以后，申明旧制"。初，晋、宋旧制，受官二十日，辄送修城钱二千。宋泰始初，军役大起，受官者万计，兵戎机急，事有未遑，自是令仆以下，并不输送。二十年中，大限不可胜计，文符督切，扰乱在所，至是除荡，百姓悦焉。[②]

[①] （南朝宋）孔灵符，《会稽记》云："汉顺帝永和五年，会稽太守马臻创立镜湖……筑塘蓄水，高丈余，田又高海丈余……"见《鲁迅辑录古籍丛编》第三卷，人民文学出版社1999年版，第317页。

[②] 《南史》卷四《齐本纪上·武帝》，中华书局标点本。又清朱铭盘《南朝齐会要·食货》，上海古籍出版社2006年版，第462页。

诏书中可以看出，晋、宋以来实行的修城钱收入项目规定，受官 20 天后必须立即交出修城钱二千。泰始初由于战事发生，未能顾及此事，后来尽管多次催交，规定限期，都没有上交。齐武帝因此下诏"免逋城钱"，即免交欠下的修城钱，实际是取消了"修城钱"这一财政收支项目。

城池的修筑，除大量征集民工和支付必要的费用外，选择什么样的材料和技术也很重要。如古人对城墙的用料就有不同的选择，有"累石为城"（《汉书》卷五十二《韩安国传》）的，有"编木为城"（《后汉书》卷五十六《陈球传》）的，也有"竹篱为城"①的，但绝大部分用泥土筑城，即"夯土为城"。这是一再被考古发掘证明了的。尽管会稽城墙是否用夯土筑作，尚无考古成果可资证明，但东汉王充的记载，应该是他的亲眼所见。他在《须颂篇》中说：

> 城墙之土，平地之壤也，人加筑蹈之力，树立临池。国之功德，崇于城墙；文人之笔，劲于筑蹈。（《论衡》卷第二十《须颂篇》）

城墙筑得有多高，平地之壤就得挖多深，从这个意义上说，筑城与挖护城河其实可以同步进行。至于城墙筑得多高，大概都得因城制宜。《汉书·食货志》载神农之教曰："有石城十仞，汤池百步，带甲百万，而亡粟，弗能守也。"（《汉书》卷二十四上《食货志》）颜师古注一仞为八尺，以汉代 1 尺 ≈ 23 厘米计，城墙高约 17.4 米，这应该是当时最高的，一般不可能达到如此高度。会稽城墙有多高，今天无法知道，但肯定比鉴湖湖堤要高出许多。

城门的用料选择，也体现了因地制宜的原则。三国孙吴开始的六朝时期，均建都江南，而江南盛产各种竹笋。因此许多江南城邑就用竹编制城

---

① （清）朱铭盘：《南朝梁会要·方域》有"赵建故篱城"句。上海古籍出版社 2006 年版，第 573 页。

门,即"篱门"。尽管一般都将"篱门"解释为隐居的茅舍,但在六朝史籍中,多指篱门为城门,如:

> 宋世外六门设竹篱,建元二年初,有发白虎樽者,言"白门三重门,竹篱穿不完"。上感其言。五月,立六门都墙。①
>
> 帝又遣右卫将军左兴盛率台内三万人,拒慧景于北篱门,望风退走。(《南齐书》卷五十一《崔慧景传》)
>
> 高祖谓诸将曰:"伯之此答,其心未定,及其犹豫,宜逼之。"众军遂次寻阳,伯之退保……顿篱门,寻进西明门。建康城未平,每降人出,伯之辄唤与耳语。(《梁书》卷二十《陈伯之传》)
>
> (车骑将军韦载),天嘉元年以疾去官……筑室而居,屏绝人事,凶吉庆吊,无所往来,不入篱门者几十载。(《陈书》卷十八《韦载传》)

可见以竹篱为城门在六朝时期是很普遍的,即便是首都建康也有六处篱门。会稽地处江南,笋竹为其特产,以此为城门,顺理成章。目的是"节省"与"简约",这是宋明帝时左仆射王俭在修缮紫极殿时提出的主张。(《南齐书》卷二十三《王俭传》)

三 住宅建筑

秦汉六朝时期会稽城内的住宅建筑,在先秦时期于越人创造的干阑建筑基础上有很大发展。尤其是统治阶级和士大夫家族建造的私人宅第,无论是规模、式样或建筑技术,都十分可观。尽管这些宅第的实物已经不复存在,但从文献记载和出土文物中,仍可窥知其大概。

---

① (清)朱铭盘:《南朝齐会要·方域·城门》,上海古籍出版社2006年版,第539—540页。又《南齐书》卷二十三《王俭传》。

（一）堂室之制的形成

厅堂和内室是住宅的基本组成部分。"一堂两室"的住宅结构形式，于越人最迟在战国时就已经形成。1982年，在距绍兴城南10里的坡塘狮子山发掘306号战国墓时，出土的1000多件文物中，有一件铜质房屋模型，因屋内有六人组成并各司其职的伎乐队，故名"伎乐铜屋"，亦称"坡塘铜屋"。明器通高17厘米，面宽13厘米，进深11.5厘米。屋基呈长方形，面宽三开间，正面明间稍宽于两侧次间，立圆形柱两根，为无墙、门的敞开式。进深三间，深度均等。左右两侧为长方格透空落地式立壁，可通气与采光，以适应南方地卑气湿的自然环境。后墙中心部位开宽3厘米、高1.5厘米的格式小窗。屋顶为四角攒尖式，顶心立八角形断面柱子，柱高7厘米，柱顶立一大尾鸠。屋基座、后墙、屋顶均饰勾连回纹，立柱通体饰S形勾连云纹。屋内六个伎俑中，二女作歌唱样，四男弹奏乐器。这是中国当代出土的几件春秋时期房屋模式中，保存较好的一件非常珍贵的实物资料。①

"伎乐铜屋"传递的实物信息是多方面的。如室内跪坐的六人中，两歌伎（女性）束发头顶，而四乐手（男性）则结发于脑后；乐手所持器乐中，有鼓、笙、琴等；屋顶的柱子和鸠鸟，是于越人的图腾鸟和图腾柱。这些都为研究越人的信仰、生活习俗中的音乐艺术提供了重要实物依据。②而"伎乐铜屋"模型在中国建筑史上的意义，丁俊清、杨新平在《浙江民居》中认为主要有两点：

首先，"伎乐铜屋"提供了中国方形建筑形制的实物信息。在古代"天圆地方"的传统观念中，中国是居天下之中的国家，并由此产生了中国的方形城制、方形村邑和方形居室制度。铜屋宽、深各三间，为九宫

---

① 梁志明：《绍兴越国建筑文化考古资料概述》，《越文化研究文集》，中华书局2001年版，第157—158页。

② 宣传中主编：《绍兴文物志》，中华书局2006年版，第276—277页。

形，印证了中国大九州的大地模式。

其次，"伎乐铜屋"已经确立了堂室之制。模型显示，前堂后寝制或中为明堂、两旁为房室（三开间）之制，在春秋战国时期越地就形成了。而北方的平民之居，按《礼记·儒行》所说，还属于"环堵之室"，这种住宅的缺点在于通风性能差，而且有室无堂，没有内外之别。于越人超越这种模式，进入了"一堂两室"之制。①

寝室通常也称内室，无论是后室还是旁室，面积都不大。这种形制直到东汉，仍无多少变化，甚至富人与穷人的内室也一样大小。王充《论衡》说："富人之宅，以一丈之地为内。内中所有，柙匮所（赢）[籯]，缣布丝（绵）[帛]也。贫人之宅，亦以一丈为内。内中空虚，徒四壁立，故名曰贫。"② 足见这时的贫富之别，在于财富而不在于住宅面积的大小。

（二）住宅形制的多样化

汉代会稽住宅在先秦"一堂两室"制的基础上，继续发展，呈现多样化趋势。在会稽城及其附近出土的两汉、三国、两晋等不同时期的陶质住宅模型，以及三国、两晋时期的青瓷堆塑罐上的建筑造型等，反映了这一时期的住宅形制已经多姿多彩，各具特色。常见的式样，据当地出土并由绍兴博物馆收藏的文物证明（见章首图照），至少有以下六种：

第一种为平面方形或长方形的简单住宅。有硬山顶屋面，瓦楞清晰，并施以青黄色釉；也有略呈拱形的屋面，比较厚重，雨水不致渗透。房屋为单开间，容积较小，朝南开门，北墙有气窗，具备通风条件。底部设台基，下为粗壮柱脚，与传统的干阑式建筑不无关系。

第二种为工场式住宅。平面呈长方形，无明显间架，室内比较宽阔，适宜于家庭手工劳动。屋面为悬山顶，前后出檐，两侧山墙上也有出檐，使墙体免遭雨淋。门设于房屋的中央，两侧各有两个长条形气窗，能采光

---

① 丁俊清、杨新平：《浙江民居》，中国建筑工业出版社2009年版，第48—49页。
② （东汉）王充：《论衡》卷第十三《别通篇》，上海人民出版社1974年版，第205页。

通气。底部设台基，土层较厚实，无干阑式痕迹。室内有一劳动者，作舂米状。

第三种为长方形跃层式住宅。悬山顶屋面，檐溜出挑，屋脊更长，屋面铺有薄薄的板瓦。房屋为两层。下层似从干阑式建筑发展而来，四面用墙体筑成，正面左右漏空，背面亦然。上层前面有廊并设围栏，中间开门，两侧墙上雕有相向而立的神像，似为门神。上下层之间在室外架设斜梯，拾级而上，楼层架空，采用斗拱承重。房屋空间跨度较大，更适宜于人居。

第四种为组合式住宅。由一大一小、一高一低两个单元组合而成，屋基呈长方形，底部台基连成一体。房屋左边单元高于右边单元，均为悬山顶屋面，正脊和四条脊特别明显。纵向三道墙体，中间一道为隔墙，为两屋所共有。两单元相比，左边单元间架阔，屋身高，屋脊中间凸起，似为屋饰。左边单元门户设在中间，且较大；右边单元门户偏左，且较小，显示出从属关系。从两屋结构、造型的区别可以看出，左边单元为主房，右边单元系附属房。

第五种为院落式住宅。这是一种曲尺形平面的住宅，在曲尺形房屋相对的两面，围以墙垣，构成封闭式小院落。整组建筑呈方形，有正屋、左厢房和右院子组成，左厢房屋脊与正屋檐溜持平。正屋朝院子一面开窗。墙面上刻有柱、枋、斗拱等，可见当时木构架的大体形状。屋面为悬山顶，施以青褐色釉，属青瓷屋模，出现在西晋时期。[1]

第六种为楼阁式建筑。先秦时期范蠡建造越国都城时，已经出现这种楼阁式建筑。其中有两层的城门——雷门[2]；有三层的灵台，亦称怪游台、望云楼[3]；还有高十五丈，但不知分设几层的飞翼楼[4]。这种楼阁式建筑到

---

[1] 以上五种陶质住宅屋楼，分别出土于今绍兴市区及绍兴县境，现由绍兴博物馆收藏。
[2] 据《水经注》卷四十《渐江水》："雷门，门楼二层，勾践所造。"
[3] 据《水经注》卷四十《渐江水》："越起灵台于（龟）山上，又作三层楼以望云物，川土明秀，亦为胜地。"
[4] （南宋）嘉泰《会稽志》卷一引旧经：飞翼楼"高一十五丈，范蠡所筑，以压强吴。"

了秦汉时期，很少被地方文献所记及，进入六朝以后，又在青瓷堆塑罐中大量出现。堆塑罐为随葬用明器，《礼记》云"明器，鬼器也，"又称"冥器"，俗称"谷仓"。在绍兴城区及周边地区均有出土，大多为西晋时期的越窑青瓷器。其中城南出土的堆塑罐分上下两部分，下部为椭圆形罐体，腹部堆贴弹奏乐伎八人。上部为三层内圆外方式建筑与人物堆塑：上层仓身与盖相连，仓盖为四角攒尖顶式建筑；中层四角置方形亭阙，上有龙头戗脊；下层较高，内壁四面开方洞门，外置歇山顶式门楼，以及人像、龟碑，建筑结构已经十分讲究，而且很复杂。龟碑隶书阴刻"会稽，出始宁。用此灵，宜子孙作吏高迁，众无报"。① 这虽然是一种祈祷，却说明当时人世间只有官吏才能住上楼阁式住宅。

（三）私人邸第的兴起

东汉顺帝年间鉴湖的建成，既为会稽地区经济的迅速发展创造了条件，又优化了这里的自然环境和山水风光，加上后来三国孙吴孙策、孙权兄弟的苦心经营，终于成为闻名遐迩的"浙东奥区"（《梁书》卷二十三《永阳嗣王伯游传》）。所以东晋成、康以后，王、谢、郗、蔡等侨姓士族，争相到此抢置田业、经营山居与别业，卸官后亦遁迹于此，待机而出。皇室又先后封司马昱（后为简文帝）、司马昌明（后为孝武帝）、司马道子、司马修（亦作休）为会稽王。而许多北来的门阀士族和隐士也纷纷"栖迟"于此，正如谢灵运在给庐陵王义真的信中所说："会（稽）境既丰山水，是以江左嘉遁，并多居之。"（《宋书》卷九十三《王弘之传》）以致王公妃主、达官贵人、门阀士族和隐士的府第、别业大量出现。其盛况在刘宋会稽太守蔡兴宗传记中有如下描述：

> 会（稽）土全实，民物殷阜，王公妃主，邸舍相望。（《宋书》卷五十七《蔡兴宗传》）

---

① 宣传中主编：《绍兴文物志》，中华书局2006年版，第254页。

邸舍有时指货站，但在东晋及南朝时期的会稽郡城，更多的是与府第连在一起，属于"邸第"，而且"相望"，说明这类住宅已经占据重要地位。在皇亲国戚中尤其受到优待，如山阴公主楚玉，废帝改封为会稽郡长公主，"食汤沐邑二千户，结鼓吹一部，加班剑二十人"。（《宋书》卷八十《豫章王子尚传》）这里虽然没有提到山阴公主的邸第，但是，后来山阴人贺琛就因为买了公主的住宅被免官。因此，贺琛本传说："琛家产既丰，买主第为宅，为有司所责，坐免官。"（《梁书》卷三十八《贺琛传》）可见当时一般官吏与王公妃主的邸第应该存在某种规格上的区别，不能随便逾越，贺琛就吃了这个亏。

当然，对于士族豪右来说，他们可以不买"主第"，但可以另建山居或别业，而且规模很大。谢灵运建在会稽始宁的别墅，包含南北二山，有水田旱田，果园五所，竹林菜圃。① 山阴孔灵符"家本丰，产业甚广，又于永兴立墅，周围三十三里，水陆地二百六十五顷，含带二山，又有果园九处。"（《宋书》卷五十四《孔灵符传》）谢混妻东乡君死时，在会稽等地犹有"资财钜万，园宅十余所"（《宋书》卷五十八《谢弘微传》）。

即使是那些家境并不富有的名士、隐士，也住着豪华如"官舍"的宅第。东晋孝武帝时累召不就的戴逵（字安道）便是其中之一。《剡录》"戴安道宅"条称："戴公宅在剡桃源乡戴村，郗超每闻欲高尚隐退者，辄为办百万资，并为造立屋宇。在剡为逵造宅，甚精整。戴始往，与所亲书曰：'近至剡，如官舍'。"② 郗超是会稽内史郗愔之子，个性中有"旷世之度"，又喜欢"交游士林"，许多方面不像他的父亲，"愔事天师道，而超奉佛。愔又好聚敛，积钱数千万，尝开库，任超所取。超性好施，一日中散与亲故都尽"（《晋书》卷六十七《郗超传》）。按郗超个性，动辄出资百万，在剡为戴逵造宅，在会稽郡城呢？为名士、隐士建造豪华住宅也

---

① （南朝宋）谢灵运著，顾绍伯校注：《谢灵运集校注》，中州古籍出版社1987年版，第318—345页。

② （宋）高似孙：《剡录》卷四，嵊县县志编纂委员会办公室1985年版，第66—67页。

不无可能。

这种"王公妃主,邸舍相望",江左豪右"买主第为宅"和隐士住上类似"官舍"宅第的情况,足以说明东晋以来会稽地区营造私人邸第的盛况,甚至到了"不遵王宪"的地步。官吏建大第自古便有一定限制,依官品的不同享有不同的规格。① 当超越这种规格,形成普遍之风时,实施切实整治便成了必需的举措。宋明帝泰始年间的会稽太守蔡兴宗,就有过一次整治,《宋书》本传说:

> 会稽多诸豪右,不遵王宪。又幸臣近习,参半官省,封略山湖,妨民害治。兴宗皆以法绳之。会土全实,民物殷阜,王公妃主,邸舍相望,桡乱在所,大为民患,子息滋长,督责无穷。兴宗悉启罢省……(《宋书》卷五十七《蔡兴宗传》)

蔡兴宗"以法绳之"和"悉启罢省"结果如何,本传虽未提及,但此举目的,还是为了维护封建等级制度。

(四)住宅建筑中的信仰与禁忌

住宅是人类赖以生存的基本条件之一。居住在宅子里的人们,一面追求物质层面的享受,一面又寻求从精神层面得到安慰。比如住宅的风水如何,朝向怎样,宅神安否,还有供奉门神、灶神等,都寄托着宅主对于平安、吉祥、幸福的向往与追求。因此,在秦汉六朝以来的住宅建筑中,许多方面反映了当时的民间信仰与禁忌。

对于住宅选址,自古以来都有许多讲究,除堪舆术外,越地还流行占卜以知凶吉的"图宅术"。《图宅术》是古代的一部佚书,汉代王充在《论衡·诘术篇》引述该书时说:

---

① 任重、陈仪:《魏晋南北朝城市管理研究》,中国社会科学出版社 2003 年版,第 209 页。

> 《图宅术》曰："宅有八术，以六甲之名数而第之，第定名立，宫商殊别。宅有五音，姓有五声，宅不宜其姓，姓与宅相贼，则疾病死亡，犯罪遇祸。"（王充《论衡》卷二十五《诘术篇》）

从所引文字看，图宅术主张"宅有五音，姓有五声"，即把住宅按照一定的方式分别属之于五行，又把人的姓氏按照一定的方式分别属之于五声。然后利用五行相生（金生水，水生木，木生火，火生土，土生金）和相克（金克木，木克土，土克水，水克火，火克金）的观点，把住宅的方位（五音）与宅主的姓氏（五声）联系起来，强调住宅方位，必须与姓氏相宜，这样就可以"富贵昌盛"，否则就会招来"疾病死亡，犯罪遇祸"。对于《图宅术》中的迷信成分，王充给予了充分的反驳，但此事所以引起王充重视，表明秦汉以来会稽人在住宅选址上，仍比较重视占卜术之类的手段。

这种手段，同样被运用在房屋朝向的选择上。王充在《诘术篇》中再次引述其说：

> 《图宅术》曰："商家门不宜南向，徵家门不宜北向。"则商金，南方火也；徵火，北方水也。水胜火，火贼金，五行之气不相得，故五姓之宅，门有宜向。向得其宜，富贵吉昌；向失其宜，贫贱衰耗。（王充《论衡》卷二十五《诘术篇》）

意思是说，谁家的门朝向与姓氏适宜，就会富裕尊贵，吉祥昌盛；谁家的门朝向与姓氏不适宜，就会贫穷低贱，衰弱破败。这种通过占卜手段来选择朝向的术数，应该是春秋战国以来越巫常用的手段，而且流传到汉代还在使用。看上去这种"图宅术"应该也是一种风水术，但与常见的"堪舆术"有着明显的区别。前者其实是一种主观意念的推理结果，后者则重在对于客观环境的考察。《淮南子·天文训》有"堪舆徐行，雄以音知雌"句，许慎注："堪，天道；舆，地道也。堪舆乃取天高地下之意义。"可见"堪舆术"是一种结合地势、地形等自然因素来分析住宅环境优劣的方术。

汉代会稽人除了按"图宅术"选址和选择朝向外,还有一种向西扩大房屋的忌讳,王充称之为"讳西益宅"。《论衡·四讳篇》说:

> 俗有大讳四。一曰讳西益宅。西益宅谓之不祥,不祥必有死亡,相惧以此,故世莫敢西益宅,防禁所从来者远矣。……夫宅之四面皆地也,三面不谓之凶,益西面独为不祥,何哉?(王充《论衡》卷二十三《四讳篇》)

据说向西扩大房屋有伤"地势",有害"宅神",是不吉利的行为,王充当然深表怀疑。为什么向三面扩大房屋都可以,唯独不能向西。原来西方是"长老之地,尊者之位",谁敢冒犯?"尊长在西,卑幼在东。尊长,主也;卑幼,助也。"卑幼之辈,怎么可以侵犯尊长之位?

王充的批驳进一步透露了一个事实,即当时会稽人还有信奉"宅神"的习俗。作者在《四讳篇》中多次提到的宅神,作为一种神灵,有许多方面不好冒犯,例如"西益宅"就是其中之一。但"宅神"究竟是怎样一种神灵,至今不得而知,在百姓的习惯中,似乎宅神与四方之神的"青龙""白虎"是不相宜的。"青龙"现,"宅神"就不安,其中缘故未知为何。

与"宅神"不同,"门神"在会稽是向来受到崇敬的。在汉代的房屋明器中已有"门神"[①] 出现。那是一种浮雕的神像,分立于大门两侧,其形象颇似神荼、郁垒俩兄弟。[②] 民间供奉的门神,可谓五花八门,有供奉钟馗的,有供奉秦琼、尉迟恭的,也有供奉温、岳二元帅的。学术界认为最早的门神是神荼、郁垒,而且首见于王充《论衡·订鬼》所引的《山海

[①] 刻有门神的汉代房屋明器,出土于绍兴城区,现藏绍兴博物馆。
[②] 关于神荼、郁垒神像,可参见吕宗力、栾保群《中国民间诸神》,河北教育出版社2001年版,第183页。

经》。① 引文称:

> 沧海之中,有度朔之山。上有大桃木,其屈蟠三千里,其枝间东北曰鬼门,万鬼所出入也。上有二神人,一曰神荼,一曰郁垒,主阅领万鬼。恶害之鬼,执以苇索而以食虎。于是黄帝乃作礼以时驱之,立大桃人,门户画神荼、郁垒与虎,悬苇索以御凶魅。(王充《论衡》卷二十三《订鬼篇》)

这段引文,为今本《山海经》所无,不知何故。但王充的记载,与出土的东汉屋模明器上的浮雕内容是一致的。

四 名士园林的勃兴

(一) 皇家园林的遗韵

会稽的城市园林,始于越王勾践的越都城时期。《吴越春秋》载,越都城建成之后,范蠡以"立苑于乐野",供越王勾践等弋猎取乐,大家都玩得很开心,便称之为"乐野"②。其实,除乐野之外,其他还有不少可供游乐的园林,同书所载的尚有:

> (东武山)起游台其上,东南为司马门,立增(层)楼冠其山巅以为灵台。起离宫于淮阳,中宿台在于高平,驾台在于成丘,立苑于乐野,燕台在于石室,斋台在于禁山。勾践之出游也,休息石台,食于冰厨。(《吴越春秋校注》卷第八《归国外传》)

这些遍布于城内外的各类建筑,大多位于小丘或高坡上,在越王勾践的政治、军事、生活、娱乐活动中起着不同的作用。其中有勾践登临的游

---

① 卿希泰主编:《中国道教》三卷《门神》,东方出版中心1994年版,第120页。
② 据《越绝书》卷八:"乐野者,越之弋猎处,大乐,故谓乐野。"上海古籍出版社1985年版,第59页。

台，斋戒的斋台，游居的离宫，停车的驾台，谋划的石室，宴饮的燕台等，可谓是游乐功能齐全的皇家园林。

秦汉之际，勾践的那些园林当然风光不再，给后世留下深刻印象的，便是阿房宫、上林苑、未央宫之类象征着大一统帝国的皇家园林。但即便如此，勾践时代的某些设施包括军事设施在内，在完成它们自身的历史使命之后，却成了后人游放之所。如种山上当年用于瞭望吴国军情的飞翼楼，成了登高望海的最佳去处；建于东武山上的游台，则是一郡登临之胜的所在。这些山水园林，虽无皇家之气，却成了会稽城内的第一批园林景观。

越国园林，在经过秦汉两代的功能调整以后，尽管在民间得到保存，但在此过程中，并没有出现新的园林建筑。而进入六朝以后，会稽城乡由于大批名士的到来，并经他们的苦心经营，具有六朝时代特色的会稽名士园林迅速崛起，翻开了中国园林史上的崭新一页。

（二）名士园林的崛起

在中国园林这朵奇葩中，它的"三大系统及其形成的历史序次是皇家、私家、佛家。它们一齐并生，汇聚到六朝并定型化，犹之于三江汇入沧海。"[①] 皇家园林主要集中在京都及其附近地区，私家园林、佛家园林和道家园林则遍于全国各地。由于地理环境和地域文化的差异，私家园林和佛家园林常常表现出不同的造园艺术和风格。六朝会稽园林，既不是通常意义上的文人园林，也不是一般所谓的士人园林，因为园主都是当时乃至后世公认的"名士"，因此称之为"名士园林"或更为合适。

名士园林之所以在会稽城乡间迅速崛起，是有其深刻而独特的时代背景和环境因素的。此地在东汉以及三国孙吴时经济社会有了很大发展，一个突出的现象是，土著的世家大族已经形成。如山阴的贺氏、孔氏、丁

---

① 吴功正：《六朝美学史》，江苏美术出版社1996年版，第516页。

氏、张氏、谢氏、阚氏、钟离氏等。他们当中有"当世儒宗"(《晋书》卷六十八《贺循传》)之称的山阴贺循；有"会稽三康"之称的山阴孔愉(字敬康)、张茂(字伟康)、丁潭(字世康)(《晋书》卷七十八《孔愉传》)；有号称"四大家族"的会稽孔氏、魏氏、虞氏、谢氏。① 就在会稽土著士族世家迅速形成之际，北方士族在晋室南渡中，携手绕开京都建康，也纷纷加盟会稽士林。这些出身于北方士族世家的人物中，除了具有代表性的琅琊王羲之、阳夏谢安外，还有颍州庾氏、陈留阮氏、晋阳王氏、太原孙氏、江夏李氏、高平郗氏、济阳江氏、谯国戴氏子孙。他们与土著士人结合，形成了当时独有的"会稽名士群"，所谓"会稽有佳山水，名士多居之"(《晋书》卷八十《王羲之传》)，就反映了这种盛况。

当然，会稽名士园林的形成，除了"名士多居之"的基本条件外，还有更为重要的内在原因，这就是名士心态的转变和随之而来的对于山水园林审美心理的觉醒。与三国正始时期的竹林名士有所不同，东晋及其以后的会稽名士，已经由早期的"口吐玄言，纵酒使气"逐步转向"任情率意，放达自旷"的心态转变，从外部寻求精神刺激，转向从内部寻求心灵世界的修整、陶冶与升华。于是，通过构筑园林、悠游山水的方式，使外在空间成了名士内在空间的最好寄托。他们无意官场，不为物累，游放山水，意在散淡、自如、疏放，心有所得，悠然忘归，将六朝的名士风度引向了更高层次。这种心态上的转变，实际上是一种园林审美的觉醒，他们视园林为心志的栖息之地、心灵的放飞之所、心情的调适之处。用戴逵的话来说，就是寻求"方外之美"，他在《闲游赞》中说：

  闲游之人："如山林之客，非徒逃人患，避争门。谅所以翼顺资和，涤除机心，容养淳淑而自适者尔。凡物莫不以适为得，以足为至，彼闲游者，奚往而不适，奚待而不足？故荫映岩流之际，偃息琴

---

① 王志邦：《六朝江东史论》，中国青年出版社1989年版，第48页。

书之侧,寄心松竹,取乐鱼鸟,则澹泊之愿,于是毕矣。"(《艺文类聚》卷三十六《隐逸上》)

戴逵追求"方外之美"的审美心理,在当时会稽名士中是很有代表性的。他们追求心灵上的解放,寻觅精神上的自由,放任行为上的洒脱,标志着一个最富智慧、最具热情的时代已经到来。因此有学者认为:"只有六朝人才找到了和最先确定了中国园林审美心理,更宽泛地说是六朝人在众多领域中真正找到和确定了中国艺术审美心理。"① 从名士园林、山水诗歌、书法绘画到建筑雕塑等艺术门类在会稽地区的蓬勃发展,显然与这种艺术审美心理的发现和确立是密不可分的。当然,对崇尚山水园林的会稽名士来说,回归自然,构筑园林,与深受老庄思想浸染也有密切关系。孙绰就很有代表性。他在《遂初赋序》中说:"余少慕老庄之道,仰其风流久矣,却感于陵贤妻之言,怅然悟之。乃经始东山,建五亩之宅,带长阜,倚茂林,孰与坐华幕击钟鼓者同年而语其乐哉?"② 孙绰自序说明一个事实,即构筑园林和解读老庄,都是会稽名士生活中的组成部分。

此外,"会稽有佳山水"也是名士园林兴起的重要原因之一。这里山清水秀的自然风光、相对安定的社会环境和经济繁荣的客观条件,很自然地成了许多名士营建山水园林、悠游自然山水的首选之地。相对于其他地方,江南风景佳丽之地以会稽居多,正如孔灵符《会稽记》中所说:

　　会稽境特多名山水。峰崿隆峻,吐纳云雾,松栝枫柏,擢干竦条。潭壑镜彻,清流泻注。王子敬见之曰:"山水之美,使人应接不暇。"

---

① 吴功正:《六朝美学史》,江苏美术出版社1996年版,第508页。
② (清)严可均辑:《全晋文》卷六十一《孙绰》,商务印书馆1999年版,第635—636页。

因而六朝时期营建山水园林和游放山水者也以会稽为盛，是当时的"私家园林集中之地"①。对这种盛况的记载，在同期史籍文献中可谓比比皆是：

> 羲之雅好服食养性，不乐在京师，初渡浙江，便有终焉之志。会稽有佳山水，名士多居之，谢安未仕时亦居焉。孙绰、李充、许询、支遁等皆以文义冠世，并筑室东土，与羲之同好。（《晋书》卷八十《王羲之传》）

> 暮春之初，会于会稽山阴之兰亭，修禊事也。群贤毕至，少长咸集。此地有崇山峻岭，茂林修竹；又有清流激湍，映带左右，引以为流觞曲水，列坐其次。虽无丝竹管弦之盛，一觞一咏，亦足以畅叙幽情。是日也，天朗气清，惠风和畅，仰观宇宙之大，俯察品类之盛，所以游目骋怀，足以极视听之娱，信可乐也！（《全晋文》卷二十六作《三月三日兰亭诗序》）

（三）主要的名士园林

六朝时期"筑室东土，与王羲之同好"的，当然远不止孙绰、李充、许询、支遁这些名士。所谓"东土"，也不仅仅指有些人所谓的上虞一地，而是遍于当时的山阴、上虞、剡、永兴等地的会稽郡境，并以郡城及其所在地的山阴为主。特别需要指出的是，许多建在"东山"的园林，并不限于谢安所在的"东山"一地。东晋南朝时期的"东山"，实际指的是会稽诸山。为此，嘉泰《会稽志》卷一强调指出："东晋都建康，一时名胜，自王谢诸人，在会稽者为多。以会稽诸山为东山，以渡涛江而东为入东；居会稽为在东，去而复归为还东。"

---

① 吴功正：《六朝美学史》，江苏美术出版社1996年版，第533页。又，余开亮：《六朝园林美学》，重庆出版社2007年版，第77页。

表2-2　　　　　　　　　六朝会稽名士园林①

园　林	位　置	主　要　描　述
兰　亭	山阴兰渚山下	"此地有崇山峻岭,茂林修竹,又有清流激湍,映带左右,引以为流觞曲水,列坐其次。虽无丝竹管弦之盛,一觞一咏,亦足以畅叙幽情。"(《晋书》卷八十《王羲之传》)
王羲之园	郡城蕺山下	"孙绰、李充、许询、支遁等皆以文义冠世,并筑室东土,与羲之同好。"(《晋书》卷八十《王羲之传》)"王羲之宅在山阴县东北六里,旧传戒珠寺是也。旧经云羲之别业,有养鹅池、洗砚池、题扇桥存焉。"(嘉泰《会稽志》卷十三《古第宅》)
王逸少书堂	山阴兰亭	"王逸少有书堂,在山阴兰亭,鹅池、墨池亦在焉。当其与群公祓禊赋诗,盖一时之集尔,而遗迹胜概,照映林谷,则右军或尝居之。"(嘉泰《会稽志》卷十三《园池》)
谢安园	始宁东山	"谢安石家于会稽上虞县,优游山林……居东山,实二十余年。"(嘉泰《会稽志》卷十三《古第宅》)
	土　山	"又于土山营墅,楼馆林竹甚盛。"(《晋书》卷七十九《谢安传》)
孙统园		"家于会稽。性好山水……纵意游肆,名山胜川靡不穷究。"(《晋书》卷五十六《孙统传》)
孙绰园	东　山	"经始东山,建五亩之宅,带长阜,倚茂林,熟与坐华幕击钟鼓者同年而语其乐哉。"(《全晋文》卷六十一)
许询园	郡　城	"家于山阴。询幼冲灵,好泉石,清风朗月,举酒永怀。"
	永兴西山	"隐于永兴西山,凭树构堂,萧然自致……舍永兴、山阴二宅为寺……诏曰'山阴旧宅为祇洹寺,永兴新居为崇化寺。'"②

① 参见余开亮《六朝山水园林列表》,《六朝园林美学》,重庆出版社2007年版,第104—107页。
② (唐)许嵩:《建康实录》卷八,中华书局2009年版,第216页。又,嘉泰《会稽志》卷七云:"大能仁禅寺在府南二里一百四步,本晋许询舍宅,号祇园寺。"

续　表

园　林	位　置	主　要　描　述
戴逵园	剡县戴村	郗超"在剡为戴公起宅,甚精整。"(《剡录》卷三)"猗欤松林,独蔚山皋。肃肃修竿,森森长条。"(《全晋文》卷一百三十七)
王献之园	山阴云门山	"晋义熙三年,中书令王子敬居于此,有五色祥云见,安帝诏建云门寺。"①
阮裕园	东山	"阮光禄在东山,萧然无事,常内足于怀。"(《世说新语》卷下《栖逸第十八》)
谢敷园	山阴太平山	"性澄靖寡欲,入太平山十余年"(《晋书》卷九十四《谢敷传》),"以长斋供养为业,招引同事,化纳不倦。"(《世说新语》卷下《栖逸第十八·谢尚书注》)
谢玄园	始宁太康湖	"右滨长江,左旁连山,平陵修通,澄湖远镜。于江曲起楼,楼侧悉是桐梓,森耸可爱,居民号为桐梓楼。"(《水经注》卷四十《浙江水》)
何充园	山阴	"何充宅在会稽县东南七十里,充尝为会稽内史,居于此。今福庆寺乃其旧宅云。"②
孔愉小隐山园	山阴侯山	"在郡三年,乃营山阴湖南侯山下数亩地为宅,草屋数间,便弃官居之。"(《晋书》卷七十八《孔愉传》。笔者按:侯山在城西南鉴湖边,又称小隐山园)
江彪园	郡城都泗里	"左江右湖,面山背壑,东西连跨,南北纡萦。"(嘉泰《会稽志》卷二十)
郭伟园	郡城春波桥	"骠骑大将军郭伟宅,在会稽县东南三里五十步,大禹迹寺是也。今尚为壮刹,余地亦广,可想见当时园第之盛。"(嘉泰《会稽志》卷十三《古第宅》)

---

① （南宋）嘉泰《会稽志》卷十三《古第宅》作"王献之宅",该志《园池》作"王子敬山亭"。
② （南宋）嘉泰《会稽志》卷十三《古第宅》。笔者按:会稽县始设于南朝陈,此处应作山阴县。

续　表

园　林	位　置	主　要　描　述
谢灵运始宁园	始　宁	"遂移籍会稽，修营别业，傍山带江，尽幽居之美。与隐士王弘之、孔淳之等纵放为娱，有终焉之志。"（《宋书》卷六十七《谢灵运传》）
王弘之园	始　宁	"始宁沃川有佳山水，弘之又依岩筑室。谢灵运、颜延之并相钦重。"（《宋书》卷九十三《王弘之传》）
孔淳之园	剡　县	"会稽太守谢方明苦要入郡，终不肯往。茅室蓬户，庭草芜径，唯床上有数卷书。"（《宋书》卷九十三《孔淳之传》）
孔灵符园	永　兴	"灵符家本丰，产业甚广，又于永兴立墅，周围三十三里，水陆地二百六十五顷，含带二山，又有果园九处。"（《宋书》卷五十四《孔灵符传》）
皮道与园	郡城龟山	龟山"山之巅有石岫，岫有灵鳗，祷雨多应。旁有巨人迹，锡杖痕"。①
孔稚珪园	山阴尚书坞②	"会稽孔（稚）珪家起园，列植桐柳，多构山泉，殆穷真趣……"（《南史》卷四十一《衡阳元王道度传》）"居宅盛营山水，凭几独酌，傍无杂事。"（《南齐书》卷四十八《孔稚珪传》）
何胤园	山阴若耶山	"（何）胤虽贵显，常怀止足。建武初，已筑室郊外，号曰小山，恒与学徒游处其内。"
	山阴秦望山	"（何）胤以若耶处势迫隘，不容生徒，乃迁秦望山。山有飞泉，西起学舍，即林成援，因岩为堵。别为小合室，寝处其中……"（《梁书》卷五十一《何胤传》）

---

① 据南宋嘉泰《会稽志》卷七《寺院》："报恩广孝禅寺在府南二里二百二十二步，宋元徽元年，制法华经、维摩经疏僧遗教等，与法师惠基于宝林山下（即龟山，亦作飞来山）建宝林寺。时有皮道与舍宅，连山建寺……绍兴七年改报恩广孝寺。"

② 据南宋嘉泰《会稽志》卷十三《园池》："孔稚珪山园，在山阴县东三十里曰尚书坞……所谓坞者，因稚珪之园以得名也。"

（四）名士园林的造园艺术

表2-2所列，虽然只是会稽名士园林中的一部分，但是名士园林的一些基本特点以及与其他园林的某些区别，已经得到充分显示。

通常意义上的园林，都是采用人为的艺术和技术手段，向人们展示和提供的仅仅是一种游憩的场所而已。而名士园林的最大不同点在于它既是游憩之地，也是居住之地，有时还是生产之地，这种融生产、生活、游憩于一体的名士园林，甚至没有统一的名称。史籍中常见的有室、家、宅、居等，如王羲之"筑室东土"，许询"家于山阴"，孔愉"营山阴湖南侯山下数亩地为宅"，王献之"居于"云门山等。也有称墅、别业、园的，如孔灵符"永兴立墅"，郡城蕺山下有"羲之别业"，"会稽孔（稚）珪家起园"等。此外也有称邸的，其中除用作囤积物资和从事商业活动的邸店外，也有不少的邸第。如刘宋时"会（稽）土全实，民物殷阜，王妃公主，邸舍相望"（《宋书》卷五十七《蔡兴宗传》），这些构筑在山阴的邸舍，据《水经注》记载，大多在城东郭外的甘滂南若耶溪两侧，那里"有玉笥、竹林、云门、天柱精舍，并疏山创基，架林裁宇，割涧延流，尽泉石之好，水流迳通"（《水经注》卷四十《浙江水》）。至于那些富裕之家的园林，规模很大，如谢灵运的始宁园，有山野、川泽，有良田、竹园、果园，还有纵横的道路、水渠等。又如孔灵符的永兴墅，周围三十三里，水陆地二百六十五顷，含带二山，又有果园九处。实际上谢灵运、孔灵符之类的名士园林，已经由游憩、居住扩大到庄园了，成了园主们获取财富的地方。

会稽名士园林的另一个特点，是以山水、植物乃至动物等自然形态为主导而构建园林景观体系，使雅尚自然山水的志趣得到完美体现。在有关园主的传记或其他文献中，经常可以看到名士们痴迷山水的记录。如王羲之"慕会稽佳山水"，孙统"性好山水"，谢安"渔弋山水"，许询"好游山水"，孙绰"游放山水"，王羲之"尽山水之游"，孔稚珪

"盛营山水"等。这种雅尚山水、钟情山水的志趣,既引领名士在园址选择上几乎无一例外地依托自然山水营造园林,又千方百计运用人为艺术手段,在园林中再现山水等自然形态。营建于郊外秦望山、若耶山、云门山、太平山、东山、侯山的名士园林,都是一些有山有水、山美水美的"佳山水"。即使是营建在郡城东武山、蕺山、彭山和春波桥畔的园林,不是泉水叮咚,便是曲水萦绕。这种山重水复、曲水湾环的自然山水,经过劈溪径、植桐柳、引山泉、垒石林、栽修竹、筑悬栋等人为加工,使自然之美与人工之美巧妙结合。谢敷的太平山园,到了孙绰笔下,已经美不胜收:

> 巍峨太平,峻逾华霍。秀岭樊缊,奇峰挺崿。上干翠霞,下笼丘壑。……悬栋翠微,飞宇云际。重峦寒产,泂溪萦带。被以青松,洒以素籁。流风伫芳,祥云停霭。(《全晋文》卷六十二《孙绰》)

后来孔稚珪游太平山亦赋诗曰:

> 石险天貌分,林交日容缺。阴涧落春荣,寒岩留夏雪。(《艺文类聚》卷第八《山部下》)

深山幽涧中晚谢的春花,高峻寒岩上残留的夏雪与人工所为的悬栋飞宇浑然一体,使自然山水与人工再现山水,高度融合,难分难解。后人因此有如下的总结:

> 越中之水无非山,越中之山无非水,越中之山水无非园,不必别为园;越中之园无非佳山水,不必别为名。(《越中园亭记·序》,《园综》)

会稽的名士园林,除了依托自然山水和人为再现山水形态的特点之外,还特别讲究造园意境。直白地说,名士造园林,既有立意,又很含蓄,园林大师陈从周有言:"中国园林妙在含蓄,一山一石耐人寻味。"① 对名士园林来说，不在于规模大小，不在于构筑豪华与否，而在于是否含蓄，耐人寻味，充满意境。意境常因景物而出，因情景而异。所谓"景露则境界小，景隐则境界大"，"引水须随势，栽松不趁行"，"亭台到处皆临水，屋宇虽多不碍山"，"几个楼台游不尽，一条流水乱相缠"。陈从周认为，能做到这些，意境也就出来了。在会稽名士的园居生活中，确实让人感受到，这些名士园林，立意深远，境界开阔，给人留下深刻印象。

> 所居斋前种一株松，恒自守护，邻人谓之曰："树子非不楚楚可怜，但恐永无栋梁日耳。"绰答曰："枫柳虽复合抱，亦何所施邪！"（《晋书》卷五十六《孙绰传》）

> 时，吴中一士大夫家有好竹，欲观之，便出坐舆造竹下，讽啸良久。主人洒扫请坐，徽之不顾。将出，主人乃闭门，徽之便以此赏之，尽欢而去。尝寄居空宅中，便令种竹。或问其故，徽之但啸咏，指竹曰："何可一日无此君邪！"（《晋书》卷八十《王羲之传》）

> 居会稽剡县，性好山水……会稽太守谢方明苦要（其）入郡，终不肯往。茅室蓬户，庭草芜迳，唯床上有数卷书。（《宋书》卷九十三《孔淳之传》）

> 不乐世务，居宅盛营山水，凭几独酌，傍无杂事。门庭之内，草莱不剪，中有蛙鸣，或问之曰："欲为陈蕃乎？"稚珪笑曰："我以此当两部鼓吹，何必期效仲举？"（《南齐书》卷四十八《孔稚珪传》）

一株松、一竿竹、一只蛙、一本书，在园林中或许是最简单不过的景观了，然而，守青松、观修竹、听蛙鸣、展书卷，则其味无穷，其意无

---

① 陈从周：《园林谈丛》，上海文艺出版社1982年版，第3页。

尽,其境无边,让人浮想联翩,为鉴赏者提供了广阔的想象空间。

这种充满意境的名士园林,当然也更适宜于修身养性,陶冶情操。以"游放山水"闻名的孙绰,对此深有感触,他在《兰亭集后序》中说:

> 情因所习而迁移,物触所遇而兴感。故振辔于朝市,则充屈之心生;闲步于林野,则辽落之志兴……为复于暧昧之中,思萦拂之道,屡借山水,以化其郁结,永一日之足,当百年之溢。(《全晋文》卷六十一《孙绰》)

这种心情的调适与舒缓,实际上是借助于自然山水与人为山水的感染、熏陶、冶化的结果,是一种审美的觉醒。无论是造园者还是游园者,都企图通过美的发现与鉴赏来达到修身养性、陶冶情操之目的。戴逵的寻求"方外之美",王献之的陶醉"山水之美",谢灵运的"幽居之美",王敬弘的"登临之美",谢敷的"差异之美",以及王羲之晚年享受到的"人伦之美",都是对"美"的向往与追求。他在给谢万的信中说:

> 顷东游还,修植桑果,今盛敷荣,率诸子,抱弱孙,游观其间,有一味之甘,割而分之,以娱目前。虽植德无殊邈,犹欲教养子孙以敦厚退让。(《晋书》卷八十《王羲之传》)

他甚至希望通过园林之类场所,以自娱自乐的方式,陶冶子孙情操与品行。

五 城市功能分区布局

处于城墙之内的会稽城区,通过城河、道路和其他自然实体的分隔,形成了不同的城市功能区。在秦汉六朝时期,大致可以分为官署区、里居区、商贸区和祠祀活动区。《汉书·高帝纪下》应劭注曰:"太上皇思(上)欲归丰,高祖乃更筑城寺市里如丰县,号曰新丰,徙丰民以充实之。"又《汉书·平帝纪》载,元始二年"罢安定呼池苑,以为安民县,起官寺市里,募徙贫民,县次给食。"从汉高祖时"筑城寺市里",到汉平帝时"起官寺市里"可见,汉代一般城市主要由官寺、市、里三部分组成,城市功能分区规划也离不开这三方面的需求。在这里,"官寺"就是官署区,"里"是市民居住区,"市"是城内经济活动区,尤其是商业活动区。官寺、里、市的分区明确,互不相乱,其周边则由墙垣、城河、道路相隔。这是一般的城市结构形态。①

(一) 官署区

官署区是城市的政治中枢,是行使着贯彻上级政令、实施有效统治、维持社会秩序的权力中心。其重要性是城市中其他任何功能区所无法相比的,包括所占的地理位置和建筑面积,都足以表明它是城市里的主要建筑物。

官署区的建筑包括地方行政长官的衙署,官方常见设施和机构如官仓、邸、武库、监狱、官舍、吏舍、传舍、都亭等。

衙署的设置,取决于行政区划的设置。会稽城作为区域行政中心,秦汉六朝时期的行政区划为:秦并六国后于秦王政二十六年(前221)设山阴县;东汉永建四年(129)实行吴、会分治,会稽郡还治山阴;南朝宋孝建元年(454)分会稽、东阳、新安、临海、永嘉五郡为东扬州,州治设在山阴县;到陈永定年间(557—559),析山阴县置会稽县。以上行政区划,虽然处于动态之中,但对于会稽城来说,一个基本事实是,它既是县城,又是郡城,有时还是州城,形成了州、郡、县同城而治的格局。这种行政格局,决定了会稽城内不可能只有一个衙署,至少应该有县衙、郡府、州署三级衙署。

秦汉六朝时期会稽城内最早出现的衙署是山阴县衙,衙署原址,明嘉

---

① 参见张继海《汉代城市社会》,社会科学文献出版社2006年版,第119—149页。

靖《山阴县志》称"其创建无可考"①，至唐大历七年（772）重建于山阴县境宝林山麓承天桥东②，即后来的承天中学的位置上。而最晚出现的县衙，当为会稽县衙，清雍正《浙江通志》说，会稽县治在府治东三里，并引嘉靖《浙江通志》："南北朝陈氏开县建治，后省入山阴。宋复署，县仍旧治。"（雍正《浙江通志》卷三十一《公署中》）嘉靖志的记载表明，从陈代开县建治到宋代复置期间，会稽县衙的地址一直未变，具体地址，就在会稽县境的县前街北首今鲁迅电影院一带。

与山阴、会稽县衙不同，会稽郡府廨在会稽城内占据的位置当然更为重要。府廨位于种山南麓，本为越王勾践时的宫室所在。秦及西汉又是会稽都尉治所。"自东汉以郡移治山阴，即为府廨。至隋唐，尝为总管都督府，又为节度观察厅事。"（雍正《浙江通志》卷三十一《公署中》）即使是唐以后，这里也一直是越州、绍兴府的府廨之地。其东有镇东阁，清人章大来《镇东阁记》云：

  考郡自夏至今，为会稽，为越，为会稽郡，为荆国、吴国，为会稽国，为越州，为吴总管府，为浙东道，为浙东总管府，为节度观察使署，为义胜军、威胜军，为镇东军，为吴越国，后为绍兴府，元为路，明复为府。其中凡几经分合改复，而阁之垂名，历千余年不可易，谓非鲁殿灵光也哉！③

章大来的考证说明，此处绝非一般所谓的遗迹而已，而是实实在在的、被历代沿用的府廨。考证借镇东阁之名，至少说明两点：

其一，会稽城内种山东南麓，自越国以来，素为会稽郡及后来越州、

---

① （明）嘉靖《山阴县志》卷一，《绍兴丛书》第一辑《地方志丛编》第八册，中华书局2006年版，第8页。
② （清）嘉庆《山阴县志》卷五，《绍兴丛书》第一辑《地方志丛编》第八册，中华书局2006年版，第519页。
③ （清）乾隆《绍兴府志》卷七十一《古迹志》，《绍兴丛书》第一辑《地方志丛编》第六册，中华书局2006年版，第1763页。

绍兴府治所。种山有卧龙山、兴龙山等别名,但俗名一直称之为"府山"。有人以为,南宋建炎五年(1131)升越州为绍兴府,种山又是绍兴府治所在,因此有"府山"之称。实际并非如此。因为东汉以来,此地为郡府所在,俗称为"府山"是由来已久的。如北宋景祐三年(1036)越州知州蒋堂,就在《闵山诗序》中说:"越之府山,亦名卧龙,为一境形胜。"① 说明有绍兴府之前,这里已被称为"府山"了。

其二,记中涉及的总管府、浙东道、观察使署等,都是郡、府以上一级行政设置,属于州级公署,与郡府公署同处于府山东南麓,说明郡府与州署是在一起的,或为"合署"办公。这种郡州一起办公的形式,可以从当时的职官体制中得到佐证。会稽本为郡,自刘宋孝建元年(454)以会稽、东阳、新安、临海、永嘉五郡为东扬州起,便增设都督一职,并多由州刺史、郡太守兼充。如大明三年(459),"以浙东为扬州,以子尚为刺史,加都督。五年,改封豫章王,领会稽太守。"(《南史》卷十四《宋宗室及诸王·刘子尚传》)刘子尚一身兼充扬州刺史、会稽太守、都督之职。前废帝景和元年(465),刘子房"为会稽太守,加都督"(《南史》卷十四《宋宗室及诸王·刘子房传》)。齐建元元年(479),萧子良"为会稽太守,都督五郡"(《南史》卷四十四《宋宗室及诸王·萧子良传》)。齐永明十年(492),萧子明"为会稽太守,督五郡军事"(《南史》卷四十四《宋宗室及诸王·萧子明传》)。由此可见,刘宋永建以后,因统领五郡之需,会稽太守以居职者资望深浅轻重,分别兼充都督。而此处所谓"都督""都督五郡"和"督五郡军事",实际是同一回事。既说明郡府与州署同在一个府廨之中,也说明会稽郡在当时非同寻常的地位。

衙署之外,官仓也是官署区的重要设施和建筑之一。一般所谓官仓,多指贮藏粮食的库房,称"常平仓",始于西汉宣帝五凤四年(前154)(《汉书》卷八《宣帝纪》)。官府为调节粮价,储粮备荒,谷贱时购入储

---

① (宋)孔延之:《会稽掇英总集》卷一,人民出版社2006年版,第17页。

存,谷贵时减价出售。这就是《汉书》所谓的"以谷贱时增其贾而籴,以利农,谷贵时减贾而粜"(《汉书》卷二十四上《食货志》)。京师及郡国均有这类官仓,并设仓长掌粮储出纳,东汉以后的会稽郡也设常平仓。后来随着农业生产的发展,城市人口的增长,常平仓的规模也越来越大。到东晋太和年间(366—371)郗愔任会稽太守时,山阴仓米储量已达数百万斛。① 按一斛十斗、一斗十斤和年人均用粮两千斤计算,即可满足十万城市人口一年的用粮需求。如此大的官仓规模,一般情况下只有大都会城市才有可能。

官署区还有一项重要设施,这就是都亭。这是建于城内的公共建筑,《后汉书·皇后纪》李贤注:"凡言都亭者,并城内亭也。"(《后汉书》卷十下《皇后纪下》)秦汉时期,都城、郡城、县城均有都亭。但关于都亭在城市中的位置、数量、功能,有各种不同之说。根据高敏先生研究,都亭都是位于城市中的亭;亭内建鼓,为"召集号令"之所;又有亭舍,可供往来官吏及其家属住宿之用;其建筑比较牢固,可以驻军,多者甚至可达数千人。但他认为西汉洛阳城内每街有一亭,张继海先生不支持这种看法,并主张都亭是城市内的交通中枢,因公务由城内出发,或由外面到达城内,皆以都亭为终点或起点。另外,毕汉斯认为都亭有两个功能,一是作为政府招待所,二是作为维持法律和秩序的警察局。② 秦汉时期会稽城内同样设有都亭,其功能有两点是十分明确的:一可供住宿。《越绝书》载:"秦始皇帝,以其三十七年,东游之会稽……以正月甲戌到大越,留舍都亭。"③ 这是东汉人的记录,应该更接近事实。二有市场。南宋嘉泰《会稽志》载:"古废市,在都亭桥南礼逊坊。旧经云蓟子训货药于此。列仙传云蓟子训齐人,卖药于会稽市。"(嘉泰《会稽志》卷四《市》)按照

---

① 据《晋书》卷二十七《五行志上》:"太和中,郗愔为会稽太守。六月大旱灾,火烧数千家,延及山阴仓米数百万斛,炎烟蔽天,不可扑灭。"
② 张继海:《汉代城市社会》,社会科学文献出版社2006年版,第131—133页。
③ 《越绝书》卷八《越绝外传记地传》,上海古籍出版社1985年版,第64页。

功能要求，会稽城内都亭及其配套建筑，应该具有相当规模，是一个兼具市场、交通中枢和住宿的综合性功能区。其具体方位，从现存"都亭桥"古地名推断，很可能在今鲁迅故居所在地的都昌坊口以南，即"都亭桥南"，也就是今绍兴第二医院一带，属于城市中心区域。

（二）里间区

里，是百姓的居住区，也是秦汉六朝时期的基层行政单位，城市和农村都是如此。"越百姓里居"（《尚书》卷十四《酒诰第十二》）的记载，就反映了这一现实。当年越国大夫范蠡按照越王勾践"筑城立郭，分设里间"[①] 要求，在城里和乡下分设的里间，据《越绝书》《水经注》[②] 等古籍记载，共有十七处。其中设在城内的有八个里，城外九个里，但显然不是所设里间的全部，特别是城中之里，还不足以涵盖越都城的地域范围。

文献记载表明，从越都城的里间到秦汉六朝会稽城的里间之间，有着明显的历史承继关系。这可以从《越绝书》的记载中得到证实。该书卷八共记录了十一个里，但在具体行文时，按两种方法记录，一种在里的名称前加"今"字，如"今南里""今东武里""今淮阳里""今北坛利里""今安城里""今高平里"，剩下的"阳城里""北阳里""富阳里""练塘里""巫里"[③] 的名称前均无"今"字，作者为什么要加以区别？一个不容忽视的事实是：《越绝书》本是一部战国人的著作，后经袁康、吴平等人"加以辑录增删"而成。袁、吴均系东汉人，在他们辑录增删定稿过程中加上"今"字，说明这六个里自春秋后一直被沿用了下来，而未加"今"字的五个里，或许已改用其他名称。

《越绝书》有"今"与无"今"的区别说明，里的名称、内涵及其设

[①] （汉）赵晔著，张觉校注：《吴越春秋校注》卷八《勾践归国外传》，岳麓书社 2006 年版，第 207 页。
[②] 《越绝书》卷八《越绝外传记地传》，《水经注》卷四十《渐江水》。
[③] 《越绝书》卷八《越绝外传记地传》，上海古籍出版社 1985 年版，第 57—65 页。

置数量，随着历史的发展而必然有所变化。前一种变化在东汉初会稽太守第五伦的传记中得到了反映：

> 王莽末，盗贼起，宗族闾里争往附之。(《后汉书》卷四十下《第五伦传》)

记载似乎很简单，但放到当时特定背景下予以考察，则传递了以下重要信息：（1）汉代传承先秦之制，仍以里为基层行政单位，实行闾居。(2) 里居百姓因王莽新政，无法生存而争相前往依附盗贼，会稽城市人口因此大幅减少，出现"蠡城尽"①的局面。(3)"宗族闾里"的出现表明，以血缘关系为纽带的宗法组织已经形成。如果说，春秋末年范蠡"分设里闾"，目的是安置百姓，那么，到了秦汉时期的里闾，已经发展成为子孙后代聚族而居，有共同的祭祀和墓地，宗族势力在里中得到了空前的发展。

东汉以后，除里居的宗族性质继续得到加强外，里的数量也随着城市人口的不断增加而增加，而且多与名人的居住联系在一起。如：

西施里，在五云门头，《吴越春秋》载：越王使相者国中得苧萝山鬻薪之女，曰西施、郑旦，饰以罗縠，教以容步，习于土城，临于都巷，三年学服而献于吴。雍正《浙江通志》引《名胜志》：今五云门外有土城村，西施里是其遗迹。②

义里，在城内长庆寺一带。此本西汉太中大夫山阴陈嚻住宅，与纪伯为邻。伯夜窃其地以自益，嚻见之，伺伯去后，拔其藩，自退一丈以益伯。伯渐悔，既还所侵，又退却一丈。汉成帝鸿嘉二年（前19），太守周府君有感陈嚻德义，刻石旌表其闾里曰"义里"③。

---

① 据《越绝书》卷八《越绝外传记地传》："到始建国时，蠡城尽。"上海古籍出版社1985年版，第58页。
② （清）雍正《浙江通志》卷四十四《古迹志》，中华书局2001年版，第1241页。
③ （晋）虞预《会稽典录》卷上，《鲁迅辑录古籍丛编》第三卷，人民文学出版社1999年版，第247页。

许君里，在城内能仁寺一带。晋元帝时，名士许询随父过江，隐居山阴城内。咸和六年（331），舍山阴旧宅为祇园寺，后改为能仁寺。旧经引郡国志云："会稽山南有许君宅，又许君里在会稽县清风坊。"（嘉泰《会稽志》卷十三《古第宅》）

都赐里，在都赐门内龙华寺一带。南朝江总《修心赋》称："太清四年秋七月，避地于会稽龙华寺。此伽蓝者，余六世祖宋尚书右仆射州陵侯，元嘉二十四年之所构。侯之王父，晋护军将军彪，昔莅此邦，卜居山阴都赐里，贻厥子孙，有终焉之志。"（嘉泰《会稽志》卷二十）

江君里，在城内。嘉泰《会稽志》：梁紫金光禄大夫江淹宅，《太平寰宇记》云，江君里在招贤坊。另据该志衢巷考录，江淹所居，在笔飞坊，与江桥为近邻。

此外，据嘉泰《会稽志》对城内古坊的考证，如果按坊名形成的时间推测，以蔡邕千秋亭得椽竹命名的"千秋坊"，以王羲之为老姥题扇得名的"解愠坊"，以钟离意所居得名的"钟离坊"等，很可能是由两汉以来的里演变而来。

里作为城市最基本的功能区，自然也有它与其他功能区不同的建筑要求。秦汉时期的里，据张继海研究，通常具有以下特征：第一，里有垣墙；第二，里有里门；第三，里中的人家有院墙；第四，宅旁有树。① 前两个特征，在范蠡筑作越都城时已经具备，垣墙差不多都有周长多少的记载。而院墙在出土的汉代屋模中也已出现，但似乎数量不多，或许当时设置院墙并不普遍。至于宅旁植树，会稽城内情况应当有别于北方的城市。从文献记载看，西汉太中大夫山阴陈嚣住宅，"有大竹园，至宋永徽中为寺，犹号竹园寺。"（嘉泰《会稽志》卷十三《古第宅》）这种宅旁院内种竹，在会稽城内实在是很普遍的，晋王徽之的"何可一日无此君"（《晋书》卷八十《王徽之传》），刘宋郭原平"宅上种少竹，春月夜有盗其笋

---

① 张继海：《汉代城市社会》，社会科学文献出版社2006年版，第135页。

者……"(《宋书》卷九十一《郭原平传》)便是见证。宅旁院内种竹,既美化了里居百姓的生活环境,又传达了秦汉六朝时期会稽人的审美情趣。晋人江逌的《竹赋》曰"有嘉生之美竹,挺纯姿于自然,含虚中以象道,体圆质以仪天"① 是一种质朴的心理反应。竹能生笋,笋可食用,又能为里居百姓带来生活上的实惠。王莽新政规定,城郭中宅旁院内必须种植树木果蔬,否则就要处罚。即所谓:"城郭中宅不树艺者为不毛(师古曰:树艺,谓种树果木及菜蔬),出三夫之布。"② 处罚显然是一种消极手段,目的是应对不断袭来的饥荒,但对后来里居百姓绿化城市生活环境,却产生了积极影响。这恐怕是王莽新政推行者所始料不及的。

(三)祠祀区

对一座城市来说,不仅要有安全的社会环境,坚实的经济基础,更要有自己的精神支柱,即能够传达市民信仰观念、崇拜心理、精神寄托和市民属性的文化现象。这种深深植根于民间的民俗文化现象,其思想意识的核心,是相信神灵能支配人生,福佑信仰者。对城市而言,就必须向市民提供能够表达、宣示自己信仰和祷福求佑的活动场所,包括祭祀自然神的社坛,敬仰人神的祠庙,进行佛事活动的寺院等。这些都是秦汉六朝时期会稽城市功能区的有机组成部分。

1. 禹禅会稽

秦汉六朝时期,越人对天地充满了敬畏和崇拜。那是因为:"地载万物,天垂象,取财于地,取法于天,是以尊天而亲地也,故教民美报焉。"(《礼记》卷二十五《郊特牲》)这种感恩图报、祭祀天地的传统,完全来自对大禹的继承。孔子说:"昔禹致群神于会稽之山。"(《国语·鲁语下》)管仲也说"禹封秦山,禅会稽"(《史记》卷二十八《封禅书》)。禹

---

① (清)严可均辑:《全晋文》卷一百七,商务印书馆1999年版,第1130页。
② 《资治通鉴》卷三十七《汉纪二十九·王莽始建国二年(10)》,中华书局1987年版,第1182页。

致群神也好，禅会稽也好，表达的都是对天地的敬仰和祭祀。在传统等级社会里，百姓可以敬仰天地，但只能祭祀土地，因为上天和上帝唯有最高统治者才能祭祀。所以封禅会稽山和郊祀会稽山的，也都是最高统治者。

所谓"封禅"，是古代皇帝祭祀天地的大典。在泰山上筑土为坛，报天之功，称为"封"；在泰山附近的山上辟场祭地，报地之德，谓之"禅"。在禹"封泰山，禅会稽"之后，确实也有个别皇帝不远万里前来"禅会稽"，例如：秦"二世元年（209），东巡碣石，并海南，历泰山，至会稽，皆礼祠之。"（《史记》卷二十八《封禅书》）

除了"禅会稽"以外，会稽山还被列为全国四大"镇山"之一。镇者，安也。古代每州以名山殊大者，为其镇山，会稽古属扬州之域，因而会稽山为扬州镇山。《周礼·春官·大司乐》云："凡日月食，四镇五岳崩。"郑玄注："四镇，山之重大者，谓扬州之会稽，青州之沂山，幽州之医无闾，冀州之霍山。"（《十三经注疏·周礼注疏》卷二十二《春官·大司乐》）自禹禅会稽以来，礼祀会稽之俗，传承不息。

到东晋成帝咸和八年（333），会稽山改从祀"北郊"。按这时的礼制，京城北郊祭地，南郊祭天，即《晋书·礼志》所谓"天郊"（南郊）凡六十二神，"地郊"（北郊）凡四十四神。会稽山为四十四神之一。（《晋书》卷十九《礼志》）后梁元帝祀南郊时，有人提议，"请封会稽，禅国山。""上命诸儒草封禅仪，欲行之。"[《资治通鉴》卷一百四十七《梁纪三》武帝天监八年（509）] 结果没有实行，但这时的"请封会稽"，与禹时的"禅会稽"，显然是一脉相承的。

2. 人神祠庙

从先秦一直到秦汉六朝时期越人的观念中，祖先是具有神性的，并且关注和福佑着子孙后代。同时又赋予传说中的英雄人物、杰出的历史人物和地方知名人物以神性，成为人们崇拜和祭祀的对象。

祖先崇拜，是中国古代宗法制度的重要支撑，因此无论人们走到哪里，都念念不忘祭拜自己的祖先。大禹死后，其子启即天子之位，治国于夏，并"立宗庙于南山之上"，春秋派使者前往祭禹。① 南山，是会稽山别称，也是禹陵所在。《越绝书》卷第八《越绝外传记地传》说："故禹宗庙，在小城南门外大城内。"后少康担心年年派使者前往祭禹恐难坚持，便将其子无余"封于会稽，以奉守禹之祀"（《史记》卷四十一《越王勾践世家》）。在春秋末年的吴越之战中，勾践宗庙即禹庙，被夫差夷为平地②，到范蠡重建越都城时，才得以恢复。具体位置，《水经注》称："勾践所立宗庙，在城东明里中甘滂南。"（《水经注》卷四十《浙江水》）秦并六国，禹庙虽然不再是宗庙，但禹庙仍然祭祀不绝。秦始皇于三十七年（前210），"上会稽，祭大禹"（《史记》卷六《秦始皇本纪》），开创了皇帝亲祭大禹的先例。秦亡不久，汉高祖复以无余子孙摇为越王，"以奉越后"（《史记》卷四十一《越王勾践世家》），把祀禹的使命交给了大禹的后裔，越王摇亦称闽越王。东汉永建元年（126）五月的祭禹活动，被镌刻在禹庙的窆石之上，经考证为"展祭之文"，可识读者共29字③，南朝宋文帝、梁武帝先后遣臣祭禹。宋文帝元嘉（424—453）初，派遣左曹椽、谢灵运从弟谢惠连至会稽祭禹，以宋文帝名义出现的《祭禹庙文》，则由御史中丞王僧孺代为撰写，文收录《全梁文》④。这种祭禹盛况，使齐高帝建元元年（479）任会稽太守的萧子良见了，很有感慨："夏禹庙盛有祷祀，子良曰：'禹泣辜表仁，菲食旌约，服翫果粽，足以致诚。'使岁献扇簟而已。"（《南齐书》卷四十《武十七王·萧子良传》）

大禹在越中具有独特的地位，这不仅因为于越人自称是大禹的后裔，而且大禹的治水功绩、开国功勋以及死后葬在这里，都有理由进行纪念。这既是一种祖先崇拜，也是一种人格崇拜，因此祭禹活动的内容也格外丰富。从祭祀形式看，就有皇帝亲祭、朝臣遣祭、地方公祭和后裔奉祭等。

---

① （汉）赵晔著，张觉校注：《吴越春秋校注》卷六《无余外传》，岳麓书社2006年版，第171页。
② 同上书，卷十《伐吴外传》，第259页。
③ 沈建中：《大禹陵志》，研究出版社2005年版，第136页。
④ （清）严可均辑：《全梁文》卷五十二，商务印书馆1999年版，第554页。

实际这已经成为一种祭祀文化。

此外，对各种知名人物赋予神性并世代进行顶礼膜拜的，在会稽城及其周边地区确实为数不少。其中有祭祀虞舜的舜庙，祭祀大禹同代人的伯益庙、防风庙；祭祀春秋战国时期历史名人的越王庙、范蠡祠、文种祠；祭祀秦汉六朝时期著名会稽太守的严司徒（严助）庙、马太守（马臻）庙、灵助侯（刘宠）庙、孔府君（孔愉）庙；祭祀历代名人的项羽庙、梅福庙和孝女曹娥庙等。① 就这些人物个体而言，他们的一言一行乃至丰功伟绩，确实给当代及后世带来了福佑，成为人们怀念的对象。他们的传奇人生及其经历也变成传说故事，而且越传越神，认为他们的灵魂是具有神性的，所以建祠立庙，供奉祭祀，岁时不绝。

3. 鬼怪巫祠

在于越人的传统观念中，人死之后，灵魂还在，或为鬼或为神，当然死后灵魂成为神的，只是少数人。这种观念与《礼记》所谓"人死曰鬼"（《礼记》卷四十六《祭法》），"众生必死，死必归土，此之谓鬼"（《礼记》卷四十七《祭文》）的记载是完全一致的。同时于越人还认为某些动植物会成精，如狐狸精、蛇精等，某些物体通常也具有神性，如树神、水神等，鬼、怪、神几乎无处不在。这种鬼神信仰的环境，给巫师与巫术的存在提供了可能和条件。

对于鬼，人们总是既敬又畏，一方面希望通过祭鬼而获得平安，另一方面又千方百计避开恶鬼，甚至用不同方法驱鬼辟邪。于越人以为敬鬼可以使人长寿，否则将遭夭折短寿。越人勇之对汉武帝说："越人俗鬼，而其祠皆见鬼，数有效。昔东瓯王敬鬼，寿百六十岁。后世怠慢，故衰耗。"汉武帝"乃令越巫立越祝祠，安台无坛，亦祠天神上帝百鬼"（《史记》卷二十八《封禅书》），把祭祀范围从鬼扩大到天神上帝。

勇之无疑是名越地的"巫师"。巫在古代又称祝、史，"祝"负责撰写

---

① 以上祠庙，见南宋嘉泰《会稽志》，明万历《绍兴府志》，清乾隆《绍兴府志》。

祝辞，"史"则负责记载。巫、祝、史等常常组合成称谓，有巫祝、巫史、祝史为职业的称为"巫师"，"被人们认为具有超自然神秘力量的能力，沟通人与鬼神的联系"①，将神的意旨传达于人，又将人的祈愿转告给鬼神。越地鬼神信仰弥笃，而以此为业的"越巫"也极多，甚至受朝廷延聘，活跃在京师地区。勇之就是其中之一，而且深得汉武帝信赖。武帝太初元年（前104）十一月，柏梁台因火灾遭回落，勇之便说："'越俗有火灾，复起屋必以大，用胜服之'，于是作建章宫，度为千门万户，前殿度高未央。"（《史记》卷二十八《封禅书》）

越地之所以特别多巫师，其中也有经济利益驱动的原因。巫师以其能沟通人与鬼神联系的特殊身份，往往能够迷惑别人，给自己带来巨大的经济利益。《风俗通义》就用具体例子揭露了巫师的这种欺骗性：

> 会稽俗多淫祀，好卜筮。民一以牛祭，巫祝赋敛受谢，民畏其口，惧被祟，不敢拒逆；是以财尽于鬼神，产匮于祭祀。或贫家不能以时祀，至竟言不敢食牛肉；或发病且死，先为牛鸣。其畏惧如此。

后来会稽太守第五伦上任伊始，即以果断措施禁绝这种淫祀。②

所谓"会稽俗多淫祀"，主要表现为：一是观念中多鬼神，各式各样的鬼魂，无所不在的神怪，都在祭祀之列；二是到处都有祭祀场所，床前屋后，田头路边，神庙巫祠，都成了祭鬼祀神的地方；三是巫术活动的方式也很多，常见的卜筮、占龟、占蓍、占星、占梦、相面、望气等，应有尽有。此外还有越地特有的"鸡卜"，即用鸡骨头占卜的巫术。当年越巫勇之为汉武帝"祠天神上帝百鬼"，用的就是鸡卜法。《史记·孝武本纪》正义曰："鸡卜法用鸡一，狗一，生，祝愿讫，即杀鸡狗煮熟，又祭，独取鸡两眼，骨上自有孔裂，似人物形则吉，不足则凶。"

---

① 钟敬文主编：《中国民俗史》（汉魏卷），人民出版社2008年版，第402页。
② 《风俗通义》卷九《怪神》，《百子全书》，浙江人民出版社1985年版，第六册。

第四节 城乡经济从萧条、复苏到繁荣

在秦汉六朝的八百余年间，会稽城乡经济经历了从萧条、复苏到繁荣的漫长发展过程。应该说，春秋战国时期经过越国臣民的共同奋发努力，已经为会稽地区城乡经济发展奠定了良好基础。《史记》所谓"浙江南则越……亦江东一都会也"（《史记》卷一百二十九《货殖列传》）就反映了这一现实。但在入秦以后，包括西汉在内，不但没有充分利用这个基础发展经济，反而大批迁散于越劳动人口①，行政管理体制也严重制约了大越地区的发展②，城乡经济不断衰落。经过二百多年的沉寂，至西汉末年，标志着会稽地区经济发展尺度的人口数量，才逐步得到恢复③。东汉顺帝时，又采取会稽郡还治山阴（《元和郡县图志》卷二十六《江南道二》）、马太守围筑鉴湖（嘉泰《会稽志》卷二《太守》）等重大措施，为会稽城乡经济的进一步复苏与发展创造了条件。特别是随着会稽城市腹地——山会平原的陆续开垦，农业生产技术的不断进步，手工业和商业经济的日益繁荣，会稽郡城在东南沿海的重要地位进一步显现。孙权以会稽等郡为基础，建立东吴政权，形成三国鼎立局面；晋室南渡，以此为会稽国，成了司马氏的领地；南朝各代，又无不视之为"三吴奥区"（三吴指吴郡、吴兴郡、会稽郡）和"浙东奥区"（《梁书》卷二十三《永阳嗣王萧伯游传》），成为"百度所资，罕不自出"（《南齐书》卷四十《竟陵文宣王萧子良传》）的富庶之地。会稽地区也因此

---

① 据《越绝书》卷八《越绝外传记地传》：秦"徙大越民置余杭、伊攻、□故鄣。"该书卷二《记吴地传》："乌程、余杭、黝、歙、无湖、石城县以南，皆故大越移民也。秦始皇刻石徙之。"

② 这方面的主要措施：一是更名大越曰山阴，置山阴县；二是将以会稽为名的郡治设在吴，以削弱于越势力。

③ 《汉书》卷二十八（上）《地理志》载，汉平帝元始二年（2），会稽郡26县，223038户，1032604口，县均人口为39716口。

有"今之会稽,昔之关中"(《晋书》卷七十七《诸葛恢传》)之说,其繁荣景象,可想而知。

一 山会平原的开发与世族庄园的兴起

(一) 山会平原的开发

秦置山阴县,汉顺帝时会稽郡还治山阴,实行郡、县同城而治。到南朝陈末时,山阴县分设会稽县,习惯上就称山阴、会稽两县所属的平原为"山会平原"。由于山、会两县均为会稽郡的附郭县,又均以会稽城为治所,所以山会平原实际上就是会稽城的近郊和腹地,是城市的依托所在。山会平原的有效开发与利用,不仅能在粮食和农副产品方面为城市提供保障,也能为城市手工业生产提供原材料供应,而山会平原也因此成了会稽城市经济的有效辐射地。开发山会平原,对促进城乡经济的共同繁荣意义重大。

山会平原为今宁绍平原的一部分。大致包括后海(今杭州湾)以南,会稽山麓以北,东小江(今曹娥江)以西和西小江(今浦阳江)以东的范围,面积约2200多平方公里。① 山会平原倚山枕海,地势由南向北呈山地-平原-海洋的阶梯状格局。平原内部有二三百座隆起的孤丘,又有纵横交错的平原水网。这里原来是一片卷转虫海退后留下的沼泽地,海水直薄会稽山麓。距今大约四千年前,海侵逐渐退去,潮汐出没的情况有所减少,山会平原从此开始了漫长的开发历程。

文物考古表明,山会平原的开发在新石器时代中晚期已经开始,而且以平原孤丘为起点。已经发现的有距今约四千年的马鞍仙人山寺桥村落遗

---

① 清宣统三年(1911),山阴、会稽两县合并为绍兴县。据1949年6月绍兴市军事管制委员会《绍兴概况调查》,当时绍兴全县土地面积为2205平方公里。新中国成立后,从1949年10月至1959年1月,从绍兴县划出1镇、26乡、3村归上虞县,又从绍兴县划出27乡归萧山县,划出总面积在800平方公里以上。至此,绍兴县域面积为1473平方公里。

址，商周时期的齐贤壶瓶山村落遗址，西周晚期的安昌白洋村落遗址等。①这些村落遗址的共同特点是依托孤丘坡地而建，地势均高出当地田野一米以上，说明这时山会平原的海侵还没有完全退去，第一批拓荒者只能首先从开发孤丘开始。

到春秋战国时期，除了孤丘聚落，开垦平原荒地已经成为越国发展生产的重要途径。秦国的蔡泽曾对秦昭王说："大夫种为越王深谋远计，免会稽之危，以亡为存，垦草入邑，辟地殖谷，"（《史记》卷七十九《蔡泽传》）发展生产。据《越绝书》等古籍记载，当时得到开垦的，有城东的富中里、富阳里、高平里、练塘里，城北的安城里、巫里，城西的康乐里、兰上里、苦竹里等。② 其范围之广、规模之大，堪称是山会平原开发史上的第一次高潮。

但在秦至西汉的二百多年间，几乎没有关于开垦山会平原的记载，而人口似乎在缓慢增长，到东汉初期，土地紧缺，地价昂贵，人地矛盾已经十分突出。现存于绍兴城东郊富盛镇乌石村跳山东坡岩崖上的《建初买地刻石》就是明证。刻石全文二十二字，题额"大吉"，正文为：

　　　　昆弟六人，共买山地，建初元年，造此冢地，直（值）三万钱。（《绍兴文物志》，第 198 页）

这一建初元年（76）的买地券文，为研究当时土地买卖制度、土地价格以及汉隶书法等提供了实物依据。

山会平原的第二次开发高潮，应在鉴湖筑成之后即东汉永和五年（140）以后的事情。对这次开发的范围、规模、特点和效益，在刘宋会稽太守孔灵符的《会稽记》中有如下记载：

---

① 马鞍山寺桥、齐贤壶瓶山、安昌白洋等村落遗址考古发掘情况，见《绍兴文物志》，中华书局 2006 年版，第 224 页。
② 见《越绝书》卷八《越绝外传记地传》，《水经注》卷四十《渐江水》。

汉顺帝永和五年，会稽太守马臻创立镜湖，在会稽山阴两县界（按：刘宋时无会稽县，此处或为后人增改），筑塘蓄水，高丈余，田又高海丈余。若水少，则泄湖灌田；如水多，则开（疑为"闭"）湖泄田中水入海，所以无凶年。堤塘周回五百一十里，溉田九千余顷。①

得到镜湖灌溉的这九千余顷良田，当然只能看作是形容数量之多，如果照实计算，才一十三万五千亩田，这或许还不到整个山会平原面积的十分之一，说明开发山会平原的历史还远没有结束。孙吴时的山阴人钟离牧住在永兴（今萧山），"躬自垦田，种稻二十余亩……春所取稻得六十斛米"（《三国志》卷六十《吴书·钟离牧传》）。由私人开垦农田、种植稻谷，或许到三国孙吴时仍属普遍现象，而且新开稻田，当年每亩收获近三石米，按三国量制，换算成稻谷，亩产近四百斤，足见土地之肥沃。

两晋时期开垦范围进一步扩大到会稽郡东部的鄮县（今鄞州）、句章（今慈溪）等地。西晋时，吴人陆云得知石季甫任鄮县令，引起家人不安，便致信石的舅父车茂安，介绍鄮县实情，信中说鄮县在郡东，有三日路程，水陆并通，东临巨海，南有林泽，"海物惟错，不可称名。遏长川以为陂，燔茂草以为田，火耕水种，不烦人力。"② 东晋咸康三年（337），孔愉出为会稽内史，修复句章县内汉时旧陂，使二百余顷田地由此成为丰产良田（《晋书》卷七十八《孔愉传》）。

虽然鄮县、句章县地属会稽郡境而不在山会平原范围之内，但开发这两个县的实际表明，此时山会平原的开垦已近尾声。到刘宋大明初年，孔灵符就明确提出：

山阴县土境偏狭，民多田少，灵符表徙无赀之家于余姚、鄞、鄮

---

① （南朝宋）孔灵符：《会稽记》，《鲁迅辑录古籍丛编》第3卷，人民文学出版社1999年版，第317页。

② （清）严可均辑：《全晋文》卷一百三《陆云·答车茂安书》，商务印书馆1999年版，第1087页。

三县界，垦起湖田。(《宋书》卷五十四《孔灵符传》)

主张让没有能力纳税的山阴百姓，仿效开发山会平原的方式，去那里开发湖田。这可以看作是山会平原的第三次开发高潮已经接近尾声，已无荒地可垦便是明确信号。孔灵符是山阴人，又先后于刘宋大明二年（458）和八年（464）出任会稽太守，对山会平原的开发进程，应该是清楚的。他提出将开垦目标转向余姚等县，其实是出于现实需要，孝武帝因此力排众议，"从其徙民，并成良业"。

对于这次全面开发山会平原的实际效果，沈约在《宋书》孔季恭、孔灵符的传论中作了全面评估。他指出：

> 自晋氏迁流至大明之际，会稽"地广野丰，民勤本业（农业），一岁或稔，则数郡忘饥。会（会稽）土带海傍湖，良畴亦数十万顷，膏腴上地，亩直一金，鄠（今陕西户县）杜（今陕西西安市南）之间（汉时关中农业发达、地价昂贵之处），不能比也。"(《宋书》卷五十四《孔季恭传论》)

这实际上也是对山会平原几千年开发史的一次总结。

(二) 农业生产的发展

《史记·货殖列传》在列举全国十九个大都会城市之后，有一段总结性的叙述说：

> 楚越之地，地广人稀，饭稻羹鱼，或火耕而水耨，果隋蠃蛤，不待贾而足，地埶饶食，无饥馑之患，以故呰窳偷生，无积聚而多贫。是故江、淮以南，无冻饿之人，亦无千金之家。(《史记》卷一百二十九《货殖列传》)

这应该是司马迁二十岁"上会稽，探禹穴"（《史记》卷一百三十

《太史公自序》）时看到的真实情形，大致反映了秦到西汉时会稽地区的农业生产面貌和老百姓的生活状况。司马迁将越地的水田耕作方式称为"火耕而水耨"，并且得到后来《盐铁论》《汉书》作者的认同。① 但学术界持有不同意见，一种认为火耕水耨"是水稻种植区防虫取肥和中耕除草的两项基本农活"②；另一种认为"是南方种稻的一种粗放耕作方式"③。其实火耕水耨是从南方自然条件出发的一种开荒、耕种（含旱地）和管理的模式，内涵十分丰富，实难用"粗放"两字予以概括。

进入东汉以后，情况就大不一样了。由于劳动人口的迅速增加，行政区划的及时调整，鉴湖工程的顺利完成，山会平原的大规模开垦等原因，农业生产很快得到复苏，而且有了长足发展。

1. 生产工具的改进。会稽地区的养牛历史很早，春秋战国之际，越大夫范蠡就说："子欲速富，当畜五牸。"④ 牛即为"五牸"之一。境内出土的青铜犁和铁铧犁⑤，也用实物验证了春秋战国时，牛耕技术在越地已经得到应用，这在当时是极为少见的⑥。可这种技术的推广并不顺利，因为"会稽俗多淫祀，好卜筮，民常以牛祭祀，百姓财产以此困匮"（《后汉书》卷四十一《第五伦传》）。而那些巫祝还要编造谎言，谁不屠牛祀神，就要生病死亡，死时像牛叫，闹得前后郡守都不敢示禁。直到东汉建武二十九年（53），第五伦出任会稽太守，到官即"移书属县，晓告百姓。其巫祝有依托鬼神诈怖愚民，皆案论之。有妄屠牛者，吏辄行罚"（《后汉书》卷四十一《第五伦传》）。既不允许巫祝蛊惑人心，又禁止任意屠杀耕

---

① （汉）桓宽：《盐铁论》卷上《通有第三》云："伐檠木而树谷，燔莱而播粟，火耕而水耨，地广而饶材。"《汉书》卷六《武帝纪·元鼎二年（前115）》云："江南之地，火耕水耨。"百子全书本。

② 金普森、陈剩勇主编，王志邦撰：《浙江通史·秦汉六朝卷》，浙江人民出版社2005年版，第110页。

③ 张泽咸：《汉晋唐时期农业》，中国社会科学出版社2003年版，第285页。

④ （北魏）贾思勰：《齐民要术》卷六，团结出版社1998年版，第204页。

⑤ 刘侃：《绍兴西施山遗址出土文物研究》，《东方博物》第31辑，浙江大学出版社2009年版，第14、17页。

⑥ 林甘泉主编：《中国经济通史·秦汉经济卷（上）》，经济日报出版社1999年版，第191页。

牛，不然均以案论之。禁止杀牛祭祀陋俗，实际上为推广牛耕技术扫除了障碍，从汉末到三国时，牛耕逐渐得到普及。孙权曾说："今孤父子亲自受田，车中八牛，以为四耦，虽未及古人，亦欲与众均等其劳也。"（《三国志》卷四十七《吴书·吴主传第二》）西晋时，牛耕规模已经非常可观，咸宁三年（277），晋武帝下诏："东南以水田为业……可分种牛三万五千头，以付二州将吏士庶，使及春耕。"（《晋书》卷二十六《食货志》）此处所谓"二州"，当指荆州、扬州，而此时会稽郡当属扬州。此后，耕牛不仅广泛应用于春耕秋犁①，还被运用于江河岸边的"牛埭"中。所谓"牛埭"，即"牛埭闸"，指在江河岸边树立转轴，以绠系舟尾，用牛力推动转轴，使船只过埭渡航，并收取税款。如南朝齐时的会稽太守顾宪之所说："始立牛埭（在西兴），非苟通僦以纳税也，当以风涛迅险，人力不捷，济急以利物耳。既公私是乐，故输直无怨。"（《南史》卷三十五《顾宪之传》）

与牛耕一样，铁制农具也是农业生产的主要工具。从绍兴西施山遗址出土的遗物看，战国中晚期越地使用的铁制农具，除用于耕田或耕地的铁铧犁之外，还有用于起土和锄草的铁锸，用于农作物收割的铁镰等。② 秦汉时期由于铁制农具在经济社会生活中所起作用越来越大，观念中的铁器地位也越来越重要："农，天下之大业也；铁器，民之大用也。器用便利，则用力少而得作多，农夫乐事劝功。用不具，则田畴荒，谷不殖，用力鲜，功自半。"③ 东汉时的会稽王充，对运用锸、锸等农具平整土地情状有如下描述：

> 以钁、锸凿地，以埤增下，则其下与高者齐；如复增钁、锸，则

---

① 据（北魏）贾思勰《齐民要术》卷一《耕田》："凡秋收之后，牛力弱，未及即秋耕者……即移羸速锋之，地恒润泽而不坚硬。"团结出版社1998年版，第2页。
② 刘侃：《绍兴西施山遗址出土文物研究》，《东方博物》第31辑，浙江大学出版社2009年版，第17页。
③ （汉）桓宽：《盐铁论》卷下《水旱第三十六》，《百子全书》，浙江人民出版社1984年5月影印本。

夫下者不徒齐者也，反更为高，而其高者反为下。(《论衡》卷第二《率性篇》)

三国两晋南北朝时，与农业耕种、收获、运输、加工有关的农具很多，从《齐民要术》和其他同时代文献记载看，就有犁、耙、耧、锄、锸、镰、铲、刈刀、大锄、小锄、镞锄等，这也是越地出土文物中常见的农具。

2. 农业的多种经营。会稽地区由于土地肥美、雨量丰沛，发展农业多种经营条件优越。东汉特别是晋室南迁以后，随着城市人口的迅速增加，豪门世族奢侈之风的盛行，对农副产品和消费品的需求大幅增长，有力地推动了多种经营的发展。利用平原、丘陵、山区、水网等各种自然地理条件，发展多种经营，成了这一时期会稽地区农业生产的一大特点。

粮食生产当然是主要的农业部门，也是春秋战国以来"种八谷""设八仓"的优良传统。越大夫计倪所谓"春种八谷"①，一般指黍、稷、稻、粱、禾、麻、菽、麦八种农作物，说明品种很多。但按照南方的特点，仍以种植水稻为主，司马迁的"饭稻羹鱼"，就突出了稻米的主导地位。这种局面要到晋室南迁、北人流入后才有所改变。土著人和北方人在饮食习惯上的差异，促使粮食作物由原来以水稻为主，逐渐增加了适宜于北方人胃口的品种，如麦、粟、菽等的种植面积，形成水田种稻，旱地种麦、粟、菽的粮食生产格局。粮食结构中，麦、粟、菽的比重相应得到提高，甚至出现贩粟的小商贩。如梁时的山阴贺琛，因家贫，"常往还诸暨，贩粟以自给"(《梁书》卷三十八《贺琛传》)。这是粮食作物结构性变化的结果。

除粮食作物外，种植业中的园林、蔬菜、蚕桑等多种经营，发展也很快。

果园几乎到处都有，王羲之就曾亲自"修植桑果"(《晋书》卷八十《王羲之传》)，他在给友人的信中说："吾笃喜种果，今在田里，惟以此为

---

① (汉)赵晔著，张觉校注：《吴越春秋校注》卷第九《阴谋外传》，岳麓书社2006年版，第232—233页。

事。"所种有青李、来禽、樱桃、胡桃、日给藤等品种。① 在豪门世族的庄园里,无论规模大小,几乎都有果园。如刘宋时,孔灵符永兴墅中,"含带二山,又有果园九处。"(《宋书》卷五十四《孔灵符传》)谢灵运始宁墅就有"北山两园,南山三苑,百果备列"。《山居赋》写到的有杏、柰、橘、栗、桃、李、梨、枣、枇杷、林檎、椹梅、卑柿等数十种,除栽培本地桃李果品外,还特别引种了北方的枣梨品种,真可谓是"百果备列"②。

这时的蔬菜种类也很多,既有种植的也有采集的,既有水生的也有陆生的。谢灵运《山居赋》提到的水生蔬菜有萍、藻、蕰、茭、蓳、茜、芹、荪、蒹、菰、蘩、荇、菱、莲等二十三种;陆生蔬菜有蓼、蕺、荠、菲、苏、姜、葵、薤、葱、藿等十多种。实际蔬菜品种当然远不止这些,如菜根类中的芦菔(萝卜),茄类中的落苏(茄),瓜类中的黄瓜,豆类中的扁豆等(嘉泰《会稽志》卷十七《草部》)。以种瓜为业的,就不乏其人,如从中原流入会稽的步骘和卫旌,曾以自己种的瓜献给当地的豪族焦征羌(《三国志》卷五十二《吴书·步骘传》)。被《宋书》列入孝义传的一介菜农郭原平,家在永兴(今萧山),将自己种的瓜,运到会稽郡城来卖。大明八年(464)大旱,运瓜船不能通航,县官放水予便,郭原平说:"普天大旱,百姓俱困,岂可减溉田之水,以通运瓜之船?"(《宋书》卷九十一《郭原平传》)坚持步行往钱塘(今杭州)卖瓜。

植桑种葛、纺丝织布,仍然是会稽的传统产业。当年越王勾践"使国中男女入山采葛,以作黄丝之布"③ 的传统,秦汉时期得到进一步发扬,而且质量上乘。由于当时好的葛布,多半产于江浙一带,所以汉代常称品质优良的葛布为"越布"或"白越"④。蚕桑生产也有新的发展,时人对

---

① 《王羲之王献之全集笺证》杂帖第341帖,山东文艺出版社1999年版,第93页。
② (南朝宋)谢灵运:《山居赋》,《谢灵运集校注》,中州古籍出版社1987年版,第318—345页。
③ (汉)赵晔著,张觉校注:《吴越春秋校注》卷第八《归国外传》,岳麓书社2006年版,第214页。
④ 孙毓棠:《战国秦汉时代的纺织业》,《孙毓棠学术论文集》,中华书局2005年版,第99页。

蚕的生产规律、桑叶的要求、病虫的危害以及茧层厚薄与出丝率高低的关系等问题，已有深入的观察和研究。王充在《论衡》中说："蚕食桑自有足时"；"桑有蝎"，宜治；"虫茧重厚，称其出丝，孰为多者？"① 到东晋时已经积累了丰富的养蚕经验，对蚕室温度、干湿、桑叶等养殖技术，都有严格要求。会稽人杨泉在《蚕赋》中说："温室既调，蚕母入处，陈布说种，柔和得所，晞用清明，浴用谷雨，爰求蚕桑，切若细缕，起止得时，燥湿是候，逍遥偃仰，进止自如。"（《艺文类聚》卷六十五《产业部·蚕》）对南朝蚕桑业的发展产生了积极影响。

养殖业的发展，到东汉以后才有明显表现，不仅饲养品种有增加，规模也有不同程度的扩大。这时饲养的家畜有牛、马、猪、羊、犬五种。会稽太守第五伦禁止杀牛祭祀，推广牛耕技术，促进了养牛业的发展。自己虽享有二千石，但"躬自斩刍养马"（《后汉书》卷四十一《第五伦传》），也许是一种倡导，意在推动养马。养猪从春秋战国时期的牧饲、半牧饲发展到汉晋时的圈饲、舍饲，从绍兴城郊出土的西晋青瓷猪舍明器可以证明。② 养羊从出土的三国到东晋时期的青瓷羊形器可见，饲养的有绵羊、山羊等品种。绵羊身体肥美，肌肉丰腴，神态安详；山羊凸胸细腰、肥臀短尾，四肢强健。③ 养狗则更为普遍。南朝齐武帝初，王敬则为会稽太守前，梦与暨阳县（今诸暨县）吏以刀剑相斗，争夺县令，后果然补为暨阳县令，但见"屠狗商贩，遍于三吴"（《南史》卷四十五《王敬则传》），足见养狗风气之盛。

饲养的家禽主要有鸡、鸭、鹅等。秦汉时，越地盛行"鸡卜"风俗，越巫用鸡卜法"祠天神上帝百鬼"，据说因此可以卜知凶吉和长寿，汉武

---

① 见王充《论衡》卷第十六《商虫篇》、卷第三十《自纪篇》，上海人民出版社1974年版，第252—253页、第454页。
② 宣传中主编：《绍兴文物志》，中华书局2006年版，第259页。
③ 同上书，第261页。

帝深信之，于是"越祠鸡卜始用焉"①。越鸡也由此名闻天下。养鹅也因王羲之以《道德经》换得"笼鹅而归"（《晋书》卷八十《王羲之传》），被传为千古佳话，至今还有鹅泾、鹅巷等地名传世。养鸭更为普遍，凡近河、临渎、沿浦、缘湖农民，无不以鱼鸭为乐。《宋书》所谓"缘湖居民，鱼鸭为业，及有居肆，理无乐徙"（《宋书》卷五十四《孔季恭传》），安居乐业，怎么舍得移民他处？

3. 农业技术的进步。对会稽地区来说，秦汉六朝是以水田耕作技术为主的传统农学技术体系形成期，比春秋战国时越国的农学技术有了较大提高。② 如果说司马迁的"火耕水耨"代表了东汉以前农耕技术，那么东汉以后的农耕技术，不但进步很快，而且是多方面的。

如对于深耕施肥、改良土壤与提高产量的关系，就较前代有了更为深刻的认识。王充认为地力肥，产量就高，一亩可胜过五亩中档田。他说："地力盛者，草木畅茂，一亩之收，当中田五亩之分。苗田，人知出谷多者地力盛。"③ 土壤本身有肥沃和贫瘠之分，但可以通过人为的努力改变贫瘠。所以王充又说："夫肥沃墝埆，土地之本性也。肥而沃者性美，树稼丰茂。墝而埆者性恶，深耕细锄，厚加粪壤，勉致人功，以助地力，其树稼与彼肥沃者相似类也。"④ 通过深耕和施肥，使贫瘠之土肥沃起来，同样可以获得丰收。

水稻的种植在汉魏时期已经形成比较系统的经验，据《齐民要术》记载：水稻播种季节，三月种最好，四月上旬其次，四月中旬最次；浸种要求是，种子浸三夜后，捞出来放入草篮中保温保湿，再过三夜，种子便长出二分长的芽；一亩田播三升种子，播种后三天内，要有人守田驱赶鸟；稻苗长到七八寸时，就要薅田除草，然后放掉田中水，让苗根晒得健朗

---

① 所谓"鸡卜法"，《史记》卷十二《孝武本纪》正义注曰："鸡卜法用鸡一，狗一，生，祝愿讫，即杀鸡狗煮熟，又祭，独取鸡两眼，骨上自有孔裂，似人物形则吉，不足则凶。"
② 参见洪惠良、祁万荣《绍兴农业发展史略》，杭州大学出版社1991年版，第73页。
③ （东汉）王充：《论衡》卷十三《效力篇》，上海人民出版社1974年版，第202页。
④ 同上书卷二《率性篇》，第25页。

些；稻田灌溉要根据稻苗生长需要因时制宜，到稻谷快成熟时，又放掉田里的水。① 春种、夏长、秋收、冬藏是基本生产流程。

病虫害的防治是农业生产的重要环节，向来受人重视。具有"农桑为业""贾贩为事"经历的王充，有一篇专门商讨虫灾问题的文章——《商虫篇》。虽然主题是在驳斥"虫吃谷物是官吏侵夺人民造成的"不科学观点，但其中也反映了病虫害的生成、治理及其规律。他认为"虫食谷稼"②，也是农事中的常见现象，如蝗虫来时，"蔽天如雨，集地食物，不择谷草"，而且"蝗食谷草，连日老极，或蜚徙去，或止枯死"。所以虫食谷也是有时限的，就像蚕食桑总有一天会停止一样。病虫又是从哪里来的呢？他说："夫虫，风气所生。"所谓"风气"，是指当时当地的气候环境，其中以温、湿最为关键。温度、湿度高，虫害容易发生，而"温、湿之气，常在春夏"，所以春夏季虫害较秋冬季要多。王充还记录了当时治虫的几种方法：如用马屎汁侵种消毒，以杀死种子携带的病菌和虫卵，"令禾不虫"；发生蝗灾时，采用"驱蝗入沟"的方法来消灭蝗虫；根据虫依温湿而生的规律，贮藏种子前应"烈日干暴，投于燥器，则虫不生"③。主张把作物优质性（可口性）与其抗虫性呈反相关的规律运用于选育良种。他说："甘香渥味之物，虫生常多，故谷之多虫者粢也。稻时有虫，麦与豆无虫。"粢即糯稻，因为适口性好，容易比籼、粳稻遭受虫害。④

（三）世家大族庄园的兴起

庄园经济是六朝时期会稽郡境内颇有影响的经济现象。一般认为庄园是封建时代皇室、贵族、达官、富豪、寺院等占有并经营的大片土地，但

---

① （北魏）贾思勰：《齐民要术》卷二《水稻》，团结出版社1998年版，第58—62页。
② （东汉）王充：《论衡》卷十五《顺鼓篇》，上海人民出版社1974年版，第240页。
③ 同上书，卷十六《商虫篇》，第252—254页。
④ 参见洪惠良、祁万荣《绍兴农业发展史略》，杭州大学出版社1991年版，第76页。

没有统一的名称。因为是阡陌相连的一个农业生产单位，便统称为一个庄，范文澜说："庄有各种别名，如庄田、田庄、庄园、庄宅、庄院、山庄、园、田园、田业、墅、别墅、别业等名称，实际都是一个地主所有的一个农业生产单位。"①

六朝时期的地主阶级有士族、庶寒、僧侣等不同阶层，在当时的历史环境下，其土地的占有情况也各有不同。特别是在门阀制度条件下，决定门阀士族的主要标准是政治地位，即本家族成员担任的官职和占有的权势，由此决定了他们在政治、经济、文化等各方面的利益。因此，士族对于土地的占有，"是伴随世族的形成、荫族、荫客、门阀化的过程而来"②。其突出的标志，是西晋平吴之后推行的"户调之式"，规定了占田、荫族、荫客的各项制度。官员占田数额，按"其官品第一至于第九，各以贵贱占田"。从第一品占五十顷、第二品四十五顷到第九品十顷不等（《晋书》卷二十六《食货志》）。表面看这是对官员占田的最高限额，但客观上是确定了占田的合法性，至于实际上占多占少，显然都是于制度无关紧要的。实际上除占田之外，会稽地区的山林湖泊也是十分重要的财源，为士族地主所青睐。为此，刘宋大明年间（457—464），又颁布了占山法令，规定可按官品高低占据山地，限额从第一、二品的三顷，到第九品的一顷不等（《宋书》卷五十四《羊希传》）。这些制度和法令的推行，为会稽地区世族庄园的建立、巩固和发展，提供了重要保障。

会稽地区的世家大族庄园，在孙吴时期已经有所发展，如世居会稽的孔、魏、虞、谢等，他们的庄园，都是"僮仆成军，闭门为市，牛羊掩原隰，田池布千里"，"金玉满堂，妓妾溢房，商贩千艘，腐谷万庾，园囿拟上林，馆第僭太极"（《抱朴子外篇》卷三《吴失卷第三十四》）。占田制颁行之后，随着晋室南渡，侨姓世族纷纷绕道荆、扬之地，来到会稽"求

---

① 范文澜：《中国通史》第三册，人民出版社2001年版，第250—251页。
② 高敏主编：《中国经济通史·魏晋南北朝经济卷（下）》，经济日报出版社2001年版，第718—719页。

田问舍"。陈郡谢氏、陈留阮氏、太原王氏、高阳许氏等世家大族,都在这里建有庄园。王羲之在会稽内史任内,就曾为朋友、为自己谋购土地、建立庄园而忙碌过。为买下四十亩宅基地,他托付亲属去实地踏勘一下,"佳者决便当取",将地买下。① 有友人欲去余姚购地,王羲之又亲自为之发文征验,挑选土地,即所谓"敕验"②。有的人已经有了大庄园,却还不满足,图谋更多的土地,谢灵运就是其中之一。他从祖父谢玄那里接过的始宁山墅,"傍山带湖",规模不可谓不大。但见会稽东郭有回踵湖(又名回涌湖),便上书宋文帝"决湖为田",文帝令州郡履行,遭会稽太守孟顗的坚决拒绝,于是"又求始宁崲蝗湖为田,孟又固执"。见不能得乘,就用言论伤害孟太守(《南史》卷十九《谢灵运传》)。

这种欲壑难填的贪婪行为,使土地越来越集中,世家大族庄园的规模也越来越大。三国孙吴时的山阴钟离牧,虽越境去永兴(今萧山)开辟庄园,但规模并不大,"躬自垦田,种稻二十余亩"(《三国志》卷六十《吴书·钟离牧传》)还未到达西晋制度规定的最高限额五十顷。而限额制度颁布后,世家大族的土地占有欲反而急剧膨胀。始宁墅到了谢灵运手里,已经是"右滨长江,左傍连山,平陵修道,澄湖远镜。于江曲起楼……楼两面临江,尽升眺之趣……湖中筑路,东出趋山,路甚平直。山中有三精舍,高甍凌虚,垂檐带空,俯眺平林,烟杳在下,水陆宁晏,足为避地之乡矣。"(《水经注》卷四十《浙江水》)而这样的庄园,谢安之孙谢混竟有多达十余处,史称"混仍世宰辅,一门两封,田业十余处,僮仆千人"(《宋书》卷五十八《谢弘微传》)。对于这种在世族利益驱使下侵占山泽、开辟庄园的贪婪行径,政府为利益着想也曾有过严厉打击。如刘宋泰始六年(470),蔡兴宗任会稽太守时,对会稽豪右"封山略湖,妨人害政"者"皆以法绳之"(《南史》卷二十九《蔡兴宗传》)。孔灵符"周围三十三

---

① (清)严可均辑:《全晋文》卷二十六《王羲之(五)·杂帖》,商务印书馆1999年版,第251页。

② 同上书,卷二十四《王羲之(三)·杂帖》,第235页。

里，水陆地二百六十五顷，含带二山，又有果园九处"的永兴墅，也"为有司所纠"（《南史》卷二十七《孔灵符传》）。

六朝时期会稽地区的世家大族庄园，很像是一种自给自足的经济体。与自给自足的小农经济不同，其富裕、豪华、奢侈的程度，用《水经注》的话来形容，就是"能治田殖，至三百顷，广起庐舍，高楼连阁，波陂灌注，竹木成林，六畜放牧，鱼蠃梨果，檀棘桑麻，闭门成市，兵弩器械，赀至百万，其兴工造作，为无穷之功，巧不可言，富拟封君"（《水经注》卷二十九《比水》）。

"富拟封君"的描述，同样适用于始宁园。据谢灵运《山居赋》载，由他祖父谢玄开始经营的山墅，经他自己进一步"修营"，始有"南北两居"，即南山的"临江旧宅"和北山的"四面有水"新居。步行从旧宅到新居，"跨越山岭，绵亘田野，或升或降，当三里许"。又于"岩林之中"，"葺室构宇"，"复有一楼"，作为他的居宅。山墅周围，"田连冈而盈畴，岭枕水而通纤"，除广种水稻外，还兼有"麻、麦、粟、菽"等粮食作物。种植的蔬菜，即所谓"畦町所艺"者，多达二十余种。鱼类也有着丰富的养殖资源，山墅的主人完全可以"灌蔬自供"，"不待外求"，自给自足。山墅周围乔木参天，"密竹蒙迳"，水石林竹之美"尽备"；果园有"北山二园，南山三苑，百果备列"；山墅"出药甚多"，凡《本草》所载药物基本都能找到。山墅里还有各种各样的手工业，如蚕桑麻纻的种养和绵纩绤绤的纺织，烧制陶器和砖瓦，伐木烧炭，"剥茷"造纸，"六月采蜜"，酒的酿造等。这些由农牧渔业者、手工业者和商人创造或提供的财富，足够满足谢家生活上的一切需要。这是一种什么样的庄园生活呢？谢灵运说：

  春秋有待，朝夕须资。既耕以饭，亦桑贸衣。艺菜当肴，采药救颓。自外何事，顺性靡违。法音晨听，放生夕归。研书赏理，敷文奏怀。（《山居赋》，《谢灵运集校注》）

二　手工业的主要行业与发展水平

在传统社会里，手工业的发展实际上就是城市发展的主要推动力，就像工业现代化是城市现代化的动力一样。《史记》和《汉书》的《货殖传》已经注意到这一规律的存在，都说："用（以）贫求富，农不如工，工不如商，刺绣不如倚市门，此言末业，贫者之资也。"农民为了脱贫致富，由农而工、由工而商的人口也将越来越多。这些从农业生产中转移出来的劳动人口进城以后干什么好呢？作者列举了酿酒、制醯、屠宰、贩谷、卖柴、摇船、木作、赶马车、油漆、铜器、铁器、织布、炼染等三十五种工商职业，这几乎是所有"通都大邑"所必需的。[①]

秦汉六朝时期会稽地区的城乡手工业，就是在这样的背景下，不仅较先秦时期有了进一步发展，而且取得了很高的成就。这一时期生产的精细麻布，被称为"越布""白越"而成了皇太后赐给诸贵人不可或缺的珍贵礼物。[②] 东汉至三国这里又是南方著名的铜镜制造中心之一，最为流行的神兽镜和画像镜，无论在花纹题材和铸造技术上都有创新。[③] 尤其是在陶瓷制造业中，东汉后期以会稽为中心首先完成了由原始瓷向瓷器转变的过程，在中国乃至世界陶瓷发展史上具有里程碑意义。此外在酿酒业、造纸业、造船业等生产部门，也都有长足发展。并且在丰富城市商品供应，促进对外商品贸易和手工业技术交流等诸多方面，都迈出了实质性步伐。

（一）纺织业的繁荣与覆衣天下

纺织业是春秋末年越王勾践夫人参与"自织"的传统产业，对后世影响很大。从文献记载看，当时的纺织原料主要是葛与麻，《越绝书》卷第

[①] 《史记》卷一百二十九《货殖列传》，第3274页；《汉书》卷九十一《货殖传》，第3687页。

[②] 《后汉书》卷十（上）《皇后纪·马皇后》云："太后感析别之怀，各赐王赤绶，加安车驷马，白越三千端。"李贤注："白越，越布。"

[③] 高敏主编：《中国经济通史·魏晋南北朝经济卷（下）》，经济日报出版社2001年版，第938页。

八"葛山"条说:"种葛,使越女织治葛布,献于吴王夫差。"同一件事,《吴越春秋》卷第八也说:"使国中男女入山采葛,以作黄丝之布,欲献之。"① 这两条记载说明,一是原料需要量很大,有种植的,也有采集的;二是从事织治葛布的动员面很广;三是葛布的产量可观,文种送给吴王就有"葛布十万"②。

秦汉时期会稽地区的纺织品,虽然包括丝、麻、葛等织品,但似乎仍以织治葛布为主,而质量提高很快。首先,纺织已经成为专门技术。王充《论衡》说:"恒女之手,纺绩织(经)[纴];如或奇能,织锦刺绣,名曰卓殊,不复与恒女科矣。"③ 说如果普通妇女具有纺纱织布、织锦刺绣的本领,就叫"卓殊",不再是普通妇女了。其次,对布帛进行染练。在同一篇文章中,王充说:"染练布帛,名之曰采,贵吉之服也。无染练之治,名縠粗,縠粗不吉,丧人服之。"④ 经过染练的丝帛,王充称其"有五色之巧",可见染练已经达到相当水平。越王勾践时代的"黄丝之布",很可能是没有染练过的本色布,只能用于"丧服"。最后,品质细薄而柔软。葛的纤维比麻更细更长,一般情况下也比麻织品更细更薄。细的葛织品古代称"绨",粗厚的称"绤",比"绨"更细的称"纻",由于会稽地区的葛布品质优良,常被称为"越布"或"白越",有时亦名"蕉布""蕉葛"或"升越"⑤,非常珍贵。

越布也因此格外受人喜爱。东汉初年,有位名叫陆续的吴人,喜着用越布做的衣服,光武帝见了十分喜欢,"自是常敕会稽郡献越布"(《后汉书》卷八十一《陆续传》)。越布因此成为宫室内外人见人爱的珍品,皇后也往往以此为礼物,赐给诸贵人。明帝马皇后被尊为皇太后时,"太后感

---

① (汉)赵晔著,张觉校注:《吴越春秋校注》,岳麓书社2006年版,第214页。
② 同上。
③ (东汉)王充:《论衡》卷十二《量知篇》,上海人民出版社1974年版,第192页。
④ 同上书,第195页。
⑤ 据晋左思《吴都赋》:"蕉葛升越,弱于罗纨。"李善注:"蕉葛,葛之细者;升越,越之细者。"见《文选》卷第五,上海古籍出版社1994年版,第219—220页。

析别之怀,各赐王赤绶,加安车驷马,白越三千端……"[《后汉书》卷十(上)《皇后纪·马皇后》]。和帝邓皇后尊为皇太后时,赐贵人"黄金三十斤,杂帛三千匹,白越四千端"(《后汉书》卷十《皇后纪·邓皇后》)。按汉制,"布帛广二尺二寸为幅,长四丈为匹。"[《汉书》卷二十四(下)《食货志》]又魏沿"旧制,民间所制绢布,皆幅广二尺二寸,长四十尺为一匹,六十尺为一端"(《魏书》卷一百一十《食货志》)。由此可知,汉制一端应为一匹半,所谓"白越四千端",实际应为六千匹。仅此一端,已不难想见汉代越布生产的盛况。

三国孙吴时的越布生产,仍有不俗表现。吴主孙权潘夫人,在贵为后宫之前,曾是会稽句章民女,"与姐俱输织室"(《三国志》卷五十《吴书·妃嫔传·潘夫人》),足见当时民间纺织业是极为普遍的。其产量之丰,从亶洲(今日本)人经常来会稽买布便可见一斑。《三国志·吴主传》黄龙二年(230)载:"亶洲在海中……有数万家,其上人民,时有至会稽货布。"(《三国志》卷四十七《吴书·吴主传第二》)会稽生产的越布,已进入对外贸易渠道。到孙吴最后一个皇帝孙皓继位时,华覈认为"穀帛之业"是"民生之原",上疏给孙皓算了一笔账:"今吏士之家,少无子女,多者三四,少者一二,通令户有一女,十万家则十万人,人织绩一岁一束,则十万束矣。使四疆之内同心戮力,数年之间,布帛必绩。"这样做目的是"开富国之利,杜饥寒之本"(《三国志》卷六十五《吴书·华覈传》)。将纺织业提到如此重要的地位,对后来会稽地区纺织业的发展不无影响。

东晋和南朝时,越布继续保持其原来的优良品质。当年王羲之就用这里生产制作的"丝布单衣"[1] 馈赠给与之交情极深的周抚。所谓"单衣",《通鉴·晋纪二十五》胡三省注:"单衣,江左诸人所以见尊者之服,所谓中褠也",是交际时穿的盛服,仅次于朝服。后来梁人刘孝绪也对越布给

---

[1] (清)严可均辑:《全晋文》卷二十六《王羲之(五)·杂帖》,商务印书馆1999年版,第253页。

予了高度赞扬,他在《谢越布启》说:"比纳方绡,既轻且丽,珍迈龙水,妙越鸟夷。"(《艺文类聚》卷八十五《布帛部·布》)产品不仅"既轻且丽"质量上乘,而且产量也很高,有"覆衣天下"之称。沈约《宋书·孔季恭传论》说:

> 会(稽)土带海傍湖,良田亦数十万顷,膏腴上地,亩直(值)一金……丝绵布帛之饶,覆衣天下。(《宋书》卷五十四《孔季恭传论》)

在越布生产发展过程中,如同征收田租一样,也推行过丝布征税政策,名之曰"租布"。这种在六朝史籍中常见的租布,唐长孺先生认为与田租一样,"是正税中的两项税目"①。正因为此税的征收对象是布,因此便将这一税目称为"布",而且由国家强制征收。《晋书》会稽内史王彪之传载:

> (桓)温以山阴县折布米不时毕,郡不弹纠,上免彪之。(《晋书》卷七十六《王彪之传》)

这里的折布米是指将布折成米,以应付桓温北伐军粮之需,可知布既是一项税目,也是征纳物,而且严格征收,王彪之因为不能按时完成而被免职。租布初次出现在三国孙吴时,《吴书·太史慈传》注引《江表传》载:开始时"惟输租布于郡耳"。(《三国志》卷四十九《吴书·太史慈传》)大概因为租布税额可观,后来才被纳入正税,直至南朝末年,史籍中也屡有免纳租布的记载。如东晋孝武帝宁康二年(374),因会稽等郡遭水灾,"全除一年租布"(《晋书》卷九《孝武帝纪》);刘宋武帝永初元年(420),下诏"沛郡、下邳可复租布三十年"(《宋书》卷三《武帝纪》);

---

① 唐长孺:《魏晋户调制及其演变》,《魏晋南北朝史论丛》,河北教育出版社2000年版,第69页。

刘宋元嘉三年（426），会稽诸暨人贾恩因孝义，"有司奏改其里为孝义里，蠲租布三世"（《南史》卷七十三《贾恩传》）。征收或免纳"租布"，也从一个侧面反映了会稽城乡纺织业的发达。

（二）陶瓷业的发展与青瓷器的诞生

春秋后期至战国时期，最具越文化特征的印纹硬陶和原始青瓷，已有很大发展。在今绍兴城郊漓渚发现的23座中小型战国墓随葬陶器中，印纹硬陶占50.7%，原始青瓷占46%，基本反映了当时陶瓷业的发展水平。[1]

但从战国末至东汉中期，一种施釉的高温硬陶，即釉陶，在会稽地区大量烧造，并逐渐取代了长期流传在越地的印纹硬陶，与原始青瓷一起成为窑场的主要产品。窑址沿会稽山北麓山地分布，在今萧山、绍兴、上虞都有发现。出土的釉陶器物有壶、瓿、罐、盘、鼎、灶、罍、盆等。[2] 最能说明这一时期釉陶烧造状况的，是今绍兴城郊漓渚发掘的31座西汉中期至东汉末的墓葬，在250件出土随葬陶器中，有釉陶226件，占90.4%。其中1/3施有黄色或黄绿色薄釉，其器形、纹饰、胎质与不施釉的硬陶一样。[3] 虽然釉陶的出现晚于原始青瓷，但它的问世表明印纹硬陶的生产历史行将结束，而由原始瓷向成熟过渡的时刻即将到来。

在釉陶生产发展的同时，其他陶器品种和烧造技术也有不同程度的发展，因为陶器毕竟是人们日常生活最普遍使用的器物之一。用黏性较强的黏土烧造的坛、罐、瓶、盒、盆、碗等，都是日常生活不可或缺的陶器。由于越地素有厚葬之风，西汉以降，盛行陶质明器的制作，而且种类多、数量大。常见的有陶仓、灶、猪圈、房屋等模型，以及陶猪、羊、狗、鸡、鹅、鱼等动物。其中房屋模型种类很多，可谓琳琅满目，对研究秦汉

---

[1] 杨旭：《绍兴陶瓷志》，中国美术学院出版社1995年版，第20页。
[2] 魏建钢：《千年越窑兴衰研究》，中国科学技术出版社2008年版，第50页。
[3] 杨旭：《绍兴陶瓷志》，中国美术学院出版社1995年版，第22页。

时期会稽城市建筑意义重大。① 汉代的陶质建筑材料，也较春秋战国时的质量有所提高。品种大致有砖、瓦、瓦当、井圈等。在今绍兴县马鞍山汉墓出土的长方形青砖，长 30 厘米、宽 20 厘米、厚 10 厘米，砖块规整，表面光洁，结构紧密，坚实牢固，颇具浑厚的汉代风格。②

到了东汉晚期，在中国陶瓷史上具有划时代意义的青瓷器首次在会稽地区的窑场即后来所谓的"越窑"中出现。青瓷器的成功烧制表明，已经传承达数千年的原始青瓷发展阶段从此宣告结束，一个以青瓷为代表的瓷器时代已经到来。已发现的汉代青瓷窑址，大体分布在会稽山北麓和曹娥江两岸，共 39 处，主要集中在今曹娥江西岸的上浦镇。③ 据对上浦小仙坛出土青瓷片的理化测试，烧成温度达 1310℃ 左右，显气孔率和吸水率分别为 0.62% 和 0.28%，抗弯强度每平方厘米 710 公斤，透光性能较好，青釉透明滋润，已达到现代瓷器一般标准。出土器物有瓿、壶、罐、钟、洗、碗、盘、碟、盉、虎子、唾壶、五管瓶等。④

东吴和两晋时期，是越窑青瓷继往开来的重要发展阶段。新中国成立60 多年来，文物工作者发掘和清理的大批窑址与墓葬及其出土的青瓷器表明，这一时期制瓷业的发展与成就是空前的。表现在青瓷窑址大量增加，在今绍兴城近郊，东汉只有车水岭窑和对岸山窑二处，此后有东吴至西晋窑灶头窑、陶官山窑，西晋娄家坞窑、九岩窑，西晋至东晋青唐窑，东晋庙湾窑⑤，以及漓渚、王家溇、富盛等地发现的窑址十余处。加之上浦发现的窑址，总数远超东汉时期。出土的器物品种，也较前代有明显增加，其中有盛贮用的弦纹双系罐、双唇铺兽罐、四系贴佛像罐、龙凤纹盆、鸡

---

① 2010 年 10 月，绍兴博物馆为纪念绍兴建城 2500 年而举办的文物展览中，经过挑选，展出西汉釉陶干栏式屋模、东汉及晋青瓷屋模共 11 种，结构形式无一雷同。
② 这是笔者 1984 年春野外调查所见的大青砖。
③ 上浦镇，今属上虞市。从境域变迁看，东汉时此地当属山阴县。南朝陈时，分山阴县设会稽县，上浦地属会稽县。清宣统三年（1911），山、会合并为绍兴县，上浦属绍兴县。1954 年 8 月，绍兴县所属的曹娥江以西包括上浦在内的 1 个镇、24 个乡划属上虞县。见《绍兴市志》卷一《建置·境域变迁表》，浙江人民出版社 1996 年版，第 130 页。
④ 杨旭：《绍兴陶瓷志》，中国美术学院出版社 1995 年版，第 27 页。
⑤ 《绍兴县文物志》，浙江古籍出版社 2002 年版，第 14—17 页。

首壶、虎首罐;卫生用的青瓷香熏、点彩香熏、提梁香熏、唾壶、虎子;照明用的狮形烛台、俑形灯盏、三足竹盏;文房用的青瓷水盂、四系水盂、蛙形水盂、三足砚、熊足砚等。① 随葬明器如畚、碓、磨、臼、杵、米筛、畚箕、鸡笼、狗圈、猪栏等也有一定产量。集中多种工艺于一体的青瓷堆塑罐,为长江中下游地区特有的随葬明器,更有大批出土。② 这些青瓷器通常胎质坚硬,器形规正,造型优美,而且通体施釉,釉层较厚,呈青绿色。器物普遍运用铺首、兽头足、熊足以及弦纹、联珠和网纹组成的带状装饰,使器物更加稳重端庄,富有艺术感。1987年在城南横绷岭西晋墓中出土的青瓷堆塑罐,主体部分采用快轮拉坯成形,堆贴的亭台楼阁造型生动,乐伎、射骑、奔兽、游鱼无不栩栩如生,外施青绿色釉,釉面均匀光润,制作上反映了这一时期越窑青瓷的高超工艺水平和烧造技术,属国家一级文物。③

学术界普遍认为,东汉以来,特别是三国东吴时期烧制青瓷的中心地区在今浙江绍兴、上虞一带。④ 这已经被新中国成立以来的大量出土文物所验证。但从会稽地区内部发展情况看,三国两晋的出土文物,无论是窑场还是器物,都足以证明,这是越窑青瓷自东汉问世以来的第一个发展高峰期。相对而言,南朝时期越窑青瓷的烧造规模和产品数量,不及此前那样繁华与兴旺,有高潮过后归于平静的趋势。但从出土器物看,这时的烧制工艺更趋向于细腻、精制和艺术化。以南朝青瓷十足砚与西晋青瓷三足砚⑤相比,虽都为圆盘形,前者砚面微内凹,周边又有一圈蓄水凹槽,外设一圈子母口,既可护墨,又可承盖,底部为十兽面足;后者砚面平,凸

---

① 以上各种青瓷器图像及文字介绍,均见宣传中主编《绍兴文物志》第九章《文物收藏·陶瓷器》,中华书局2006年版,第252—264页。
② 杨旭:《绍兴陶瓷志》,中国美术学院出版社1995年版,第28页。
③ 宣传中主编:《绍兴文物志》,中华书局2006年版,第254—255页。
④ 高敏主编:《中国经济通史·魏晋南北朝经济卷(下)》,经济日报出版社2001年版,第994页。
⑤ 青瓷三足砚、青瓷十足砚图文,见宣传中主编《绍兴文物志》,中华书局2006年版,第259、264页。

口，平唇，形似子母口，平底，外缘为马蹄状三足。在砚面处理，水槽设计，子母口安排，底足设置等方面，青瓷十足砚更为科学、实用、美观和富有艺术趣味。

(三) 江南铜镜制造中心的形成

铸造铜镜，不仅是秦汉六朝会稽城乡的重要手工业部门，也是江南重要铜镜铸造中心之一。"从出土数量而言，浙江山阴（今绍兴）、湖北鄂城（武昌）无疑是东汉至三国时期铜镜的主要产地。"[①]

青铜镜的原料由铜、锡、铅等成分组成，与其他青铜器相比，锡的含量较高。铸成后正面涂上水银，再经过打磨，使镜面光亮，既可照容，又是一种艺术品。会稽地区所以成为铜镜铸造中心，就因为这里有丰富的矿藏资源。《越绝书》载越国铸剑时，"赤堇之山破而出锡，若耶之溪涸而出铜"（《越绝书》卷十一《记宝剑》）。嘉泰《会稽志》亦载，锡山在（会稽）县东五十里，越王采锡于此；铜牛山在（会稽）县东五十八里，越王铸冶处；赤堇山在若耶溪旁，欧冶子为越王铸剑之所（嘉泰《会稽志》卷九《山》）。今若耶溪上有平水铜矿，有铸浦岙，上灶、中灶、下灶、铸日岭等地名。瓯冶子利用上述矿藏资源铸成越王勾践剑，经检测，各部位主要元素成分的平均值，铜占 67.38%，锡占 26.35%，铅占 3.05%。[②] 而对汉画像镜的化学定量分析，铜占 66.48%，锡占 23.01%，铅占 7.34%，[③] 与越王勾践剑成分有惊人的相似之处，表明两者的原料很可能开采于同一矿床。

会稽城乡铜镜铸造业由来已久，虽然至今没有发现铸镜遗址，但古籍

[①] 王牧：《浙江出土铜镜》（修订本）序言，《浙江出土铜镜》，文物出版社 2006 年版，第 7 页。

[②] 复旦大学静电加速器实验室、中国科学院原子核研究所活化分析组、北京钢铁学院《中国冶金史》编写组：《越王剑的质子 X 荧光非真空分析》，《复旦大学学报》（自然科学版）1979 年第 11 期。

[③] 王士伦：《浙江出土铜镜》（修订本），文物出版社 2006 年版，第 13 页。

中关于矿藏的记载特别是从城乡出土的铜镜实物，出土墓葬年代以及铜镜铭文等，为判断铜镜的制作时间、生产地域、工匠作坊、社会生活及民俗风尚等提供了重要信息。《绍兴文物志》收录的自战国至南朝的 21 枚本地出土铜镜中，经鉴定属于一级文物 2 枚、二级 15 枚、三级 4 枚，这些不同时期铸成的铜镜，① 大致反映了会稽铜镜的发展历程。

在收录《绍兴文物志》的数十枚铜镜中，属东汉以前的只有两枚，一为战国时期的夔文镜，二为西汉时期的四乳四螭镜。前者以三对蟠螭纹相间缠绕为主，后者以四乳钉和四螭纹作间隔排列，分别为战国和西汉具有代表性的铜镜。虽然这两种铜镜的生产地域尚不清楚，但至少说明，这些具有代表性的铜镜，已经流行于会稽地区。不过即使如此，也不足以断定西汉时期没有铸造过会稽铜镜，因为东汉时期会稽铜镜的迅速崛起，不可能没有渐进的过程。

事实上王莽时期盛行的"规矩镜"，在会稽地区已经颇为流行，出土数量也不在少数。不同纹饰的有鸟兽规矩镜、八乳规矩镜、尚方规矩镜等。在今绍兴市境嵊州出土尚方规矩镜时，同时伴有五铢钱出土。今绍兴县境内也有永平七年（64）的"尚方"镜出土，② 说明西汉末至东汉初，会稽地区铜镜铸造已具规模。

最晚从东汉中期开始，出土规矩镜已极为少见，而具有代表性的会稽铜镜，如"画像镜"和"神兽镜"相继异军突起。这种以高浮雕为特点的铜镜，一改过去以单线勾勒画像轮廓的手法，而使主要纹饰突出隆起，因而具有很强的立体感。画像镜按画像内容有屋舍人物、车马神仙、仙骑、龙虎仙骑、神人禽兽、神人车马等。其中以车马神仙画像镜最具典型性，镜区四乳钉之间饰四组浮雕，其中两组对称为奔驰的驷马棚车。另两组一为东王公席地跽坐，左有侍者摇扇，右置竹简；一为西王母席地跽坐，左有侍者摇扇，右有侍者手托奁盒。画像外周有隶书铭文："驷氏作竟（镜）

---

① 宣传中主编：《绍兴文物志》，中华书局 2006 年版，第 282—285 页。
② 王士伦：《浙江出土铜镜》（修订本），文物出版社 2006 年版，第 18 页。

四夷服,多贺国家人民息,胡虏殄灭天下复,风雨时节五谷孰(熟),长保二亲……"① 从姓氏看,工匠为越王勾践后裔,铭文充满美好祝愿。

与画像镜略有不同的是,神兽镜中纪年镜特别多,明确记有制造年份的,有东汉建安十年(205)造镜,建安二十年造镜,建安二十四年造镜,建安七年四月造镜,东吴赤乌五年五月造镜,永安七年(264)五月造镜,西晋太康二年(282)九月三日造镜等。② 铸造时间表明,神兽镜虽然较画像镜出现的时间为晚,但一直贯穿于从东汉到西晋,可以看作是会稽铜镜铸造业兴旺的标志。

实际上还有不少出土铜镜铭文,记录了制造地域和工匠姓名。如建安二十二年"师郑豫作明镜",黄初二年十一月丁卯朔廿七日癸巳扬州会稽山阴唐豫命作镜,黄初四年五月丙午朔十四日会稽师鲍作明镜,黄武五年太师鲍唐作镜,黄武五年二月辛未朔六日庚巳"会稽山阴安本里"等。③ 这些铭文清楚表明,从东汉到西晋,画像镜和神兽镜的铸造中心应该在山阴。

而且山阴铸造中心对湖北鄂城(武昌)的铜镜铸造,有过技术或工艺方面的支持和援助,山阴铸造镜师鲍唐就颇有代表性。从铜镜铭文看,鲍唐是东汉末至东吴初的会稽著名工匠,流传的作品也不少。铭文中有"会稽山阴唐豫命作镜""会稽师鲍作明镜""太师鲍唐作镜""鲍氏之作"等。上述铜镜均作于黄武五年(226)之前,铭文有时称鲍唐为"师",有时为"太师",可见他是一位铸造镜高手。值得注意的是,鄂州出土的黄武六年(227)重列神兽镜,铭文中记明为"会稽山阴作师鲍唐",并云"家在武昌思其少"④。鲍唐远离家乡去武昌,恐怕不单是去铸几枚镜子,以他从事铸镜的实践和"太师"的地位看,应该属于技术或工艺的输出。

---

① 宣传中主编:《绍兴文物志》,中华书局2006年版,第283页。
② 王士伦:《浙江出土铜镜》(修订本),文物出版社2006年版,第26页。
③ 同上。
④ 王士伦:《浙江出土铜镜》(修订本),文物出版社2006年版,第27页。

（四）酿酒业的空前繁荣

春秋战国时期用酒奖励人口增殖的政策，和用酒鼓励士气的"箪醪劳师"故事，堪称是越王勾践为越地日后发展酿酒业奠定的基石。

但是到了西汉中期，会稽地区的民间酿酒显然没有得到发展，究其原因：一方面可能是以粮食为原料的酿酒业，因农业生产的停滞不前而受到制约；另一方面朝廷为防止私人垄断酒业、增加国库收入，于汉武帝天汉三年（前98）"初榷酒酤"（《汉书》卷六《武帝纪》），推行专卖政策。在既不允许民间酿造和买卖，官方又专营数量极其有限的情况下，买不到酒是很自然的现象，汉太尉郑弘就有此经历。郑弘（？—86），山阴人，他在素以酿酒闻名的"沉酿埭"①买不到酒，只好以水代酒，以伸情怀。晋人崔豹《古今注·草木》中说：

> 沉酿者，汉郑弘为灵文乡啬夫，行官京洛，未至，宿一埭。埭名沉酿，于埭逢故旧友人，四顾荒郊，村落绝远，酤酒无处，情抱不伸，乃以钱投水中，依口而饮，饮尽酣畅，皆得大醉，因更名为沉酿川。

虽然这是带有传奇色彩的故事，所反映的"酤酒无处，情抱不伸"也很可能是事实，但会稽城乡酿酒技术的进步和成熟，却是不争的事实，因为毕竟这里有着自越王勾践以来的酿酒传统。与郑弘同时代的王充（27—97），在这方面就有深入观察和记录，他说：

> 蒸谷为饭，酿饭为酒。酒之成也，甘苦异味；饭之熟也，刚柔殊和。非庖厨酒人有意异也，手指之调有偶适也。调饭也殊筐而居，甘酒也异器而处。（《论衡》卷二《幸偶篇》）

---

① （南宋）嘉泰《会稽志》卷十《沉酿埭》云："在（会稽）县南二十五里，若耶溪东。十道志云：郑弘举，送赴洛，亲友饯于此，以钱投水，依价量水饮之，各醉而去。一名沉酿川。"

酒暴熟者易酸,醯暴酸者易臭。(《论衡》卷第十四《状留篇》)

酿酒于罋,烹肉于鼎,皆欲其气味调得也。时或咸苦酸淡不应口者,犹人勺药失其和也。(《论衡》卷第十四《谴告篇》)

王充的记录,实际上已经涉及酿造米酒的主要工艺流程和酿造技术,而且与现代绍兴酒的酿造工艺流程有着惊人的相似之处。如原料(秫米)→蒸饭(蒸煮)→酿饭(加酒药)→落罋(冲缸)→发酵(温度)→手指(开耙)。特别值得注意的是:①现代绍兴酒的代表性品种加饭酒,显然与"酿饭为酒"是一脉相承的;②掌握发酵过程中的温度,即"暴熟"与"暴酸"是关键,已引起当时人的重视;③"罋"是一种陶坛①,"酿酒于罋"是绍兴酿酒的传统器具,今称"缸"。特别是西汉末年,官酒的原料与出酒比例,按规定为"一酿用粗米二斛,曲一斛,得成酒六斛六斗"[《汉书》卷二十四(下)《食货志(下)》],即米、曲与成酒比为1∶0.5∶3.5,与今绍兴淋饭酒的配比相近。到了东汉中后期,随着鉴湖的建成和山会平原的开发,所产糯米与所蓄鉴湖水,以及日渐成熟的酿酒工艺和技术,为会稽酿造业的持续发展提供了优越条件。

三国孙吴时,仍实行自西汉以来的酿酤专卖制度,赤乌年间(238—251),吕壹、秦博为中书,"因此渐作威福,遂造作権酤障管之利,举罪纠奸,纤介必闻。"(《三国志》卷五十二《吴书·顾雍传》)及至孙皓即位,更以佞臣何定"为楼下都尉,典知酤籴事"(《三国志》卷四十八《吴书·孙皓传》)。可见孙吴一向坚持権酤,至吴亡未闻有废除。但酒的消费量其实一直是很大的,"孙皓每宴席,无不能酒,率以七升为限,虽不悉入口,浇灌取尽"(《太平御览》卷八百六十六《饮食》引《吴志》)。而名士中更有酗酒沉湎如刘伶,醉酒佯狂如嵇康,放酒避世如阮籍,仗酒

---

① 据张拯亢《绍兴出土古物调查记》载:绍兴县漓渚一带,民国时期曾出土大量陶甏,有平口、直口、长形翻口、双耳等,"相度其时代,实在两汉以前",似为酿酒所用。见《拯亢遗墨精选》,华宝斋书社2001年版,第101—103页。

使气如山涛等,不一而足。盛行于官宦、士大夫乃至民间的这种风气,对素有酿酒传统的会稽地区来说,自然也不能独善其身。

与两汉三国时期不同,从整体上看,两晋南朝时期实行榷酒的时间比较短,大部分时间内允许民间自行酿造、饮用和买卖,政府则按规定从中征收一定的税额。只有在战争、饥荒或财政困难的情况下,才有禁酒或榷酤的举措出台。东晋永和六年(350)王羲之任会稽内史时,郡境饥荒,就提出"断酒"(禁酒)主张。他在致友人信中说:"年荒,百姓之命到(倒)悬。吾夙夜忧此。时既不能开仓廪赈之,因断酒以救民命,此有何不可?"① 一向嗜酒的王羲之,也从自身做起,把酒戒掉,即所为"自今断之"②。南朝齐武帝永明十一年(493),"诏以水旱成灾,京师二县、朱方、姑熟可权断酒"③。南朝"陈文帝天嘉中,虞荔等以国用不足,奏请榷酤,从之"④。看来无论是断酒还是榷酤,都是一些局部的或暂时的措施,对会稽酿酒业的繁荣并无大碍。

值得注意的是,晋室南渡以后,许多官僚、皇室成员、士大夫和庄园地主麇集会稽,他们当中的嗜酒者大有人在:

"蕴素嗜酒,末年尤甚。及在会稽,略少醒日……"(《晋书》卷九十三《王蕴传》)

"仕历中丞。性嗜酒,(王)导尝戒之曰:'卿恒饮,不见酒家覆瓿布,日月久糜烂邪?'答曰:'公不见肉糟淹更堪久邪?'"(《晋书》卷七十八《孔群传》)

晋安王刘子勋与宋明帝刘彧争帝位,孔觊起兵助子勋,兵败被杀,临刑前索酒,曰:"此是平生所好。"(《南史》卷二十七《孔觊传》)

---

① 《王羲之王献之全集笺证》王羲之书信68,山东文艺出版社1999年版,第40页。
② 同上书,王羲之书信631,第131页。
③ (清)朱铭盘:《南朝齐会要·民政·断酒》,上海古籍出版社2006年版,第441页。
④ (唐)杜佑:《通典》卷十一《食货·榷酒》,中华书局1992年版,第246页。

第二章 区域行政中心的形成与城市环境的优化

东晋和南朝的这种"嗜酒"之风,加上相对宽松的酒禁政策,以及粮食生产的连年丰收,为会稽城乡酿酒业的发展提供了契机。无论官酿还是民间私酿,规模之大令人咋舌。就是那位王导劝他别经常饮酒的孔群,在给亲友信中说:"今年田得七百石秫米,不足了曲糵事。"(《晋书》卷七十八《孔群传》)七百石糯米,还不足孔群一家酿酒之需,那合郡需要多少呢?王羲之以"断酒"为例,有如下回答:

> 此郡断酒一年,所省百余万斛米,乃过于租,此救民命,当可胜言?[《全晋文》卷二十四《王羲之(三)·杂帖》]

会稽郡禁酒一年,即可节约粮食一百余万斛,而此数又超过一郡田租,酿酒数量之多,规模之大,恐难找出第二个郡了。酿酒业的蓬勃发展,反过来又推动了生产工艺的不断改进,酒的品种增加,酒俗的逐渐形成,以及酒业生产和销售对于城市经济的繁荣,都有其不可忽视的意义。

会稽城乡所酿之酒,在春秋末年被称为"醪",即所谓"箪醪劳师"。一般认为,醪是一种带糟的浊酒,也就是越地常见的米酒。① 东汉王充有"酒醴异气,饮之皆醉"② 句,说一种叫"酒醴"的酒,饮了醉人。而据西汉邹阳《酒赋》说:"清者为酒,浊者为醴"③,由此看来,王充所谓的"酒醴",仍然是一种浊酒,所以《初学记》作"醪醴"。到南朝时,又出现了一种梁元帝萧绎所说的"山阴甜酒",他在《金楼子》中说:

> 吾小时,夏日夕中下降纱蚊绸,中有银瓯一枚,贮山阴甜酒。卧读有时至晓,率以为常。(萧绎《金楼子》卷第六)

此事梁元帝曾与北齐颜之推说起,因此《颜氏家训》也有如下记载:

---

① 绍兴市文史资料委员会编:《绍兴酒文化》,中国大百科全书出版社上海分社1990年版,第9页。
② (东汉)王充:《论衡》卷第三十《自纪篇》,上海人民出版社1974年版,第453页。
③ (清)严可均辑:《全汉文》卷十九《邹阳·酒赋》,商务印书馆1999年版,第198页。

梁元帝尝为吾说,昔在会稽,年始十二,便已好学。时又患疥,手不得拳,膝不得屈,闲斋张葛帱,避蝇独坐。银瓯贮山阴甜酒,时复进之,以自宽痛,率意自读史书,一日二十卷。(《颜氏家训》上《勉学篇第八》)

梁元帝所说的"山阴甜酒",清人洪亮吉将它与后来的绍兴酒联系起来说:"今世盛行绍兴酒,或以为不知起于何时。今考梁元帝《金楼子》云:'银瓯贮山阴甜酒,时复进之。'则绍兴酒梁时已有名。"[1] 另一位清人梁章钜读了《金楼子》这段话后也说:"则知六代以前,此酒已盛行矣。彼时即名为甜酒,其醇美可知。"[2] 今绍兴酒也略带甜味,可见其由来之久。

梁元帝自幼身体多病,用山阴甜酒宽痛,实际上已将饮酒与食疗有机结合,起到保健与解痛的作用。此前,东晋王献之也曾用酒来调理身体不适,如用汤酒(热酒)御寒,面部肿痛时服寒食散并食酒。[3] 说明山阴甜酒还有某种保健功能,而且已被发现和运用于日常生活当中。魏明孔先生认为,将饮酒与食疗有机结合在一起,"是我国先民的一项重要发明"[4]。这种发明,后来被深深扎根于民间,成为传统习俗。

会稽地区形成的酒俗,当然远不止此,可以追溯到六朝时期的,就有"女酒",即后世所谓的"女儿酒"。西晋上虞人嵇含(263—306)所著《南方草木状》,是中国现存最早的植物学文献之一。其中除介绍酒曲用草外,特别记有一段"女酒"的文字。

南人有女数岁,即大酿酒,既漉,候冬陂池水竭时,置酒罂中,

---

[1] 王利器:《颜氏家训集解》注引洪亮吉《晓读书斋初录(上)》,中华书局1996年版,第198页。
[2] (清)梁章钜:《浪迹丛谈续谈三谈》,中华书局1981年版,第481页。
[3] 《王羲之王献之全集笺证》王献之信54、56,山东文艺出版社1999年版,第195页。
[4] 魏明孔:《中国手工业经济通史·魏晋南北朝隋唐五代卷》,福建人民出版社2004年版,第154页。

密固其上,瘗陂中。至春潴水满,亦不复发矣。候女将嫁,乃发陂取酒,以供贺客,谓之女酒。其味绝美。①

这与后世绍兴人为女儿酿制"女儿酒"的习惯一致,因女儿酒坛外施以彩缋,因此又名"花雕酒",在民间广为流传。

三 商业经济的发展

秦汉六朝时期会稽城乡的商业经济,可以说是与这一时期的农业、手工业经济同步发展的。随着生产力的提高,农业和手工业产品越来越多,除了满足生产者自身需要外,更多的产品转化为商品而进入流通领域。起初是农民、手工业者将剩余产品拿到市场上去卖,像东汉王充家一样,"以农桑为业","以贾贩为事"②,即以农桑为本,也在农村做些小买卖,可谓本末兼顾。到后来受利益驱使,特别是晋室南渡以后,一些乡啬夫、士大夫、官僚乃至居住在会稽的皇室成员,也纷纷加入贾贩行业,"逐什一之利"③。虽然这些都是统治阶级的牟利行为,但在"重农抑末"的封建社会里,客观上也起到了推动商业经济发展的作用。

(一)山阴市井的兴起

从秦末到西汉的文景之治,中原地区的商品交换经济发展起来了,到汉武帝时,城市经济繁荣,中原地区的小商人,在郡县、在乡村都很活跃,社会财富正在迅速向富商手里集中。而这时的会稽城乡商业经济,与其他地区有着明显区别,老百姓仍然过着自古以来"不待贾而足"的自给

---

① (晋)嵇含:《南方草木状》卷上,《四库全书精品文存》第二十七卷,团结出版社 1997 年版,第 5 页。又见(清)陈元龙《格致镜原》卷二十二《饮食类·酒》,广陵古籍刻印社 1989 年版,第 223 页。
② (东汉)王充:《论衡》卷第三十《自纪篇》,上海人民出版社 1974 年版,第 447 页。
③ 《南史》卷三十四《沈怀文传》载:大明三年(459)孝武帝之子预章王子尚为会稽太守时,"子尚等诸皇子皆置邸舍,逐什一之利,为患遍天下"。

自足生活，很少有商品交换活动。正如司马迁《史记》所说，虽然这里土地肥沃，食物丰富，不事商贾也能过日子，但往往"无积聚而多贫"，"亦无千金之家"（《史记》卷一百二十九《货殖列传》），生活过得并不富裕。司马迁所见，反映了当时会稽城乡生产力不高，农产品和手工业产品最多只能满足自身生活需求，根本没有剩余产品可供上市交换，"无千金之家"也在情理之中。

这种"不待贾而足"的封闭式自给自足经济形式，到了东汉中后期的会稽农村中还不同程度地存在着。汉桓帝元嘉二年（152），会稽太守刘宠离任时，山阴县有五六老叟，从若耶山中赶来，为太守送行，并"人赍百钱以送宠。"本传说："山民愿朴，乃有白首不入市井者，颇为官吏所扰。"（《后汉书》卷七十六《刘宠传》）若耶山距离会稽郡城才五十余里，这些老人竟一辈子没有到过"市井"，说明此时虽有"市井"，但"不待贾而足"的现象仍然存在。

"市井"是传统市场的俗称，其得名缘由各有其说。《后汉书》刘宠本传注引《风俗通》曰："俗说市井者，言至市（当）有所鬻卖，当于井上洗濯，乃至市也……因井为市，交易而退，故称市井。"（《后汉书》卷七十六《刘宠传》）按《风俗通》解释，市场设在井边，目的是"洗濯"农产品，由此不难推断，这是农产品市场，属于市井的初始阶段。若是上市商品以手工产品为主，既用不着洗濯，也没有必要把市场设在井边。因此《风俗通》对市井又有另一种解释："或曰：古者二十亩为井，因井为市，故云也。"① 此处所谓的"井"，是指市场的规模与面积，城市中划出二十亩地为市场，足见古代城市规划建设中对"市井"的重视。类似《风俗通》的解释还有很多，如《管子》说："处商必就市井。"（《管子校注》卷八《小匡第十二》）《春秋公羊传》疏曰："因井田以为市，故俗语曰市井。"（《春秋公羊传注疏》卷第十六《宣公·十五年》）

---

① （唐）徐坚辑：《初学记》卷二十四《市第十五》，京华出版社2000年版，第322页。

其实，从井边之市到一井（二十亩）之市，虽都称之为"市井"，但前者强调的是市场环境（要有水），后者强调的是市场规模（面积大），两者之间的这种差异，很可能反映了市场发展的不同阶段。即早期的市井以农产品为主，上市商品比较单一，此后由于手工业产品频频上市，品种增加，市场规模随之扩大。如果对农业、手工业和商业发展水平加以综合考察，很有可能井边之市出现于先秦时期，而大规模的城市市场则在秦汉之际已经出现。会稽地区的情形也大致如此。当年秦始皇上会稽"留舍都亭"（《越绝书》卷第八《越绝外传记地传》），正好是越大市所在的地方。越大市被后人称为古废市，在都亭桥南，东汉时的齐人蓟子训曾卖药于此。嘉泰《会稽志》引《列仙传》云："蓟子训，齐人，卖药于会稽市，时乘青骡往来，忽然不见。"（嘉泰《会稽志》卷四《市》）

事实上秦汉时期的山阴县，除了城内的市井即越大市外，城外应该还有为数不少的市井。其规模或许远远小于城内市井，交换商品也可能以农产品为主，但却大大方便了农民的生产与流通。这种城郊市井的出现，或可追溯到越王勾践时代，当时随着生产力的提高，会稽山北麓的冲积扇平原不断获得开垦，并在人口相对比较集中的地方分设里闾，这就为市井的形成创造了条件。如阳城里、安城里、富阳里、巫里、兰上里、苦竹里，即今城南、马山、东关、皋埠、平水、兰亭、娄宫一带。东汉初期，山阴人郑弘"行官京洛"，于若耶溪旁沉酿埭逢旧友，便四处买酒（尽管没有买到）；东汉后期，会稽太守刘宠离任，有"白首不入市井"（城郊有市井，可以不入城）的五六若耶溪老叟为其送行，都从不同侧面表明当时城郊有市井存在的可能性。

秦汉时期作为固定的商品交易场所——市井，可以说已经遍及全国各地。依其性质和规模，大致被分为三种类型：即国都之市、郡邑之市和乡聚之市。[①] 山阴市井作为郡邑之市，从地理位置看，既是我国东南沿海的

---

① 林甘泉主编：《中国经济通史·秦汉经济卷（下）》，经济日报出版社1999年版，第525页。

重要节点市井,又是今浙江省境内的商贸活动中心。特别是这里"处近海,多犀、象、毒冒、珠玑、银、铜、果、布之凑,中国往商贾者多取富焉"[《汉书》卷二十八(下)《地理志(下)》]。东汉以后,这里又相继成为我国青瓷器的生产中心、江南铜镜的铸造中心和朝野闻名的"越布"织造中心。丰富的自然资源和地域性、专业化的商品生产,有力地推动了会稽城乡商贸业的迅速发展。"抱布贸丝"(《论衡》卷第十二《量知篇》)、"贩缯为业"(《后汉书》卷七十一《朱儁传》)者遍及城乡;"交易有亡(无),各得其所"(《论衡》卷第十二《量知篇》),还取得了经商致富的经验:

  农商殊业,所蓄之货,货不可同,计其精粗,量其多少,其出溢者名曰富人,富人在世,乡里愿之。(《论衡》卷第十二《量知篇》)

  商贾们为了获得更多的利益,除了在本地市井销售外,还把越布、越瓷和会稽铜镜等优质商品销往外地。20世纪的考古发现表明,在东汉至南朝的皇室家族和达官贵族墓葬中,经常有越瓷出现①;新中国成立以来会稽铜镜的出土地远远超出以山阴为原产地的范围,涉及今浙江全省和江苏、江西、湖北等地。此外,越布、珍珠等还被销往京都咸阳。西汉初,有位叫朱仲的会稽珍珠商,先后为高皇后吕氏和刘邦姐姐鲁元公主供货,受到赏赐。《列仙传》载:

  朱仲者,会稽人也。常于会稽市上贩珠。汉高后时,下书募三寸珠。仲读购书,笑曰:"直值汝矣。"赍三寸珠,诣阙上书。珠好过度,即赐五百金。鲁元公主复私以七百金,从仲求珠。仲献四寸珠,送至于关即去。②据说朱仲发迹后住咸阳,因此有"发迹会稽,曜奇

---

① 魏建钢:《千年越窑兴衰研究》,中国科学技术出版社2008年版,第192页。
② (汉)刘向:《列仙传》,《四库全书精品文存》第三十卷,团结出版社1997年版,第440页。

咸阳"之说。

越地生产的优质商品,不仅受到皇室成员青睐,也被域外人民所钟爱,《后汉书·东夷传》有如下记载:

> 会稽海外有东鳀人,分为二十余国。又有夷洲及澶洲。传言秦始皇遣方士徐福将童男童女数千人入海,求蓬莱神仙不得,徐福畏诛不敢还,遂止此洲,世世相承,有数万家。人民时至会稽市。(《后汉书》卷一百十五《东夷传》)

这些海外商人的到来,表明会稽城乡市井的繁荣和商品交换的活跃。

(二) 商业环境的改善

魏晋时期,是会稽城乡商业发展的重要转折期。这是一个以南北分裂为主的历史时期,原来生产力比南方先进,农业、手工业产品比南方丰富,交通运输条件比南方好,商业自然环境比南方优越的北方地区,由于国家的分裂,加上落后的边疆民族入侵,战乱不断,大批人口死于战争,大量财富被毁灭,商业发展状况并不理想,某些方面比东汉时期显得衰落。

相对而言,这一时期地处钱塘南岸的会稽地区,城乡社会安定,人口增长,生产力提高,商品生产日益发展,交通条件逐渐改善,商品流通日趋活跃,市场管理也有所加强。总体上看,原来商品经济相对落后的状况得到改善,城乡经济进一步发展,并为东晋以后会稽城乡商品经济的空前繁荣奠定了牢固基础。

孙权在江东建立吴国政权后,对江南地区的开发取得了显著成就,会稽城乡经济比东汉末年有了更大发展。这首先由于汉末中原及江淮间流民大量逃入荆、扬二州,由此带来了较高的生产技术,使江东地区原来的农业和手工业得到改进和提高。时属扬州的山阴人钟离牧,在邻县永兴(今萧山)"垦田二十余亩，种稻得精米六十斛"(《三国志》卷六十《吴书·钟离牧传》)。产量之高，可见耕种技术的非同一般。

在发展经济的同时，东吴政权为了增加兵力和扩大财源，发动了讨伐山越的战争，所得士兵数不下十三万六千人[1]，按五抽一计算，得山越人口在七八十万以上。人口增加和经济发展，又推动了行政建置的增设，从吴太平二年（257）至宝鼎元年（266）的九年间，相继从会稽郡析置临海、建安（今福建）、东阳三郡[2]，并析置了部分建置县，使行政管理体制与经济社会发展相适应。与此同时，孙吴政权还特别重视城市建设，赤乌三年（240）下诏"诸郡县治城郭，起谯楼，穿堑发渠"(《三国志》卷四十七《吴书·吴主传第二》)，除满足政治、军事安全需要外，对地区经济也起到了安全保卫作用。

此外，孙权还是大规模航海的创导者，几次派遣舰队出航辽东、珠崖、儋耳（海南岛）等地。其中黄龙二年（230）遣将军卫温、诸葛直率一万士兵远航夷洲（今台湾）、亶洲。"亶洲在海中……世相承有数万家，其上人民，时有至会稽货布，会稽东县人海行，亦有遭风流移至亶洲者。"(《三国志》卷四十七《吴书·吴主传第二》) 大规模远航实际上也为会稽郡等沿海郡县发展海外贸易铺平了道路。

区域内的商品交易和区域间的长途贩运贸易，都离不开便捷的水陆交通。会稽郡地处江南水乡，水上运输便利，但秦汉时期的商品运输主要还是依靠天然水道，如西汉初年朱仲贩珠到咸阳，东汉越布进入皇宫等。这种单一依靠天然水道运输的局面，到西晋末年获得根本改变，这就是会稽太守贺循主持疏凿的西兴运河开通，从此成为商旅繁忙的水运干道。西兴运河东起会稽郡城西郭门，西抵永兴（今萧山）西陵（今西兴）钱塘江边，是浙东运河的组成部分。嘉泰《会稽志》载：

---

[1] 何兹全：《孙吴的兵制》，《何兹全文集》第二卷，中华书局 2006 年版，第 713 页。
[2] 任桂全总纂：《绍兴市志》卷一《建置·沿革》，浙江人民出版社 1996 年版，第 113 页。

第二章 区域行政中心的形成与城市环境的优化

> 运河在府西一里,属山阴县。自会稽东流县界五十余里入萧山县。旧经云,晋司徒贺循临郡凿此以溉田。(嘉泰《会稽志》卷十《水》)

这条向西偏北的人工运河,不仅沟通了山阴、永兴平原数十条南北向河流,形成内河水网平原,而且越过钱塘江,利用天然水道与太湖流域相沟通,成为隋代开挖京杭大运河的先驱。与西兴运河相连的浙东运河东段,出会稽城东都赐门,沿山阴故水道,过曹娥江、抵余姚与余姚江相接,直达明州(今宁波)。与西兴运河不同,这是一个逐渐疏通的过程。西兴运河虽以解决灌溉为初衷,但在促使山会水网平原的形成、沟通城乡水上交通,以及通过太湖流域进一步加强与中原地区的贸易联系等方面,都发挥了重大作用。

晋室南渡后,会稽城乡商业经济迅速发展,突出表现在进入流通领域的农业、手工业产品特别丰富。这主要因为大批北人南下来到会稽,城市人口迅速增加,商品需求日趋旺盛,市场需求成了商品生产的直接推动力。商人大多根据生产、生活和消费需要,以传统产品为依托组织生产。以日常生活资料为例,在食品方面,有米、面、鱼、肉、酒、茶、菜、果等。尤其是会稽"地广野丰,民勤本业,一岁或稔,则数郡忘饥"(《宋书》卷五十四《孔季恭传·史臣曰》),具有向市场大量提供农产品的生产能力。在纺织品方面,主要是丝织品、葛织品、麻织品等传统产品,被称为:"丝绵布帛之饶,覆衣天下。"(《宋书》卷五十四《孔季恭传·史臣曰》)在日用品方面,如日用瓷器,可谓得时代之先,有壶、罐、钵、坛、碗、盘、瓶、洗、盆、尊、唾盂、水注、虎子、香熏等,这些近年来都有大量文物出土。①

实际上可供上市流通的产品是不胜枚举的,仅发生在会稽内史王羲之身上的故事就可以说明这一点。如王羲之性爱鹅而"求市"的故事,王羲之为老姥题书六角竹扇的故事,王羲之书法作品"人竞买之"的故事,王

---

① 宣传中主编:《绍兴文物志》第九章《文物收藏·陶瓷器》,中华书局2006年版,第246—276页。

羲之兰亭曲水流觞的故事①，王羲之拔出九万枚笺纸的故事②等，都说明当时的农产品、畜产品、手工业产品乃至书法艺术品进入流通市场，已经习以为常了。而且品种十分丰富，以扇而言，有王羲之题书的"六角竹扇"，王献之题诗的"桃叶团扇"，谢惠连赞美的"白羽扇"，谢灵运写到的"绢扇"，还有王羲之称赞的"仲祖画扇"（《初学记》卷二十五《扇第七》）。扇子作为工艺品，从用材、造型到装饰，已经如此多姿多彩，商品的丰富多样由此可见一斑。

东晋以来会稽郡城即为东南商业都会，城内商旅集聚，市肆林立，城市热闹繁华。按常规，在此从事商贸活动的主要有两种人：一为从事贩运贸易的行商，多为批发贸易；二为营业场所固定的坐贾，具有零售商性质。为方便顾客，市内店铺均按商品种类排列，同类商品排在一起，鳞次栉比，自成行列。这种排列称为"肆""市肆"③，或"列""列肆""市列"。如酒肆、帽肆、葱肆等，市肆的管理人员，周代称"司市"，汉代称"市令"，魏晋称"市司"，入肆销售商品的坐贾，只能在官方规定的商业区内进行交易，不许错乱，以便于市司的检查与管理。在市场秩序混乱时，就有官府出面，以公文形式发布《整市教》，规范市场行为。东晋王彪之为会稽内史，"在郡八年，豪右敛迹"（《晋书》卷七十六《王彪之传》），对市场实施严厉整顿，他在《整市教》中说：

> 古人同市朝者，岂不以众之所归，宜必去行物，近检校山阴市，多不如法：或店肆错乱，或商估没漏，假冒豪强之名，拥护贸易之利，凌践贫弱之人，专固要害之处。属城承宽，亦皆如之。（《初学记》卷二十四《市第十五》）

---

① 以上故事，均见《晋书》卷八十《王羲之传》，中华书局标点本。
② （唐）徐坚辑《初学记》卷二十一《纸第七》引裴启《语林》曰："王右军为会稽令，谢公求乞笺纸。库中唯有九万枚，悉予之。"
③ 据赵冈、陈钟毅《中国经济制度史论》第八章《城镇与市场》："市内预设一排一排的售货摊位，称曰'肆'。"新星出版社2006年版，第352页。

从教文看，山阴市场确实存在店肆错乱、逃税漏税、冒名牟利、欺行霸市等诸多不法行为，自有加以整顿规范之必要，对商业发展来说也是不可或缺的。

总之，魏晋时期会稽地区施行的发展生产，增加商品供应，改善商品流通条件，规范市场行为等一系列行之有效的措施，既是商贸行为成熟的标志，又为会稽城市商业经济的发展创造了良好条件。

（三）商业的繁荣

南朝从刘宋到陈末的一百六十多年间，长江下游三角洲一带的主要商业城市，除建康、京口外，就得数会稽了。这时的会稽城，既是会稽郡的行政中心，很长时间内又是扬州或东扬州的驻地，是钱塘江以南包括会稽、东阳、新安、永嘉、临海五郡在内的政治中心和经济中心。同时由于西兴运河的开通，会稽城又与钱塘以北的建康及京口保持着频繁的政治和经济上的联系。会稽郡本身则经过东吴、两晋时期的开发，农业、手工业和商业经济已有长足发展。特别是这时的城市人口规模，已经达到有史以来的最高点，史称"山阴剧邑三万户"（《南史》卷三十五《顾觊之传》）。按刘宋大明八年（464）人口资料，当时会稽郡领十县，共52228户，348014口（《宋书》卷三十五《州郡志一》），户均6.66人，据此测算，山阴县人口为19.98万人，占全郡57%。同年，按今浙江省区统计人口约10万户[1]，会稽郡占52%，说明当时浙江省区人口大部分集中居住在会稽郡，山阴县又是会稽郡和浙江省区的第一人口大县，城市的繁华可想而知。

对南朝会稽城市商贸活动的繁荣景象，史籍多有记载，称这里商旅集聚，店肆林立，民物殷阜，"邸舍相望"[2]。邸舍亦称邸店或邸阁，是供客

---

[1] 高敏主编：《中国经济通史·魏晋南北朝经济卷（上）》，经济日报出版社2001年版，第172页。

[2] 据《宋书》卷五十七《蔡兴宗传》："会（稽）土全实，民物殷阜，王公妃主，邸舍相望。"

商居住、堆储货物、进行交易的店栈,城内邸舍比邻,货物堆储,足见城乡之间、郡县之间、大江南北之间商品交易的兴旺。这里还是钱塘江两岸绢米交易中心,山阴道上"商旅往来","征货贸粒"(《南齐书》卷四十六《顾宪之传》)。在遇到灾荒年份时,山阴道上更为忙碌,齐永明六年(488)就是这样。是年"吴兴无秋,会稽丰登,商旅往来,倍多常岁"(《南齐书》卷四十六《顾宪之传》)。时为西陵戍主(官名)的杜元懿,见过往商船如此频繁,建议征收牛埭(牛埭即用牛拖船过埭)税。当时浙东运河上的主要堰埭自东向西有南津埭、北津埭、西陵埭、柳浦埭,西陵埭、柳浦埭分别在钱塘南岸和北岸。① 杜元懿向齐武帝上书说:

> 西陵牛埭税,官格日三千五百,元懿如即所见,日可一倍,盈缩相兼,略计年长百万。浦阳南北津及柳浦四埭,乞为官领摄,一年格外长四百许万。(《南齐书》卷四十六《顾宪之传》)

杜元懿的建议虽未获采纳,但一年能增收四百万收入预算,足以说明当时山阴道上物资流量之大。这些匆匆往来于山阴道上的行商贾客,用司马迁的话来形容,就是:

> 天下熙熙,皆为利来;
> 天下攘攘,皆为利往。(《史记》卷一百二十九《货殖列传》)

城市商业经济的繁荣,当然需要这种"熙熙"与"攘攘",熙熙攘攘本身就说明南朝时期会稽城乡从事商品生产、运输、销售的人员之多。其中有自产自销的小商小贩,有远途运输批发的行贩,也有固定店铺的零售商贾。从业者又往往来自社会不同阶层,经营规模也有大有小,有的还是世代经商。

农民从事种植业、养殖业获得的稻米、蔬菜、瓜果、鱼虾、鸡鸭等,

---

① 姚汉源:《浙东运河史考略》,《鉴湖与绍兴水利》,中国书店1991年版,第147页。

除满足自身生活需要外，剩余部分往往拿到市场上去卖。有的因生产规模大，产品大量上市，如永兴农民郭原平以种瓜为业，整船运往山阴城内销售。刘宋大明七年（463）大旱，水道干涸，不通瓜船，只好"步从他道往钱塘货卖"（《宋书》卷九十一《郭原平传》）。船运至山阴和步行到钱塘卖瓜，从一个侧面反映了当时钱塘不及山阴繁华。也有一些农民因各种原因，弃农经商，所谓"穑人去而从商"，"末业流而浸广"（《宋书》卷五十六《孔琳之传·史臣曰》）的现象十分普遍。

与"穑人去而从商"不同，不少读书人虽然后来进入官僚阶层，但出仕前无奈为生活所迫，也都有过商贩的经历。如山阴隐士朱伯年，以在路口卖楱箬为生（《宋书》卷九十三《朱伯年》）；山阴贺琛"家贫，常往还诸暨，贩粟以自给"（《梁书》卷三十八《贺琛传》）；山阴孔子祛"少孤贫好学，耕耘樵采，常怀书自随"（《梁书》卷四十八《孔子祛传》）；山阴戴硕子家贫以"贩纻为业"，其子戴法兴"少卖葛于山阴市"。戴法兴兄弟三人均好学，时山阴陈戴者，家富有钱三千万，因此乡人有言："戴硕子三儿敌陈戴三千万钱。"后戴法兴果然在宋孝武帝时入朝专管内务，权重一时，累受贿赂，家产累达千金（《宋书》卷九十四《戴法兴传》）。

除读书人从商外，入仕后从商的也不乏其人。以"不治产业，居常贫罄"闻名的孔觊，他的弟弟道存、从弟徽，却"颇营产业"。道存为江夏内史时：

> 请假东还，觊出渚迎之，辎重十余船，皆是绵绢纸席之属。觊见之，伪喜，谓曰："我比困乏，得此甚要。"因命上置岸侧，既而正色谓道存等曰："汝辈忝预士流，何至还东作贾客耶！"命左右取火烧之，烧尽乃去。（《宋书》卷八十四《孔觊传》）

孔道存等出身士大夫，又身在官场，到回乡探亲时，也没有忘却贾贩之事，而且数量特大，多达十余船，实际上这已经不是士大夫从商，而是官僚从商了。虽有其兄孔觊这样的人反对，但平心而论，作贾客的又何止孔道存、孔徽？前面讲到山阴城内"邸舍相望"的店主，不都是王公妃主吗？① 还有宋后废帝刘昱，平时喜欢逛市场，甚至晨夕驰逐，对于手工制作，"过目则能，锻炼金银，裁衣作帽，莫不精绝"（《宋书》卷九《后废帝本纪》）。这些，都不能说没有对"稽人从商""读书人从商""士大夫从商""官僚从商"产生过影响。事实上正是由于王公妃主、官僚、士大夫、稽人、百工们的从商，才使得商品市场的竞争日趋激烈。如沈约在孔琳之传论中所说：

  稽人去而从商，商子事逸，末业流而浸广，泉货所通，非复始造之意。于是竞收罕至之珍，远蓄未名之货，明珠翠羽，无足而驰，丝罽文犀，飞不待翼，天下荡荡，咸以弃本为事。（《宋书》卷五十六《孔琳之传·史臣曰》）

  山阴县究竟有多少人弃本从商，当然无法统计，但《南齐书》有"山阴一县，课户二万"（《南齐书》卷四十六《顾宪之传》）的记载。所谓"课户"，南朝时专指向政府输纳三课（三调）的民户，规定按资产多少定税，简言之，就是有纳税户二万，可见从商人员之多。

  激烈的商业竞争，不仅促进了城市经济的发展，也推动了商业文明的进步。价格是商品买卖中无法回避的问题，山阴隐士朱伯年，却以近乎怪异的方式，从不与买方见面，价格也由买方自定。史称：朱伯年"以伐樵采箬为业，每以樵箬置道头，辄为行人所取，明旦亦复如此，人稍怪之，积久方知是朱隐士所卖，须者随其所堪多少，留钱取樵箬而去"（《宋书》卷九十三《朱伯年》），体现了原始的平等交易思想。同样是价格，永兴瓜农郭原平则以互相谦让方式谈成。"每出市卖物，人问几钱，裁言其半，

---

① 《南史》卷三十四《沈怀文传》载：大明三年（459），孝武帝之子豫章王子尚为会稽太守时，"子尚等诸皇子皆置邸舍，逐什一之利，为患遍天下。"中华书局标点本。

如此积时，邑人皆共识悉，辄加本价与之，彼此相让，欲买者稍稍减价，要使微贱，然后取直。"郭原平之父郭世道，也是商人，他崇尚商业信誉，史载：

> 尝与人共于山阴市货物，误得一千钱，当时不觉，分背方悟。请其伴求以此钱追还本主，伴大笑不答，世道以己钱充数送还之。钱主惊叹，以半直与世道，世道委之而去。(《宋书》卷九十一《郭世道传》)

第五节　会稽文化创新与地域特色

秦汉六朝时期的会稽城市文化，是对以会稽为中心的越文化的承上启下和创新发展的重要历史时期。陈桥驿先生认为，在远古众多的部族文化中，"黄河流域的汉文化，长江中游的楚文化和长江下游及东南沿海的越文化，是三足鼎立的三大文化。""在这三大文化之中，越文化是唯一接触海洋的文化"，"也是越文化不同于其他两大文化的特点。"[①] 其特点不仅体现在于越人的思想信仰、价值观念、审美意识和民风习俗之中，同样也反映在对文化本身的继承、创新和积累方面。文化不可能没有继承，否则将缺少"文脉"；文化不应该没有创新，否则将缺乏文化的"生命力"；反之，光有继承和创新，不注重积累，文化的继承、创新也将无从谈起。秦汉六朝时期会稽的城市文化，之所以那样丰富多彩、有声有色，并且被继承和发扬到全国去，就因为这里的地域文化遵循了继承、创新和积累的文化自身发展规律。

---

① 陈桥驿：《绍兴农业发展史略·序》，杭州大学出版社1991年版，第1页。

一　王充《论衡》与越地的哲学传统

东汉王充，可谓是会稽城市文化中具有代表性的人物之一。虽然他的主要成就和贡献在哲学思想方面，但这往往被看成是一地的文化之魂，是对自然知识和社会知识的概括和总结，并直接影响着人们的思维方式和行为习惯。王充在这方面的继承、创新和对后世的影响，是显而易见的。

王充之前，于越人对自然知识和社会知识的探索就不乏其人，春秋战国时期的越王勾践和越大夫范蠡、文种、计然等，都是一些成功的探索者和实践者。特别是范蠡对于一些哲学命题的认知，就体现了越文化的某些特质。

对于世界本原的讨论，在春秋战国时期已经很活跃了。范蠡在回答越王勾践如何治理好国家时，首先提出"道"的概念："道者，天地先生，不知老；曲成万物，不名巧。"即先有天地，然后才有万物，这是朴素的唯物论思想。进而他指出："道生气，气生阴，阴生阳，阳生天地；天地立，然后有寒暑、燥湿、日月、星辰、四时而万物备。"（《越绝书》卷第十三《枕中》）意在告诉越王勾践，天道运行是有其自身规律的，同样，人事变迁也有一定规律。即所谓"天贵持盈""地贵定倾""人贵节事"。在讲到"节事"时范蠡强调：自君主乃至公卿大夫，都"当调阴阳，和顺天下，事来应之，物来知之，天下莫不尽其忠信，从其政教"（《越绝书》卷第三《吴内传》），国家才能够治理好。范蠡主张，无论是用兵打仗，还是治国安邦，都应该"因天地之常，与之俱行"［《国语》卷二十一《越语（下）》］，遵循自然和社会发展规律。在唯物论的基础上，范蠡还提出了朴素的矛盾转化观点，并运用于实践之中。他认为阴阳、存亡、得失、成败都是矛盾的统一，发展到一定阶段便会转化。这就是所谓"峻高者陨，叶茂者摧，日中则移，月满则亏。四时不并盛，五行不俱驰。阴阳更唱，气有盛衰。"① 因此，高明的治理者一定善于把握时机，"时不至，不可强生；事不究，不可强成"[《国语》卷二十一《越语（下）》]。要积极创造条件，争取有利时机，主动抓住转化机会，"得时无怠，时不再来，天予不取，反为之灾"[《国语》卷二十一《越语（下）》]。勾践采纳范蠡意见，在吴越交战中终于反败为胜、转弱为强，创造了以弱胜强的历史奇迹。

范蠡的哲学思想是十分丰富的，虽然他没有像王充《论衡》那样的哲学名著传世，但在越国的几乎所有重大政治、军事、经济活动和越都城建设中，都处处闪耀着他的哲学思想和智慧的光芒，并对后来会稽城市文化的发展产生了深远影响。五百多年后，越地能出现王充这样的思想家，也就不足为奇了。

王充（27—约97），字仲任，会稽上虞人。祖先为魏郡元城（今河北大名）人，祖上数世从军有功，受封于会稽阳亭（今址不详）。不久即失去封爵，定居于此，以"农桑为业""贾贩为事"，家境并不富裕（《论衡》卷第三十《自纪篇》）。一生主要从事教育和著述，据《论衡·自纪篇》所述，著有《讥俗》《节义》《政务》《论衡》《养性》等，今仅存《论衡》。

王充生活的年代，天人关系成了当时哲学思想的中心议题。董仲舒宣扬天人感应，认为天是有意志的上帝，旨在推行"君权神授"之说和谶纬符命的奇谈怪论。王充继承越地朴素唯物主义传统，首先对天地的性质作了说明，他说："天地，含气之自然也。"（《论衡》卷第十一《谈天篇》）"夫天者，体也，与地同。"（《论衡》卷第二十五《祀义篇》）无论天是"气"还是"体"，都从根本上肯定了天地的自然物质属性。在此前提下他进一步指出，天地运行是一个自然变化过程，人和万物都是在天地运行中产生的。他说："天覆于上，地偃于下，下气烝上，上气降下，万物自生

---

① （汉）赵晔著，张觉校注：《吴越春秋校注》卷第八《勾践归国外传》，岳麓书社2006年版，第219页。

其中间也。""天地合气，万物自然"（《论衡》卷第十八《自然篇》），与范蠡"天地立"而后"万物备"是同一个意思，实际上是对当时盛行的君权神授论和谶纬符命说的有力驳斥。

与谶纬符命说有着密切联系的神鬼说，是两汉时期极为普遍的世俗迷信。当时颇为流行的"越巫"，实际上就是装神弄鬼的操办手，深得汉武帝的信任。① 王充针锋相对地提出"人［死］不为鬼，无知，不能害人"的无神论主张。他按照"形具而神生"的唯物主义原理，对无鬼论加以论证，指出：

> 人之所以生者，精气也，死而精气灭。能为精气者，血脉也，人死血脉竭，竭而精气灭。灭而形体朽，朽而成灰土，何用为鬼？（《论衡》卷第二十《论死篇》）

他还特别重视用身边事实和科学知识来说明人世间的无鬼。著名的钱江潮汐现象，许多人把它与伍子胥的死联系起来，说是伍子胥的冤魂"驱水为涛"，才产生了钱塘江海潮。王充则明确告诉人们："涛之起也，随月盛衰，大小、满损不齐同。"（《论衡》卷第四《书虚篇》）虽然海潮出没神奇，但绝不是神鬼推动的结果，而是月亮升降、圆缺所致。为了说明没有鬼，他还作了有趣的、颇具说服力的论证：从古以来，死者亿万，今天活着的人，不若死者之多，"如人死辄为鬼，则道路之上，一步一鬼也"，足可"满堂盈廷，填塞巷路"（《论衡》卷第二十《论死篇》）。此外，王充还对产生这种鬼神迷信的生理、心理和社会原因分别作了论述。

王充哲学思想的另一个重要方面，是关于知识论、认识论的论述，他的《量知》《实知》《知实》等篇，都是关于这方面的专论。他认为感觉是认识的基础，知识源于后天的学习。他说：

---

① 据《史记》卷二十八《封禅书第六》：汉武帝曾"令越巫立越祝祠，安台无坛，亦祠天神上帝百鬼，而以鸡卜。上信之，越祠鸡卜始用。"

不学不问不能知也。不学自知，不问自晓，古今行事，未之有也。夫可知之事，惟精思之，虽大无难；不可知之事，厉心学问，虽小无易。故智能之士，不学不成，不问不知。（《论衡》卷第二十六《实知篇》）

划清了认识论与先验论的界限。在获取知识时，他主张要接触实际，善于思考，勤于学习，即所谓"感知""思知"和"学知"。由此获得的知识，还要经过"效验"，用事实来检验，他说："凡论事者，违实不引效验，则虽甘义繁说，众不见信。"（《论衡》卷第二十六《知实篇》）其实王充也是这样要求自己的，他说自己写作《论衡》，"篇以十数，亦一言也，曰'疾虚妄'"（《论衡》卷第二十《佚文篇》）。求真求实，可说是王充《论衡》的灵魂所在。

在两汉思想斗争领域里，王充无疑是唯物主义阵营的主将，"他的哲学体系完整，斗争性极强。"[1] 许多问题上都有独到论述。他坚持历史进化论观点，认为国家治乱、王朝兴亡，是客观的必然过程，"王命之当兴也，犹春气之当为夏也；其当亡也，犹秋气之当为冬也。"（《论衡》卷第五《异虚篇》）在人性论方面，他把它分为善、中、恶三类，强调后天教育可以使人性向善，"中人之性，在所习焉。习善而为善，习恶而为恶也。"（《论衡》卷第三《本性篇》）在伦理方面，他发挥《管子·牧民》的思想，把经济生活与礼义道德联系起来，强调衣食温饱的重要性，说："'仓廪实，民知礼节；衣食足，民知荣辱'。让，生于有余；争，起于不足。谷足食多，礼义之心生；礼丰义重，平安之基立矣。"（《论衡》卷第十七《治期篇》）此外，王充的文学思想也非常丰富，在文学的功能性、独创性、通俗性诸方面，都体现了越文化的精神实质。

与王充所处时代不同，魏晋时期，"与天人问题直接相承的有无问题

---

[1] 冯友兰：《三松堂全集》第九卷《中国哲学史新编》（第三册），河南人民出版社2001年版，第224页。

成为哲学的主要问题"①,玄学兴起,清谈成风,在会稽名士群体中,嵇康可称是代表性人物。嵇康(223—262),字叔夜,原籍会稽上虞人,为避怨迁谯国铚(今皖北)。他与当时名士畅谈玄理,倡导虚无,在清远的言辞、狂放的行为中,表现出对现实的不满与对哲理的探求,精神上追求"心不违乎道""越名教而任自然",是这一时期的重要思想家,有鲁迅辑录的《嵇康集》十卷行世。

嵇康以后的东晋南朝时期,会稽地区佛教大盛,各地高僧纷纷前来问道,与越中名士相会林下,研习佛法,出现了大批佛学典籍。其中有支遁的《即色游玄论》、竺道壹的《神二谛论》、竺法崇的《法华义疏》、僧镜的《维摩诘经》、僧佑的《出三藏记集》、慧基的《门训义序》、慧皎的《高僧传》② 等。

二 文艺创新与《兰亭集序》的问世

文学艺术领域里的创新,包括以王充为代表的东汉政论文的兴起,东晋王羲之《兰亭集序》的诞生,南朝谢灵运山水诗的问世,是秦汉六朝时期会稽文艺崛起的重要成果和标志,其影响及意义已经远超地域文化范畴,成为中国文学艺术的重要组成部分。

(一)散文风格的转型

散文是传统文学体裁之一。秦汉时期的散文,通常被分为赋、政论文和史传文三类。比较而言,会稽的政论性散文较为发达,其代表性人物就是东汉唯物主义思想家王充。他生活的时代,天人感应、谶纬符命等宗教迷信和唯心主义思想盛行,王充以无神论和唯物论的思想,对当时各种虚妄荒诞之说予以猛烈抨击,所以他的政论文特别具有针对性和战斗性。他

---

① 张岱年:《中国哲学大纲·再版序言》,中国社会科学出版社1994年版,第3页。
② 任桂全主编:《绍兴佛教志》,浙江人民出版社2003年版,第186—196页。

主张政论文的立论必须注重它的实用功能，即所谓"文为世用"，提出"文人之笔，劝善惩恶"（《论衡》卷第二十《佚文篇》）的原则，反对调墨弄笔徒为美观的空头文学。而文学要发挥"劝善惩恶"的教育作用，必须做到文实相符，作者应该做到"实诚在胸臆，文墨著竹帛，外内表里，自相副称，意奋而笔纵，故文见而实露也"。（《论衡》卷第十三《超奇篇》）在多数情况下，他都用身边的自然知识和社会知识来分析问题，说明观点。他还强调文学语言应该通俗，力求浅显，"口则务在明言，笔则务在露文"（《论衡》卷第三十《自纪篇》），只有通俗才有可能让作品普及。此外，他特别主张独创，反对模拟，认为政论文及其他体裁的作品都要有自己的个性与特色①。他的政论文，集中收录在《论衡》一书中。

魏晋文学的主要形式是诗歌，而这时期会稽重要作家嵇康的文学成就在文而不在诗。刘勰说他"师心以遣论"②，既说明了他以文章见长，更说明了他"师心遣论"的创作态度。所谓"师心"，是以作者自己的心为师，不以"旧说"或"圣贤"为师，敢于在文章里发表自己的意见，表明自己的态度。这是嵇康散文的特点，与王充"口则明言，笔则露文"颇为相似。嵇康自称的"刚肠疾恶，轻肆直言"③代表之作，便是他的《与山巨源绝交书》。嵇康生活在魏晋易代之际，在激烈的政治矛盾和斗争中，同为"竹林七贤"之一的山涛，因追逐功名利禄而投靠司马昭集团，还举荐嵇康入伙。由此激起了嵇康的强烈不满和愤慨，他以书信的方式，毅然宣布与朋友绝交。文中嵇康敢于揭露司马氏集团"宰割天下，肆于骄淫"的勇气，敢于"非汤武而薄周孔"的个性，以及不愿与逐名禄者同流合污的坚决态度展现得淋漓尽致。文章冷嘲热讽，辛辣尖刻，嬉笑怒骂，痛快酣

---

① 据东汉王充《论衡》卷三十《自纪篇》："百夫之子，不同父母，殊类而生，不必相似，各以所禀自为佳好……文士之务，各有所从，或调辞以巧文，或辩伪以实事……"
② （南朝梁）刘勰：《文心雕龙》卷十《才略第四十七》，《范文澜全集》第五卷《文心雕龙注》，河北教育出版社2002年版，第610页。
③ （三国魏）嵇康：《与山巨源绝交书》，《鲁迅辑录古籍丛编》第三卷，人民文学出版社1999年版，第39页。

畅,结果嵇康因此而惨遭杀害。他的其他散文如《太师箴》《管蔡论》《难自然好学论》《声无哀乐论》等,都是他"刚肠疾恶"个性的反映。鲁迅说他的文章"思想新颖,往往与古时旧说反对"[1],并将嵇康遗作,亲手予以校勘、辑录,编选成《嵇康集》十卷行世[2]。

与两汉、三国时期不同,东晋和南朝时期是会稽散文发展变化的重要时期。首先表现在这一时期的散文题材扩大了。过去很少被注意的自然山水景色,成了被竞相描写的新内容,而且文章中抒情成分也有显著增加。像王羲之的《兰亭集序》,孙绰的《游天台山赋》,谢惠连的《雪赋》,孔稚圭的《北山移文》等,都是中国散文史上的名篇。后人评王羲之的散文"疏爽自然,不事修饰而情味隽永"[3]。这种与汉魏时期完全不同的散文风格,实际上是东晋南朝时期会稽士大夫崇尚清谈,爱好自然,流连山水的隐士生活和思想的反映。其次艺术表现手法上的不断创新。如王羲之对于序言散文化的探索,孙绰对于天台山动态之美的描述,谢灵运《山居赋》的情景交融,谢惠连笔下雪景"高丽见奇"的意境,孔稚圭赋予山水草木灵性的拟人手法,以及王羲之《兰亭集序》亦景亦玄的哲理等,都为汉魏以来散文风格的转型和抒情散文的成长铺平了道路。最后散文创作队伍的逐渐扩大。这一时期从事散文创作的,主要集中在会稽地区的士大夫阶层中,特别是那些名门望族,如王羲之、王献之父子,谢灵运、谢惠连从兄弟等。素有文学家风的山阴孔氏,更是代有人出,被列为文学家的:东晋有孔愉、孔汪、孔坦,宋有孔琳之;齐有孔逭、孔文、孔稚圭;梁有孔子祛、孔休源,陈有孔奂、孔范等[4]。足见孔门文风之盛。

---

[1] 鲁迅:《魏晋风度及文章与药及酒之关系》,《鲁迅全集》第三卷,人民文学出版社1982年版,第511页。
[2] (三国魏)嵇康:《嵇康集》十卷,《鲁迅辑录古籍丛编》第三卷,人民文学出版社1999年版。
[3] 冯其庸:《历代文选·前言》,中国青年出版社1978年版,第23页。
[4] 谭正璧:《中国文学家大辞典》,上海书店1981年版。

(二) 谢灵运与山水诗的崛起

在中国文学史上，秦汉诗歌在体式上以乐府诗和民歌为主，具有标志意义的五言诗得到初步发展。而这时的会稽地区经济在经历了秦和西汉的衰落以后，到东汉才开始复苏和繁荣起来。包括诗歌在内的文学创作活动相对比较低迷，得以保存下来的诗歌更是少之又少。这种局面只有到汉末和三国孙吴时才得以改变，随着会稽土著士大夫阶层的兴起，以玄言诗为代表的诗歌创作活动便逐步开展起来。

魏晋之际是玄学日渐兴盛的时期，同时也是诗歌由两汉乐府、民歌明显转向玄言诗的时期。当时的士族文人普遍信奉老庄哲学，认为一切社会现象都是短暂的，变动不定的，人若陷入功名荣利、道德礼义，便会失去真性，变得低俗可笑。嵇康的散文《与山巨源绝交书》正是这种立场的强烈反映。虽然他的文学成就在文不在诗，但他是一位思想深邃的玄学家，常与当时一些名士畅谈玄理，倡导虚无，他那清远的言辞和狂放的行为，表现了对现实的不满和对哲理的追求。这种追求同样反映在他的诗歌创作之中。在他留下的73首诗作中，虽有《幽愤诗》那样"有言必尽""一往必达"①、直抒胸襟的作品，也有描写纵情山水、抒发玄虚旨趣的《酒会诗》那样的作品，但更多地反映了他的玄虚倾向，如"托好老庄，贱物贵身。志在守朴，养素全真"（《幽愤诗》），"人生譬朝露，世变多百罗"（《五言诗》），"百年之期，孰云其寿？思欲登仙，以济不朽"（《赠兄秀才入军》），"心之忧矣，孰识玄机"（《四言》）②，等等，显示出他内心世界虚幻和出世的情感。

实际上对会稽城乡影响最大的玄言诗，莫过于王羲之为之作序的《兰亭集》了。东晋穆帝永和九年（353）三月三日，王羲之邀孙绰、孙统、

---

① （清）陈祚明：《采菽堂古诗选》，转引自《汉魏六朝诗鉴赏辞典》，上海辞书出版社2003年版，第301页。

② 以上诗篇见《嵇康集》第一卷，《鲁迅辑录古籍丛编》第三卷，人民文学出版社1999年版。

谢安等41人,在山阴境内的兰亭集会,按上巳修禊习俗,临水洗濯,去除不祥。诗人们列坐在曲水之滨,觞酒顺流而下,流到谁的面前,谁就得赋诗,否则罚酒一觞。在这次曲水流觞活动中,赋诗两篇的有王羲之等11人,赋诗一篇的有庾蕴等15人,共得诗37首,结而成《兰亭集》,王羲之为之作序,孙绰作后序。① 诗作出于众人之手,不同篇章在风格上当然也有所不同。王羲之通过写景,抒发自己对人生、对宇宙的看法,虽任性率真,放浪形骸,却仍无法脱离"寓目理自陈"②的玄言诗陈理格式。而被称为玄言诗代表人物的孙绰兰亭诗,虽然没有在描写山水过程中高谈道家玄虚哲理,却在眼前的自然山水中体悟玄理,感受虚无,继续着他"少慕老庄之道"③的努力。与孙绰不同,庾蕴的五言兰亭诗,就直截了当地宣传了庄子的"虚舟说"④,诗人在俯仰之间完成了人生"朝荣虽云乐,夕弊理自因"(《兰亭诗》,《会稽掇英总集》)的大彻大悟。因此刘勰在论及东晋诗风时说:"江左篇制,溺乎玄风,嗤笑徇务之志,崇盛亡机之谈。"(《文心雕龙》卷二《明诗第六》)

《兰亭集》总体上属于玄言诗是学术界的共识,但在诗歌体式和内容上,也有其自身的特征。从现存的孙绰、王羲之、王献之、谢万、孙统、孙嗣、庾友、庾蕴、曹茂之等人的《兰亭诗》来看,虽有四言、五言两种体式,但显然以五言为多。从诗歌描写对象看,自然山水几乎已引起所有诗人的关注,而且出现了把自然景物与人的思想联系起来的倾向。如果把这种倾向延伸发展下去,山水诗的出现和玄言诗的被替代,将不可避免。

山水诗的诞生和发展,离不开必须具备的客体和主体条件。客体要有佳山水,主体要爱佳山水,东晋以后我国山水诗之所以崛起于会稽,就因

---

① 《兰亭集》有多种版本流传,其中互有不一的现象不在少数,为统一起见,本书采用由宋人孔延之编纂、李石民笺注的四库全书文澜阁本《会稽掇英总集》,宁夏人民出版社2007年版。
② (晋)王羲之:《兰亭五言》,《会稽掇英总集》,宁夏人民出版社2007年版,第57页。
③ (晋)孙绰:《遂初赋·序》,《全晋文》卷六十一,商务印书馆1999年版,第635页。
④ 《庄子》卷五《山木第二十》打比喻说:一条渡船,如果被另一条无人的船相撞,船夫不会发怒;如果另一条船上也有人,相撞后船夫肯定会发怒。庄子借此说明人应该"虚己以游世"。因此,庾蕴兰亭诗有"仰想虚舟说,俯叹世上宾"句。

第二章 区域行政中心的形成与城市环境的优化

为这里具备上述条件,甚至是其他地方无法替代的优越条件。顾恺之"千岩竞秀,万壑争流"(《世说新语笺校》卷上《言语第二》)的山川之美,王羲之"山阴道上行,如在镜中游"的诗歌意境,使生活在这里的诗人情有独钟,爱不释怀,谢灵运便是其中之一。

谢灵运(385—433),原籍陈郡阳夏,后移籍会稽始宁县,"少好学,博览群书,文章之美,江左莫逮。"(《宋书》卷六十七《谢灵运传》)在始宁既有父祖留下的故宅别墅,又有他自己亲自经营的别业,在这里"选自然之神丽,尽高栖之意得……谢平生于知游,栖清旷于山川"。过着"尽幽居之美"(《宋书》卷六十七《谢灵运传》)的生活。从《山居赋》可以看出,他喜好山水,游弋山水,经营山水(建始宁园),幽居山水,对山水诗的创作具有浓厚的生活基础。加上他博览群书的书本知识与日常生活中的细致观察,常常把自己所见的山光水色、朝霞夕霏用诗句描绘出来,给当时诗坛带来了新鲜气息。许多描绘会稽山水之美的诗句给人留下深刻印象,如:"野旷沙岸净,天高秋月明"(《初去郡》);"池塘生春草,园柳变鸣禽"(《登池上楼》);"白云抱幽石,绿筱媚清涟"(《过始宁墅》);"林壑敛暝色,云霞收夕霏"(《石壁精舍还湖中作》);"岩下云方合,花上露犹泫"(《从斤竹涧越岭溪行》)[1],等等。诗句虽少有作者的内心活动,但他"俪采百字之偶,争价一句之奇。情必极貌以写物,辞必穷力而追新"[2],从根本上扭转了魏晋以来的玄言诗风,谢灵运也因此成了中国"开创山水诗派的第一人"[3]。

会稽山水诗的崛起,不仅有谢灵运这样的代表性人物,还有一个贯穿于南朝宋齐梁陈间的诗人群体。比较著名的,刘宋时有谢灵运的从弟谢惠连,他有许多山水诗,被称为佳作的《泛南湖至石帆》,是他由鉴湖入若

---

[1] 以上诗句见顾绍柏《谢灵运集校注》,中州古籍出版社1987年版。
[2] (南朝梁)刘勰:《文心雕龙》卷二《明诗篇二》,《范文澜全集》第四卷,河北教育出版社2002年版,第59页。
[3] 游国恩等:《中国文学史》(一),人民文学出版社1964年版,第272页。

耶溪的纪游诗。① 齐代以《北山移文》蜚声文坛的孔稚圭,也是一位山水诗人,他的四句《游太平山》诗:"石险天貌分,林交日容缺。阴涧落春荣,寒岩留夏雪"(《古诗源》卷十二),以奇特的构思与取景,诱发了后人的无穷猜想。梁代的会稽太守王籍,在游完若耶溪后留下的"蝉噪林逾静,鸟鸣山更幽"(《古诗源》卷十三)诗句,把若耶溪两岸"幽静"境界写到了极致,因而被称为"文外独绝"(《梁书》卷五十《王籍传》)。这也进一步表明,南朝会稽山水诗在艺术上已经十分成熟。

(三)王羲之《兰亭集序》及其影响

会稽有着悠久的书法传统。大量出土文物表明,在春秋战国时期的越国青铜器上,已经流行着被称为"鸟书"的特殊文字。鸟书又称"鸟篆""鸟虫书",是一种以篆书为基础,仿照鸟的形状施以笔画而写成的美术化字体②,堪称是先秦越地的书法艺术作品。

秦汉之际,会稽地区虽不见有书法家名世,而秦篆汉隶却颇见流行。这些书法作品主要见诸碑刻与摩崖之中。秦始皇于三十七年(前210)"上会稽,祭大禹,望于南海,而立石刻颂秦德"(《史记》卷六《秦始皇本纪》),这就是著名的《会稽刻石》,丞相李斯撰文并书,碑文288字,小篆书体,立于城南刻石山(亦称鹅鼻山)上,今碑为清乾隆五十七年(1792)重刻。同为篆书的《禹陵窆石题记》,在今禹庙大殿东侧,字迹已模糊,宋人赵明诚等以为是汉刻,鲁迅《会稽禹庙窆石考》也认为"自秦以来有之"③。孝女《曹娥碑》的字体更为丰富,该碑初刻于汉桓帝元嘉元年(151),由时为上虞县长度尚的弟子邯郸淳撰文。后来著名书法家蔡邕流寓会稽,夜访曹娥碑,手摸其文而读之,并于碑阴题"黄娟幼妇,外孙

---

① (南宋)嘉泰《会稽志》卷九云:"石帆山在(会稽)县东十五里……十道志云,山遥望如张帆,临水……南湖即今镜湖也。"
② 孟文镛:《越国史稿》,中国社会科学出版社2010年版,第506页。
③ 鲁迅:《会稽禹庙窆石考》,《鲁迅全集》第八卷,人民文学出版社1982年版,第56页。

蔺白"八字，称之为绝妙好词。① 今碑由宋蔡卞摹拓本翻刻入石。在现存刻石中，有无名氏题书的《建初买地摩岸题刻》(亦称"大吉"碑)，更为珍贵。这是买地券文，隶书"大吉 昆弟六人，共买山地。建初元年，造此冢地，值三万钱"②，共22字，颇见汉隶功力，说明隶书在老百姓中已十分流行。但正如唐代书法家窦蒙兄弟所说，这些珍贵作品，"俱遗芳刻石"③，成了秦篆汉隶流传的特点。

继两汉之后，三国孙吴时期会稽书法艺术事业有长足发展，涌现了不少闻名于时的书法家。原籍上虞的嵇康，字叔夜，于玄学、文学、音乐方面多有建树，同时也是一位著名书法家。他用草书写就的《与山巨源绝交书》，非常受人"宝惜"，有人用两张王右军书法调换一张亦"不易"④。唐张怀瓘论其书法曰："叔夜善书，妙于草制，观其体势，得之自然，意不在乎笔墨，若高逸之士，虽在布衣，有傲然之色。"⑤ 又如山阴贺邵，字兴伯，善章草，唐窦臮赞其书法"瘠而不疏，逸而寡礼"。还有会稽虞松，字叔茂，窦臮称其书法"体裁简约，肌骨丰媛"⑥。此外，山阴朱育，也是很有名气的书法家。

两晋与南朝是会稽书法艺术的辉煌时期，也是中国书法史上重要的历史时期。具有划时代意义的《兰亭集序》的问世，一大批像"二王"这样杰出的书法家的诞生，书法艺术的登峰造极，都对后世中国书法艺术实践和理论的建树和深化产生了巨大影响，会稽城郊兰亭也因此成了中国书法圣地。

王羲之（321—379），字逸少，原籍琅琊，居山阴，官至右军将军、

---

① （晋）虞预：《会稽典录》载："邯郸淳，字子礼，度尚弟子。"(《越中杂识·碑牌》作外甥)，《鲁迅辑录古籍丛编》第三卷，人民文学出版社1999年版，第294页。
② 宣传中主编：《绍兴文物志》，中华书局2006年版，第198页。
③ （唐）窦臮、窦蒙：《述书赋并注》，《历代书法论文选》，上海书画出版社1998年版，第238页。
④ （唐）张怀瓘：《书议》，《历代书法论文选》，上海书画出版社1998年版，第149页。
⑤ （唐）张怀瓘：《书断》，《历代书法论文选》，上海书画出版社1998年版，第185页。
⑥ （唐）窦臮、窦蒙：《述书赋并注》，《历代书法论文选》，上海书画出版社1998年版，第239页。

会稽内史，人称王右军。出生书法世家，早年师从卫夫人，他自己说：

> 予少学卫夫人书，将谓大能；及渡江北游名山，见李斯、曹喜等书；又之许下，见钟繇、梁鹄书；又之洛下，见蔡邕《石经》三体书；又于从兄洽处，见张昶《华岳碑》。始知学卫夫人书，徒费年月耳。遂改本师，仍于众碑学习焉。（《题卫夫人〈笔阵图〉后》，《历代书法论文选》）

这种博采众长、积学致远的学书路径①，把王羲之一步步引向书学巅峰。他继师前代，增损古法，一变汉魏朴质书风，创造妍美流便的今体，而且精通各种书体。评论认为他草书浓纤折中，正书势巧形密，行书遒媚劲健，千变万化，纯出自然。唐太宗李世民称之为"尽善尽美"（《晋书》卷八十《王羲之传论》）。王羲之一生留下了大量书法作品，据唐褚遂良《晋右军王羲之书目》记载，有正书5卷40帖，行书58卷。所书《兰亭集序》，向称书法绝品，世人尊为天下第一行书，王羲之也因此被称为书圣。其子王献之，字子敬，书法源于乃父，又有拓新，隶、行、草、章草、飞白五体具入神。所书气势豪迈英爽，对前世书风，敢于"创草破正"②，故有"破体"之称。"子敬草书，逸气过父"③，行草"情驰神纵，超逸优游"④，对后世颇有影响，与其父并称为"二王"。比较父子书法，唐张怀瓘认为，"逸少秉真行之要，子敬执行草之权，父之灵和，子之神俊，皆古今之独绝也"⑤。

东晋会稽书法家，实际上远不止"二王"，而是一个群贤毕至、星光灿烂的时代。根据书法传播的特点，在当时的书法家群体中，尤以家传、

---

① 据唐张彦远《历代名画记》，王羲之从叔父王廙学书画，廙说："欲汝学书，则知积学可以致远；学画，可以知师弟子行己之道。"
② （唐）窦臮、窦蒙：《述书赋并注》，《历代书法论文选》，上海书画出版社1998年版，第243页。
③ （唐）李嗣真：《书后品》，《历代书法论文选》，上海书画出版社1998年版，第135页。
④ （唐）张怀瓘：《书议》，《历代书法论文选》，上海书画出版社1998年版，第148页。
⑤ 同上书，第149页。

私传、亲传为多,继承的性质特别明显。在王羲之家族中,妻子郗璿工书,七个儿子中,献之最知名,玄之、凝之、徽之、操之并工草隶,凝之妻谢道韫亦善书①,孙子淳之"并善草行"② 等。王羲之亲戚中,仅岳丈郗鉴一门,就有郗愔、郗昙、郗超、郗俭之、郗恢等,加上郗璿共7名书法家。③ 在王羲之身边的亲朋好友中,谢安、谢询、支遁等,与王羲之相处十年,均"学草、正于右军"④,谢安的隶、行、草书均被视为妙品。至于私下从"二王"习书的,如"唐昕学右军草书"欲乱其真,张翼草师羲之几可乱真,桓玄依凭右军使草书"狂逸而有度",羊欣、邱道护"并亲授于子敬",诸葛长民"全效子敬"而众妙独运⑤,等等,更是不胜枚举,足见"二王"书法影响之深。

这种影响在南朝宋齐梁陈间,同样表现得十分深远和广泛,突出表现为书法世家猛增,而且与士族世家几乎并茂。已经定居会稽的琅琊王氏、阳夏谢氏、鄢陵庾氏、高平郗氏子孙中,书法可入品流的名家不断增加。会稽土著士族中的山阴贺氏、孔氏、丁氏,余姚虞氏子孙中的书法名家,不断涌现。据唐代窦臮、窦蒙《述书赋并注》所列书家名单,时在会稽的,约占全国的五分之一。其中谢灵运、孔琳之、贺道力、王僧虔、释智永等作品,评价很高,多入"妙品"。"灵运子敬之甥,故能书,特多王法"⑥,"孔琳之书,放纵快利,笔道流便,二王略无其比"(《论书》,《历代书法论文选》)。"道力草雄,圆转不穷。壮自躬之体格,瘦逸少之遗风"(《述书赋并注》,《历代书法论文选》)。"智永章草、草书入妙",隶入能品(《书断》,《历代书法论文选》),智永为陈末会稽永欣寺僧,王羲之七

---

① (唐)张怀瓘:《书断》,《历代书法论文选》,上海书画出版社1998年版,第180页。
② (南朝宋)羊欣:《采古来能书人名》,《历代书法论文选》,上海书画出版社1998年版,第47页。
③ (唐)窦臮、窦蒙:《述书赋并注》,《历代书法论文选》,上海书画出版社1998年版,第237页。
④ (唐)张怀瓘:《书断》,《历代书法论文选》,上海书画出版社1998年版,第187页。
⑤ 以上见《历代书法论文选》,上海书画出版社1998年版,第59、244、245页。
⑥ (唐)张怀瓘:《书断》,《历代书法论文选》,上海书画出版社1998年版,第189页。

世孙、徒智果亦善书法,相传隋炀帝曾对智永说:"和尚(智永)得右军肉,智果得右军骨。"

三 地方志的兴起及其对传统史学的贡献

(一)《越绝书》的影响与《吴越春秋》的诞生

《越绝书》是以记述越国和吴国历史为主的重要历史典籍。虽然关于该书作者以及成书年代历来多有争议,但随着讨论的深入,越来越多的学者如余嘉锡、陈桥驿等,主张这是"一部战国人的著作",东汉山阴人袁康、吴平只是"加以辑录增删而已"[①]。正是这部有争议的典籍,不仅为研究先秦吴越历史提供了大量弥足珍贵的史料,而且在地方史籍编纂上也开创了一个先例,被认为是中国地方志的鼻祖。明万历《绍兴府志》说:

> 《地传》具形势,营构始末,道里远近,是地志祖。(万历《绍兴府志》卷五十《序志》)

后世学术界认同万历志主张的越来越多,不仅仅局限于吴越人,清代的毕沅、洪亮吉都说"一方之志,始于越绝"[②]。虽然书名只标"书"而不标"志",但从记述的内容、体例和方法看,已初露志书端倪,为六朝地志的编纂树立了典范。[③]《地传》实际上是地理篇,记述吴、越两国君长世系、都邑建筑、山川湖泊、水利交通、经济活动、民性习俗等,分类记述,初步显现了地方志"事以类从,类为一志"的基本特点。述城池闾里,必言其周围大小;述山川湖泊,必记其方位距离;述经济活动,必言其地理分布;述君长世系,则长幼秩次分明。在具体记述中,又往往将相

[①] 陈桥驿:《点校本越绝书序》,乐祖谋点校《越绝书》,上海古籍出版社1985年版,第8页。
[②] (清)毕沅、洪亮吉语,转引自点校本《越绝书》陈桥驿序,上海古籍出版社1985年版,第13页。
[③] 魏桥等:《浙江方志源流》,浙江人民出版社1988年版,第6页。

关人物事迹、传说故事融为一体，既叙事又记人，很有后来地方志"以事系人"的风范。许多篇章，在叙事和记人上几乎是一种完美结合，如《外传记范伯》记范蠡入越与勾践的用人之量；《计倪内经》和《外传计倪》专记计倪向勾践进献治国之策和知人任贤方略；《外传记宝剑》记欧冶子、干将高超的冶炼技术等①，都以人物为中心，在选材、叙事、语言和刻画人物内心活动方面都很成功。特别是在叙事记人时，常常寓褒贬于叙述之中，不作评论，后来还发展成为地方志"述而不论"的重要编纂原则。《越绝书》在内容、体例及编纂方法上的这些特征，对紧接着由赵晔编纂的《吴越春秋》也产生了积极影响。

《吴越春秋》是继《越绝书》之后又一部记述先秦吴越两国史事的重要地方典籍。作者赵晔，字长君，山阴人，《后汉书》说他"少尝为县吏，奉檄迎督邮，晔耻于斯役，遂弃车马去"。这位很有傲骨的文人，不远万里到犍为郡（今四川资中），从经师杜抚学韩诗，20年不回家。著有《吴越春秋》《诗细历神渊》等，蔡邕认为《诗细》长于王充《论衡》，在京师广为传习［《后汉书》卷七十九（下）《赵晔传》］。从内容看，《吴越春秋》显然是一部郡书，与《越绝书》所记大致相同。但在结构、内容、体例安排上，与《越绝书》明显不同，始终以人物为中心，有比较完整的故事情节，记述也很形象生动。正因为如此，对该书性质历来有不同意见，或视之为地方志，或将它归入地方史，或以为开启了演义小说之先河。这固然反映了地方志发展的初始阶段的复杂性和对方志性质认知上的差异性，但无论如何评说，它在方志编纂学上的贡献是不该被忽视的。该书现存十卷，其中一卷至五卷记载吴国五位君王，六卷至十卷记载越国两位君王，勾践分四卷记述，以勾践为该书记述重点的意图十分明确。作者在资料收集上，除坚持吴越两国史事的真实性之外，发挥"去古未远"和当地学者的优势，广泛收集和利用了流传于民间的遗闻逸事和口碑资料。许多

---

① （东汉）袁康、吴平辑录，乐祖谋点校：《越绝书》，上海古籍出版社1985年版。

资料为《越绝书》所无，也足可补《左传》《国语》《史记》所阙。虽然其中也有"处女试剑，老人化猿"之类的"小说家言"（《四库全书总目》卷六十六《吴越春秋提要》），但基本史实未有出入，诚如鲁迅所言："虽本史实，并含异闻"①，而且采取以年纪事的编纂原则，突出重点、繁简相宜的编纂方法和俚语、歌谣、诗文并用的语言特色，使史家法度成为该书的主流。

东汉时期的会稽郡书，除现存但有缺佚的《越绝书》和《吴越春秋》外，已佚的还有吴君高所撰《越纽录》，张遐撰《吴越春秋外记》，以及不明作者和撰述年代的《越绝书外传》等数种。② 可见《越绝书》和《吴越春秋》在东汉会稽已引起不小的反响，对魏晋的影响则更大。

（二）私人编撰国史

两汉是中国儒学大发展时期，在董仲舒的竭力推动下，一个以儒家宗法思想为中心的社会环境已经形成，今文经学成了十分热络的话题。而具有勾践遗风的越人，对孔子本来就不以为然③，在经学领域并无多少建树，倒是在史学、子学领域多有创造，方志之祖的诞生和《越绝书》《吴越春秋》的流行便是例证。

到了魏晋时期，会稽地区的史学、子学传统，更有发展壮大趋势，一批国史、纪传、地志成果相继涌现。特别是像《后汉书》《晋书》之类的一国之史，能出现在会稽士人笔下，无疑是一件非同寻常的大事，与当时会稽城市在政治、经济、文化和人才上的优势，显然是密不可分的。在三国鼎立、西晋统一、东晋南渡过程中，这里始终是孙吴、司马氏政权在政治上的心腹之地、经济上的依靠之地、文化上的中心之一④，而人才荟萃

---

① 鲁迅：《中国小说史略》，《鲁迅全集》第九卷，人民文学出版社1982年版，第21页。
② 陈桥驿：《绍兴地方文献考录》，浙江人民出版社1983年版，第268页。
③ 《越绝书》卷八载：孔子抱着雅琴到越国，想给越王勾践讲述五帝三王的治国之道，遭勾践婉言拒绝，于是只好离开越国。
④ 参见田余庆《论郗鉴》，《东晋门阀政治》，北京大学出版社2009年版。

之势，是其他郡邑所无法企及的。这些，都是编史修志、史学繁荣的基本条件。这一时期编修的国史有谢承《后汉书》、谢沈《后汉书》，谢沈《晋书》、虞预《晋书》、谢灵运《晋书》等五种。

1. 谢承《后汉书》。谢承，字伟平，山阴人。父煚，为汉尚书郎；姐，为吴主孙权夫人。谢承拜五官郎中，长沙东部都尉、武陵太守（《三国志·吴书》卷五十《妃嫔传·吴主谢夫人传》）。自幼"博学洽闻，尝所知见，终身不忘"①。《隋书·经籍志》载："《后汉书》一百三十卷，无帝纪，吴武陵太守谢承撰。"《经籍志》所录八家《后汉书》中，谢著列为第一，鲁迅因此有"草创之功，足以称纪"的评说。后世流行的范晔《后汉书》作于刘宋时期，此前编修的后汉断代史书，已多达十八家，包括班固等编的《东观汉记》和谢承《后汉书》等。宋人陈振孙认为"范氏删取《东观汉记》以下诸家之书，以为一家之作"（《直斋书录题解》）。谢承《后汉书》，虽然在刘宋末已不见流传②，但它的"草创"成果，已被范著所吸收。

2. 谢沈《后汉书》。《隋书·经籍志》载："《后汉书》八十五卷，本一百二十二卷，晋祠部郎谢沈撰。"《晋书》本传称谢沈字行思，山阴人，"事母至孝，博学多识，明练经史"。会稽太守何充等并称谢沈"有史才"，迁著作郎，著有《后汉书》《晋书》《汉书外传》等，著述及诗赋文论皆行于世（《晋书》卷八十二《谢沈传》）。但谢沈《后汉书》与谢承《后汉书》遭遇了同样的命运，在被范晔《后汉书》获取材料之后，也悄然在人间失传。③

3. 谢沈《晋书》、虞预《晋书》和谢灵运《晋书》。据《隋书·经籍志》载，晋散骑常侍虞预所撰《晋书》二十六卷，本四十四卷；宋临川内

---

① （晋）虞预：《会稽典录·谢承》，《鲁迅辑录古籍丛编》第三卷，人民文学出版社1999年版，第278页。
② 鲁迅：《谢承后汉书·序》，《鲁迅辑录古籍丛编》第三卷，人民文学出版社1999年版，第3页。
③ 李宗邺：《中国历史要籍介绍》，上海古籍出版社1982年版，第137页。

史谢灵运撰《晋书》三十六卷(《隋书》卷三十三《经籍志二》)。又据唐房玄龄《晋书》谢沈本传载,晋著作郎谢沈撰《晋书》三十卷,"会卒,时年五十二"(《晋书》卷八十二《谢沈传》)。三部《晋书》的作者中,谢沈、虞预都是晋代人,属当代人修当代史,因此,两人的著作不可能是完整的断代史,虞预的《晋书》"讫明帝"(《隋书》卷三十三《经籍志二》)就是证明。从作者生活的时代看,只有谢灵运的《晋书》才可能是完整的断代史,谢沈、虞预、谢灵运所撰《晋书》,其实只是唐代房玄龄修《晋书》之前十八家晋书中的三家而已。在唐太宗李世民看来,这十八家"虽存记注,才非良史,书非实录",决定重修,但十八家为房玄龄重修《晋书》提供资料之真实和丰富,是毋庸置疑的。①

上述两家《后汉书》和三家《晋书》,虽然在范晔撰《后汉书》和房玄龄修《晋书》时得到了充分利用,但过后不久,便在茫茫人海中消失了。究其原因,一是这五部名义上的国史,其实是一种私人修史行为,与官修史书不同,很难贯彻统治者的意图。唐太宗之所以要在已有十八家《晋书》,而且与晋代又相隔200多年的情况下重修《晋书》,是因为十八家"不予于中兴""莫通乎创业",更何况司马氏一统三国的经验,对振兴大唐不无借鉴作用(《修晋书诏》,《晋书》卷末)。事实上中国的修史传统,是向来重官修而轻私撰的。二是六朝时期,雕版印刷尚未流行,书籍流通全赖传抄,不仅为数很少,而且水火蠹鱼,亡佚概率很高,这种局面只有到出现雕版印刷的唐代,才有可能根本改变。鉴于上述原因,六朝时期的著述,包括国史、纪传和地志在内,阙佚和失传的现象较为普遍。

但即便如此,这些私修国史在消亡之前,毕竟已被范晔、房玄龄和其他人所先后引用并流传了下来。虽只是片言只语,难窥全貌,但却显得更为珍贵,甚至是独家材料。鲁迅就因为看到了它的价值,在前人辑佚的基础上,做了大量校勘、辑录和编选工作。其成果集中收录在四卷本《鲁迅

---

① 李宗邺:《中国历史要籍介绍》,上海古籍出版社1982年版,第246—247页。

辑录古籍丛编》①中。其中辑录谢承《后汉书》354条、三志和谢承自序，分六卷印行。与谢承《后汉书》相比，谢沈《晋书》亡佚更多，仅存10余条，辑为一卷。又辑录虞预《晋书》共40条，不分卷。此外，鲁迅对六朝会稽纪传和地志也做了大量辑佚工作，结集《会稽郡故书杂集》，有单印本。

（三）会稽地志的形式和内容

除私人编修国史外，魏晋南北朝时期更是会稽方志发展史上的重要阶段。具有方志初期特征的地志（亦称郡书），这时得到蓬勃发展，成为方志发展史上第一次高潮。突出表现在：一是以人物为中心的纪传史体异军突起；二是具有地方性地理特征的地志非常发达。两者并行发展，相辅相成，在记述人、地历史以及人、地关系上，取得成功经验，并为地方志的发展奠定了坚实基础。鲁迅对此予以充分肯定，他说：

> 会稽古称沃衍，珍宝所聚，海岳精液，善生俊异，而远于京夏，厥美弗彰。吴谢承始传先贤，朱育又作土地记。载笔之士，相继有述。于是人物山川，咸有记录。（《会稽郡故书杂集·序》，《鲁迅辑录古籍丛编》第三卷）

这种对于系统记述越中人、地历史和人、地关系的探索与实践，实际上是当时经济社会发展的客观需求。因为自东汉以来，会稽土著士族不断壮大，加上东晋初期大批北方士人南下会稽，土著士人和南下士人的结合在越中形成了庞大的士族群体，"名士荟萃"成为当时一大特点。同时，会稽的秀美山川和千顷沃野，既吸引着士人阶层从"玄学"世界中走出来，投身于自然的怀抱之中，又给了他们纪传人物、记述山川，施展才情

---

① 《鲁迅辑录古籍丛编》，集中了1938年版《鲁迅全集》收录的、1952年版《鲁迅全集》增补的，以及从鲁迅遗稿中新发现的经鲁迅校勘、辑录、编选的二十种著作，共四卷，人民出版社1999年版。

的机会。这既是为什么这时会稽纪传、地志蓬勃发展的客观原因，也是这一时期南北人口与文化"地理大交流"的结果。

据陈桥驿先生考证，六朝会稽纪传和地志为数近30种，但幸存者不及五分之一①。现撮要如表2-3所示。

表2-3　　　　　　　　　　六朝会稽纪传地志录

书　名	时代	作者	著　录	存　佚
会稽先贤传七卷	三国吴	谢承	隋书·经籍志	辑佚为一卷②
问士对	三国吴	朱育	会稽掇英总集著录	存
会稽后贤传二卷	晋	钟离岫	隋书·经籍志	辑佚为一卷
会稽先贤像赞五卷	晋	夏氏	隋书·经籍志	辑佚为一卷
会稽太守像赞二卷	晋	夏氏	旧唐书·经籍志	佚
会稽贡举簿	不明	不明	补晋书艺文志	佚
会稽典录二十四卷	晋	虞预	隋书·经籍志	辑佚为二卷
高僧传十四卷	南朝梁	慧皎	隋书·经籍志	存③
会稽土地记一卷	三国吴	朱育	隋书·经籍志	辑佚二条
吴越记六卷	晋	谢沈？	隋书·经籍志	佚
吴越春秋削繁五卷	晋	杨方	隋书·经籍志	佚
会稽记一卷	晋	贺循	隋书·经籍志	辑佚五条
石簧山记	晋	贺循	太平御览引	佚

---

① 陈桥驿：《会稽方志集成·序》，《会稽方志集成》，团结出版社1992年版，第20页。

② 本表所指"辑佚"，均见鲁迅《会稽郡故书杂集》，《鲁迅辑录古籍丛编》第三卷，人民文学出版社1999年版。

③ （梁）慧皎《高僧传》的记述范围，远远超出了会稽地区，是一部全国性的重要史传。但因作者慧皎是会稽上虞人，又成书于山阴嘉祥寺，故且列入表中。

续 表

书　名	时代	作者	著录	存佚
会稽山赞	晋	郭璞	嘉泰会稽志著录	存
刻石山赞	晋	王彪之	嘉泰会稽志引	佚
太平山铭	晋	许询	嘉泰会稽志著录	存
会稽记	南朝宋	孔灵符	水经注引	辑佚为一卷
山居赋	南朝宋	谢灵运	宋书·谢灵运传著录	存
游名山志一卷	南朝宋	谢灵运	隋书·经籍志	存
居名山志一卷	南朝宋	谢灵运	隋书·经籍志	?
会稽记二卷	南朝齐	虞愿	南史·虞愿传	佚
会稽地志	南朝陈	夏侯曾先	嘉泰会稽志引	辑佚为一卷
会稽旧记	南朝	佚名	隋书·经籍志	佚
会稽郡十城地志	南朝	佚名	隋经籍志考证	佚
越地传	?	佚名	太平御览引	佚

表 2-3 所列，尽管不是六朝会稽地志的全部，但志书体式的多样性，已经得到充分体现。在以人物为中心的 8 种纪传史籍中，"传""簿""录""典""赞"等形式都已出现，表明地方志记述人物的空间是十分广阔的，形式也是多样的。而且有地理性质的地志记述形式，也同样是丰富多彩的，"志""记""赋""赞""铭""传"等，都可以成为记述山川地理、风土人情和史事沿革的有效载体。虽然地志中的大部分已经亡佚，它们在志书体裁运用上有什么特点和规律也无法深入研究，但其中的"志""记""传""录""典""簿"①诸体，后来都成了地方志的基本体裁而被广泛运用。

---

① 黄苇等著《方志学》在讲到方志体裁时，共列出古往今来体裁 19 种，而当代修志，一般有述、记、志、传、图、表、录诸体。复旦大学出版社 1993 年版，第 330—346 页。

这种地志记述体式创新，目的当然是满足记述内容多样化的需要。六朝会稽地志记述的内容大致包括：①记载地理沿革。如贺循《会稽记》载：始宁县"顺帝永建四年分上虞南乡立"。②彰显本地人物。如《会稽典录》虽佚，但经鲁迅辑佚，仍得 72 人。③记述水利交通。如孔灵符《会稽记》记述马臻围筑镜湖特详，多为后世引用。④描绘山川形势。如夏侯曾先《会稽地志》形容会稽"南面建（连）山万里，北带沧海千里"。⑤解释地名由来。如朱育《会稽土地记》解释"山阴"地名说："邑在山阴，故以名焉。"① ⑥介绍物产风俗。如《山居赋》记水草 16 种，药物 30 余种，树木 14 种，水果 14 种，蔬菜 10 余种，鱼类 16 种，鸟类 10 种，兽类 16 种。⑦叙述越国史迹。如种山、龟山、越王宫、古越城、越王离宫别馆等。这些都是地方志发展过程中被逐渐认可的记述对象、范围和内容。

六朝会稽地记不仅数量多，还涌现了不少名志，如谢灵运《山居赋》和慧皎《高僧传》。《山居赋》以韵文形式撰写，是中国最早的韵文方志之一。全志四千余言，对曹娥江两岸会稽山、四明山一带的人文地理和经济地理，作了细致、真实和富有动感的记述，不仅为研究刘宋时期会稽地区经济社会发展史提供了极为宝贵的史料，也为山水志的撰写及其定型开创了范例。《高僧传》所创的僧传体例，同样为后世僧传所仿效。作者慧皎（497—554），梁上虞人，住山阴嘉祥寺。博通经律，亦好著述，有《涅槃经义疏》《梵网经疏》等。所撰《高僧传》，吸取前人《名僧传》取舍失当，致使传主"名而不高""高而不名"（《高僧传·自序》）教训，全书 13 卷、序录 1 卷，分译经、义解、神异等 10 科，记载自东汉至南朝梁代僧人 257 人，附见 200 余人。传记内容精深，义例明确，条理清晰，文采斐然，被称为中国佛教史上第一部系统僧传而通行于世。

---

① 以上引文均见鲁迅《会稽郡故书杂集》，《鲁迅辑录古籍丛编》第三卷，人民文学出版社1999 年版。

四 佛教的传入与会稽佛学中心的形成

自大禹四世孙少康封其子无余于会稽"奉守禹祀"以来，越地祭祀之风一向称盛，甚至到了"好淫祀"的地步。这种民间信仰所表达的对神灵的无限敬畏和祈求福祉的强烈愿望，以及由此产生的浓厚的宗教心理和氛围，无疑为佛教在会稽城的传播和佛学中心的形成，提供了非常有利的社会环境。

从东汉灵帝末年译经僧安世高到会稽，经三国至西晋末的 120 余年间，可以说是会稽佛教的初播期。安世高入会稽，一般佛教史研究者都认为是中国南方佛教传播之始。安世高（？—190），名清，字世高，东汉时安息国王正后太子。汉桓帝建和二年（148）到京师洛阳，通习汉语，主要从事佛经翻译工作。灵帝末年，因京师动乱，便南下庐山、广州，然后来到会稽。意外的是，安世高到了会稽城里，"正值市中有乱相打者，误著高头，应时殒命。"安世高之所以来会稽，一方面在他的弟子中有一位叫陈慧的会稽人，"信道笃密"，安曾在信中留言说："尊吾道者，居士陈慧；传禅经者，比丘僧会"（《高僧传》卷一《汉洛阳安清传》），僧会是三国时颇受孙权器重的高僧（《高僧传》卷一《魏吴建业建初寺康僧会传》），曾从陈慧学佛，其造诣之深，于此可见。到弟子家乡看看，自在情理之中。另一方面，据安世高自己说，他到会稽的目的，是来寻求宿缘偿报的（《高僧传》卷一《汉洛阳安清传》），如果剔除其中的神秘色彩就不难发现，来会稽布道，或许才是他的真正目的。

安世高在会稽是如何布道的，虽然《高僧传》没有具体记述，但从安世高入会稽到西晋末的一百多年间发生的两件事，足可证明会稽佛教初播程度，远比佛教史籍记载的要广泛深入得多。一是据地方志记载，这一时期新建的佛教活动场所，包括郡城灵宝寺（后称大庆尼寺）在内的寺院庵舍共12处。① 据日本学者木田知生考证，两汉至西晋，江浙共建造佛寺68处②，而会稽山阴等地占12处，可见会稽在佛教初播期的地位已经举足轻重了。二是从出土明器看，佛像流行已十分普遍。如上虞三国吴墓出土的青瓷谷仓，"腹部等距贴附……佛像"十尊③；嵊县三国吴墓出土的青瓷三足樽腹部，"可辨认出坐佛像三尊"④；绍兴县三国吴、西晋墓出土的青瓷器上，几乎都堆贴佛像，一般都堆贴在器物的腹部或肩部，而且与亭台楼阁、鸟兽等排在一起。其中绍兴县福全镇出土的青瓷双系罐，堆贴的"佛像为螺发、肉髻、方脸、大嘴，身披袈裟，双手置胸前，执佛珠一串，结跏趺坐，并有头光一周"⑤。这些青瓷谷仓、三足樽、双系罐等都是墓中陪葬品，尽管出土地点不同，佛像堆贴方式不同，但反映了一个共同的事实，即信佛已经成为当时会稽郡的普遍现象，而且深入了人们生产、生活和丧葬习俗之中。

在此基础上，从东晋到南朝宋齐梁陈的二百六十多年间，会稽郡佛教有了很大发展。主要是因为东汉实行吴会分治后，随着鉴湖水利工程的完成，山会平原耕地的扩大，粮食产量的提高，手工业的高度发展，经济空前繁荣，社会相对安定，一时间名士荟萃，人文鼎盛，为会稽迅速发展成为江南两个佛教中心之一（另一个为建康）⑥ 提供了有利条件。

在这样的背景下，大批北方高僧和分散在江南各地的高僧，便纷至沓来，云集会稽，与本地高僧相会林下。其中有来自高阳的于法兰，敦煌的于道邃，陈留的支道林，琅琊的竺法潜，下邳的竺法旷，吴郡的竺道壹，吴兴的昙翼，长安的超井、昙机，陇西的僧镜，丹阳的僧柔，钱塘的慧

---

① 这12处寺庵分别为：建于东汉的山阴白云庵、狮子庵、信义庵；建于孙吴的山阴天化庵，嵊县广爱寺，诸暨上省教寺、大雄寺、道林讲寺；建于西晋的郡城灵宝寺，山阴兴仁寺，嵊县报恩寺，新昌兴善寺。参见任桂全主编《绍兴佛教志》，浙江人民出版社2003年版。
② [日]木田知生：《江浙早期佛寺考》，胡复兴译，《东南文化》1992年第1期。
③ 《浙江上虞江山三国吴墓发掘简报》，《东南文化》1989年第2期。
④ 阮春荣：《早期佛教造像的南传系统》，《东南文化》1990年第1、2、3期。
⑤ 周燕儿、蔡晓黎：《绍兴县出土的六朝佛教题材青瓷器》，《东南文化》1992年第2期。
⑥ [日]鎌田茂雄：《简明中国佛教史》，郑彭年译，上海译文出版社1996年版。

基，临沂的智顺，以及不明所籍的于法开、竺法义、帛僧光、竺法纯、慧集等，还有本籍的帛道猷、昙巍、道敬、昙光、昙颖、弘明、僧护、昙斐、道琳、慧皎、洪偃、警韶等①，可谓来自四面八方。这些在佛经翻译、佛学研究和佛法传播上卓然成家的高僧，相聚在会稽，大"有非常之境，然后有非常之人栖焉"（《沃洲山禅院记》，《白居易集》卷五十九）之势。特别是这些高僧大德，与会稽名士相聚在一起，对当时社会条件下的佛学传播，意义更为重大。

当时的会稽，已是名士荟萃之地。这些出身豪门世族的名士，无论在政治、经济还是文化上，都享有特权地位和优势。相对而言，东晋之前的僧人，虽然偶尔与王公贵族有往来，但总体上尚未进入当时的主流社会。因此，要使佛教能在更广泛的领域里得到传播，实现高僧与名士的交流，无疑是一种有效途径。因为实现佛儒交流，既能使佛教有机会被士大夫阶层所了解和接受，又能通过士大夫阶层，将佛教的影响力扩展到官僚乃至皇亲国戚之中，从而为佛教赢得发展空间和提高社会地位。东晋初年避乱过江、隐迹会稽的竺法潜，就在这方面发挥了重要作用。他虽为东晋丞相王敦之弟，却深解《法华》《大品》，是般若学本无异宗的代表人物。晋元帝、明帝及丞相王导、大尉庾亮均"钦其风德"，待以宾友。后来哀帝"好重佛法"，两次迁使敦请，于御前开讲《大品》，"哀帝及朝士并称善焉"。废帝时，司马昱（后为简文帝）为丞相，又"遵以师资之敬，数相招请，屡兴法祀"。（《高僧传》卷第四《晋剡沃洲山支遁传》）竺法潜讲完经又匆匆回到会稽，与名士孙绰等相聚在一起。

在会稽，名士与高僧之间都有比较广泛、深入的联系和交往。王羲之与支遁是好朋友，但王羲之住郡城，支遁在剡中，虽同在会稽，却难得相见。所以每当支遁外出回剡途经郡城时，王羲之就借故请他讲庄子《逍遥游》，"遁乃作数千言，标揭新理，才藻警绝。王遂披衿解带，流连不能

---

① 以上僧人，均见梁慧皎《高僧传》，中华书局1992年版。

已,仍请住灵嘉寺,意存相近。"(《高僧传》卷第四《晋剡东仰山竺法潜传》)可谓用心良苦。其实类似的交往在当时是很普遍的,仅新昌沃洲山禅院,就留下了十八高僧与十八高士交往的佳话。该寺自晋宋以降,初居者有白道猷,次有竺法潜、支道林,而后又有乾、兴、渊、支、道、开、威、蕴、窑、实、光、识、斐、藏、济、度、逞、印等凡十八高僧;高士中则有戴逵、王洽、刘恢、许询、殷融、郗超、孙绰、桓彦表、王敬仁、何次道、王文度、谢长霞、袁彦伯、王濛、卫玠、谢万石、蔡子叔、王羲之等十八人,"或游焉,或止焉"(《沃洲山禅院记》,《白居易集》卷五十九)。

这种频繁的交往,不仅推动了儒、佛的加速融合,也推动了会稽作为江南佛教中心的加速形成。一方面像王羲之的好友孙绰、许询等,在交往中开始崇信佛法、倾心佛学。孙绰还著《喻道论》说:"夫佛也者,体道者也;道也者,导物者也。应感顺通,无为而无不为者也。无为,故虚寂自然;无不为,故神化万物。"旨在说明人之祸福,皆由因果报应。他还调和儒、佛两教,认为"周、孔即佛,佛即周、孔","周、孔救极弊,佛教明其本耳,共为首尾,其致不殊",是殊途同归。另一方面云集会稽的高僧对儒家、道家思想也产生了浓厚兴趣,努力将儒、道融入自己的学理之中,以丰富充实佛学内涵。深受晋代元帝、明帝、哀帝、简文帝四位皇帝敬重的竺法潜,就是这样一位高僧。他在会稽"优游讲席三十余载,或畅方等,或释《老》《庄》。投身北面者,莫不内外兼洽"(《高僧传》卷第四《晋剡东仰山竺法潜传》)。白道猷与竺道壹居会稽城南若耶山,"纵心孔、释之书,触兴为诗,陵峰采药,服饵蠲疴,乐有余也"(《高僧传》卷第五《晋吴虎丘东山寺竺道壹传》)。有"麻衣道士"之称的史宗,居上虞龙山大寺,善谈《老》《庄》,通明《论语》《孝经》,而韬光隐迹,世莫知之(《高僧传》卷第十《晋上虞龙山史宗传》)。儒、道文化对佛教徒影响之深,可见一斑。

儒、释、道的融合,客观上给越来越多的人提供了寻找精神家园、信奉佛教的机会。为满足从郡太守、士大夫到普通市民的信佛需求，建造佛教寺院也成了当时必须解决的当务之急。居住在会稽城里又颇有身份的著名人物，如王羲之、许询、王献之、毛宝、郭伟、江夷、何允、皮道与等，都相继舍宅为寺，并成为会稽城内极具影响力的重要佛寺。寺院僧人、民间信众和富裕之家出资建寺的情况也相当普遍，在会稽郡所属十县中，仅山阴、上虞、嵊县、新昌、诸暨五县，就达65所①，其中又以郡城为尤（见表2-4）。

表2-4　　　　　　　　　六朝会稽郡城及近郊佛寺录②

寺　名	今　址	始建年代	沿　革
灵宝寺	郡城大庆桥	西晋永康元年（300）	唐大中元年改大庆尼寺，今废
灵嘉寺	城东南70里	东晋建武元年（317）	晋何充将军舍宅为寺，宋大中祥符六年改福庆寺
嘉祥寺	城南秦望山麓	东晋宁康间（373—375）	郡守王荟以王右军故宅建，今不存
戒珠寺	郡城蕺山南麓	东晋	相传王羲之舍宅为寺，今存
光相寺	郡城光相桥	东晋义熙二年（406）	东汉会稽太守沈勋宅建，晋安帝赐额，今废
云门寺	城南秦望山麓	东晋义熙三年（407）	王献之舍宅为寺，宋初改淳化寺，今存部分殿宇
禹迹寺	郡城东郭门内	东晋义熙十二年（416）	晋骠骑将军郭伟舍宅建，今废
法华寺	城南法华山	东晋义熙十三年（417）	梁时以昭明太子赐金楼木兰架裴改名天衣寺，今废
大能仁寺	郡城南门内	东晋	晋处士许询舍宅建，今废
长乐寺	城东北20里	南朝宋元嘉三年（426）	北宋建隆三年改兴福院，大中祥符元年改隆庆院

① 任桂全主编：《绍兴佛教志·概述》，浙江人民出版社2003年版，第5页。
② 本表资料见南宋嘉泰《会稽志》卷七《寺院》，清嘉庆十三年重刻本。

续　表

寺　名	今　址	始建年代	沿　革
龙华寺	郡城都泗门内	南朝宋元嘉二十四年(447)	吏部尚书江夷以其父江彪宅建,今存
龙兴寺	郡城郡署东1里	南朝宋泰始元年(465)	号香严寺①,唐神龙元年改中兴寺,二年复为龙兴寺,今废
宝林寺	郡城龟山上	南朝宋元徽元年(473)	皮道与舍宅建,唐改光宅寺、应天寺、宋改广孝寺,今存
静念寺	城东北40里	南朝齐永明二年(484)	宋治平三年敢净住院,今废
大善寺	郡城种山东	南朝梁天监三年(504)	民黄元宝舍地、钱氏女以奁资建,唐改开元寺,宋仍以旧名
崇教院	城西90里	南朝梁大同元年(535)	五代显德五年改新兴塔院,院东有越王城,今存
称心资德寺	城东北45里	南朝梁大同三年(537)	唐大中五年改称心寺,今存
灵秘教寺	城北50里	南朝梁大同十年(544)	将军毛宝舍宅建,今存
大禹寺	城东南12里	南朝梁大同十一年(545)	今不存

　　会稽郡城及其周边地区大批佛寺的建成,客观上给僧人讲解佛经,宏传佛法,创宗立说,提供了活动场所和生活条件。六朝时期江南般若学有"六家七宗"之说,即论有六家,分成七宗。其创始人或代表人物,据汤用彤研究,分别为:本无宗——道安;本无异宗——竺法潜、竺法汰;即色宗——支遁;识含宗——于法开;幻化宗——竺道壹;心无宗——支愍度、竺法蕴、道恒;缘会宗——于道邃。② 上述六家七宗代表人物中,有六家六宗七人活动或生活在会稽,这是会稽作为江南佛教中心之一的重要标志。

　　在这些代表人物中,缘会宗创立人于道邃,东晋初过江得会稽名士谢

---

①《陈书》卷八《周文育传》载:"文育时顿城北香严寺。"据此,香严寺当在城北。中华书局标点本。

② 汤用彤:《汉魏两晋南北朝佛教史》,北京大学出版社1997年版,第192页。

敷推重,遍游越中名山,支遁撰铭赞曰:"英英上人,识通理清,朗质玉莹,德音兰馨。"(《高僧传》卷第四《晋敦煌于道邃传》)识含宗创立人于法开,随师于法兰到会稽石城山,师亡后续修元华寺,后又移居剡中西白山灵鹫寺,孙绰称其"深通内外,才华赡逸"(《高僧传》卷第四《晋剡白山于法开传》)。即色宗创立人支遁,应名士许询之邀,来郡城讲《维摩经》,遁为法师,许为都讲,晚年移居石城山,又立栖光寺(《高僧传》卷第四《晋剡沃洲山支遁传》)。本无异宗代表人物竺法潜,过江后长居剡中东仰山,优游讲席凡三十余年,孙绰评价他"道素渊重,有远大之量"(《高僧传》卷第四《晋剡东仰山竺法潜传》)。心无宗代表人物之一竺法蕴,也随竺法潜活跃于剡中。幻化宗创立人竺道壹,应山阴僧白道猷之邀,东来若耶山,会稽内史王荟即以王右军故宅建嘉祥寺,并以道壹"风德高远,请居僧首",时人号称"九州都维那"(《高僧传》卷第五《晋吴虎丘东山寺竺道壹传》)。

这些以六家七宗为代表的般若学说,实际上是佛教思想传入会稽后,逐步走向独立发展道路的开始,同时也为此后具有中国特色的佛教八大宗在会稽的传播①奠定了基础。

五 地方官学的兴衰与民间办学的普及

在越王勾践推行的"十年生聚,十年教训"强国方略中,实际上已经包含了重视教育、培育人才的思想。但这种重教育人的思想,在秦并六国之后,由于大规模的人口迁徙、秦皇朝的焚书坑儒和西汉时期的社会动荡等原因,并没有在越地得到继承和发扬。史籍也极少有这方面的记载。

即使是汉武帝看到了由君主亲自掌控教育的重要性,采纳董仲舒"立大学以教于国,设庠序以化于邑"(《汉书》卷二十二《礼乐志二》)主

---

① 任桂全主编:《绍兴佛教志》载隋唐时期形成的佛教八大宗派中,有三论宗、天台宗、华严宗、律宗、禅宗、净土宗和密宗等七大派在会稽得到传播,浙江人民出版社2003年版,第261页。

张,并以政府行为正式设立太学,又"令天下郡国皆立学校官"(《汉书》卷八十九《文翁传》)的情况下,会稽仍未见有以"庠序"为代表的官学出现。据说,这是因为"越俗,不好学"的缘故。光武帝建武六年(30),李忠任丹阳太守,"忠以丹阳越俗,不好学,嫁娶礼仪,衰于中国,乃为起学校,习礼容,春秋乡饮,选用明经,郡中向慕之"(《后汉书》卷二十一《李忠传》)。丹阳的"越俗",经李忠太守起学校、选明经的一番努力,看样子得到了改变,而会稽的"越俗"似乎并没有获得转变,这是什么原因呢?庠序是官办的学校,当然得体现官方的意志,即董仲舒竭力推行的"独尊儒术"。这对具有勾践遗风的会稽人来说,一方面对"儒术"本来就不以为然,要从根本上全盘接受儒家学说,显然须得有个过程;另一方面会稽较之丹阳,离西汉统治中心更远,纯属所谓"蛮夷"之地,习俗上也有明显区别。因此,"儒术""衰于中国",其实并不为怪,毕竟于越文化与中原文化产生的背景是不一样的。

会稽城乡以传授儒学思想为教育核心内容的官学,确实较中原地区甚至皖南等地为迟,很可能始于名宦太守张霸时。张任会稽太守时在和帝永元十一年(99),到任后"表用郡人"和"有业行者",于是"郡中争厉志节,习经者以千数,道路但闻诵声。"(《后汉书》卷三十六《张霸传》)可见"越俗不好学"并非实情。《华阳国志·蜀郡士女志》也载,张霸到任后"立文学,学徒以千数,风教大行"[①]。说明会稽官学开始风靡于时,学徒以千数,规模也很大。这里的所谓"文学",是郡邑设置的学术官员,与中央政府的学术官员博士相对应,为文学掾或文学史的简称,一般都由经学之士充任。教育内容如本传所说是"习经",而且按教授五经的需要,除文学掾外,尚有《易》掾、《书》掾、《诗》掾、《礼》掾、《春秋》掾等。这种配备,在中央太学称"五经博士",在郡邑庠序被称为"郡文学博士"。至于官学是怎么样进行教育的,张霸传没有记及,但可从曾任会

---

① 转引自李国钧《中国教育制度通史》第一卷,山东教育出版社2000年版,第304页。

稽都尉并代理会稽太守职务的任延后来在武威（今属甘肃）办学中得到启发。他"造立校官，自掾史子孙，皆令诣学受业，复其徭役。章句暨通，悉显拔荣进之。郡遂有儒雅之士"（《后汉书》卷七十六《任延传》）。凡入官学读书的，不仅可以免除徭役，通章句后还可提拔推荐，最终目的还是要培养"儒雅之士"。

与官办的庠序不同，民办的学校称"书馆"。在张霸创办痒序之前，会稽书馆早已存在。王充小时候就读过书馆，当然他后来又去长安读过太学。他在晚年回忆书馆生活时说：六岁那年，家里就开始教他识字写字，因为懂事，父亲、母亲和乡邻从来没有指责过他。八岁就进书馆学习，那里有一百多名学童，都因为犯有过失而受到指摘，有的还因字写得丑而遭鞭打。王充写字日有进步，又无过失，学完识字书写课程，就辞别老师，去学《论语》和《尚书》，每天能背诵一千字。"经明德就"之后，又辞别经师，自己去做研究、写文章，许多人把它当作奇文。① 这是王充经历的"书馆"生活。王国维《观堂集林·汉魏博士考》认为，书馆是汉代对学童进行启蒙教育的学校，其师名曰书师，其书用《仓颉》《凡将》《急救》《元尚》诸篇，旨在使学童识字习字。而王充所在的书馆，实际上兼具了从读书识字，修身养性到研究做学问的各种职能。王充后来又去京师深造，受业太学，师从班彪，博通众流百家之言。回乡后"屏居教授"（《后汉书》卷四十九《王充传》），既当书师，又行著述，为东汉会稽民间书馆的发展做出了贡献。

汉代地方官学，虽已形成以传授五经为主要内容的办学传统，但到三国孙吴和西晋时，这种传统势力被逐渐淡化。主政者的教育思想逐步实现了由"独尊儒术"到"兼容各家"的转变，这种转变，在吴主孙权身上表现得特别明显。尽管他少时读过《诗》《书》《礼记》等儒家精典②，而当他掌权以后，却连《礼记》主张的"郊祀"都没有举行，群臣奏议"宜

---

① （东汉）王充：《论衡》卷第三十《自纪篇》，上海人民出版社1974年版，第447页。
② 《三国志》卷五十四《吴书·吕蒙传》注引《江表传》，中华书局标点本。

修郊祀"，"以承天意"，孙权却近乎有点狡辩地说："郊祀当于土中，今非其所，于何施此？"① 相反，西僧康僧会初至建业（今南京），孙权就为之首创"建初寺"，支持康僧会翻译佛经，弘传佛法。② 孙权从小就爱读书，但对读什么书，他是有所选择的。比如他自己"唯不读《易》"，又劝导自己的部将吕蒙等人"宜急读《孙子》《六韬》《左传》《国语》及三史"③，十分注重读书的实用性。从不承天意，到首创佛寺，再到实用读书，说明孙权一方面对儒家学说已经失去兴趣，另一方面对来自异域的佛教采取包容态度，以及在教育上的实用主义思想，与当时轻视儒学、追求思想自由和官方教育思想转变的社会思想是相吻合的。孙权的这种开放态度，固然与他通过战争扩大领土、增强国力的图谋有关，但客观上对东吴以后会稽城乡教育的发展，也产生了深刻影响，突出表现在以下三方面。

1. 官学逐渐衰落

东吴的官学并无起色。西晋末年（313—316），诸葛恢为会稽内史，临行前对时为安东将军的晋元帝说："今天下丧乱，风俗陵迟，宜尊五美，屏四恶，进忠实，退浮华。"（《晋书》卷七十七《诸葛恢传》）出现这种情况，无疑是疏于教育的结果。所谓"尊五美，屏四恶"是孔子《论语》的基本主张，诸葛恢提出予以重振，既说明两晋之际儒学已经衰颓，也表明他是重视儒家思想的。虽然他说的衰颓没有特指会稽，而是全国现状，但在上任前说这番话，意向也是十分清楚的。事实上诸葛恢在会稽内史任上的政绩，除了"政清人和"外，于建庠序、振兴官学方面，乏无建树可言。其衰颓之势，即使在晋穆帝至晋安帝的半个多世纪中，恐怕也难以挽回。因为此间的会稽内史，虽然先后多次更替，但在这些主政者中颇具影响力的王羲之、王凝之父子和郗愔等，无不性好庄、老，"王氏世事张氏五斗米道，凝之弥笃。"（《晋书》卷八十《王凝之传》）想请这些狂放不

---

① 《三国志》卷四十七《吴书·吴主传二》注引《江表传》，中华书局标点本。
② （梁）慧皎：《高僧传》卷第一《魏吴建业建初寺康僧会传》，中华书局1992年版，第16页。
③ 《三国志》卷五十四《吴书·吕蒙传》注引《江表传》，中华书局标点本。

羁、追求思想自由的士人来振兴儒学，显得不切实际，而衰颓之势的继续，将在所难免。到了东晋末年，孔季恭两度出任会稽内史。与王氏父子不同，孔氏为山阴土著士族，儒学为其传统家学。所以义熙八年（412），孔季恭复为会稽内史时，"修饰学校，督课诵习"（《宋书》卷五十四《孔靖传》），履行了自己的行政职能。但在全国性衰颓的大背景下，孔季恭也仅能履职而已，难从根本上改变局面。宋明帝时会稽太守蔡兴宗恢复"乡射礼"一事，就是例证。"乡射礼"是一种春秋在郡邑庠序举行的射箭饮酒礼仪，或为学校开学的一种仪式，而且是三吴地区的传统。这种仪式，在宋文帝元嘉三年（426）羊玄保为会稽太守后曾举行过，直到宋明帝泰始六年（470）蔡兴宗为会稽太守时才恢复（《南史》卷二十九《蔡兴宗传》）。开学仪式中断长达40多年，庠序的冷落和儒学的衰颓可想而知。齐、梁间，会稽郡的官学几乎被民间兴起的私学所替代，显得冷冷清清。到陈代也只是"稍置学官，虽博延生徒，成业盖寡"。（《陈书》卷三十三《儒林传序》）说明宋齐梁陈间的官学，实际上是命运相同的。当然，官学的衰颓并不等于儒学的消失，事实是随着民间私学的兴起和家学的昌盛，儒学在更大的范围内得到了传播。

2. 私学蓬勃兴起

与时兴时废的官学教育相比，东吴以后会稽私学教育的发展，可谓"生机勃勃"。究其原因，一方面由于官学教育的衰颓，教育阵地的收缩，客观上给私学教育的发展腾出了空间，提供了机遇；另一方面，从"独尊儒术"羁绊中挣脱出来的私学教育，无论是教育内容的确定，还是教育形式的选择上，都能按社会发展需要作出判断，为教育和学术中心由官学转向私学提供了可能。此外，东汉以来会稽士族世家的影响，崇尚读书风气的形成，勤学佳话的传播，以及大批名士的集聚，也是会稽城乡私学教育得以蓬勃发展的有利条件。

会稽的私学教育，在孙权执政时期就已经起步。从事讲学的书师，既有官场失意、仕途坎坷的饱学之士和绝意仕途、潜心学术的当世名儒，也有辞官归里、隐居山林的五经博士。具有治《易》家学渊源的余姚虞翻，性格耿直，酒后得罪孙权，贬官交州。虽然处罪流放，却仍然讲学不倦，门徒常达数百人（《三国志》卷五十七《吴书·虞翻传》）。与虞翻同一时期的河南徵崇，因遭乱更姓埋名，"隐于会稽，躬耕以求其志。好尚者从学，所教不过数人辄止，令其业必有成也"①。同为书师的山阴贺瑒，以善《三礼》闻名，起初在家乡"聚徒教授，四方受业者三千余人"（《南史》卷六十二《贺瑒传》）。后来梁武帝开五馆，建国学，以贺瑒领五经博士，"馆中生徒常百数，弟子明经对策至数十人"（《梁书》卷四十八《贺瑒传》）。

从东吴虞翻聚徒到南朝贺瑒讲学乡里，私家学馆，或设于郡城之内，或筑于郊郭之际，数百年间未见中断，其中犹以有梁一代显得特别繁荣。这里先有庐江处士何胤，授业于会稽城南若耶山，因生徒增多无法容纳，另起学舍于秦望山（《梁书》卷五十一《何胤传》）。继有山阴五经博士贺瑒，聚徒教授于乡里，前来授业者多达三千余人。天监九年（510）贺瑒病逝，其子贺革以"国子博士"讲学于国学馆（《南史》卷六十二《贺革传》），家乡的私学教育便由其侄子贺琛接替。"琛乃筑室郊郭之际，茅茨数间，年将三十，便事讲授。"（《南史》卷六十二《贺琛传》）贺琛之后，便有何胤的弟子山阴孔佥讲授，孔佥少师事何胤，博通《五经》，尤明《三礼》《孝经》《论语》，"生徒亦数百人"（《梁书》卷四十八《孔佥传》）。孔佥的族人山阴孔子袪，亦以通经术、尤明《古文尚书》而兼国子助教，"听者常数百人"。后又与贺琛一起，在士林馆（学馆）连续讲经不息（《梁书》卷四十八《孔子袪传》）。

实际上，执教于梁代中央国学馆、士林馆和会稽地方私学馆的，有不少是出身士族世家的山阴人，而且均以精于《五经》而闻名于世。梁武帝开设五馆（教授《五经》）后，贺瑒初"兼《五经》博士"，继"领《五经》博士"（《梁书》卷四十八《贺瑒传》）；孔佥从国子助教，到"三为《五经》博士"（《梁书》卷四十八《孔佥传》）；贺革从国子博士，到"领

---

① 《三国志》卷五十三《吴书·程秉传》注引《吴录》，中华书局标点本。

儒林祭酒"(《南史》卷六十二《贺革传》);谢达为梁"太学博士"(《陈书》卷一十六《谢岐传》),都有很高的学术地位和号召力。像隐居秦望、不入郡城、以授徒为业的大学者何胤,梁武帝建国初三次写信,要求他下山帮助振兴教育。信中恳切地说:"比岁学者殊为寡少,良由无复聚徒,故明经斯废。每一念此,为之慨然。卿居儒宗,加以德素,当敕后进有意向者,就卿受业。"(《梁书》卷五十一《何胤传》)因何胤固辞,梁武帝只好"遣何子朗、孔寿等六人于东山受业"①,学成后"分遣博士祭酒,到州郡立学"(《梁书》卷四十八《儒林传序》)。足见会稽私学学术地位之高。

3. 家学繁荣昌盛

魏晋南北朝时期会稽城乡私学教育发达,其中一个重要方面是家学十分兴旺。所谓"家学",不只是一家之学,而是一族之学,这种家族教育在人才培养上主要突出两方面的教育。一是识字启蒙教育,二是家学传承教育,后者便是会稽家学教育的重点所在。

会稽城乡家学根底深厚的士族,其先祖往往出入仕宦,游学京师,接受了儒术经学。五经中又往往各治一经,精于一门,并世代相传,成为家族之学。如在会稽土著士族中,孙吴时以虞翻为代表的余姚虞氏,专治《易》学;东晋以贺循为代表的山阴贺氏,素以《礼》学闻名;东晋以孔愉为代表的山阴孔氏,对《尚书》研究独树一帜。这样的例子,还可举出一些来,它们的共同特点是大多发轫于东汉,正如虞翻自己所说:"臣高祖父故零陵太守光,少治孟氏《易》,曾祖父故平舆令成,缵述其业,至臣祖父凤为之最密……最有旧书,世传其业,至臣五世。"② 一门嫡传家学的形成,绝非朝夕之事。

---

① 何胤创办的私人学馆地址有多说:中华书局标点本《梁书·何胤传》说,初在若耶山,后因"若耶处势迫隘,不容生徒,乃迁秦望山";同书《儒林传序》则云:"选遣学生如会稽云门山,受业于庐江何胤。"同书《何胤传》又云:"遣何子朗、孔寿等六人于东山受学。"此处若耶山、秦望山、云门山均为自然实体,相距不几里,以秦望山为最高。而"东山"非实体,亦非谢安隐居之东山,南朝史籍中的"东山",除实指谢安居住地外,其余都是对若耶山、云门山、秦望山或会稽山的泛称。

② 《三国志》卷五十七《吴书·虞翻传》注引《翻别传》,中华书局标点本。

魏晋时的士族世家，是历史形成的一个社会阶层，在政治、经济、社会各方面都享有特权。所谓"举贤不出世族，用法不及权贵"，便是这种特权的体现，并且成为推动士族世家进行家学教育的不竭动力。从会稽士族世家的形成看，可大致分为两类：一类由东汉的世家大族发展演变而来，基本保持儒学传统而又能顺应时代发展需要的"旧族门户"。除上述山阴贺氏、孔氏和余姚虞氏外，还有山阴郑弘、钟离意、赵晔、谢夷吾、韩说等①，均属于这一类。另一类多属乘时而起的所谓"新出门户"，如东吴阚泽"家世农夫"（《三国志》卷五十三《吴书·阚泽传》），东晋张茂"少单贫"（《晋书》卷七十八《张茂传》），刘宋戴法兴"家贫"（《宋书》卷九十四《戴法兴传》），萧梁孔子祛少以"耕耘樵采"（《梁书》卷四十八《孔子祛传》）为生等。他们虽然不是来源于世家大族，但一般都习玄学或出入玄儒，受到社会尊重。

在门阀政治的社会环境里，无论是旧族门户还是新出门户，对于家学的传承与教育，尽管心态不同，但都给予了足够的重视。新出门户者往往凭借自己的勤奋好学、刻苦努力，从贫困走向荣耀，深知取得的特权来之不易，颇有成就感。戴法兴父硕子，以"贩纻为业"，法兴兄弟三人，均学有所成。当时山阴富家陈载，有钱三千万，乡人却都说："戴硕子三儿，敌陈载三千万钱"（《宋书》卷九十四《戴法兴传》），足见士族阶层社会地位之高。但这种高贵门第及其享有的特权，并非一劳永逸，在政局动荡、官场倾轧或后代不肖中，随时都有丧失的危险。因此，一些士族世家中的有识之士，十分重视对子女的家学传统教育。刘宋时的会稽太守王僧虔在诫子书中告诫儿子说：

> 王家门中，优者则龙凤，劣者犹虎豹，失荫之后，岂龙虎之议？况吾不能为汝荫，政应各自努力耳。或有身经三公，蔑尔无闻；布衣寒素，卿相屈体。或父子贵贱殊，兄弟声名异，何也？体尽读数百卷

---

① 郑弘、钟离意、赵晔、谢夷吾、韩说五人，范晔《后汉书》有传。

耳。(《南齐书》卷三十三《王僧虔传》)

这种危机感在旧族门户和新出门户中，都多少存在，他们都把加强家学传承教育作为巩固门第、提高家族学术地位，扩大家学社会影响的重要任务，长期持之以恒。如山阴贺氏《礼》学，出于汉代礼学名家庆普，其传人东晋贺循《礼》学为元帝倚重，后六世（循—隰—道力—损—瑒—革）① 均以《三礼》著称。

实际上家学的学术渊源，既是士族门第的根基，也是庇荫后代立身安命的传家宝，对培养人才具有极其重要的作用。在六朝会稽名士群体中，山阴孔氏就很有代表性。山阴孔氏是孔子后裔，始迁祖孔衍是孔子22代孙，于东汉末年迁居会稽，子孙繁衍，家学相继，渐成会稽望族。② 孔子后裔中确实出了不少人才，查阅《山东省志·孔子故里志》发现，从东晋初年至南朝陈末的二百多年间，孔门名士都出在会稽郡山阴县，《晋书》等国史立传的就有25人，以事系人提及的当然更多。

这些立传人物按世系排列，有25代孙孔愉、孔祇、孔群，26代孙孔坦、孔汪、孔安国、孔沈、孔严，27代孙孔靖、孔廞，28孙孔山士、孔灵符，29代孙孔深之、孔渊之、孔琇之、孔琳之、孔珪、孔觊，30代孙孔臻、孔觊，31代孙孔笵，32代孙孔休源、孔子祛、孔奂，33代孙孔绍安。③

这种独特的人才现象表明，孔氏家学在会稽得到了很好的传承与光大。进而说明六朝会稽城乡私学、家学的蓬勃发展，对会稽名士群体的形成，具有无可替代的作用。

---

① 见《晋书·贺循传》《南史·贺循传》《梁书·贺瑒、贺革、贺琛传》。
② 据《晋书》卷七十八《孔愉传》："其先世居梁国。曾祖潜，太子少傅，汉末避地会稽。"据《山东省志·孔子故里志》第二篇《孔氏宗族》："会稽始迁祖为孔衍。""孔潜"与"孔衍"名似不同，但后裔世系与名字多相同，可见"潜"与"衍"应为同一人。
③ 孔子后裔在山阴的世系，据《晋书》《宋书》《南齐书》《梁书》《陈书》和《山东省志·孔子故里志》相关人物传记综合排定。山东省地方志编纂委员会编：《山东省志·孔子故里志》，中华书局1994年版。

第三章

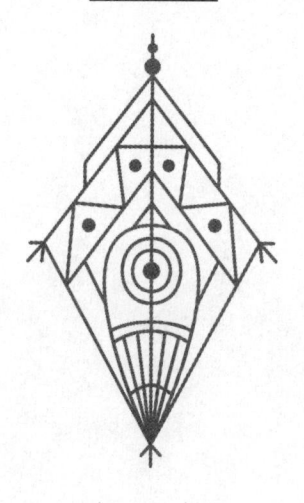

城市形态演变与东南都会的繁荣
——隋唐至北宋时期的越州州城（581—1130）

第三章 城市形态演变与东南都会的繁荣

图 3-1 越州境越图（谭其骧《中国历史地图集》）

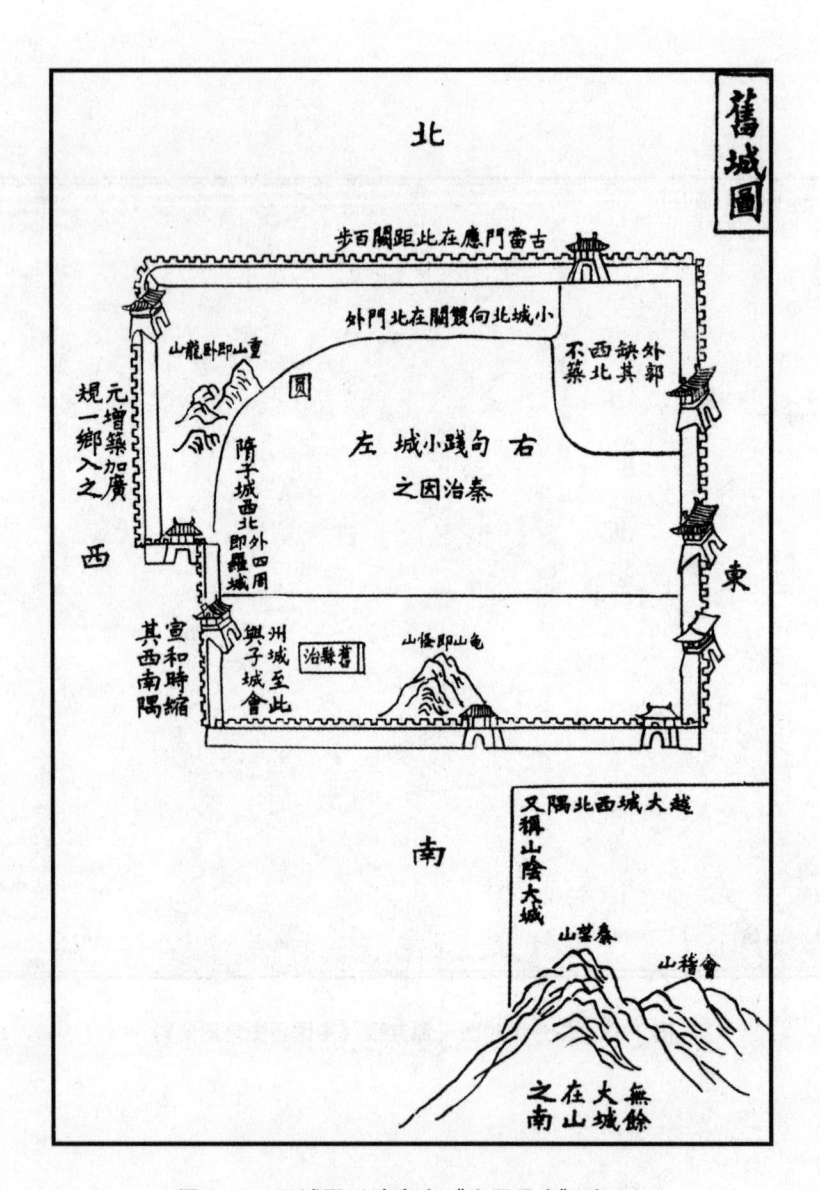

图 3-2　旧城图（清嘉庆《山阴县志》卷五）

第三章　城市形态演变与东南都会的繁荣

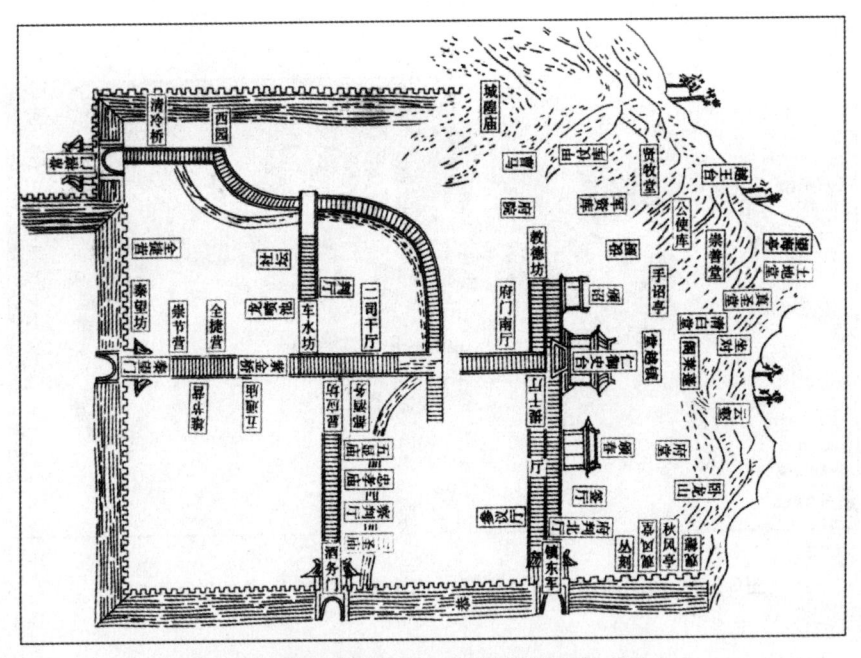

图 3-3　旧子城图（明万历《绍兴府志》卷之二）

图 3-4　府城隍庙图［明万历《绍兴府志》卷之十九，万历十五年（1587）刻本］

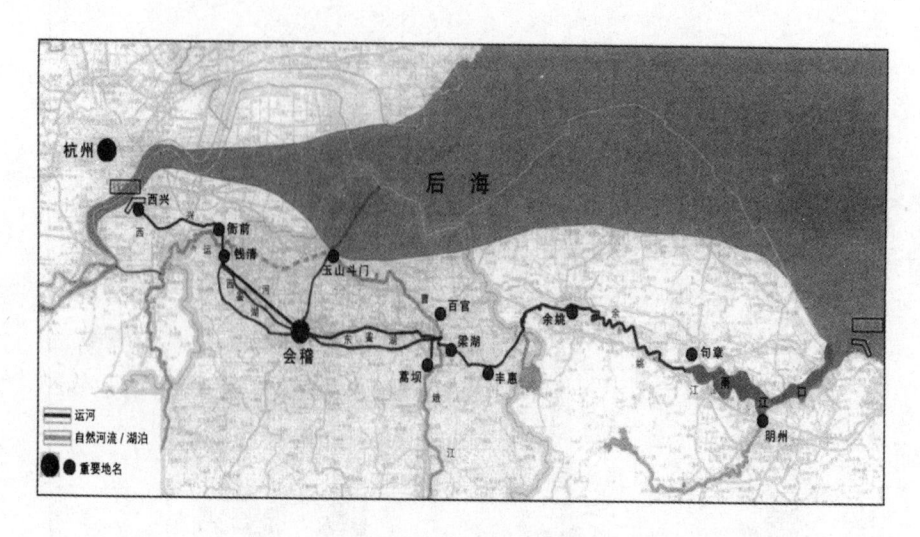

图 3-5 晋唐浙东运河示意图（邱志荣、陈鹏儿《浙东运河史》）

图 3-6 运道塘（古纤道）（《中国历史文化名城丛书——绍兴》）

秦汉以后的会稽郡城，在隋唐至北宋时期因管辖的行政区名称由会稽郡改为越州，习惯上就称为越州州城。尽管隋初、隋末和唐天宝年间，越州建制曾一度改称为"吴州"或恢复"会稽郡"，但为时都很短，影响极为有限。

隋唐至北宋的549年间，是越州城市发展的重要历史时期。早在隋开皇年间，越国公杨素就根据当时的军事形势，把原来按照周代"坐西朝东为尊"礼制建成的"西城东郭"和"城郭相连"的"毗邻城"，[①] 改建为按照东汉开始出现的"坐北朝南"形制的"子城"外面建"罗城"的"套城"[②] 结构，城市形态发生了根本性的改变，而且罗城的管辖范围也由最初的24里逐步扩展到北宋初期的45里。[③]

这一时期的越州城市人口虽然由于战乱[④]和分设明州（今宁波）[⑤]

[①] 参见本书第一章第三节"西城东郭的空间结构"。
[②] 朱大渭：《魏晋南北朝时期的"套城"》，《六朝史论》，中华书局1998年版，第79—101页。
[③] 参见（宋）沈立《越州图序》，《会稽掇英总集》卷二十，人民出版社2006年版，第298页。
[④] 例如：唐代宗宝应元年（762）袁晁浙东之乱，唐懿宗咸通元年（860）裘甫浙东起义。
[⑤] 参见（唐）李吉甫《元和郡县图志》卷二十六《江南道二》下册，中华书局2005年版，第629页。

等因素，数量上有过起伏，但总体上仍为浙江地区的人口大市。与越州近邻的杭州相比，隋大业初越州20271户，杭州15380户［《隋书》卷三十一《地理志（下）》］；唐开元间越州107645户，杭州84252户①；北宋崇宁元年（1102），越州279306户，杭州203574户（《宋史》卷八十八《地理志四》）。因此，宋代做过浙西参议官又曾奉亲会稽的王明清说："杭州在唐，繁雄不及会稽、姑苏二郡，因钱氏建国始盛。"②王明清了解杭、越两地情况，所说应该是真实可信的。

杭州为什么在唐不及会稽、姑苏之盛，主要原因在于，对城市发展具有决定意义的浙西行政中心在润州（今镇江），浙东行政中心则在越州。从行政层级看，杭州城市地位不及越州与润州。当时：

> 越州号为中府，连帅治所，监六郡，督诸军。

显然是东南沿海的政治中心和军事重镇。经济方面：

> 视其馆毂之冲，广轮之度，则弥地竟海，重山阻江，铜盐材竹之货殖，舟车苞筐之委输，固已被四方而盈二都矣。（《判曹食堂壁记》，《会稽掇英总集》卷十八）

这种政治和经济上的优势，既是越州作为东南都会城市的主要标志，也是当时浙江区境其他城市所不具备的。

虽然吴越国时，钱镠以杭州为西府，才使杭州开始繁荣起来。但钱镠同样没有放弃素为东南重镇的越州，以越州为东府而成为吴越奥区，所以在唐宋诗人心目中，越州始终是东南一大都会。在此为官近八年的唐代诗

---

① 参见（唐）李吉甫《元和郡县图志》卷二十五《江南道一》、卷二十六《江南道二》，中华书局2005年版，第602、617页。

② （宋）王明清：《玉照新志》卷六。四库全书文渊阁本作"虽不及会稽、姑苏二郡"，而上海古籍出版社《宋元笔记小说大观》作"繁雄不及姑苏、会稽二郡"。

人元稹认为："会稽天下本无俦。"①

另一位在越为官的北宋诗人沈遘称："六朝开国尽东州，此地常居第一流。"②

同样是北宋诗人的孙固说："东过钱塘第一州，郡城高爽五云浮。"③

石牧之《送程给事知越州》诗也称："越绝江东第一州，帮人相庆得贤侯。"④可见太史公《货殖列传》所谓会稽亦江南"一都会"的盛况，从隋唐到北宋依然如故，而且连杭州也无法超越。

与越州、杭州同属浙江区境的明州（宁波），自唐开元二十六年（738）从越州分置后，依托沿海港口优势而有所发展，但城市经济社会似乎发展缓慢，即使到了明代中叶也仍远不及越州。这可以从朝鲜弘文馆副校理崔溥弘治元年（1488）亲眼所见所记中得到证实。他在名为《漂海录》的日记中写道，弘治元年二月初一，从宁波到慈溪，初二过余姚，初三过上虞，初四到达绍兴府城，发现：

> 其圜阓之繁、人物之盛，三倍于宁波府矣！（《漂海录》）

无论是城市规模还是市面繁荣都是宁波不能比的。

第一节　越州的多层级建置与城市地位

晋室南渡后，因浙东人口增加，经济繁荣，朝廷为此在会稽郡之上置会稽都督，由会稽内史兼任，督会稽、临海、东阳、永嘉、新安五郡（《宋书》

---

① （唐）元稹：《再酬复言和夸州宅》，《会稽掇英总集》卷一，人民出版社2006年版，第6页。

② （宋）沈遘：《和平甫越州》，《全宋诗》卷六百三十《沈遘三》，北京大学出版社1998年版，第7542页。

③ （宋）孙因：《送程给事知越州》，《全宋诗》卷四百零八，北京大学出版社1998年版，第5024页。

④ （宋）石牧之：《送程给事知越州》，《全宋诗》卷四百零八，北京大学出版社1998年版，第5018页。

卷三十五《州郡一》）。这时的会稽都督虽仍统隶于扬州，但到刘宋孝建元年（454），便分会稽等五郡置东扬州，治所设在会稽城内。至此，南朝推行的州、郡、县三级地方行政体制①在浙东得到全面实施。作为浙东行政中心的会稽城不仅是山阴县治（后又增设会稽县治），也是会稽郡治，加上东扬州州治，州、郡、县三级地方行政机构同治一城，城市的行政性功能非常突出，客观上也为隋唐北宋时期越州的城市地位奠定了基础。

一 吴州总管府与越州总管府的兴废

结束中国历史上南北长期分裂局面的隋朝，是继承北周而崛起的封建统一国家。周隋禅代之际（公元581年，周大定元年，隋开皇元年，陈太建十三年），北周在各地建置的总管府已达28个。②隋朝建立伊始，隋文帝杨坚继承了这笔地方行政管理制度的政治遗产，继续实行在郡、县以上置总管府的三级地方行政体制。但不是完全照搬，而是作了一定程度的调整：一是相继撤销了12个总管府建制单位，旨在促使总管府建制在空间分布上更趋合理③；二是统一改"郡"为"州"，使州成为县之上、总管府之下的一级行政机构。

与地处中原的隋政权情况不同，南方地区的政权此时仍控制在陈氏手中。隋文帝面临的首要任务是平陈夺取政权，拿下会稽等重镇，以实现其"并江南之志"。他遍访文武才干，拜贺若弼"为吴州总管，委以平陈之事，弼忻然以为己任"。隋文帝"赐以宝刀，开皇九年，大举伐陈，以弼为行军总管。"（《隋书》卷五十二《贺若弼传》）可见，隋文帝过江前，已将会稽郡改名为"吴州"，时在开皇九年（589）。贺若弼先后被授予"吴州总管"和"行军总管"之职，说明这是两种不同的官职，前者为守

---

① 参见白钢主编、黄惠贤撰《中国政治制度通史·魏晋南北朝卷》，人民出版社1996年版，第240页。
② 此数据《隋书》卷二十九至卷三十一《地理志》记载统计。
③ 参见艾冲《论隋唐时期的越州都督府》，《绍兴文理学院学报》2010年第6期。

郡官之职，后者为督军官之职。从贺若弼的职务看，恰恰证明了吴州总管具有军、政双重职能。

然而在隋军攻伐江南的过程中，虽有行军元帅杨素、行军总管贺若弼等兵分南下，势不可当，却仍遭到南方人的聚众抵抗。会稽人高智慧，自号东扬州刺史，拥兵数万，船舰千艘，屯据要害，兵甚勇劲。杨素苦战而破之，高智慧从水路逃到永嘉，继续抵抗，又被杨素击败，数千人被擒。与此同时，婺州人汪文进自称天子，占据东阳；永嘉人沈孝彻自称大都督，攻陷州县。杨素前后历经百战，汪文进、沈孝彻部几近全歼，只有高智慧再次南逃，遁守闽越。杨素也因为平陈有功，被隋文帝封为越国公（《隋书》卷二十八《杨素传》）。

隋军平陈以后，会稽地区的行政建制除废会稽郡置吴州外，还有两方面的重大变革：

一是置吴州总管府。《隋书·地理志》"会稽郡"条："平陈，改曰吴州，置总管府。"[《隋书》卷三十一《地理志》（下）] 总管府是上承中央政府之令，下统数州的军民之政，是地方高层行政管理机构。[1] 按惯例，总管兼任吴州刺史，管理总管府所辖各州。至于吴州总管府下统那几个州级行政区，《隋书》没有载明，但南宋嘉泰《会稽志》的记载或可找到答案："隋杨昪平陈，改东扬州曰吴州，置总管府。"（嘉泰《会稽志》卷二《太守》）东扬州在南朝陈天嘉三年（562）建置，治会稽城，辖会稽、东阳、临海、永嘉、新安、新宁、晋安、建安八郡[《陈书》卷三《世祖纪》天嘉三年（562）]，直至陈末。隋废郡为州，调整州级建置，八郡范围大致合并为吴州、婺州、处州、睦州、闽州等。在未见浙东有其他总管府建置的情况下，可以认定这五州应该是吴州总管府统辖的州级行政区。总管府府治设在会稽城内卧龙山麓（即种山）（雍正《浙江通志》卷三十一《公署·绍兴府》）。

---

[1] 参见艾冲《论隋唐时期的越州都督府》，《绍兴文理学院学报》2010年第6期。

二是调整县级建制。在废郡为州、置总管府的同时,对州以下各县也进行了大幅度调整,将陈末会稽郡统领的 11 县归并调整为 4 县。即废山阴、永兴、上虞、始宁 4 县入会稽县,并余姚、鄞、鄮 3 县入句章县,只有剡县、诸暨县不作调整。会稽、句章、剡、诸暨 4 县由吴州统领,这是会稽地区县级建置最大的一次变动 [《隋书》卷三十一《地理志(下)》],一直保持到隋末。

隋朝虽然建国时间不长,会稽地区行政建制却变化无常。隋炀帝大业元年(605),"废府,置越州"[《隋书》卷三十一《地理志(下)》],这是越州之名初次出现。大业三年(607),又改越州为会稽郡(嘉泰《会稽志》卷二《太守》)。

两次建制变革,相距时间很短,意义却非同一般。总管府本来是州、县之上的地方高层行政机构,隋炀帝下令"废诸州总管府"[《隋书》卷三《炀帝纪》大业元年(605)],说明地方行政体制已由三级改为两级,目的是加强中央政府对地方政府的掌控能力。已经沿用了 17 年的吴州之名也从此结束。更为重要的是,越州之名虽沿用不到两年,但在此后的唐、五代至北宋,沿用了近 500 年,对越州州城的发展产生了深刻影响。

对于会稽地区的沿革变化来说,"越州"一名的出现,无疑是隋代行政区划和名称的重要变化。当年秦始皇害怕越人,在地名上删去"越"字,也不让"越"字作为行政区划名称。此后 800 多年间,"越"作为地名确实少见。① 尽管东晋会稽内史王羲之因与扬州刺史王述有隙,耻为其下,"遣使诣朝廷,求分会稽为越州"(《晋书》卷八十《王羲之传》),第一次提出的"越州"区划名称,直到 250 年后的隋大业元年才得以遂愿,这显然不是历史的巧合。

唐朝政权建立之初,唐高祖李渊鉴于隋炀帝失败的教训和加强控制地方的现实需要,迅速恢复总管府建制。武德元年(618)六月便确定"天

---

① 参见车越乔、陈桥驿《绍兴历史地理》,上海书店出版社 2001 年版,第 14 页。

下未定，凡边要之州，皆置总管府，以统数州之兵"[《资治通鉴》卷一百八十五《唐纪一》高祖武德元年（618）]的方针。州之上置总管府，其职能是统领各州兵员，强调了总管府的军事职能。同时，唐高祖又"改郡为州，太守为刺史"（《新唐书》卷三十七《地理志一》）。据此，隋末会稽郡在唐武德四年（621）改为越州，并置越州总管府，越州和总管府治会稽县。《旧唐书·地理志》载："武德四年，平李子通，置越州总管，管越、嵊、姚、鄞、浙、纲（似为绸）、衢、縠、丽、严、婺十一州。"① 相当于今浙东和浙西的一部分。于此可见，越州为当时东南沿海军事重镇。同书还载："越州领会稽、诸暨、山阴三县。"实际上还有剡城县，而隋废的山阴县至此尚未恢复。因此，嘉泰《会稽志》有如下记载："武德四年，以剡置嵊州，并析置剡城县，析句章之余姚置姚州，析句章之鄞置鄞州。"（嘉泰《会稽志》卷一《历代属县》）

此后，越州建制开始稳定下来，而当初因军事需要而置的越州总管府，待到局势稳定后适时做出调整，也在意料之中。所以武德四年（621）才建置的越州总管府，到武德七年（624）便改为越州都督府了。

二 越州都督府的演变及其所属州县

唐朝前期实行的是州、县两级地方行政体制，越州城这时除作为越州、会稽县治外，也是越州都督府治。

都督之职，在南北朝时期是地方最高军政长官，全称如"任会稽太守，都督会稽、东阳、新安、临海、永嘉五郡诸军事"（如《宋书》卷八十《孝武十四·刘子房传》），即总管一郡之政而兼督诸郡军事。隋废郡为州，置总管府。唐初沿隋制，仍以总管总领一州而兼督数州军事，唐武德七年（624）改总管府为都督府，规定管十州以上者为上都督府，不满十

---

① 《旧唐书》卷四十《地理志三》所载十一州，今相应名称分别为：越州，今绍兴；嵊州，今仍用旧名；姚州，今余姚；鄞州，今仍用旧名；浙州，今无考；纲（似为"绸"）州，今义乌；衢州，今仍用旧名；縠州，今衢州东北；丽州，今永康；严州，今桐庐；婺州，今金华。

州者为都督府。① 越州所管不满十州为都督府。从全国来看，都督府的建置其实并不多，据《括地志》载，贞观十三年（639）时全国有41个都督府，越州都督府为其中之一。睿宗景云二年（711）省并都督府，分别建置大中下24个都督府，其中扬州等四州为大都督府，汴州等十州为中都督府，齐州等十州为下都督府，越州为中都督府。② 开元元年（713）规定户满两万以上者为中都督府，不满两万为下都督府③，越州仍为中都督府。此后，都督府建制时有更易，级别上增加了大都督府一类，数量上不断增加到55个，越州则始终居于中都督府位置。

越州都督府统领的属州，因州、县两级建制的变动，管州数也前后不一。唐武德七年（624）初置越州都督府时，《旧唐书·地理志》说："督越、婺、鄞、嵊、丽五州。"可是三年后，即贞观元年（627），越州都督府所管增加到六州，分别为越、婺、泉、建、台、括（《旧唐书》卷四十《地理志三》），后四州为新出现的州名，这是为什么？原来这期间对州县建制做了大幅调整：武德七年废姚州，地入越州；废丽州、毂州，地入婺州；废严州、衢州、浙州，地入睦州。八年，并鄞、嵊二州，地入越州；贞观元年，撤销括州都督府，其所属括、台二州改归越府；同时越府又增领泉、建二州，其管辖范围已包括浙东、闽北等地，比武德七年的管辖范围扩大了近一倍。唐高宗上元二年（675），析括州的永嘉、安固二县，别置温州，隶于越府（嘉泰《会稽志》卷一《历代属州》）。越州都督府所管增至七州。武后垂拱二年（686），析婺州的信安、龙丘二县，复置衢州，隶于越府；同年十二月，又于闽中析置漳州，隶于越府。至是年，越州都督府所管之州，分别为越、台、括、婺、衢、温、泉、建、漳等九州，后又分泉州（闽州）的南安、莆田、龙溪三县置武荣州，隶于越府。

---

① 参见（宋）王溥《唐会要》卷六十八《都督府》，中华书局1998年版，第1192页。
② 参见白钢主编，俞鹿平撰《中国政治制度通史·隋唐五代卷》载：扬、益、并、荆四州为大都督府；汴、兖、魏、博、冀、蒲、绵、秦、洪、越十州为中都督府；齐、鄜、泾、襄、安、潭、遂、通、梁、岐十州为下都督府，人民出版社1996年版，第241—242页。
③ 参见（宋）王溥《唐会要》卷六十八《都督府》，中华书局1998年版，第1192页。

至景云元年（710），越州都督府管州已达十州。第二年，朝廷增置闽州都督府（治闽州），辖闽州（原泉州）、建州（治建安）、泉州（原武荣州）、漳州等四州。越州都督府则管越、台、括、婺、温、衢等六州。此后，于开元二十六年（738）析越州鄞县置明州，加上《唐会要》漏载的"睦州"（今淳安西），到开元末年，越州都督府实管应为越、台、括、婺、温、衢、明、睦等八州①，占今浙江省的极大部分。

越州都督府管州数的增减，也影响着越州建制的演变。唐武德四年（621），"以剡置嵊州，并析置剡城县，析句章之余姚置姚州，析句章之鄮置鄞州"。是年，越州领会稽、诸暨、嵊州、剡城、姚州、鄞州。武德七年（624），废姚州置余姚县，又析会稽县置山阴县（嘉泰《会稽志》卷一《历代属州》），翌年，废鄞州为鄮县，并嵊州及剡城为剡县，省山阴县（《旧唐书》卷四十《地理志三》）。此后，于垂拱二年（686）复置山阴县，仪凤二年（678）复置永兴县，至开元二十一年（733），越州领会稽、山阴、诸暨、剡、永兴、鄮、余姚等七县，隶江南东道。天宝元年（742），改越州为会稽郡，16年后即乾元元年（758），复会稽郡为越州（嘉泰《会稽志》卷一《历代属县》）。

对越州来说，最大的一次建制变迁，便是析所属鄞县置明州。鄞县是秦代建置的古县，从秦汉六朝至隋及唐前期的近千年间，均为会稽郡属县，是浙东重要的地理单元。开元二十六年（738），采访使齐瀚奏以越州之鄞县置明州，以境有四明山为名（《新唐书》卷四十一《地理志五》）。明州建置后，仍为越州都督府管州之一。

越州都督府从唐高祖武德七年（624）初置，到唐肃宗乾元元年（758）因改置浙江东道节度使而终止，前后共134年。按唐制都督府设都督、长史、司马等官吏，越为中都督府，都督为正三品官员。武德初年，都督的职责是"掌督诸州兵马、甲械、城隍、镇戍、粮廪，总判府事"

---

① 参见艾冲《论隋唐时期的越州都督府》，《绍兴文理学院学报》2010年第6期。

(《新唐书》卷四十九下《百官四下》），内容包括军政各个方面。唐睿宗景云二年（711），又规定，"天下分置都督府二十四，令都督纠察所管州刺史以下官人善恶"（《唐会要》卷六十八《都督府》），增加了都督的监察性使职。

唐代前期虽然实行州、县两级地方行政体制，但实际上对于诸州之上的都督府和都督来说，不仅掌有军事、民政和监察权，同时还是都督府治所在州的刺史，管一州之政。客观地说，都督实际上是州、县以上的地方最高军政长官，也是帝王最为惦念的地方官。唐太宗曾对身边侍臣说：

> 朕每夜恒思百姓，阅事或至夜半不寐，唯思都督、刺史，堪养百姓……虽文武百僚，各有所司，然治人之本，莫如刺史最重也。朕故屏风上录其姓名，坐卧常看，在官如有善恶事迹，具列于名下。[《唐会要》卷六十八《刺史（上）》]

唐太宗贞观十三年（639），全国有都督府41，州358，他把都督、刺史名字都写在屏风上，坐卧常看，足以说明他对地方政权建设的重视。

受唐太宗影响，后来的帝王都很重视对都督、刺史的管理。唐高宗显庆三年（658）任命段宝玄为越州都督、刺史的诰命文书中说：

> 命尔为使持节，都督越、台、括、婺、泉、建六州诸军事，越州刺史。尔其勤加恤隐勉思，为政审之以刑狱，驭之以公平，革剽悍之风，归淳质之轨。钦兹宠命，可不慎欤？（《大唐诏令集》卷六十二《册段宝玄为都督文》）

后来武则天当政时，也建立了都督、刺史赴任，行前允许向帝王面辞的制度。①

---

① 参见（宋）王溥《唐会要》卷六十九《刺史（下）》，中华书局1998年版，第1213页。

三 浙东观察使的权职及其影响

天宝初年，唐玄宗自视强盛，又好战功，在边境各镇建置节度使和经略使，以实现其建功之心。由于天宝十四年（755）"安史之乱"的突然爆发，面对频繁的军事活动，原来仅在边境实行的军管体制——节度使司制迅速转变为内地主要的高层管理体制。都督府虽然名义上照旧存在，但其主导地位已被节度使司占据，都督成了节度使兼职之一。① 唐肃宗继位后，短时间内推广这种体制，在"山南东道、河南、淮南、江南皆置节度使"[《旧唐书》卷十《本纪第十》肃宗至德三年（758）]。实施这种军管体制，最初是为了适应战时形势需要，由于叛乱历时七八年之久，遂使这种体制得以延续，并开始在管区内履行军事和行政职能。从而加快了自唐初以来实行的州、县两级地方行政体制，向中唐以后实行的道、州、县三级地方行政体制的过渡。

浙江东道节度使便是在这样的背景下，加上当时越州驻军的现实，按"有戍旅之地，即置节度使"② 的规定，于唐肃宗乾元元年（758）始置，治越州，管浙东越、睦、衢、婺、台、明、处（括）、温八州（《新唐书》卷六十八《方镇五·浙东》），节度使兼任越州刺史。此时越州下辖山阴、会稽、诸暨、萧山、余姚、剡六县，州城分别为山阴、会稽县治，越州州治和浙江东道节度使治，形成道、州、县三个行政层级的四个行政机构同驻一城的局面，这在中国城史上是不多见的，州城在当时的重要地位是可想而知的。而对于同时兼有浙东观察使和越州刺史的使主来说，成天忙碌于观察厅和刺史厅也是一种常态。曾在越中担任上述两职近八年的诗人元稹，因此有"工夫两衙尽，留滞七年余"（《醉题东武亭》，《会稽掇英总集》）诗句。与之相邻的杭州刺史白居易，亦和诗曰："可怜朝暮景，销在

---

① 参见艾冲《论隋唐时期的越州都督府》，《绍兴文理学院学报》2010 年第 6 期。
② （宋）洪迈：《唐观察使》，《容斋随笔·三笔卷七》，《四库全书精品文存》第 22 卷，团结出版社 1997 年版，第 372 页。

两衙中。"(《秋寄微之十二韵》,《会稽掇英总集》卷十二)

到唐代宗大历五年（770），"废浙江东道节度使，置都团练守捉及观察处置等使，领州如故"（《新唐书》卷六十八《方镇五·浙东》）。所谓"守捉"，是唐代的军事建置。"唐初，兵之戍边者，大曰军，小曰守捉，曰城，曰镇，而总之者曰道。"（《新唐书》卷五十《志第四十·兵》）大历十四年至贞观三年（779—787）的八年间，浙江东道建制发生了戏剧性变化。先是大历十四年撤销浙江东道都团练观察使，以所管八州改隶浙江西道；第二年，即唐德宗建中元年，立即恢复浙江东道都团练观察使；第三年再次撤销；到贞元三年（787）重新分置浙江东、西道节度使，而原隶浙东的睦州，改隶浙江西道（《新唐书》卷六十八《方镇五·浙东》），浙江东道节度使管七州——越、婺、衢、明、台、处、温诸州，总领38县。① 由于《新唐书·方镇表》没有载明贞元三年浙江东道建制恢复情况，后世学者因此多忽略了此后浙江东道的存在。

唐朝晚期，在战争并发，社会动乱的情况下，具有军区性质的方镇建制进一步得到加强。唐僖宗中和三年（883），升浙江东道观察使为义胜军节度；光启三年（887），改义胜军节度为威胜军节度；唐昭宗乾宁三年（896），又改威胜军节度为镇东军节度（《新唐书》卷六十八《方镇五·浙东》）。这一系列加强方镇建制的行动，实际上完全是为了适应战事的需要。浙东裘甫起义、黄巢进攻浙东和董昌越州称帝等重大战事，就迫使唐朝政府从体制上提供保证，以取得胜利。

裘甫浙东起义。唐宣宗大中十三年（859）年底，裘甫（仇甫，剡县人）等发动农民起义，聚众百人，攻克象山。唐懿宗咸通元年（860），攻下剡县，发展至数千人。时任浙东观察使的郑祗德派兵五百人前往镇压，裘甫于三溪（剡县西）设伏，歼灭唐军，起义军发展至三万。裘甫自称天下都知兵马使，建元罗平，声威大振。乘胜攻下浙东唐兴（今天台）、上

---

① 参见（唐）李吉甫《元和郡县图志》卷二十六《江南道二》，中华书局2005年版，第617—643页。

虞、余姚等县。朝廷派王式为浙东观察使，集浙西、越州、宣歙、台州、明州等处兵马，分兵前往镇压。起义军分路抵抗三月之久，裘甫在剡城被俘，就义于长安东市，起义失败。①

黄巢进攻浙东。裘甫浙东起义后不久，王仙芝、黄巢相继率众起义。唐僖宗乾符五年（878），王仙芝余部王重隐攻破江西洪州（今南昌），黄巢与之相呼应，一举攻下江西虔、吉、饶、信等州［《旧唐书》卷十九（下）《本纪十九（下）》僖宗乾符五年（878）］。八月，因攻宣州不克，乃引兵攻浙东，起义军很快占领杭州。九月又占领越州，不久，为越州镇海军张璘收复。起义军退出越州城后，经诸暨、新昌，然后自衢州至建州，开山路七百里，攻入福建。黄巢以为夺得福州后可以北攻浙东，南攻广州。乾符六年（879），便致信浙东观察使崔璆、岭南东道节度使李超，要求代向朝廷请给天平节度使官职［《旧唐书》卷二百（下）《黄巢传》］。这种求官幻想，最终决定了黄巢可悲的命运。

董昌越州称帝。裘甫、黄巢农民起义不仅动摇了唐王朝的统治，也加剧了统治阶级内部的斗争。唐僖宗中和二年（882）八月，浙东观察使刘汉宏，遣弟刘汉宥，领兵两万，陈兵西陵，图谋兼并浙西。时为杭州刺史的董昌，派部将钱镠出战，刘汉宏兄弟屡战皆败。僖宗光启三年（887），董昌趁机率部进驻越州，自称浙东军府事，为浙东观察使（《吴越备史》卷一《武肃王·光启三年》）。钱镠任杭州刺史。董昌在越州经过近十年的苦心经营，以"吾奉金帛不赀"，"朝廷负我"为由，于唐昭宗乾宁二年（895），在越州称帝，"国号大越罗平，建元曰天册，自称圣人"［《新唐书》卷二百二十五（下）《董昌传》］。朝廷即以钱镠为浙东道招讨使，次年杀董昌，镠遂得两浙之地，于天复二年（902）被封为"越王"。

从镇压农民起义军到统治阶级内部斗争情况看，唐朝中后期的观察使司建制，确实是地方权力高度集中的军政机构。浙江东道节度使从唐肃宗乾元

---

① 参见《资治通鉴》卷二百五十《唐纪六十六》懿宗咸通元年（860），中华书局1987年版，第十七册，第8079—8090页。

元年（758）初置，到唐哀帝天祐四年（907）唐朝灭亡的149年间，除大历末至贞元初二撤二置共七年时间并入浙江西道外，实际建制达142年。其间凡出任节度使者，必集节度、都督、观察、度支、转运诸使职于一人，兼秉军事、行政、监察、财经、运输诸大权。这可以从当时的一些任命文书中得到证实。如唐代宗大历五年（770），陈少游任浙东观察使的勒文中说：

可使持节①，都督越州诸军事，守越州刺史兼御史大夫，充浙江东道都团练守捉，观察处置等使。（《授陈少游浙江东道团练使制》，《全唐文》卷四百十三）

又如唐宣宗大中六年（852），李纳出守浙东，杜牧在替宣宗起草的委任书中也说，所举李纳：

可使持节，都督越州诸军事，守越州刺史兼御史大夫，充浙江东道都团练观察处置等使。（《李纳除浙东观察使兼御史大夫制》，《全唐文》卷七百四十八）

以上两则敕文，前后相去78年，而观察使兼任职务几乎一样，足见权力之大。可谓"兵甲、财赋、民俗之事，无所不领……权势不胜其重"②。正因为这样，皇帝也特别注重观察使的挑选和任免。唐穆宗长庆元年（821），丁公著出守浙东，敕文说：

朕以浙河之左，抵于海隅，全越奥区，延袤千里，宜得良帅俾之，澄清往分，吾爱无出尔。右假左貂而帖中宪，操郡印而握兵符，勉哉是行……（《尚书工部侍郎集贤殿学士丁公著可检校左散骑常侍越州刺史浙东观察使制》，《全唐文》卷六百六十三）

---

① 使持节，是隋唐时皇帝赐给节度使的符信，以调度军事专杀的特权。
② （宋）洪迈：《唐观察使》，《容斋随笔·三笔卷第七》，《四库全书精品文存》第22卷，团结出版社1997年版，第372页。

中唐以后的节度使制度下，出任浙东的使主，有时称节度使，有时称观察使，其实两者名异实同，因为两者都拥有皇帝赐给的"使持节"（节是权力的凭证），而拥有使持节的即可称节度使。节度使又兼任辖区治所的本州刺史，即浙东节度使同时兼任越州刺史。节度使治所，即越州州城，通常称"都府"或"会府"，也有称"首府"的，是地方最高的军事中心和行政中心，其他州则称"支郡"。需要说明的是，浙东观察使虽然兼任越州刺史，但其地位和品秩与一般刺史有着明显区别。按例，越州中都督府都督为正三品，而中州（州有上、中、下之别）刺史为正四品，加上从三品，都督与刺史实际相差两级（《旧唐书》卷四十二《职官志一》），从某种意义说，地方首官品秩高低也反映了城市地位的不同。

四　越州大都督府与吴越东府

唐朝末年，钱镠在经历了镇压朱直、孙端，抵御黄巢起义军入浙，平定刘汉宏等征战后，遂于唐昭宗景福元年（892），被授予浙江西道观察处置使、镇海军节度使、润州（今镇江）刺史等职，在唐末割据的乱局中站稳了在浙西的脚跟。三年后，即唐昭宗乾宁二年（895），浙东观察使、义胜军节度使、越州刺史董昌在越州称帝，钱镠以浙东道招讨使奉诏讨灭董昌，据有浙东之地。但唐昭宗敕改越州威胜军为镇东军，授予王抟为镇海、镇东等军节度使①，这使得已"兼领二浙"（《新唐书》卷一百一十六《王抟传》）的钱镠大为不快，更不愿让已经到手的浙东落入他手，于是便策划了万人上书活剧，以"两浙农民"名义，请求朝廷"以钱镠兼领浙东"②。不得已朝廷改授王抟为门下侍郎、同中书门下平章事、判度支（《新唐书》卷一百一十六《王抟传》）。乾宁三年（896）十月，任命钱镠为镇海

---

① 参见（清）吴任臣《十国春秋》卷第七十七《武肃王世家（上）》，中华书局2010年版，第1060页。
② 《资治通鉴》卷二百六十《唐纪七十六·乾宁三年》第十八册，中华书局1987年版，第8495页。

(浙西)、威胜(浙东)两军节度使,满足了钱镠兼领两浙的愿望。①

乾宁四年(897)八月,唐昭宗授钱镠为镇海、镇东军节度使,浙江东、西道观察处置使,营田招讨等使,越州、杭州刺史,上柱国,彭城王等。这一系列的任命和职务,客观上为钱镠后来建立吴越国提供了重要条件。事实上钱镠在获得浙东军政大权之后,已经着手建国定都的事情了。就在这年六月,钱镠到达越州,接受镇东军节钺,七月返回杭州时,就已确定越州为"东府"②,但他没有说明为什么设"东府"。直至唐哀帝天祐四年(907)四月,以战败黄巢起义军获唐僖宗信任并被封为梁王的朱全忠杀唐昭宗代唐称帝,建国号梁,改元开平,史称后梁。五月,朱全忠晋封钱镠为吴越王,兼淮南节度使(《新五代史》卷六十七《钱镠传》),赐号启圣匡国功臣,满足了钱镠曾向唐朝廷提出过却没有实现的要求,这对钱镠来说,"吴越双封,一王理事"③ 的夙愿终于实现了。第二年,即后梁开平二年(908),钱镠改元天宝,推行吴越国帝王纪元,不久又自称"吴越国王"④,并建都杭州、越州。为区别两都称谓,越州称东都,亦称东府;杭州称西都,亦称西府。至此,人们才明白十一年前钱镠所谓以越州为"东府"的主张,实际就是为建国定都所作准备之一。不过在名称上称"府"不称"都",那是五代十国的通行做法。如,吴为金陵府,南唐为江宁府,楚为长沙府,蜀为成都府,闽为长乐府等。

同年八月,后梁朱全忠敕升越州、杭州等州为大都督府。⑤ 都督府本为唐朝前期地方高级军政机构,有上、中、下都督府之分,都督府管辖十

---

① 参见诸葛计、银玉珍《吴越史事编年》卷一《钱镠篇》,浙江古籍出版社1989年版,第57页。
② (清)吴任臣:《十国春秋》卷七十七《武肃王世家(上)》,中华书局2010年版,第1061页。
③ (五代)钱镠:《镇东军墙隍神庙记》,《全唐文》卷一百三十,上海古籍出版社1993年版,第一册,第573页。
④ 梁龙德元年(921),钱镠在西湖天真寺建郊台,寺后灵化洞石壁有钱镠郊台题名云:"梁龙德元年岁次辛巳,十一月壬午朔一日,天下都元帅吴越王钱镠建置",可见钱镠称王事实。诸葛计、银玉珍:《吴越史事编年》卷一《钱镠篇》,浙江古籍出版社1987年版,第171页。
⑤ 参见(宋)范垌、林禹《吴越备史》卷二《武肃王(下)》,四库全书文渊阁本。

州以上者，方可称大都督府，所以当时大都督府建制很少，唐太宗贞观二年（628），仅置并、益、荆、扬四大都督府。朱全忠以越州、杭州为大都督府，说明两州无论对后梁还是吴越国来说，都是十分重要的。同时也说明后梁、吴越国推行的仍然是唐代后期的地方行政体制，即道、州、县三级政权机构。后梁以钱镠为越州、杭州等大都督府长史，表明大都督府长史为府的最高长官。事实上，钱镠及其继承者在吴越国，既是吴越王、吴越国王，也是吴越国的元帅、都元帅、大元帅；既是吴越国政治上的最高统治者，也是军事上的最高统帅者。

钱镠为什么把吴越国都建在仅一江之隔的杭州与越州呢？其实他心里明白，杭州是他长期经营的地盘，好不容易才站稳脚跟，并获得镇海军节度使的军职。但长期以来，浙西道观察使、镇海军节度使治所在润州，杭州的城市地位不及润州，所以他获得军职后，马上向后梁朱全忠要求镇海军节度使移至杭州。与杭州不同，越州在唐始终是越州总管府、越州都督府、浙江东道观察治。再往前追溯，这里又是越国故都，东汉以来的会稽郡城是江南一大都会。这一点钱镠不是不知道。他自己在《镇东军墙隍神庙记》中就说："切以浙东地号奥区，古之越国，当舟车辐凑之会，是江湖冲要之津。"[①] 钱镠看中的，就是这里的城市地位、经济社会条件和人文历史背景。钱镠在此建立东都，是继春秋战国越都城后，越州城的第二次建都。钱镠所谓"古之越国"，或许是想把吴越国与古越国联系起来，企图说明从越国到吴越国是历史的必然。

钱镠及其家族对于越州东府，最主要的当然据以为自己的世袭领地。钱镠最初于唐昭宗乾宁四年（897）因讨董昌有功而欲占杭、越两镇，朝廷无法阻止，只好授以镇海、镇东军节度使，同时兼任越州、杭州刺史。吴越国建立后，钱镠仍掌有浙东军政大权，直到后唐天成三年（928），才把镇海、镇东等军节度使及杭州、越州大都督府长史的权力交给他的第七

[①] （五代）钱镠：《镇东军墙隍神庙记》，《全唐文》卷一百三十，上海古籍出版社1993年版，第一册，第573页。

个儿子钱元瓘。后唐长兴三年（932），钱镠死后钱元瓘即位，袭封吴越国王。到后晋天福三年（938），后晋颁赐钱元瓘镇海、镇东等军节度使，浙江东、西道等管内观察、处置兼两浙盐铁制置发运、营田等使，杭州、越州大都督府长史，吴越王等。① 钱元瓘还特地在东府越州为钱镠建庙，并请时任吴越国丞相的皮光业（皮日休之子），作《吴越国武肃王庙碑》②记其事。后晋天福六年（941），钱元瓘死，其第六子钱弘佐承元瓘遗命，继任镇海、镇东两军节度使。天福八年（943），后晋授钱弘佐吴越国王，杭州、越州大都督，充镇海、镇东等军节度，浙江东、西等道管内观察处置等使。③ 后汉天福十二年（947）六月，钱弘佐卒，遗令以时任丞相的弟弟钱弘倧为镇东军节度使兼侍中，然而不到半年，吴越国内衙统军使胡进思与其私党以兵戎逼迫钱弘倧让位于弟钱弘俶为镇海、镇东军节度使，第二年嗣立为王，直至北宋太平兴国三年（978）纳土归宋，④ 结束吴越国钱氏在浙东、浙西的七十年统治。

吴越国地方政府组织虽然沿袭唐代而来，但在道、州、县三级建制上一直较为稳定。浙江东道及所属的越、明、婺、衢、台、处、温七州建制始终未变，而越州则在吴越建国初期属县略有变动。吴越天宝元年（908），划剡东十三乡置新昌县，属越州，又改剡县为赡县。天宝三年（910），改暨阳县为诸暨县。⑤ 至此，越州隶山阴、会稽、诸暨、余姚、上虞、赡县、新昌、萧山等八县。

而这一时期的越州城，不仅是浙江东道观察使治、越州本州治，同时还为山阴、会稽县治，仍为唐代以来三个行政层级、四个地方行政机构同

---

① 参见诸葛计、银玉珍《吴越史事编年》卷二《钱元瓘篇》，浙江古籍出版社1989年版，第241—242页。
② 参见（五代）皮光业《吴越国武肃王庙碑》，《会稽掇英总集》卷十七，人民出版社2006年版，第244—252页。
③ 参见诸葛计、银玉珍《吴越史事编年》卷三《钱弘佐篇》，浙江古籍出版社1989年版，第267页。
④ 同上书，第281—290页。
⑤ 参见（清）吴任臣《十国春秋》卷七十八《武肃王世家（下）》，中华书局2010年版，第1085页。

城而治的大都会。此外,越州城作为吴越国的东都或东府,按其层级来说,具有国家管理机关的职能。虽然史籍没有关于吴越国东府、西府建制的记载,但却有管理东府、西府的官员,而且品位很高。皮光业是吴越国名臣,钱镠时赐秘书郎、授右朴阙内供奉,赐金紫,后又兼任两浙观察使。到钱元瓘即位时,"文穆王嗣立,命知东府事"①,后晋天福二年(937),拜皮光业为丞相。吴越国另一位名臣吴程,与皮光业竟有着同样的经历,所不同的是,吴程受命掌管西府事。"弘佐立,以程判西府院事,寻拜丞相。"② 尽管皮光业是在钱元瓘即位时受命知东府事,吴程是在钱弘佐即位时受命知西府事,但皮、吴两臣的经历绝非巧合,说明东、西两都各有其办事机构。

五 北宋两浙东路的短暂命运

宋太宗太平兴国三年(978),最后一位吴越国王、镇东军节度使钱弘俶纳土归宋,越州大都督府所辖浙东七州从此纳入北宋版图。翌年,宋军平定五代最后的北汉小朝廷,结束了五代十国以来的分裂局面,实现了国家新的统一。

北宋初年,地方行政体制承袭唐制,实行路(道)、州(府军监)、县三级制。宋太宗至道三年(997),将全国分为京东、京西、两浙等15路。两浙路下隶2府、12州,相当于吴越国时浙江东道和浙江西道的范围,路治在杭州。而越州只是两浙路属下的一州而已,这种体制一直维持到宋神宗熙宁七年(1074)。这一年,将两浙路分为两浙东路和两浙西路。两浙东路隶越、婺、明、温、台、处、衢七州,路治在越州,但是路的分合反复多变,"熙宁七年,分为两路,寻合为一;九年,复分;十年,复合"(《宋史》卷八十八《地理志四》)。经历了这次两分两合之后,两浙路一

---

① (宋)范坰、林禹:《吴越备史》卷三《文穆王·天福八年(943)》,四库全书文渊阁本。
② 诸葛计、银玉珍:《吴越史事编年》卷四《钱弘倧篇》,浙江古籍出版社1989年版,第286页。

直维持到北宋末年,而两浙东路的存在时间最多不过两年。

两浙路短时间内的分分合合显然不是一时的心血来潮,而是出于中央集权的需要。宋朝是中国封建专制主义中央集权制被空前强化的时期,统治者总结了隋唐五代以来的历史教训,为了防止藩镇割据和地方擅权等现象的出现,采取了一系列"收权"措施,"收乡长、镇将之权悉归于县,收县之权悉归于州,收州之权悉归于监司,收监司之权悉归于朝廷"[《续资治通鉴长编》卷四百六十八《哲宗》元祐六年(1091)]。在这样的背景下,取消两浙东路建制当然是可以理解的,不过四年内两分两合的举动也反映了决策的犹豫。

取消两浙东路建制,对于越州城来说,已由原来的路、州、县三个行政层级治所降为州、县两级治所,似乎城市地位明显下降,比杭州下降了一个层级。但实际上越州城市仍然保持着隋唐以来的繁荣,虽然城市规模经过钱镠的扩建杭州已经超过越州,但是人口规模杭州仍不及越州。即使在两浙东、西路合并20多年后的崇宁年间(1102—1106),杭州人口为203574户,296615人,越州则为279306户,367390人(《宋史》卷八十六《地理志四》),分别多出37.2%、23.9%,这是越州千百年来城市发展惯性的表现。

到了宋徽宗大观元年(1107),又升越州等为帅府(《宋史》卷二十《本纪第二十》),即以越州为将帅的府署。足见这时的越州虽已不是路治,但仍为浙东军事重镇。嘉泰《会稽志》记载,就在两浙路两分两合的熙宁年间(1068—1077),越州城内实际驻军1750人,其中禁军500人,厢军1250人。元丰四年(1081),实有府兵额3000人(嘉泰《会稽志》卷四《军营》)。所以北宋诗人秦观说:"会稽之为镇旧矣,岂惟山川形势之盛,实控扼于东南哉。"[1]

当然,以杭州为两浙路治,本身就说明,自春秋战国以来素为东南都

---

[1] (宋)秦观:《怀乐安蒋公唱和诗序》,《秦观集编年校注》卷二十四,人民文学出版社2001年版,第532页。

会，浙江境内第一大城市——越州的替代城市已经开始崛起，仅距杭州百里之遥的越州城市发展将面临严峻挑战。

第二节 越州的城市人口与社会生活

一 城市人口数量与阶层分布

（一）东南沿海的人口大州

隋唐五代及至北宋，越州仍然是我国东南沿海的人口大州，人口数量、密度都在一般州郡之上。晋室南迁后，大批北方士族定居会稽，加上这里社会安定，经济繁荣，人口迅速增长。到刘宋大明八年（464），扬州刺史统领的十郡人口，除吴郡外，其余八郡人口均少于会稽郡。这时会稽郡人口共有52228户，348014口，分别占扬州境域的21.14%和21.67%。会稽一郡的人口比淮南（25840口）、宣城（47992口）、东阳（107965口）、临海（24226口）、永嘉（36680口）、新安（36651口）等六郡的总和（共279354口）还多出68660口（《宋书》卷三十五《州郡一》）。而会稽郡的地域面积不及东阳一郡之广，说明当时会稽的人口数量、密度完全称得上是东南沿海的人口大郡。

会稽郡的人口大郡地位，在经历了南朝陈末的战争动乱后，虽然在人口数量上与两浙地区其他州郡一样均有减少，但在入隋以后，绝对数仍居各郡第二。隋大业五年（609）的数据，《隋书·地理志（下）》的记载是20271户，按当时全国每户平均口数5.17人计算[①]，人口为104801。比会

[①] 参见梁方仲《隋唐五代户口数、每户平均口数及户口数的升降百分比》表，《中国历代户口、田地、田赋统计》，上海人民出版社1985年版，第69页。

稽郡略多的丹阳郡有 124726 口，其余各郡按递减次序分别为：宣城郡 103291 口，东阳郡 102391 口，吴郡 95009 口，毗陵郡 90986 口，余杭郡 79514 口，永嘉郡 54502 口，遂安郡 37963 口，新安郡 31868 口。① 余杭郡即后之杭州，在东南沿海十郡人口排序中，位列第七，直接影响了杭州在唐代城市人口的机械增长。

唐代越州人口数量和密度，继续占据东南沿海密集区的领先位置。唐太宗贞观十三年（639），越州有 25890 户，124010 口，户数和人口数排在浙东第二位、两浙第三位，位列婺州、杭州之后。是年，婺州总人口为 228990，杭州总人口为 153720②，分别比 30 年前即隋大业五年（609）增长了 123.64%、93.32%，而越州仅增长 18.32%。同为钱塘江两岸的地理环境，又在相同的政治、经济和社会背景下，30 年间的人口增长幅度相差如此之大，显然令人产生疑问。据相关研究，此时婺州每平方公里人数为 10.81，越州为 8.36，③ 实际上素为浙东人口密集区的越州，人口密度不可能低于这个数字，更何况三地虽同为州级行政建制单位，但越州为中都督府，杭州为上州，婺州连上州都不是。按常规具有道、州、县三个行政层级的越州是浙东政治、经济、文化中心，与只有州、县两个行政层级的婺州、杭州相比，在人口的聚集程度和流动性方面，无论如何，越州应当远高于杭、婺两州。

开元年间（713—741），越州户数达到 107645 户，不但居浙东地区第一位，也超过浙西地区各州。也就是说，这时的越州户数，在两浙十三州中居首位。其余各州，婺州 99409 户退居第二，润州 91635 户退居第四，杭州 84252 户退居第五，苏州 68093 户，与第七位的衢州 62288 户相差无几，屈居第六位。④ 这一时期越州的人口数，是在没有异常情况下的正常回

---

① 以上数字，据《隋书·地理志》提供的户数，乘以全国每户平均 5.17 口后所得。
② 参见梁方仲《唐贞观十三年各道府州户口数及每县平均户数和每户平均口数》表，《中国历代户口、田地、田赋统计》，上海人民出版社 1985 年版，第 82 页。
③ 此为翁俊雄先生研究成果，转引自张剑光《唐代越州城市商品经济研究》，《绍兴文理学院学报》2010 年第 5 期。
④ 唐开元年间两浙地区置十三州，各州人口户数参见《元和郡县图志》卷二十五《江南道一》、卷二十六《江南道二》，中华书局 2005 年版，第 589—630 页。

归,也为紧随其后的天宝元年(742)两浙地区人口数量变动提供了依据。据《新唐书·地理志》,天宝元年(742),两浙地区十三郡(以州为郡)人口户数与开元户数出现较大波动。其中婺州(东阳郡)144086户,比开元时猛增44.94%,位居两浙第一;杭州(余杭郡)86258户,比开元时增长2.38%,继续保持两浙第五;越州(会稽郡)90279户,比开元时减少19.24%,退居两浙第四。开元户与天宝户的统计时间相差不过20年左右,为什么短时间内婺州的增长与越州的减少会出现如此大的差距呢?从婺州方面看,短时间内递增44.94%,已经大大超过了同期两浙地区平均19.27%的增长幅度,可能存在某种人为因素。① 而从越州方面看,由于开元二十六年(738),析越州东部鄮县置明州,四年后即天宝元年(742),明州(余姚郡)人口42207户,这显然是天宝元年越州户数减少的主要原因。

中唐以后,两浙地区人口数量从总体上看,比天宝元年(742)均有大幅减少。到唐宪宗元和年间(806—820),即使是人口户数居两浙第一的润州也仅55400户,比天宝元年减少39.54%。在两浙十三州中,元和年间户数普遍比天宝年间户数减少的情况下越州户数减少至20685户,比天宝户数净减69594户,减少336.45%,到了令人惊讶的地步。"减幅如此之高,学术界产生了不少怀疑。"②

的确,天宝十四年(755)安史之乱爆发后不久,浙东地区受此影响,也出现了以袁晁为首发动的叛乱活动。刘长卿《送朱山人放越州贼退归山阴别业》诗说:

>　　越州初罢战,江上送归桡。南渡无来客,西陵自落潮。
>　　空城垂故柳,旧业废春苗。闾里相逢少,莺花共寂寥。

(《全唐诗》卷一百四十七)

---

① 以上人口户数参见《新唐书》卷四十一《地理志五》,增减比例亦据此计算。
② 张剑光:《唐代越州城市商品经济研究》,《绍兴文理学院学报》2010年第5期。

所说"贼退"即指袁晁之乱事,唐肃宗宝应元年(762)八月,台州人袁晁"起乱台州,连结郡县,积众二十万,尽有浙东之地"(《旧唐书》卷一百五十二《王栖曜传》)。此时,诗人朱放隐居剡中。第二年,即代宗广德元年(763)四月,李光弼奏擒袁晁,浙东之乱得以平息,朱放便回到山阴。到永泰末年(766),即袁晁之乱四年后,越州"妖贼杀郡将以叛"[①],最后隐匿的三十余人被李长史所杀。这种小规模的叛乱,其他各州也时有发生。

这些叛乱对于越州人口的数量必然产生影响,但是影响的程度恐怕有限。一方面,叛乱时间不长,像规模最大的袁晁之乱,也无非两年左右,不可能形成大规模的杀伤能力;另一方面,这些发生在唐肃宗、代宗时代大大小小的叛乱活动,离元和年间(806—820)人口统计的时间相距40年左右。即便肃、代两朝人口伤亡很大,经过40年左右的休养生息,也很可能得到恢复。值得注意的是,唐顺宗永贞元年(805)、唐宪宗元和元年(806),当时蓄水量达2.68亿立方米的越州镜湖[②]连续两年干涸(万历《绍兴府志》卷十三《山川》)。这对镜湖下游的山阴、会稽、萧山来说,唯一的农田灌溉水源断绝。这在历史上是极为罕见的,颗粒无收也是不难想象。镜湖连续两年干涸,时在元和初年,可以肯定地说,此时的严重干旱对元和越州人口减少的影响,比之于40多年前的战乱应该更直接、更严重。

事实上,刘长卿看到的"空城垂故柳""南度无来客",仅是动乱期间的暂时现象。一旦战事平定以后,还是有大量北方人士南迁越州。

自中原多故,贤士大夫以三江五湖为家,登会稽者如鳞介之集渊薮。(《全唐文》卷七百八十三《鲍防碑》)

除贤士大夫以外,就是普通纺织女工也相继来到越州。《唐国史补》云:

---

① (唐)梁肃:《越州长史李公墓志铭》,《全唐文》卷五百二十一,上海古籍出版社1993年版,第2344页。

② 参见盛鸿郎等《古鉴湖新证》,《鉴湖与绍兴水利》,中国书店1991年版,第27页。

> 初，越人不工机杼，薛兼训为江东节制，乃募军中未有室者，厚给货币，密令北地聚织妇以归，岁得数百人。

薛兼训是唐代宗大历初年（767—770）的浙东节度使、越州刺史，单单由他引进的纺织妇女就有数百人，说明安史之乱不久北方人又接踵而来了。因此，《元和郡县图志》所载元和越州户数应该不是当时的真实情况。事实是，元和以后的长庆三年（823），诗人元稹到越州任职，他在州城看到的是"宵游二万七千人"①。光参与闹元宵的城里人就多达此数，再次说明此前越州人口仅有20685户是令人难以置信的。

唐宪宗元和以后，穆宗、敬宗、文宗、武宗四朝，越州乃至整个两浙地区在经历了近40年的相对平静之后，经济社会再度发生动荡。唐宣宗大中十三年（859），裘甫发动浙东农民起义；唐僖宗乾符二年（875），黄巢农民起义军进入浙东；唐僖宗中和二年（882），浙东观察使刘汉宏率衢、婺等四州兵反叛；唐昭宗乾宁二年（895），浙东观察使、威胜军节度使董昌在越州称帝。这些由统治者与农民、统治者内部矛盾引起的起义和叛乱，对越州人口增长势必造成负面影响。至于影响到什么程度，由于元和以后不见户口记录，很难作出回答。

五代时，越州隶属吴越国，是吴越国王钱镠、钱元瓘、钱弘佐、钱弘倧、钱弘俶的东都（府），更是钱氏的世袭领地。从后梁开平二年（908）钱镠建元称王，到北宋太平兴国三年（978）最后一代吴越王钱弘俶纳土归宋，前后70年间，越州一改晚唐的动乱局面，社会安定，农业生产和手工业产品均有长足发展，出现经济繁荣、社会升平的景象。这对于越州人口增长是极为有利的经济、社会条件。虽然吴越国时未见有关越州人口的记录，但有北宋太平兴国三年（978）的人口数。当时越州"领会稽、山阴、剡、诸暨、萧山、余姚、上虞、新昌八县，凡主客户二十一万六千六

---

① （唐）元稹：《正月十五日夜呈幕中诸公》，《元稹集校注·续补遗卷二》，上海古籍出版社2011年版，第1585页。

百六十三户"①，比唐元和户数增长了十倍。这是北宋熙宁三年（1070）越州知州沈立在《越州图序》中的记载。另一位越州通判曾巩也在他的《鉴湖图序》中说："计越之户二十万有六千。"② 此序作于熙宁二年（1069）。曾巩记的是概数，与沈立所记相差无几。这既是吴越国归宋时的越州人口数，也是北宋初年的越州人口数。

北宋时期，越州人口数量又有显著增加，其总量在两浙路所辖十三州中，继续居于领先地位，太平兴国三年（978）和崇宁元年（1102）仍为两浙第一人口大州。

表3-1　　　　　　　　　　北宋越州人口数

年　份	人口数量	资料来源
太平兴国三年 （978）	主客户:216663	沈立《越州图序》， 见《会稽掇英总集》卷二十
大中祥符四年 （1011）	户:187180 丁:329348	（南宋）嘉泰《会稽志》卷五《户口》
元丰初年 [或云元丰三年(1080)]	主户:152585 客户:337	《元丰九域志》卷五《两浙路》
崇宁元年 （1102）	户:279306 口:367390	《宋史》卷八十八《地理志四·两浙路》

宋太宗太平兴国年间的两浙地区人口数一般都出自《太平寰宇记》的记载，但越州的人口数与其他记载出入较大。如前所说，《越州图序》的作者沈立和《鉴湖图序》的作者曾巩都是宋神宗熙宁年间在越州任职的官吏，因此熟知地情，而且两文所记户数基本一致，统计时间则为太平兴国三年（978），是吴越王钱弘俶纳土归宋那一年，户数应该可信。而《太平寰宇记》所载的越州人口是主客户56491（乐史《太平寰宇记》卷九十

---

① （宋）沈立：《越州图序》，《会稽掇英总集》卷二十，人民出版社2006年版，第298页。
② （宋）曾巩：《鉴湖图序》，《会稽掇英总集》卷二十，人民出版社2006年版，第300页。

六），为沈立所记的四分之一都不到，而且还漏载了婺州、台州的人户，其真实性有待验证。其统计时间，据梁方仲推定自太平兴国五年至端拱二年（980—989）①。若按沈立所记户数，越州主客户216663，在两浙路十三州中位列第一；杭州70457户，位列第二；升州61679户，位列第三。其余依次为常州55552户，温州40740户，苏州35195户。②

北宋大中祥符越州人户，是南宋嘉泰《会稽志》的记载，其他州的人户情况无统一记载，不存在可比性。至于元丰户数，主要来自《元丰九域志·两浙路》，其统计时间，据梁方仲考证，应在元丰三年（1080）。③ 是年，越州主户152585，客户337，总户数152922，排列杭州、苏州之后，位列第三。杭州主户164293，客户38513；苏州主户158767，客户15202。④ 其实在第一、第二、第三位之间主户相差无几，主要体现在客户上的差别。所谓"主户"是指需要纳税的土著户，"客户"是指只登记不纳税的客居人户。在当时的情况下，两浙路十三州的客户占总户数的21%⑤，客户多的州，如明州总户数115208，客户占50%⑥。而越州客户仅337户，如果越州客户数也按21%比例计算，应为32042户，则总户数为184627，比第一位的杭州还多出2万多户。

宋徽宗崇宁元年（1102），越州人口户数列两浙路十四州第一，为279306户，第二位杭州203574户，第三位常州165116户，苏州列第六位，为152821户。而以人口数排列，第一位苏州448312口，第二位越州367390口，第三位湖州361698口，杭州列第五位为296615口（《宋史》卷八十八

---

① 参见梁方仲《北宋初年各道府州军主客户数及客户所占的百分比》表，《中国历代户口、田地、田赋统计》，上海人民出版社1985年版，第134—135页。
② 以上数字分别参见《太平寰宇记》卷九十六、九十二、九十、九十九、九十一，四库全书文渊阁本。
③ 参见梁方仲《北宋元丰初年各路府州军主客户数及客户所占的百分比》表注（甲），《中国历代户口、田地、田赋统计》，上海人民出版社1985年版，第148页。
④ 参见（宋）王存《元丰九域志》卷五《两浙路》，中华书局2005年版，第207—210页。
⑤ 参见梁方仲《北宋元丰初年各路府州军主客户数及所占的百分比》表，《中国历代户口、田地、田赋统计》，上海人民出版社1985年版，第144页。
⑥ 参见（宋）王存《元丰九域志》卷五《两浙路》，中华书局2005年版，第213页。

《地理志四》）。户数与人口数排列位次的变化，主要因为每户平均人口数多少不同而引起的。据梁方仲统计，当时越州每户平均仅1.32口，而苏州为2.93口，湖州为2.23口，杭州为1.46口，越州的户均人口数不到苏州的一半。

值得注意的是，与越州一江之隔的杭州，无论是户数还是人口数，不仅在两浙路十四州中没有领先，即使与钱江南岸的越州也相差一截。这便是南宋建都前30年杭州的人口状况。

（二）人口的迁徙及其特征

人口迁徙，是"人的居住位置在空间的移动，是产生人口数量的地域差别的外部原因"[①]。隋唐五代及北宋时期，越州之所以成为东南沿海的人口大州，除了本地人口自然增长较快之外，大量流动人口的涌入或定居下来无疑是其中的重要原因之一。虽然人口的移入和移出是一种常见的社会现象，但对不同地区而言，由于自然条件和社会环境在时空上的差异，人口的移入和移出也往往因地因时而异。越州因为在自然条件和社会环境方面具有自身的独特优势，所以从总体上说，在隋唐至北宋的500年间，具有人口移入多于移出的迁移特点。

隋代是越州人口激剧减少的时期。《隋书·地理志（下）》载，大业五年（609），越州（会稽郡）共20271户，按当时全国每户平均5.17人计算，为104801口，比南朝刘宋大明八年（464）的52228户、348014口（《宋书》卷三十五《州郡一》）已经大为减少。究其原因主要有二：一是南朝以来，江南士族豪强大量占有土地，大批农民沦为"私属"，官府户籍不予录名，这种"挟藏户口，以为私附"（《晋书》卷四十三《山涛传》）而造成户籍不实的状况，在大业五年户口统计时没有根本扭转，这是隋代越州著籍户口偏少的根本原因；二是在隋平陈的战役和越州高智慧

[①] 葛剑雄：《中国人口发展史》，福建人民出版社1991年版，第15页。

起兵反叛中人口伤亡，以及高智慧退守温州、闽中时带走的兵力，也是使越州人口锐减的重要原因。

与隋初情况不同，到隋的中后期，越州人口的减少之势出现逆转。一方面，在社会基本安宁的前提下，人口的自然增长率逐步得到恢复；另一方面，外地人口的迁入开始出现新的动向。被称为佛教三论宗创始人的吉藏，在隋定百越后，便东游会稽秦望，驻锡嘉祥寺15年，著书立说，讲法三论，听众常达千余。① 后来成为越州开元寺僧的昙一，"本南阳张氏，曾祖隋太常恒，始家会稽之山阴"②。隋龙骧将军吕超，本东平（今山东）人，后因官居会稽山阴。③ 会稽弘道寺慧持和尚，本汝南人，"隋末避难往越州，住弘道寺"④。其实隋末逃到越州的北方人，岂止是慧持之类的普通僧人，据说还有一些隋朝的宗室成员，也进入越州山区避难，终老于此。⑤ 后人还在越州新昌山区建有"保应庙"，宋代诗人董太初《保应庙》诗云："庙入空山八百年，衣冠犹是李唐前。汴河十里垂杨柳，何似松阴数亩田。"（乾隆《绍兴府志》卷三十六《坛庙》）以上数例，虽有零星之感，但隋代中后期越州人口迁入的大势已约略可见。

入唐以后，越州作为浙东行政中心，社会、经济、文化事业一直保持着良好的发展势头。镜湖流域经过六朝时期的开发，虽有"数十万顷膏腴上地"，但随着人口的迅速增长，越来越无法满足现实的需要，因此通过筑海塘，围垦海涂，向大海要地，使山会平原得以向北延伸。同时也出现了围垦镜湖造田的现象，唐诗所谓"自从版筑兴农隙，长与耕耘致岁丰"（《镜湖夜泊有感》，《全唐诗》卷五百八十七），说的就是围湖造田取得丰

---

① 参见（唐）道宣《唐京师延兴寺释吉藏传》，《高僧传合集》，上海古籍出版社1991年版，第194页。
② （唐）梁肃：《开元寺律和尚塔碑铭》，《会稽掇英总集》卷十七，人民出版社2006年版，第235页。
③ 参见《吕超墓志》，《绍兴图书馆藏地方碑拓选》，西泠印社2007年版，第21页。
④ （唐）道宣：《唐越州弘道寺释慧持传》，《高僧传合集》，上海古籍出版社1991年版，第217页。
⑤ 参见（宋）董太初《保应庙》诗题注，《宋诗纪事》卷六十四，四库全书文渊阁本。

收的景象。这时越州的纺织、制瓷、酿酒、造纸、制茶等手工业产品也都闻名全国。唐贞元间（785—805），越州贡品达数十种（《元和郡县图志》卷二十六《越州》），其中丝绸贡品有吴绫、异样吴绫、花鼓歇纱、吴朱纱、宝花花、纹罗、白编绫、多棱绫、十样花绫、轻容兰纱、花纱、美绢等十余种。杜牧因此有：

> 越州"西界浙河，东奄左海，机杼耕稼，提封七州，其间茧税鱼盐，衣食半天下"之说。（《李纳除浙东观察使兼御史大夫制》，《樊川集》卷十五）

美丽富饶的越州大地，对于四方士人乃至庶民的吸引力是可想而知的。

大量流动人口涌入或定居越州的现象几乎贯穿了唐代各个历史时期。唐代前期（618—741）来到越州的以士大夫阶层为多，包括为官至越的，由于这里山水风光秀丽，人文景观丰富，经济社会繁荣，这些来自四面八方的来客，或游览观光，或走亲访友，或定居生活，或隐居读书等，在《全唐诗》中随处可见。唐朝前期入越的比较著名的诗人就有骆宾王、崔融、宋之问、姚崇、沈佺期、包融、李邕（亦称李北海）、孙逖、卢象等，且多有诗作存世。这些人口的移入，对越州人口的增长产生了积极影响。开元年间（713—741），越州的人口户数已经达到107645户，在两浙地区十三州中居首位。[①] 有研究者认为，这时越州人口有50万之众，而杭州只有20多万，远在越州之后。[②]

发生在唐玄宗、唐肃宗时的安史之乱（755—763）给中原地区造成极大破坏。而地处钱塘南岸的越地则相对比较安定，台州人袁晁的叛乱活动也尚未发生。这时的越州便成了北方人南下避难的理想场所，

[①] 参见（唐）李吉甫《元和郡县图志》卷二十六、二十七，中华书局2005年版，第589—630页。

[②] 参见韩国磐《南方诸州隋唐时户数及其升降》表二，《隋唐五代史论集》，生活·读书·新知三联书店1997年版，第128页。

中唐时期（742—820）人口迁入越州的高潮因此到来。对这次人口迁入的壮阔场面，文献多有记载。御史大夫穆员在为越州幕佐鲍防所作碑记中说：

> 自中原多故，贤士大夫以三江五湖为家，登会稽者如鳞介之集渊薮。（《鲍防碑》，《全唐文》卷七百八十三）

对于安史乱局，李白用"三川北虏乱如麻，四海南奔似永嘉"① 来形容，并且说："天下衣冠士庶，避地东吴，永嘉南迁，未盛于此。"② 其实这也是李白的亲身经历和感受。他从唐玄宗天宝元年至十五年（742—756），先后四次到越州。最后一次他加入"窜身南国避胡尘"③ 的行列，文中所言应该是他亲眼所见。他还将这次人口迁徙与西晋末年的永嘉南渡比较，规模之大，空前未有，而"北人南迁重点区"④ 则在浙江越州。至于究竟迁入多少，由于元和年间（806—820）的越州户数（20685 户），比天宝元年（742）的户数（90279 户）减少了 336.45%，减幅之大，已经难以作出评估。

不过从安史之乱后，大批诗人涌入越州，在此安顿身心，歌咏越地风情盛况这一点仍能发现"浙江越州为北人南迁重点区"的事实。有人对唐代浙东诗歌创作情况（主要依据《全唐诗》）做过统计分析⑤：在浙东留下诗作的 448 位唐代诗人中，安史之乱以前的诗人为 83 位，占总数的 18.5%；安史之乱以后的诗人达 365 位，占总数的 81.5%。除去当地的 35 位诗人⑥，十之八九为外来诗人，南迁人口数量之大可见一斑。

---

① （唐）李白：《永王东巡歌十一首（其二）》，《李白集校注》，上海古籍出版社 1980 年版，第 547 页。
② （唐）李白：《为宋中丞请都金陵表》，《全唐文》卷三百四十八，上海古籍出版社 1993 年版，第 1561 页。
③ （唐）李白：《猛虎行》，《李白集校注》，上海古籍出版社 1980 年版，第 462 页。
④ 邹逸麟：《中国历史地理概述》，上海教育出版社 2007 年版，第 224 页。
⑤ 参见陆晓冬《浙东唐诗之路形成的社会经济动因浅析》，《浙江社会科学》2006 年第 3 期。
⑥ 当地 35 位诗人，据《全唐诗》《会稽掇英总集》统计。

当然，如果细分这 300 多位诗人的抵越时间，既有属于中唐时期（742—820）的，也有属于晚唐时期（821—907）的。事实上，这种南迁的局面一直从中唐延续到晚唐。唐僖宗乾符二年（875），王仙芝和黄巢分别在今山东西部和河南东部发动起义，中原地区再次陷入动乱。黄河流域的人们不得不再次向南方迁徙。因此，晚唐时期的越州仍然是大量吸收北方移民的重点地区。所不同的是，从安史之乱（755）到黄巢起义（875）的 100 多年间，移入越州的人口当中，除避难者外，还有一定数量的正常流动或迁入。如，因宦游、隐居、婚嫁、经商、游学、驻锡等迁入越州的，也是常见现象。从总体上看，晚唐迁入越州的人口，在数量上应该多于初唐，与中唐大致相同，至少不会少于因安史之乱而避地越州的人数。

唐代移民主要有官府组织的迁徙，士族、官僚士大夫迁徙和一般民户的自发迁徙等类型。① 而从越州人口移入情况看，实际存在的是后两种类型，情况比较复杂。由于这两种类型的移民除了朝廷命官之外，基本上都属于自发迁徙。而不同人户在不同背景下的自发迁徙，其迁徙动因、迁徙对象、迁徙数量、迁徙性质和对迁入地的影响又各不相同。在经济地理、社会环境作为人口移出或移入的首先条件外，战争、动乱、自然灾害、赋税、经济利益、生活环境、风俗习惯、思想观念、文化背景等，都可以成为人口迁徙的动因，与经济社会具有同样重要的地位。正因为这样，唐代流入或定居越州的人户，无论是动因、对象，还是性质、影响，都是多元的。仅就移入的类型而言，就有以下数种：

1. 壮游越中。这里的自然风光和人文景观经过六朝以来越人的开发建设和王谢名流的歌咏吟唱，山川人文之美在唐代官僚士大夫中早已成为共识。这种共识在唐代诗人顾云笔下得到淋漓尽致的反映。他《在会稽与京邑游好诗序》（《全唐文》卷八百十五）中这样写道：

---

① 参见葛剑雄主编、冻国栋撰《中国人口史》第二卷，复旦大学出版社 2005 年版，第 299—354 页。

造化之功，东南之胜，独会稽知名。前代词人才子谢公之伦，多所吟赏。湖山清秀，超绝上国；群峰接连，万水都会。升高而望，尽目所穷，苍然、黯然、兀然、澹然。先春煦然，似画、似翠、似水、似冰、似霜、似镜。削玉似剑者，霞布似窈窕者，霜清似英绝者。如是者千状万态，绵亘数百里间。则夫盘龙于泉，巢凤于山，蕴玉于石，藏珠于渊，固必有矣。真骇目丧精之所也！其土沃，其人文，虽逼闽蛮而不失礼节，虽枕江海而不甚瘴疫。斯焉，郡邑一何胜哉！

正因为这样，许多士人、官僚士大夫、诗人和不知名姓的普通人，便怀着仰慕之心纷至沓来，游赏歌咏。诗人杜甫的"壮游"（见《壮游》）、李白的"梦游"（见《梦游天姥吟留别》）、孟浩然的"恣游"（见《游云门寺寄越府包户曹徐起居》）、许浑的"醉游"（见《送林处士自闽中道越由雪抵两川》）、李频的"闲游"（见《越中行》）、徐凝的"再游"（见《酬相公再游云门寺》），[①] 以及宦游、畅游、悠游等，尽享越地山川人文之美。有的自己游了还不够，逢人就劝入越游，释皎然就是这样一位热心的"导游"。他的《送至洪沙弥游越》《早春送颜主簿游东越》《送刘司法之越》《送王居士游越》《送丘秀才游越》《送唐赞善游越》《送孙侍郎游越》《送禀上人游越》等，[②] 都是劝游诗篇。越中的会稽山苍松、镜水秀色，蠡城古韵，兰亭曲水、若耶幽意，以及大禹风范、勾践壮志、马臻献身、王谢风流等，都成了唐诗中反复吟唱的不竭题材。

2. 宦游越中。越州在唐朝时，始终是浙东的政治、经济、文化中心，始建于越王勾践时期的州城，确实很好地担起了它应有的中心城市功能。这一时期居住在州城的各级官吏，在数量上是极其可观的，有统领浙东各州军政大权的都督、节度使，有执掌越州军政的刺使，有山阴、会稽两县的县令。三个行政层级及四个衙门的官员、幕佐人员，按《唐六典》卷三

[①] 以上所引篇名，参见《全唐诗》相关作者存诗目次。
[②] 以上所引篇名，参见《全唐诗》卷八百十五至八百二十一。

十记载的官职名称及其人员配置规定,越州都督府编制为 243 名,越州刺史府编制为 225 名,山阴、会稽县府各 116 名,计 232 名,居住在州城的官吏合计 700 名,如果加上他们的家眷,其数目就相当可观了。

事实上唐代越州都督、浙东观察使身边的人员确实不少。以时任浙东观察使、越州刺史的元稹为例,他是带着家眷来上任的,开始妻子裴淑对前往远离长安的浙东心里不免微露怨情,元稹便故作轻松与满足的情调赋诗相劝:"我有主恩差未报,君于此外更何求?"[①] 在越州元稹所辟的僚佐队伍也很可观,在当时所刻《禹穴碑》阴署名的,就有"元稹并僚属十一人官位名氏"(嘉泰《会稽志》卷十六《碑刻》),而且每人都有拜禹庙诗一首,可见入幕的都是一些诗人。因此有"稹所辟幕职,皆当时文士"(《旧唐书》卷一百六十六《元稹传》)的记载。

这些在越州任职的官吏大多来自四面八方。任满或另有高就,或返回原籍,也有因各种原因而定居越州的。有唐代"中兴贤相"之称的姚崇,于唐中宗景龙元年(707)作越州都督,又前后历任武则天、中宗、睿宗、玄宗四朝宰相。姚崇为陕州硖石人,曾孙姚合后来就移居越州。他在《送朱庆余及第后归越》诗中说:"劝君缓上车,乡里有吾庐。"(《全唐诗》卷四百九十六)说明这时已定居下来了。姚合做过杭州刺史,又是诗人,是有名望的人。而更多移居越州的,是一些幕佐或听差,甚至不留一个名,这在今绍兴城南一带出土的唐人墓志铭中得到了证实。如,唐越州法曹安定张府君妻刘氏,本望彭城,葬会稽县九里山;唐中山成氏赵夫人,终于会稽县礼让里私第,葬九里山;唐故劳府君妻曹夫人,本望谯国,葬会稽县藩溪里;唐处士邯郸郡赖府君葬于会稽县玉笥村;唐故戴府君妻荥阳郑氏夫人,终于会稽县千秋里私第……[②]可见当时定居越中的人确实不在少数。

[①] (唐)元稹:《初除浙东妻有阻色因以四韵晓之》,《元稹集校注》卷二十二,上海古籍出版社 2011 年版,第 670 页。

[②] 以上墓志铭为古越阁张关荣先生收藏碑铭的一部分,拓片曾在绍兴博物馆陈列展出。

3. 隐居越中。隐居，是唐代越州人口移入的一种常见现象。它既不像避难者那样拖儿带女、结伴而来，也不像壮游者那样乘兴而来、尽兴而去，而是陆续的、分散的、个别的，然而又是不断地来越中隐居。虽然迁入的人数并不多，却贯穿于唐玄宗开元以后的中晚唐各个时期，较早隐居越中的有北海太守李邕，寓居州城北海桥畔（嘉泰《会稽志》卷十一《桥梁》）。紧接着有鲁中儒士吴筠，两度隐居越中，"开元中在剡与越中文士为诗酒之会"，天宝中，"中原大乱，江淮多盗，乃东游会稽……竟终于越中"（《旧唐书》卷一百九十二《吴筠传》）。

唐玄宗天宝十四年（755）安史之乱爆发后，到越中隐居的士人与士大夫大为增加。中唐时期（742—820）颇有名气的诗人中，就有襄阳人孟浩然、嘉兴人丘为、襄州人朱放、南阳人谢良辅、金华人张志和、金坛人戴叔伦、河间人刘长卿等。晚唐时期（821—907），从唐穆宗时期开始，特别是在唐僖宗乾符二年（875）黄巢起义前后，到越州隐居的士人又逐渐多了起来。他们当中，有山阳人赵嘏，闽中人张为，桐庐人方干，京兆人韩乂、李洞，睦州人施肩吾，吴县人陈羽和不明籍贯的陈孙等。[①] 这些隐居者都在《全唐诗》中留有篇章。

他们来自全国各地，隐居的动因也各不相同。吴筠为避安史之乱而来，李邕为避群臣倾轧而来，孟浩然因仕途不畅而来，赵嘏为入元稹幕而来，方干因避世而来，曹璩为读书而来，也有不少人因官场失意来此隐居，因此刘长卿有"剡溪多隐吏"（《送荀八过山阴旧县并寄剡中诸官》，《全唐诗》卷一百四十九）之说，这应该是他当年隐居越中所见的事实。正因为动因不一，隐居时间亦有长短之分，孟浩然在越滞留近三年[②]，方干长期隐居镜湖中，吴筠二度隐居越中，终老于此。

隐居生活看似清淡，但在越中特定的人文背景下其实并不孤独。李邕

---

① 以上隐居士人名单，参见《全唐诗》《唐才子传》。
② 参见（唐）孟浩然《久滞越中赠谢南池会稽贺少府》，《孟浩然集校注》卷二，人民文学出版社1989年版，第131页。

隐居越中云门、法华寺,"越帅日率从事、乐妓、酒馔访北海"①。张志和隐居州城东郭,时任越州都督的陈少游,"曾屈驾拜访,频往问候,与志和坐必终日,表其居曰'玄真坊'"②。孟浩然在越中的两年多时间里结识了薛八、崔国辅、孔伯昭、沈太清、朱昇、谢南池、陶翰、包融、贺朝,以及徐起居、卫明府等一批名士。③方干在镜湖隐居多年,但他一直与诗人贾岛、许浑、姚合、喻凫、李频、喻坦之、孙邰等都有密切往来。④他在越中有郑仁规、陶详、李频三益友,有宏农、杨弇两弟子。一位名人的隐居,身边往往聚集了一批人。这是士人隐居越中的普遍现象。

4. 避难越中。中唐以后接连发生的安史之乱(755—763)、藩镇割据(780—846)和黄巢起义(875—唐末),使社会长期处于动荡之中。在战争和社会动荡背景下出现的人口流动和迁徙,似潮水般从中原地区向南方涌向越州。虽然在避地越州的难民当中不乏普通农民、手工业者、商人和家庭妇女之类的"庶民",但迁入数量最多、影响最大,也经常被后人提及的,则是士人、官僚士大夫和诗人,即所谓"贤士大夫……登会稽者如鳞介之集渊薮"⑤。时间上主要集中在安史之乱和黄巢起义后两个阶段,如,安史之乱后的齐抗、独孤及,黄巢起义后的韦庄、韦霭等。在避乱越地者当中,无论是普通庶民还是士人,每一个人都有自己艰辛的经历,每一户家庭都有自己悲痛的故事。

家在河北定州的少年齐抗,本属无忧无虑天真玩耍的年龄,却因安史之乱加入逃难者行列,"奉母夫人隐会稽"(《新唐书》卷一百二十八《齐抗传》),承担了本该由大人承担的责任。

河南洛阳士人独孤及是个孝子,安史之乱起,便带着母亲逃难,一路

---

① (唐)孙邰:《送无作上人游云门法华寺序》,《会稽掇英总集》卷二十,人民出版社2006年版,第296页。
② 傅璇琮:《唐才子传校笺》卷三《张志和》,中华书局2000年版,第一册,第693页。
③ 参见徐鹏《孟浩然集校注·前言》,人民出版社1989年版。
④ 参见胡才甫《方干诗选·前言》,浙江古籍出版社1987年版。
⑤ (唐)穆员:《鲍防碑》,《全唐文》卷七百八十三,上海古籍出版社1993年版,第3630页。

颠簸，于乾元元年（758）到达越州，不幸的是，当年七月，他母亲就死了①，他自己就在若耶溪边隐居了下来。

皇甫冉是安定（今甘肃境）人，唐玄宗天宝十五年（756）进士，照理说他是幸运的。可仕途尚未开始，却与其弟皇甫曾（亦为天宝进士）急忙避乱江南，"乾元中在越州"②，不仅为自己的前程担忧。他给同在越州避难的刘长卿诗中说："湖上孤帆别，江南谪宦归。前程愁更远，临水泪沾衣。"（《全唐诗》卷二百五十）送的是"谪宦"刘长卿，愁的却是自己的前程。

唐代茶圣陆羽，在自传中记述避乱说："洎至德初，秦人过江，子亦过江。"（《全唐文》卷四百三十三）至德元年（756），乱军入据关中，关中士大夫纷纷渡江南下，陆羽也随之避乱，辗转至越中。四年后即上元元年（760）去吴兴苕溪隐居。③

晚唐时期的京兆人韦庄、韦霭一家的遭遇也十分凄惨。《唐才子传·韦庄》载："庄早尝寇乱，间关顿踬，携家来越中，弟妹散居诸郡。"④ 韦庄全家于中和二年（882）离京赴洛，中和三年到江南，从他所作《避地越中作》《寄湖州舍弟》《夏口行寄婺州诸弟》《不出院楚公》《湘中作》诸诗看，除他和韦霭弟流寓越中外，其他弟妹分别避居今浙江湖州、金华和湖北、湖南、江西等地。

韦庄在越中避乱十多年⑤，对于颠沛流离的难民生活有着深切感受。唐昭宗景福元年（892），他返京应试，行前以《投寄旧知》为题的诗中写道：

却将憔悴入都门，自喜青霄足故人。

---

① 参见傅璇琮《唐才子传校笺》卷三《独孤及》，中华书局 2000 年版，第一册，第 579 页。
② 傅璇琮：《唐才子传校笺》卷二《丘为》，中华书局 2000 年版，第五册，第 73 页。
③ 参见傅璇琮《唐才子传校笺》卷三《陆羽》，中华书局 2000 年版，第一册，第 625 页。
④ 傅璇琮：《唐才子传校笺》卷十《韦庄》，中华书局 2000 年版，第四册，第 328 页。
⑤ 参见傅璇琮《唐才子传校笺》卷十《张鼎》，中华书局 2000 年版，第四册，第 317 页。

> 万里有家留百越，十年无路到三秦。
>
> 摧残不足当时貌，流落空余旧日贫。
>
> 多谢青云好知己，莫教归去重沾巾。

（《全唐诗》卷六百九十八）

实际上这也是与他一起避地越中士人的共同感受。

5. 驻锡越中。越州佛教从东汉传入，经过六朝时期的广泛传播，唐代出现了空前繁荣的局面。这种繁荣首先表现在大批建造寺院庵舍，总数达216处之多；其次是在佛理建树和教义传播方面取得长足发展，三论宗的祖庭和天台宗的弘传是此时的两大特征；最后是佛教八大宗派在境内弘传过程中出现了三论宗吉藏、法敏，天台宗大义、神邕，华严宗澄观、慧定，律宗昙一、虚受，禅宗印宗、良价，净土宗玄英等一批在中国佛教史上颇有影响的代表性人物。① 说明这时的越州实际上是江南佛教中心。对于僧人皈依、受戒、说法、游方乃至战时避难，都是必然的选择。对于越州来说，大批僧人的到来，成了唐代人口流入或定居的重要特征之一。

在唐代越州著名僧人中，本籍僧和外来僧都有，而尤以外来僧人为多。这些外来僧人大多数以学佛和弘传为宗旨，自发而来，也有少量因战乱或社会动荡而来此寻求避难。精于三论宗的法敏僧，丹阳人，初因避难住余姚梁安寺，唐太宗贞观十九年（645）因士俗之请住会稽静林寺讲《华严经》。当时越州都督田德平追还一音寺，"相续法轮，于时众集义学沙门七十余州、八百余人，当境僧千二百，尼众三百，士俗之集，不可复记"②。本地僧尼1200人，加上来自他州的800余人，足见越州佛教的兴盛。

说法是唐代越州寺院的一项经常性佛事活动，而且往往影响很大，招

---

① 参见任桂全《绍兴佛教志》，浙江人民出版社2003年版。
② （唐）道宣：《唐越州静林寺释法敏传》，《高僧传合集》，上海古籍出版社1991年版，第218页。

来各地僧众。被称为三论宗祖庭的会稽嘉祥寺，唐初吉藏讲三论时，"禹穴成市，问道千余，志在传灯，法轮继转"①。时有"越邑精舍"之称的法华寺，天宝间玄俨法师讲《金刚般若经》，有"三千门人，五百弟子"②。差不多同一时期，越州开元寺（后复名大善寺）昙一法师，一生讲《四分律》35遍、《删补钞》20余遍，学徒遍及江淮各地。③ 此后，灵澈在云门寺讲经不倦，门徒环立如市④；唐宣宗大历七年（853）起，允文在大善寺开讲律乘，一讲就是20余年⑤；唐昭宗景福间，希圆在州城宝林寺演畅经论，同声相应，前来求法者甚众⑥。

《唐语林》云："江南多名僧，贞元、元和以来，越州有清江、清昼，婺州有乾俊、乾辅，时谓之会稽二清，东阳二乾。"（《唐语林》卷四《栖逸》）因为这里多名僧，故特来此地请法师高僧剃度、受戒者也特别多。润州、丹阳、吴兴等郡备车船迎玄俨，为新剃度僧人受具足戒。江淮间从昙一学戒律的，昙一不登坛不算得法，故设坛度僧近10万人。

总之，唐代不同时期因不同原因壮游、宦游、隐居、避乱、驻锡越中的人口，尽管在数量上难以作出估算，但移入的规模和数量无疑是江南地区的重点。这对于越州来说，不仅促进了区域人口的较快增长，成为东南沿海的人口大州，更重要的是，在南北文化大交流中，有力地推动了区域经济社会特别是文化事业的发展与繁荣。

五代时，越州人口的流入和定居，在规模和数量上虽然无法与唐代相

---

① （唐）道宣：《唐京师延兴寺释吉藏传》，《高僧传合集》，上海古籍出版社1991年版，第194页。
② （宋）赞宁：《唐越州法华山寺玄俨传》，《高僧传合集》，上海古籍出版社1991年版，第468—469页。
③ 参见（宋）赞宁《唐会稽开元寺昙一传》，《高僧传合集》，上海古籍出版社1991年版，第471页。
④ 参见（宋）赞宁《唐会稽云门寺灵澈传》，《高僧传合集》，上海古籍出版社1991年版，第475页。
⑤ 参见（宋）赞宁《唐会稽开元寺允文传》，《高僧传合集》，上海古籍出版社1991年版，第482页。
⑥ （宋）赞宁：《唐越州应天寺希圆传》，《高僧传合集》，上海古籍出版社1991年版，第421页。

比，但从有限和零星的材料中仍可发现这一时期的人口迁徙类型，特别是避难人口的状况与中晚唐的状况有许多相似之处。这是因为，"自黄巢犯长安以来，天下血战数十年，然后诸国各有分土，兵革稍息。及唐主即位，江淮比年丰稔，兵食有余"［《资治通鉴》卷二百八十二，《后晋纪三》高祖天福六年（941）］。五代十国形成后，南北形势出现很大不同，北方诸国仍不满足于"各有分土"，动乱在所难免。南方各国则划境自守，经济社会有所发展，而且对于北来移民采取了招纳的政策。在这样的形势下，作为吴越国重镇的越州，便再次成为北方移民的重要落脚点之一。唐末太子少保杜氏，"五季之乱南渡至会稽，乐其风土，因居焉"（《杜府君墓志铭》，《庄简集》卷十八）。现代国学大师马一浮的先祖，在汉居扶风茂陵，五代时，"避梁、唐之乱"，始居嵊州，后徙会稽。① 海宁人李洧孙，"其先，出唐宗室敦煌房。五代时，避地越之三界"②。唐末的太常博士皮日休，在乾符丧乱中落入黄巢手中，"令作谶文以惑众"，《唐才子传》说被黄巢杀害。③ 嘉泰《会稽志》以为是小说家之言，事实是"方唐之末，皮日休避地吴越，死焉"。生前住越州城内圆通妙智教院，后由其孙皮光粲舍地建观音院（嘉泰《会稽志》卷七《寺院·圆通妙智教院》）。此外，吴越国时，越州大建寺院，僧侣流入或驻锡也是常有的事。会稽清化禅院落成，请全付法师住持，"禅徒麇至"④ 就是一例。

北宋时期，越州人口数量有较大幅度的增长。从太平兴国三年（978）主客户216663户⑤，到崇宁元年（1102）279306户（《宋史》卷八十八《地理志四》），在两浙路14州中位列第一。对人口增长起决

---

① 参见马一浮《会稽马氏皋亭山先茔记》，《马一浮集》第二册，浙江古籍出版社、浙江教育出版社1996年版，第199页。
② （元）黄溍：《齐峰李先生（洧孙）墓志铭》，《黄溍全集》，天津古籍出版社2008年版，下册，第453页。
③ 参见傅璇琮《唐才子传校笺》卷八《皮日休》，中华书局2000年版，第三册，第503页。
④ （宋）赞宁：《晋会稽清化院全付传》，《高僧传合集》，上海古籍出版社1991年版，第461页。
⑤ 参见（宋）沈立《越州图序》，《会稽掇英总集》卷二十，人民出版社2006年版，第298页。

定作用的，是自然增长率的加快，而非迁徙因素所致。事实上有关外地人口迁入越州的记录也很少见，可以说是南宋时期人口大规模迁入前的短暂平静。

（三）城市人口与阶层分布

1. 城市人口数量的变化

越州城内的人口数量，早在南朝刘宋时，已有可能接近10万之数。宋孝武帝大明八年（464），浙江省区约有10万户，其中会稽郡52228户，占省区户数的52%；会稽郡人口数为348014口（《宋书》卷三十五《州郡志一》），户均6.66人。按《南史·顾觊之传》"山阴剧邑，民户三万"计算，此时山阴县人口应为19.98万人。作为浙东五郡首府的山阴县城人口，接近10万，与浙江境内第一大城市的实际是相符的。

隋代越州州城人口数量由于大业五年（609）会稽郡登录人户仅为20271户（《隋书》卷三十一《地理志下》），按当时全国户均人数5.17人计算，共有人口104801人，比南朝刘宋时的人口大为减少，数字不实的弊端是显而易见的，因而很难对这一时期州城人口作出比较符合实际的评估。但此后通过强制性或招募性迁徙来充实城市人口则成为一种发展趋势。隋炀帝有感于因战争造成的"居人散逸，田畴无伍，郛郭不修，遂使游惰实繁，寇攘未息"的现实，下诏：

今天下平一，海内晏如，宜令人悉城居，田随近给，使强弱相容，力役兼济。（《隋书》卷四《炀帝纪下》）

结果是哪些人充实了州城呢？《隋书·梁彦光传》云：

初，齐亡后，衣冠士人多迁关内，唯技巧、商贩及乐户之家移实州郭。（《隋书》卷七十三《梁彦光传》）

所谓技巧、商贩及乐户，实际都是平民百姓，对于充实城市人口，促进城市繁荣意义重大，以致影响了唐代城市的发展。

唐代是越州城市人口增长较快的时期。《元和郡县图志》记载，开元年间（713—741）越州户已经达到 107645 户，按天宝元年（742）每户 5.87 人推算①，越州为 631876 口。此时越州下属 7 县，平均每县约有 15378 户。唐代建制县据户口多少分成赤、畿、望、紧、上、中、下 7 个等级。②除京城周边赤、畿县外，在越州 7 县中，会稽、山阴、诸暨、剡为望县，余姚、萧山为紧县，上虞为上县。③

据开元十八年（730）规定，"六千户以上为上县"④，说明上虞人口最少。又据明嘉靖《萧山县志》卷三《户口》载："唐开元户部帐，户凡二万五千八十有六。"萧山属于紧县，其户口按理应当少于望县，即比山阴、会稽等望县要少。山阴、会稽为附郭县，或称郭下县，与越州同城而治，人口应该多于紧县，即便与萧山人口相同，则两县人户应为 5 万户左右。加上越州州治和浙东观察使（都督府）治等因素，张剑光认为会稽、山阴两望县人户为 55000 户左右⑤，这是较为客观的推算。

以会稽、山阴两望县共 55000 户计，按当时每户均约 5.87 人，两县实际人口为 322850 人，如果根据张剑光研究成果，即同期苏州郭下县城内户口约占总人口的 42% 进行类比推算，⑥越州郭下县会稽、山阴县城内的人口约为 135597 人。如果换一种方法计算，即根据台湾学者赵冈的研究成果，按唐天宝四年（745）城市人口占总人口的比重是 20.8% 计算⑦，当

---

① 天宝元年（742）户均人数，参见梁方仲《唐天宝元年各道郡户口数及每县平均户数和每户平均口数》表，《中国历代户口、田地、田赋统计》，上海人民出版社 1985 年版，第 102 页。
② 参见（唐）杜佑《通典》卷三十三《职官·县令》，中华书局 1992 年版，第一册，第 919—920 页。
③ 参见（唐）李吉甫《元和郡县图志》卷二十五《江南道二·浙东观察使》，中华书局 2005 年版，第 618—620 页。
④ （宋）王溥：《唐会要》卷七十《量户口定州县等第例》，中华书局 1998 年版，下册，第 1231 页。
⑤ 参见张剑光《唐代越州城市商品经济研究》，《绍兴文理学院学报》2010 年第 5 期。
⑥ 同上。
⑦ 参见赵冈《秦汉以来城市人口之变迁》，《中国城市发展史论集》，新星出版社 2006 年版，第 84 页。

时越州总人口为631876人，那么，越州州城即会稽、山阴两县城内人口为131430人。两种不同计算方法，得出的结果相差不多，如果把流动人口和城外涌入城内谋生的人口等估计在内，州城的常住人口一般在15万人左右，特殊时期最高或可达17万人。

城市人口是个动态变数。如果说越州州城人口在初唐是较快增长期，中唐到达高峰期，晚唐则是相对稳定期，城市人口总量在峰值数即开元户上下浮动，这是晚唐越州城市人口的一大特点。

由于晚唐时期人口资料不多，仅有的元和年间（806—820）统计数可信度又不高，这给分析越州城市人状况带来了许多困难。《元和郡县图志》载，越州元和户为20685户，比此前的贞观户（25890）、开元户（107645）、天宝户（90279）都要少。虽然开元二十六年（738）明州从越州析出时，约占42200户①，使越州人口总数减少40%左右，但这种减少是区划调整所致，属于整体划转，不至于出现州城人口大幅减少的现象。

事实上，在唐宪宗元和以后，从唐穆宗长庆、唐敬宗宝历到唐文宗大和年间（821—835），越州城市人口根本没有出现异常情况，城市仍然十分繁华。唐代著名诗人元稹于长庆二年（822）八月出任浙东观察使、越州刺史，至大和三年（829）九月离任，在越7年，亲自经历和见证了城市的繁华。他以诗歌形式对州城街巷仕女出游、行人往来的热闹场面有如下描述：

> 郡邑移仙界，山川展画图。
> 旌旗遮屿浦，士女满闉阇。
> （《春分投简阳明洞天作》，《元稹集校注》）

他在另一首闹元宵的诗篇中，更是直接记载游人数量：

---

① 明州分置时的户数，参见梁方仲《唐开元、元和各道府州户数及元和时每县平均户数》表，《中国历代户口、田地、田赋统计》，上海人民出版社1985年版，第104页。

宵游二万七千人，独坐重城①圈一身。
步月游山俱不得，可怜辜负白头春。

（《正月十五夜呈幕中诸公》，《元稹集校注》）

正月十五元宵夜游龙山的人数就达 27000 人，这显然是一次大型元宵活动，参与闹元宵的应该都是城里人。说明当时州城人口并不少，如果按每 5 人中有 1 人上龙山，那么州城人口应为 135000 人左右，这一数字正好与开元年间的州城人口相仿。元和户登记的越州 20685 户，若是数字不存在差错，则很可能是州城实有的户数。

这里涉及城内户籍与乡村户籍的分别登录问题。按唐制，"在邑居者为坊"，"在田野者为村"（《通典》卷三《食货》），后人便称城内人户为"坊郭户"，乡村人户为"乡村户"（《唐会要》卷五十八《户部尚书》）。这种将城市居民与农村居民区分开来的提法，最早出现于唐宪宗元和五年（810），但在此后的人口登录中，仍未见有坊郭户、乡村户的人户记录。越州及其属县中，也只有嵊县到南宋嘉定年间才有"县郭为户一千一百九十四"②的记录。其他均无分别登录，这就成了研究城市人口变化的一大困难。

晚唐时期，越州尽管经历过唐懿宗咸通元年（860）裘甫起义和唐僖宗乾符五年（878）黄巢攻占，但时间都不长，前者不过 8 个月，后者仅为 3 个月，战乱对于越州城市人口似乎没有产生实质性影响。所以到唐昭宗乾宁二年（895），时为浙东观察使的董昌在越州城内僭越称帝时，仍能"率军俗数万人"③，举行他的所谓登基仪式。这类大型的数万人集会，只有在人口总数超过 10 万的大都会城市中才有可能。

至于唐末至北宋时期的越州州城人口数量，显然未见有明显的快速增长迹象，但总体上出现逐渐增长的趋势。五代时，吴越国升越州为大都督

---

① "重城"，指子城内第三重城，以卫节度使住宅。亦称"牙城"。越子城在卧龙山东南麓。
② （南宋）高似孙：《剡录》卷一《版图》，浙江省嵊县县志编纂委员会办公室 1985 年 9 月重印，第 31 页。
③ （宋）徐铉：《稽神录》卷一《董昌》，中华书局 1996 年版，第 3 页

府，同时又以越州为吴越国东都，亦称东府，使越州的城市地位比前代有了提高。北宋虽然在这方面没有采取新的措施，但是，国内外城市学家已定论的"中世纪城市革命"至北宋时达到了顶点，这对于提高城市人口的自然增长率无疑是个好消息。中世纪城市革命始于唐朝中后期，此前的县城通常只能设一市，州城设两市，越州城内就设有南北两市，南市在第三厢内，北市在第四厢（宝庆《会稽续志》卷一《坊巷》），两市紧靠府河。而城市革命的鲜明特点就是放松了对每县一市的限制，官市组织的体系瓦解，坊与市相隔离的制度消失，城郊商业街的蓬勃发展，农村大批中小市镇的兴起。① 随着这场城市革命的到来，越州城内缺乏集市贸易和商业经营的状况，通过开辟城门口"附郭"的形式从事商业活动。像州城迎恩门、昌安门、五云门、偏门等城门，利用水陆交通要道，形成了繁荣的商业水街。而水街不仅需要营业场所，还得新建码头、旅店、仓库等基本设施。这样既扩大了城市规模，又增加了城市人口，还加强了城市与乡村的联系。

2. 城市人口的阶层分布

越州是隋唐至北宋时期的江南大都会，作为区域性政治、经济、文化中心，城市居民的阶层构成比一般州县城要复杂得多。城市有大、中、小之分，各个城市居民阶层的结构也不可能完全一致。通常情况下，城市居民包括诸色官吏、地主、军人、士人、宗教徒、贫民、浮客、艺人、妓女及工商业者。对越州而言，以下这些阶层尤其值得注意：

（1）诸色官吏。从行政区划建制的情况看，隋唐五代至北宋，越州始终是朝廷重点关注的城市。在全国推行道、州、县三级行政体制的时候，越州既是州级行政机构，又是越州都督府、浙江东道和两浙东路驻地，同时又在郭下设山阴、会稽两县。州城实际上就是三个行政层级、四个行政机关的治所，形成了州城多诸色官吏的人口阶层结构特征。对此，北宋诗

---

① 参见［美］施坚雅《中华帝国的城市发展》，《中华帝国晚期的城市》，中华书局2000年版，第24页。

人刘敞有如下描述：

> 居人旧俗多姚姒，幕府连城半斗牛。
>
> （《送刁越州》，《全宋诗》卷四百八十四）

所谓"斗牛"，是二十八宿中的斗宿和牛宿，这里指的是越州，城内一半是衙门，足以说明这里是行政中心，诸色官吏当然不在少数。以唐代为例，据《唐六典》所载，按制度规定，越州的三级行政机关职官及人员编制数分别为：

越州都督府署：都督1人。别驾1人。长史1人。司马1人。录事参军事1人，录事2人，史4人。功曹参军事1人，府3人，史6人。仓曹参军事1人，府3人，史6人。户曹参军事1人，府4人，史7人，帐史1人。兵曹参军事2人，府4人，史8人。法曹参军事1人，府4人，史8人。士曹参军事1人，府3人，史6人。参军事4人。执刀15人。典狱14人。问事8人。白直20人。市令1人，丞1人，佐1人，史2人，帅2人，仓督2人，史4人。经学博士1人，助教2人，学生60人。医学博士1人，学生15人（《唐六典》卷三十《中都督府》）。总计234人。

越州刺史署：刺史1人。别驾1人。长史1人。司马1人。录事参军事1人，录事2人，史2人。司功参军事1人，佐3人，史6人。司仓参军事1人，佐3人，史6人。司户参军事2人，佐3人，史7人，帐史1人。司兵参军事1人，佐3人，史6人。司法参军事2人，佐4人，史6人。司士参军事1人，佐3人，史6人。参军事4人。执刀15人。典狱14人。问事8人。白直20人。市令1人，丞1人，佐1人，史1人，仓督2人，史4人。经学博士1人，助教2人，学生60人。医学博士1人，助教1人，学生15人（《唐六典》卷三十《上州》）。共计225人。

会稽、山阴县署：各县令1人。丞1人。主簿1人。尉2人。录事2人，史3人。司户佐4人，史7人（万户以上增置佐2人，史4人，帐史1人）。司法佐4人，史8人（万户以上增置佐1人，史2人，余同畿县）。

典狱10人。问事4人。白直10人。市令1人，佐1人，史1人，帅2人，仓督2人。博士1人，助教1人，学生40人（《唐六典》卷三十《诸州上县》）。如果加上万户以上的增额数，每县116人，两县合计232人。

根据人口数量确定的等级，会稽、山阴为上县，越州为上州，都督府为中都督府。3个行政层级4个行政机构的人员编制数为691人，是否满编或超编，无从知道。但古代一个10万多人口的城市，有如此多的诸色官吏，实在非同寻常。如果加上诸色官吏随带的家属子女和服务人员及亲朋故旧，其总量或将近万人。刘敞所谓"幕府连城半斗牛"，实非虚言。

（2）军人。刘敞所说幕府中，自然也包括军幕。隋唐所置的越州总管府、越州都督府、浙江东道等行政机构，其总管、都督和观察使司都握有兵权，负责浙东诸州社会治安，兵力主要驻扎在越州城内。如唐人崔元翰《判曹食堂壁记》所言：

> 越州号为中府，连帅治所，监六郡，督诸军……（《判曹食堂壁记》，《会稽掇英总集》卷十八）

所以在唐诗中有不少篇章称州城为"军城"。如元稹诗曰：

> 军城楼阁随高下，禹庙烟霞自往还。
> （《送王十一郎游剡中》，《元稹集校注》）

白居易给元稹的和诗中也说：

> 军门郡阁曾闲否，禹穴耶溪得到无。
> （《酬微之夸镜湖》，《全唐诗》卷四百四十六）

正因为是军城，城墙就特别筑得高大，给人高而孤的感觉：

> 越国仍强大，稽城高且孤。
> （《和微之春日投简阳明洞天五十韵》，《全唐诗》卷四百四十九）

唐代越州驻军，吴蜕《镇东军监军使院记》有明确记载：

> 越之囊制，府兵十有四旅，属郡边戍，皆出其间，前贤莅临，犹或逗挠。今一府之内，控弦十万……（《镇东军监军使院记》，《会稽掇英总集》卷十八）

唐代曾实行府兵制，按每旅500人的编制，城内实际驻军7000人，由镇东军节度使掌控。五代沿袭唐制。北宋元丰四年（1081），实行厢军、禁军制，越州城内驻扎十二指挥，按一指挥500人计算，实际驻军6230人。① 当年城内驻扎军队的营盘，后来都在地名中获得记忆并传承了下来，如，铁甲营、营桥、西营、营基弄、右营堂、箭场营、小校场、大校场等。② 实际上这些军人不少还随带家眷。唐代宗大历二年（767），任越州都督的薛兼训，对没有结婚的军人，"厚给货币，密令北地娶织妇以归，岁得数百人"③，说明驻扎州城的军人及其家眷人数很可能超过万人。

（3）士人。士人是越州城内各阶层中最为活跃，也最有影响力的群体之一。尽管士人阶层在人口数量上无法与诸色官吏和军人相比，也无法对士人数量作出比较合理的评估，但有一点是值得注意的，就是在士人群体中有许多代表性人物，从他们身上或不难发现当时士人阶层的发展态势。

隋唐五代及北宋时期居住在越州城内的士人阶层，不仅深受六朝以来会稽名士好学、儒雅、睿智、机敏风气的影响，同时也得益于隋唐以来重视教育、重视人才选拔的时代风尚。城内各阶层包括官吏、军人、地主、工商业者甚至贫民，都千方百计让自己的子孙接受教育，形成重视教育、好学笃志的良好社会风气。其俗：

> 古今之风俗，好学笃志，尊师择友，弦诵之声，比屋相闻，不以

---

① 参见（宋）沈立《越州图序》，《会稽掇英总集》卷二十，人民出版社2006年版，第298页。
② 参见绍兴县革命委员会编《浙江省绍兴县地名志》（内部资料），1980年10月印行。
③ （唐）李肇：《唐国史补》卷下，《唐国史补·因话录》，上海古籍出版社1983年版，第65页。

第三章 城市形态演变与东南都会的繁荣

殖赀货习奢靡相高,士大夫之家占产皆甚薄,尤务俭约,缩衣节食……(嘉泰《会稽志》卷一《风俗》)

这对于士人阶层的兴起与扩大是极为有利的社会风尚。

在这种社会风尚的推动下,读书、赶考、求功名成为社会普遍现象。隋代越州尚未见有取得功名的记录。唐代考取文科进士15名,其中越州的第一名进士就是著名诗人贺知章,第一位状元则为出身名门的孔敏行。[①] 五代时间不长,也有7名文科进士。北宋中试名额大幅度增加到192名。[②] 他们当中,不少人后来成了士大夫或著名诗人、学者。

值得注意的是,向来读书人能高中进士的无疑只是极少数人,是一种宝塔形结构。未中科举的,往往是中试者的十倍、二十倍,甚至数十倍。但不论是否中试,读书入仕的盛况都是空前的,影响着城市社会的方方面面。

(4)信教徒。信教徒特别是佛教信众,在州城人口结构和阶层分布中也占有十分重要的地位。仅从宗教活动场所看,隋唐五代至北宋,城内就有道教宫观4处,佛教寺院27处,这对正常情况下15万人口的城市来说,几乎每5000人就有一处,宗教氛围也就够浓烈的了。

宫观中,思真观建于陈武帝永定二年(558),开元宫于唐玄宗开元二十八年(740)落成,天庆观是唐代越州紫极宫,千秋观则为天宝三年(744)秘书监贺知章辞官入道舍宅而建。27处佛教寺院,始建于六朝时期的有6处,唐代7处,吴越国6处,北宋7处,不明年代的1处。[③] 难怪诗人钱倧游完城内应天寺(又称宝林寺)后,便发出了"越地灵踪多少处,伽蓝难尚此楼台"[④] 的感叹!

[①] 参见(宋)王钦若《册府元龟》卷七百七十六《总录部·名望》:"孔敏行,字至之,文宣王四十代孙。父述睿,有高名于贞元间。"四库全书文渊阁本。
[②] 参见任桂全《绍兴市志》卷四十四《人物·历代进士名录》,浙江人民出版社1996年版,第3266—3270页。
[③] 参见(南宋)嘉泰《会稽志》卷七《宫观·寺院》,《绍兴丛书》第一辑《地方志丛编》,中华书局2006年12月版,第一册,第111—117页。
[④] (唐)钱倧:《再游应天寺圣母阁》,《会稽掇英总集》卷八,人民出版社2006年版,第109页。

这许多的城内寺院中,除说法、念经、礼佛、驻锡的僧尼外,本地信众的人数也非常可观,而且成立了自己的僧人信众组织,"九品往生社"便是其中之一。唐文宗开成五年(840)五月,城内大禹寺僧处纳,请来余姚平原精舍玄英法师讲《金刚经》。会次,有1250人结成"九品往生社",共同祝愿往生极乐,并且立《往生碑》[1],处纳为之撰文。这也从侧面反映了城内佛教繁荣和信徒众多。

对经济较为发达的越州而言,城市人口中从事工商业的数量必定不在少数,这方面内容将在其他相关章节中叙述。但从已经述及的内容看,城市人口的阶层分布不仅是人口结构的一种反映,而且更重要的是通过这种结构性的分析,真实反映了越州作为政治中心、军事重镇、文化中心和佛教中心的综合性城市特点。

二 坊厢设置与社区管理

对城市来说,无论规模大小或人口多少,如果不对城市空间进行必要的区域划分,并实施常态化管理,社会秩序将是不可想象的。因此,自从以人口集中居住为主要标志的城市诞生以来,对城区空间的划分及相应的组织机构设置便成了城市管理和社会控制的重要途径。尽管不同时期的区划名称不尽相同,如,六朝以前的"里闾",唐五代的"坊里",宋代的"厢坊"及元代的"隅坊"等,都是以制度的形式加以规范和管理的。

(一) 从里闾、坊里到厢坊的演变

越王勾践委托范蠡兴建越都城时,明确要求城与郭建成后还应当"分设里闾"[2],即把越人的居住区划分为若干个"里闾",这既是周代普遍实

---

[1] 参见(唐)释处纳《往生碑》,清道光二十年(1849)绍兴城内禹迹寺出土,《绍兴图书馆藏地方碑拓选》著录,西泠印社2007年版,第40—41页。

[2] (汉)赵晔著、张觉校注:《吴越春秋校注》卷八《勾践归国外传》,岳麓书社2006年版,第207页。

行的居民住宅单位,又是实施地方管理的基层行政单位。秦汉时仍以里为一级基层单位,设里正为一里之长。晋制,县率百户置里吏一人。隋文帝即位,令五家为保,五保为闾,四闾为族,皆设正为其长;畿外则里正,比闾正。① 可见,自秦汉、六朝及至隋,"里闾"一直作为居民住宅单元和基层行政单位而存在。

会稽郡的里闾设置情况也证明了这一点。文献记载,隋以前会稽相继出现过28个里闾,从里名、地理位置、名称由来等因素综合分析,其中大部分为越国时期的里名,也有不少是秦汉时期的里名。如,"项里",相传为秦末项梁、项羽过江隐居的地方;"弘训里",是汉太尉郑弘的家乡;"梅福里",传为汉梅福出没的地方;"许君里"是东晋许询的故宅所在地等,其中多数在会稽郡城郊外。

隋以前的会稽地方文献中"里闾"是经常出现的,而"坊里"却始终未见。清嘉庆《山阴县志》云:

> 坊里之名,见于唐书。武德初定均田法,百户为里,五里为乡;在城邑为坊,在四野为村。此殆坊里所自始。(嘉庆《山阴县志》卷六《土地志第一之六》)

山阴志所言,与会稽郡的里闾设置,以及唐以后的文献记载是完全一致的。关于坊里,隋代文献中已有所见,而在唐代文献中开始大量出现,兹摘录几种于下:

> 大唐令:诸户以百户为里,五里为乡,四家为邻,五家为保……在邑居者为坊……在田野者为村。(《通典》卷第三《食货三》)
>
> 百户为里,五里为乡;四家为邻,五家为保。在邑居者为坊,在田野者为村。(《旧唐书》卷四十八《食货上》)
>
> 百户为里,五里为乡。两京及州县之郭内分为坊,郊外为村

---

① 参见郑天挺等《中国历史大辞典》,上海辞书出版社2001年版,第1467页。

里……（《唐六典》卷三《尚书·户部》）

以越州而论，入唐以后"坊里"逐渐替代"里閈"，无疑是一种发展趋势。两者之间既有联系，又有区别；联系之中体现了某种传承关系，区别之处体现了城市文明的进步。

两者的联系突出表现是都筑有围墙。在范蠡分设的里閈中，几乎都有围墙的记录，一般记周长，个别记径长：

东武里，周五百三十二步；

北坛利里，周五百九十步，陆门二，水门一；

阳城里，西至水路，水门一，陆门二；

苦竹里，径六十步；

安城里，周六百步；

淮阳里，周五百六十步；

北阳里，径百九十四步。①

除围墙以外，里当然也有门，所以便有"里閈"之说。"閈"的本意是里巷的大门，而"里""閈"连用时，其义相同，如隋代"令五家为保，五保为闾，四闾为族"，就是一例。

唐代的坊也都筑有围墙，这种坊墙实际上完全继承了里墙的封闭式建筑传统。因此可以这样说，坊墙是由里墙演变而来的，其目的和功能也是一脉相承的。有关这方面的记载很多：

唐制……最有条理，城中几坊，每坊各有墙围如子城，然一坊共一门，出入六街。（《朱子语类》卷九十《礼七·祭》）

唐……官街皆用墙，居民在墙内，民出入处皆有坊门，坊中甚安。（《朱子语类》卷一百三十八《杂类》）

---

① 里的周长或径长数，参见《越绝书》卷八、《水经注》卷四十。

这里对每坊筑作围墙、开设坊门、居民住宅、进出坊门及坊的安全性能等记述甚详，可以想见，处在同一坊里制度下的越州城内之坊，从规模、形制到坊墙建筑，应该不会相去太远。

当然，唐代的坊里与此前的里闾，除了继承之外也有区别，最大的区别在于，里闾的设置没有城内与城郊之分，即城内外均设里闾，城内之里都筑里墙，城外之里也有筑里墙的情况。而唐代开始实行的"坊里"制中，只强调"郭内分为坊，郊外为村"（《通志》卷四十《地理略第一》），突出了城市的坊里建制。从城乡皆置的"里闾"到唯有城里才置的"坊里"，可以看作是中国传统城市发展进程中的一个重要转折。

里闾的围墙和坊里的围墙都是封闭式的，一般只允许独门进出，管理也很严，这与当时落后的经济水平是相适应的。随着城市经济的发展和社会的进步，坊墙无疑将成为发展的阻力，被冲垮塌是意料中的事。

特别是在城内同时实行"坊里"制和"坊市"制的情况下，将"坊"和"市"人为地隔离开来，对于经济社会发展是极为不利的。因为"坊"既是居民小区，又是基层行政单位，而"市"是手工业和商业区，前者为居住区，后者为生产经营区。"坊"和"市"是城内不同功能区，虽然坊和市之间通过坊门和市门加以连接，坊、市之门每天晨昏开关，并且以击鼓为号，按时作息。但对于"市"的设置有严格规定：一是只准在县城以上的城内设置，二是除京师外一般城内只能设两市。越州城内只设南、北两市，而且两市紧密相连，位于南北向的府河中段，在华严坊与铁钉坊之间（万历《绍兴府志》卷二《旧越城图》）。一个十多万人口的州城，仅一两个市，显然是不能满足生产经营需要的。

所以到唐代后期，原本仅供居住的坊内开始出现商业店铺和小手工业作坊，甚至出现夜市。唐文宗开城五年（840），曾下诏禁止[①]。说明在城市经济出现繁荣的时候，坊里制和坊市制均面临新的冲击和挑战。到五代

---

① 参见（宋）王溥《唐会要》卷八十六《市》，中华书局1998年版，下册，第1583页。

时，一些大都市虽然还勉强维持着封闭式的"坊里"和"坊市"制度，如后梁开平三年（909）："正月敕：兵革方偃，久废燃灯，属在春上，务达阳气，宜于正月上元前后三昼夜，开坊市门，一任公私燃灯祈福。"① 说明这时还保持着唐天宝年间规定的元宵节夜开坊市之门的制度，但实际上经济发展带来的冲击是无法抵挡的，到后周显德二年（955）京师的情况是：

> 都城因旧制度未恢，诸卫军营，或多窄狭，百司公署，无处兴修。加以坊市之中，邸店有限，工商外至，络驿无穷。僦赁之资，增添不定，贫乏之户，供办实多。而又屋宇交连，街衢湫隘，入夏有暑湿之苦，居常多烟火之忧。将便公私，须广都邑……（《五代会要》卷二十六《城郭》）

这种状况，在城市经济向来比较繁荣的越州城内可能表现得更为严重，对于新制度的建立，要求也更为迫切。

主要表现在：（1）曾经起到封闭作用的坊墙，在唐末五代已经开始衰落，以致破败倒塌。朱熹在讲到宋代坊里时说："本朝宫殿街巷、京城制度，皆仍五代，因陋就简，所以不佳。"（《朱子语类》卷一百三十八《杂类》）（2）按唐制规定州城只设南、北两市的现状已经被冲破，南宋以前越州城内已陆续出现照水坊市、清道桥市、大云桥东市、古废市、大云桥西市、龙兴寺前市、驿地市和江桥市等八市（嘉泰《会稽志》卷四《市》）。（3）由于坊墙的倒塌和坊市的迅速增加，为满足加强城市管理需要而增设的"厢"一级行政组织应运而生，并且以"厢"统"坊"的隶属关系开始运营，因此被称作"厢坊"② 制度。

这种唐末开始出现的厢坊制，成长经历也很曲折，万历《绍兴府志》有如下记载：

---

① （宋）王溥：《五代会要》卷一十二《燃灯》，中华书局1998年版，第150页。
② 陈振：《从厢坊制到隅坊（巷）制、厢界坊（巷）制》，《宋代社会政治论稿》，上海人民出版社2007年版，第182页。

坊里，隋以前不可考。唐《十道图》，县各有乡有里，然其兴废因革，亦靡得记焉。宋熙宁三年（1070）行保甲法，始置都，领于乡；改里曰保，领于都。元丰八年（1085）废都保，复置附治地为坊，其郭外仍以乡统里，已又分府城内为五厢，仍领坊。（万历《绍兴府志》卷之一《坊里》）

文中的"附治""府城"均指越州州城，所谓元丰八年（1085）坊的"复置"和厢的"又分"，表明此前越州城内早已完成了从"坊里"制向"厢坊"制的转换。有学者认为，宋代除汴京实行厢制以外，华北地区其他"置厢城市为数不多"[①]，这可能与城市经济发展缓慢有关。

（二）坊与厢的设置

唐五代至北宋时期越州城内坊的设置和厢的设置时间，总的来说是坊在先厢在后。相对而言，"坊"的设置有唐初已经开始实施的"里"为基础；"厢"的设置，既无先例，又受州管还有郭下县管的权力制约，从唐末开始酝酿，到北宋初才得以实施。

州城内坊的设置数量和名称是在不停地变化之中。总的趋势是，数量在逐渐增加，名称在陆续更替。综合各种地方文献资料，唐以前有文字记载的里共28个。入唐以后，通过更名、增设等方式，据《图经》记载已达32坊，其中隶会稽县附治20坊，隶山阴县附治12坊。而到北宋末年，实际已超过32坊。这就是南宋嘉泰《会稽志》所谓的"越城之中多古坊"。

这些在南宋已被称作"古坊"的名称，据嘉泰《会稽志·衢巷》的考证和其他相关叙述的印证，其出现时间和原因大致有三种情况：

一是沿用旧名。包括原来的里名和较早出现的坊名。该志在列举了千

[①] 张利民：《中国华北城市近代化国际学术讨论会综述》，《城市史研究》第二十一辑，天津社会科学院出版社2002年版，第507页。

秋坊、礼逊坊、解愠坊等 17 个坊名之后，接着说："此皆旧坊，至今存者。其他更易，盖漫不可知矣。"（嘉泰《会稽志》卷四《衢巷》）只知《图经》所载，隶会稽 20 坊，隶山阴 12 坊。需指出的是，嘉泰志所引系《越州图经》，陆游在该志序言说"书虽本之《图经》，《图经》出于先朝"，昔今已不存。

二是更改旧名，据嘉泰志记载查得 4 坊，分别是：晋许询隐居地许君里，后改为清风坊（嘉泰《会稽志》卷十三《古第宅》）；南朝江淹寓居地江君里，后改名招贤坊（嘉泰《会稽志》卷十三《古第宅》）；古甘溽巷更名甘露坊（嘉泰《会稽志》卷四《衢巷》）；南宋淳熙二年（1175），因郡人詹骙得中状元，德政坊因此更名状元坊（嘉泰《会稽志》卷四《衢巷》）。

三是新增坊名，唐五代及北宋均有依据变化了的情况增置新坊的传统，这实际上是地名文化的传承与更新。唐代著名诗人张志和隐居越州东郭门内，自称烟波钓徒，著《玄真子》，自号"玄真"。大历五年（770）任浙东观察使的陈少游，"往见，为终日留，表其居曰玄真坊"（《新唐书》卷一百九十六《张志和传》），也有因避讳而写成"元真坊"的。这类新增坊名，在唐代有以天长观命名的天长坊，以诗人方干池命名的澄波坊，以观察使孟简开新河而得名的新河坊；在五代有因吴越王钱镠修城挖日、月两池，故有日池坊、月池坊；北宋有因会稽人齐唐筑庐以居，故有贤良坊；大中祥符元年（1008），改宪台永寿院为杏花寺，故有杏花坊。

其实，嘉泰《会稽志·衢巷》考证，实则只有 28 坊，其他相关叙述中尚有 4 坊未列入"古坊"中。嘉泰志成于宋宁宗嘉泰元年（1201），共述及州城 32 坊名，而据该志续志宝庆《会稽续志》载，到宋宁宗嘉定十七年（1224）时，越州城内共设置 5 厢 96 坊，坊数有了成倍增加。短时间内猛增坊数，前志没有记全和此后迅速增置的可能性都是存在的。

表 3－2　　嘉泰《会稽志》所载坊名录

坊　名	来　历	坊内标志物
千秋坊	以千秋亭名	汉蔡邕得椽竹处
礼逊坊	以汉陈嚣逊地名	都亭桥
解愠坊	以晋王羲之题扇名	题扇桥
龙华坊	以古龙华寺名	龙华寺
玄真坊	以唐张志和所居名	大夫桥
澄波坊	以唐方干所居名	方干池
卧龙坊	以山名	卧龙山
锦鳞坊	以桥名	锦鳞桥
照水坊	以湖名	照水溪（亦称照湖）
都赐坊	以埭名	都赐门
义井坊	以井名	有三口大井
天长坊	以观名	千秋观（由天长观改）
贤良坊	以宋齐唐所居名	镇东军门
富民坊	以富民诸葛氏所居名	和旨楼
观仁坊		观巷
清道坊		清道桥
德政坊	以晋何充有德政名	会稽县衙
甘露坊	以古甘滂巷更名	
钟离坊	以汉钟离意所居名	钟离桥
竹园坊	以汉陈嚣竹园名	长庆院
笔飞坊	以梁江淹所居名	笔飞弄

续　表

坊　名	来　历	坊内标志物
日池坊	以钱镠浚日池名	在会稽县衙中
月池坊	以钱镠浚月池名	在会稽县衙北
秦望坊	以子城秦望门名	拜王桥
蕙兰坊	以桥名	蕙兰桥
杏花坊	以寺名	杏花寺
花市坊	以市名	
詹状元坊	以德政坊更名	会稽县衙
莫状元坊	以莫子纯状元名	
招贤坊	以江君里更名	江桥
清风坊	以许君里更名	能仁寺
新河坊	以河名	谢公桥

（三）基层社区管理

隋唐五代及北宋的城市基层社区管理主要是通过隋以前传承下来的里闾，唐初建立的坊和北宋初期建立的厢、坊两级行政组织来实施的。坊是城内最基层的一级行政单位，厢是继坊以后出现并置于坊之上的行政机构，实行以厢统坊的管理体制。

按照唐代制度，无论是城内的坊，还是城外的村里，都有专人负责管理，统称为"正"，即坊有坊正，村有村正，里有里正，《旧唐书》："州县之郭内分为坊，郊外为村。里及坊、村皆有正，以司督察。"（《旧唐书》卷四十三《职官二》）显然都称为"正"，但由于农村社会和城市社会的种种区别，坊正和村正担负着不同的社会管理职能。乡村"每里置正一人,掌按比户口,课植农桑,检察非违,催驱赋役"。承担着按时申报户口,催促农事,检察非违,催缴赋役等四大任务。这也符合乡村特点。而城内每一坊也"别置正一人,掌坊门管钥,督察奸非,并负其课役"(《通典》卷三《食货三》)。除催缴课税和摊派劳役外,更多的是承担社会治安的职责。

坊正手里拿着钥匙,第一责任就是管好坊门,虽然一坊仅有一门,但一门却可通向六街。"凡城门、坊角有武候铺卫士分守,日暮门闭。五更二点,鼓自内发,诸街鼓振城,坊市门皆启。奸盗自无所容,盖坊内皆常居之民,外面人来皆可知……"(《朱子语类》卷九十《礼七·祭》)五更开门,日暮关门,居民天天在这里进进出出,互相之间很熟悉,奸盗之流无法混迹其中,居民颇有安全感。坊门的守卫制度也很严格,如果不是用钥匙打开坊门,就得鞭杖六十;如果是翻越官府廨院垣篱进入坊内,则各杖七十(《唐律疏义》卷八《越州镇戍等垣城》)。坊门的启闭时间也不能随意更改,如果有特殊需要,也得皇帝同意。唐玄宗天宝三年(744),为满足闹元宵之需,敕"每载依旧取正月十四日、十五日、十六日开坊、市门燃灯,永以为常式"(《旧唐书》卷九《本纪·玄宗下》);另外还规定,"每阴雨五日,令坊市闭北门,以禳诸阴;晴三日,便令尽开,使启闭有常,永为定式"(《唐会要》卷八十六《市》)。这些基层社区的管理措施对实行坊里制的越州城来说,同样是不可或缺的。

当然,除加强治安管理外,维护社会秩序和环境整洁也是坊正的重要职责。在坊墙被看作是坊内安全保障时,政府特别注意坊墙的修缮,唐朝政府多次下令修补京城坊墙,如唐德宗贞元二年(788)二月敕:

  京城内庄宅使界诸街坊墙有破坏,宜令取两税钱和雇工匠修筑,不得科敛户民。(《唐会要》卷八十六《街巷》)

唐德宗敕令虽然只对京城而言,但因事关基层社会管理规定,往往多为州县仿效,所以也有不少坊里、坊市管理敕文,加上"京城及州县"的适用范围。

唐代州城坊内都设街道，这种街道在天宝以前称"巷"，天宝以后称"曲"，沟通坊内户住宅。① 但是，坊内街巷及空余土地被侵占的情况时有发生。如，穿坑取土、侵街打墙、沿街种植、偷砍街树、向街开门、占地造屋等行为，对坊内的治安、整洁、美观及居民日常生活都造成影响。针对这些普遍存在的违章不法行为，唐政府曾多次下令整饬，如：

　　开元十九年六月敕，京洛两都，是惟帝宅，街衢坊市，固须修筑。城内不得穿掘为窑，烧造砖瓦。其有公私修造，不得于街巷穿坑取土。

　　广德元年九月敕，城内诸街衢，勿令诸使及百姓辄有种植。

　　大历二年五月敕，诸坊市街曲，有侵街打墙、接檐造舍等，先处分一切不许，并令毁拆。

　　贞元十二年，官街树缺，所司植榆以补之……

　　大和五年七月，左右巡使奏请勒，坊内开门，向街门户，悉令闭塞。(《唐会要》卷八十六《街巷》)

这些规定，对于维护城市社会秩序和居民利益都是积极有益的，越州在坊里、坊市管理中认真履职，相信必定会受到欢迎。

然而，进入晚唐以后，这些坊里制和坊市制本身固有的弊端不仅无法从根本上得到解决，而且在城市发展过程中又出现了一系列新的矛盾和问题，对城市基层社区管理体制造成巨大冲击。这些原本由总管府、都督府、观察使直接监督、管理的坊和市，随着城市发展进程的加快，不得不在管理体制上做出相应调整。

州城的这种调整，大致分两步进行。首先，从唐末开始实行属地管

---

① 参见徐庭云《中国社会通史·隋唐五代卷》，山西教育出版社1996年版，第214页。

理。越州城内自隋以来就设有会稽、山阴两个附郭县，县城均在州城，所以亦称"附治"。而山、会两县在城内的分界线就是府河，地方志中也有称"运河"的。城区河东部分属会稽县，河西部分属山阴县。对于这次体制变革，万历《会稽县志》有如下记载：

> 唐末，分运河以东之城属会稽。(《会稽县志》卷四《治书·城池》)

可见，此前州城虽有以府河为界的会稽、山阴两县，附治也都在城内，但对城区管辖权属似乎未作明确界定，原因可能是州城一直由州级政府管理，县级政府仅起配合作用。而唐末将州城分别划属会稽、山阴两县，或许是加强基层社区管理的一种措施。其次，从北宋开始在城内增设"厢"级基层行政机构。这种相当于现在"街道"一级的机构共设五厢①，这应该是根据城市规模和基层管理需要而设置的。至于各厢名称及坐落地理位置，从后来的厢坊布局看，坊有名，厢则以数序相称：第一厢、第二厢在会稽附治内，第三厢、第四厢、第五厢在山阴附治内。因州治在山阴附治内，所以山阴多设一厢为第五厢，统领的坊数比其余各厢要少（宝庆《会稽续志》卷一《坊巷》）。

从坊墙的逐步倒塌到厢建制的建立，才从真正意义上完成了由坊里制到厢坊制的转换。而这种转换对越州城内的基层社区管理来说，从管理内容到方法都面临着新的考验。

对坊的管理者，即坊正来说，在封闭式的坊墙未倒塌之前，他手中的钥匙重点是维护坊墙内的社会治安和秩序。一旦坊墙倒塌之后，他手中的钥匙就失去了效用，而必须面对的是，对坊墙倒塌过程中陆续出现的手工作坊和商业店铺经营者的管理。换句话说，必须面对和加强坊内经济的管理，成了唐末五代到北宋时期基层社会管理的一项基本任务。与以前相

---

① 参见（明）万历《绍兴府志》卷一《坊里》："元丰八年废都保，复置附治地为坊……又分府城内为五厢，仍领坊。"

比，其管理职能和范围已有明显扩大。虽然按照唐宋相沿的制度规定，州、县城内市场有专门的市令负责管理，但一坊之内与经济有关的，如，坊内开市、罢市时间的掌握，坊内交易中商品价格和斤量的控制，税收的征管等，仍离不开坊正的有效管理。

至于越州城内在宋神宗元丰八年（1085）复置的"厢"（嘉庆《山阴县志》卷六《土地志第一之六》），其基本职权很可能是管理厢内事务。宋太祖开宝三年（970）五月，"诏诸州长吏，毋得遣仆从及亲属掌厢、镇局务"（《续资治通鉴长编》卷十一"宋太祖开宝三年五月"），说明厢与镇的性质是相同或相似的。厢的具体管理职能，由于资料缺乏还难以作出肯定的回答。但从宋真宗天禧五年（1021）开封府厢吏配备的职位和名额看，"每五百户以上置所由四人，街子三人，行官四人，厢典一名"[1]，其承担职责和管辖范围是比较宽泛的，甚至包括赈灾济贫。宋孝宗淳熙八年（1181），越地大水成灾，朱熹奉命前往赈灾，对于在城五厢灾民人户，就委派"厢官沿门抄札，访闻多是止凭厢典"[2]，数字多有不实不尽。虽然厢官没有尽职，但厢建制已经成为基层社会管理中的重要环节是显而易见的。

三 城市居民的物质生活

在传统社会里，不同社会阶层和不同职业者所能获得的物质生活条件不可能是平等的。隋唐五代至北宋时期越州居民的物质生活也不例外。农民、市民和士人的生活状态、生活水平及追求目标就各不相同。

唐代，对一个越州农民的日常生活，诗人秦系在《题镜湖野老所居》中作了如下描述：

---

[1] （清）徐松辑：《宋会要辑稿》第一百七十三册，《兵三之三》，中华书局1997年版，第6803页。

[2] （宋）朱熹：《奏绍兴府都监贾祐之不抄劄饥民状》，《朱熹集》，四川教育出版社1996年版，第649—650页。

> 湖里寻君去，樵风吹往还。
> 树喧巢鸟出，路细莳田移。
> 沤苎成鱼网，枯根是酒卮。
> 老年唯自适，生事任群儿。
>
> （《题镜湖野老》，《全唐诗》卷二百六十）

起早、卖柴、种田、烂苎、织网、捕鱼、酿酒、饮酒是"野老"的全部生活内容，他追求的是"自适"。

宋代，一个越州城内居民的日常生活，父母官洪迈是这样记载的：

> 会稽士人范之纲，居于城中，壮岁下世。有两子，能谨畏治生，日以给足。其母早夜焚香，敬祷天地百神，旦诵经五十遍，凡十余年，未尝少辍。……一神人语之曰："婆婆年来家道长进，两个儿子留意产业，孙男女五人，仍有奴仆，又己身安强无疾病。居于尘世真不易，得此，外复何求，而朝朝暮暮香火诚至如此？愿闻所欲？"母谢曰："老妾感谢天地护佑，一家百无所望，只愿单得饱饭吃。"（《夷坚志丁》卷二《范之纲妻》）

范妻一家操持产业，不辞辛劳，追求的"只愿单得饱饭吃"。

唐宋间，一个越州士人杜醇的日常生活，王安石在《赠杜醇》诗中表达的是一种丰富多彩的生活：

> 杜生四五十，孝友称乡里。
> 隐约不外求，耕桑有妻子。
> 藜杖牧鸡豚，筠筒钓鲂鲤。
> 岁时沽酒归，亦不乏甘旨。
> 天涯一杯饭，夙昔相逢喜。
> 谈辞足诗书，篇咏又清泚。
> 都城问越客，安否常在耳。

日月未渠央，如何弃予死。

古风久凋零，好学少为己。

悲哉四明山，此士今已矣。

(《赠杜醇》，《会稽掇英总集》卷十二)

杜醇虽有诗意般的生活，但却没有安康的保障，四五十岁就"凋零"了。

从野老、范妻到杜醇，他们不仅需要物质生活，而且也在不停地追求精神上的需求。精神上的追求将在其他相关章节中叙述，这里仅记物质生活。

(一) 饮食

满足饮食需求，是人类获得生存的基本条件。这种在适应自然、改造自然过程中创造的物质来源，受自然环境和社会环境影响，不仅体现在风格独特的食品上，如米、面、肉、菜，饮品如茶、酒等方面的不同，而且在食品、饮品烹饪加工技艺和食用饮用习惯上也有区别。南方人喜食米饭，北方人钟爱面食，就是实例。

就食品来源而言，早在春秋越国时期，越地已有谷、粟、黍、麦、豆、禽、畜、鱼、果、蔬之分。这些越人生存需要的食品已经十分丰富，按《黄帝内经·素问》所谓"五谷为养，五果为助，五畜为益，五菜为充"要求，人身所需营养配备已很完整和丰富了。到了隋唐五代及北宋时期，在农副业、手工业和商业都达到超越前代水平的时候，获取食品和饮品的能力同样超越前代而有了很大提高。

隋唐五代及北宋时期，越州农耕仍以稻、麦为主，间以稷、粟、豆及其他各种杂粮。继续保持着先秦以来主食以米食为主、副食以鱼类为主的饮食结构格局。《史记》所谓"饭稻羹鱼"：

果隋蠃蛤，不待贾而足，地势饶食，无饥馑之患。

(《史记》卷一百二十九《货殖列传》)

既是越地的农耕结构，也反映了越地的饮食结构。这种饮食结构没有随着历史的前进而消失，而是在行进中更趋完美。

突出表现在米食品种，经过长期的繁殖、培育和引种，至宋代，越州的稻谷品种已达 56 种，形成早熟、中熟、晚熟和粳米、籼米、糯米等品种群系（嘉泰《会稽志》卷十七《草部》）。专家研究的 56 种水稻品种中，有早稻类 9 种，中稻类 23 种，晚稻类 7 种，不详 17 种；有粳稻类 9 种，籼稻类 20 种，糯稻类 16 种，不明 12 种。① 大大丰富了越人主食结构的多样性。

这种米食品种的多样性，带来了主食吃法的多样性，隋唐五代较有越州地方特色的米饭有：

雕胡饭，是一种很有特色的米食。雕胡即菰，也作苽，夏秋间开花结菰米，呈黑色，杜甫有"波漂菰米沈云黑"（《秋兴八首》，《全唐诗》卷二百三十）诗句。雕胡饭的烧法，现在已不得而知，但从名人诗句中，约略可知，这是一种芳香甘滑，受人喜爱的米食。杜甫"滑忆雕胡饭，香闻锦带羹"（《江阁卧病走笔寄呈崔、卢两侍御》，《全唐诗》卷二百三十三），李白"跪进雕胡饭，月光明素盘"（《宿五松山下荀媪家》，《全唐诗》卷一百八十一），皮日休"雕胡饭熟醍醐软，不是高人不合尝"（《鲁望以躬掇野蔬兼示雅什，用以酬谢》，《全唐诗》卷六百十三），都是对这种米食的赞美。他们三人都到过越州，皮日休后来还死于越中，大概都吃过雕胡饭。但皮日休所谓"不是高人不合尝"可能言之失当，因为普通老百姓其实也吃雕胡饭。宋代黄希原为杜甫"雕胡饭"诗注："会稽人顾翱，少失父，事母至孝。母好食雕胡饭，常躬自采撷。"（《江阁卧病走笔寄呈崔、卢两侍御注》，《补注杜诗》卷三十五）采的当然是用于做雕胡饭的菰米。

王母饭，是御膳房用于筵宴的主食。据《说郛》引韦巨源《食谱》

---

① 参见洪惠良等《绍兴农业发展史略》，杭州大学出版社 1991 年版，第 117—118 页。

"御黄王母饭,遍镂卵脂盖饭面装,杂味"(《通志》卷七十六《昆虫草木略第二》),可知这是用蛋黄烹饪的盖浇饭。

青精饭,是一种黑发养颜的主食。所用南烛,又称乌草,能将饭染黑,所以也叫黑饭草。其制作方法,《说郛》:"采枝叶,捣汁,浸米,蒸饭,曝干,坚而碧也,久服益颜延算。"(《说郛》卷七十四)因此,道家谓之青精干食饭,"食之资阳气";释家制青精饭,"以馈施主"(《西湖游览志余》卷二十《熙朝乐事》)。大约制作青精饭的人太多,黑饭草被采光了,杜甫致诗李白诉苦:"苦乏大约资,山林迹如扫。""岂无青精饭,使我颜色好。"(《赠李白》,《全唐诗》卷二百十六)

相对而言,以上特色米食毕竟是少量的,在平民大众中普遍流行的米食其实还要多,只不过相关记载不多,或很简单而已。《御定佩文韵府》记及并与越地相关的就有"觚饭",越谚有"觚饭不及壶飱"句,意思是说,觚虽然很大,但是空着没有盛饭,不如用壶盛汤饭熟食能救人饥疾。"社饭",《东京梦华录》:"秋社以社糕、社酒相送,又以诸果美物作棋片调和铺饭,上谓之社饭。""村饭",唐代山阴诗人吴融在朝为官,思乡时就想起家乡的白米饭:"昔年离别浙东河,多难相逢旧楚宫。""几程村饭添盂白,何处山花照衲红。"(《送知古上人》,《全唐诗》卷六百八十六)此外,如"栗饭""糯饭"等,或许就是用米加栗或糯米煮饭,至今仍属常见米食。

除米饭外,米粥也是常见的主食之一。现实生活中,籼米、粳米都是煮粥的主要物源。从口味看,粳米煮粥更胜一筹。南朝陈末为散骑常侍的南方人徐孝克,入隋后居长安,家徒四壁。母亲患病,"欲粳米为粥,不能常办。母亡后,孝克遂常噉麦。有遗粳米者,孝克对而悲泣,终身不复食之"(《通志》卷一百四十五《徐陵附传》)。另有记载徐孝克后来隐居"钱塘赭山",在今萧山境内。唐诗中发现,当时食用米粥在南方民间是十分普遍的。诸如,"床上无毡卧,镉中有粥否"(《胡居士卧病遗米因赠》,《全唐诗》卷一百二十五),"老年方爱粥,卒岁且无衣"(《田家》,《全唐诗》卷一百二十七),"薄粥不足裹,深泥谅难驰"(《赠崔立之》,《全唐诗》卷三百四十五），"空腹一盏粥，饥食有余味"（《闲居》，《全唐诗》卷四百二十九）之类的描述看了让嘴馋。用米煮粥，加上不同的辅料，便形成了各种风味粥，宋代仍流行的有七宝素粥、五味粥、粟米粥、糖豆粥、糖粥、糕粥、徽子粥、绿豆粥等（《说郛》卷六十《南宋市肆纪·市食·粥》）。最普通的大概要数"菜粥"了，荒年时贫穷者能吃到菜粥已经很不错了，有的僧人也过着同样的清贫生活。唐代贯休《送僧入五泄》诗中就有"九年吃菜粥，此事少人知"《全唐诗》卷八百三十三）句。五泄寺在越州诸暨境内，系唐代名刹。

隋唐五代到北宋时期，越州居民的副食品种也称得上是多样化的。春秋越国时，鸡山、豕山、犬山有畜养鸡、猪、狗和南池养鱼的传统。[①] 南朝时，鉴湖牧养群鸭的经验在唐宋获得进一步发展。其中鱼类品种也很多，有鲻、鲈、鲤、鲫、鳝、鳡、鳙、鲢、石首、梅鱼、春鱼、比目鱼、银鱼等（嘉泰《会稽志》卷十七《鱼》）；蔬菜品种有芹、莼、葱、薤、芥、银瓜、握青瓜、算筒瓜、红苋、白苋、紫苋、苦苣、蒜、茄（隋末时称"昆仑紫瓜"）等（嘉泰《会稽志》卷十七《草部》）。

这一时期越州的食品固然很丰富，饮品其实也不少，最著名的便是酒与茶。

越州是春秋末年越王勾践"投醪劳师"[②] 故事的诞生地，酿酒饮酒有着悠久传统。这种用糯米酿造的米酒，其酿造工艺到东汉时已经成熟。王充用"蒸谷为饭，酿饭为酒"[③] 八个字，对这种工艺做了高度概括。隋唐以后，城乡酿酒已经十分普遍，白居易因此称越州为"醉乡"。其时，白任杭州刺史，元稹则任浙东观察使兼越州刺史，俩人交往密切，所以白居易有"醉乡虽咫尺，乐事亦须臾"（《和春分日投简阳明洞天作》，《会稽掇英总集》卷九），唯恨相聚醉乡时间太短。其实，称越州为"醉乡"是

---

① 参见《越绝书》卷八《越绝外传记地传》，上海古籍出版社1985年版，第61页。
② 《吕氏春秋》卷九《顺民》，浙江人民出版社1985年版，百子全书本。
③ （东汉）王充：《论衡》卷二《幸偶篇》，上海人民出版社1974年版，第17页。

许多唐代诗人的共识。许浑"酒乡逢客病"(《与裴三十秀才自越西归望亭阻冻登虎丘山寺精舍》,《全唐诗》卷五百三十),皮日休《酒中十咏·醉乡》,陆龟蒙《奉和袭美酒中十咏·醉乡》,都是亲临越州时的感受。[①] 或许因为越州酿酒饮酒太普遍了,便引起朝廷注意,并加强对越酒的控制。唐武宗会昌六年(846)规定,浙东等地"置官店酤酒",只准官方买卖,不准私人交易。若是有人违反禁令,"一人违犯,连累数家,闾里之间,不免咨怨"。还规定不准私自制造酿酒用的酒曲,违者同样受到处罚。五代周显德四年(957)七月敕:"诸道州府曲务,今后一依往例,官中禁法卖曲,逐处先置都务处……"[②] 先是晋汉以来,诸道州府皆榷计曲额,置都务以酤酒[③],将"曲""酒"统管起来。从此,都酒务全盘掌握了越州城乡酒的生产、销售、征税、管理各个环节,对宋代的饮酒产生了很大影响。宋钦宗靖康元年(1126),翟汝文(字公巽)守越,将州城轩亭口临街五通神庙改为酒楼,并取"酒酤在官,和旨便人"之意,命曰"和旨楼"[④]。进一步强化了酒的官卖措施,而且酒楼规模很大,仅和旨楼年祖额(祖额是官府为收取数额相对稳定的酒税计划指标,而实际征收数往往超过计划数)就达六千三百三十六贯六百九十八文(嘉泰《会稽志》卷五《课利·酒》)。当时越州城内饮酒盛况由此可见一斑。

对于越州来说,不仅是"醉乡",同时也是"茶乡",是江南主要产茶区之一,而且所产茶质量上乘。唐肃宗至德元年(756),茶圣陆羽避难南渡,在越州隐居达四年之久[⑤],对越中之茶有深入了解。经过比较,他在《茶经》中按品质高低,评出各地茶叶质量。他认为在全国五大产茶区中,山南所产,以峡州茶为上;淮南所产,以光州茶为上;浙西所产,以湖州

---

① 皮日休、陆龟蒙诗,分别参见《全唐诗》第九函第九册、十册,上海古籍出版社1986年版,第1548、1568页。
② (宋)王溥:《唐会要》卷八十八《榷酤》,中华书局1998年版,下册,第1608页。
③ 参见(宋)王溥《五代会要》卷二十六《曲》,中华书局1998年版,第323页。
④ (宋)姚宽:《西溪丛语》卷上,《西溪丛语·家世旧闻》,中华书局1993年版,第35页。
⑤ 参见傅璇琮《唐才子传校笺》卷三《陆羽》,中华书局2000年版,第一册,第625页。

茶为上；浙东所产，以越州茶为上；剑南所产，以彭州茶为上（《茶经》卷下《八茶之出》）。宋代，越州城南日铸岭盛产日铸茶，欧阳修《归田录》盛赞："草茶盛于两浙，两浙之品日注（铸）为第一。"①

唐宋时期，越州民间饮茶品茗已经十分普遍。在一些越州人或与越州有关的诗人作品中，既有饮早茶、午茶、夜茶的，又有春尝新茗、冬饮雪茶的；既有茶果迎来客的，又有独斟新茗咏茶诗的；既有以茶交友的，也有饮茶谈艺又论道的。南朝宋谢灵运的十世孙释皎然，饮茶赋诗，对于茶道颇有领悟，《饮茶歌诮崔石使君》堪称是他的代表作：

    越人遗我剡溪茗，采得金牙爨金鼎。
    素瓷雪色缥沫香，何似诸仙琼蕊浆。
    一饮涤昏寐，情来朗爽满天地。
    再饮清我神，忽如飞雨洒轻尘。
    三饮便得道，何须苦心破烦恼。
    此物清高世莫知，世人饮酒多自欺。
    愁看毕卓瓮间夜，笑向陶潜篱下时。
    崔侯啜之意不已，狂歌一曲惊人耳。
    孰知茶道全尔真，唯有丹丘得如此。

    （《饮茶歌诮崔石使君》，《全唐诗》卷八百二十一）

（二）穿着

对越州居民而言，隋唐五代至北宋时期的衣着服饰总是随着朝代的更替而处于不断变化之中。一方面继承原来的某些特征而起到承前启后的作用，另一方面那些统治者在夺取政权以后总要想方设法"改正朔，易服

---

① （宋）欧阳修：《归田录》卷一，《全宋笔记》第一编（五），大象出版社2003年版，第243页。

色",把"易服色"当作改朝换代的标志。这似乎成了一种惯例,谁也无法抵挡,所以《礼记集说》云:

> 古之有天下者,必改正朔,易服色,殊徽号,以新天下之耳目。
> （卫湜《礼记集说》卷一百三十五）

每个历史时期人们的衣着服饰都与社会政治密切相关,这种相关性主要表现在"公服"与"常服"的变革上。通常情况下,无论男女,服饰都有公服与常服之分,也就是礼服与便装。当然,不同身份的人,礼服与便装是不一样的。帝王的礼服、官员的礼服、百姓的礼服都不一样,他们的便装也各不相同,所以"易服色"主要是对公服而言,特别是帝王、朝臣和官吏,往往随着朝代的更替而更换款式。而普通百姓的衣着,即所谓礼服与便装之间其实并没有明显区别,对于"易服色"也无所谓。因此,相对而言,便装的更新节奏显然要慢于礼服的,这可以从南宋陆游的记载中得到证实。

陆游出生于一个素有文化传统的士大夫家庭,高祖陆轸、曾祖陆珪、祖父陆佃、叔祖陆傅、父亲陆宰等都做过官,先辈们的衣着,他曾目睹耳闻,并且记了下来:

> 予童子时,见前辈犹系头巾带于前,作胡桃结。背子背及腋下皆垂带。长老言,背子率以紫勒帛系之,散腰则谓之不敬。至蔡太师为相,始去勒帛。又祖妣楚国郑夫人有先左丞遗衣一箧,袴有绣者,白地白绣,鹅黄地鹅黄绣,裹肚则紫地皂绣。祖妣云"当时士大夫皆然也"。先左丞平居,朝章之外,惟服衫帽。归乡,幕客来,亦必著帽与坐,延以酒食。伯祖中大夫公每赴官,或从其子出仕,必著帽,遍别邻曲。（陆游《老学庵笔记》卷二）

> 太傅辟谷几二十年,然亦时饮,或食少山果。醉后,插花帽上。先君尝言此,游因请问:"前辈燕居亦著帽乎?"先君曰:"前辈平居

往来,皆具袍带,惟出游聚饮,始茶罢换帽子、皂衫,以为便服矣。衫袍下,冬月多衣锦袄,夏则浅色衬衫,无今所谓背子者。致仕则衣道服,然著帽。大抵士大夫无露巾者,所以别庶人也。"(《家世旧闻上》,《西溪丛语·家世旧闻》)

陆游的这两处记载,已经涉及越州居民衣着的方方面面,包括官员袍衫与平民皂衫的区别、礼服与便装的更换、朝服与道服的不同、冬衣与夏装的特点,以及头首、腰带、袴绣的风俗习惯等。不仅记录了不少衣着饰品的名称,如头巾、背子、勒帛、袍带、朝章、衫、锦袄、衬衫、道服、袴、衫袍、皂衫、帽、露巾等,还反映了不同历史时期的衣着等级和特点。

陆游童年时所见前辈系着的"头巾",便是一种历史悠久的首服。按商周礼制,男子大多在20岁举行成年礼,仪式名称叫"冠礼",通常在宗庙举行。行过冠礼之后,男子的首服便出现等级,据《周礼》规定,士以上的尊者可以戴冠,普通庶民只给裹一块头巾。所以《释名·释首饰》说:

巾,谨也。二十成人,士冠,庶人巾。

与冠帽相比,头巾在首服中算是很轻便的,但形制也在实践中发生了变化。到南北朝时,人们就将原来方形的头巾裁出四脚,裹发后两脚缚在头顶,用陆游的话说,"作胡桃结",另两脚垂于胪后。这是隋唐直至北宋普通男子的主要首服,即使到南宋时,仍然沿用不衰。"头巾"也叫"露巾",陆游所谓"士大夫无露巾者,所以别庶人也",再次说明头巾是普通人的首服。

与"头巾"不同,背子虽然只是一种"常服",但是男女皆可服,甚至不同阶层也可服,仅式样不同、布料有异而已。背子始于秦,《事物纪原·背子》引《实录》:"秦二世诏衫子上朝服加背子,其制袖短于衫身与衫齐而大袖。"① 因为袖子大而短,所以又称"半臂背子"。这种背子在隋唐五代和北宋都很流行,有人看到,连宋孝宗登极也"常时著白绫背子"(《朱子语类》卷一百二十七《本朝·孝宗朝》)。当然,宋孝宗穿的是白绫背子,而普通百姓的背子布料是不可能如此高档的。而且民间穿背子都要系上丝织腰带,即陆游所谓的紫色"勒帛",否则便是对人不礼貌。

其实,像宋孝宗那样穿白绫背子登极的情况是不多见的,因为朝廷向来讲究服饰上的等差,隋炀帝继位后便下诏:"创造衣冠,自天子逮于胥吏,章服皆有等差。"(《旧唐书》卷四十五《舆服志》)唐朝明确规定,凡天子之服有十四种款式(《新唐书》卷二十四《车服》);宋朝的天子之服分为七档,分别在祀享、朝会、亲耕、视事、燕居等场合穿戴(《宋史》卷一百五十《舆服三》)。与此相应的是,诸臣上朝时的朝服即陆游所谓的"朝章"也相应分出等差,这种等差主要通过朝服色彩来区别。唐太宗贞观四年(630)规定:

> 三品已上服紫,五品已下服绯,六品、七品服绿,八品、九品服以青,带以鍮石。妇人从夫色。(《旧唐书》卷四十五《舆服志》)

可见紫色袍是唐代公服中最为贵重的一种,因此后来将达官贵人的服装称为"紫袍"。元稹在唐宪宗朝做过宰相,他在《自责》诗中说自己没有尽职就用了"犀带金鱼束紫袍,不能将命报分毫"②句,把"紫袍"当作自己职务的代称。宋代的朝服是继承唐制而来。陆游祖母收藏的一小箱"朝章",就是祖父陆佃的朝服。陆佃官北宋礼部侍郎、吏部尚书、尚书左丞,仕宦四十年,当享有"紫袍"待遇。

然而,如陆游所说,前辈也有"燕居",即退朝闲居的时候。平常日子除"朝章之外,惟服衫帽"。邻里往来,幕客登门,外出游览,亲朋聚

---

① (宋)高承:《事物纪原》卷三《旗旐采章部十三·背子》,四库全书文渊阁本。
② (唐)元稹:《自责》,《元稹集校注》卷二十一,上海古籍出版社 2011 年版,中册,第 638 页。

饮时，须得"换帽子、皂衫，以为便服"，冬天里衫袍内穿锦袄，夏日穿浅色衬衫。可见在士大夫那里，除朝会时衣朝服，公务时衣公服外，更多时间穿常服，从帽子、皂衫到衬衫一应具备。不过，唐宋士大夫所穿之衫，实际名为"襕衫"，通常用细布缝制，领、袖、襟、裙均加缘边，并在衫的下摆加一道横襕，因此谓之"襕衫"。据说加上这道横襕是为了继承上衣下裳的古制，唐代中书令马周主张："《礼》无服衫之文，三代之制有深衣。请加襕、袖、褾、襈，为士人上服。"（《新唐书》卷二十四《车服》）宋承唐制，士人仍服襕衫。《宋史·舆服志》："襕衫，以白细布为之，圆领大袖，下施横襕为裳，腰间有襞积。进士及国子生、州县生服之。"（《宋史》卷一百五十三《舆服志五》）

除士人服衫外，实际上唐宋时期的老百姓也穿衫。所不同的是，老百姓所穿的衫做得比较短小，长不过膝，并且在胯部两侧或前后开衩，那是为了劳作方便。① 此外，对服饰的颜色也有具体规定。隋炀帝时规定，胥吏服青色，庶人衣白色，屠商着皂（黑）色，士卒穿黄色（《隋书》卷十二《礼仪志七》）。唐代又规定，男人"许通服黄白"；部曲、客女、奴婢衣服可用绝、绌、绢、布等料子，颜色"通用黄白"；客女及婢，以青碧色为主。② 黄白实际上是唐宋民间服装的流行色，普通百姓一般都穿白色衣服，即使是读书人，在没有取得功名前也穿白色衣服，所以有"白衣""白身"之说。诗人徐凝至晚年未得功名或一官半职，便有"白头游子白身归"（《自鄂渚至河南将归江外留辞侍郎》，《全唐诗》卷四百七十四）的感叹。而民间通用的黄色，当然不是皇家专用的明黄或赤黄色，而是一般的土黄色。③ 唐太宗贞观年间，御史萧翼为从越州永欣寺僧智永手里骗

---

① 参见周汛等《中国古代服饰大观》，重庆出版社1996年版，第282页。
② 参见（宋）王溥《唐会要》卷三十一《舆服上·杂录》，中华书局1998年版，上册，第575页。
③ 参见钟敬文《中国民俗史（隋唐卷）》，人民出版社2008年版，第56页。

取王羲之《兰亭序》真迹，乔装打扮成书生，身上穿的就是极为宽长的黄衫。①

此外，还值得一提的是唐宋时期农夫、渔人乃至诗人常穿戴的蓑衣笠帽。一般认为，蓑衣主要是用莎草编制而成，这是一种空心草，表皮光滑，用以作雨衣，雨水不易渗透。唐许浑《村舍二首》诗有"自剪青莎织雨衣"（《村舍二首》，《全唐诗》卷五百三十四）句，另一位诗人韦应物则有"山中猛虎识棕衣"（《寄庐山棕衣居士》，《全唐诗》卷一百八十八）句，可见莎草、棕丝都是编制蓑衣的原料。笠帽则由竹篾与竹箬编制而成，多为圆形。一些越州诗人或隐居越州的诗人对蓑衣笠帽多有描述，张志和诗曰："青箬笠，绿蓑衣，斜风细雨不须归。"（《渔父歌》，《全唐诗》卷三百八十）孟郊诗曰："脚踏小船头，独速舞短蓑。"（《送淡公》，《全唐诗》卷三百七十九）秦系诗曰："蓑笠双童傍酒船，湖山相引到房前。"（《奉寄昼公》，《全唐诗》卷二百六十）确实充满诗情画意。

（三）居住

宋人李昉《太平广记》，专门有一则写郗鉴居室的文字：

> 其所居也，则东向南向尽崇山巨石，林木森翠，北面差平，即诸陵岭，西面悬下，层溪千仞，而有良田，山人颇种植。其中有瓦屋六间，前后数架，在其北，诸先生居之。东厢有厨灶，飞泉檐间落地，以代汲井。其北户内，西二间为一室，闭其门；东西间为二室，有先生六人居之。其室前庑下，有数架书，三二千卷，谷千石，药物至多，醇酒常有数石。（《太平广记·神仙第一·郗鉴》）

郗鉴是东晋名臣，女儿嫁王羲之，儿子郗愔为会稽太守，从文中地

---

① 参见（唐）何延之《兰亭始末记》，《全唐文》卷三百一十，上海古籍出版社1993年版，第二册，第1352页。

势看,当在"千岩竞秀"的会稽山区。虽然郗鉴仅有"瓦屋六间,前后数架",但它有东厢、前庑、居室、书架、厨灶、库房,居住功能一应俱全。东晋尚且能如此,隋唐时期的民居乃至官员住宅状况就不难想见了。

居住是社会生活的重要内容,社会各阶层的人对此无不予以重大关切。对于官员来说,无论是在任、退隐还是闲居,因财力和地位等因素,其宅第往往不同一般。嘉泰《会稽志》记载的越州城内六处古第宅中,贺季真(知章)宅,唐玄宗天宝初,诏许以为千秋观。张玄真(志和)宅,唐代宗大历中,浙东观察使陈少游,为之"买地大其闳,号曰回车巷"。徐浩宅位于五云桥之东,"溪山奇丽,过者犹属目"。严维(长史)宅,主人自为诗称:"落木秦山近,衡门镜水通。"施肩吾宅,诗人陈文惠用"幽居正想沧霞客,夜久月寒珠露滴。千年独鹤两三声,飞下岩前一株柏"诗句来描绘他的隐居生活。赵万宗隐居照水坊,被召不赴,自咏诗曰:"斗悬金印心难动,并列春山眼暂开。"(嘉泰《会稽志》卷十三《古第宅》)这些宅第规模大,建筑讲究,而且几乎都有园池。贺知章告老还乡时求镜湖数顷,唐玄宗诏赐"镜湖剡川一曲","其极目浩渺,光景澄澈,实东州佳观"。严维宅的园林,用他自己的诗来形容:"杖策山横绿野,乘舟水入衡门。"(嘉泰《会稽志》卷十三《园池》)可见规模之大。

而地方官邸,如,浙东观察使、越州刺史、镇东军使院等都在官署内,一般都称为"州宅"。唐宋时的越州州宅处于卧龙山之阳,"凡所谓楼阁台榭之胜者,皆因高为之,以极登览"[①]。唐穆宗、敬宗、文宗朝在越州任职的诗人元稹将这里比作仙境,一再赋诗夸州宅:

> 州城回绕拂云堆,镜水稽山满眼来。
> 四面常时对屏障,一家终日在楼台。
> 星河似向檐前落,鼓角惊从地底回。

---

① (宋)孔延之:《会稽掇英总集》卷一《州宅引言》,人民出版社2006年版,第5页。

> 我是玉皇香案吏，谪居犹得住蓬莱。
>
> （《州宅》，《元稹集校注》卷二十二）

坐在镜湖船上往城里看，到处是楼阁耸立，异常繁华，正如诗人苏舜钦所说：

> 画鹢低飞湖水平，回看楼阁满稽城。
>
> （《游天章寺道中》，《会稽掇英总集》卷八）

隋唐时代是中国建筑业发展极其辉煌的时代，从城市规划、宫殿建筑及官邸、私第、寺院、道观建筑，都达到空前的高度，建筑艺术的发展也直接影响了居民生活。越州城内从寺院到民居，不仅完成了由干阑式向穿斗式的过渡，出现了厅堂式结构体系①，而且在建筑风格上也形成了自己的特色。表现在：一是白色"粉墙"已经出现，诗人王昌符"宝塔礼终僧室静，粉墙题罢使车回"② 句说明，粉墙题书已成为当时雅事；二是"青瓦"已被普遍使用，越州知州蒋堂"一聚红尘中，万瓦青烟幂"③ 就是例证；三是用"壁画"装饰已成为一种风尚，刘长卿《会稽王处士草堂壁画衡霍诸山》对壁画内容作了如下描述：

> 粉壁衡霍丘，群峰如可攀。
> 能令堂上客，见尽湖南山。
> 青翠数千仞，飞来方丈间。
> 归云无处灭，去鸟何时还。
> 胜事日相对，主人常独闲。
> 稍看林壑晚，佳气生重关。
>
> （《全唐诗》卷一百四十九）

---

① 参见丁俊清等《浙江民居》，中国建筑工业出版社2009年版，第53页。
② （宋）王昌符：《题应天寺》，《会稽掇英总集》卷八，人民出版社2006年版，第111页。
③ （宋）蒋堂：《飞来山》，《会稽掇英总集》卷八，人民出版社2006年版，第112页。

这时的厅堂装饰已经到达一种新的境界。

对州城居民来说,虽然其建筑规模、用材及宅基位置不可能像宅第、官邸那样有气魄,但却颇富诗情画意。许多老百姓都乐意把住宅建在水陆交通方便,出入作坊店铺便捷的湖边、河边、桥边、街边,使街道、河流、民居浑然一体。在诗人笔下的生活场景中,诸如"湖边居人望簇簇,湖岸花木情依依"(张伯玉《鉴湖晚归》,《会稽掇英总集》卷三),"有寺山皆遍,无家水不通"(张籍《送朱庆余及第归越》,《全唐诗》卷三百八十四),"数间茅屋闲临水,一盏秋灯夜读书"(刘禹锡《送曹璩归越中旧隐诗并引》,《全唐诗》卷三百六十一)等,构成了水乡都会城市的独有生活情调。这些充满诗情画意的居民住宅,按照唐制规定,其规模不得超过三间四架,门屋一间两架,而且不允许装饰。这最后一条,对越州民居而言,实无必要,因为水城的山水自然环境,实在比人为装饰更具魅力。

唐代关于营造、修缮宅第、官邸、堂舍乃至庶人住宅,的确有许多规定,其中包括:

> 王公已下,舍屋不得施重栱藻井;三品已上堂舍,不得过五间九架,厅厦两头门屋,不得过五间五架;五品已上堂舍,不得过五间七架,厅厦两头门屋,不得过三间二架……六品、七品已下堂舍,不得过三间五架,门屋不得过一间两架……士庶公私第宅,皆不得造楼阁……庶人所造堂舍,不得过三间四架,门屋一间两架,仍不得辄施装饰……(《唐会要》卷三十一《舆服上·杂录》)

这些关乎从官员到庶民的住宅等级、规模、形制规定,实际上不可能被一一执行。唐僖宗中和二年(882),为浙东观察使的刘汉宏以镇压王仙芝起义而拥有浙东之地后,便"志遂侈大",忘乎所以,于州城另"构别第,穷极雄壮"便是一例。当时就有帛书署其门,上面写着:"汉宏是贼,岂宜造此大宅?"(《吴越备史》卷一)

唐代越州城内虽有"楼阁满稽城"之说,但除了宅第、官邸和民宅之外，实无供王公贵族享用的其他建筑。五代的情况就不同了。文穆王钱元瓘的第七子钱弘倧，做了几个月吴越忠逊王后即被赶下台，继位的文穆王第九子钱弘俶后来将钱弘倧迁往东府越州，住宅和所需物品均按王公待遇供给。其殿堂就设在卧龙山越王勾践宫台遗址的西侧，还建造了供钱弘倧游乐的西园。他的生活状况，《十国春秋》有如下记载：

> 忠懿王（钱弘佐）命东府以官物充王取给。西寝之后，即卧龙山，为王置园亭于上，栽植花木，周遍高下。遇良辰美景，王被道士服，拥伎乐。旦暮登赏。每元夜，张灯遍于山谷，用油数千斤；七夕，结采楼于山巅……王常于山亭击鼓，声达于外，守卫者遽闻忠懿王，忠懿王曰："吾兄以闲适为怀，非鼓乐不欢。"（《十国春秋》卷八十《忠逊王世家》）

钱弘倧居住于此20年，死后葬会稽县昌源。

事实上，由于人的社会地位、经济条件和文化修养的不同，对于住宅也有不同的追求。刘汉宏追求"雄壮"，钱弘倧喜欢"豪华"，诗人追求"意境"，官员追求"安逸"，士人追求"闲适"，市民但求"方便"。北宋时期的两位越州士大夫都是位至相辅的高官，但对居室都有各自不同的追求。

一位是陆游的祖父陆佃（1042—1102），山阴人。宋神宗时与王安石推行新政，宋徽宗时拜尚书右丞，转左丞，封楚国公，却"无意屋庐"，居无定所。陆游《家世旧闻》有这样的记载：

> 楚公仕宦四十年，意无屋庐。元祐中，以忧归，寓妙明僧舍而已。晚得地卧龙山下，欲筑一区，竟亦不果。山麓有微泉，引作一小池，名之曰三汲泉，今岁久，遂不知其处矣。（《西溪丛语·家世旧闻》）

因为没有住所，偶有回乡，只好借住僧舍。后来得到一块屋基，而且就在州治卧龙山下，实属难得之所，结果还是没有建成，确确实实属于

"无意屋庐"派。

另一位是杜衍（978—1057），山阴人，宋仁宗庆历三年（1043）任枢密使，次年拜同平章事，支持范仲淹施行新政。作为享有二品之禄的宰相，他想到的是以平和之心，在营缮之际为后人做出榜样。他的两首居室诗就反映了这种心境，《幽居即事》：

> 寂寂复寂寂，告老闲居日。
> 径草高于人，林鸟熟如客。
> 黄卷不释手，清风常满室。
> 内顾平生心，无过此时适。

（《全宋诗》卷一百四十四）

后来杜衍营造新居，不事排场，但求实用，以图节俭，《新居感咏》云：

> 无似老且病，惟恐归田迟。
> 一旦得引年，九天还听卑。
> 尚霑二品禄，俾尽百年期。
> 恩深沦骨髓，感极横涕洟。
> 始营菟裘地，来向滩水湄。
> 城隅最穷僻，匠者宁求奇。
> 卜筑悉由己，轩牖亦隋宜。
> 外以蔽风雨，内以安妻儿。
> 燕雀莫群噪，鹪鹩才一枝。
> 因念古圣贤，名为千古垂。
> 何尝广居室，俭为后人师
> ……
> 勖哉知止足，清白犹可追。

（《新居感咏》，《全宋诗》卷一百四十四）

杜衍既不在乎广厦千间，也不在乎金玉满堂，唯求"外蔽风雨、内安妻儿"而已。

第三节 越州城市的形态变迁与结构优化

从一定意义上说，城市形态的变迁史实际上就是城市的发展演变史。所谓城市形态，除城市本身的平面形式，还应该包括城市的防御工事、街道系统、供水体系、住宅分布、市场布点、城市中心和休闲娱乐等要素。而决定城市形态变迁的因素很多，既有城市所处地理位置、地形特点、气候条件等自然界的决定因素，也有经济、政治、宗教、制度和体制等人为的决定因素。① 透过促使城市形态变迁的各个环节，能加深人们对城市发展的内在动因、外部影响的认识和了解，进而认清和把握城市发展规律。这也许就是吴良镛先生主张城市形态史研究的意义所在。②

一 子城与罗城的建立与修缮

越州州城自春秋越国大夫范蠡主持建成以来，秦汉六朝时期，虽有不断修建与完善之举，如，增筑城西北的城墙，城东、南、北护城河的形成。西兴运河（后称萧绍运河）的引入和西郭、都泗门的出现，还有官署、民居、园林、祠祀建筑等，城市建设有了长足发展。但由范蠡按照周代"坐西朝东"为尊礼制确定的"西城东郭"空间结构没有从根本上受到冲击。入隋以后，越国公杨素根据当时军事形势和城市发展特点，遵循从东汉开始出现的"坐北朝南"礼制，通过内筑子城、外筑罗城的内外空间结构，从根本上改变了城市形态特征。这是越州城市发展史上的一次重大

---

① 参见［英］A. E. J. 莫里斯《城市形态史》第一、三章，商务印书馆2011年版。
② 参见吴良镛《中国城市史研究的几个问题》，《城市发展研究》2006年第2期。

转折，直接影响了后来唐、五代及北宋的城市发展。

（一）杨素修筑州城的背景

越国公杨素修筑越州州城，是越国都城建立以来第一次有文字记载的城垣修建之举。吴越王钱镠《镇东军墙隍神庙记》载：

> 浙东地号奥区，古之越国，当舟车辐凑之会，是江湖冲要之津。自隋末移筑子墙（避后梁朱全忠父诚之讳），因迁公署据卧龙之高阜。雉堞穹崇，对镜水之清波；风烟爽朗，缅惟深固，宜叶冥扶。①

宋乐史《太平寰宇记》载：

> 种山……越大夫种所葬之处，隋开皇十一年，越国公杨素筑为州城。[（宋）乐史《太平寰宇记》卷九十六《江南道八·越州》，四库全书文渊阁本]

清乾隆《绍兴府志》引《旧经》和《图经》也说：

> 隋时，杨素筑子城，又筑罗城……盖子城即小城而广之，罗城即越大城之西北而敛之，子城、罗城相衔。[（清）乾隆《绍兴府志》卷七《建置志一·城池》]

这些记载都反映了杨素筑子城与罗城的事实，时间在隋开皇十一年（591）。

杨素（？—606），隋弘农华阴人。初仕北周，官至车骑大将军。后从隋文帝杨坚定天下，因率水军平陈有功，封他为郕国公。杨素很不乐意，说："逆人王谊，前封于郕，臣不愿与之同。"（《隋书》卷四十八《杨素

---

① （五代）钱镠：《镇东军墙隍神庙记》，《全唐文》卷一百三十，上海古籍出版社1992年版，第573页。

传》）于是改封越国公，而人在朝廷。因此有人质疑，杨素人不在越州（时称吴州），又不是越州总管，怎么可能筑越州子城与罗城呢？① 事实上，杨素虽非越州总管，但他两次到过越州。

第一次是在隋文帝开皇十一年（591）。此前，隋平陈后即于开皇八年（588）十月，朝廷命贺若弼为吴州（越州）总管［《隋书》卷二《高祖纪（下）》］，但在两年后的全国一片动乱声中，越州人高智慧与婺州汪文进、苏州沈玄憎等皆于开皇十年（590）十一月举兵反隋，攻陷州县。② 杨素受命以行军总管，率兵讨平吴中起义军后，于翌年向越州发起进攻。高智慧自号东扬州刺史，陈兵钱塘江南岸，"船舰千艘，屯据要害，兵甚劲"（《隋书》卷四十八《杨素传》），杨素苦战而破。高智慧从余姚泛海趋永嘉，再次拒战，前后数百余战，最后退守闽越。

正在这时，隋文帝抱着爱护的心理，"以素久劳于外，诏令驰传入朝"，打算另有重用，而杨素却"以余贼未殄，恐为后患，又自请行"，"复乘传至会稽"，第二次来到越州，时间当在开皇十二年（592）。不过隋文帝交给他的任务不轻，要他"宣布朝风，振扬威武，擒剪叛亡，慰劳黎庶"，擒剪高智慧等叛亡者只是其中的任务之一。当然，隋文帝对他也很信任，除继续担任行军总管外，所有"军民事务，一以委之"（《隋书》卷四十八《杨素传》），给了他很大权力，这是第一次到越州时所不具备的。

两次到越州，不仅在时间上给了杨素修筑越州子城与罗城的机会，更重要的是，这时的杨素已经具备了修城必需的条件。

从杨素本人经历看，最初是在北周兵部尚书下属任司城大夫之职，主管天下地图、城隍、镇戍、烽堠等，对城防工事应该是很熟悉的。特别是周世宗鉴于当时都城军营窄隘、公署无处兴修的现实，便下京城别作罗城

---

① 参见盛鸿郎《杨素建罗城质疑》，《越考录》，中国戏剧出版社2011年版，第110页。
② 参见（宋）司马光《资治通鉴》卷一百七十七《隋纪一·文帝开皇十年（590）》，中华书局1987年版，第5529页。

诏，对罗城内如何划定街巷、军营、仓场、诸司公廨等①都有明确要求。这对司城大夫杨素来说，不仅应该知道，而且对于筑作罗城是胸有成竹的。需要指出的是，这种为适应军事形势需要而发展过来的，被称为罗城的重要军事工程，大批出现于战乱不断的北朝时期，而南朝时期的江南相对比较稳定，在城市建设中，也未见有子城外面建罗城并被称为"套城"的情况出现。② 所以，杨素在越州建子城与罗城，可以认为他是把北方的套城形制引入南方的第一人。事实也正是这样，南方的罗城大多建于唐及五代，如，广州、成都的罗城都建于唐代。杭州的罗城更迟，建于钱镠的吴越国时期，比越州罗城晚将近三个世纪。③

而罗城作为一种重要的军事工程，在城墙、城门、城楼等城防设施建设中，必须服从和服务于军事政治的需要。杨素一方面长期率兵打仗，具有攻城或守城的丰富经验；另一方面他在最后推翻陈后主在江南的统治与越人高智慧的数次交锋中，对越州城防工事的优劣及如何构筑也最有发言权。

除以上各种有利因素外，还有最重要的一条是他有行使修筑子城和罗城的权力。尽管杨素没有担任过越州总管的职务，但他是隋文帝时的行军总管。按照隋初官制，吴州总管和行军总管是两种不同的官职，前者为守郡官之职，后者为督军之职。在战时情况下，两职可由一人兼之，如，越州首任总管贺若弼（《隋书》卷五十二《贺若弼传》），也可由两人分别出任。杨素因镇压越人高智慧而两度来越，时为越州总管的是杨昇，杨素只是行军总管。但是他第二次来越时，隋文帝"军民事务，一以委之"，换句话说，把军政大权都交给了他，并由杨昇配合，实施修筑越州子城与罗城，应该得心应手。

杨素第一次到越州，是在隋文帝开皇十一年（591），而《太平寰宇

---

① 参见（北周）周世宗《京城别作罗城诏》，《全唐文》卷一百二十五，上海古籍出版社1993年版，第551页。
② 参见朱大渭《魏晋南北朝时期的套城》，《六朝史论》，中华书局1998年版，第95页。
③ 参见（五代）钱镠《罗城记》，《全唐文》卷一百三十，上海古籍出版社1993年版，第572页。

记》说越国公杨素筑越州州城也是开皇十一年，说明修筑州城在他第一次来越州时就已经开始了。由于子城和罗城规模都很大，短时间内是无法完成的，杨素又不可能久在越中，余下的工程由杨昇完成是很有可能的，因此，杨昇在越州总管一职上滞留八年，或许就因为州城尚未修成。虽然杨素既不是地方主管（越州总管），也没有将州城修完，但他对越州子城和罗城的建设功不可没。所以明万历《绍兴府志·职官志》中仍为杨素立传，充分肯定了他筑州城"功在吾越"的业绩［（明）万历《绍兴府志》卷二十五《职官志一》］。

实际上，杨素修筑越州城池并非孤立事件，而是隋初构筑军事政治格局中的重要组成部分。因为隋文帝夺取江南政权后，各地纷纷起兵反隋，出现"聚众为乱，大者数万，小者数千，共相影响，杀害长吏"（《隋书》卷四十八《杨素传》）。这种混乱局面，一直延续到隋炀帝统治时期。杨素作为隋文帝的行军元帅，在平定江南人民反隋起义中发挥了重要作用。他亲身经历了夺取政权和巩固政权，深知其中的不易，因此，杨素在击退越州高智慧后，马上与杨昇一起先扩建子城，然后再修罗城。目的便是巩固隋朝在江南的统治。即使到了隋炀帝大业十一年（615），因农民起义，户口大减，朝廷令郡、县、驿亭、村坞都修筑城池，让民众迁入城中居住，给城市附近的居民田地耕种。即隋炀帝诏书所谓："近代战争，居人散逸，田畴无伍，郛郭不修，遂使游惰实繁，寇攘未息。今天下平一，海内晏如，宜令人悉城居，田随近给，使强弱相容，力役兼济。"[1] 足见杨素修筑城池绝非一时之兴。对他个人来说，或因为有过修筑越州子城与罗城的经历，后来竟成了修筑隋东都（今洛阳）的"营作大监"（《隋书》卷二十四《食货志》），当起了建都总指挥。

---

[1] （隋）杨广：《令民悉城居诏》，《全隋文》卷五《炀帝二》，商务印书馆1999年版，第55页。

（二）子城

子城与罗城的空间结构形态形成于南北朝，或可追溯到魏晋，至隋唐五代及北宋时期，州城或军城的治所设子城、罗城已成为常规，是制度性安排。这种以节度便为最高地方长官的州城，形态上为三重结构，即子城外面筑罗城，或者说内城之外筑大城，节度使住在子城内的牙城或重城里。《资治通鉴》卷二百四十一胡三省注"子城"曰：

> 凡大城谓之罗城，小城谓之子城。又有第三重城以卫节度使居宅，谓之牙城。①

这种罗城内建子城、子城内又建牙城的形制，实际上就是"套城"，目的无疑是加强对节度使的卫护。在这里，政治军事因素决定了州城的空间结构形态。

越州子城是杨素于隋开皇十一年（591）将勾践小城扩建而成，周十里。勾践小城为春秋末年越大夫范蠡所建，位于种山（今卧龙山）东南麓。《越绝书》云："勾践小城，周二里二百二十三步，陆门四，水门一。"②《吴越春秋》亦云："范蠡筑作小城，周千一百二十二步，一圆三方。西北立飞翼之楼，以象天门……陵（陆）门四达，以象八风。"③ 两书所记的周长数并不一致，按实际情形，《吴越春秋》所记三里四十二步（据度地法换算）比较符合实际。

杨素扩建后的子城，南宋嘉泰《会稽志》引《旧经》云：

> 《旧经》云，子城周十里，东面高二丈二尺，厚四丈一尺；南面高二丈五尺，厚三丈九尺；西、北二面皆因重山以为城，不为壕堑。

---

① （宋）司马光：《资治通鉴》卷二百四十一《唐宪宗元和十四年（819）》，中华书局1987年版，第7764页。
② （东汉）《越绝书》卷八《越绝外传记地传》，上海古籍出版社1985年版，第58页。
③ 张觉：《吴越春秋校注》卷八《勾践归国外传》，岳麓书社2006年版，第208页。

[（南宋）嘉泰《会稽志》卷一《子城》]

《旧经》是嘉泰《会稽志》引用最多的一部《越州图经》，修纂者及修纂年代都不详。陆游《会稽志序》云："书虽本之《图经》，《图经》出于先朝。"据陈桥驿先生考证："《旧经》可能即是《图经》。"①《旧经》所记与杨素筑子城时间较近，对城墙、城壕的记录应该可信。

但《旧经》是否像《越绝书》《吴越春秋》那样记录过子城门的情况，后人不得而知。好在嘉泰《会稽志》对此有所考证，修纂者把上述两书的记载与当时的实际情形联系起来加以考察，指出：

> 会稽治山阴以来，此城即为郡城。案：今子城陵门亦四，曰镇东军门，曰秦望门，曰常喜子城门，曰酒务桥门。水门亦一，即酒务桥北水门是也。其南秦望门，去湖亦近百步。虽未必与古同，然其大略不相远矣。[（南宋）嘉泰《会稽志》卷一《子城》]

按《会稽志》考证，子城范围大致南至秦望门、常喜子城门，东至镇东军门、酒务桥门，即南至今鲁迅西路，东至今凤仪桥和府桥以西。历代志书还一再提示：常喜门是罗城至此与子城会合处 [（明）万历《绍兴府志》卷二《府城》写到常喜门时，引旧志云："州城至此与子城会"]，据此，子城南段与东段之长，约四至五里，与"周十里"相差不小。《会稽志》所谓小城与子城"大略不相远"，实际指的是子城的南段与东段城墙。

虽然《旧经》说，子城"西、北二面皆因重山以为城"，若果真如此，那么，子城是无论如何也不可能达到"周十里"的。其实，只有向种山的西北面扩展才有可能，因为在隋以前，西晋贺循早已将西兴运河（今称萧绍运河）引入越州城内，种山以北的运河两岸也很早得到开发。清乾隆《绍兴府志》所谓子城"开元时增筑，乃扩西北环重山于城中"[（清）乾

---

① 陈桥驿：《绍兴地方文献考录》，浙江人民出版社1983年版，第197页。

隆《绍兴府志》卷七《城池》]，把种山以北的开发时间定得太晚了。事实上，种山以北大量历史建筑及地名多出于唐宋时期，甚至更早，如，迎恩门、谢公桥、北海桥、古教场、古贡院、武勋坊等。这些历史地名表明了种山以北的地块早已得到了开发，如若仅仅把它视为子城的郊区而存在，显然与实际情形是不相符的。

当然，子城的核心地段仍在当年勾践宫室所在的小城内，所不同的是，子城内部建筑设施自然不能与勾践宫室同日而语。

按隋唐子城制度规定，子城设有城门，嘉泰《会稽志》引《旧经》所谓的"常喜子城门"是子城与罗城的会合处，也就是由罗城进入子城的关口。子城门亦名鼓角楼或鼓角门，置更漏鼓角以节时而警晨暮，容易引起节度使等官员的注意。如，唐德宗贞元三年（787），皇甫政任浙东观察使时为浙东从事的羊士谔①，在《郡中即事》中有"鼓角清明如战垒，梧桐摇落似贫居"[（唐）羊士谔，《郡中即事》，《全唐诗》卷三百三十二]的诗句。之后为浙东观察使的元稹《以州宅夸于乐天》诗中，也有"星河似向檐前落，鼓角惊从地底回"②句。

鼓角楼正门为仪门，从鼓角楼至仪门两侧为州军佐贰、诸司、幕职等官吏的视事之所。仪门北为设厅，是州军政长官治所，系子城建筑的核心所在③，建筑十分豪华。设厅实际上应该在牙城内，亦即重城内。唐穆宗、唐敬宗时任浙东观察使、越州刺史的元稹，有一年子城内闹元宵，非常热闹，而他却独坐重城之中，无法与大家共享美好时光，便在《正月十五夜呈幕中诸公》诗中表达了这种心情。诗曰：

宵游二万七千人，独坐重城圈一身。
步月游山俱不得，可怜辜负白头春。④

---

① 参见傅璇琮等《唐才子传校笺》卷五《羊士谔》，中华书局2000年版，第二册，第357页。
② （唐）元稹：《以州宅夸于乐天》，《元稹集校注》，上海古籍出版社2011年版，第651页。
③ 参见程存洁《唐代城市史研究初编》，中华书局2002年版，第236页。
④ （唐）元稹：《正月十五夜呈幕中诸公》，《元稹集校注》，上海古籍出版社2011年版，第1585页。

中唐以后，全国实行的是道、州、县三级地方行政体制，越州既是浙江东道驻地，后来又陆续为义胜军、威胜军和镇东军节度使驻地。多数情况下是浙江东道观察使兼越州刺史，一身兼两职，子城内便分设观察厅与刺史厅，分别治事，相当于后世的合署办公。元稹因为身兼浙东观察使和越州刺史，所以有"功夫两衙尽"①的诗句。到唐末钱镠兼镇东军节度使时，朝廷以特进左监门卫上将军汝南周某，钱镠特地为他建造使院。吴蜕在《镇东军监军使院记》中说，其规模之雄壮，"越城之中，称为一绝。"②

子城及其内置的牙城，作为地方的政治军事核心，自然也是重大政治活动中心和实行安全保卫的重点。唐昭宗乾宁二年（895）二月二日，浙东观察使董昌在越州称帝，"率军俗数万人，僭衮冕仪卫，登子城门楼……自称圣人，及令官属将校等皆呼：'圣人万岁！'"③当钱镠奉诏前来讨伐时，董昌力"保子城"（《新唐书》卷二百二十五《逆臣传》），而钱镠"克其外郭"后，"董昌犹居牙城拒之"④。足见越州子城到唐末时仍保持着原来的形制。

但到北宋时，越子城的规模发生了很大变化。虽然明万历《绍兴府志》认为："子城名始于隋，历唐至宋，虽少有改作，然规模大略不远。"[（明）万历《绍兴府志》卷二《古城》]但编纂者如果把北宋治平元年（1064）毛维瞻所作的《新修城记》与后来陆游父亲陆宰小隐山别墅大部分被拆一事联系起来进行互证，就难以得出"规模大略不远"的结论了。

毛维瞻《新修城记》阐明越州城必须修缮扩建的理由，指出：

> 越为浙东大府，户口之众寡，无虑十百万；金谷布币，岁入于县

---

① （唐）元稹：《醉题东武亭》《元稹集校注》，上海古籍出版社2011年版，下册，第1563页。
② （唐）吴蜕：《镇东军监军使院记》，《会稽掇英总集》卷十八，人民出版社2006年版，第260页。
③ （宋）徐铉：《稽神录》，《稽神录·括异志》卷一，中华书局1996年版，第3页。
④ 诸葛计等：《吴越史事编年》卷一《钱镠篇》，浙江古籍出版社1989年版，第56页。

官帑庾数，又倍之提封左右。襟带江湖，远扼闽岭之冲，故屯宿禁旅，以备非常。①

对当时州城人口密集、岁入税收、余粮积蓄，对东南沿海的影响及城墙破败、安全难保的情况已向朝廷反映，宋仁宗因此下诏，同意修建。修筑州城，需要向朝廷请示，并得到皇帝许可，当时越州的城市地位可想而知。

从修城记全文内容看，这次修缮扩建是宋仁宗嘉祐六年（1061）由越州知州刁约发起，继任者沈邈接手，最终在张伯玉任上竣工，时在嘉祐八年（1063）十月。这是一次子城与罗城同时进行的修缮扩建，因此修城记中特别提到子城的修建情况。

当时，"州之子城，颓圮邸里，无有限隔"，城墙已经毁坏，住宅破旧，与罗城没有分隔，确实需要大修。至于如何修缮，记中没有具体展开，但对于子城北、西、南三面的拓展却有明确记录。首先，"北因卧龙山，环而傅之"，即到达卧龙山北面，将山全部包括在内；其次，"连延属于南"，即子城在原来基础上继续向南延伸，止于何处则没有明说；最后，"西抵于堁尾"（以上引文均见宋毛维瞻《新修城记》），即西面到达堆积而成的土山边，位置当与卧龙山相近。从三个方向向外拓展，说明子城此时已经不是杨素那时的"周十里"了。

毛维瞻修城记中，"连延属于南"句，孤立地看似乎是个谜，但后来陆宰小隐山别墅大部分建筑被拆的事实表明，就因为子城扩展至此的缘故。

小隐山在州西南约五里的镜湖中，四面环水，与亭山仅一水之隔。东晋会稽太守孔愉卸任后隐居于此，后人将其辟为园池，岁久而废。小隐山后为陆宰所得。陆宰（1088—1148），字元钧，陆游父。历任提举，转运副使，直秘阁等职，赠少傅。金兵南侵后隐居山阴家乡，小隐山别墅很可

---

① （宋）毛维瞻：《新修城记》，《会稽掇英总集》卷十九，人民出版社2006年版，第288页。

能是隐居时所营,但不久即因"改筑子城"而被拆。嘉泰《会稽志》作如下记载:

> 小隐山园……少师陆公宰尝得之,以为别墅,作赋归堂、六友堂、退观堂、秀发轩、放龟台、蜡屐亭、明秀亭、挂颓亭、抚松亭。会公改筑子城之东隅,今惟赋归堂、蜡屐亭存焉,皆少师所匾也。
> [(南宋)嘉泰《会稽志》卷十三《园池·小隐山园》]

可见,越子城后来已经拓展到小隐山东面,远远超出了"周十里"的范围。而公家"改筑子城"的时间很可能是在陆宰死后,即南宋初年。嘉泰《会稽志》成书南宋嘉泰元年(1201),陆游为之作序,陆游长子陆子虞参与修纂,有关小隐山陆宰别墅和越子城拓展到小隐山东隅的记载应该是真实可信的。

其实,子城向城西南方向扩展的事实不仅关系此时子城范围问题,而且也关系罗城周长四十五的真实性问题。从宣和初年,"刘忠显治城,御方寇,尝稍缩其西南隅"[(南宋)嘉泰《会稽志》卷一《城郭》],到元至正十三年(1353),笃满贴木尔将西南广规乡围入罗城[(明)万历《绍兴府志》卷二《府城》],收缩与扩展都在州城西南郊,这就说明州城西南郊显然是州城规模大小的争论焦点。

(三)罗城

杨素修建越州罗城,当然是在范蠡所建越都城基础上进行的。如地方志书中通常所说,将勾践小城扩建成周十里的子城,又将越大城扩建成周四十五里的罗城。对于罗城的扩建与修缮,明万历《绍兴市府志》引《图经》综述如下:

> 山阴大城……会稽(郡)治山阴以来,此城却为郡城。隋开皇中,越国公杨素修郡大城,加广至周四十五里,高一丈七尺五寸,上

广一丈五尺，下广二丈七尺，女墙七千六百五十，皆高五尺，名曰罗城。唐乾宁中，钱镠重修。宋皇祐中，太守王逵复加修治，且浚治池濠。[（明）万历《绍兴府志》卷二《府城》]

与子城一样，罗城自隋杨素创建以来，历唐、五代及至北宋，在名称和结构形态上一直没有发生变化，但在规模上却有不同说法。一种主张罗城（或州城）周四十五里，另一种主张周二十四里，两者相去甚远。

主张前者的：《读史方舆纪要》引《图经》曰："郡城广四十五里，名罗城。"① 《肇域志》引《（浙江）省志》曰："大城周四十五里，小城周十里。"② 明万历《绍兴府志》引《图经》曰："越国公杨素修郡大城，加广至周四十五里。"明万历《会稽县志·城池》和清嘉庆《山阴县志·城池》也采用四十五里说。此外，北宋毛维瞻作于治平元年（1061）的《新修城记》，明确州城"凡长九千八百丈"③，按宋代度制，每丈3.12米，则合61里。

然而过了9年，沈立在《越州图序》中提出新说："今实计二十四里二百五十步。"并说："罗城周围，旧管四十五里。"④ 作者没有否认45里说，但他把"旧管"（管理范围）与"实计"区别开来。南宋嘉泰《会稽志》秉承沈立之说："罗城周围二十四里步二百五十。熙宁中，郡守沈立为《会稽图》（应为《越州图序》），其叙如此。而《旧经》云'四十三里'者非也。"[（南宋）嘉泰《会稽志》卷一《城郭》]"三"疑为"五"之误。

对上述引文进行考察，主"四十五里"者大多出自《图经》，而《图经》出于唐及北宋，且常常为后来者所引用；"二十四里"者则出自

---

① （清）顾祖禹：《读史方舆纪要》卷九十二《浙江三》，上海书店出版社1998年版，第603页。
② （清）顾炎武：《肇域志·绍兴府》，上海古籍出版社2004年版，第1974页。
③ （宋）毛维瞻：《新修城记》，《会稽掇英总集》卷十九，人民出版社2006年版，第288页。四库全书改"丈"为"尺"，有误。
④ （宋）沈立：《越州图序》，《会稽掇英总集》卷二十，人民出版社2006年版，第298页。

沈立《越州图序》，较之《图经》显然要晚得多，即使比越中最后一部图经，即大中祥符《越州图经》也要晚出近70年。虽然《图经》早已亡佚，但《图经》的成书年代更接近罗城的修筑年代，这一点不应该被忽视。

为什么有45里与24里的差别，在讨论这个问题之前需要说明一点，即文献中所谓罗城周45里与大城周45里其实是一样的。因为子城与罗城是一种"套城"结构，子城在内，罗城在外，罗城的周长其实就是大城或州城的周长。

而产生这种差别的原因却是多方面的。或许由于计算方法不同，没有把罗城西部的子城计算在内。① 因为杨素是在范蠡"西城东郭"基础上扩建的，从地理位置看，罗城西郭与子城西部产生重叠是极有可能的。或许如沈立所说，在确定州城范围时，存在建成区与管理区的区别，前者据实计算，后者为管理范围。更有可能的是，人口规模的变动引发了城市规模的变化。在隋唐五代至北宋时期，越州城市人口多数情况下在十万人以上，有时超过二十万人，这无疑是城市规模扩大的直接原因。可以这样认为，州城周四十五里也好，周二十四里也好，是不同历史阶段城市规模的反映，对两个不同数字都没有足够理由予以否定。

特别值得注意的是，州城范围的拓展与收缩几乎都与城西南隅地域有着密切关系。从毛维瞻越子城向南"连延"的记载，嘉泰志越子城到达陆宰小隐山别墅东隅的记载，以及宣和年间刘忠显治城"缩其西南隅"和至正年间笃满贴木尔将西南广规乡围入罗城的事实，都足可说明州城周四十五绝非子虚，或许田野考察可以得到证实。

1. 城墙

城墙是城市发展中形成的防御工程，历代都很重视城墙的筑缮与维

---

① 参见陈桥驿《论绍兴古都》，《吴越文化论丛》，中华书局1999年版，第384页。

护，对于常年驻军的军城尤其如此。杨素修建的罗城城墙如前所述，周四十五里，高一丈七尺五寸，上广一丈五尺，下广二丈七尺，女墙七千六百五十，皆高五尺。这是隋代的城防设施情况。到唐代这种城防设施开始制度化，兵制《守拒法》有如下规定：

> 凡筑城，下阔与高倍，上阔与下倍。城高五丈，下阔二丈五尺，上阔一丈二尺五寸。高下阔狭，以此为准。①

此外还对城门、城壕、城台等城防设施均详细规定，是一般城市所必须遵守的。

然而越州与一般城市不同，这是个军城，自唐肃宗乾元元年（758）始，先后置浙江东道节度使、浙江东道都团练观察使和义胜军节度、威胜军节度、镇东军节度（《新唐书》卷六十八《方镇表五》），州城不仅为总管府、都督府治，又为义胜、威胜、镇东诸军治，那些节度、团练、防御诸使掌握着浙东八州的兵、民、财诸权。这种不同于一般州城的独特地位在城防工程方面也有非同一般的要求。尤其因为越州地处江南水网地带，城市与水有着密切关系，这又不能不在城防工程中有所体现，所以朝廷颁布的《守拒法》在实施时还得与越州的"军城""水城"实际结合起来并有所创新。经过长时间的探索与实践，到北宋末已形成了明显属于越州自己的"筑城之法"，嘉泰《会稽志》对此作了如下详细记录：

> 筑城之法，城身高四丈，城阔五丈，上敛二丈。若城身高三丈五尺，则址阔四丈三尺七寸，上敛一丈七尺。城外筑瓮城，去大城十五步（瓮城圜一面包城，高厚与大城之数相等）。瓮城外凿壕，去大城三十步，上施钓桥，凡为三壕。第一重阔二十步，深二丈，水深四尺

---

① （唐）杜佑：《通典》卷一百五十二《守拒法》，中华书局1992年版，第四册，第3893页。

至七尺；第二、第三重递减五尺。壕之内岸筑羊马城，去大城五步，高八尺，址阔五尺，上敛二尺。自上三尺开箭窗，外至壕垠，留一步。埋设鹿角。大城上每三十步置马面、敌楼各一座，女墙相去各十步。[（南宋）嘉泰《会稽志》卷一《城郭》]

按照这种方法，除筑成墙体外，还有瓮城、城壕、钓桥、羊马城、马面、敌楼、女墙等，是一个十分完善的城防系统。

越州的"筑城法"与唐代通行的"守拒法"有许多明显的不同之处。如，"守拒法"规定，城高五丈，下阔减半为二丈五尺，"筑城法"规定城高四丈时，下阔应增至五丈，原因在于越州属于软土基，从巩固墙体需要，必须加固城基。再如，"守拒法"对城壕未作明确要求，而"筑城法"规定大城外凿三重城壕，实际上是多一道城壕，增一分安全。即便是"筑城法"将城高由五丈降至四丈，按唐代度制，高程仍在十二米以上，给人高大威严的感觉。唐代诗人白居易"稽城高且孤"[（唐）白居易《和微之春日投简阳明洞天五十韵》，《全唐诗》卷四百四十九]、贾岛"高城满夕阳"[（唐）贾岛《送人适越》，《全唐诗》卷五百七十二]、赵嘏"林光静带高城晚"[（唐）赵嘏《九日陪越州元相燕龟寺》，《全唐诗》卷五百四十九]、李绅"朱户褰开雉堞高"① 等诗句都是诗人亲眼所见的感受。

隋唐五代及北宋时期的城墙，从用材看大致有土城、竹城、砖城三种类型。而越州城墙用材，除土、砖、竹之外，还多次用巨石砌筑墙基。这一方面因为石材资源丰富，而且有着自汉以来的开采历史；另一方面，越州是个水城，以石为基，无疑是最理想的选择。据镌刻于明万历年间的《羊石山石佛庵碑记》："隋开皇时，越国公杨素采羊山之石，以筑罗城。"② 羊石山为今绍兴城北的一座小山。在宋仁宗嘉祐末年（1061—1063）的州城大修中，也同样采石为城址，毛维瞻在《新修城记》中有

---

① （唐）李绅：《新楼》，《李绅集校注》，中华书局2009年版，第161页。
② 宣传中主编：《绍兴文物志》，中华书局2006年版，第235页。

这样的记载，新城成，"其趾，叠巨石为台以捍水"①。

所谓"土城"，就是用泥土筑成墙体，这在隋唐时期很是普遍。通常是在砌完墙基后，随即在墙基外侧挖土筑墙，可谓一举两得，既筑了城墙，又挖了城壕。东汉的王充就看到过这种情形，他说："城墙之土，平地之壤也，人加筑蹈之力，树立临池。"② 当然，"筑蹈"也需要技术，即通常所谓的版筑技术。当年马臻围筑镜湖时就使用过版筑技术，唐代又把这种技术运用到筑城中来。诗人李频《镜湖夜泊有怀》诗中，就用"自从版筑兴农隙，长与耕耘致岁丰"句来反映版筑技术普遍被使用的情况。后来钱镠修筑罗城，用的也是这种版筑技术，特别是封为吴越王之后，"大拓府署，版筑斤斧之声，昼夜不绝"③。

其实，据文献记载，此时越州城墙早已不是纯粹的土城了，而是以砖为壁的砖城了，换言之，以土墙为内心，外侧砌以砖，牢度明显加强。虽然《读史方舆纪要》以为，到后梁龙德二年（922），"吴越始以砖甃之"④，但从越地大量出土的砖铭拓片看，以砖甃城的时间可能还要早。已经出土的，有晋大兴四年（321）砖，永和五年（349）砖⑤，太元元年（376）砖，宋泰始二年（466）砖，隋大业九年（613）砖，唐大和六年（832）、大中四年（850）砖等⑥。其中太元砖"每块长一尺六寸，厚二寸，博一尺许"⑦，虽然是一块墓砖，但唐代在许多情况下，是"以墓砖为城壁"的，说明当时城砖与墓砖可能通用，诗人顾况《筑城二章》诗序："筑城，刺临戎也。寺人临戎，以墓砖为城壁。"［(唐)顾况《筑城二章》，《全唐诗》卷二百六十四］就是一例。

---

① (宋)毛维瞻：《新修城记》，《会稽掇英总集》卷十九，人民出版社2006年版，第288页。
② (东汉)王充：《须颂篇》，《论衡》卷二十，上海人民出版社1974年版，第309页。
③ 诸葛计等：《吴越史事编年》卷一《钱镠篇》，浙江古籍出版社1989年版，第140页。
④ (清)顾祖禹：《读史方舆纪要》卷二十四《江南六》，上海书店出版社1998年版，第188页。
⑤ 俞苗荣等：《绍兴图书馆馆藏地方碑拓选》，西泠印社2007年版，第9—15页。
⑥ 参见(清)钱泳《履园丛话》卷二《阅古》，中华书局2006年版，第48—50页。
⑦ 同上。

筑城是项大工程，投入的人力、财力不计其数，参与者又十分辛苦，还经常受到鞭笞。唐诗中筑城工匠受苦受难的场面真不少。如，张籍《筑城曲》：

  筑城去，千人万人齐抱杵。
  重重土坚试行锥，军吏执鞭催作迟。
  来时一年深碛里，著尽短衣渴无水。
  力尽不得抛杵声，杵声未定人皆死。
  家家养男当门户，今日作君城下土。
    [（唐）张籍《筑城曲》，《全唐诗》卷二十六]

又陆龟蒙《筑城曲》：

  城上一培土，手中千万杵。
  筑城畏不坚，坚城在何处。
  莫叹筑城劳，将军要却敌。
  城高功亦高，尔命何足惜。
    [（唐）陆龟蒙《筑城曲》，《全唐诗》卷二十六]

这些《筑城曲》描写的虽然不一定是越州，但筑城者被奴役却是相同的。

每次修筑城墙，究竟征集多少民工参加，历史上少有记载。而征集人员多少，又往往与修城的工程量有关。宋仁宗嘉祐八年（1063），越州知州张伯玉续修州城，适值宋英宗即位，因此，修城之事不敢大肆张扬。"役兵夫日仅万指。"古代以手指来计算奴隶人数，"万指"即千人，其中既有士兵，又有民夫。其实这次修城工程量很大，筑城"凡长九千八百丈"，总而言之，"其费工与材之数逾二百六十万"[①]。这是筑城和制造筑城

[①] （宋）毛维瞻：《新修城记》，《会稽掇英总集》卷十九，人民出版社2006年版，第288页。

材料（含采石、制砖、运输和工具等）所费工时。这对当时人口近二十万的城市来说，无论年长老幼，人均必须负担十三工，工程之浩大，由此可见。

2. 城门

越州州城是在此前会稽郡城基础上发展而来的。原来的勾践小城《越绝书》称有"陆门四，水门一"，杨素将小城扩建为周十里的子城后，究竟设多少城门，缺少文字记载。嘉泰《会稽志》考证认为，仍为陆门四、水门一，分别为镇东军门、秦望门、常喜子城门、酒务桥门和酒务桥北门［（南宋）嘉泰《会稽志》卷一《子城》］，名称和坐落方位清楚。因为子城处于罗城之内，是一种小城外面建大城的套城关系，因而子城的五处城门中，常喜子城门位于子城与罗城的会合处，可以认定其既是子城门又是罗城门外，其他四处，都是从子城通向罗城的门头，属于城市内部的门。

可见，周四十五里的罗城，除常喜子城门外，必定还有其他城门。虽然杨素筑罗城时设有几处城门的记载缺失，但城门的设置及名称有其延续性的特点。由于城门决定着城内的交通，因此城门的数目与位置在很大程度上决定着城内的道路网和水系网。而路网与水网一旦形成，若重新调整，其难度一定会很大，反过来又限制了城门数目与位置的调整，使罗城与山阴大城的城门情况相近或相同。事实正是如此。据文献记载，罗城到唐末时，除与子城交会的常喜子城门外，还有九处城门，其位置与名称已十分明确。《十国春秋》有如下记载：

唐昭宗乾宁二年（895），时为浙东观察使的董昌在越州称帝，钱镠率兵至迎恩门劝降。翌年五月，钱镠奉诏讨伐董昌，对兵力作了如下部署：由顾全武、孟宝等攻五云门，王球、蒋熠等攻亭山及申光门，陈璋、钱颜等攻关子门，再思等攻昌安门，骆团等攻迎恩门，钱镠自己坐镇迎恩门，董昌犹据牙城以顽抗。①该书还特别提到，董昌生性残忍，恣为诛戮，"越

---

① 参见（清）吴任臣《十月春秋》卷七十七《吴越·武肃王世家》，中华书局2010年版，第三册，第1059页。

州白楼门外故行刑之地，守者恒闻鬼哭不绝"①。仅钱镠平董昌一役，就涉及五云门、申光门、关子门、昌安门、迎恩门和白楼门等六处城门。一方面说明，城门的确是城防工事中的关键点，攻城或守城时都首当其冲；另一方面，当时罗城的城门体系已经相当完备，尽管这不是罗城城门的全部，但是六处城门在城防中的重要地位已经显现。

这六处城门中，申光门就是后来民间相传的常喜门[（南宋）嘉泰《会稽志》卷十八《拾遗》]。关子门以后相应为何门，今已无从考证。

除上述六门外，其他文献记及的有督护门、东郭门、稽山门和植利门等四处，而且设置时间均先于隋唐。综合各种资料，罗城共辟有九处城门，分别为：

五云门，古称雷门。《太平寰宇记》云勾践所立。嘉泰《会稽志》引《旧经》云："雷门，勾践旧门也。重阙二层。初，吴于陵门格南上有蛇象，而作龙形，越又作此门以胜之，名之为雷。"[（南宋）嘉泰《会稽志》卷十八《拾遗·五云门》]至晋，以王献之宅见五色祥云，改五云门，在城东。

督护门，嘉泰《会稽志》引《十道志》云："晋中将军王憎，成帝拜为督护，到郡，开此门入，时人贵之，因以为名。梁元帝《玄览赋》云：御史之床犹在，督护之门不修。督护，一作都督。"[（南宋）嘉泰《会稽志》卷十八《拾遗·督护门》]后又有都赐门、都泗门之称，在城东北隅。

昌安门，清绍兴知府俞卿在修城碑记中说："昌安门外月城，月城外八卦城，始于越王范大夫蠡，而开拓于隋杨越公素，嗣后废兴不一。"[（清）俞卿《修城碑记》，康熙《绍兴府志（俞修）》卷二《城池》]又名三江门，在城北。

迎恩门，嘉泰《会稽志》云："唐昭宗乾宁二年，董昌僭窃，钱镠率兵至越之迎恩门望楼，再拜而谕之。盖此门自唐有之。"[（南宋）嘉泰

---

① 参见（清）吴任臣《十月春秋》卷七十七《吴越·武肃王世家》，中华书局2010年版，第三册，第1055页。

《会稽志》卷十八《拾遗·迎恩门》]俗名西郭门,在城西北隅。

常喜门,嘉泰《会稽志》云:"罗城……西南有西偏门(有陶家埭),曰常喜门(州城至此与子城会),门在其上,盖九门之一也。"[(南宋)嘉泰《会稽志》卷一《城郭》]是北宋宣和初年刘忠显治城时收缩州城的地方,明万历《绍兴府志》因此说:"盖适当西南岸缩处。"[(明)万历《绍兴府志》卷二《城池》]又俗名岸偏门、旱偏门,亦写作"常禧门"。

白楼门,《十国春秋·武肃王世家》有"越州白楼门外故行刑之地"句。该门虽无确切位置,但在州城西南隅的镜湖湖堤上,原有白楼堰、白楼闸[(宋)徐次铎《复湖议》,《泰嘉会稽志》卷十三《镜湖》],白楼门很可能就在这一带。查《泰嘉会稽志》,白楼堰在山阴"县西四里常喜门外"[(南宋)嘉泰《会稽志》卷四《堰》],而这恰恰位于北宋宣和初年刘忠显收缩罗城的范围之内,白楼门或许正消失于此时,从此再也没有关于白楼门的任何记载。

植利门,在城南,亦称南堰门,俗称南门,写作"殖利门"。清乾隆《绍兴府志》云:"南堰,在植利门,泄鉴湖之水以入城。"[(清)乾隆《绍兴府志》卷十四《水利志一·府河》]

稽山门,宝庆《会稽续志》云:"罗城……东南曰稽山门。"[(南宋)宝庆《会稽续志》卷一《城郭》]南宋徐次铎《复湖议》云:镜湖"之形势亦分为二,而隶两县。隶会稽曰东湖,隶山阴曰西湖。东西两湖由稽山门驿路为界,出稽山门一百步,有桥曰三桥,桥下有水门,以限两湖"[(宋)徐次铎《复湖议》,《嘉泰会稽志》卷十三《镜湖》]。据此可以想见,东汉镜湖建成后,随着驿路的开通,稽山门也必然随之出现。

东郭门,越大夫范蠡是按照"西城东郭"礼制建造越都城的,所以"东郭"应在大城东面。《越绝书》云:"山阴古故陆道,出东郭,随直渎阳春亭;山阴故水道,出东郭,从郡阳春亭。"① 陆道、水道均"出东郭",

---

① 《越绝书》卷八《越绝外传记地传》,上海古籍出版社1985年版,第63页。

说明应该设有东郭门。

城门用材，自汉以降，多见用竹制作，虽然也有使用木门的，但到唐末，似乎仍然不乏竹门。一般情况下，白天大开城门，晚上严加紧闭，即所谓"军法，夜不可开"①。唐僖宗乾符年间，诗人唐彦谦就在越州吃过这种闭门羹，他在《越城待旦》诗中说：

策策虚楼竹隔明，悲来展转向谁倾。

天寒（胡）雁出万里，月落越鸡啼四更。

[（唐）唐彦谦《越城待旦》，《全唐诗》卷六百七十一]

可见此时用的仍为竹门。

3. 城壕

城壕，亦称城堑、城沟、壕堑、壕堑，习惯称护城河，是城防工事中的重要组成部分，与城墙合称为"城池"。对于地处水网地带的越州城来说，护城河又是城内水网与城外水网的沟通环线，既是城防工事，又是水上交通环线。

州城的护城河是逐渐形成的。如前所述，除利用天然河道或以筑城挖土时形成的沟壑为城壕外，与重大水利工程建设关系就更为密切。汉代有"会稽陈嚣，少时于郭外水边捕鱼"②的记载，按照越大夫范蠡"西城东郭"的形制，这里的"郭外水边"很可能是东郭门外天然或人工护城河。而东汉永和五年（140），马臻在会稽城南围筑镜湖，湖堤离城很近，越子城"城南近湖，去湖百余步"[（南宋）嘉泰《会稽志》卷一《子城》]，子城外的罗城离湖必定更近。这显然是一举三得，城市防洪、城市供水和护城河功能三者兼而有之。至于城北护城河虽然没有开挖记录，但对城北护城河的形成有两个有利条件：一是那里有大片被后人称

---

① （唐）李肇：《唐国史补》卷中，《唐国史补·因话录》，上海古籍出版社1983年版，第43页。

② （唐）欧阳询：《艺文类聚》卷九十六，上海古籍出版社1982年版，第四册，第1672页。

为"大滩"的天然水面，二是开凿于西晋末年的西兴运河［（南宋）嘉泰《会稽志》卷十《水·运河》］，在城北穿越而过。有了这两个条件，城北护城河是水到渠成的事。至于城西南的护城河，只要站在州宅窗前就能看到。唐敬宗宝历二年（826），在浙东观察使任上的元稹，作《奉和浙西大夫李德裕述梦四十韵》诗，其中有"暮竹寒窗影，衰杨古郡濠。鱼虾集橘市，鹤鹳起亭皋"句，还自注曰："越州宅窗户间尽见城郭。"从"衰杨古郡濠"句看，西南也是护城河，至少在宝历二年前已经存在。据此，可以认为越州州城东、南、西、北四面城濠或护城河，到唐代已经全部环通。

但作于宋真宗大中祥符年间（1008—1016）的《越州图经》，称为"旧经"（或《图经》）[1]，没有注意到以上重要事实，只简单地说："城不为濠。"对此，嘉泰《会稽志》予以否认说：

> 《旧经》有云"城不为濠"，今城外故有濠，但不甚深广尔。皇祐中，有诏浚湟，太守王逵始治其事。《旧经》成于祥符，不及知也。
> ［（南宋）嘉泰《会稽志》卷第一《城郭》］

可见，此处所称《旧经》，指的就是《符祥越州图经》。其中透露了两条重要信息，即祥符之前，州城已有城壕，只是不甚深广而已；再者，宋仁宗皇祐（1049—1053）中，越州知州王逵按照圣意疏浚过越州城壕。这是发生在祥符以后的事情，嘉泰《会稽志》没有责怪《旧经》，展示了客观的态度，祥符之前已有城壕是可信的。

王逵的确于宋仁宗皇祐四年（1052）出任过越州知州[2]，据称他是奉

---

[1] 关于《越州图经》，经陈桥驿先生考证有两种。一种《越州图经》修纂者及修纂年代不详；另一种《越州图经》共九卷，宋李宗谔修，李垂、邵焕纂，成书于大中祥府年间（1008—1016），两书均佚。但南宋嘉泰《会稽志》及后来各书引用时，《旧经》与《图经》并见，似非同书。如嘉泰《会稽志》各卷引及《旧经》共245条，《图经》共15条。参见陈桥驿《绍兴地方文献考录》，浙江人民出版社1983年版。

[2] 参见任桂全总纂《绍兴市志》卷二十七《政府》，浙江人民出版社1996年版，第1624页。

诏浚湟，应该是任内大事。宋仁宗为什么要下诏浚湟？是因为当时广源州有名叫侬智高的起兵谋反，而许多州"无城垒"，兵力不敌者便弃城而逃[《宋史》卷十二《宋仁宗本纪（四）》]，因此下诏修浚城池。

这里的王逵浚湟应该是城西的护城河，并且涉及位于种山西南麓的西园、王公池等园池。西园是吴越王钱弘俶为其兄、废王弘倧徙居越州（吴越东府）而建的园池，"筑宫室、治园圃，花卉、山石、池塘、亭苑，奉废王日娱悦之"[（宋）范坰《吴越备史》卷四《钱弘俶》]。西园内的池塘，后人称之为"王公池"，万历《绍兴府志》载：

> 王公池，池自钱氏时已有，后稍堙，皇祐中，太守王逵因浚城壕，复辟之，遂以王公名。泓渟澄涵，皎若坠镜，自是为奇观矣。
> [（明）万历《绍兴府志》卷三《署廨》]

这是对王逵疏浚城西护城河的记录，加上此前通过筑镜湖、凿运河和利用天然河道形成的城东、城南、城北护城河，为婴城守卫创造了优越条件。

其实，疏浚护城河在中国传统城市中是非常普遍的现象，无论是北方城邑，还是南方都市，都把筑城和浚湟结合起来，到唐朝已经成为一种制度。《通典》兵制《守拒法》中对疏浚城壕就有如下规定：

> 城外四面壕内，去城十步，更立小隔城，厚六尺，高五尺，仍立女墙（谓之羊马城）。

又：

> 城壕，面阔二丈，深一丈，底阔一丈，以面阔加底积数大半之，得数一丈五尺，以深一丈乘之，凿壕一尺，得数一十五丈。①

---

① （唐）杜佑：《通典》卷一百五十二《兵五》，中华书局1992年版，第四册，第3894—3895页。

以上规定可见，当时度量以五步为一丈，如果按此计算，越州护城河的尺度处处充满着水城固有的特色，在越州的"筑城之法"中：

> 城外筑瓮城，去大城十五步。瓮城外凿壕，去大城三十步，上施钓桥，凡为三壕，第一重阔二十步，深二丈，水深四至七尺；第二、三重递减五尺，壕之内岸筑羊马城，去大城五步……［（南宋）嘉泰《会稽志》卷一《城郭》］

"筑城法"与"守拒法"两相比较，越州护城河的特色在于：①护城河阔六丈，是"守拒法"规定的三倍；②护城河水深二丈，是"守拒法"规定的一倍；③城门外筑瓮城，设三重城壕，即最外侧第一重阔四丈、深二丈，第二重三丈五尺，第三重三丈。这种并不多见的三重城壕，既满足了城防安全的需要，更适应了水上交通频繁的需要，是一种应城制宜的城防设计手法。

（四）杨素以后的几次修缮

入唐以后，朝廷对修建城池仍然十分重视，目的无疑是确保江山稳固与城市安全。唐高祖李渊在准备传位时，就"命州县修城隍，备突厥"（《旧唐书》卷一《高祖本纪》），目的非常明确。即使到了唐末政权摇摇欲坠之际，唐僖宗李儇依然幻想通过高筑城墙来挽救唐王朝灭亡的命运，下达"筑罗城诏"［（宋）扈仲等《成都文类》卷十六《唐僖宗赐高骈筑罗城诏》，四库全书文渊阁本］。出于同样目的，朝廷还把修城浚隍以制度形式固定下来，《守拒法》就是实例，并在各州县中付诸实施。

越州子城与罗城从杨素修筑时算起，到北宋靖康之耻（1126）发生的五百多年间，修缮次数一定不在少数。只是由于文献记录的不全和古今城址重合而无法进行田野考古等原因，究竟修缮过几次，无法作出全面回答，但比之于秦汉六朝时期有修城之举，而无记录之实，显然要好得多。因为五百余年间，有文献记录可查的修缮活动，除杨素外，还有七次。而且每次修缮的内容、重点及对后来城市发展的影响等,都有所不同,对研究城市发展史具有重要意义。

　　首先值得关注的,是唐德宗贞元三年(787),皇甫政兴建玉山、朱储二斗门。皇甫政于贞元三年起为浙东观察使、越州刺史《新唐书·地理志五》。山阴条注云:"贞元元年,观察使皇甫政府凿山以畜泄水利,又东北二十里作朱储斗门。"而《旧唐书·唐德宗本纪》云:贞元三年正月,"宣州刺史皇甫政为越州刺史、浙东观察使"。前后主政十年,"多惠迹,修治水利,开凿玉山、朱储二斗门,以时蓄泄,民甚德之"[(明)万历《绍兴府志》卷三十七《人物志三·名宦》]。州城地处山会平原南端,地理形势总的由西、南向东、北倾斜。罗城上游为镜湖,城内河道纵横,下游为山会水网平原。玉山斗门与朱储斗门均在城市下游,虽然这是城外的水利工程,但因其离城不远,水平落差也不大,斗门的启闭将直接影响到城内水位,因为此时城内水网与城外水网已基本连通,城外泄水,可以对城内减轻防洪压力,反之,城外蓄水,则能给城内用水带来方便。所以,两斗门的建立,实际上是设在城外的城市防洪抗旱水利工程。城内理水从城外做起,以城外水利工程为城市安全提供保障,这是根据州城水利形势而付诸实施的城市防洪抗旱工程,规划的科学性,被后来的实践证明是行之有效的。

　　与皇甫政不同,唐宪宗元和十年(815),为浙东观察使、越州刺史的孟简,则把城外治水与城内治水结合起来,推动城乡水上交通运输网络的建立和完善。地处水网平原的越州水城,在自然环境的作用下,经过前人不懈的疏浚和开拓,至此已基本成型。但以南北向府河(亦称运河)为界的西半城与东半城的水上交通却嫌不畅。于是,孟简就在府河与山阴的西小河之间,新挖一条东西向河道,名曰"新河"。"新河"的开通,不仅完善了城内的水上运输网络,更重要的是对水城的形成起了决定性作用。与此同时,孟简又实施了西兴运河沿岸的"运道塘"建设,运道塘亦称塘路、官塘,俗称古纤道,既是行舟背纤的河边通道,又是往来船只躲避风浪的屏障，更是浙东漕运的必经之地。乾隆《绍兴府志》卷十四《水利志》云："运道塘在府城西，自迎恩门起，至萧山止。"清嘉庆《山阴县志》卷二十《政事志第三》又云："官塘在县西十里，自西郭门起，至萧山县共百里，旧名新堤，即运道塘。唐元和十年观察使孟简所筑。"现为全国重点文物保护单位。《新唐书·地理志》对孟简开辟和完善越州城乡水上交通设施有如下记载：

（府廨）北五里有新河，西北十里有运道塘，皆元和十年观察使孟简开。（《新塘书》卷四十一《地理志五》）

西兴运河是穿越州城的浙东运河的一部分，孟简修筑运道塘，实际上拓展和加强了州城对外水上交通运输干线。

如果说，皇甫政建斗门是为城市安全考虑，孟简浚河、建运道塘为的是发展城市交通，那么，吴越时期钱镠修筑城池，更多的是为了满足政治需要。这是作为政治中心城市所无法回避的现实。

钱镠本为唐末旧臣，但在五代十国的分裂局面中，凭借朝廷对他的信任和手中掌握的实权独占吴越一方。吴越国建立后，他仿唐实行两都制，即以越州为东都、杭州为西都，习惯称为东府、西府。此时的越州，既是越州大都府治所，又是吴越东府所在，城市地位绝非一般州城所能比，是钱塘江南岸吴越半壁江山的政治中心。如钱镠自己所说：

浙东地号奥区，古之越国，当舟车辐凑之会，是江湖冲要之津。[①]

所以早在唐昭宗乾宁年间（894—898）他就本着"固吾围"宗旨，重修越州罗城［(南宋) 宝庆《会稽续志》卷一《城郭》］。并按照他的意志，要求各州也同样：

[①] （五代）钱镠：《镇东军墙隍神庙记》，《全唐文》卷一百三十，上海古籍出版社1993年版，第573页。

崇建雉堞，夹以南北，矗然而峙，帑藏得以牢固，军士得以帐幕，是所谓固吾圉。①

这种完全以政治为目的的"固吾圉"政策，还从修罗城延伸到州署使宅的建设之中。从元稹《夸州宅》诗中可见，由盛唐遗留下来的州署建筑犹似"蓬莱"，只是因为董昌僭越称帝，以州宅为宫殿，当钱镠奉诏讨平董昌后，这些州宅本来完全可以继续使用。可笑的是，钱镠以"恶昌之伪迹，乃撤而新之"〔（南宋）宝庆《会稽续志》卷一《府廨》〕，全部拆除重建。别人家是爱屋及乌，钱镠则是恨人及屋，当年的堂舍、使院、亭馆一股脑儿都被"撤"走了。

当然，钱镠既然视越州为东都，除了有所"撤"，自然也得有所"建"，建什么呢？为了标榜他的治越功绩，特别在州署设厅后面、龙山之下，根据元稹《夸州宅》中"谪居犹得住蓬莱"②句，兴建蓬莱阁以传后世。同时又在龙山之西建崇善王祠，崇善王即龙山之神，"祠有石幢，乃镠刊梁贞明三年封神为崇善王敕牒"〔（南宋）宝庆《会稽续志》卷二《府廨》〕，目的还是突出他自己。另据民间相传，钱镠尚在五云、稽山门外凿数十口"钱王井"，"甃以石，水高于地，不溢不涸。方暑时，行道甚以为惠"〔（明）万历《绍兴府志》卷八《山川志五·井》〕。城内则有"日池""月池"二池，据说钱镠眼睛有疾，才浚此二池〔（明）万历《绍兴府志》卷八《山川志五·池》〕。日后便有"日池坊"和"月池坊"。此外，或因崇佛缘故，钱镠还相继于城内外创建天王院（后改广教院）和澄心寺等。

继钱镠之后，修筑越州城池影响较大的，如前所述是王逵疏浚城壕。他的最大贡献是把州城四周城壕连成一线，成为世代相传的重要城防工程。

---

① （五代）钱镠：《罗城记》，《全唐文》卷一百三十，上海古籍出版社1993年版，第572页。
② （唐）元稹：《以州宅夸于乐天》，《元稹集校注》卷二十二，上海古籍出版社2011年版，中册，第651页。

由于王逵修城重点在浚湟，对城市的其他方面未能顾及。而此时的州城包括子城和罗城，可能因为受经费制约，或朝廷不予支持等原因，长期得不到修缮，子城已经到了"颓垝邸里，无有限隔"，连城墙都没有了。因此就在王逵浚湟九年后，另一位越州知州刁约，于宋仁宗嘉祐六年（1061）"奏乞治之"。这一回得到皇上支持，下诏找到"主筑者"后即可动手，却巧正在此时，刁约被召离任，继任者沈遘刚刚放开手脚准备大干一场时，又被调任杭州刺史。直到嘉祐八年（1063）夏张伯玉到任，才集中人力财力，一鼓作气，至十月修城结束。

这次修缮，从毛维瞻《新修城记》的记载看，是全方位的，同时也是杨素、钱镠以来规模最大的一次修缮。修城记是一篇很有价值的专记，涉及修城体制，包括主筑者、劳动力、规模、材料、技术、经费及城市新貌等，而且作于修城完工后的第二年，所记内容应该真实，对研究中国城市发展史极有文献价值。毛维瞻《新修城记》全文如下：

> 天下不患乎有不可御之寇，大患乎无不可攻之备。闾井聚落间，一区之舍，斗升之储，犹畜龙狁、设垣篱以固守之，而郡国之大，不城可乎？
>
> 越为浙东大府，户口之众寡，无虑十百万；金谷布币，岁入于县官帑庾数，又倍之提封。左右襟带江湖，远扼闽岭之冲，故屯宿禁旅，以备非常。州之子城，颓垝邸里，无有限隔，非所以为国家式遏海外之意也。
>
> 嘉祐六年春，州将刁公奏乞治之。诏下，得请主筑者，才虑事，而公被召。继以紫微沈公，役方大施，又移帅杭。八年夏，清河张公领镇至止，恭念天子新即位，外诸侯大宜谨守备以为先务。遂量功戒事，仪图亟成，役兵夫日仅万指，春胰空远，相答不扰，市不妨农，傲而饲之，无不勉者。
>
> 以其年冬十月新城成，高二十丈，面平广可联数辔。其趾，叠巨

石为台以捍水。四周累瓴甋、承埤堄以障,守者挑挞览写,而廉势峻拔,坚异他壁。北因卧龙山,环而傅之,连延属于南,西抵于堙尾,凡长九千八百丈。其费工与材之数逾二百六十万。城之门有五,而常喜、西偏、西园三门既隘且敝,又新之以壮其启闭,仍鸠羡材,楼于西园门之上,资游观也。

平湖苍山,前后涵映,朝岚夕云,紫翠浮活,樵钓讴歌,鱼鸟上下,迤逦来与人会。襟韵洒豁,回视邑郭,其身飘然,若在丹霄游氛之上,此又功外所得之余胜也。公之于是役也,指踪纤悉,皆若素虑。始议者以三岁为期,至是二十五旬而毕。

盖役不可以玩,曰法曰兵曰政亦然。凡玩役,则民亦劳而重困;玩法,则吏因缘而市狱;玩寇,则师逗留而速败;玩政,则民露布而亡告。玩之为说,真可畏哉!故余因书修城事始末及之。

时治平初命元,岁在甲辰云。①

就在宋仁宗嘉祐末年由刁约、沈遘、张伯玉"接力棒"似的完成州城大修之后不久,另一场意外的州城修缮活动便在宋神宗熙宁八年(1075)又大张旗鼓地展开了。这不是因为城墙倒塌,也不是因为城壕堵塞,而是因为越州遇上了大旱。时为越州知州的赵抃在调查掌握灾情的基础上,多方筹集粮资,采取不同方法予以救济。其中有劳动能力的,"给其食而任其事",仅雇用民夫修城一项,就支付佣金粟十万四千石。时人曾巩《越州赵公救灾记》云:

……又为之出官粟,得五万二千余石……又僦民完城四千一百丈,为工三万八千,计其佣与钱,又与粟再倍之。②

---

① (宋)毛维瞻:《新修城记》,《会稽掇英文集》卷十九,人民出版社2006年版,第287—288页。
② (宋)曾巩:《越州赵公救灾记》,《曾巩集》卷十九,中华书局1984年版,第316—317页。

此次修城虽然来得有些突然，但从修筑城墙和投入民工数量看，工程量虽不及嘉祐末年一半，按一丈五步和三百六十步一里计算，计五十七里，已远远超过一般州城的总体规模。如，据《图经》记载，嘉兴"罗城周一十二里"，湖州"罗城周二十四里"，宁波"罗城周回二千五百二十七丈，计一十八里"，金华宣和四年"周十里"，温州宣和年间周"三千九百四十七步"（以上见清雍正《浙江通志》卷二十二、二十三《城池》），按度地法为周十一里，可见越州州城规模在今浙江境内仍然为第一。

赵抃把修城与赈灾结合起来，方法上是创新，也给后人以启迪。宋徽宗宣和二年（1120）方腊起义，时为越州知州的刘韐（字忠显），采用"富者出财，壮者出力"的办法修筑城池，抵抗方腊入城。明人郭钰在《武备志》中记其事云：

> 宋宣和二年冬，睦州青溪县民方腊起为盗，势张甚。及破杭州，与越隔一水，越大震，官吏往往遁去。知州事、徽猷阁待制刘韐，独调兵筑城固守，令民富者出财，壮者出力，士民皆奋。①

虽然用功不多，但敌至而可以无恐，最终粉碎了方腊的进攻，而且使明、台、温诸州得以保全。刘忠显带兵出身，长期守卫在西南边陲，对构筑城防工事及相关制度尤其熟悉。嘉泰《会稽志》对他评价很高：

> 刘忠显以其久在兵间，身履西陲要害之地，至于城壁制度，尤其所悉。故在会稽修葺郡城，虽用功不多，而寇至可以无恐，使他人为之，虽有才智，亦未必能也。[（南宋）嘉泰《会稽志》卷一《城郭》]

的确，刘忠显不仅是个军事家，也是城市规划设计的专家。他将攻城与筑城结合起来，在总结前人经验的基础上，提出了属于越州自己的"筑

---

① （明）郭钰：《武备志》，《绍兴丛书》第二辑《史迹汇纂》，中华书局2009年版，第一册，第166页。

城之法"和"楼橹之法",大大丰富了古代城市规划和城防建设的思想。"筑城之法"前面已有介绍,而所谓"楼橹之法",则是古代作战中用以侦察、防御或攻城之用的各种设施的统称,如敌楼、战棚、城楼等。被纳入"楼橹"范围的设施很多,其名称、作用和效果,嘉泰《会稽志》与"筑城之法"一起有如下记载:

> 凡楼橹之法,曰垂钟版,曰拐子木,曰伏兔子,曰手杷腰福,曰鹰架,曰踏空版,曰扠柱版,曰护柱版,曰胡孙柱,曰鄣水版,曰马面,曰梯,曰马垠踏道,曰娥眉砖踏道,曰笆,曰草椁,曰牛革,曰毡,曰大小索,曰铁鹰钩,此其名数之大略也。并塞控阨之地,人人习知,故其筑城也易为力,而坚致可守。内地既非临边,又郡邑安固,无寇盗之虞者久,虽兴版筑,或出草创,故略书梗概,欲在官者知城池之不可忽如此。(嘉泰《会稽志》卷一《城郭》)

尽管志称这仅仅是"楼橹""名数之大略",但对于研究古代城防设施及筑城之法,已经是翔实而又不可多得的文献资料了。

综上所述,从杨素筑城到刘忠显总结出"筑城之法"和"楼橹之法",说明越州的城市规划设计和城防工事建设不仅具有自身发展的鲜明个性与特色,而且也为后人就如何从不同地理环境条件的实际出发,培育城市个性树立了光辉榜样,在中国城市发展史上具有不可动摇的典范意义。

二 水城的形成及其特色

隋唐五代至北宋是越州城市形态变迁的重要历史时期。在完成由西城东郭形制向内外城即"套城"形制转变的同时,水城的格局也在城市自身发展过程中逐步形成,并且具有鲜明的城市个性。对于这座被唐代诗人张籍称为"无家水不通"[(唐)张籍《送朱庆余及第归越》,《全唐诗》卷三百八十四]的水城,在唐宋诗人笔下,都是以"江城"名目出现的。

> 秀色不可名，清辉满江城。
>
> [（唐）李白《送王屋山人魏万还王屋》，《全唐诗》卷一百七十五]
>
> 江城昨夜雪如花，郢客登楼齐望华。
>
> [（唐）张继《会稽郡楼雪霁》，《全唐诗》卷二百四十二]
>
> 江城闻鼓角，旅宿复如何。
>
> [（唐）皇甫冉《酬李司兵直夜见寄》，《全唐诗》卷二百五十]
>
> 湖岸春耕废，江城战鼓喧。
>
> [（唐）吴融《途中》，《全唐诗》卷六百八十四]
>
> 垂老江城为少留，濒海新城筑金垒。[①]

而北宋王安石同样用诗句赞美了越州水城风光，称为"山水国"，即如现代人所谓的"山水城市"：

> 越山长青水长白，越人长家山水国。[②]

可见，越州水城在北宋以前已形成，这是唐宋诗人见到的事实。

(一) 水城的形成

越州城之所以成为水城，首先得益于其所处的自然地理环境。州城是由越国都城发展而来的，当年，范蠡受越王勾践之命兴建越都城时，选择了"两侧迫江，东则薄海，水属苍天，下不知所止"[③]之地为城址。所谓"两侧迫江"，就是城东有东小江（今曹娥江），城西有西小江（今浦阳江）；所谓"东则薄海"，就是今杭州湾，古代称"后海"。而长期生活于此的于越人又有特好的水性，"水行而山处；以船为车，以楫为马；往若

---

① （宋）陈升之：《送程给事知越州》，《全宋诗》卷三百八十二，北京大学出版社 1998 年版，第七册，第 4711 页。

② （宋）王安石：《登越州城楼》，《王文公文集》卷四十五，上海人民出版社 1974 年版，下册，第 522 页。

③ 《越绝书》卷四《计倪》，上海古籍出版社 1985 年版，第 29 页。

飘风，去则难从"①。可见，无论是自然地理环境，还是居民的生活习性，都成了越州建设水城的动力。特别是东汉会稽太守马臻筑堤围湖建成城市上游的镜湖以后，使原本潮水出没的沼泽地加快了形成山会水网平原的历史进程，为越州水城建设提供了优越的自然风光和人文地理环境。

越州水城的自然地理环境由于受科学技术的限制，在古人那里当然只能作状态描述，无法用现代科学方法作出量化记述。现据张建南对1974年版万分之一地形图的量算，今绍兴城周围在黄海高程10米以下，总面积为816.1平方公里的河网平原（即传统山会平原核心区，不包括萧绍海塘以外的滨海平原）中，水面面积达107.4平方公里，占13.2%。其中河网总长约2000公里，水面面积大于0.18平方公里的湖泊15个，最大湖泊狭獁湖为2.93平方公里，河网平均水深2.44米，湖泊平均水深2.7米。有四面环水的陆洲和渚3116个，平均每平方公里3.82个。② 是名副其实的"河网密布，纵横交错"的水网平原。如此高的河密度对越州水城的形成无疑是一种得天独厚的自然地理条件。此后经过人工加工和改造，才逐渐形成城市河道水网。

对于越州水城形成过程，由于文字记载不多，便引起了后来地理学家的高度关注。明代王士性考证后认为：

> 绍兴城市，一街则有一河……水道如棋局布列，此非天造地设也？或云："漕渠增一支河月河，动费官币数十万，而当时疏凿之时，何以用得如许民力不竭？"余曰："不然。此本泽国，其初只漫水，稍有涨成沙洲处则聚居之，故曰菰芦中人。久之，居者或运泥土平基，或作圩岸沟渎种艺，或浚浦港行舟往来，日久非一时，人众非一力，故河道渐成，甃砌渐起，桥梁街市渐饰……"③

---

① 《越绝书》卷八《越绝外传记地传》，上海古籍出版社1985年版，第58页。
② 转引自徐智麟《古代城市水利的杰出典范——纪念绍兴建城2500年》，《越文化研究通讯》2011年第8期。其中"河网总长约2000公里"，系据其他资料补录。
③ （明）王士性：《广志绎》卷四，中华书局1982年版，第71页。

越州水城是逐步形成的。王士性所说"渐起""渐饰""渐成"过程，大致起自范蠡建城的春秋末年，至于晚唐宝历二年（826）之前，这个过程确实是漫长的。

据清光绪十九年（1893）所绘《绍兴府城衢路图》①载，在8.32平方公里的古城内，到清末尚有河道33条（含内护城河），加上外护城河，总长60公里。这些城市河道形成途径，不外乎有两，一是利用天然河道，二是人工疏浚河道，其中又以人工疏浚为主。

把城内河网与城外河网联系起来看，流经城内的天然河道有5条：①城南的南池江，从南门（也称植利门）流入城内，自南而北，经昌安门（也称三江门）流向山会水网平原。此河从城内南门至江桥段称"府河"，从南朝陈代起，为山阴、会稽两县界河，也是市中心主干河道，故也有"运河"之称。②城南坡塘江经凤则江（即西南护城河），从水偏门流入城内，经狮子街河、环山河、西小河，与西兴运河城内段连通，为西半城主干河道。③由城东南而来的平水西江，从东郭门流入城内东护城河，经会源桥、东双桥、八字桥、长桥至香桥与西兴运河城内段汇合，称稽山河，为东半城主干河道。④从城西南而来的娄宫江，至常禧门（也称旱偏门）汇入城西护城河，然后通过偏门、迎恩门等水城门，与城内水网连通。⑤酒务桥河很可能是当年通向勾践小城的唯一河道，是为小城建"水门"的地方。与其他四条南北向的天然河道不同，酒务桥河横贯东西，东边在会源桥与稽山河相连，中间穿过府河，西边穿越莲花桥、大郎桥，与西护城河连接，形成"四纵一横"的天然河道格局，也是越州水城的最初形态。

除上述5条天然河道外，其余河道应由人工所为，其出现或疏浚年代有明确记载的有4条：①投醪河。亦称箪醪河、劳师泽，在城东南。是越王勾践出师伐吴时，投酒入河，与将士们迎流共饮的地方〔（宋）乐史《太平寰宇记》卷九十六《江南东道八·越州·会稽县》："投醪河，在县

---

① （清）宗能述：《绍兴府城衢路图》，屠剑虹《绍兴历史地图考释》，中华书局2013年版，第175页。

南西三里,勾践投醪之所"]。②运河。西兴运河于西晋永嘉元年(307)由会稽内史贺循主持疏凿,城内段西起迎恩门(亦称西郭门),经大江桥,东出都泗门与浙东运河相连。城内段运河,大江桥以西称上大路河,以东称萧山街河,是城北主要交通干道。③新河。东西向沟通府河与西小河的"新河"(《新唐书》卷四十一《地理志五》云:府廨"北五里有新河,西北十里有运道塘,皆元和十年观察使孟简开"),嘉泰《会稽志》载:"唐元和十年,观察使孟简所浚。"④外护城河。隋朝杨素修城时,子城"不为壕堑"[(清)乾隆《绍兴府志》卷七《建置一·城池》],罗城是否设有壕堑,地方志中无明确记载。其实外护城河是逐渐沟通的,东汉马臻筑堤围湖,客观上在城南形成护城河,并为城东护城河的形成创造了条件;西晋贺循凿西兴运河及城北天然河滩为护城河的形成,是水到渠成的。到唐敬宗宝历二年(826),浙东观察使元稹在州宅窗前亲眼看到的是:"暮竹寒窗影,衰杨古郡濠。"可见城西南的护城河至少这时已经存在。正是由于西南护城河的开通,标志着这时罗城城壕已经环通。

在人工疏浚河道中,除上述4条外,其余河道的疏浚时间虽难以确认,但将唐元和十年(815)浙东观察使孟简所浚河道称为"新河",是否意味着城内其他河道在"新河"出现之前就已经存在?如果假设成立,则越州城内河网最迟在晚唐以前也已形成。这可以从地名,特别是与河道密切相关的桥名中进一步得到证实。

地名具有地理和历史的双重性格。在地名的命名、发展、变化过程中,既赋予了特定的地理信息,又反映了一定时期与地理有关的历史信息。在地名分类中,陈桥驿先生专门列出一种"相关地名"并举例说:

> 在各类地名中,有些地名是互相关联的。比如,从某山导源某水,某水边又建立某城,这山、水、城三者就是互相关联的例子。①

---

① 陈桥驿:《水经注与地名学》,《水经注研究》,天津古籍出版社1985年版,第324页。

同样道理，逢水架桥是一种常见现象，在这里河与桥也是相关地名，有桥必有河，从桥梁大体能推断出城内河道的疏浚时期。南宋嘉泰《会稽志》记录了越州城内的99座桥梁名称（或许这不是当时桥梁的全部），而且这些桥名大多被保存至今，这就给通过桥名来确认河道是否存在提供了依据。

例如，横跨今都昌坊河的都亭桥南，曾经是秦始皇"到大越，舍都亭"（嘉泰《会稽志》卷十一《桥梁·都亭桥》）之处；横跨今咸欢河的竹园桥，是西汉太中大夫陈嚣的居住地（嘉泰《会稽志》卷十一《桥梁·竹园桥》）；横跨今谢家湾头的题扇桥，相传是王羲之为老姥题扇处（《晋书》卷八十《王羲之传》）；横跨城北运河的斜桥，是舟楫往来、客邸集中的主要码头（嘉泰《会稽志》卷十一《桥梁·斜桥》）横跨西小河的谢公桥，是六朝时期会稽太守谢公所建得名（嘉泰《会稽志》卷十一《桥梁·谢公桥》）；横跨稽山河的八字桥，为南宋宝祐五年（1257）重建的桥梁，至今保存完好，为国家重点文物保护单位。① 横跨府河的清道桥，在轩亭口南，为州城南市所在处，"百货汇集"［（清）雍正《浙江通志》卷三十六《关梁四》］；横跨新河的新河桥，因唐元和十年（815）浙东观察使孟简开新河而名（嘉泰《会稽志》卷十一《桥梁·新河桥》）；横跨狮子街河的拜王桥，因吴越王钱镠平董昌，郡人拜谒于此而名（嘉泰《会稽志》卷十一《桥梁·拜王桥》）等。这些有故事的桥，虽然到南宋嘉泰初年才被记载下来，但这些与桥相关的故事，却无一例外地发生在五代以前，时间跨度，从春秋越国直至吴越国时期。正是由于这些桥的出现，通过"相关地名"的比照，再次证明：越州水城最迟到晚唐以前已经形成，而且形成过程长达一千多年。

（二）水城的形态

越州的水城形态，主要表现在以下三方面。

---

① 参见宣传中主编《绍兴文物志》，中华书局2006年版，第133页。

1. 全城是一张水网。一座城市，有一条或数条河流穿城而过，或擦身而过是常见现象，因为毕竟城市人口密集，水是城市的生命线。但像越州这样一座 8.32 平方公里的城市，城内 33 条河道纵横交错，加上护城河，河道总长 60 公里，河密度达 7.2 公里每平方公里，这在江南城市中也是绝无尽有的。此外，据晚清绘制的《绍兴府城衢路图》载，城南有横贯东西的镜湖，城内有零星分布的东大池、北海池、庞公池、石池、曲池等大小湖池 27 个，河湖面积为 37 公顷。

从城内 33 条河道的布局看，疏浚者是经过周密规划后才付诸实施的。古人按照大致东南高西北低的城市地势，首先将由南而北穿城而过的南池江建成南北向的市中心主干河道。然后，又将与南池江并行而来的坡塘江，从水偏门导入城内，成为西半城的南北向主干河道。同时还将从城东南而来的平水西江，在东郭门导入城内，形成稽山河，成为东半城的南北向主干河道。

东半城的稽山河、城中心的府河和西半城的环山河，这三条大致平行的南北纵向主干河道，虽然利用了天然河道，但却为开挖东西横向河道，最终形成纵横交错的城市水网创造了条件。事实上，东西横向河道除酒务桥河外，按地形地势分析，基本上都属于人工疏浚河道。正如吴良镛先生所说，这里的城市规划建设者，把"一些较大的纵横河道也留在城内，城内的天然河道加上人工的填掘整理，成为水网系统"①。

而这种水网的组织又是"鱼骨式"的，即以纵向三条主干河道为"鱼骨"，又在"鱼骨"两边延伸出一条条横向"鱼刺"。吴良镛先生认为，这"是南方水网地区规划的一种有创造意义的形式"②。"鱼刺"当然比"鱼骨"多，清人悔堂老人说："府河，在府城中，跨山、会二县界。其纵者，自江桥南至南门，北至昌安门；其横者，自都泗门至西郭门。中间支

---

① 吴良镛：《从绍兴城的发展看历史上环境的创造与传统的环境观念》，《建筑·城市·人居环境》，河北教育出版社 2003 年版，第 426 页。
② 同上书，第 427 页。

河甚多,皆通舟楫……盖城中有河七,昔人称为七弦水。自通衢至委巷,无不以水环之。"① 古人将如此密集的河网比作琴弦,确实很形象,不过所谓"七弦水",其实是不止的。如果把清末《绍兴府城衢路图》和实际对照,其横者,山阴县郭 11 条,会稽县郭也是 11 条,再加上 3 条纵向河道及内护城河,总计达 33 条。特别有趣的是在山阴、会稽分别拥有的 11 条横向河道中,两县东西直接相通的只有城北的运河、城中的酒务桥河和城南的都亭桥河,其余仅与府河相交,形成丁字河,突现了城内河道"网"的特点。因此,张驭寰先生说:

> 城池引水入城后,城内对水的规划手法都是采取弯曲与现状相结合,在城内形成一个水网,如苏州、绍兴城等等,那是规划比较整齐的。一条水为河街,一条水为水巷,南北与东西相交,水网整齐。②

2. 城内水网与城外水网有机融合。越州城位于会稽山北麓的山会平原上,这里原本是海退时留下的沼泽地,经过越人的长期辛勤劳动,才改造成为河湖水系发育完备的水网平原。这样的地理条件,要求规划建设者必须对城内水网和城外水网进行通盘规划建设,既要充分发挥城外水网的优势为我所用,又要积极防范城外水网的不利因素而使城内水网能够安全运行。如何应对这些问题,南宋嘉泰《会稽志》有如下记载:

> 城门九,东曰都赐门(有都赐堋……)、曰五云门,东南曰东郭门(有东郭堋)、曰稽山门,正南曰殖利门(有南堋),西南曰西偏门(有陶家堋)、曰常喜门(……),正西曰迎恩门,北曰三江门。凡城东南有堋,皆以护湖水,使不入河。西门因渠漕属于江,以达行在所。北门引众水入于海。(嘉泰《会稽志》卷一《城郭》)

---

① (清)悔堂老人:《越中杂识》卷上《水利》,浙江人民出版社 1983 年版,第 11—12 页。
② 张驭寰:《中国城池史》,百花文艺出版社 2003 年版,第 393 页。

这里已经反映了城内水网通过城门与城外水网的各种关系：

其一，开设六处水城门，以确保入城和出城的流水畅达。州城九处城门，可分为三种形式：一为水城门，二为陆城门，三为水陆兼通城门。志书所载凡在门头设"埭"者，均为上游导入镜湖水的水门，分布在城东和城南，包括城东都赐门、东郭门，城南殖利门、西偏门；将城中水排出城外的水门，分别为城西的迎恩门（即西郭门）和城北的三江门（即昌安门）。从城门分布看，城西仅有迎恩门，城北仅有三江门，两门既是城中水网的出口处，又是陆路进出的必经之地，因此均为水陆兼通城门。除上述6处水城门外，其实城南还有一处引水入城的水城门，俗名"罗门"，民间相传，"罗门开，盗贼来"①，故此门早已堵塞，但今仍有"罗门"地名。此外，陆城门仅有五云门、稽山门和常禧门3处。

由于城内河道纵横，水系发达，因此城门设置只能顺应河道走向择机而定，无法像其他城市那样按中轴线对称的原则设置。所以，不对称的城门布局成了越州水城的一大特色，在城市规划中同样是个创举。如，城正南是引南池江入城的殖利门（亦称南门），南池江入城后成为贯通南北的主干河道，穿城而过并出昌安门汇入山会平原。但因城北水道必须穿过蕺山、白马山之间的一个隘口，这就决定了城北昌安门的位置无法与正南殖利门对称。同样，西北角的迎恩门和东南角的稽山门正好设置在城市的对角线上，迎恩门被巧妙地安排在西护城河与城北运河入口处，是城西北水陆交通的重要节点；稽山门虽为陆城门，但位于东镜湖与西镜湖的分水堤上，是城东南陆上交通的重要节点。② 这种根据连接水网和满足水陆交通需要而设置的城门，是从实际出发、因地制宜、顺其自然的规划手法在水城建设中的科学运用。

其二，水城门口建立堰闸，以确保城内水网安全。城内水网主要靠引

---

① 浙江省绍兴县革命委员会：《浙江省绍兴县地名志》（内部资料），1980年10月印，第12页。

② 参见孟文镛《绍兴，一座别致的水城》，《绍兴日报》2010年9月9日。

入城市上游的镜湖补充水量。这座始建于东汉永和五年（140）的人工蓄水库，总纳来自南部会稽山区的43条溪水，正常库容在2.68亿立方米左右。① 由于镜湖水位"高于城中之水，或三尺有六寸，或二尺有六寸，而益堤壅水使高，则水之败城郭庐舍可必也"②。据考证，当时镜湖水位高程为4.5—5米，而城内水位高程在3.5米左右，水位落差很明显。特别是因为州城地势，总体上东南部略高于西北部，故镜湖以城东南从稽山门到大禹陵的驿路为分湖堤，习惯称堤东之湖为东湖，堤西为西湖，东湖水位一般较西湖高0.5—1米。③ 为确保城内水网安全，便在城东、城南加强防范，从两方面采取措施：

一方面，在城东和城南的水城门外分别建立都赐埭、东郭埭、南埭和陶家埭等四埭，以防洪峰时大量湖水涌入城内，减轻城内防洪压力，平时又可适度引水入城和满足一般船只过坝通航。以后又根据城内河流水位实际，进一步满足城内水源和交通需要，又分别改为都赐堰、都赐闸，东郭堰、东郭闸，南门堰和陶家堰，以调节城内水位和更换城内水体，使城内水网时刻保持流动活水。

另一方面，为缓解东镜湖水位高于城内水位的压力，又在东城墙的筑作中增加厚度，提高抗洪能力。嘉泰《会稽志》引《旧经》有如下记载：

> 城东面高二丈四尺，其厚三丈；西面高二丈六尺，其厚一丈八尺；南面高二丈一尺，其厚一丈八尺；北面高二丈二尺，其厚二丈六尺。[（南宋）嘉泰《会稽志》卷第一《城郭》]

从《旧经》的成书年代推测，这应该是北宋以前的城墙尺寸，对东城墙而言，有两点特别引人注目：其一，城墙的厚度超过高度，由此不难理

---

① 参见盛鸿郎《古鉴湖新证》，《鉴湖与绍兴水利》，中国书店1991年版，第31、13页。
② （宋）曾巩：《越州鉴湖图序》《会稽掇英总集》著录题为《鉴湖图序》，《曾巩集》卷第十三，中华书局1984年版，第206页。
③ 参见邱志荣《上善之水》，学林出版社2012年版，第104页。

解规划建设者的用心；其二，在东、南、西、北四面城墙中，东城墙最厚，其厚度比西、南城墙增加40%，比北城墙增加13%。毫无疑问，这样的规划设计，在确保城市安全上是具有多重意义的。

3. 充分发挥护城河的城内外水位调节作用。在天然河道与人工挖掘基础上逐渐完善的越州护城河至晚唐已最终形成，史称"外池"，即外护城河；此后又增浚"内池"，即内护城河。至明朝嘉靖初年，内外池深、广，情况分别为：

外池东广十丈，深一丈；西广八丈，深一丈二尺；南广八丈八尺，深九尺；北广五丈，深八尺。内池俱广一丈八尺，深七尺。[（明）万历《绍兴府志》卷二《城池志·府城》]

这里所说的内外池即内外护城河，有以下几点值得注意。

其一，在城墙内外侧分别开挖护城河是极为罕见的。通常所谓的护城河，一般是指城墙外围疏浚的河道，其城防功能是不言而喻的，但从越州城的实际看，不仅需要外护城河，内护城河事实上也是必不可少的。因为尽管城内河道密布，纵横交错，但与外护城河的联系，除六处水城门外，无论是丰水期还是枯水期，城内水网与城外水网的沟通必定受到城门的限制。而内护城河开通后，与外护城河仅一墙之隔，既可以凿城引湖水入城，也可以凿城将内水排出城外，是对水城门引水和排水功能的补充。宋孝宗淳熙元年（1174），吕祖谦游越城西园曲水时，就见到这种情形，《入越录》中他写道：

凿城引鉴湖为小溪，穿岩下，键以横石，激浪怒鸣，过闸遂为曲水。[（宋）吕祖谦《入越录》《东莱集》卷十五]

其二，内护城河与外护城河形制有别。外护城河不同地段根据环境变化，东南西北各方的广度和深度都不一样。东护城河宽度是北护城河的一倍，西护城河比北护城河宽三丈，这显然与河水流量和地势高低及防卫重点有关。内护城河则一律广一丈八尺，深七尺，为什么都比外护城河窄、比外护城河浅？原因恐怕在于功能上有所区别。如果说，外护城河兼具城防、交通功能，那么内护城河的主要功能在于汇通城内水系，并通过水门和"凿城"途径，加强城内水与城外水的联系，起到枯水期引湖水入城，丰水期加快内涝外泄的作用。虽然内护城河也能在城防、交通方面发挥作用，但在汇通城内河网水系方面的作用却是独特的，在促进城内交通方面比外护城河更为灵活方便，这或许就是越州实行内外池，即内外护城河的主要原因。

其三，外护城河之阔超越常规数倍。城池设施到唐代已经形成制度，按《守拒法》规定：

> 城壕，面阔二丈，深一丈，底阔一丈。①

这应该是唐代开挖护城河的通行标准，而且四周广度、深度不分彼此。越州则另有一套"筑城之法"，按前面所说，东面比规定阔5倍，西面阔4倍，南面阔4.4倍，北面阔2.5倍，完全超越了制度规定，这是为什么呢？如果从城防要求来衡量，阔二丈，按唐代度制换算为7.2米，足可产生效果。而越州外护城河之阔，分别为东36米，西28.8米，南31.68米，北18米。如此广阔的护城河应该是很少见的，只有像越州这样的水城才显得十分必要。因为越州的外护城河，除了完成本来意义上的城防功能外，其实还承担着另一项重大任务，这就是城内外水上交通调度和码头的功能。这显然是越州水城的重要特色之一。

（三）水城的特色

越州水城特色是多方面的。体现在城内是一张纵横交错的水网，在8.32平方公里的古城范围内有各式桥梁229座，有堪称独一无二的内外双

---

① （唐）杜佑：《通典》卷一百五十二《兵五·守拒法》，中华书局1992年版，第四册，第3895页。

重护城河，外护城河的宽度是常规的四五倍，四面城墙的厚度不一样，城内外水位有明显落差，浙东运河穿城而过，水城门多达6处并且成不对称排列等。这个按照当地自然山水特征和人文习惯规划建设的水城，除了中国传统城市必须具备的防御功能外，各种城池设施，几乎都以"水"为中心展开，从军事安全、城市防洪、居民用水、水上交通乃至保持城内活水等，均在城池规划建设者的思考和实践之中。尤其是在利用水系特点组织城市内外交通方面达到了空前完美的地步。

城内拥有的33条河道，60公里总长，7.2公里每平方公里的河密度，给城市水上交通提供了极为便利的条件。市民无论是生产、生活还是走亲访友，都可以从水路到达目的地。唐代诗人张籍曾经漫游越中，水城风光给他留下深刻印象，他在《送朱庆余及第归越诗》中写道：

东南归路远，几日到乡中。
有寺山皆遍，无家水不通。
湖声莲叶雨，野气稻花风。
州县知名久，争邀与客同。

（《全唐诗》卷三百八十四）

"无家水不通"应该是当时张籍游越时亲眼所见。只有家家通水，市民才谈得上坐船出行。在传统城市中，驾马骑驴出行是城市交通中的常见现象。但在越州城内却不然，因为到处是水，只能借船出行，"以船为车，以楫为马"① 的古风，隋唐至北宋犹存。

当然，城内行舟与大江大河不同，河道宽度有限，船只不宜过大，以小巧玲珑为上。于是，一种独特的小舟在越州城内出现了。远在蜀中的杜甫或许听过介绍，向往乘兴之情，在诗歌中表露无遗：

---

① 《越绝书》卷八《越绝外传记地传》，上海古籍出版社1985年版，第58页。

东行万里堪乘兴，须向山阴上小舟。

（《全唐诗》卷二百二十六）

杜甫心中的"小舟"，其实就是唐诗里经常出现的"舴艋"舟。当时隐居越州东郭门内玄真坊的诗人张志和就经常以舴艋为家，四出周游。他的五首《渔父》词便是这种生活的记录，其中第二、三首写道：

钓台渔父褐为裘，两两三三舴艋舟。
能纵棹，惯乘流，长江白浪不曾忧。
霅溪湾里钓渔翁，舴艋为家西复东。
江上雪，浦边风，笑著荷衣不叹穷。

（《全唐诗》卷八百九十）

张志和自称烟波钓徒，自号"玄真"，词中的"渔父"应该是他自己。时任浙东观察使的陈少游常去拜访，又"表其居曰玄真坊"〔(新唐书)卷一百九十六《张志和传》〕。张志和以"舴艋为家"，而隐居镜湖的另一位诗人方干，又何尝不是如此呢？他在赠友人诗中说自己：

蟾蜍影里清吟苦，舴艋舟中白发生。

〔(唐)方干《赠钱塘湖上唐处士》，《全唐诗》卷六百五十〕

张志和、方干朝夕不离的"舴艋"舟是一种木制小船，诗人皎然就亲眼见过。他在《奉和颜鲁公真卿落玄真子舴艋舟歌》说：

沧浪子后玄真子，冥冥钓隐江之汜。
刳木新成舴艋舟，诸侯落舟自兹始。

（《全唐诗》卷八百二十一）

从陆龟蒙《舴艋》诗看，这种小木船应该有蓬，诗曰：

> 蓬棹两三事，天然相与闲。
>
> 朝随稚子去，暮唱菱歌还。
>
> （《全唐诗》卷六百二十）

皎然、陆龟蒙都到过越州，所见的刳木新舟和蓬棹小舟说明舴艋舟是一种小木船，而且设有船篷，这其实就是陆游《鹊桥仙》词中的小篷船：

> 轻舟八尺，低篷三扇，占断苹洲烟雨。①

行进中的小篷船，陆游在另一首词中是这样描述的：

> 桥如虹，水如空，一叶飘然烟雨中。天教称放翁。
>
> 侧船篷，使江风，蟹舍参差渔市东。到时闻暮钟。②

此外，越州还有一种叫"越舲"的小船，《淮南子·俶贞》有"越舲蜀艇，不能无水而浮"，高诱注："舲，小船也。"据说这是一种有窗的小船，或许比篷船考究。

实际上越州城内的纵横河道既是城市水网，也是城市交通网络，船只往来交织，十分繁忙。陆游所谓"占断苹洲烟雨"，说是这种"轻舟八尺，低篷三扇"的小篷船占尽了城内河道。

当然，越州水城的规划设计者没有孤立地规划城内水网，而是把城内水网与城外水网作为整体来组织布局。除了通过设置六处水城门，以加强城内城外的水上联系外，还把西兴运河引入城内，让它在城北穿城而过，这又是大胆而创新之举。因为城北原来就是水网地区，作为东西向的西兴运河，完全可以在城外与任何一条河道相连接，并继续向东延伸，成为浙东运河的一部分。规划却没有就近取便，而在城西迎恩门引运河入城，穿

---

① （宋）陆游：《鹊桥仙》，《放翁词编年笺注》，上海古籍出版社1981年版，第110页。
② 同上书，第112页。

越北半城，在城东都赐门出城，融入城外水网。这条横贯城市北部的东西向的运河，不仅解决了城市内外的水上交通，更重要的是把城内南北向的三条主干河道，即西半城的西小河、城中的府河、东半城的稽山河串联在一起，从而激活了城内水网的通联功能，使城内的水上交通功效发挥到了极致。

与运河穿城而过一样具有创新意义的是外护城河的大幅度加宽，东、南、西三面分别比常规加宽4倍到5倍，北面最窄也比常规宽2.5倍。设计者之所以加大护城河宽度，除城防外最主要的还是为了发挥水上交通功能，起到城市水上交通环岛的作用。虽然交通环岛是现代名称，而且一般仅限于陆路环岛，水上环岛确实闻所未闻，但越州外护城河的环岛功能十分明显：一是出城或入城船只可以通过护城河调整航向，找到最佳出口处或入口处，消除城内水网与城外水网造成的各种不对称；二是由于城内外水系发达，城乡交通主要通过水上航运来完成，往来船只频繁，因此，在水城门实行进出交汇时容易发生拥堵，护城河提供的靠泊容量有利于疏解城门口的船只拥挤；三是相对而言，城内河道比较狭窄，船只通航能力有限，停泊码头小而分散，所以大宗货物进出码头的最佳选址就在外护城河沿岸。仅凭上述数端，称外护城河为越州水城的水上环岛并不为过。

综上所述，越州是在真正意义上把水作为城市之魂来规划建设的，虽然历史没有留下他们的名和姓，但从他们留下的业绩中，完全可以毫不夸张地说，他们既是"治城"的规划大师，更是"治水"的水利专家。把"治城"与"治水"完美地结合起来，使一个水城不但没有因水而遭受覆灭，反而因水而生，因水而兴，因水而美，这就是越州水城最值得骄傲的地方。

三　公共设施的规划与建设

隋唐至北宋越州城市形态的变迁还表现在根据城市内在的政治、经济、社会和文化发展需要，以及在城市建筑、建筑群和公共设施的布局、体量及其特征等方面。

虽然这一时期的城市公共建筑几乎没有任何遗存，但城市肌理似乎没有发生很大变化，特别是水城肌理，一旦形成后就不可能随意发生变化，河道网络、路网结构及由河网隔离开来的用地区块都有相对稳定性，即使由这些公共建筑和设施产生的地名，也被以"好古""尚古""尊古"著称的越州市民在传承中保护了下来。陈桥驿先生说：

> 对于绍兴城市的形成和发展的研究，不仅仅因为这个城市的渊源古老和资料丰富。特别值得指出的是，在目前我国存在的古老城市中，这个城市还有大量的古迹未曾泯灭，有利于现场的勘察。譬如，在城内，自从南北朝末期划分的山阴、会稽两县的县界，至今还有很长段落依然存在，而从汉晋以至唐宋的地名，包括街道河渠、坊巷桥梁等等，很大部分至今仍然沿用。①

这毫无疑问是研究越州城市公共建筑的重要资料，在许多方面可以弥补没有建筑遗存造成的缺失。

此外，文献关于越州城市建筑的记载，较之其他城市也显得更为丰富。因为这里素称"文物之邦"，在诗文、碑记、地志等不同文体中，往往可以发现大量有价值的文献资料。如，编定于宋神宗熙宁五年（1072）的《会稽掇英总集》就收录了由唐宋时人撰写的各种建筑物碑记，其中就有《镇东军监军使院记》《判曹食堂壁记》《吴越国武肃王庙碑铭》《井仪堂记》《志省堂记》《清白堂记》《新修城记》等。② 这些撰者亲见亲闻的记录对建筑群体或单体建筑的规模、用材、雕刻、装饰等多少均有涉及，对研究越州城市建筑乃至研究中国唐宋建筑史都有重要意义。

---

① 陈桥驿：《历史时期绍兴城市的形成与发展》，《吴越文化论丛》，中华书局1999年版，第375—376页。

② 参见（宋）孔延之编《会稽掇英总集》卷十七、十八、十九，人民出版社2006年版。

(一) 楼阁建筑

建造楼阁是越州的悠久传统。春秋末年范蠡建越都城时，楼已经成为一种重要建筑形式，而且功能性十分明确。在勾践小城西北的种山上建飞翼楼①，实质为军事瞭望台；山阴大城南面怪山上建望云楼（亦称灵台）[（南宋）嘉泰《会稽志》卷十八《拾遗·望云楼》]，被称为是我国最早的天文台；大城的雷门（亦称五云门）也有楼[（南宋）嘉泰《会稽志》卷第十八《拾遗·五云门》]，即后之所谓城楼。这些楼的层高，雷门为二层，望云楼为三层，飞翼楼虽无层高记录，但它有"飞翼"，两端翘起的水戗，如飞鸟双翼，翱翔蓝天，已经具有很高的建筑技艺。越都城的这种多层建筑很自然地让人联想到于越人早期的干栏式建筑及其影响。

虽然春秋末期越地已出现楼，但对于"楼"的解释迟至东汉才有明确意见。《说文解字》释楼为"重屋"，表明楼是单层房屋的叠加。楼字从"木"从"娄"，木者木构造也，娄者空也。从字义看，"楼"原本指的就是一种空间结构方法，即后来所谓的木结构。习惯上又将楼和阁联用，称为"楼阁"，都是高大宏伟的建筑物。

隋唐五代至北宋是越州楼阁建筑蓬勃发展的时期。原因在于这一时期越州城市人口迅速增长，城市经济空前繁荣，建筑技术也有很大提高，建造楼阁的现象较为普遍。众多的楼阁不仅成为当时城市建设一大特点，也给前来这里游览的唐宋诗人提供了吟咏题材。浙东观察使元稹在给白居易的重夸州宅诗中说：

> 仙都难画亦难书，暂合登临不合居。
> 绕郭烟岚新雨后，满山楼阁上灯初。②

---

① 参见张觉《吴越春秋校注》卷八《勾践归国外传》，岳麓书社2006年版，第208页。
② （唐）元稹：《重夸州宅旦暮景色兼酬前篇末句》，《元稹集校注》卷二十二，上海古籍出版社2011年版，中册，第652页。

身在杭州刺史任上的白居易在给元稹的和诗中,将苏州与越州作比较,以极为简短的句子,道出了两州各自的特点:

     吴宫好风月,越郡多楼阁。

 [(唐)白居易《和微之四月一日作》,《全唐诗》卷四百四十四]

诗人张乔在黄巢起义时来到越州,被这里的静谧和秀美所陶醉:

    东越相逢几醉眠,满楼明月镜湖边。

 [(唐)张乔《越中赠别》《全唐诗》卷六百三十九]

即使到了北宋,越州城里的楼阁仍不减当年,苏舜钦的诗句给人印象深刻:

    画鹢低飞湖水平,回看楼阁满稽城。
    人游鉴里山相映,鱼戏空中日共明。①

比苏舜钦还要早的李绅也有同样的感受。李绅是唐朝著名诗人,唐文宗大和七年(833)曾任越州刺史和浙东观察使,是元稹(字微之)的后任地方长官。他有感于微之"四面常时对屏障,一家终日在楼台"② 的夸州宅诗,离任后也作了《新楼诗二十首》,对当时新貌焕然的城内楼阁逐一赋诗以示眷顾之情。新楼中既有属于胜迹新修的,也有前任元稹新建的,更有李绅自己新建的。李绅新建的有"新楼""杜鹃楼""满桂楼"三楼。"新楼"似乎尚未起名,但从诗中可以看出,是李绅最为欣赏的楼阁,因此将此诗置于组诗的第一首。诗曰:

---

 ① (宋)苏舜钦:《游天章来道中》,《会稽掇英总集》卷八,人民出版社2006年版,第113页。
 ② (唐)元稹:《以州宅夸于乐天》,《元稹集校注》卷二十二,上海古籍出版社2011年版,中册,第651页。

>戎容罢引旌旗卷，朱户褰开雉堞高。
>山耸翠微连郡阁，地临沧海接灵鼇。
>坐疑许宅驱鸡犬，笑类樊妻化羽毛。
>惆怅桂枝零落促，莫思方朔种仙桃。①

"杜鹃楼"是他到任当年冬天建造的楼阁，为官场"宴游"之所，因此他在诗序中说："七年冬所造，自西轩延架城隅。楼前植其杜鹃，因以为名，宴游多在其上。"②第二年，即大和八年（834），他又在旁边新建"满桂楼"，该诗亦有小序称："八年春造，架州城西南，临眺于外，尽见湖山。别开水扉，通杜鹃楼，不启重扃，清夜可以闲宴，因以满桂为名也。"③李绅所建新楼均在子城内的种山上，这里又是州治所在地，因此加上州宅、使院、城隍庙等建筑，一到晚上，灯火齐明，确有元稹所谓"满山楼阁上灯初"的感觉。

子城内的楼阁果然不少，子城之外，罗城之内的楼阁则更多。城门上不仅有谯楼，还有望楼，城内有建于唐宪宗元和年间（806—820）的披云楼、宋初诗人齐唐（字祖之）曾用这样的诗句描述当年群贤毕至的盛况：

>元和文物盛群贤，曾借蓬莱住列仙。
>画入帘栊烟外寺，鉴摇台榭水中天。④

又有建于北宋景祐三年（1036）的西园望湖楼。主其事者为知州蒋堂，站在楼上看到的镜湖景色，他在《寄题望湖楼》诗中是这样写的：

---

① （唐）李绅：《新楼》，《李绅集校注》，中华书局2009年版，第161页。
② （唐）李绅：《杜鹃楼》，《李绅集校注》，中华书局2009年版，第165页。
③ （唐）李绅：《满桂楼》，《李绅集校注》，中华书局2009年版，第166页。
④ （宋）齐唐：《披云楼》，《全宋诗》卷一百六十三，北京大学出版社1998年版，第1852页。

> 城上危楼势孤峙，楼头尽见湖中水。
> 水色澄明游者多，古来雅以鉴为比。
> 家家画舫日斜归，处处菱歌烟际起。
> 清涟蒙润一都会，碧底涵空三百里。
> ……
> 频登雉堞追古往，盛集宾朋为宴喜。
> 楼南极目芙蓉花，万叠红英照千骑。①

罗城的宫观寺院中也有不少楼阁，据说那是因为"仙人好楼居"[（南宋）嘉泰《会稽志》卷第七《宫观寺院》]，道士是这样，和尚又何尝不是如此？只不过这方面记载很少而已。当然，除"楼居"外，还有其他功用，如唐宣宗大中五年（851）复建的大中禹迹寺，以"寺门为大楼，置五百阿罗汉，甚壮丽"。又如宋徽宗政和七年（1117）改建的大能仁禅寺，将石刻御制宫碑，奉安法堂，"作朱漆楼阁严护"（以上均见南宋嘉泰《会稽志》卷第七《宫观寺院》）等。有的寺院还有钟楼。

与楼相比，越州阁的出现时间相对较晚，隋以前未见有这方面的记载。但晚唐以后建阁的现象开始出现，五代至北宋继续保持着发展势头。

最早见诸文字记载的是蓬莱阁，为唐末浙东观察使钱镠所建[（南宋）宝庆《会稽续志》卷一《府廨》]。蓬莱阁在子城内的种山（亦称卧龙山、府山）上，唐代山上"亭阁峥嵘，踵起相望，与其山川影带，号称仙居"[（南宋）嘉泰《会稽志》卷九《山·卧龙山》]。元稹为浙东观察使时，以《州宅夸于乐天》诗云："谪居犹得住蓬莱。"白居易和诗称元稹"大夸州宅似仙居"。钱镠为观察使时，根据元稹诗句建成蓬莱阁。故北宋诗人钱公辅有："蓬莱谪居香案吏，此语自昔微之始。后人慷慨慕前芬，高阁雄名由此起。"点明了阁名由来，诗末他还写道：

---

① （宋）蒋堂：《寄题望湖楼》，《全宋诗》卷一百五十，北京大学出版社1998年版，第1707页。

> 蓬莱本在沧溟中，那知平地有别宫？
>
> 方壶圆峤咫尺是，愿乘鹏翼长西东。
>
> 满筵谁匪蓬莱宾？阖境尽是蓬莱民。
>
> 人人共结蓬莱约，行行醉看蓬莱春。①

钱公铺所见，其实已是后人重修的蓬莱阁，即所谓"后人慷慨慕前芬"（嘉泰《会稽志》引作"慕前修"）。蓬莱阁是州城最为著名的楼阁，此后为历代文人墨客所歌咏，有以北宋知州张伯玉、孔延之为首的蓬莱唱和②，有南宋状元王十朋所作的《蓬莱阁赋》③ 等，与南昌滕王阁、武汉黄鹤楼并称为江南三大名楼。

后钱镠之孙，吴越王钱弘俶徙其兄，废王钱弘倧居越州东府，并为之筑宫室园囿于卧龙山西南麓［（宋）范坰《吴越备史》卷四《钱弘俶》］，名曰西园。至北宋景祐三年（1036），蒋堂帅越，修复西园，新建曲水阁，"凿渠引湖水入，屈折萦纡，激为湍流，阁居其上"，又于"曲水之东栏楯相接，若阁道者，曰惠风阁"［（南宋）嘉泰《会稽志》卷一《西园》］。这里婴城面湖，东负龙山，西靠城墙，仿兰亭曲水之制，行流觞举杯之乐，实际上是兰亭再造，给州城新添一景。阁成后，蒋堂邀唐询等人禊饮于此，作诗颂之，得21篇由唐询作序，诗存《会稽掇英总集》。④

除蓬莱阁、曲水阁、惠风阁外，这一时期出现的阁还有不少。嘉泰《会稽志》等方志记载，卧龙山尚有清凉阁，后来被知府洪迈改名为"招山阁"［（南宋）宝庆《会稽续志》卷三《府廨》］；又使院设厅的两廊为层屋，名曰"走马阁"［（南宋）嘉泰《会稽志》卷一《府廨》］。另外，火珠山上建有"稽山阁"，戒珠寺内有"宇泰阁"，天章寺有"天章阁"

---

① （宋）钱公辅：《蓬莱行》，《会稽掇英总集》卷一，人民出版社2006年版，第21页。
② （宋）张伯玉、孔延之蓬莱阁唱和存诗十七首，参见《会稽掇英总集》卷一，人民出版社2006年版。
③ 参见《王十朋全集》著录，上海古籍出版社1998年版。
④ 参见（唐）唐询《题曲水阁诗并序》《会稽掇英总集》卷二，人民出版社2006年版，第22—23页。

以收藏皇帝题书，开元寺、大能仁寺也都有楼阁（以上分别见南宋嘉泰《会稽志》卷九、六）。

（二）官署建筑

在隋唐五代至北宋的大部分时间里，越州州城是道、州、县三级地方行政机构的驻地，即通常所谓的"治所"。如，隋代的吴州总管府、吴州、会稽县；唐代的越州都督府（之前称总管府，之后称浙江东道）、越州和山阴县、会稽县；五代的越州大都督府、越州（东府）和山阴、会稽县；北宋的两浙东路、越州和山阴、会稽县。由于体制原因，在官员配置上，道、州两级首官几乎都为一人所兼，因此道、州两级的官署也建在一起，即所谓"州廨"。但越州的州廨与不设道的州廨是不一样的，简言之，越州州廨内既有观察使署，又有刺史署，元稹诗中所谓"功夫两衙尽"① 就因为他是浙东观察使兼越州刺史，所以他在州廨内有两个"办公室"，即"使院"和"刺史署"。而不设道的州，州廨内只有刺史署，史主也不用到两个衙门来回跑。同时，越州又有山阴、会稽两个附郭县（即同城属县）需要分别建立县廨，这样，城内就有道、州的州廨和山阴县廨、会稽县廨三个官署。

1. 州廨

越州的州廨应该包括观察使一级和刺史一级的官署，但在唐宋诗文中，或称为"州宅"，或谓之"郡楼"。越州州廨在种山东南麓，这里原来是越王勾践宫室所在，后来又成为会稽都尉驻地，东汉永建四年（129），会稽郡还治山阴以后，历三国两晋和南朝各个时期，均为会稽郡治所在地〔（清）章大来《镇东阁记》，《乾隆绍兴府志》卷七十一〕。此后，"自隋迄唐，即山为州宅"〔（南宋）嘉泰《会稽志》卷九《山·卧龙山》〕，五

---

① （唐）元稹：《醉题东武》，《元稹集校注·续补遗卷一》，上海古籍出版社2011年版，下册，第1563页。

代及北宋亦然。

始终处于政治中心地的这座城中名山,其名称也几经变化。其初名种山,《太平御览》云:种山因大夫种葬此名,后以语讹为"重山"。至唐,元稹《州宅诗序》云:"州之子城,因种山之势,盘绕回抱,若卧龙形,故取以为名。"①可见卧龙山之名始于元稹。至北宋景祐三年(1037),蒋堂为越州知州时,已改名为府山,或因府廨在此故。他在《闵山并序》中说:"越之府山,亦名龙山,为一境形胜。"②

种山上原有范蠡所建的飞翼楼,唐代改名望海亭,北宋知州刁约在《望海亭记》中对卧龙山有形象描述:

> 越冠浙江东,号都督府。府据卧龙山,为形胜处。山之南,亘东西鉴湖也;山之北,连属江与海也。周遭数里,盘屈于江湖之上,状卧龙也。龙之腹,府宅也;龙之口,府东门也;龙之尾,西园也;龙之脊,望海亭也。③

如此形胜之也,难怪历代州廨任凭朝代更替均岿然不动,赓续相继于此。

处于龙山腹地的州廨,皆随山而建,高低错落,别有一番情趣。元稹《州宅诗序》云:

> 州宅居山之阳,凡所谓台榭之胜,皆因高为之,以极登览。④

既是官署,又是胜迹,借龙山地势,建成寓实用性和观赏性于一体的

---

① (唐)元稹:《州宅诗序》《元稹集校注·续补遗卷三》,上海古籍出版社2011年版,下册,第1638页。
② (宋)蒋堂:《闵山并序》,《会稽掇英总集》卷一,人民出版社2006年版,第17页。
③ (宋)刁约:《望海亭记》,《会稽掇英总集》卷十九,人民出版社2006年版,第286—287页。
④ (唐)元稹:《州宅诗序》,《元稹集校注·续补遗卷三》,上海古籍出版社2011年版,第1638页。

州廨，这实在是规划建设高手们的杰作。

按照中国传统官本位思想，这一组庞大建筑群的核心当然是浙东观察使住的"使院"。根据隋唐的"套城"制度，罗城之内建子城，子城之内建牙城，"使院"就在牙城之中。唐末钱镠奉旨讨伐董昌时，董就躲在牙城里，因为董昌称帝前的职务是浙东观察使。讨平董昌后，钱镠以浙西观察使兼任浙东观察使，马上将原来的"使院"拆除重建，以表示对董昌的痛恶。事实上这是对隋唐以来州廨的一次重新洗牌，在重建使院的同时也毁掉了大批胜迹。对这件事情，南宋宝庆《会稽续志》作如下记载：

> 乾宁中，董昌叛，即厅堂为官殿。昭宗命钱镠讨平之，以镠为节度。镠恶昌之伪迹，乃撤而新之，故元微之与李绅诸公所登临吟赏之处，一皆不存。若满桂楼、海榴亭、杜鹃楼，其迹已不复可考，而名传于世者，盖以诸公之诗也。

他这一撤，确实把此前所建的著名亭台楼阁都毁了，甚至遗迹都难以考证了。但他也为当时出任镇东军监军的汝南周（佚名）新建了监军使院，并请吴蜕作《镇东军监军使院记》，对建院前前后后做了记录，特别是监军使院的内部结构记载甚详，反映了当时的建筑规范、技术和水平：

> （监军使院）重门洞开，列楹高峙，奔者走者，不敢仰视；周垣致密，显敞丰博，闻者惊骇，见者眙愕。东厢西序，窈窕深邃，前庑后轩，栉比星连。方塘曲沼，游鱼浴鸟，异竹奇花，蓝梢粉葩。复有大厦之前，木兰特异，盘阴亥丈，庇于广庭。越城之中，称为一绝。①

建设如此规模的监军使院，据说是因为越州是军事重镇，府兵十有四

---

① （唐）吴蜕：《镇东军监军使院记》，《会稽掇英总集》卷十八，人民出版社2006年版，第260页。

旅，浙东各郡的边防守备力量都从这里调遣。此处为浙东军政首脑机关。

使院也称"使宅"，无疑是州廨的主体建筑，实属重点工程，其他还应有完整的配套工程。按唐制规定，越州为中都督府（后改观察使）时，诸色官吏包括都督、别驾、长史、司马、录事、户曹等配额为243人，又刺史署诸色官吏配额为225人（唐都督署与刺史署诸色官吏配额数，据张九龄《唐六典》卷三十《中都督府》和《上州》的规定额数统计）。据此，如果人员配备全部到位，州廨内实际官吏应在500人左右，相应的除使院外还必须有大量的其他用房构成州廨建筑群，包括各类厅、堂、库房和吏舍等。

从嘉泰《会稽志·府廨》的记载看，北宋及其以前，州廨内设有设厅、便厅、府金厅和安抚司金厅等。安抚司是宋代废除唐节度、观察使制后的地方行政区划，置于各路。北宋曾在越州置两浙东路，管浙东越、婺、衢、台、处、温七州军民事务。所谓安抚司金厅，实际上就是幕职协助安抚司长官处理政务及文书的办公机构，由浙东观察使发展而来。所以明万历《绍兴府志》肯定地说，安抚司金厅"唐天复中建"，并引用吴蜕《镇东军监军使院记》的话来验证。

州廨内另一处重要建筑便是设厅。设厅是官府的厅堂，经常被用于设宴之所，位置就在仪门内，建筑体量可能也比较大，可以举办重要礼仪活动。这所建于北宋的设厅在两宋之交时，宋高宗赵构驻跸越州，以此为明堂，合祭天地祖宗，"行明堂大礼"。设厅之东建有便厅，而便厅的后面就是"使宅"，这样布局，便厅很可能是使主的会客厅，若逢重大礼仪活动去设厅也很方便。至于便厅东面的府金厅，或许就是越州本府幕职办理公事之处。以上可见，凡"厅"者，均为官吏视事场所，功能和分工十分明确。

而与"厅"相应的"堂"数量也很多，嘉泰《会稽志·府廨》所记有清思堂、棣萼堂、清白堂、贤牧堂、井仪堂、观风堂，外加《会稽掇英总集》所记的曹食堂、志省堂等，先后共出现八堂，建堂时间及其功能各不相同。其中最早的是建于唐代的曹食堂，是给州廨内诸曹官吏供膳的地方，食堂建成后，还特请礼部员外郎崔元翰写了《判曹食堂壁记》［（唐）崔元翰《判曹食堂壁记》，《全唐文》卷五百二十三、《会稽掇英总集》卷十八，均有著录］。追溯到向尚书诸曹郎、太官供膳始于春秋，汉亦有之。唐太宗初定天下，勤于治理，觉得官员"日出而视事，日中而退朝，既而晏归"，这样办事效率不高，于是提出"宜朝食"，集中供膳，并推广到郡县。唐代州廨内建"堂"不多，但所建曹食堂及崔元翰壁记却颇有意义。

清思堂虽然宝庆《会稽续志》称不知作于何时，但从张伯玉、赵抃的咏清思堂诗中或可得知大概。张伯玉、赵抃分别是宋仁宗嘉祐八年（1063）和宋神宗熙宁八年（1075）的越州知州，说明此时清思堂早已存在。从张伯玉"堂上萧然昼户开，淡松疏竹荫苍苔。白云无事不肯去（一作出），幽鸟有时还自来"①的诗句看，清思堂是官吏休息场所，很幽静。

与清思堂不同，清白堂则是官吏清廉明志的场所。宋仁宗宝元二年（1039），范仲淹出知越州，在命役徒清理州署杂草时，发现一泓"清而白色，味之甚甘"的泉水，遂命曰"清白泉"，"以明君子之道"，并署其堂曰"清白堂"，又构亭于其侧，曰"清白亭"，还写了《清白堂记》，结尾处深有感触地说：

> 予爱其清白而有德义，可为官师之规。②

旨在倡导为官要"清白"，对民要有"德义"，这与五年后他在《岳阳楼记》中"居庙堂之高则忧其民，处江湖之远则忧其君"③的思想是一脉相承的。

---

① （宋）张伯玉：《清思堂昼坐》，《会稽掇英总集》卷一，人民出版社2006年版，第11页。
② （宋）范仲淹：《清白堂记》，《范仲淹全集·范文正公文集卷第八》，凤凰出版社2004年版，上册，第166—167页。《会稽掇英总集》卷十九作《会稽清白堂记》，人民出版社2006年版，第282—283页。
③ （宋）范仲淹：《岳阳楼记》，《范仲淹全集·范文正公文集卷第八》，凤凰出版社2004年版，上册，第168页。

继范仲淹之后,刁约出守越州,时在宋仁宗嘉祐五年(1060)。就在这年年底,州通判沈超(四库全书作沈起,字兴宗)取废寺之余材,修复已经颓圮的建筑,名之曰"志省堂",并作《志省堂记》。沈起本为监察御史,因"以言升官",被贬通判越州,事虽不公,但他意志没有因此而消沉。当他看到其他被贬谪之人有的憔悴怨怼,愤世嫉谗,一副可怜相;有的酣饮浩歌,仰天而呼,终日无事,放任自流。他认为这样不好,君子应该向前看,"兢兢自修以省察其过"①,修堂作记,是为了自省与自勉,与范仲淹名"清白堂"、作《清白堂记》,有异曲同工之妙。

第二年知州刁约在蓬莱阁之上,望海亭之下建成井仪堂。堂枕卧龙山之腹;视堂之前,亭山与小隐山蔚然其南;视堂之东,秀林美峤莫不咸在;视堂之西,远峰近壑皆可指寻;俯视则"城坊万屋,满于眉宇"。虽然堂名隐含"井仪"之礼,但它在州廨建筑群中的规划思想,远远超过了规范"井仪"的价值。这就是钱公辅在《井仪堂记》中提出的,天然环境与人工建筑必须高度融合的规划理念。他说:

> 天下登览之胜,有以天成者,有以人为者。天成必待人为而后发,人为必得天成而后会。两者合并,乃可谓嘉。②

从刁约建井仪堂一例可见,州廨建筑群的规划和建筑思想,也是在实践中不断提高和完善的。

南宋嘉泰《会稽志》记载的还有三个堂,即棣萼堂、贤牧堂和观风堂,虽事与唐或北宋相涉,但均建于南宋。另外,州廨作为官署建筑群,当然还有,如厨房、省马院、甲仗库、公使钱库、公使酒库、军资库和吏舍等配套建筑。这些功能性用房,无论是所处位置、建筑体量乃至风格上,均居于次要地位,像吏舍就建在仪门之外,这些都体现了以权力为中

---

① (宋)沈超:《志省堂记》,《会稽掇英总集》卷十九,人民出版社2006年版,第286页。
② (宋)钱公辅:《井仪堂记》,《会稽掇英总集》卷十九,人民出版社2006年版,第285页。

心的建筑群的规范和建筑特点。

越州州廨建筑群，从隋唐到北宋的500多年间，也在不断变化当中，突出表现在布局在不断调整，建筑在不断翻新，名称在不断更替，这其实也是城市建设不断发展的基本规律。但对于越州州廨来说，变中有不变，建筑群的基本特征在历史演进即变化中被不断强化，突出表现在以下三点。

其一，州廨始终按园林格局进行规划建设。客观上建筑群地处卧龙山腹地，自山腰至山麓，坡度不大，适宜于随山布局，形成高低错落态势。这样就给主体建筑、配套用房和附属设施布局，提供了得天独厚的有利条件。历来的规划建设者，又十分注意在庞大建筑群中穿插一些体量不大、变化多端的亭、台、楼、阁，并通过廊、轩等形式，将各个单体有机地联系起来，充满园林意蕴。浙东观察使元稹称州宅为"蓬莱"，似"仙居"，这完全是一种真实体验。

其二，州廨规划建设始终体现了以人为本思想。使院是这里的主体建筑，是使君活动的中心，从位置、体量、布局诸方面都体现了这一点。与此相配套的设厅、便厅、清思堂等，又紧紧围绕使院展开，将使君的视事、迎客、设宴和休息等活动场所，组合为近便、舒适的整体。特别是州廨作为地方官吏成堆的地方，通过建立如清白堂、志省堂、贤牧堂这样的明志场所，在官吏中倡导廉洁、清白、明志，这可谓是人本思想在州廨规划建设中的传统。

其三，州廨始终保持着庄严肃穆的建筑风格。作为一地的政治活动中心，其政治的严肃性、权威性和时代性，必然在一地的官署建筑中首先得到反映。使院之所以建得高大雄威，据说是因为使君"尊天子之命，广近臣之署，以宣王泽，以壮军威者哉！"[①] 若是普通建筑，则何以"宣王泽""壮军威""示尊严"呢？尤其是越州这样名郡更应如此：

---

① （唐）吴蜕：《镇东军监军使院记》，《会稽掇英总集》卷十八，人民出版社2006年版，第260页。

会稽，大府也，所居之署皆隆栋大梁，密础瑰材，堂皇峻严，斋居靓深……①

2. 县廨

唐至北宋时期，越州城内除州廨外，还有与道、州同城而治的会稽县、山阴县廨建筑群。

会稽县廨在州城府河以东县前街，始建于唐武则天垂拱二年（686）。嘉泰《会稽志》载，县廨墙"周二里二十步"，内分知县廨、县丞廨、主簿廨等，都尉廨在五云门外灵汜桥左。[（南宋）嘉泰《会稽志》卷十二《会稽县》]自县廨建成至清末，廨址不变。

山阴县廨初在州廨东南三里（一说五里），位于承天桥东宝林山麓，明万历《绍兴府志》云："不知何时建。"[（明）万历《绍兴府志》卷三《署廨》]后出的清嘉庆《山阴县志》则云："唐大历七年建于承天桥东宝林山麓，去府治五里许。"（嘉庆《山阴县志》卷五《县治》）然而唐代诗人孙逖《山阴县西楼》诗又有一说，诗云：

都邑西楼芳树间，逶迤霁色绕江山。
山月夜从公署出，江云晚对讼庭还。

[（唐）孙逖《山阴县西楼》，《全唐诗》卷一百十八]

孙逖于唐玄宗开元二年（714）举制科后授山阴县尉，至开元八年（720）离任，其间颇多诗作，"西楼"为其中一首。②从诗中"西楼""山月""公署"等场景看，写的就是山阴县廨。虽然孙逖诗没有说明山阴县廨建于何时，但从他的任职到咏诗表明，县廨在开元初已存在了。嘉泰《会稽志》载：县廨墙"周一里八十步，高一丈二尺六寸"。县廨分设知县廨、县丞廨、主簿廨（都尉廨另设），元代迁址州廨西。

---

① （宋）沈超：《志省堂记》，《会稽掇英总集》卷十九，人民出版社 2006 年版，第 286 页。
② 傅璇琮等：《唐才子传校笺》，中华书局 2000 年版，第一册，第 169 页。

(三) 祠庙建筑

自古以来，越州是个宗教多元的地区，宗教寺庙的类型也因此极其丰富。如果按宗教信仰的不同，可以分成祠庙、寺院、宫观等类型。

原始宗教的寺庙一般称为"祠庙"。"庙"源自祭祀祖先的祖庙，也有"宗庙"之称；"祠"本为祭祀祈祷之意，"求福曰祷，得求曰祠"[（汉）郑玄《周礼注疏》卷十九《小宗伯注》]。秦汉以后，由于政府到处敕封天地、名山、大川、鬼神，并立祠建庙。汉武帝曾令天下"缮治宫观名山神祠所"（《史记》卷十二《孝武本纪》），不仅扩大了祠庙的内在含义，而且为淫祠的滋生提供了条件。在早期文献中，"祠"与"庙"的指向，并无严格区别，可以相互替换。例如《史记·越王勾践世家》云，夏少康封无余于越，"以奉守禹祠"，而《南齐书》卷四十称"禹庙"。后来，在人的灵化与神的人化过程中，"祠"逐步成为鬼魂崇拜寺庙的专称，而"庙"则转而成为神灵崇拜寺庙的特指。①

隋唐五代至北宋，是原始宗教祠庙在越州迅速发展的时期。而这种原始宗教又往往与原始崇拜联系在一起，由山川崇拜、土地崇拜等自然崇拜和祖先崇拜、鬼魂崇拜等灵魂崇拜演绎而成祠庙，主要有自然神庙、人灵神庙和城隍神庙等不同类型。

1. 自然神庙

古代对天地、名山、大川多加敕封。越州境内受敕封的，首推会稽山。因为"会稽"之名始于夏，司马迁《史记·夏本纪》云，治水成功后：

  禹会诸侯江南，计功而崩，因葬焉，命曰会稽。会稽者，会计也。

会稽山不仅是大禹会集诸侯、计功行赏的地方，而且会稽的地名也由

---

① 段玉明：《中国寺庙文化》，上海人民出版社1997年版，第64页。

此而来，因此，大禹对会稽山有着特殊情怀。历代帝王对名山大川均予封禅，如"神农封泰山，禅云云；炎帝封泰山，禅云云；黄帝封泰山，禅亭亭；颛顼封泰山，禅云云；帝喾封泰山，禅云云；尧封泰山，禅云云；舜封泰山，禅云云"，独"禹封泰山，禅会稽"（《史记》卷二十八《封禅书》），会稽在大禹心目中是至高无上的，以致他死后也葬在这里。

对于这样一座历史名山，当然会受到后人重视，敕封加冕，在所难免。《国语》把禹会诸侯，看成是"禹致群神于会稽之山"①。《周礼·职方氏》将天下分为九州，每州一座镇山，"东南曰扬州，其山镇曰会稽"，会稽山居九镇之首。② 秦并天下，仍以会稽山为名山，用牲犊圭璧"礼"祠之（《史记》卷二十八《封禅书》）。晋成帝咸和八年（333），正月祭天地，会稽山作为地郊四十四神之一，从祀北郊[《晋书》卷十九《礼志（上）》]。表明此时会稽山已列入国家祭礼活动，但这仅仅是一种集体祭祀，并无专祠致祭。

这种情况到隋朝获得改变。隋文帝于开皇十四年（594）起做了两件事：一是在"五岳"之外设"五镇"，即东镇青州沂山，西镇雍州吴山，中镇冀州霍山，南镇扬州会稽山，北镇幽州医巫闾山，并"就山立祠"；二是确定"东海于会稽县界，南海于南海镇南，并近海立祠"[（《隋书》卷七《礼仪志二》)]。不仅确定了东海位置在会稽县界，而且诏令在会稽山设南镇庙，在会稽县近海设海神庙，为专祠致祭山神与海神创造了条件。或因隋朝时间短暂，会稽县境未见有建立海神庙之举，而会稽山神庙则因运而立，并代代相传，祭祀不绝。

南镇庙在越州城东南13里的会稽山北麓，隋时"命其旁巫一人，主洒扫，多莳松柏于祠下"[（明）万历《绍兴府志》卷十九《祠祀志一》]，确定有专人管理。至唐玄宗天宝六年（747），又敕封会稽山为永兴公，其

---

① 《国语》卷五《鲁语（下）》，上海古籍出版社1988年版，第213页。
② 《周礼》卷三十三《职方氏》，《四库全书精品文存》第一卷，团结出版社1997年版，第323页。

余各镇分别是:岳山为成德公,霍山为应圣公,医无闾山为广宁公。① 封会稽山为永兴公一事表明,此时会稽山已属浙东镇山,而非传统意义上的扬州镇山了。这可以从唐代羊士谔所撰《南镇永兴公祠堂碑》得到证实,碑记一开头就说:

> 越部凡七郡三十有八邑,提封所加,旁合溟海,由是崇元侯之命,建东镇之府,其镇曰会稽山,其神为永兴公。②

所谓"东镇之府",便是浙江东道都团练观察处置使。羊士谔撰写碑记时,正在浙东观察使幕所任左威卫兵曹参军,使君则是皇甫政。③

南镇庙祭祀活动,每年一次,以南郊迎气(古代以立春、立夏、立秋、立冬四节,迎接四季,祈求丰年,谓之"迎气"。此处指立春)之日为祭日,由皇帝诏祭,观察使奉旨行祭。皇甫政于唐德宗贞元三年(787)任浙东观察使,九年奉旨抵南镇庙致祭。羊士谔对这次祭祀活动有如下记载:

> 贞元九年夏四月,连率安定皇甫公,以前月丁酉诏旨奉元玉制币,祷于灵坛,勤报功之享,循每岁之法,致斋野次,虔捧祝册,夜漏未尽,礼成三献……祀神而降祉,克靖瓯越,大康东南。④

足见祭南镇永兴公,既是惯例,又虔诚隆重,与皇帝重视密不可分。元和十年(806),孟简为浙东观察使时,唐宪宗对祭南镇表示"御祝"外,还询及南镇相关碑碣。岂知先前由羊士谔撰文的碑记已不见了,于是四处访得旧拓本,重新翻刻勒石,并专为此事写了篇《建南镇碣记》,其中写道:

---

① (宋)郑樵:《通志》卷四十二《礼一·山川》,浙江古籍出版社,第一册,第569页。
② (唐)羊士谔:《南镇永兴公祠堂碑》,《全唐文》卷六百十三,上海古籍出版社1993年版,第三册,第2742页。
③ 傅璇琮等:《唐才子传校笺》,中华书局2000年版,第二册,第357页。
④ (唐)羊士谔:《南镇永兴公祠堂碑》,《全唐文》卷六百十三,上海古籍出版社1993年版,第三册,第2472页。

元和甲午，简自给事中蒙恩授浙东道都团练观察处置使，荐游此地，岁十八返矣。寻奉御祝，有事于镇，求当时之碣，则未树立，因访太山之故吏①，乃得旧本。爰征乐石，磨琢镌刻，流芳自此。②

羊士谔的《南镇永兴公祠堂碑》，能得以流芳并收录《全唐文》，实在也有孟简的一份功劳。

孟简以后，祭会稽山永兴公作为常礼，延续不断。及至宋初，宋太祖赵匡胤有感于："自五代乱离，百司废坠，匮神乏祀"（《宋史》卷一百零五《礼志八》），便诏问当时的礼官，为什么五镇之中有的祭祀，有的不祭祀［《南宋》嘉泰《会稽志》卷六《祠庙》］？这是乾德六年（968）的诏问。原来，此时越州会稽山，仍在吴越国治下，吴越国王钱弘俶还未纳土归宋，即使如此，宋太祖还是下诏让吴越国特祭。至太平兴国八年（983），秘书监李至作了进一步解释，他说：

五郊迎气之日，皆祭逐方岳镇、海渎。自兵乱后，有不在封域者，遂阙其祭。国家克复四方，间虽奉诏特祭，未著常祀。望遵旧礼，就迎气日各祭于所隶之州，长吏以次为献官。(《宋史》卷一百零二《礼志五》)

这份得到宋太宗采纳的意见，实际上是对祭祀会稽山永兴公等五大镇山作了更为具体的规定。不过南镇庙与其他四镇也有不同之处，就是祭日由迎气（指立春）之日改为立夏日，后还加封为"永济王"［（南宋）嘉泰《会稽志》卷六《祠庙》］。

在中国传统信仰中，除了名山大川等自然神作为国家江山守护神外，还有一种地方的村社守护神，这种由各地自行供奉并祭祀的地方小神，初

---

① 据傅璇琮《唐才子传校笺·羊士谔》考证，"太山"当为羊士谔郡望，见该书第二册，第353页。

② （唐）孟简：《建南镇碣记》，《会稽掇英总集》卷十八，人民出版社2006年版，第257页。

称社、社公，后称土地，旨在表达古人酬谢土地载负万物、生养万物之功的朴素心情。例如《礼记》说：

> 地载万物，天垂象，取财于地，取法于天，是以尊天而亲地也，故教民美报焉。①

起初"封土为社"，目的就是祭祀，即《礼记》所谓"美报"。但社的规模不大，户数有限，隋代百姓"二十五家为一社，其旧社及人稀者不限"（《隋书》卷七《礼仪二》）。《礼记·祭法》在"大夫以下成群立社曰置社"下注曰："大夫以下包士庶，成群聚而居，满百家以上得立社，为众特置，故曰置社。"以二十五家或满百家为一社，说明社是地方行政小单位，所祀之神为土地。

一般乡间一社（村）一庙，城内一坊一庙，到宋代无论城乡、书院、寺观、官署都有土地庙，凡有人烟处，无不供奉香火。然而庙虽多，规模都很小，以一二间为庙者比比皆是，里面供奉的庙主，在土地神被不断人格化的过程中，便有了各自的姓氏和名讳。有的还给以种种名目的封号如越州城内卧龙山，是州廨所在地，五代后梁贞明三年（917），以敕牒封卧龙山神为"崇善王"，吴越王钱镠奏建崇善王庙〔（南宋）嘉泰《会稽志》卷一《府廨》〕，实际上就是州廨内的土地庙。县廨与州廨一样，里面也有土地庙。

2. 人灵神庙

在《周礼·大宗伯》提出的古代"天神、地祇、人鬼"崇拜系统中，卿希泰主编的《中国道教》一书认为，"人鬼主要为祖先"②。祖先崇拜原本是一种敬仰和纪念，并且通过宗庙来完成这种情感需求，因此东汉王充说：

---

① 《礼记》卷二十五《郊特牲第十一》，《四库全书精品文存》，团结出版社1997年版，第一卷，第542页。
② 卿希泰：《中国道教》，第三册"概述"，东方出版中心1996年版，第1页。

> 宗庙，己之先也。生存之时，谨敬供养，死不敢不信，故修祭祀，缘先事死，亦不忘先……不敢忘德，未必有鬼神……①

但是原始崇拜相信人死后有鬼魂，进而崇拜鬼魂，由此也产生了一些"妖淫之鬼"。所以晋武帝泰始元年（265）十二月在《正祀典诏》中要求，"按旧礼之制，使功著于人者必有其报，而妖淫之鬼不乱其间"〔（明）梅鼎《西晋文纪》卷一《正祀典诏》〕。于是，大大小小的圣贤名流，相继由人鬼而演化为神，纷纷建祠立庙，崇拜鬼神。越州自三代以来，为"功著于人者"立祠，著名的有大禹庙、越王庙、马太守庙和钱武肃王庙等。

大禹庙 是越州最早建立的祠庙。禹死后，启即天子位，治国于夏，并派使者"立宗庙于南山之上"②。"南山"为会稽山别称，是大禹下葬之所，宗庙就在大禹陵畔，位于州城东南13里的会稽山麓。宗庙建立以后，启每年遣使至此举行春秋两祭。③ 到夏朝中期，帝少康恐禹祭之绝，便将庶子无余"封于会稽，以奉守禹之祀"（《史记》卷四十一《越王勾践世家》）。无余到会稽，建立越国（《史记·越王勾践世家》正文引贺循《会稽记》云："少康，其少子，号于越，越国之称始此"），并以有限的财政收入用于祭祀活动。《吴越春秋》亦有记载：

> 禹以下六世而得少康。少康恐禹祭之绝祀，乃封其庶子于越，号曰无余。余始受封，人民山居，虽有鸟田之利，租贡才给宗庙祭祀之费。④

到春秋末年，越国开始强盛，为了称霸中原，越王勾践七年（前490年，即周敬王三十年），将越国故都从会稽山南迁至会稽山北，并将禹庙围入大城之内。《越绝书》云：

---

① （东汉）王充：《祀义篇》，《论衡》卷二十五，上海人民出版社1974年版，第389页。
② 张觉：《吴越春秋校注》卷六《无余外传》，岳麓书社2006年版，第171页。
③ 同上。
④ 同上书，第172页。

>故禹宗庙，在小城南门外大城内。禹稷在庙西，今南里。①

按照周代王城营建制度，宗庙在左边，社稷在右边，即《考工记》所谓"左祖右社"②。但在范蠡营建的越都城中，宗庙不在小城左边而在南边，此举足以说明，范蠡建城时，保留了尚存的禹庙，因而产生错位。

秦并六国后，秦始皇于三十七年（前210）巡游江南，"上会稽，祭大禹"（《史记》卷六《秦始皇本纪》），虽然司马迁未说明祭陵还是祭庙，但因为"少康立祠于陵所"③，陵与庙在一起，自然也不必分明。倒是翌年秦二世"历泰山，至会稽，皆礼祠之"（《史记》卷二十八《封禅书》），可见祠之犹存。秦始皇是上会稽亲祭大禹的第一位皇帝，开启了祭禹祀典的最高礼仪。④秦亡不久，汉高祖刘邦封无余49世孙摇为越王以"奉禹祀"。《史记·越王勾践世家》云："汉高祖复以摇为越王，以奉越后。"汉代禹庙，今尚有窆石汉刻残字可证。窆石在今禹庙东侧，上有东汉顺帝永建元年（126）六月"展祭之文"题刻，据此可以推定，当年窆石旁仍有禹庙存在。南朝会稽禹庙屡有修葺。宋武帝永初（420—422）间，敕修禹庙；宋孝武帝在位（454—464）时亦曾遣使修庙；梁初修禹庙，以梅木为梁⑤，有神异佳话传世〔（南宋）嘉泰《会稽志》卷六《祠庙·禹庙》云："梁时修庙，唯欠一梁，俄风雨大至，湖中得一木，取以为梁，即梅梁也。夜或大雷雨，梁辄失去。比复归，水草披其上。人以为神，縻以大铁绳，然犹时一失之"〕。

禹庙在隋唐五代至北宋间，仍然祭祀不绝，许多官方或个人以碑版、诗文形式祭禹、颂禹，并被收入《金石录》《全唐文》《全唐诗》等文献。隋大业二年（606）五月所立《隋禹庙残碑》、唐大历三年（768）十一月

---

① 《越绝书》卷八《越绝外传记地传》，上海人民出版社1985年版，第61页。
② 《周礼》卷四十二《匠人》，《四库全书精品文存》第一卷，团结出版社1997年版，第351页。
③ （宋）孔延之：《禹庙》，《会稽掇英总集》卷八，人民出版社2006年版，第116页。
④ 沈建中：《大禹陵志》，研究出版社2005年版，第66页。
⑤ 同上书，第41页。

所立《唐禹庙碑》，虽早已不存，但南宋赵明诚《金石录》均有著录。唐元和三年（808）《唐复禹衮冕并修庙记》，元和十年（815）浙东观察使孟简等十一人祭南镇、谒禹庙的《唐禹庙题名》碑，以及后来刘茂孙等人的《唐禹庙题名》碑，亦为嘉泰《会稽志》所著录。在唐宋诗人作品中，如宋之问《谒禹庙》、严维《陪皇甫大夫谒禹庙》、徐浩《谒禹庙》、孟简《谒禹庙》、元稹《拜禹庙》、李绅《祭禹庙》、钱倧《题禹庙》等诗中[①]，不乏对唐宋时期禹庙风貌和祭禹盛况的描述，孟简、元稹、李绅等都曾以浙东观察使兼越州刺史身份，先后参加过例行祭禹活动。

越王庙 越王勾践是无余立国至战国末年诸多越王中最为杰出的一位，他为消灭强吴、报仇雪耻而卧薪尝胆、发愤图强的精神，不但是浙江也是中华民族的宝贵精神财富。越地、越人为他建庙立祠，除了对祖先的崇敬、崇拜之外，实在还有一份怀念之情。

勾践自称是大禹后裔，《史记》也说："越王勾践，其先禹之苗裔，而夏后帝少康之庶子也。"（《史记》卷四十一《越王勾践世家》）这位庶子就是越国的创始人无余，勾践继承其父允常之位后，视禹庙为越国的"宗庙"。所以勾践死后的很长时间里，越地越人并没有为他建立专祠，而是将他配享于禹庙。嘉泰《会稽志》卷六《祠庙·禹庙》一条特别提到：

庙东庑祭嗣王启，而越王勾践亦祭别室。

应该说，以这样的方式纪念越王勾践，是得体的，至隋朝时，仍不见有专祠出现，说明勾践配享时间确实很长。

在唐宋文献中，才开始出现越王专祠，有的称越王祠，也有的称越王庙的。嘉泰《会稽志》有两个越王庙，一个在会稽县东南12里，另一个在府城西北2里。会稽县越王庙，从方位、距离看，很可能在禹庙附近，但无遗迹可考。府城内越王庙，万历《绍兴府志》卷十九《祠祀志一·

---

① 参见沈建中《大禹陵志》，研究出版社2005年版，第42—43页。

祠》云："祀越王勾践。宋时在府西北二里，久而废。"遗址在谢公桥北。后人即光相寺基改建，去旧址西北又一里。越大夫文种、范蠡、苦成、诸稽郢、句如、皋如、计倪、曳庸、浩扶、仝柘等 11 人配享，春秋致祭（清嘉庆《山阴县志》卷二十一《政事志第三之三》）。

马太守庙 为贤牧良守立祠建庙以示纪念，是中华民族悠久传统。自秦实行郡县之制至南朝陈末的 800 年间，相继为会稽太守并且有名可查者达 150 余人。① 其中以清廉爱民、有功于越而为之立祠建庙的，也无非三五人，马臻为其中之一。

马臻于汉顺帝永和五年（140）为会稽太守，任内发动民工，修建古代江南最大的人工蓄水工程——镜湖（宋代开始称"鉴湖"）。事成之后，他却因受地方豪绅诬告被杀，成为千古奇案。宋人诸葛兴对这位"鉴湖之父"颂曰：

> 昔越守兮得贤侯，虑远久兮为民谋。镜一湖兮陂万顷，备潴泄兮岁有秋。宁杀身兮利人，抑洙泗兮称仁。（诸葛兴《会稽九颂并序》，南宋宝庆《会稽续志》卷六《诗文》）

据嘉泰《会稽志·祠庙》载，越州马太守庙有两处：一在山阴县西 64 里，即万历《绍兴府志》所谓广陵斗门旁；一在会稽县东南 3 里 80 步，而万历志谓城南 2 里，即马臻墓侧。从唐人韦瓘《修汉太守马君庙记》得知，庙建于唐玄宗开元中，时任越州刺史张楚［据《绍兴市志》卷二十七《会稽太守》名录，时为开元二十年（732），张沇任越州刺史］，"深念功本，爰立祠宇"，按刺史任职时间，似为开元二十年（732）。到另一位越州刺史、浙东观察使孟简来越时，马太守庙"久而陊败"。孟简"以马君忠利之绩，神气未灭，何以昭德"，便于唐宪宗元和十年（815）重加修

---

① 任桂全总纂：《绍兴市志》卷二十七《政府·会稽太守》，浙江人民出版社 1996 年版，第 1619—1623 页。

缮，韦瓘为之作记。①

入宋以后，马太守庙香火不绝，王十朋《马太守庙》诗云：

> 会稽疏凿自东都，太守功从禹后无。
> 能使越人怀旧德，至今庙食贺家湖。②

宋仁宗还追封马臻为利济王。有人给一旁的马臻墓道石坊题书长联，颂扬马臻功绩和百姓怀念之情：

> 作牧会稽，八百里堰曲陂深，永固鉴湖保障；
> 奠灵窀穸，十万家春祈秋报，长留汉代衣冠。③

钱武肃王庙 是吴越王钱镠专祠，俗称钱王祠。钱镠既是唐末旧臣，担任过镇东军节度使，又是五代吴越国开国国王。吴越国建立后又以越州为东府，成为吴越实行两都制中的重要一环，可见钱镠与越州有着特别的关系。后唐长兴三年（932）钱镠死后，其子钱元瓘即位，两年后即后唐应顺元年（934）在东府越州而不是西府杭州建成吴越武肃王庙，又命时为吴越国丞相的皮光业（皮日休子）撰写了长达6000字的《吴越国武肃王庙碑铭》。

钱武肃王庙在州城内投醪河边，其址历千年而不变。庙规模宏大，周达千丈；建筑豪华，金碧辉煌；结构严密，精雕细刻。在同类建筑物中，钱武肃王庙可谓出类拔萃，从皮光业碑记中可见当时越州的建筑技术已经十分成熟。碑记对该庙从选址、规模、结构、殿轩到采用的木材、砖瓦、油漆、沙磨、雕刻、粉饰以及神像等均有翔实记录，弥足珍贵，实属难得的建筑文献：

---

① （唐）韦瓘：《修汉太守马君庙记》，《全唐文》卷六百九十五，上海古籍出版社1990年版，第三册，第3164页。
② （宋）王十朋：《马太守庙》，《王十朋全集》，上海古籍出版社1998年版，第208页。
③ 李永鑫等：《越城区绍兴县对联集成（上）》，《中国对联集成·绍兴卷》，西泠出版社2012年版，第256页。

爰命兴武中直都虞侯姚敬思，于马臻湖畔，勾践城中，选闉阇形势之中区，得显敞高平之胜址。于是锹杵俱下，畚锸齐兴，隐隐雷声，轰轰岳振，不十旬而展役，匝千丈之隆基。大梓文楠，非自秦山伐得；宏梁巨栋，非因漳水漂来。雕镌者王母玄图，甃砌者赫连绣石。斤挥斧运，削出银葩；水錾沙磨，方成玉碬。符玄武之嘉兆，应神蓍之吉辰。始乃架险梯虚，云构山屹，阴虬回抱，阳马奔趋。虎牙衔而枅栱连，龙脊袅而栾栌转。琼瑶耀壁，丹漆明檐。鸳鸯之瓦缝界成，芙蓉之砖文印出。即以丙申岁秋八月十有七日，我王备卤簿鼓吹，车辂旂裳，北司侍臣，南班旧列，奉迎真像而入祠宫。白檀雕出圣容，黄金镂成玉座。仪形酷类，神采如生。凤目龙章，颜犹不改；垂旒被衮，人见兴悲。礼器则俎豆牺樽，轩悬则柷敔钟磬。后殿则翚衣雉服，文母贤妃，露幔珠屏，虾帘象榻，不异昔时，秘寝皆同。曩日深宫，前则广厦交阴，芳亭对构。紫石伏狻猊之影，朱栏交菡萏之光。正启重门，并立神将。侍卫兵仗，矛戟森然。文武官班，簪裾肃列。直出甬道，千步有余。河枕投醪，波通射的。莲芰绕于水阁，桐桂夹于星桥。左则回抱粉廊，连延绮栋，并图曹署，各列司存，乃至早世勋臣，无禄公子，皆塑仪像，并配荐羞。右则修庑飞甍，绿窗丹牖，阴兵神马，见雷电而设风云，明灶净厨，备粢盛而烹肥腯。景物则高杉矮桧，粉竹金松，夹砌名花，连阶瑞草，烟岚蓊蔚，便是阴官，云雾朦胧，居然神府。[①]

钱武肃王庙的规划思想、设计手法和建筑技术，已经包含了中国传统建筑领域的诸多方面，是一个被保存在文本中（实体建筑当然难以保存千年以上）的完整的、具有研究价值的建筑实体。

---

① （五代）皮光业：《吴越国武肃王庙碑铭》，《会稽掇英总集》卷十七，人民出版社2006年版，第251—252页。

3. 城隍神庙

城隍神是中国民间和道教信奉的城池守护神。《说文解字》曰：

> 城，以盛民也；
> 隍，城池也。有水曰池，无水曰隍。①

城与隍连用，首见于班固《两都赋序》："京师修宫室，浚城隍。"②古人为什么要塑造出一个城隍神来？明山阴人汪应轸《会稽县城隍庙记》透露了其初衷，他说：

> 凡天下府州县，必立城隍庙祠，其来久矣。其守若令人力之所不能致者，必于祠祷焉。不但水旱虫螟霜雪彗孛而已，至于妖蛇猛虎之类，亦尝移牒以告，而其应如响。盖政为之明而神为之幽，人之情每欺明而慑幽，故政尝千神之助，此立祠意也。[（明）汪应轸《会稽县城隍庙记》，万历《会稽县志》卷十三《祠祀·城隍庙》]

可见立城隍庙最初是想借助于自然神来克服仅靠人类自身力量无法解决的问题。但在神的人化和人的灵化过程中，城隍神与人灵相结合，特别是将城隍神与当地城池有关的名人结合起来，使自然神变为人灵神，因此，许多城隍庙主及其神像都是有名有姓、有史可稽的名人，而且受到当地官方与民间的敬仰。这种城隍神的人格化，据说始于唐朝③，越州城隍神庞玉的出现也证明这一点。

越州城隍庙在子城内卧龙山之西南岗，神姓庞，讳玉，京兆泾阳（今属陕西）人。庞玉本为隋朝带兵将领，当唐秦王李世民攻取洛阳后，他率万骑投降，唐高祖李渊以隋旧臣礼之。庞玉身材魁梧有力，明军法，长期担任警卫，习知朝廷制度，因此授以领军、武卫两大将军，从李世民征战

---

① 李恩江等：《说文解字译述（全本）》，中原农民出版社2000年版，第1287、1374页。
② （汉）班固：《两都赋·序》，《文选》，上海古籍出版社1994年版，第4页。
③ 郝铁川：《中国民间神研究·城隍爷》，上海古籍出版社2003年版，第204页。

各地(《新唐书》卷一百九十三《忠义下》)。唐高祖武德元年(618)天下初定,庞玉即徙越州都督,"威望甚著,盗不敢入境"。不久奉召入京,唐太宗"令主东宫兵,虽老不怠"。死后,以其惠泽在民,越人追怀之,祀为城隍之神(万历《绍兴府志》卷三十七《人物志三·名宦》)。这说明初唐时刻越州城隍庙业已建立。

对古代城市来说,祭祀城隍神被视为大典,一般由地方长官主祭。像越州这样的道治所在城市,附郭县的县令即山阴、会稽县令陪祭。地方财政则每年安排祭神费用,禹陵、禹庙虽然也在祭祀之列,但极少得到财政支持。而且祭祀城隍神仪式,也较其他祭祀更为隆重,陆游对此深有感受。

(民间)凡日用起居所赖者皆祭,祭门、祭灶、祭中溜①之类是也。城者以保民禁奸,通节内外,其有功于人最大,顾以非古黜其祭,岂人心所安哉?故自唐以来,郡县皆祭城隍,至今世尤谨,守令谒见,其仪在他神祠上。社稷虽尊,特以令式从事,至祈禳报赛,独城隍而已。②

这种城隍庙独有的求福、除灾、谢神的"祈禳报赛"仪式,唐玄宗天宝年间(742—756)正在浙东观察使幕所任左威卫兵曹参军的羊士谔就经历过,还特地写了《城隍庙赛雨二首》:

零雨慰斯人,斋心荐绿苹。
山风箫鼓响,如祭敬亭神。

积润通千里,推诚奠一卮。
回飙经画壁,忽似偃云旗。

(《全唐诗》卷三百三十二)

---

① 中溜,亦作中霤、中霌,古代五祀所祭对象之一,即后土之神,或谓土地神。
② (宋)陆游:《宁德县重修城隍庙记》,《陆游集·渭南文集卷十七》,中华书局1976年版,第五册,第2128页。

唐末五代及北宋，除祭祀外，经常为城隍神加封赠谥号。吴越王钱镠领兵镇东军驻卧龙山，于后梁开平二年（908）重建城隍庙，奏请后梁，仍以唐初越州总管庞玉为城隍神，封"崇福侯"，并亲自撰写《镇东军墙隍神庙记》，置于卧龙山西南岗庙中。钱镠为何称城隍为"墙隍"？是因为后梁皇帝朱温父名"朱诚"，所以讳同音字"城"而言"墙"。庙记中说：

（庞玉）余芳不泯，众情追仰，共立严祠。镇都雉之岗峦，宰军民之祸福。殿堂隆邃，仪卫精严，式修如在之仪，仰托储灵之荫。①

朱温心领神会，予以敕封：

镇东军墙隍神庞玉，前朝名将，剧郡良材，顷因剖竹之辰，实有披榛之绩，创修府署，绥辑吏民。岂独遗爱在人，抑亦垂名终古……宜赐号崇福侯。②

到后唐末帝清泰元年（934），又诏封越州城隍神为"兴德保闉王"，同时诏封的还有：杭州城隍神为"顺义保宁王"，湖州城隍神为"阜俗安成王"③。入宋以后，越州城隍多次被诏封赐号，如绍兴元年（1131）崇福庙赐额"显宁"，封"昭祐公"，三十年加号"忠顺"；乾道五年（1169）加号"孚应"，八年加号"显惠"；淳熙三年（1176）封"忠应王"，后又加号"昭顺灵济孚祐"。这些都使得郡人奉祀更谨，享荐尤盛〔（南宋）嘉泰《会稽志》卷六《祠庙·城隍显宁庙》〕。

对越州城来说，除州城隍庙外，其实还有山阴县城隍庙和会稽县城隍庙。这两个都是附郭县，县治和州治、道治都在一城之内，即所谓"同城而治"。虽然观察使、刺史主祭州城隍庙时，两县的县令以陪祭身份参与

---

① （五代）钱镠：《镇东军墙隍神庙记》，《全唐文》卷一百三十，上海古籍出版社1993年版，第一册，第573页。
② （五代）梁太祖：《答钱镠奏敕》，《全唐文》卷一百〇一，上海古籍出版社1993年版，第一册，第455页。
③ 郝铁川：《中国民间神研究·城隍爷》，上海古籍出版社2003年版，第209页。

祭祀。但山阴、会稽毕竟是县级行政机构，不能没有城隍，所以陆游说，"自唐以来，郡县皆祭城隍"，州祭，县亦祭。但关于两县城隍庙始建于何时，隍主姓何名谁，记载缺失，因此万历《会稽县志》卷十三《祠祀·城隍庙》云：

> 会稽府之附县，其城隍必与县同始。然其创建之岁月与其令佐之姓名，前后之修葺，多不可考矣。

当然，宋以后的事实表明，山阴、会稽两县，都有自己的城隍庙，而且都在县署旁边。会稽县城隍庙离县署20余步，山阴城隍庙则与县衙仅一墙之隔，州城隍庙其实也在州署之右。

如前所说，州县皆祭城隍，一般州县各有一庙，而越州城内则有三座城隍庙，后来又增至四座，分别为上城隍庙（在卧龙山西南岗）、下城隍庙（在卧龙山麓）、山阴县城隍庙和会稽县城隍庙，一城四城隍，是极为罕见的。上城隍庙即为唐初祀庞玉的州城隍庙，下城隍庙据徐渭考证，认为是祀元末越城守将吕珍之祠。[①] 黄宗羲《孟子师说》则肯定地说："吕珍之为绍兴城隍……皆在耳目间。"然而，无论是否，越州城内有四座城隍庙则是事实，并从一个侧面表明，隋唐五代及北宋时期，越州仍然是东南沿海的大都市。

四 园林与绿化

吴良镛先生在讲到绍兴的城市环境时说：

> 城市是自然环境的产物，而自然环境又常有赖于人为的加工，在中国各地区、各城市都有其独特的自然风光为人所乐道。我以为绍兴

[①] （明）徐渭：《府隍神有二辨》，《徐渭集·徐文长三集卷二十九》，中华书局1983年版，第二册，第686页。

之美首先在其山水环境，其次在城市河网。①

由越国都城、会稽郡城发展而来的越州州城，因首创者范蠡选择了有山有水之地为城址，使后人能够在自然山水的基础上，进行人为加工，不断疏浚、挖掘河道逐步形成城市河网，不断加工、装点城内山林逐步造就城市园林，成为真正意义上的山水城市。

(一) 山水园林

城市中的山水园林，无疑与城市的自然环境有着密切关系，从某种意义上说，这决定于城市的"形胜"。传统地方志一般都设"形胜"一门，虽然文字不长，但都能简要地反映一道一州乃至一县的地理位置及形势险要。对于越州城市形胜，宋代《方舆胜览》云：

> 鉴水环其前，卧龙拥其后，稽山出其东，秦望直其南。②

明万历《绍兴府志》卷一《形胜》云：

> 越郡正当会稽诸山之中，郡城之外，万峰回合，若连雉环戟，而中涵八山。

"城外万峰回合，城内八山中涵"，是越州城市形胜的基本特征。所谓八山者，即卧龙山、龟山、鲍郎山、峨眉山、火珠山、戢山、彭山、白马山。另据明人张岱考证，尚有黄琢山，在华严寺后，城内之山，"当增而为九"③。

这样的自然环境条件，对于建设城内山水园林，可谓得天独厚。诚如明人胡恒所言：

---

① 吴良镛：《从绍兴城的发展看历史上环境的创造与传统的环境观》，《建筑·城市·人居环境》，河北教育出版社2003年版，第425页。
② (宋) 祝穆：《方舆胜览》卷六《浙东路》，中华书局2003年版，第105页。
③ (明) 张岱：《越山五佚记·黄琢山》，《琅嬛文集》，岳麓书社1985年版，第90页。

> 越中之水无非山，越中之山无非水，越中之山水无非园，不必别为园；越中之园无非佳山水，不必别为名。①

胡恒和吴良镛所说表明，一方面越中的山水环境确实很美。城内的山或是城郊的山，体量不大，都是南部会稽山脉没入山会平原后崛起的孤丘，而孤丘四周又有清水荡漾，山水相映。一座孤丘，便是一个山水园，以山水、动植物和花卉等自然形态为主导而构成的山水园，既有山崖之美，又有林泉之美，更有山水相映之美。其中透露出来的自然美，正是园林审美中的最高境界，人见人爱。另一方面由于自然山水本身具有的园林美，对人为加工提出了更高的艺术要求。隋唐时期兴起并迅速发展的造园艺术，诸如造园经常运用的叠山技巧、理水手法和景观组合艺术，在越州城内外的真山真水面前，完全失去了它的用武之地。若是真山面前叠假山，真水面前玩"理水"，无疑会被传为笑柄；若是去自然林泉中安排花木点缀泉石，或许会变得很不协调；若是对好端端的孤丘进行移山填水，另造山水园林，必将失去一个好园林。因此，对越州山水园林的加工，只能是有限的，除了必要的整理、补充、协调外，贵在画龙点睛，增加人文内容，赋予山水园林之魂。

隋唐五代至北宋时期的越州城市园林，正是沿着这条尊重自然之美、丰富人文内涵的治园之路向前推进的。这些建城之初业已存在的山丘，按其山体大小、地势高低、城中位置以及与城市河网的关系，因山因水制宜进行规划布局。对于山体小，周长仅数十丈的小丘，考虑其有限的承载能力，不做过多的功能性安排，但亦颇多故事。

地处戢山东南一里许的白马山，山麓有白马庙，有书室，有王右军洗砚池，将书室与洗砚池联系起来，离王右军别业所在的戢山又那么近，故事或许不是无中生有（万历《绍兴府志》卷四《山川志一》）。至于白马庙神主是谁，建于何时，尚不可考。白马山之东的彭山，《旧经》说是彭

---

① （明）胡恒：《越中园亭记序》，《园综》，同济大学出版社2004年版，第388页。

祖隐居之地。据汉刘向《列仙传》载，彭祖系传说中人物，善养生，有导引之术，活到80岁高龄。彭山傍有助海侯庙，嘉泰《会稽志》称助海侯"一神也"。按隋文帝开皇十四年（595）诏书"东海于会稽县界，南海于南海镇南，并近海立祠"（《隋书》卷七《礼仪志二》），彭山在会稽县郭内，助海侯庙或许就是近海所立的海神庙。卧龙山南三里有鲍郎山，一名阳堂山，越州城墙跨脊而过，山西有鲍郎祠。宋代乐史《太平寰宇记》卷九十六《江南道八·越州》引《郡国志》云："山有鲍郎祠，本名盖，一名信，后汉人，生好猎，死葬此。儿忽梦当更生，开棺视，尸俨然，但无气尔，人事之灵颇有验。"火珠山则在卧龙山东隅，小而圆，绝似卧龙含珠，故名。火珠山与卧龙山，仅一河之隔，山上有稽山阁，河西为识舟亭〔（南宋）嘉泰《会稽志》卷第九《山》〕。而火珠山以东的峨眉山，实际上是一道状似峨眉的小丘，处于市中心，民居簇拥，与黄琢山一样，无法再赋予其他城市功能。

城内九山中的卧龙山、蕺山、龟山，相对而言，与上述六山比，山体更大，海拔更高。山体分别为30公顷、15公顷和10公顷左右；海拔分别为74.2米、50.0米和31.8米。而且三山鼎立，是州城空间的三个制高点，在城市功能布局方面，具有较大的承载能力，并各有分工和特点。清乾隆中曾任蕺山书院山长的著名诗人蒋士铨有诗曰：

种山列郡署，蕺山横讲堂。
塔山植浮图，鼎峙而相望。①

尽管蒋士铨看到的是清代乾隆年间三山功能布局，但这种局面不是一朝一夕形成的。事实上，种山的郡署、蕺山的讲堂、塔山的浮图，早在隋唐以前就形成了，后来只是发展、更替、强化而已。

---

① （清）蒋士铨：《三山叹》，《忠雅堂集校笺·忠雅堂诗集卷一八》，上海古籍出版社1993年版，第1225页。

种山即卧龙山，亦称府山，是州城里面最大山水园林。作为郡署所在地，从春秋越国起，先为越王宫台，秦和西汉一度为会稽都尉驻地，东汉六朝是会稽郡署，隋唐五代至北宋又一直是浙东道观察使和越州州治所在。州署东为镇东门，即镇东军节度使驻地之东门，又有镇东阁，清章大来《镇东阁记》云：

> 考即自夏至今，为会稽，为越，为会稽郡，为荆国、吴国，为会稽国，为越州，为吴总管府，为浙东道，为浙东总管府，为节度观察使署，为义胜军、威胜军，为镇东军，为吴越国……其中凡几经分合改复，而阁之垂名历千余年不可易，谓非鲁殿灵光也哉？[（清）章大来《镇东阁记》，乾隆《绍兴府志》卷七十一]

章大来用汉代鲁恭王的灵光殿，屡经战乱而岿然独存来比喻郡署千年不易，说明"种山列郡署"确实由来已久，且其建筑可与灵光殿媲美。

然而，卧龙山之美，不仅在于错落有致的州廨建筑，更在于州廨内外、绿树丛中、高低相望的园林景观。自隋代杨素修子城、建牙城以后，卧龙山上利用自然环境进行加工而相继出现的建筑，有初唐的越州城隍庙，中晚唐的满桂楼、杜鹃楼、新楼和望海亭等，五代的蓬莱阁、崇善王庙和山麓的西园等，北宋修葺西园新增曲水阁、惠风阁、飞盖堂和望湖楼等建筑。三山中卧龙山海拔最高，向来被称为"一郡登临之胜"。南望稽山回合、镜水映照；北眺水网纵横、阡陌良田；俯视则"城中十万家，烟云隐飞甍"[1]。这种自然环境与人为环境的密切结合，城内山水与城外山水的互相衬托，人工空间与自然空间的交相融合，使城市山水园林的意境发挥到了极致。

戢山园林规模虽不及卧龙山，却颇见特色。此山盛产戢草，嘉泰《会

---

[1] （宋）程俱：《九日块坐无聊，越州使君季野舍人见过敝庐，会方回承议亦至，因游章公山林，登览甚适。越州置酒，暮夜乃归，作诗一首》，《全宋诗》卷一四。北京大学出版社1998年版，第16293页。

稽志》引《旧经》:"越王嗜蕺,采于此山,故名",这是富有想象力的故事。一说越败于吴,越王勾践采蕺充饥,与民共渡难关;一说越王尝吴王粪便后,口臭不已,"乃采蕺食之,以乱其气。"① 山南有晋王羲之别业,又有墨池、鹅池,还有王羲之为老姥题扇而闻名的题扇桥、躲婆弄、笔飞弄等遗迹。相传王羲之后来舍宅为寺,初名昌安寺,唐会昌元年(841)置"尊胜经幢",周刻经文2000多字(今石幢尚存,文字斑驳)。大中六年(852)改名戒珠,咸通三年(862)衢州刺史赵璘直书"戒珠讲寺"额。② 可见蕺山本为佛教讲堂。此地环境清幽,宜于诵读,后来除继续作为讲寺外,宋代开始,戒珠寺宇泰阁"士子肄业之地,常千余人,策名巍科者相踵"[(南宋)嘉泰《会稽志》卷七《寺院·戒珠寺》],成为讲学读书之地。后人还在此办起蕺山书院,成为蒋士铨所说的"蕺山横讲堂"。

蒋士铨所谓"塔山植浮图",当然是不争的事实,但塔山本身,却是充满神话色彩而又多达五个别名的城中名山。因其形似龟伏,最初称"龟山",后来的演化,《越绝书》有如下记载:

  龟山者,勾践起怪游台也。东南司马门,因以炤龟。又仰望天气,观天怪也。高四十六丈五尺二寸,周五百三十二步,今东武里。一曰怪山。怪山者,往古一夜自来,民怪之,故谓怪山。③

《吴越春秋》亦有类似记载:

  (勾践筑)城既成,而怪山自至。怪山者,琅琊东武海中山也,一夕自来,百姓怪之,故名怪山。形似龟体,故谓龟山。④

塔山浮图始植于南朝宋元徽元年(473),由皮道与舍宅、制《法华经》《维摩经疏》,僧遗教与法师惠(一作慧)基,连山建寺,名宝林。

---

① (清)悔堂老人:《越中杂识》上卷《山·蕺山》,浙江人民出版社1985年版,第2页。
② 任桂全主编:《绍兴佛教志》,浙江人民出版社2003年版,第42页。
③ 《越绝书》卷八《越绝外传记地传》,上海古籍出版社1985年版,第59页。
④ 张觉:《吴越春秋校注》卷八《勾践归国外传》,岳麓书社2006年版,第208页。

唐武则天光宅元年（684），寺中有舍利现，改名光宅寺；武宗会昌（841—846）时废，僖宗乾符元年（874）重建，改名应天寺。华严宗四祖、清凉国师澄观，年甫11岁在应天寺出家。北宋元丰元年（1078）复称宝林寺；崇宁三年（1104）诏改崇宁万寿禅寺。① 宝林寺为唐宋越州城内最为繁华的古刹之一，除大批台殿之外，还有石岫、灵鳗井、巨人迹、锡杖痕等，信众视为灵验之物。山巅佛塔，始建于东晋，由许询（玄度）与沙门昙彦同造砖、木二塔，以询死而未成。至南朝梁天监（502—519）中，岳阳王萧詧成之，高23丈，宏伟壮丽，随寺额名应天塔。北宋乾德（963—968）初，僧皓成重建，叠九层［（南宋）嘉泰《会稽志》卷七《寺院》，又宝庆《会稽续志》卷三《寺院》］，代有诗人登临驻足，留下诸多名篇。例如，浙东观察使李绅《宝林寺》诗云：

最深城郭在人烟，疑借壶中到梵天。
岩树桂花开月殿，石楼风铎绕金仙。
地无尘染多灵草，室鉴真空有定泉。
应是法官传觉路，使无烦恼见青莲。

诗序中还说："寺在城郭最嚣烦处，自有一峰，岩壑皆入寺中。"② 另一位诗人方干眼见重重叠叠的台殿建筑，不无感慨地说：

邃岩乔木夏藏寒，床下云溪枕上看。
台殿渐多山更重，却令飞去即应难。

［（唐）方干《题宝林寺禅者壁》，《全唐诗》卷六百五十三］

飞来容易，飞去就难了。而北宋王安石登塔远望，得到的则是另外一种感受：

---

① 任桂全主编：《绍兴佛教志》，浙江人民出版社2003年版，第40页。
② （唐）李绅：《寒（应为宝）林寺》，《李绅集校注》，中华书局2009年版，第179页。

> 飞来山上千寻塔，闻说鸡鸣见日升。
>
> 不畏浮云遮望眼，只缘身在最高层。①

从塔山到戢山再到卧龙山，虽然都是城中山水园林，但是，由于自然山水的多样性和人为加工的丰富性，让山水风景陪衬着城市，又让城市拥有自然风景，在自然环境与人工环境的结合上，产生了"不出城郭而获山水之怡，身居闹市而有林泉之致"的最佳景观效果。

当然，这种山水城市特有的景观效果，许多情况下是可遇而不可求的。因为城市毕竟受着"形胜"的制约，用地条件也不允许。即使如越州这样的城市，营造山水园林更为广阔的天地，也是在城市效外，因为那里有更具活力的自然山水。唐代著名山水诗人孟郊，曾以"越中山水"为题，写景写情，情景交融，读后令人向往。

> 日觉耳目胜，我来山水州。蓬瀛若仿佛，田野如泛浮。
> 碧嶂几千绕，清泉万余流。莫穷合沓步，孰尽派别游？
> 越水净难污，越天阴易收。气鲜无隐物，目视远更周。
> 举俗媚葱蒨，连冬撷芳柔。菱湖有余翠，茗圃无荒畴。
> 赏异忽已远，探奇诚淹留。永言终南色，去矣销人忧。②

写景高手孟郊笔下的越州城郊，在唐宋时期出现过不少著名园林。这些园林大都以自然山水为依托，不是平原一丘为一园，便是镜中一岛为一园，在山麓，在岸边，在湖中，尽展其山水园林风采。其中较为著名的，唐有贺知章的一曲镜湖，严维的湖边园林，方干的岛上别墅，张志和的东郭草庐，施肩吾的隐居小园，徐浩的溪山故宅；北宋有齐唐的少微山园，陆宰的小隐山园等〔（南宋）嘉泰《会稽志》卷十三《园池·古第宅》〕。

---

① （宋）王安石：《登飞来峰》，《王文公文集》卷六十七，上海人民出版社1974年版，下册，第712页。

② （唐）孟郊：《越中山水》，《孟郊诗集校注》卷四，人民文学出版社1995年版，第193页。

园主几乎都是清一色的士大夫阶层，如果说有区别，像贺知章、徐浩、齐唐、陆宰等不是山阴人，便是会稽人，而且都是在退出官场后回乡经营的园宅；像方干、张志和、施肩吾等都来自不同地方，又无不因仰慕会稽佳山水而隐居于此。山水园林成了士大夫融入自然、放飞心灵的不懈追求，与六朝时期的会稽士大夫园林一脉相承。

随着时代的变迁和城市的繁荣，对于山水园址的选择，也发生明显变化。突出表现为，从六朝时期钟情崇山峻岭、茂林修竹的会稽山中，开始转向水面更为辽阔、山体更为秀美、离城更为近便的会稽山北麓的镜湖之滨。

这种转移，首先是冲着镜湖而来的。因为自东汉马臻筑成镜湖以后，经过六朝时期的不断开拓和治理，到隋唐五代及北宋初年，镜湖流域不仅稻丰鱼肥，鱼粮满仓，出现了经济繁荣的局面，而且经过治理后的山会平原特别是州城附近，远望岗峦起伏，青山叠翠，近观水势浩渺，碧波荡漾。这时的镜湖湖面依然十分辽阔，周围达328里，同时由于湖堤完好、堰闸配套，库容也始终处于丰满期，侵蚀镜湖，占湖为田的现象在北宋前期还未出现，对镜湖水域影响不大。因此，这一时期的镜湖蓄水量对于山水园林来说，确实是天然美景，是士大夫构筑山水园林的首先之地。从贺知章"稽山云雾郁嵯峨，镜水无风也自波""唯有门前镜湖水，春风不改旧时波"（贺知章《采莲曲》《回乡偶书》，《全唐诗》卷一百十二）等诗句，深切表明他对镜湖的钟爱之情。当他乞为道士还乡时，没有忘记向唐玄宗乞赐"官湖数顷"（乾隆《绍兴府志》卷七十二《古迹志二》），唐玄宗不但率群臣为他送行，还"敕赐镜湖一曲"[（宋）乐史《太平寰宇记》卷九十六《江南东道八·越州》]。回乡后，贺知章即在州城五云门外镜湖边为宅，又以宅为千秋观，一名道士庄。继贺知章之后，严维的园苑就选址在镜湖边上，从大历（766—776）中严维与郑概等六人的联句看，所谓"策杖山横绿野，乘舟水入衡门"[1]，说明严氏园林与镜水是相通的。与严

---

[1] （唐）严维等：《严氏园林六字》，《会稽掇英总集》卷十四，人民出版社2006年版，第200页。

维不同，来越中隐居的方干，从他的隐士心理出发，将别墅选址在城东南镜湖中的寒山上，四面临水，孤而泛浮，他在《镜中别业诗》中写道：

> 寒山压镜心，此处是家林。梁燕窥春醉，岩猿学夜吟。
> 云连平地起，月向白波沉。犹自闻钟角，栖身可在深。
> 　　　　　　　　　[（唐）方干《镜中别业二首》，《全唐诗》卷六百四十八]

后人便将方干隐居的寒山称作"方干岛"，位于禹庙东侧。

其次，唐宋时期越州近郊士大夫园林，对于自然山体选择的讲究和利用的充分，也是前所未有的。城郊那些孤丘，是会稽山脉没入山会平原后的隆起部分，尽管地脉相连，却突然隆起，形成平地起峰、赫然独立。其山体形态，似卧龙，似龟伏，似虎蹲，似马奔，似牛耕，似羊群，似凤飞，似螺踊，千奇百怪，无所不有，栩栩如生，仿佛出自园艺家之手。这些小巧玲珑的小丘，土层深厚，土质肥沃，草木茂盛，常年披绿，陆游形象地称之为奔涌在山会平原上的一颗颗"翠螺"：

> 道路如绳直，郊园似砥平。
> 山为翠螺踊，桥作彩虹明。①

而且由于地处亚热带，四季分明，山色之美尽见于四时之景：

> 春山澹冶而如笑，夏山苍翠而如滴，秋山明净而如妆，冬山惨淡而如睡。②

尤其是自然界的山与水的互动，给城郊的山水园林，创造了浑然

---

① （宋）陆游：《柯山道上作》，《剑南诗稿校注》卷八十五，上海古籍出版社1985年版，第4522页。
② （宋）郭熙：《林泉致高》，《中国古代画论类编》第四篇《山水》，人民美术出版社2004年版，第632页。

天成的意境。这里有山有水，山不高，水浩渺，山生水，水绕山，山水互动，得园林之韵。而且有山皆可亲、可近、可行、可园，有水亦皆可亲、可近、可游、可园，山麓水滨都是理想的构园之处。地处常禧门外不远的小隐山园，四面环水，山容水色，水泛山光。地处东郭门外的少微山园，稽山入坐，照湖为邻，引流为沼，艺花为圃，与小隐山园一样，都是城郊典型的山水园林。在这里，山的景色，常常因朝夕阴晴、四季变化而转换；水的风光，常常因清澈泓澄、映带错落而变化。四时之景，可谓变化无常态，景色无定式，气象有万千，风光足迷人。毫无疑问，只有当造园者将山之色、水之光充分发挥利用到极致时，才会产生这种园艺效果。古人所谓"山光水色"，正是鉴赏越中山水园林的一把钥匙。

当然，多种山体和水体的变幻、映衬，组合在山水园林中所产生的审美效果，主要是因为士大夫崇尚自然、放飞心灵的审美价值在园林中的实践结果。他们需要以山水作为心灵寄托，也需要以其他人工建筑的形式，去展示自身的审美追求。这就是为什么越中山水园林中，普遍规划安排人工建筑入园的主要原因。隋唐时期越州山水园林中的亭台楼阁等人工建筑，主要安排在城内卧龙山、戢山和龟山上，而城郊园林中相对较少。如颇有名声于唐的严维湖边园林，张志和东郭草庐，建筑都很简陋，甚至以原生态为主。从严维《严氏园林》诗："策杖山横绿野，乘舟入水衡门"①句看，由镜湖乘舟入园，首先看到的是以横木为门、十分简陋的"衡门"。而隐居东郭门的张志和宅，"茨以生草，橡栋不加斤斧"〔（南宋）嘉泰《会稽志》卷十三《古第宅》〕，用茅草、芦苇盖屋，栋梁橡子竟是未经"斤斧"的原木，或许这也是一种"融入"自然的努力。

到北宋时情况有了改变。位于城东少微山的齐氏家园，"山甚小而近湖"，齐唐东归筑园，除"引流为沼，艺园为圃"，山上山下分别建有芳华

---

① （唐）严维等：《严氏园林六字》，《会稽掇英总集》卷十四，人民出版社2006年版，第200页。

亭、修竹岩、珍珠泉、石屋、嘉遁亭、樵风亭、禹穴阁、应星亭、东山亭、钓阁等，还自为《家山十咏》，描写景物，语尤闲逸〔（南宋）嘉泰《会稽志》卷十三《园池》〕，惜已不存。而常禧门外的陆宰小隐山园，其由来已久，旧名侯山，四面皆水，东晋会稽太守孔愉尝居之。北宋皇祐三年（1051）二月，越州知州杨紘偕通判军州事钱公辅等六人往游，甚以为惬，兴之所致，园中诸景一一为之取名，并由钱公辅刻石记之。这篇游记，将园景一一赋之笔墨，仿佛小隐山园规划设计图：

> 越城之西南，有所谓王氏山园者，众以为一境胜绝。太守杨公曰：彼可游焉。一日，携宾佐，浮轻舟，走平湖，四五里而至。望其门，如楼阁之在烟云中；入其堂，登其亭，廓然如形骸之出尘世外。山苍溪碧，缭绕四注，皆可襟迎而袖挹，奇葩珍树，映带满前。公奋曰："吾来越旧矣，未有如今日胜且快者。"使呼其主而诘之曰："山名谓何？"对曰："有而非美名也。""亭有名乎？"则曰："朴愚，敢以名为？"公使图以来，因名其山曰"小隐山"。堂亦因山之名。堂之东荣，俯槛而窥者，曰"瑟瑟池"。出堂而登，数级乃止，曰"胜奕亭"。自亭而北，登降乎竹间五六十步而后者，曰"忘归亭"。过而至于最上者，曰"湖光亭"。顺山而西，达于山足，曰"翠麓亭。"由"忘归"而至"翠麓"，曰"探幽径"，曰"撷芳径"，曰"扪萝磴，"曰"百花顶"，皆因其所遇而得之心焉。已而至于山外，有池，池心有宇，曰"鉴中亭"。转而通于始至之门。门隅亦有池，有宇，曰"倒影亭"。凡一景一趣，无不为之称者。①

小隐山园作为山水园林，无论从园址选择、规划设计、艺园技术到自然山水与人文景观的有机结合，都可以说代表了唐宋时期越中的造园水

---

① （宋）钱公辅：《游小隐山序》，《会稽掇英总集》卷二十，人民出版社2006年版，第296—297页。引文中个别字根据《四库全书》文渊阁本改。

平。百年以后,园主更易,由王氏转为陆氏,陆游之父陆宰即以为别墅,作赋归堂、六友堂、遐观堂、秀发轩、放龟台、蜡屐亭、明秀亭、挂颊亭、抚松亭等,并亲自撰写匾额。后因改筑越州子城扩展至小隐山园东隅,园林建筑所剩无几〔(南宋)嘉泰《会稽志》卷十三《园池》〕。

(二)城市绿化

唐高宗永淳二年(683)暮春三月,初唐四杰之一的王勃,在越州王献之山亭参加修禊活动时看到:

> (献之山亭)迟迟风景,出没媚于郊原;片片仙云,远近生于林薄。杂花争发,非止桃蹊;群鸟乱飞,有逾鹦谷。王孙春草,处处争鲜;仲统芳园,家家并翠。

他被郊原上的这种自然美景所深深吸引,写下了《三月上巳祓禊序》,一开头便提出城市需要绿化的重大命题:

> 观夫天下四方,以宇宙为城池;人生百年,用林泉为窟宅。[①]

无论是城池还是生活在城池中的个人,都应当与宇宙、与林泉相生相伴,绿化美化自己的美好家园——窟宅。这实际上就是中国"天人合一"传统观念在城市绿化中的具体体现。因为城市是人口居住的密集之地,更需要有阳光、空气、水分、色调等,让人生活在人工营造的自然环境中。这也许就是王勃由郊原山水联想到城池林泉,并提出城市绿化理念的根本出发点。

对于城池绿化,从造园、植树到养花以增添城池绿色,这在范蠡建造越都城时已开始了。作为一种传统,在秦汉六朝时期,也得到了很好的继

[①] (唐)王勃:《三月上巳祓禊序》,《全唐文》卷一百八十一,上海古籍出版社1993年版,第一册,第811页。

承和发扬，使越州山水城市更加名副其实。隋唐以后，城池绿化有了进一步发展，从朝廷到地方政府官员，开始把绿化提上议事日程，唐代的几道敕文，就说明了这一点。

唐玄宗开元二十八年（740）正月十三日敕，"令两京道路，并种果树"①。

唐代宗大历二年（767）五月敕，"诸坊市街曲……其种树栽植，如闻并已滋茂……不得使有斫伐"。

唐德宗贞元十二年（796）敕，"官街树缺，所司植榆以补之"。

唐文宗大和九年（835）八月敕，"诸街添补树，并委左右街使栽种。"②

《释名》亦曰："古者列树以表道，道有夹沟以通水潦。"顾炎武《日知录》解释说："古人于官道之旁皆种树，以记里至，以荫行旅。"③ 这种官道两旁按一定间距栽种的行道树，既可记录行程距离，即所谓"表道"，又可在夏日为行人遮阴。

皇帝的敕文和《释名》解释，虽然只涉及城内街巷绿化和城外官道绿化，但对于城池绿化却具有倡导和规范意义。从唐宋时期浙东观察使署所在地卧龙山的山林绿化变迁看，绿化被提上官方日程，确实是从道、州官员开始的。

卧龙山自古以来，既是郡署所在，又是城内最大的园林绿地，经过历任州官苦心栽培，山上绿树成林，郁郁葱葱，与楼阁台榭交相掩映。元稹因任浙东观察使的机缘，目睹了这里的风光，高度赞赏说"仙都难画亦难书"④，还自嘲："我是玉皇香案吏，谪居犹得住蓬莱。"⑤ 他的后任李绅，

---

① （宋）王溥：《唐会要》卷八十六《道路》，中华书局1998年版，下册，第1573页。
② （宋）王溥：《唐会要》卷八十六《街巷》，中华书局1998年版，下册，第1576页。
③ （清）黄汝成：《日知录集释》卷十二《官树》，岳麓书社1996年版，第444页。
④ （唐）元稹：《重夸州宅旦幕景色兼酬前篇末句》，《元稹集校注》卷二十二，上海古籍出版社2011年版，中册，第652页。
⑤ （唐）元稹：《以州宅夸于乐天》，《元稹集校注》卷二十二，上海古籍出版社2011年版，中册，第651页。

也学元稹写了《新楼诗二十首》，对当时卧龙山上绿化作了较为详尽的描述。从《满桂楼》《杜鹃楼》《海榴亭》[（唐）李绅《新楼诗二十首》，除这三首外，还有《新楼》《望海亭》《橘园》《北楼樱桃花》《城上蔷薇》《南庭竹》《海棠》等] 等诗篇中可见，当时山上有桃花、苍松、杜鹃、桂花、海榴、樱桃、翠竹、海裳、梅花、蔷薇等园林植物。这些包括乔木、灌木、竹类、花卉等在内的植物，或成片集中种植，或三三两两分散布局，通过合理配置，使植物的观赏价值在最大限度内得到发挥。《杜鹃楼》一诗就反映了这种效果。

> 杜鹃如火千房拆，丹槛低看晚景中。
> 繁艳向人啼宿露，落英飘砌怨春风。
> 早梅昔待佳人折，好月谁将老子同。
> 惟有此花随越鸟，一声啼处满山红。①

诗人抓住杜鹃花盛开时，园中栏杆、落花、晨露、早梅、越鸟等动植物的不同反应，通过动、静、声、色以及形态的描述，突现了杜鹃花开"满山红"的园艺鉴赏效果。

当然，园林绿化由于自然或人为因素，也会有兴衰与起伏。曾被唐代诗人元稹视为蓬莱仙境的卧龙山，到北宋景祐三年（1036）蒋堂出任越州时看到的，已经与前大相径庭，无法让人相信这就是元稹诗中的蓬莱仙境。同为诗人的蒋堂，怀着悲悯之心，写下了《闵山并序》诗，诗序中说：

> 越之府山，亦名卧龙，为一形胜。予视事之明日，见其竹树零悴，仅有半左。问吏，吏曰："为昔人剪伐使然。"问民，民对如吏。因怅然久之。自谓非予守土，即兹山殆将童矣。于是申约束，止樵采，作闵山诗云。

---

① （唐）李绅：《杜鹃楼》《李绅集校注》，中华书局2009年版，第165页。

蒋堂是敢于担当、有所作为的知州。为了恢复以至更好地绿化卧龙山，他采取三条措施：一是申约束，禁止樵采；二是严肃声明，绿化为"民福"；三是对于市民的绿化意识，要重在教化与培育。① 后来的事实证明这三条措施是切实有效的。卧龙山绿化经过20多年培育，面貌焕然。宋仁宗嘉祐六年（1061）为越州知州的刁约在《望海亭记》中，对卧龙山四时景色有如下记载：

> 始春也，鲜葩艳草，烂漫城隅，浓香袭人，迥当几席；既夏也，佳树茂林，蔽亏檐外，清阴覆座，宛在岩谷；逮秋也，木叶摇落，天形尽露，巨浸千里，浩乎无涯；及冬也，谷风号怒，雪意欲霏，寒空四垂，混焉一色。盖四时之变也如此。②

蒋堂的努力，不仅实现了绿化为"民福"的理想，客观上也对后来者产生了积极影响。宋神宗熙宁十年（1077），程师孟知越州，游览卧龙山上遗迹，叹曰：

> "此前贤所以遗后来也，使予无一日之雅，犹当奉以周旋，况尝被其知遇乎。"乃述乐安之志，手植松千余章于卧龙山之上。③

"乐安侯"为前任知州蒋堂封爵，是程师孟的忘年知遇，当他遍游龙山，深感"无一日之雅"时，便按照蒋堂遗志，亲手种下千余棵青松。而此时，蒋堂已经离世30年，程师孟因此邀集越中"元老名儒"，属而唱和，以志纪念，秦观特为此次唱和写下了《怀乐安蒋公唱和诗序》。

其实，承蒋堂之志者又何止程师孟一人。一位曾在越中任职，又在卧龙山栽花植树的吴芾，晚年退休家居仙居，却时刻惦念着这些花木是否无

---

① （宋）蒋堂：《闵山并序》，《会稽掇英总集》卷十九，人民出版社2006年版，第17页。
② （宋）刁约：《望海亭记》，《会稽掇英总集》卷十九，人民出版社2006年版，第287页。
③ （宋）秦观：《怀乐安蒋公唱和诗序》，《秦观集编年校注》卷二十四，人民文学出版社2001年版，下册，第533页。

恙。当他儿子将赴越州担任州郡副职之际，他特地写了《送津赴绍兴倅八首》，其四曰：

> 当年我镇卧龙山，曾种千花与万竿。
> 岁久不知无恙否，因来且为报平安。①

对于卧龙山绿化，真可谓牵肠挂肚，情有独钟。

唐宋时期州城绿化，除州廨卧龙山外，其他如护城河两岸、街路两旁、寺庙里面、庭院内外等，也都植树养花，增添绿色景观，有"疏篁绕槛""乔木依檐"和"满城花"之称。北宋诗人章岷在《留题新建五云亭（自注：亭占卧龙）》中对全城绿化有如下描述：

> 卧龙东岭冠云霞，亭面溪流对若耶。
> 秋霁独先初夜月，春阴见尽满城花。
> 疏篁绕槛栖寒雀，乔木依檐泊暮鸦。
> 红烛未残宾已醉，倚风歌管到人家。②

州城护城河与城墙内外的绿化唐代已有记载。唐德宗贞元三年（787）在浙东观察使署任左威卫兵曹参军的羊士谔③就曾见过，还在《登楼》诗中写道：

> 槐柳萧疏绕郡城，夜添山雨作江声。
> 秋风南陌无车马，独上高楼故国情。

（《全唐诗》卷三百三十二）

绕城连片种植的，是槐树和柳树，这与当时京城种植的榆树和柳树略

---

① （宋）吴芾：《送津赴绍兴倅八首》，《全宋诗》卷一九六五，北京大学出版社1998年版，第22008页。
② （宋）章岷：《留题新建五云亭》，《会稽掇英总集》卷一，人民出版社2006年版，第13页。
③ 羊士谔为浙东观察使从事情况，见傅璇琮等《唐才子传校笺》卷五，中华书局2000年2月版，第二册，第357页。

有不同，或与地域不同有关。后来李绅为浙东观察使时，又看到城墙上布满了蔷薇，花开时更加美丽，便以"城上蔷薇"为题写道：

> 蔷薇繁艳满城阴，烂漫开红次第深。
> 新蕊度香翻宿蝶，密房飘影戏晨禽。①
> ……

到北宋时，继续保持着"树绕城"的绿色景观。刘敞在《出城》诗中所谓"水映朱扉树绕城，午天暄煦仆姑鸟"②，说明绕城之树当在城墙外侧、护城河内侧。

越州城内寺庙绿化也很普遍，不同寺庙中，同样可以看到"疏篁绕槛栖寒雀，乔木依檐泊暮鸦"的景象。处于龟山上的宝林寺更是如此。从唐宋诗人作品中可以看到，山上除去台殿等人工建筑，种满了各式各样的绿色植物。这里有古人所植的"杉篁"，有岩边悬挂着的"桂花"，有高大挺拔的"十仞乔松"，有不染一尘的"灵草"，有深院绽放的"秋菊"，等等。整坐龟山"寸地无间隙"，绿色植物中又以乔木为多，枝繁叶茂，夏天特别阴凉，有"邃岩乔木夏藏寒"之说〔（唐）方干《题宝林寺禅者壁》，《全唐诗》卷六百五十三〕。空气也特别清新，北宋张伯玉知州盛赞："城郭镇山林，自无尘土侵。"③

城中无尘土，自然得益于城市绿化，而城市绿化中，市民的贡献尤其显得重要。唐宋时期越州城内市民植树养花的行动，经常被诗人发现，成为很好的创作题材。唐宪宗元和年间（806—820），诗人徐凝游越，因怀念曾住在州城东隅的已故孟尚书，便以孟家种柳为题材写了一首诗，题目就叫"浙东故孟尚书种柳"〔（唐）徐凝《浙东故孟尚书种柳》，《全唐诗》

---

① （唐）李绅：《城上蔷薇》，《李绅集校注》，中华书局2009年版，第182页。
② （宋）刘敞：《出城》，《全宋诗》卷四百八十八，北京大学出版社1998年版，第九册，第5915页。
③ （宋）张伯玉：《书应天寺壁》，《会稽掇英总集》卷八，人民出版社2006年版，第111页。

卷四百七十四]，以寄托哀思。其他唐代诗人如李白、孟浩然、元稹、白居易等，都有这一类诗篇存世。宋代诗人也同样关注民间庭院绿化，如熊禾在越州看到，"田野秋溜正潺潺，新翠乔林绕舍环"①，虽然时已入秋，但乔林绕屋，依然如春天般翠绿。熊禾是行路中看到的，而王安石则深入养花现场看到遮阳养花，觉得很新鲜，写下了《越人以幕养花因游其下二首》，其一曰：

> 幕天无日地无尘，百紫千红占得春。
> 野草自花还自落，落时还有惜花人。②

记下了北宋时越州城内市民搭棚养花的一段佳话。

唐宋时期越州城内植树养花的普遍在坊名、桥名中也有痕迹可寻。坊名有望花坊（今仍名）、花市坊、蕙兰坊、杏花坊等；桥名有望花桥、蕙兰桥、莲花桥、竹园桥、香桥等。对"望花桥"，嘉泰《会稽志》有如下记载："在府学前，其傍地名上，原多以艺花为业，桥盖以此得名。"[（南宋）嘉泰《会稽志》卷十一《桥梁》]

第四节　越州城乡工商业的发展

隋唐五代至北宋时期的越州，不仅是浙东七州的政治中心，也是浙东乃至东南沿海的经济重镇。这些都可以从以下不同时期的文献记载中找到依据。

《隋书·地理志》：会稽"川泽沃衍，有海陆之饶，珍异所聚，故商贾并辏。"[《隋书》卷三十一《地理志（下）》]

---

① （宋）熊禾：《越州道中》，《全宋诗》卷三六七四，北京大学出版社1998年版，第七十册，第44106页。
② （宋）王安石：《越人以幕养花因游其下二首》，《王文公文集》卷七十七，上海出版社1974年版，第828页。

(唐)杜牧《李纳除浙东观察使兼御史大夫制》：越州"西界浙河，东奄左海，机杼耕稼，提封七州，其间茧税鱼盐，衣食半天下。"(《全唐文》卷七百四十八)

(五代)钱镠《镇东军墙隍神庙记》："浙东地号奥区，古之越国，当舟车辐凑之会，是江湖冲要之津。"(《全唐文》卷一百三十)

(宋)宝庆《会稽续志》：会稽"襟海带江，方制千里，实东南一大都会。又物产之饶，鱼盐之富，实为浙右之奥区。"(宝庆《会稽续志》卷一《会稽》)

而见诸唐宋诗词中的赞美之词则更多，其中有两个人的诗句，不能不提。刘禹锡《酬浙东李侍郎越州春晚即事长句》称："越中蔼蔼繁华地"(《全唐诗》卷三百六十一)；在越州为官八年的诗人元稹更是直言"会稽天下本无俦"(《元稹集校注·续补遗卷一》)，自信"越州城市，天下第一。"元稹出身于中原大都会洛阳，官至唐朝宰相，他口中说出"会稽天下本无俦"，足证见过世面的人物，也为越州的"繁华"与"无俦"所倾倒。

刘禹锡、元稹所谓"繁华"与"无俦"，不仅是对城市而言，也是对城乡经济的实际评估。由于越州所处地理位置和自然条件较好，农业生产自镜湖筑成之后得到稳步发展，农副业生产中的蚕桑、茶叶、鱼盐等种植业和养殖业也有相当基础，这些都是手工业发展的有利条件。特别是随着城市的迅速发展，市场的不断完善，手工业技术的逐步提高，以及交通运输条件的改善，对商品的生产和流通都发挥了积极作用。在各种因素的积极推动下，一个极具区域特色的"越商"群体，也应运而生，并在走向大江南北的过程中逐步发展壮大。

一 城乡手工业的持续繁荣

隋唐是我国封建社会的鼎盛时期，在政治、经济、社会、文化各方面都发生了较大变化，手工业经济也不例外。从越州手工业的发展变化看，一方面，那些历史悠久的传统手工业部门，如纺织、制瓷、造船等在继承传统的基础上，生产技术不断提高，产品精益求精，不仅成为"江南丝织业中心"，而且是"全国重要的青瓷烧制中心"[①]。另一方面，随着城市规模的扩大、人口的增加和市民生活水平的提高，也向手工业经济提出了更多更高的需求，给寻求和扩大手工业部门提供了新的机遇，如农产品加工，茶叶加工，纸张、雕版、印刷业的兴起等，大大丰富了手工业经济的内涵和相关产业。

（一）丝织业

越州纺织业，是由越王勾践夫人亲自倡导的传统产业，在当地经济活动中，始终具有举足轻重的地位。而纺织业内部结构，则随着时代的发展而有所变化。先秦及两汉时期，以葛织业和麻织业为主，丝织业虽然在"劝农桑"政策下，有所发展，但仍处于次要地位。六朝时期，这种局面有所改变，出现葛、麻、丝并举的状态，而隋唐以后，丝织业已经成为越州纺织业的主流。唐宋文献中对于丝织品的记录频率最高，称越州为"江南丝织业中心"的理由，恐怕也在于此。

隋唐丝织业之所以成为越州纺织业的主导产业部门，或许与当时炎热的气候条件有着某种联系。竺可桢研究认为，从6世纪末到10世纪初，即隋唐（581—907）时期，我国气候变暖[②]，对时人的生产与生活都产生了不小的影响。丝织品也因此受到朝野的普遍重视和青睐。

隋唐少府监均下设织染署，"掌供天子、太子、群臣之冠冕"（《旧唐书》卷四十四《职官三》），"组绶及织纴、色染"，在开列的九种织物名单中，有八种属于丝织品，这就是锦、罗、纱、縠、绫、紬、絁、绢（《新唐书》卷四十八《百官三》）。说明王公大臣穿的几乎都是绫罗绸缎。

[①] 陈国灿：《浙江城镇发展史》，杭州出版社2008年版，第34、35页。
[②] 竺可桢：《中国近五千来气候变迁的初步研究》，《竺可桢全集》，上海科技教育出版社2004年版，第四册，第453页。

在这样的背景下，越州的丝织品生产出现空前繁荣局面，是势所必然的。有限的资料表明，此时手工业类型比较齐全，官府手工业、私营手工业和农民家庭手工业，都大力投入丝织业生产当中。唐代宗大历二年（768）为越州刺史、浙东观察使的薛兼训，"厚给货币"，为军中未有妻室者，从北方"娶织妇以归，岁得数百人"（《织妇辞》，《全唐诗》卷三百七十三）之举，可以看作官府为手工业招兵买马，而且颇具规模。孟郊《织妇辞》反映的则是民间私营手工业的生产场景："夫是田中郎，妾是田中女。当年嫁得君，为君秉机杼。筋力日已疲，不息窗下机。如何织纨素，自着蓝缕衣。官家榜村路，更索栽桑树。"① 而杜枚《越中》诗描绘的是丈夫长年外出经商，妻子在家织寒衣，因此有"征客春帆秋不归"，"绫梭夜夜织寒衣"之句。诗中的"织妇"是十分辛苦的。

除官府、私营、家庭生产丝织品外，寺院尼庵的丝织品也很有名。隋唐乃至北宋素负盛名的"寺绫""尼罗"，就是由寺院中的女尼生产的，"尼罗"亦称"越罗"。这方面记载很多：

> 越州尼皆善织，谓之"寺绫"者，乃北方"隔织"耳，名著天下。（《鸡肋编》卷上）

> 遂宁出罗，谓之"越罗"，亦似会稽尼罗而过之。（《老学庵笔记》卷二）。越罗，最名于唐，杜子美诗屡道之。而《地理志》所云越贡宝花罗者，今尼院中宝街罗是也。（嘉泰《会稽志》卷十七《布帛》）。

从官府、私营、家庭到寺院都投入丝织行业的生产与销售，丝织品的产销量，一定很可观。虽然史籍没有系统记载，但仍可以从有限的数据中看到，当时的产销状况是极为兴盛的：唐代末年，朝廷对浙东重赋搜括，"常赋之外，加敛数倍，以充贡献及中外馈遗"，单单越绫一项，每十天就

---

① （唐）李肇：《唐国史补·因话录》，上海古籍出版社1983年版，第65页。

要征调一万五千匹①。以一匹 4 丈，每尺 30.23 厘米计算，即为 18.14 万米。这个数字，当然仅仅是这里丝织品总产量中的一小部分，唐代越州丝绸生产规模之大，是可想而知的。北宋盛况依旧，宋神宗熙宁三年（1070）为越州知州的沈立在他的《越州图序》中说：

> （越州）习俗务农桑，事机织，纱、绫、缯、帛，岁出不啻百万缣，由租调归于县官者，十尝六七。（《会稽掇英总集》卷二十）

"缣"的本意是指用双丝织的浅黄色细绢，唐宋时也作量词用，一缣即为一匹。按上述方法计算，越州生产丝绸为 1209.2 万米，其中作为田赋缴纳官方的达到百分之六七十。这既说明官府对老百姓的搜括仍然十分严重，也说明地方财政收入主要来自丝绸纺织行业，该行业作为支柱产业的地位是显而易见的。

隋唐时期，越州不仅丝织业产量很高，品种也非常丰富。隋炀帝时由越州进贡的"耀花绫"，"绫纹突起，特有光彩"，据说是用野虫茧丝织成的（嘉泰《会稽志》卷十九《杂记》）。入唐以后，越州的高级丝织品有纱、縠、罗、绮、绫等类。"縠"，是通常所谓的绉纱，"纱縠，纺丝而织之也。轻者为纱，绉者为縠"，是江南普遍生产的丝织品，以越州所产的最为有名。元稹《阴山道》诗云："挑纹变镊力倍费，弃旧从新人所好。越縠缭绫织一端，十匹素缣功未到。"（《阴山道》，《元稹集校注》）越縠以质地轻柔、精致华丽著称。"罗"是一种稀疏而轻软的丝织品，在长江中下游地区以越罗影响最大。刘禹锡"酒法众传吴米好，舞衣偏尚越罗轻"（《酬乐天衫酒见寄》，《全唐诗》卷三百六十），杜甫"越罗与楚练，照耀舆台躯"（《后出塞五首》，《全唐诗》卷二百十八），李贺"越罗衫袂迎春风，玉刻麒麟腰带红"（《秦宫诗并序》，《全唐诗》卷三百九十二），

---

① （宋）司马光：《资治通鉴》卷二百五十九《唐纪七十五·昭宗乾宁元年》，中华书局 1987 年版，第十八册，第 8460 页。

孙光宪"乱绳千结伴人深,越罗万丈表长寻"(《竹枝词二首》,《全唐诗》卷七百六十二),以上四位分别是初唐、中唐、晚唐诗人,说明"越罗"整整影响了一个朝代。还有一种在越州织造,名为"吴绫"的丝织物,亦颇为时人所重。天宝末年,余姚参军李惟燕"秩满北归",过上虞江,舟中带有"吴绫数百匹"(《太平广记·报应第八·李惟燕》),可见中唐以后,吴绫成为越州的贡品之一。另外,唐代越州所产"缭绫",名声也很大,元稹、白居易、韩偓、织锦人等均有咏诗,是越中丝绸贡品之一。白居易有"织者何人衣者谁?越溪寒女汉宫姬"(《缭绫》,《全唐诗》卷四百二十七)诗句。五代时期的品种,在钱氏吴越国向中原梁唐晋汉周的贡品清单中,有越州生产的越绫、吴绫、异纹绫纱、绢等①。北宋时期越州的丝绸品种更为丰富,给人留下深刻印象。根据日本学者斯波义信的统计,宋代这里出产的绸缎种类繁多,主要有:

罗:越罗、宝街罗、会稽尼罗、万寿罗、藤七罗、宝火罗、齐珠罗、双凤罗、绶带罗;

绫:寺绫、十样花纹绫、樗蒲绫、十样绫、大花绫、轻交梭绫、白编绫;

纱:绉纱、萧山纱、茜绯花纱、轻容纱;

绢:花山绢、同山绢、板桥绢。②

隋唐五代至北宋越州丝织业的发展和繁荣,还表现在纺织技术的不断创新和提高上。尽管李肇《唐国史补》卷下"越人娶织妇"条认为:"初,越人不工机杼",是因为北方"织妇"引入之后,"越俗大化,竞添花样,绫纱妙称江左矣"(《唐国史补·因话录》)。这样的结论与以上所

---

① (清)吴任臣:《十国春秋·吴越世家》,中华书局 2010 年版,第三册,第 1097、1124、1135、1151、1156 页。
② [日]斯波义信:《宋代商业史研究》,转引自陈桥驿《吴越文化论丛》,中华书局 1999 年版,第 372 页。

述并不相符。薛兼训任越州刺史、浙东观察使，是在唐代宗大历二年（768）。在这以前，隋炀帝时越州进贡的"耀花绫"，面上有花纹突起，而且有光彩，可见采用了特殊的纺织技术。唐玄宗开元（713—741）时，越州有吴绫、白编绫、交梭三种高级丝织品入贡（《唐六典》卷三）。唐玄宗天宝（742—756）时，越州贡白编绫、交梭、轻调各十匹。① 其中"轻调"亦称"轻容"或"轻绢"，是一种织造精美的高级轻纱。唐丞相令狐绹"因话奇异之物……复展看轻绢一匹，度之四丈无少，秤之才及半两"（《太平广记·器玩第四十·令狐绹》），一匹才半两，说明开元、天宝时越州轻容的织造技术已经达到相当高的水平。因此，说唐代宗大历二年前越人"不工机杼"，显然是不实之言。学界有人以此为依据，称初唐时江南纺织仍落后于北方，也有失偏颇。至于薛兼训引入北方"织妇"，对推动南北技术交流，促进越州纺织业发展，其积极意义是不可低估的。事实上从中唐以后，越州丝织品确实"竞添花样，绫纱妙称江左矣"。在丝织品的色彩、花色、纹饰等方面不断创新，花样迭出，在唐诗中都有反映。

  越地缯纱纹样新。（张籍《酬浙东元尚书见寄绫素》，《全唐诗》卷三百八十五）

  双丝绢上为新样。（皮日休《鸳鸯二首》，《全唐诗》卷六百十四）

  女伴能来看新蹙，鸳鸯还欲上花枝。（施肩吾《江南织绫词》，《全唐诗》卷四百九十四）

诗人白居易对"越溪寒女"辛勤劳动和高超纺织技术，以及按照皇帝"口敕"设计织造的"越绫"，在《缭绫》一诗中有形象的描述：

---

① （唐）杜佑：《通典》卷六《食货六》，中华书局1992年版，第123页。

缭绫缭绫何所似，不似罗绡与纨绮。

应似天台山上月明前，四十五尺瀑布泉。

中有文章又奇绝，地铺白烟花簇雪。

织者何人衣者谁，越溪寒女汉宫姬。

去年中使宣口敕，天上取样人间织。

织为云外秋雁行，染作江南春水色。

广裁衫袖长制裙，金斗熨波刀剪纹。

异彩奇文相隐映，转侧看花花不定。

昭阳舞人恩正深，春衣一对直千金。

汗沾粉污不再着，曳土踏泥无惜心。

缭绫织成费功绩，莫比寻常缯与帛。

丝细缲多女手疼，扎扎千声不盈尺。

昭阳殿里歌舞人，若见织时应也惜。

（《全唐诗》卷四百二十七）

这种花样不断翻新的创新精神，在五代及北宋时期仍有不俗表现。如前所述，越罗有九种花式，越绫七种，越纱四种，越绢四种，"越溪寒女"确实值得白居易赞扬。

隋唐五代及北宋时期，越州虽然主要从事丝织业生产，但也有葛布、麻布生产活动，而且品质不亚于当时流行的丝织品。鲍溶《采葛行》诗称"镜湖女儿"：

蛮女不惜手足损，钩刀一一牵柔长。

葛丝茸茸春雪体，深涧择泉清处洗。

殷勤十指蚕吐丝，当窗袅袅声高机。

织成一尺无一两，供进天子五月衣。

（《全唐诗》卷四百八十七）

说明镜湖女儿织成的葛布,很细很轻,作为贡品,献给皇上,应该是一种高档葛布。

(二) 制瓷业

制瓷业同样是越州重要的传统手工业部门,历史很悠久。瓷器是由陶器发展而来的,瓷器和陶器的区别,主要表现在胎质、釉色和烧制技术粗精的不同。在中国陶瓷发展史上,随着东汉时期会稽"青瓷"的出现,标志着瓷与陶的正式分离,从此,瓷器作为一种重要的生活器具而独立存在。

童书业先生根据青瓷变化的特征,把青瓷发展大致分为四个时期。他认为汉代的青瓷,都是在黄色中泛青绿色,纯粹的青绿色尚难办到,所以称其为"原始青瓷"。大约从汉末到魏晋时期,南方青瓷的釉色为比较深的绿色,施釉也厚,从而进入了"早期青瓷"阶段。隋唐以后,以越州一带为中心烧造的瓷器,胎质较薄、较轻,颜色青翠,有"类玉""类冰"之誉,通常被称为"越窑""越器"。晚唐及五代越州官窑烧造的进贡瓷器,比普通"越器"更精致,釉色也更光亮青翠,是瓷器中的绝品,称为"秘色瓷"或"秘色越器"[①]。宋人周煇《清波杂志》云:

> 越上秘色器,钱氏有国日供奉之物,不得臣下用,故曰"秘色"。(《清波杂志》卷五)

而越窑的地区分布,与越瓷的发展阶段,也有着相应的变化过程。大体而言,据考古发现原始青瓷窑址主要分布在会稽山北麓,镜湖上游的沿山一带,位于会稽郡城南郊,如吼山、富盛等原始青瓷窑址。东汉以后,从三国两晋到南朝各代,虽然郡城南郊的青瓷窑址有明显增加,如车水

---

① 童书业:《中国瓷器史概论》,《童书业瓷器史论集》,中华书局2008年版,第13—15页。

岭、对岸山、窑灶头、陶官山、娄家坞、九岩、庙湾、青塘、判官园等①，但其重心已经转向城东南的曹娥江中游地区。据魏建钢统计，其间的青瓷窑址，分别为东汉 37 处，东吴、西晋 160 处，东晋南朝 14 处。② 这种青瓷窑址数量由少到多，再到逐步减少，预示着窑址分布将出现新的变化。进入隋唐后，位于越州城东的余姚、慈溪一带的青瓷窑址，便渐渐多了起来，就总体格局而言，出现由今宁绍地区西部向宁绍地区东部发展的趋势。如果以曹娥江为界，东部地区越窑遗址为 238 处，占全部宁绍地区窑址总数的 66%。③ 但因为曹娥江以东的上虞、余姚均为越州属县，即使是慈溪的行政区划也要到唐开元二十六年（738）"以越州鄮县置明州"（《旧唐书》卷四十《地理志三》）时，才离开越州，所以习惯上仍以"越窑""越瓷"相称。

隋唐五代及至北宋，是越州青瓷高度发展的时代，不仅瓷器的产区、产品和产量都超越前代，青瓷的品质也以"类玉""类冰"而居全国同类产品之首。唐代陆羽、陆龟蒙、方干、孟郊、施肩吾、许浑、皮日休、徐寅等，都有很高评价。如陆羽说：

> 碗，越州上，鼎州次，婺州次，岳州次，寿州、洪州次。或者以邢州处越州上，殊不为然。若邢瓷类银，越瓷类玉，邢不如越，一也；若邢瓷类雪，则越瓷类冰，邢不如越，二也；邢瓷白而茶色丹，越瓷青而茶色绿，邢不如越，三也……越州瓷、岳（州）瓷皆青，青则益茶，茶作白红之色；邢州瓷白，茶色红；寿州瓷黄，茶色紫；洪州瓷褐，茶色黑；悉不宜茶。（《茶经》卷中《碗》）

又如皮日休诗云：

---

① 绍兴县文物保护管理所：《绍兴县文物志》，浙江古籍出版社 2002 年版，第 12—17 页。
② 魏建钢：《千年越窑兴衰研究》，中国科学技术出版社 2008 年版，第 81 页。
③ 同上书，第 85 页。

> 邢客与越人，皆能造兹器。
> 圆似月魂堕，轻如云魄起。
> 枣花势旋眼，蘋沫香沾齿。
> 松下时一看，支公亦如此。
>
> （《茶瓯》，《全唐诗》卷六百十一）

这一时期越州青瓷不仅质地优秀，品种也很丰富。据20世纪在绍兴城郊发现的唐宋越窑遗址中就有：碗、杯、盘、执壶、粉盒、罐、瓷枕、盏托、器盖、器座、砚、盆、油盏、韩瓶等。① 至于晚唐开始出现的"秘色越器"，究竟有些什么品种，虽然今人所知不多，但瓷器在色彩上特别引人注目，常常进入文献记录中。陆龟蒙《秘色越器》诗：

> 九秋风露越窑开，夺得千峰翠色来。
> 好向中宵盛沆瀣，共嵇中散斗遗杯。
>
> （《全唐诗》卷六百二十九）

晚唐五代间诗人徐寅也诗曰：

> 捩翠融青瑞色新，陶成先得贡吾君。
> 功剜明月染春水，轻旋薄冰盛绿云。
> 古镜破苔当席上，嫩荷涵露别江濆。
> 中山竹叶醅初发，多病那堪中十分。
>
> （《全唐诗》卷七百一十）

这种"捩翠融青""嫩荷涵露"的秘色越器，盛产于五代末至北宋初年，吴越纳土归宋前两个月，即宋太宗太平兴国三年（978）三月二十五日，吴越钱弘俶进贡"越器五万事"，"金扣越器百五十事，"② 足见此时产量可观。由于品质好，民间极少流行，于是其他州县生产的青瓷器，也

---

① 绍兴县文物保护管理所：《绍兴县文物志》，浙江古籍出版社2002年版，第18—20页。
② 诸葛计等：《吴越史事编年》，浙江古籍出版社1989年版，第383页。

冠以"越器"名。陆游《老学庵笔记》云:"耀州出青瓷器,谓之越器,似以其类余姚县'秘色'也,然极粗朴不佳。"(《老学庵笔记》卷二)

但是,秘色瓷的兴旺时期不长,大约到北宋中后期,一方面朝廷已经不需要如此大量的越器进贡,窑场只好转而生产大众所需产品,越瓷质量难免下降。另一方面浙江龙泉窑和江西景德镇窑正在兴起,越窑开始走向衰落,特别是秘色瓷走完了自己辉煌的历程。

(三) 造船业

越州濒临东海,地处江南水乡,民间素有"以船为车,以楫为马"①习俗。这种地理条件和人文习俗,使造船业几乎成了这里永久性的传统手工业部门,并成为全国造船业最发达的地区之一。

隋文帝在统一全国过程中,于开皇十年(590)派杨素平定江南,遇到会稽高智慧等人反叛而屡攻不下,据说原因在于高智慧有"船舰千艘,屯据要害"(《隋书》卷四十八《杨素传》),说明当时会稽造船业具有相当规模。或许是接受了这个教训,为巩固新生的统一政权,隋文帝便于开皇十八年(598)下诏:

> 吴越之人,往承弊俗,所在之处,私造大船,因相聚结,致有侵害。其江南诸州,人间有船长三丈已上,悉括入官。[《隋书》卷二《高祖纪(下)》]

越地造船业优势十分明显,以致对新生政权构成威胁,隋文帝不得不下诏没收民间三丈以上船只。而隋炀帝开通大运河后,船只需求量大增,于是又将这里视作造船基地,在大业元年(605)三月,"遣黄门侍郎王弘、上仪同于士澄往江南采木,造龙舟、凤䚃、黄龙、赤舰、楼船等数万艘"[《隋书》卷三《炀帝纪(上)》]。这里所指的江南,实际上是指吴越

---

① 《越绝书》卷八《越绝外传记地传》,上海古籍出版社1985年版,第58页。

地区。所造船只品类很多,既有小船,也有大舰,既有龙舟,也有楼船,如果没有相当的技术和工场为基础,短时间内完成如此数量的船只,是难以想象的。

唐代越州造船业有进一步发展。朝廷或地方官府,多次向越州官营手工业下达造船任务,而且数目相当可观。贞观二十一年(647)八月,唐太宗为征伐高丽,"敕宋州刺史王波利等发江南十二州工人造大船数百艘"①,据胡三省考证,十二州中就包括越州在内。建造大船的任务刚完成,新的任务又下达了。贞观二十二年(648)八月,"敕越州都督府及婺、洪等州造海船及双舫千一百艘。"② 不仅数量大为增加,而且造的是海船和大型游船,技术要求更高。初唐情况是这样,中晚唐造船业不减当年发展势头。《新唐书·韩滉传》载:唐德宗贞元(785—805)初年,韩滉为浙江东、西道观察使,为平东南沿海叛乱,"造楼舰三千柂(即舵,作量词用)"(《新唐书》卷一百二十六《韩滉传》)。而《旧唐书》韩滉本传:"造楼船战舰三十余艘,以舟师五千人由海门扬威武……"(从兵力看,船舰数似有误)。如此规模的船舰,即使浙江东、西道各造一半,数量亦已可观。

宋代水上运输繁忙,造船业仍是官营手工业的重要部门,官府造船由造船务(开始叫"教船务")负责。《宋史》载,宋太祖在位17年,先后15次"幸教船池习战"(《宋史》卷三《宋太祖本纪三》),"幸教船务,观习水战"[《续资治通鉴长编》卷二《宋太祖·建隆二年(961)》],说明军事上对船只也有很大需求。因此,在全国遍设造船场,北宋时今浙江境内就设有杭州、明州、婺州、台州、温州船场。越州或因缺乏造船木料而未设官营船场,但作为沿海平原水乡,民用船只的生产是无法停下来

---

① (宋)司马光:《资治通鉴》卷一百九十八《唐纪十四·太宗贞观二十一年(647)》,中华书局1987年版,第十三册,第6249页。

② (宋)司马光:《资治通鉴》卷一百九十九《唐纪十五·太宗贞观二十二年(648)》,中华书局1987年版,第十三册,第6261页。

的，有民间造船场存在的可能性很大。

各类文献记载，隋唐至北宋时期，由越州官营或民间私营造船场建造的船只，种类很多。如前所述，隋代有龙舟、凤䑽、黄龙、赤舰、楼船等。唐代除舴艋、大船、双舫、楼船、海船之外，还有诗人笔下的各种船只，如杜甫的"山阴小舟"，白居易的"镜湖画舫"和"小舫"，孟浩然的"镜湖扁舟"，张志和的"鹢舟"等。宋代建造的有鹢舟、舴艋舟、画舫、小舟等。

这些不同时期建造的船只，都有各自的人文传统和地方特色。其中的"舴艋舟"，据传是范蠡泛五湖而去的那种小船，所以唐代李德裕有"无轻舴艋舟，始自鸱夷子"（《舴艋舟》，《全唐诗》卷四百七十五）诗句。所谓"鹢舟"，是指船头画有或刻有鹢鸟图像的船。民间相传，鹢鸟是一种勇猛的水鸟，龙王见了怕三分。陈元龙《格致镜原》引《淮南子》"龙舟鹢首"注曰："鹢，水鸟也，画其象著船首，以御水患。"（《格致镜源》卷二十八《车舟类·舟》）鹢舟是一种游船，《太平广记》"娄千宝"条云："稽山竦翠，湖柳垂阴，尚书画鹢百艘，正堪游观。"（《太平广记·相第三十·娄千宝》）另外，白居易所谓的"小舫"，从他的诗句看，其实就是后来绍兴著名的"乌篷船"，他在诗中写道：

> 细篷青箬织鱼鳞，小眼红窗衬曲尘。
> 阔狭才容从事座，高低恰称使君身。
> （《重题小舫，赠周从事，兼戏微之》，《全唐诗》卷四百四十七）

与陆游所谓"轻舟八尺，低篷三扇，占断苹洲烟雨"，同属游览篷船，只是都没有说明篷的颜色而已。

(四) 造纸业与印刷业

造纸业和印刷业的发展，与文化事业的发展有着密切的关系。纸的发明和生产、印刷术的发明和推广，使文化的传播比竹简更为简便和快捷。

而经济的发展、社会的进步和文化的繁荣，同样也对纸张和印刷提出更高要求。

1. 造纸业

自从东汉蔡伦发明造纸术后，纸张作为一种文化用品，迅速登上了历史舞台，造纸业也广泛得到普及。虽然越州造纸业始于何时，目前尚难作出结论，但至迟至东晋时，已有一定生产规模，品种也有多样化趋势，并且都与书圣王羲之有关。当年王羲之挥毫作《兰亭集序》，用的就是"茧纸"和"鼠须笔"。嘉泰《会稽志》说，王羲之"酒酣，赋诗制序，用蚕茧纸、鼠须笔书"（嘉泰《会稽志》卷十六《翰墨》）。又说："茧纸，盖以茧为之，《兰亭》亦茧纸书也。"（嘉泰《会稽志》卷十七《布帛》）用蚕茧造成的纸，当然属于上品，因此有人便向王羲之索取，而王羲之给的却是另外一种纸，即"侧理纸"。嘉泰《会稽志》"侧理纸库"条引《小说》："王右军在会稽时，桓温求侧理纸，库中有五十万，尽付之。"又引《百衲琴》："王右军在会稽，谢安乞笺纸，库内有九万枚，尽与之。桓温云，逸少不节。"（嘉泰《会稽志》卷十八《拾遗》）说明东晋越中不仅有"茧纸"，还有"侧理纸"，而且有专设库房，造纸业之发达可见一斑。一般认为侧理纸是以竹为制作原料，而"陟厘纸"则以蕨类植物为制作原料，后人将两种纸混而为一，因此嘉泰《会稽志》也有"谢公就乞陟厘纸"（嘉泰《会稽志》卷十七《纸》）之说。

隋唐时期越州造纸业，随着文化的繁荣而有进一步的发展，在造纸原料的选择、造纸技术的运用和纸质品种的提高诸方面，均超越前代。其中纸质最佳、影响最大、最受名人青睐的有竹纸、藤纸和楮纸等。宋人孙因《越问·越纸》所谓："半山爱其短样兮，东坡耆夫竹展；薛君封以千户兮，元章用司笔砚"（宝庆《会稽续志》卷八）就是一例。

剡藤纸以出产于越州境内剡溪两岸而闻名。唐代舒元舆《吊剡溪古藤文》虽说"剡溪上绵四五百里，多古藤"，而且被斩伐后仍能长出枝条，但毕竟无法满足生产之需，所以他处所产之纸，亦统称"剡藤纸"。不过造纸手工业多集中在剡溪两岸,舒元舆说:"溪中多纸工,刀斧斩伐无时,擘剥皮肌,以给其业。"而"纸工嗜利,晓夜斩藤以鬻之,虽举天下为剡溪,犹不足以给,况一剡溪者耶?"① 舒元舆的记载可见,不仅造纸规模很大,赢利也很可观。

据宋代高似孙《剡录》载,剡藤纸名称很多。如"剡藤",李肇《唐国史补》曰:"纸之妙者,越之剡藤";如"剡纸",陆龟梦诗:"宣毫利若风,剡纸光如月;"如"剡硾",薛能诗:"越毫逐厚俸,剡硾得佳名",还自注曰"近相传以捣熟纸名硾";如"玉叶纸",薛涛诗"以剡溪玉叶纸书之";如"澄心堂纸","剡用南唐澄心堂纸,其样甚展";如"玉版纸",苏东坡诗:"溪石琢马肝,剡藤开玉版";如"敲冰纸",张伯玉诗:"敲冰呈妙手,织素竞交鸳",注曰"越俗呼敲冰纸";如"罗笺,苏易简《纸谱》曰:蜀人造十色笺,其文谓之鱼子笺,又谓之罗笺,剡溪有焉。"②剡藤纸名称多样化,很可能是造纸作坊不同的缘故,这也从一个侧面反映了当时造纸业的兴旺。

剡藤纸以薄、轻、韧、细、白,莹润光泽,坚滑而不凝笔著称。宋人孙因在《越问·越纸》有"光色透于金版","性不蠹而耐久"(宝庆《会稽续志》卷八)的评价,欧阳修也有"剡藤莹滑如玻璃"(《欧阳文忠公文集》卷五)的赞赏。剡藤纸还不时被唐宋诗人所歌咏,如顾况《剡纸歌》云:

> 剡溪剡纸生剡藤,喷水捣后为蕉叶。
> 欲写金人金口经,寄予山阴山里僧。
> 手把山中紫罗笔,思量点画龙蛇出。
> 政是垂头蹋翼时,不免向君求此物。
>
> (《全唐诗》卷二百六十五)

---

① (唐)舒元舆:《吊剡溪古藤文》(吊,全唐文作"悲"),《剡录》卷五,嵊县县志编委会1985年版,第92—93页。

② (宋)高似孙:《剡录》卷七《纸》,嵊县县志编委会1985年版,第140—143页。

与剡藤纸一样有名的，是越州产的竹纸。南宋嘉泰《会稽志》云："剡之藤纸得名最旧，其次苔笺。然今独竹纸名天下，它方效之，莫能仿佛，遂掩藤纸矣。"（嘉泰《会稽志》卷十七《纸》）

越州生产竹纸的有利条件很多，作为造纸原料的竹子，地方志记载的，就多达数十种，如箭竹、簟竹、毛竹、斑竹、燕竹、苦竹、水竹、石竹、慈竹、桃枝竹、筀竹、筋竹、对青竹、紫竹、黄竹、方竹、淡竹、芦栖竹、筜竹等。其中苦竹又可分为多个品种，谢灵运《山居赋》所谓的"四苦齐味"就包括黄苦竹、青苦竹、白苦竹、紫苦竹四种。宝庆《会稽续志》在引述"四苦"后进一步指出："越又有乌末苦、顿地苦、掉颡苦、湘簟苦、油苦、不斑苦。苦笋，以黄苞推第一，谓之黄鹦苦。"（宝庆《会稽续志》卷四《鸟兽·草木》）说明越中共有12种"苦竹"，而这些苦竹都是造纸的上好原料。实际上，越中可用于造纸原料的竹子还有许多，嘉泰《会稽志》说：

> 曰黄苦，曰青苦，曰白苦，曰紫苦，是"四苦"亦出《山居赋》。曰顿地苦，坚中可以为矛；曰掉颡苦，节疏。曰湘簟苦，曰油苦，曰石斑，曰乌末、曰淡竹、曰劫竹，今会稽煮以为纸者，皆此竹也。苦竹亦可为纸，但堪作寓钱尔。（嘉泰《会稽志》卷十七《竹》）

以竹纤维为原料造纸，通常都要经过备料、蒸煮、沤浆、漂洗、捣印、纸浆、捞纸、榨干等工序。其中沤浆、漂洗都与水质关系密切，李肇《唐国史补》也注意到这一点。"凡物有水土，故江东宜纱绫、宜纸者，镜水之故也。"① 镜湖之水不仅利于酿酒，对造纸也大有益，纸质上佳，嘉泰《会稽志》将越州竹纸概括为五大优点：

> （竹纸）建炎、绍兴以前，书简往来多用焉。后忽废书简而用札

---

① （唐）李肇：《唐国史补·因话录》，上海古籍出版社1983年版，第65页。

子，札子必以楮纸，故卖竹纸者稍不售，惟工书者独喜之，滑一也，发墨色二也，宜笔锋三也，卷舒虽久，墨终不渝四也，性不蠹五也。（嘉泰《会稽山》卷十七《纸》）

所谓"独喜之"者中有北宋米芾、王安石、苏东坡等。米芾《书史》云："予尝硾越州竹，光透如金版，在由拳（今嘉兴）上"。王安石平时好用越州小竹纸，"士大夫翕然效之"。苏东坡曾致信程德儒代为购买杭州程奕笔百枚，越州纸二千幅。后来汪圣锡在成都"集故家所藏东坡帖，刻为十卷，大抵竹纸居十七八"（嘉泰《会稽志》卷十七《纸》），足见苏东坡对越州竹纸的青睐。

唐宋时期越州出产的楮纸，亦颇有名声。楮是一种落叶亚乔木，其皮可造好纸，由越州生产的楮纸，韩愈给它起了"会稽楮先生"的雅号。他在《毛颖传》中说："（毛）颖与绛人陈元、弘农陶泓及会稽楮先生友善。"[①] 足见时人对越州楮纸的推崇。宋代越州商人还将楮纸推销全国各地，像湖南湘潭的乡下小镇下摄市，也能见到楮纸，不过名称略有改动，称"浙楮"。宋人乐雷发《下摄市》诗中有："楚女越商相杂沓，淮盐浙楮自低昂"（《雪矶丛稿》卷三）句。

此外，据《唐国史补》载，越州还生产"苔纸"，又据《唐六典》，越州尚有"上细黄状纸"，但记载都很简略。

2. 印刷业

造纸业的迅速发展，为唐宋越州印刷业创造了有利条件。古代印刷术主要有两种，一是雕版印刷，二是活字印刷。前者出现在唐代，后者为北宋庆历年间毕昇所发明。

雕版印刷虽始兴于唐代，但当时刻书地点可考者，据张秀民《中国印刷史》认定，仅长安、洛阳、越州、扬州、江西和成都而已。而越州刻书

[①] （唐）韩愈：《毛颖传》，《全唐文》卷五百六十七，上海古籍出版社1993年版，第三册，第2542页。

的见证人，则是曾为浙东观察使越州刺史的著名诗人元稹。他在为友人白居易所作《白氏长庆集序》中说：

> 《白氏长庆集》者，太原人白居易之作。……然而二十年间，禁省、观寺、邮候墙壁之上无不书，王公、妾妇、牛童、马走之口无不道。至于缮写模勒，衒卖于市井，或持之以交酒茗者，处处皆是（扬越间多作书，模勒乐天及予杂诗，卖于市肆之中也）。其甚者，有至于盗窃名姓，苟求自售，杂乱间厕，无可奈何。予于平水市中（镜湖旁草市名），见村校诸童竞习诗，召而问之，皆对曰："先生教我乐天、微之诗。"固亦不知予之为微之也。（《元稹集校注》卷五十一）

平水是唐代越州城郊的著名草市，时人以元白诗篇的"缮写模勒"本，在平水沿街叫卖，或换取酒、茶，进行交易。说明无论是缮写本还是模勒本，当时在越州市场上已颇为流行。

元稹在平水草市的亲眼所见，引起后来印刷史研究者的高度重视。清代史学家赵翼以为："模勒，即刊刻也。则唐时已开其端欤？"[①] 他由此得出结论，雕版印刷始自唐代。现代史学家王国维，不仅赞同赵翼意见，还因此引为自豪：

> 雕板之兴，远在唐代。其初见于记载者，吴蜀也；而吾浙为尤先。元微之作《白氏长庆集序》，自注曰："扬越间多作书摹勒乐天及予杂诗"，则唐之中叶，吾浙已有刊板矣。（《王国维文集》第四卷）

元稹作序时在唐穆宗长庆四年（824），虽然他提到的模勒本现已无法看到，但100多年后吴越国钱（弘）俶敬造的《宝箧印经》实物，1971年11月在绍兴城内物资公司工地出土。这是一座金涂塔，高33厘米，内置一小竹筒，长约10厘米，红色，短而粗，筒内藏经一卷，首题：

[①] 转引自张秀民《中国印刷史》，见浙江古籍出版社2006年版，上册，第19页。

> 吴越国王钱俶敬造《宝箧印经》八万四千卷，永充供养。时乙丑岁记。①

乙丑为宋太祖乾德二年（965）。与1924年杭州雷峰塔倒掉时发现的雷峰塔经卷相比，印刷技术已达到很高水平。张秀民将雷峰塔经卷与绍兴经卷作比较说：

> 一般人看惯了雷峰塔经，图画拙劣，文字粗放，认为五代吴越的印刷，尚在初期试验阶段。及看了绍兴出土的乙丑本经卷，不但扉画线条明朗精美，文字又清晰悦目，如宋本佳椠，纸质洁白，墨色精良，千年如新。可以证明吴越印刷不但数量多，质量亦臻上乘。（《中国印刷史》）

绍兴出土经卷虽未注明刻印地点，但若将越州在唐代为少数刻书地点之一，与宋代越州发展为刻书中心之一联系起来看，经卷刻于越州的可能性很大。

北宋越州雕版印刷业发展很快，官府雕印和民间雕印都很活跃。以官府为例，宋神宗熙宁二年（1069），两浙东路茶盐司在越州刻印唐人王焘撰《外台秘要方》40卷，工程浩大。特别是两宋之际的绍兴二年（1132），两浙东路茶盐司库在绍兴府余姚县刊印《资治通鉴》。② 是书共294卷，目录30卷，考异30卷，篇幅浩繁，卷后署"绍兴府及茶盐司臣边智"等六人，有嵊县进士娄谔等九人，余姚县进士叶汝士等十人校勘监视，有绍兴府学教授及余姚、嵊县主簿、县承、县尉等九人。③

据《中国印刷史》，两宋之际绍兴府雕造的还有《毛诗正义》《旧唐

---

① 见1971年绍兴出土的吴越国王钱俶造《宝箧印经》照片。
② （清）章钰：《胡刻通鉴正文校宋记述略》，《资治通鉴》卷首，中华书局1987年版，第一册，第13页。
③ 参见《资治通鉴》卷末"校勘人姓名"，中华书局1987年版，第二十册，第9610—9612页。

书》、前后《汉纪》《事类赋》等。① 王国维因此说："绍兴为监司安抚驻所，刊书之多，几与临安埒。"②

（五）其他手工业

隋唐至北宋，越州手工繁荣，手工业部门很多，除上述各部门外，酿酒、制盐、农副产品加工等生产部门，在地方经济结构中都有较大影响。

酿酒业是越州的传统产业，越王勾践"投酒劳师"故事，至今家喻户晓。汉代会稽米酒酿造技术已经成熟，王充所谓"蒸谷为饭，酿饭为酒"（《幸偶篇》，《论衡》）的酿造工艺，一直延续至今。及至隋唐时，越州经济繁荣，酿酒业无论从质量还是数量看，都有了更大发展。贺知章、李白都是唐代著名"酒仙"。对李白来说，贺知章有知遇之恩，在他第四次入越时，闻说贺老已仙去，因此诗曰"稽山无贺老，却棹酒船回"（《重忆一首》，《李白集校注》卷二十三）。使他难以释怀的就是贺老与酒。后来元稹和白居易分别出守越州与杭州，两人唱和，都称越州为"醉乡"。元稹说："老大那能更争亮，任君投募醉乡人。"（《酬乐天喜邻郡》，《元稹集校注》卷二十二）白居易和曰："醉乡虽咫尺，乐事亦须臾。"（《和微之春日投简阳明洞天五十韵》，《全唐诗》卷四百四十九）但隋唐推行的是已经流行多年的"禁酒"制度，而且十分严厉，如果说与前代有何不同，那就是禁民不禁官。这在元稹在为他的越州前任薛戎所作碑铭中有如下记载，称薛戎到任前浙东：

> 所部郡皆禁酒，官自为垆，以酒禁坐死者每岁不知数，而产生、祠祀之家，受酒于官，皆醨伪滓坏，不宜复进于杯棬者，公即日奏罢之。（《元稹集校注》卷五十三）

---

① 张秀民等：《中国印刷史》，浙江古籍出版社2006年版，上册，第56页。
② 王国维：《两浙古刊本考序》，《王国维文集》第四卷，中国文史出版社1997年版，第231页。

官家自有好酒，而卖给民家产妇或祭祀用的酒，很不道地，薛戎到任后即"弛酒禁"，政策上有所放宽。北宋着眼于高额酒利，虽然不再禁酒，但加强酒类专卖，建立"榷酒"和"酒税"制度。为保障政府独享酒利，明令禁止私酿私贩，设立掌控生产、销售、征税的专职酒务机构，规定府、州一般设"都酒务"，县及乡镇设"酒务"。据《文献通考》，宋代共有酒务1861所，越州为10所，分别为州城有都酒务1所，属县上虞、余姚、嵊县、新昌、诸暨各有酒务1所，萧山有县及镇酒务4所（嘉泰《会稽志》卷十二《八县》）。州城除都酒务外，还有比较务、赡军酒务等机构，山阴、会稽两附郭县不设酒务，由州城都酒务直管。宋神宗熙宁十年（1077）前，越州酒税所得为123297贯，当年则为117092.14贯，均在十万贯以上（《文献通考》卷十七《征榷四》）。这样的州是不多的，说明北宋越州已是全国重要酿酒基地之一。

制盐业也是唐宋越州重要手工业部门之一。这里既有濒临东海宜于制盐的有利条件，又有制盐的悠久历史。《越绝书》载，"越人谓盐曰'馀'"，当年越国设有"盐官"，其地曰"朱馀"（《越绝书》卷八《越绝外传记地传》），即今所谓"朱储"的地方。汉高祖立刘濞为吴王，"煮海水为盐，以故无赋，国用富饶"[《浙江通志》卷八十三《盐法（上）》]。时山阴为全国设盐官的28个县之一。唐代越州设兰亭监，下有会稽东场、会稽西场、余姚场、怀远场、地心场等五个"亭场"生产海盐。这些都是官营盐场，每年配课盐40多万石，如果加上私营盐场生产的，产量非常可观。宋代会稽县有三江、曹娥盐场，山阴县有钱清盐场，余姚县有石堰盐场（嘉泰《会稽志》卷十七《盐》）。一般一场十灶，每灶昼夜煎盐六盘，一盘300斤，需要大量劳动力。所以越州知州沈立有"大半濒海居人以鱼盐为生"[1]之说。

越州茶叶种植、加工和饮用，已陆续见诸唐以来的记录或诗章中。陆

---

[1] （宋）沈立：《越州图序》，《会稽掇英总集》卷二十，人民出版社2006年版，第298页。

羽《茶经》曰:"浙东以越州上。余姚县生瀑布泉岭曰仙茗,大者殊异,小者与襄县同。"(《古今茶事》)其实种茶的还有剡县,会稽等地,只是记载"颇晚"(嘉泰《会稽志》卷十七《日铸茶》)而已。入宋后记载就多起来了。欧阳修《归田录》:

> 草茶盛于两浙,两浙之品,日注(铸)为第一。(《归田录》卷上,《四库全书精品文存》第十七卷)

吴处厚《青箱杂记》亦云越州日铸茶,为江南第一。更为重要的是,会稽日铸茶、剡县剡溪茶、余姚瀑布茶等名茶,早已进入人们的日常生活,饮茗成为一种风俗。唐释皎然细品越人送他的剡溪茗,得出的感受是:一饮涤昏寐,二饮清我神,三饮便得道(《饮茶歌诮崔石使君》,《全唐诗》卷八百二十一),进入"茶道"境界。北宋范仲淹在越州州署旁发现清白泉后,邀集嘉宾,以盛产于越州的"建溪、日铸、卧龙、云门之茗试之",大有感慨,云:"甘液华滋,说人襟灵。"①

此外,越州制作的毛笔(亦称"越管"),在唐宋时也颇为著名。《新唐书·地理志》载,全国有四州贡笔,越州为其中之一。元稹为浙东观察使时,幕府中用的也是这种越州本地产"越管"。《唐摭言》记载:元公在浙东,府有薛(涛)书记,酒后争令,以酒器掷伤公,犹子遂出幕,即去作《十离诗》:

> 越管宣毫始称情,红笺纸上撒花琼。
> 都缘用久锋头尽,不得羲之手中擎。
>
> (《唐摭言》卷十二《酒失》)

从后人诗文中可见,这种笔到元朝还在制作,沈梦麟《赠笔生陆文

---

① (宋)范仲淹:《清白堂记》,《范仲淹全集·文集》卷八,凤凰出版社2004年版,上册,第167页。

俊》诗云：

宣毫拔萃雾雨湿，越管入手风云生。

（《花溪集》卷二）

能够手下生风云，足见"越管"之妙，确是好笔。

（六）贡品

由臣民呈献给帝王的物品称为"贡品"。《尚书·禹贡》"任土作贡"，孔颖达疏："贡者，从下献上之称。"所以对臣民来说，往往把最优良的方物进献于帝王，这是历朝历代的传统。而对地方而言，贡品种类和数量越多，则从一个侧面表明地方优质物产丰富。隋唐至北宋，越州呈献的贡品甚多，文献多有记载。

表3-3　　　　　　　　　　隋唐五代至北宋越州贡品一览

年 代	贡 品	出 处
隋炀帝时	土进:耀花绫	嘉泰《会稽志》卷19
唐	土贡:宝花、花纹等罗、白编、交梭、十样花纹等绫,轻容、生縠、花纱、吴绢,丹砂,石蜜,橘,葛粉,瓷器,纸,笔	《新唐书·地理志五》
唐开元贡	贡、赋:开元贡甘橘,甘蔗,葛根,石蜜,交梭白绫。自开元之后,凡贡之外,别进异文吴绫,及花鼓歇单丝吴绫、吴朱纱等纤丽之物,凡数十品	《元和郡县图志》卷26
唐贞元贡	进绫縠一千七百匹	《唐会要》卷85
唐开元贡	每年常贡:朱砂十两,白编绫十匹,交梭十匹,轻调十匹	《通典》卷6 《文献通考》卷22
唐	贡:吴绫,交梭,白编绫	《唐六典》卷3

续表

年 代	贡 品	出 处
唐乾宁贡	贡献:义胜节度使董昌,于常赋之外,加敛数倍,以充贡献,及中外馈遗。每旬发一纲,金万两,银五千铤,越绫万五千匹	《资治通鉴》卷259
五代贡	贡:越绫,吴绫,吴越异纹绫,秘色瓷器①。	《十国春秋·吴越世家》
宋元丰贡	土贡:越绫二十匹,茜绯花纱一十匹,轻容纱五匹,纸一千张,瓷器五十事	《元丰九域志》卷5
宋	土产贡:绯纱,瓷器,越绫	《太平寰宇记》卷96
宋	贡:越绫,轻庸(容)纱,纸	《宋史·地理志四》

　　历代推行朝贡制度,当然是为了满足皇室乃至朝臣奢侈的需要,但对民众来说,实在是件劳民伤财的事。据浙东观察使元稹《论罢浙东进海味状》载,自元和四年(809)起,浙东每年进贡淡菜、海蚶等海鲜各五斗,后来增加到各一石五斗。元稹赴越上任途中,恰好在泗州(今江苏宿迁)遇见"排比递夫",每十里置递夫24人。他算了一笔账:"明州去京四千余里,约计排夫九千六百余人。假如州县只先期十日追集,犹计用夫九万六千余功,方得前件海味到京。"这是何等奢侈的浪费,为了区区海鲜,竟费去如此功夫!所以他到任后的第一件事,就是奏罢浙东进贡海味,中书门下很快给予答复:

　　　　牒奉敕如闻,浙东所进淡菜、海蚶等,道途稍远,劳役至多,起今已后,并宜停进。其今年合进者,如已发在路,亦宜所在勒回。(《元稹集校注》卷三十九)

---

① (清)吴任臣:《十国春秋·吴越世家》载,吴越国向中原王朝多次进贡,贡品均系吴越方物,未注明所产州、县。入本表者,产地确系越州。

然而这并没有改变推行已久的朝贡制度。

二 市场变迁与越商的兴起

由南朝宋齐梁陈发展而来的越州商品经济，经过隋代短暂调整之后，到唐代有了更大的发展，成为全国重要商业城市之一。从唐武则天长安三年（703）凤阁舍人兼修国史的崔融疏谏中可知，越州在当时全国的商品流通大格局中，地位非同一般。《旧唐书·崔融传》云：

> 天下诸津，舟航所聚，旁通巴、汉，前指闽、越，七泽十薮，三江五湖，控引河洛，兼包淮海。弘舸巨舰，千轴万艘，交贷往还，昧旦永日。（《旧唐书》卷九十四《崔融传》）

隋唐至北宋，是越州商品经济发展的重要历史时期。由于农业和手工业的空前繁荣，向市场提供的优质农产品、水产品、手工业产品和其他地方产品越来越多，为本地市场和外地市场创造了源源不断的货源。中唐以后，在商品经济的强有力推动下，城内市场发生了由"坊市"到"街市"的根本性变革，城郊"草市"应运而生，还涌现了一大批因地制宜的专业市场。在水陆交通方面，特别是水上运输，已经四通八达，通向内陆各地和出海经商的运输条件也已具备。专业从事运销越地商品和贩卖外地商品的"估客"队伍不断壮大，并以"越商"的名义，正式登上商品经济舞台。

（一）市场的变迁

隋代及唐代前期，城市商品交易大都在规定的固定市场内进行。这种以一手交钱一手交货为特征的市场，受到政府的严格控制。按规定市场不能随意设立，只能由官府在州县以上城市中的固定区域设置，不是州县所在地，不得设立市场，即所谓"诸非州县之所，不得置市"①，这是唐中宗景龙元年（707）的规定。"市"与城市居民住宅区的"坊"是分开设置的，但都有自己的围墙。"坊"是市民的基本居住单位，"每坊各有墙围如子城，然一坊共一门，出入六街"（《朱子语类》卷九十《礼七》）；"市"亦四周有围墙，四面开门，是封闭型的商业交易场所。所谓的"坊"与"市"，是当时城市的基本结构形态，简称为"坊市"。

据嘉庆《山阴县志》载，越州城内坊里之名始见于唐武德初年（618—622）（嘉庆《山阴县志》卷六《土志第一之六》），而关于隋代及唐前期"市"的设置数，按唐制，府、州治一般设二市，少数三市，县治多为一市。越州城既是都督府、州治所在，又是山阴、会稽县治所在，按常规至少设二市，至于名称，虽然文字记载不甚明了，但在万历《绍兴府志》的《旧越城图》上，却明确标注有"南市""北市"②两个市场。以方位名市场，在唐代"坊市"中很为普遍，如长安设有东市、西市，成都为东市、南市、北市，扬州为东市，夔州为西市等。据此推定，图中标注的南市、北市，应为唐代越州城内坊市。据图，南、北市位于府河以西，北靠富民坊，南抵蕙兰坊，两市相连，自南而北，横跨钉铁坊、千金坊和华严坊，说明"市"的占地面积，比"坊"要大，而且市近河边，又地处城市中心，对于货物聚散，极为方便。然而到了南宋，地名的标志意义发生了变化，原来的"南市"成了"南市坊"，"北市"成了"北市坊"（宝庆《会稽续志》卷一《坊巷》）。名称的改变，表明传统"坊市"，至此已进入"街市"阶段。

在"坊市"向"街市"演变过程中的一个显著标志，是坊墙的倒塌，这是城市生产力发展的必然趋势。唐代初期对市场交易时间有一定限制，规定"凡市，以日午击鼓三百声，而众以会；入日前七刻，击钲三百声，而众以散"（《唐六典》卷二十《大府寺》），仍是日中为市的传统市场形

---

① （宋）王溥：《唐会要》卷八十六《市》，中华书局1998年版，下册，第1581页。
② 屠剑虹：《绍兴历史地图考释》，中华书局2013年版，第108—109页。

态。同时规定，市场设置市令、史以及市吏等官吏，对各类商品价格、商人交易用度量衡器、市场交易秩序进行管理，并征收商税。唐中宗时还规定："自有正铺者，不得于铺前更造偏铺"（《唐会要》卷八十六《市》），实际上就是不准店铺扩展营业场所。

这些规定，对于商品经济的发展是一种极大的限制。中唐以后，城市手工业迅速发展起来。原本只允许在"市"中经营的商业店铺和家庭小手工业作坊，陆续在四面是围墙的"坊"内出现。"市"则由于经营的需要，冲破开市和休市的规定时限，甚至出现"夜市"。在城市手工业和商业发展过程中，一个从"坊"里面走出来，一个向"市"里面冲进去，使生产和经营活动获得了更为广阔的生存空间。经济发展对于"坊市"制带来的压力和冲击，是可想而知的。从晚唐到五代，各地城市包括越州在内，相继出现以下情况：

> 坊市之中，邸店有限，工商外至，络驿无穷。僦赁之资，增添不定；贫乏之户，供办实多。而又屋宇交连，街衢湫隘，入夏有暑湿之苦，居常多烟火之忧。（《五代会要》卷二十六《城郭》）

已经到了坊墙和市墙必须退出历史舞台的时刻，以满足和适应城市经济发展的需要。入宋以后的越州城内，原本设定的南、北二市，已悄然退出历史舞台。与此同时，城内没有围墙、分布合理、便于聚散的照水坊市、清道桥市、大云桥东市、古废市、大云桥西市、龙兴寺前市、驿地市和江桥市等八市（嘉泰《会稽志》卷四《市》），陆续出现，扩大了城市商品交易的活动空间。

唐代对于市场控制确实很严，除在府、州、县治严格实行坊市制外，还明确规定"非州县之所，不得置市"（《唐会要》卷八十六《市》）。换言之，城邑以外的乡村，均不得置市，这就意味着城郊及其广大的农村，不允许有商品交易场所。于是，一种在古代"日中为市"基础上演变而来的"草市"，在农业和手工业比较发达的乡村中心地，按照市场自身的发展规律逐步发展起来。在经济比较繁荣的越州城郊，草市发展更早一些，并非到唐代才有。早在南朝梁代，时为尚书水部郎的何逊在会稽农村看到过"乡乡自风俗，处处皆城市"（《入东经诸暨县下浙江作》，《何水部集》）的景象。何逊所说，未免有些夸张，而隋唐诗文中记录的，却是实实在在的，而且数量也不少。如：

会稽县平水草市，是唐代元稹在《白氏长庆集序》中写到的著名草市，他还特别加注曰："平水，镜湖旁草市名。"（《元稹集校注》卷五十一）山阴县有梅市，郎士元《送李遂之越》诗云："梅市门何处，兰亭水尚流。西兴待潮信，落日满孤舟。"（《全唐诗》卷二百四十八）萧山县有临浦市，元稹《生春二十首》诗云："何处生春早？春生江路中。雨移临浦市，晴候过湖风。"（《元稹集校注》卷十五）上虞县有五大夫（今为五夫）草市，唐代余球《五大夫新桥记》载："会稽东不远七十里，有大泽曰虞江，江之东南二十里有草市，曰五大夫，在凤仙南面。"（《越中金石记》卷一）这些记载，或许只是唐代越州草市中的一小部分。此外，如诗人杜荀鹤"夜市桥边火，春风寺外船"（《送友游吴越》，《全唐诗》卷六百九十一）句中的"夜市"，元稹"长竿迎客闹，小市隔烟迷"（《送王协律游杭越十韵》，《元稹集校注》卷十一）句中的"小市"，都是一些不计名分的农村或城内小巷草市。

上述草市凡有名称的，全被保留下来，沿用至今，成为当地重要集镇。由此不难看出，本地的一些主要集镇，很可能是从唐代草市基础上发展而来的。当年这些草市几乎都与水有关，平水是镜湖所受三十六水源之一，梅市就在萧绍运河边上，五夫是浙东运上的重要节点，"临浦"地名本身就说明它在水边。于此可见，大凡能成为农村商品集散地的草市，一般都以水陆交流便利为首选条件。其次，多数情况下，能够成为具有一定规模或影响一地的草市，往往都有自己地域性的主供商品。白居易所谓"鱼盐聚为市，烟火起成村"（《东楼南望八韵》，《全唐诗》卷四百四十三）诗句说明，因为有鱼和盐等水产品，才聚而为市，与有了烟火人家才能聚而成村一样道理。又如平水地处会稽山区和山会平原的交接地带,是山区茶叶的理想集散地,所以茶叶成了平水草市的主供商品之一。或许由于各地草市主供商品的不同,集市时间也会有所区别。有些商品可以成年供应,有些具有明显的季节性,表现在集市时间上,有定期集市的,也有长年隆市的。对那些经济较为繁荣,人口较为密集,地理位置较为合适,辐射面也较广的草市,很可能长年隆市。像平水草市,因其特殊的地理位置,在平原物产和山区物产交换中具有不可替代的作用,不是长年隆市将是无法想象的。而那些定期集市的草市,则以"亥日"集市最为普遍。张籍"江村亥日长为市,落帆度桥来浦里"(《江南行》,《全唐诗》卷四百八十二),白居易"亥日饶虾蟹,寅年足虎貙"(《东南行》,《全唐诗》卷三百三十九),元稹"亥茶阗小市,渔父隔深芦"(《春分投简阳明洞天作》,《元稹集校注·续补遗二》)等诗句,不是偶然巧合,而是普遍性的反映。

在越州各地草市中,平水草市无疑影响最大,为历来经济史研究者注目。这主要因为元稹的记述中,已经涉及平水一地的文化、教育、雕版印刷、茶酒交易以及社会风尚,尤其是那些竞相学习"元白诗"篇的村校诸童[①],实在可爱。元稹是在讲到"元白诗"流传情况时,顺便举出亲眼所见的平水来的,即在无意中透露出平水草市的社会生态,其意义完全超出了"草市"范围。

此外,唐宋时期越州城乡还有一种规模较小,分布较广并且具有集市意义的专业市场。如唐宋诗文中常见的茶市、鱼市、橘市、酒市、米市等,成为城乡市场的组成部分。唐代诗人方干《越中言事二首》诗所谓"沙边贾客喧鱼市,岛上潜夫醉笋庄",写到的是鱼市、笋市(《全唐诗》卷六百五十一);罗邺《南行》诗所谓"鱼市酒村相识遍,短舟歌月醉方归"(《全唐行》卷六百五十四),作者是鱼市、酒市的常客;元稹《奉和

---

① (唐)元稹:《白氏长庆集序》,《元稹集校注》卷五十一,上海古籍出版社2011年版,下册,第1281页。

浙西大夫李德裕述梦四十韵》诗所谓"鱼虾集橘市，鹤鹳起亭皋"（《元稹集校注·续补遗一》），既有鱼市，又有橘市。因为这里是江南水乡，所以鱼市特别多，鱼商也随处可见，而且盈利亦可观。唐人薛据所谓"溪壑争喷薄，江湖递交通。而多渔商客，不悟岁月穷"（《全唐诗》卷二百五十三）的诗句，就是见证。这类专业市场，唐代已经不少，五代及北宋就更为普遍。陆游诗歌当中，在山村，在桥头，在渔村，在溪口，在寺前，都有这类市场出现。这些天高地远的乡村小市，往往疏于规范管理，鱼目混珠，良莠不分。唐末诗人罗隐《谗书·市赋》针对的可能就是这种状况：

> 市……非信义之所约束，非法令之所禁锢。市之边无近无远，市之聚无早无晚。货盈则盈，货散则散，贤愚并货，善恶相混。（《全唐文》卷八百九十四）

也许这是市场初始阶段的一些固有特征。

（二）城市对外水陆交通网的形成

任何时代由官方规划建设的城市交通体系和主要交通网络的构建，都是以保证政治、军事需要为基本原则的。历史上由越国古都、会稽郡城发展而来的越州州城，在构建和完善城市交通干道时，既要以州城为中心向四方呈放射状分布，又要与上一级政治机构特别是作为全国政治中心的首都建立有机联系。这样，从政治、军事的角度，对上可保证接受中央政府指挥，对下可有效行施对州、县各级政府的管理，同时，为区域经济发展，以及与全国各地市场、各经济区的联系提供了基本条件，为商品的流通和商品经济的发展奠定了基础。

越州的城市交通以及城市对外交通网络的形成，经历了很长的历史过程。这个过程起始于越王勾践新建越国都城之时，以后经过东汉围筑鉴湖、西晋开挖西兴运河以及唐代的城内、外河网治理，到中唐时，越州的城市内、外交通体系基本形成，东南沿海交通枢纽城市的地位也已确立。

越州城市交通网络建设，充分考虑和利用了地处沿海水网平原的有利条件，将城市交通与城市对外交通、陆路交通与水路交通作统一考虑，并解决了水陆联运的问题。唐代诗人白居易《和春分日投简阳明洞天作》用诗句描绘了城内城外、水路陆路的交通网络格局：

> 江上三千里，城中十二衢。
> 堰限舟航路，堤通车马途。
>
> （《全唐诗》卷四百四十九）

对于这种交通网络体系，周干峙曾给予高度评价。他说：

> 在全国能称得上水乡城市的只有两个，一个是苏州，一个是绍兴……在规划上都很高超……充分考虑交通系统，特别考虑水陆交通联运的问题，创造了水陆两个交通系统，这在古代是非常了不起的，既分割又有联系……所有道路不是孤立考虑，而是同住宅、公共建筑紧密联系，同时考虑有一河两街，一河一街，有河无街等形式，大的建筑庙宇、衙门也不是孤立的。[①]

越州的城市交通网络体系，就是按照构建水陆两个交通系统的原则进行规划建设的。这座地处沿海平原水网的历史城市，最初的规划建设者越国大夫范蠡，对流经城市规划区的大小河流，予以充分保护和利用，为后来水城的建成奠定了基础。东汉会稽太守马臻在城市上游以筑堤围湖的方式，建成面积172平方公里、正常蓄水量2.68亿立方米的鉴湖[②]，从根本上解决了城市河网水源问题。此后，西晋会稽内史贺循主持开凿西兴运河时，将运河导入城内，形成西入东出、穿城而过的对外交通格局。以后又经过无数代人对城市河道的整理、疏浚和开挖，到唐元和十年（815）浙

---

① 钟华华：《名家谈绍兴》，《城匠心路》，西泠印社2012年版，第310—311页。
② 邱志荣：《鉴水流长》，新华出版社2002年版，第224页。

东观察使孟简开掘"新河"(《新唐书》卷四十一《地理志五》)为止,越州城内河道纵横交错的水城格局基本形成。与疏浚、开挖和整理城河的同时,城市道路也在不断地铺筑和完善之中。虽然白居易当年看到的"城中十二衢",但究竟是哪十二衢,筑于何时?均无文献记载。但对于水城来说,街与河是密不可分的,街随河走,河连桥路,是水城独特的形态特征,从工程实施的角度看,将开挖城河与铺筑道路决然分开,几乎是无法想象的。因此可以认为,当城内水上交通网络形成之时,也就是陆上道路系统成型之日。

在构建越州城市对外交通网络体系时,同样体现了水陆两个交通系统的原则,既有以州城为中心并辐射至浙东八州的陆路交通干道,又有以州城为中心并联通浙东各州乃至全国各区域的水上交通干道。

越州城市对外陆路交通干道,最早可追溯到春秋越国时期。《越绝书》云:"山阴古故陆道,出东郭,随直渎阳春亭"(《越绝书》卷八《越绝外传记地传》),位于山阴古水道北岸,长约50里。当年在城东的越国主要军事、生产基地,有炼塘、锡山、称山、犬山、鸡山、稷山等,山阴古故陆道和山阴故水道的开通,在山会平原的开发和壮大军事实力方面发挥了重要作用。

据《绍兴市交通志》载,春秋战国时期以越都城为中心的三条陆路干道已经形成。分别是"东干道":由越都城出东郭门,沿山阴古故陆道,过东小江(今曹娥江),经余姚,抵达鄮县(今宁波);"西北干道":由越都城西至固陵(今西兴),过浙河,经御儿(今桐乡)、石门、檇李(今嘉兴),达姑苏(今苏州),北通中原;"西南干道":由越都城经诸暨、乌伤(今义乌)、长山(今金华)、太末(今龙游)、姑蔑(今衢州)、定阳(今常山)至穹于(今鄱阳湖东),西南通江西。① "南干道"的开通时间,直至南朝时才有记载,《宋书》云谢灵运"尝自始宁南山伐木开径,直至临海,从者数百人"(《宋书》卷六十七《谢灵运传》)。以上四条陆

---

① 罗关洲等:《绍兴市交通志》,国际文化出版公司1996年版,第13页。

路干道，大致涵盖了越国初期的疆域范围。

此后，山会平原上的陆路交通也在不断完善之中，而且这种陆路建设，几乎都与水利建设紧密结合。如东汉永和五年（140）会稽太守马臻主持围筑镜湖，湖以东西狭长而名"长湖"。《水经·浙江水注》载："（长）湖广五里，东西百三十里，沿湖开水门六十九所。"① 因此形成了东西长一百三十里的镜湖湖泊航道和以湖堤为塘路的陆路干道。又如西晋会稽内史贺循主持开凿的西兴运河，东起会稽郡城，西达位于钱塘江边的西兴（初名固陵），全长一百十五里。② 尽管贺循开凿西兴运河，按嘉泰《会稽志》引《旧经》之说，目的是"凿此以溉田"，但也造就了长一百十五里的陆路干道和航运干道。

行走在以镜湖湖堤为陆路干道或在运河上铺筑的陆路干道上，确实处处可见白居易所说的"堰限舟航路，堤通车马途"的景象。这些由官府主持开通的干道，后人往往称之为"官塘""塘路"或"运道塘"，都与"塘"连在一起，让路名也充满着水陆交通体系的特点。当然，这些塘路也需要修理，唐元和十年（815），浙东观察孟简就修过"运道塘"。《新唐书·地理志》云：州廨"北五里有新河，西北十里有运道塘，皆元和十年观察使孟简开"（《新唐书》卷四十一《地理志五》）。沿着西兴运河铺筑的运道塘，既可行人，又可背纤，水陆并行，所以也称"纤塘"或"纤道"。孟简修建的运道塘，经历代的保护与修缮，大部分被保存至今，现为全国重点文物保护单位。③

事实上，在孟简任浙东观察使、越州刺史的元和年间，越州的城市对外陆路交通网络已经形成，《元和郡县图志》的记载说明了这一点。该志讲到越州四至八到时说：

---

① （北魏）郦道元：《水经注》卷四十《浙江水》，上海古籍出版社1990年版，第753页。
② （南宋）嘉泰《会稽志》卷十二载：西兴运河水路，经山阴县界为53里160步，经萧山县界为62里。
③ 宣传中主编：《绍兴文物志》，中华书局2006年版，第147页。

（越州）西北至上都三千五百三十里；西北至东都二千六百七十里；东至明州二百七十里；东南至台州四百七十五里；西南至婺州三百九十里；西北至杭州一百四十里（据考证"四"似为"三"）。（《元和郡县图志》卷二十六《浙东观察使》）

与陆路交通相配套的馆驿设置也较系统完备，据嘉泰《会稽志》记载：州城有蓬莱驿；会稽县有东城驿；山阴县有仁风驿、柯桥驿、钱清驿；上虞县有金垒驿、池湖驿；剡县有访戴驿；新昌县南明驿、天姥驿；余姚县有宁波驿；萧山县有梦笔驿、日边驿、渔浦驿；诸暨县有待宾驿、亭阔驿、枫桥驿（嘉泰《会稽志》卷四《馆驿》）。驿站是供传达军政公文者以及往来官吏、使臣休息或换马（船）之所，一般三十里设一驿，非通途大道则设馆，陆驿备有车马。每驿有驿长一人；凡有三匹马，配一名驿夫；有一只船，配三名驿夫。传递紧急公文使用驿马，日行三百里（《唐六典》卷五）。

在越州的城市对外交通格局中，除陆路之外，水路交通特别发达，因为这里有着河湖纵横的自然资源优势，白居易所谓"江上三千里"，几乎都可以作为水上交通航道加以利用。而且人民习惯于："水行而山处，以船为车，以楫为马，往若飘风，去则难从。"（《越绝书》卷第八《越绝外传记地传》）

即使如此，越人也并不满足于对自然航道的利用，而是以人工之力，挖掘运河，将人工运河与天然河道结合起来，形成新的航运通道，使自然资源的优势发挥到极致。在隋朝京杭大运河开通之前，越州境内就有过三次较大规模的人工浚河工程。

第一次发生在春秋晚期，越王勾践为了富国强军，复国雪耻，在越都城东部平原开挖了一条人工运河。《越绝书》记载："山阴故水道，出东郭，从郡阳春亭，去县五十里。"（《越绝书》卷八《越绝外传记地传》）是我国最早的人工运河之一。[①] 在开挖故水道的同时，利用所挖土方在故水道北岸筑

[①] 邱志荣：《山阴故水道》，《鉴水流长》，新华出版社2002年版，第209页。

成山阴古故陆道。

第二次发生在东汉永和五年（140），当时会稽太守马臻虽然为了"拒咸蓄淡"而筑堤围湖，建成长一百三十里、宽五里的镜湖，但该湖在发挥水利效益的同时，也形成了长一百三十里的湖泊航道和陆路干道。

第三次发生在西晋末年，会稽内史贺循主持开凿自郡城迎恩门至钱塘江边固陵的西兴运河。贺循开凿的这条东西向运河，不仅将山会平原西部南北流向的所有溪江都串联起来，而且在西兴与浙西沟通，为后来连接京杭大运河提前做好了准备，东头则穿城而过，为日后浙东运河全线贯通创造了条件。

上述人工运河或航道的开通，加上原有的天然河道，使越州乃至两浙的通航能力，大为提高。据嘉泰《会稽志》载，这条运河在萧山县境内可通行二百石舟，山阴县境内可通行五百石舟，上虞县境内可通行二百石舟，过通明坝进入姚江后，又能通行五百石舟。天然河道曹娥江，上游嵊县境内可通行一百石舟；中游上虞境内视潮汛而异，大潮可通行五百石舟，小潮可通行二百石舟；下游会稽县境内可通行五百石舟。西小江山阴县境内可通行五百石舟，浣江诸暨境内可通行二百石舟，浦阳江萧山境内可通行二百石舟，若耶溪会稽县境内可通行五十石舟（嘉泰《会稽志》卷十二《八县》）。

隋初越州城市对外交通称便，《隋书·地理志》云："京口东通吴、会，南接江、湖，西连都邑，亦一都会也。"[《隋书》卷三十一《地理志（下）》]而京杭大运河开通后，给越州对外水上交通带来了更大的发展空间。因为晋代贺循开挖西兴运河，解决的是浙东与浙西的交通，后来尽管西兴运河向东拓展成为浙东运河，主要也是解决浙东内部的水上交通。京杭大运河不仅沟通了越州与中原地区的水上通道，也为越州船只通向长江中游地区创造了条件。正如李肇《唐国史补》所说：

> 凡东南郡邑无不通水，故天下货利，舟楫居多……扬子、钱塘二江者，则乘两潮发棹，舟船之盛，尽于江西……（《唐国史补·因话录》）

唐代通往京都的越州船只确实很多。唐玄宗天宝元年（742）三月，以韦坚为水陆转运使，他在长安城东九里的长乐坡下、浐水之上建广运潭，供来自全国各地船只通行和停泊之用。当时有二三百船只停靠潭侧，均挂牌表明各地郡名，其中会稽郡船上，载有"铜器、罗、吴绫、绛纱"（《旧唐书》卷一百五十《韦坚传》）等货物。

唐末浙东节度使董昌，为讨好朝廷，将赋税之外加倍搜刮而来的民脂民膏，每旬发货一纲，送往上都长安，走的也是这条水路。董昌还规定"用卒五百人，或遇雨雪风水违程，则皆死"，计日限程送达长安，否则处死。唐代对陆路、水路行程都有明确规定：

> 陆行之程，马日七十里，步及驴五十里，车三十里。水行之程，舟之重者沂河日三十里，江四十里，余水四十五里。空舟溯河四十里，江五十里，余水六十里。[《资治通鉴》卷二百五十九《唐纪七十五·昭宗乾宁元年（894）》]

对陆路、水路每日行程作出制度性安排，说明唐代水陆运输发达。越州城市对外水路交通，到五代至北宋有了更大发展，船只航闽泊琼，也很常见。如在宋代姚宽辑录的《会稽论海潮碑》的作者（佚名），从会稽出发赴岭外任职，其行程有如下记载：

> 大中祥符九年冬。奉诏按察岭外，尝经合浦郡（廉州），沿南溪而东，过海康（雷州），历陵水（化州），涉恩平（恩州），住南海（广州），迫由龙川（惠州）抵潮阳（潮州），泊出守会稽（越州），移莅勾章（鄞县）。已上诸郡，俱沿海滨……（《西溪丛语·家世旧闻》）

说明北宋时，越州至岭南的沿海航道已开通。又如宋人刘彝从福建到越州的行程，他在《题禹庙壁》中写道："皇祐二年（1050）秋，予自闽由太末（龙游）登天台，川陆间行，至于郡，凡数千里。"（《会稽掇英总集》卷二十）对于越州水上交通的繁忙景象，知州张伯玉是这样描述的：

巨舶联艘至，交衢百货蕃。

（《会稽掇英总集》卷一《蓬莱阁闲望写怀》）

（三）越商的兴起及其影响

隋代以前的南朝时期，会稽城乡的商贸活动已经十分活跃。史籍多称这里"民物殷阜"，"邸舍相望"（《宋书》卷五十七《蔡兴宗传》），山阴道上"征货贸粒""商旅往来"（《南齐书》卷四十六《顾宪之传》），有"浙东奥区"（《梁书》卷二十三《永阳嗣王萧伯游传》）之称。

然而，这支长期活跃在商品流通领域而且人数可观的商估队伍，却没有相应的集体名称。到了唐代，这个集体名称终于出现了，这就是"越商"。这个在越州商品生产和流通过程中出现的具有标志意义的集体名称，则主要是在唐宋诗人的作品中得到了反映，这是为什么呢？

有一个重要的历史现象不能被忽视，即隋唐时期特别是唐代流入越州的人口中，有壮游者、宦游者、隐居者、避难者、驻锡者等，且其中许多人已是当时著名诗人。他们中不少人都是乘坐商船来到越州的，可以说他们最初接触的便是越州商人。如初唐诗人萧翼，受唐太宗到越州谋取王羲之《兰亭集序》之命，"改冠微服至洛阳，随商人船至越州"[①]，终于在辩才和尚那里获得《兰亭》真迹。又如唐代越州应天寺希圆和尚，开始"附

---

① （唐）何延之：《兰亭始末记》，《全唐文》卷三百一十，上海古籍出版社 1993 年版，第二册，第 1352 页。

商船避地于甬地,其估客皆越人也,笃重于圆,召居会稽宝林山寺"①。宝林寺后改名为应天寺。其他如李白、杜甫、孟浩然、刘长卿、李绅、元稹、白居易等诗人,之所以纷至沓来,除仰慕越州风光外,大量越州商船往返全国各地,交通便利不能不说是重要原因。

最初将"越商"写入唐诗的,是诗人韩愈。他在《送僧澄观》中写道:

> 僧伽后出淮泗上,势到众佛尤恢奇。
> 越商胡贾脱身罪,珪璧满船宁计资。
>
> (《送僧澄观》,《全唐诗》卷三百四十二)

韩愈没有到过越州,但他与越州山阴的澄观和尚有交谊。澄观(738—839)为佛教华严宗四祖,以经常入宫讲授《华严经》而被礼为"教授和尚",赐以"僧统清凉国师",深受唐德宗、顺宗、宪宗三朝尊重,朝臣亦乐与之往来,韩愈即为其中之一。韩诗所谓"僧伽后出淮泗上",指的就是澄观在淮北泗州(今宿迁),利用同乡"越商"和北方"胡贾"捐资,为僧伽建塔一事。塔成之时,恰好韩愈也因讨伐藩镇来此,有感于"越商""胡贾"以满船珪璧的巨资建成此塔,便在赠诗中将"越商"作为地区商人的集体名称而载入史籍。

韩愈所见,只是越商中的个例,当时越州民间从商的,确实大有人在。唐玄宗开元初为山阴县尉的孙逖就亲眼看到过越人泛舟四海的经商活动。他在《送裴参军充大税使序》中说:

> 会稽郡者,海之西镇,国之东门,都会蕃育,廛肆兼倍,故女有余布而农有余粟。以方志之所宜,供天府之博敛,篚丝苎缟金刀,浮江达河……(《送裴参军充大税使序》,《全唐文》卷三百十二)

---

① (宋)赞宁:《唐越州应天寺希圆传》,《高僧传合集》,上海古籍出版社1991年版,第二册,第421页。

种田有余粮,织妇有余布,由于农业、手工业的发达,给商品经济发展提供了优越条件,许多农民、手工业者都加入了"估客"行列,纷纷外出经商,以致出现河道拥堵的现象。《太平广记》的一则记载说明了这一点:

> 至贞元中,(萧)洞玄自浙东抵扬州,至庱亭埭,维舟于逆旅主人,于时舳舻万艘,隘于河次,堰开争路,上下众船相轧者移时,舟人尽力挤之。(《太平广记·神仙第一·萧洞玄》)

唐代王师乾也有同样感受:

> 瓯越奥区,地惟关辅,浙河襟带,秦岭股肱,士女殷繁,商贾联樯。(《王右军祠堂碑》,《会稽掇英总集》卷十七)

从"舳舻万艘"到"商贾联樯"的盛况不难看出,当时越州从商人员,完全可用"成千上万"来形容。为什么越商队伍会如此庞大?这除了越地物产丰富,对外交通便利外,从政府层面看,朝廷在促进商业繁荣方面的政策,也起了很大作用。这些政策包括:一是允许农民"负贩为业"①;二是令四民"各专其业"(《旧唐书》卷四十三《职官二》);三是工商地位的提高,从唐武德年间将工商列为"杂类",到开元年间改称"工商之家",商人地位发生明显变化。

推行这些政策,使不少农民因为不堪税赋重负,便弃农经商,转而从事长途贩运,即所谓"估客"。他们当中也有以贩盐为业的,长期在外,连户籍都没有。对此,诗人张籍的《贾客乐》有如下反映:

> 金陵向西贾客多,船中生长乐风波。

---

① 《文苑英华》卷五三《商贾门·鬻缯不利度木为业判》有云:"为农服贾,厥道何常。丙市井其心,负贩为业,以贫求富……"

> 欲发移船近江口,船头祭神各浇酒。
>
> ……
>
> 年年逐利西复东,姓名不在县籍中。
>
> 农夫税多长辛苦,弃业宁为贩宝翁。
>
> (《全唐诗》卷三百八十二)

诗中所谓"金陵向西",当指溯长江而上的商船,虽然这些商船来自东南各地,包括吴贾、越商、闽贾等,但在"船头祭神"是一种越中风俗,指的应该是越商的货船。而从"姓名"句看,按唐律令,商人在县中是有户籍的,唯有盐商,在盐业实行专卖时不归县管,因此,"姓名不在县籍中"的应为盐商。这也符合越地实际,因为这里盛产海盐,运销海盐,也可能是越商的重要业务。当然,越商经营的远不只是海盐,其他越地商品如越绫、越罗、越瓷等,都在越商营销范围之内。销售的地域范围也很广,上都长安和东都洛阳,更是越商必到之地。唐人崔元翰《判曹食堂壁记》有云:

> 越州号为中府,连帅治所,监六郡,督诸军,视其馆毂之冲,广轮之度,则弥地竟海,重山阻江,铜盐材竹之货殖,舟车苞筐之委输,固已被四方而盈二都矣。(《全唐文》卷五百二十三)

越州商品运销范围如此之广,足见越商的营销能力。

对于越商的营销能力和经营风格,元稹的乐府诗《估客乐》有详细描述。越州是隋唐时期商品经济比较发达的地区之一,元稹在此先后任职八年,对越商的生活、经商、发迹、暴富以及如何窥测商机、勾结官府、偷税漏税等,都有深入了解。虽然诗中也会涉及其他商帮的行为,但他以越中商人生活为背景的作品中,很大程度上描述的是越商的行为模式和经营之道:

> 估客无住着,有利身则行。

出门求火伴，入户辞父兄。

父兄相教示，求利莫求名。

求名有所避，求利无不营。

火伴相勒缚，卖假莫卖诚。

交关但交假，本生得失轻。

自兹相将去，誓死意不更。

亦解市头语，便无邻里情。

鍮石打臂钏，糯米吹项璎。

归来村中卖，敲作金石声。

村中田舍娘，贵贱不敢争。

所费百钱本，已得十倍赢。

颜色转光静，饮食亦甘馨。

子本频蕃息，货贩日兼并。

……

越婢脂肉滑，奚僮眉眼明。

通算衣食费，不计远近程。

经游天下遍，却到长安城。

城中东西市，闻客次第迎。

迎客兼说客，多财为势倾。

客心本明黠，闻语心已惊。

……

(《元稹集校注》卷二十三)

《估客乐》描述的经商活动，折射出中晚唐时越州等地商品经济的发展，以及商人社会地位的变化情况。但对于商人，元稹所持的是批判态度，除了揭示其消极面外，对商人促进商品经济繁荣的积极作用却置于不顾，反映了元稹经济思想的局限性。

晚唐诗人吴融,则从另外一种视角,对越商寄予了无限的关切与同情,他在《商人》诗中说:

> 百尺竿头五两斜,此生何处不为家?
> 北抛衡岳南过雁,朝发襄阳暮看花。
> 蹭蹬也应无陆地,团圆应觉有天涯。
> 随风逐浪年年别,却笑如期八月槎。

(《全唐诗》卷六百八十四)

《商人》描写了越商走南闯北,随风逐浪,四处漂泊,难与家人团聚的漂泊生活。诗人吴融的这种关切与同情,不仅因为他是越州山阴人,与越商为同乡,更因为他生活在民间,越商的艰苦奋斗和创业精神,是他的亲身感受,在情感上与元稹自然会有所不同。

越商的这种艰苦创业精神,当然也会在事业上给他们优厚回报,涌现了一批富商。而他们的富有程度,往往与船只大小联系在一起。李肇《唐国史补》说"天下货利,舟楫居多",又说"凡大船必为富商所有"。还以俞大娘家为例:

> 大历、贞元间,有俞大娘航船最大,居者养生送死嫁娶悉在其间;开巷为圃,操驾之工数百,南至江西,北至淮南,岁一往来,其利甚博,此则不啻载万也。(《唐国史补·因话录》)

这样的富商,或许不止俞大娘一家。唐德宗贞元三年(782)为越州刺史的皇甫政,曾在州城宝林寺"大设斋,富商来集。政又择日,率军吏州民,大陈伎乐……百万之众,鼎沸惊闹……引颈骇观"(《太平广记·神仙第一·黑叟》)。州城之内有"百万之众",也许有些夸张,但一个寺院斋会,能引得富商纷纷来集,说明城内富商很多。

五代到北宋,越商仍然活跃在大江南北的商海里。宋仁宗嘉祐八年(1063)为越州知州的张伯玉,就目睹过商海热闹繁荣的场面,他在《蓬莱阁闲望写怀》诗中写道：

……

　　画船雕鹢迅，绛袖绮霞翻。
　　有意皆行乐，无忧可莳萱。
　　乡惟知俎豆，士亦贡丘樊。
　　巨舶联艘至，交衢百货蕃。
　　敲冰成巧手，织素竞交鸳。
　　丽圃红柑亚，通畦紫芋蹲。
　　茶先春入焙，笋带雪粘盆。
　　异萼随时圻，清香触处喷。
　　吴趋惭种蠡，楚些陋湘沅。
　　往事图难尽，前修孰可援？

……

（《会稽掇英总集》卷一）

诗人在越州看到的是交通繁忙，巨舶联艘，百货汇聚，市场兴旺的繁荣景象。百货中有著名的敲冰纸、越罗及水果、蔬菜、茶叶、笋、花卉、海货等。这些商品有营销本地的，也有运销外地的，如河南开封、湖南湘潭、湖北襄阳、江西九江等地，都是越商经营往返的地方。尤其是北宋首都开封，更是越商频繁出没、连续供货之地。宋人王明清《玉照新志》对越商在汴京（开封）市面上的营销活动有如下记载：

　　越商海贾，朝盈夕充。乃有犀象贝玉之珍，刀布泉货之通，冠带衣履之巧，鱼盐果蔬之丰，贸迁化居，射利无穷。（《玉照新志》卷三）

越商源源不断地将犀象贝玉、古玩钱币、衣装鞋帽、鱼盐果蔬等货物运销包括汴京在内的全国各地，又将各地的珍奇异货贩运回家乡，而且"射利无穷"，对开拓市场，促进商品经济发展所做贡献，是不可低估的。事实上越商的开创精神和竞争意识，在唐宋诗歌中也有不同程度反映。特

别是两宋之际的诗人周紫芝,他把越商比作弄潮儿,高度赞扬了越商与巴贾的商海勇气与闯劲。他在《观潮示元龙》中说:

> 越山莽苍天山高,海门屹立通江涛。
> 江头久客归未得,来趁吴儿看晚潮。
> 潮头初来一线白,雪浪翻空忽千尺。
> 地中鸣角何处来,水上六花人不识。
> 惊涛倒射须臾空,千艘已落空蒙中。
> 锦帆半臂浪花里,越商巴贾争长雄。
> 江湖险绝长如此,风静潮平亦何事。
> 人间万法有乘除,却遣风波在平地。
>
> (《太仓稊米集》卷二十四)

诗中记述的,显然是周紫芝亲眼所见,他在另篇文章中说:"余徙居湖阴之野,去邑四十里,所居濒湖……大艑巨舻,越商巴贾之所往来,皆寓目而得之。"(《太仓稊米集》卷六十)越商以大艑巨舻,乘风破浪,参与激烈的市场竞争,给诗人留下深刻印象。

其实,这种商场博弈,也是十分辛苦的。他们长年在外,四处漂泊,身在异乡,孤苦伶仃,在茫茫人海中不免感到孤独。这种身在异乡为异客的悲凉心情,在宋代乐雷发的《下摄市》诗中,被刻画得淋漓尽致。"下摄市"是湖南湘潭的一个乡下小镇,在举目无亲的尘埃市井中,越商将淮盐浙楮(纸)运销到这里。乐雷发写道:

> 吟到湘潭一叶黄,贾胡踪迹正悲凉。
> 抱琴沽酒异乡客,打鼓发船何郡郎?
> 楚女越商相杂沓,淮盐浙楮自低昂。
> 尘埃市井无不识,濯足江头望八荒。
>
> (《雪矶丛稿》卷三)

虽然商旅生活很枯燥，又单调，但越商艰苦奋斗和发愤创业的精神，却是备受诗人赞赏和颂扬的。

第五节　越州文化中心地位的进一步巩固

　　城市的文化中心地位，是长期以来城市历史进程的延续与发展。隋唐五代至北宋时期，由于越州区域经济的繁荣，城市社会的相对安宁，城市人口的增长以及士大夫阶层的不断壮大，城市文化也相应得到发展，并且呈现多元化的发展趋势。如城市教育制度和教育体系在前代探索的基础上不断完善和发展，到宋代已基本成熟和定型。与教育制度相伴而行的科举制度，通过越州士子的科举实践，从隋代的试行、唐代的发展到北宋的积极参与，出现了大批科举人物。以越州士人为主要力量的文学、书画和民间戏曲创作队伍逐步壮大，许多作品或成果，在中国文化史上均占有一定地位。特别是在唐代，越州成了全国闻名的诗歌创作活动中心之一，400多位诗人、数千首唐诗和无数著名诗篇，无不展示了盛唐时期的越州城市风采。这一时期越州的城市民间信仰，也有新的发展，表现在城隍文化的兴起，道教文化的发展和佛教文化的繁荣等方面。上述各种文化现象的出现，对提升越州城市文化中心地位，都产生了积极影响。

一　教育的发展与科举的兴起

　　越州有着历史悠久的教育传统，从越王勾践"生聚教训"强国方略的提出，到六朝时期私人讲学的勃兴以及士族家学传统的形成，不仅为会稽"名士群"的崛起创造了条件，也为后来越州教育体系的形成奠定了基础。

(一)城市教育体系的形成

隋朝是在结束南北朝分裂局面后建立起来的中央集权国家。建国伊始,朝廷在实施政治制度改革和经济制度改革的同时,也把教育制度作为政治制度的重要部分而予以重视。一方面建立了由官学教育和私学教育构成的经学教育体系;另一方面改革六朝以来的九品中正制,创立了新型人才选拔制度——科举制度,影响了此后1000多年的中国教育制度的发展。由于隋朝国祚短暂,这些具有开创意义的制度在越州城市教育中尚未转化为行动,文献也少有这方面的具体记载。

唐代的地方教育体系中,主要由官学教育和私学教育两部分组成。武德元年(618),唐高祖李渊在恢复中央学校的同时,便着手地方教育制度建设。武德七年(624)二月诏令"州县及乡皆置学"[1],要求州、县、乡都要兴办学校。唐玄宗于开元二十六年(738)再次强调:"天下州县,每乡之内,各里置一学,仍择师资,令其教授。"[2] 这是对官学教育的要求,至于唐代的私人教育,虽然朝廷并无明确要求,但从越州的实际情况看,形式多样,办学普遍,是地方教育体制中的有机组成部分。

越州州学是官学教育中的核心机构,文献记载中有不同名称,或曰"丽正书院",创办于唐开元十一年(723)[(清)雍正《浙江通志》卷二十七《学校》]。书院在当时具有修书和讲学的性质,但对地方来说,更侧重于教育,而且以教授儒家思想为主,因此又称"儒学"。据清李亨特《重修绍兴府学碑记》载:"越州学,唐时置于城北隅,至五代而废,宋嘉祐中始迁南隅。"(乾隆《绍兴府志》卷二十《学校志二》)迁移原因是州学范围狭小,又靠近闹市,因此迁至城南即后之府学所在地(今为稽山中学)。迁移的当事人之一,北宋越州知州张伯玉有如下记载:"先时,学舍

---

[1] (宋)司马光:《资治通鉴》卷一百九十《唐纪六·高祖武德七年》,中华书局1956年版,第十三册,第5967页。
[2] (宋)王溥:《唐会要》卷三十五《学校》,中华书局1998年版,中册,第635页。

近市嗑嚣，靡宁厥居。嘉祐中，始于州之东南隅得爽燥地，平衍高古，敞然一方，乔木淳水，有泮林之象焉。"① 校址选得确实很好，以致延续千年。

县学则是唐代官学教育中的重要一环。唐开元二十六年（738），于越州鄞县置明州以后，越州下辖山阴、会稽、诸暨、萧山、余姚、上虞、剡等7县。按当时"州县及乡皆置学"的规定，各县都应该置有县学。如万历《绍兴府志》"县学"条载："诸暨学，唐初在县西"；"余姚学，唐时在县西二百步"；"嵊学，旧在县西一百步"［（明）万历《绍兴府志》卷十八《学校志》］。萧山学、上虞学在北宋庆历兴学之前亦已存在，唯山阴学和会稽学不见记载，这是什么原因呢？嘉泰《会稽志》的答案是"县学，昔者所在或有之"［（南宋）嘉泰《会稽志》卷一《县学》］，这虽然是泛指，但仍没有找到真正原因。而《宋会要辑稿》的记载说，北宋倚（亦作"附"）郭县不设县学②，直至南宋绍兴十八年（1148）恢复各地县学时，才去掉了附郭县不设县学的限制。山阴、会稽都是唐宋时期的越州附郭县，北宋附郭县不设县学，很可能是继承了唐代的体制，所以在地方志中无庆历兴学之前山、会县学的记载。而附郭县的生员，理当入州学就读。按唐高祖李渊的规定，"上郡学置生六十员，中郡五十员，下郡四十员。上县学并四十员，中县三十员，下县二十员"（《旧唐书》卷一百八十九《儒学上》）。越州为中郡，山阴、会稽均属上县，州、县生员共读于州学，学校规模自然比一般县学大得多。州学的财力、设施以及师资等方面，均优于县学，生员在科考中取得的进士名额，绝大多数为山阴、会稽县人。

乡学作为基层教育，虽然也被纳入地方官学教育体系，但在存世文献

---

① （宋）张伯玉：《越州新学记》，《全宋文》卷四百八十，上海世纪出版集团2006年版，第二十三册，第41页。

② 参见《宋会要辑稿·崇儒二·郡县学》，上海古籍出版社2014年版，第五册，第2762—2784页。

中，对于乡学的关注远不及州县学。因此，唐穆宗长庆年间（821—824），元稹在越州城郊平水看到并记录下来的乡学，显得尤为真切和珍贵。他说："予于平水市中（自注：镜湖旁草市名），见村校诸童竞习诗，召而问之，皆对曰：'先生教我乐天、微之诗'"。① 文字虽不长，但它反映出：一是乡学村校在当时或较普遍；二是村校有自己的老师；三是村童入学已成为可能；四是诗歌是村校教育的基本内容之一。虽然平水村校只是个例，但透过这个例，反映的是历史的真实。

与官学教育不同，唐代的地方私学教育尽管比较普遍，但朝廷似乎并不过多干预。只对教材有明确规定，即无论私学还是官学，《孝经》是必备教科书。唐玄宗天宝三年（744）敕："自今以后，宜令天下家藏《孝经》一本，精勤教习。学校之中，倍加传授。"② 私学教育形式则灵活多年，主要有家学教育、隐居读书、私人讲学等类型。后者较为少见。

家庭教育是越州传统教育中不可或缺的重要组成部分。通过父亲授业、母亲训诲或亲友教授等方式教育下一代，使之学有所成，这是作为长辈的普遍心理与愿望。后来成名的士大夫中，几乎都有从小受到严格家庭教育的经历。初唐时，虞世南的表弟孔若思，幼年丧父，母亲褚氏亲自训教，长大后以学行知名。《新唐书·孔若思传》曰："若思早孤，其母躬训教，长以博学闻……擢明经。"（《新唐书》卷一百九十九）能从小受到这种良好教育的，大多为士大夫家庭，有的还是当地著姓望族。越州还有一个显著特点，这些名门望族都有自己的家学传统。不同家族，对于六经之类的儒学经典，均有独到的研究与成就，并在家族内部世代相传，成为家族之学。六朝以来逐步形成并流传较久的，仅山阴县就有孔氏《经》学、贺氏《礼》学、谢氏《春秋》学、赵氏《诗》学。其中山阴孔氏与贺氏的家学，至唐尤盛传不衰，继续影响着子孙的成长。山阴孔氏子孙入《旧

---

① （唐）元稹：《白氏长庆集序》，《元稹集校注》卷五十一，上海古籍出版社2011年版，下册，第1281页。
② （宋）王溥：《唐会要》卷三十五《经籍》，中华书局1998年版，中册，第645页。

唐书》人物列传的就有：孔绍安、孔绍新、孔祯、孔季诩、孔若思、孔述睿、孔行敏等。

隐居读书是在一定的政治环境和文化心态作用下，为唐代士大夫所崇尚的社会风气。这些并不怀有强烈政治欲望的读书人，一般都学已有成，无非想隐居读书而博得高名，所以往往选择名山秀水或寺院道观为隐居读书之地。唐代越州隐居读书有两种情形：一种是越人外出隐居读书，如孔绍安隐于京兆鄠县（今陕西户县）"闭门读书"（《旧唐书》卷一百九十《孔绍安传》）；孔述睿与其兄克符、弟克让，"俱隐于嵩山。述睿好学不倦"（《旧唐书》卷一百九十二《孔述睿传》）。但更多的是外乡人来越中隐居读书。如曹璩为读书而隐居越中，过着"数间茅屋闲临水，一盏秋灯夜读书"[（唐）刘禹锡《送曹璩归越中旧隐诗》，《全唐诗》卷三百六十一]的生活。又如裴秀才竟带着万卷书籍来到会稽山隐居读书。僧皎然《送裴秀才往会稽山读书》诗中写道："一身赍万卷，编室寄烟萝"；"鹤板求儒术，深居意若何。"（《全唐诗》卷八百十九）其实，大多数隐居越中的诗人，在当时都已颇具名声，因此，除了读书，他们更注重的是诗人之间的聚会、交流、唱和。"筑室越州东郭"（《新唐书》卷一百九十六《张志和传》）的张志和，在越州城南"滞留近三年"[1] 的孟浩然，在山阴建有别业的朱放[（唐）刘长卿《送朱山人放越州贼退后归山阴别业》，《全唐诗》卷一百四十七]，"隐居镜湖中"[2] 的方干，"携家来越中"[3]"十年无路到三秦"[（唐）韦庄《投寄旧知》，《全唐诗》卷六百九十八]的韦庄等，无不如此。孟浩然在越州近三年时间里，就结识了薛八、崔国辅、孔伯昭、沈太清、朱昇、谢南池、陶翰以及徐起居、卫明府等一大批诗友。[4] 有唐一代，越州城市文化的吸引力和影响力，由此可见一斑。

---

① 傅璇琮等：《唐才子传校笺》卷二《孟浩然》，中华书局2000年版，第一册，第366页。
② 傅璇琮等：《唐才子传校笺》卷七《方干》，中华书局2000年版，第三册，第372页。
③ 傅璇琮等：《唐才子传校笺》卷十《韦庄》，中华书局2000年版，第四册，第328页。
④ 徐鹏：《孟浩然集校注·前言》，人民文学出版社1989年版，第6页。

越州在唐代初步形成的教学体系，到了五代的吴越国时期，官学与其他地区一样，受到很大冲击。唐时设立的州学，"自唐末五代丧乱，学宫尽废，有司庙祭先圣而已，犹有废而不举者"［（宋）嘉泰《会稽志》卷一《学校》］，学校一派荒凉景象。越州所属的各县县学，也仅存诸暨一所，嘉泰《会稽志》云：诸暨县学"晋天福庚子，令赵湜移县东一里"。吴越时期越州经济社会较之前代均有发展，而官学教育却受到如此冲击，其中必有原因，其对于私学教育的影响，自然也就不言而喻了。

受吴越时期冲击的影响，宋初越州的官私教育仍未见起色，到北宋中晚期，由于越州知州范仲淹的重视和竭力推动，教育事业才重新获得发展机遇。

范仲淹（989—1052）于宋仁宗宝元元年（1038）十一月，以吏部员外郎知越州，至康定元年（1040）三月，除天章阁待制，改任知永兴军，未及永兴，又改陕西都转运使。① 在越时间实际才一年零五个月，其政绩主要在于"兴办教育，建立州学"，延聘名师。所建州学，一般认为就是稽山书院，地处州治卧龙山西岗。州学落成，即延聘当时著名学者新昌石待旦（985—1042）为稽山书院山长［（明）万历《绍兴府志》卷四十三《石待旦传》］。又驰函盛邀在丹阳的李泰伯加盟，信中说："府学中有三十余人，缺讲贯，与监郡诸官议，无如请先生之来。"又说："此地比丹阳又似闲暇，可以卜居，请一来讲说，因以图之。诚众望也！"② 在范仲淹的积极倡导下，越州办学之风大兴，四方之士来稽山书院求学者甚众。

越州的办学经历，为范仲淹后来推动"庆历兴学"积累了经验。所谓"庆历兴学"，就是在宋仁宗庆历四年（1044），由范仲淹主持推动的州县兴学运动，上书要求皇帝下诏州县兴办学校。庆历兴学虽然时间不长，但

---

① （宋）嘉泰《会稽志》卷二《太守》载：范仲淹"宝元二年七月，以吏部员外郎知"越州。考范仲淹《刻唐祖先生墓志于贺监祠堂序》云："某自丹阳移领会稽……时宝元元年。"此处从范说，参见《范仲淹全集》卷八，凤凰出版社2004年版，上册，第156页。

② （宋）范仲淹：《与李泰伯》，《范仲淹全集·范文正公尺牍卷下》，凤凰出版社2004年版，上册，第626页。

范围广，内涵深，影响大，加上后来兴起的"熙宁兴学""崇宁兴学"，通过北宋中晚期的这三次兴学运动，使宋代的教育制度在唐代形成框架的基础上，得到进一步的完善和扩展，最终走向成熟和定型，并为元、明、清各代所承袭。①

这场由范仲淹主持推动的"庆历兴学"运动对于越州来说，可谓得风气之先。一方面州学于庆历之前已初具规模，另一方面范仲淹也为他的继任者树立了榜样。如宋仁宗嘉祐五年（1060）任越州知州的刁约，见州学"学舍近市隘嚣"②，便着手择地移建，扩大规模；翌年接任知州的沈遘为"材育群士，遂大治学校，新其宫居而尊劝焉"③。嘉祐八年（1063）接任者张伯玉继续扩建，于第二年即宋英宗治平元年（1064）四月竣工，并以《越州新学记》记其事。从学记可知，这是一组规模宏大、结构严谨、设施完备、主题突出的建筑群，地处州城东南隅望花桥畔〔（宋）嘉泰《会稽志》卷十一《桥梁》载："望花桥，在府学前。其旁地名上，原多以艺花为业，桥盖以此得名"〕经三任知州、历时四年完工，主要建筑有庠门、孔子殿〔（宋）嘉泰《会稽志》卷十八《拾遗》载："孔子殿，嘉祐元年建……取宝积（寺）旧殿为孔子殿"〕、西厢、东西庑、祠堂、斋宫、讲堂、斋舍、榜壁、学鼓等。布局如：

> 始作大殿直庠门，肖然，徙夫子旧像南面，颜兖公西厢配坐。东西两庑，图画七十二子，泊二十有二先儒，孟、荀、扬、文中四子之像。其东庑之后，别为祠堂、斋宫一区，藏镳祭器益严。由殿后越敞庭，夏屋言言，环坐重席者可三四，揭之曰公堂，旦夕讲劝、岁时乡射之宅也。由堂东西，翼于庠门，列为斋舍，甲乙以次，各有名版，

---

① 参见李国钧、王炳照主编，乔卫平撰《中国教育制度史》第三卷，山东教育出版社 2000 年版，第 47 页。
② （宋）张伯玉：《越州新学记》，《全宋文》卷四百八十，上海世纪出版集团 2006 年版，第二十三册，第 45 页。
③ （宋）沈绅：《越帅沈公生祠堂记》，《会稽掇英总集》卷十九，人民出版社 2006 年版，第 289 页。

学者居多益宁堂东。①

其实，州学落成，除三位知州的功绩之外，吴孜也是不该被遗忘的。吴孜系会稽县人，是颇为有名的乡绅，嘉祐间郡守建州学，"孜即舍宅为基"[（宋）宝庆《会稽续志》卷五《吴孜传》]，成为私人助学的典范，后人就在州学内设祠纪念。

州学多聘名儒主之，教育内容当然以儒学为主。宋神宗熙宁四年（1071），"罢诗赋贴经墨义，士各占治《诗》《书》《易》《周礼》《礼记》一经，兼《论语》《孟子》义，而策论如故"[（宋）嘉泰《会稽志》卷一《学校》]。从张伯玉《越州新学记》看，州学还立有各种学规，张榜于学校大门口，要求生员"服膺无哗，望之肃如"，严格遵守。

北宋的三次兴学，不仅推动了越州州学的发展与完善，对越州各县县学的发展也起了很大的促进作用。规定"凡县学，以时选试，取其尤者升州学，为外舍生"，通过考试，优秀的县学生员可升入州学。还规定：

> 凡县学，设学长一人，视州学教授；谕一人，直学一人，斋长、斋谕各一人；长诸生，选特奏名进士，无则选老成有经行者充。生员，大县五十人，次县四十人，小县三十人，其教养选试之法同州学。[（宋）嘉泰《会稽志》卷一《县学》]

这些规定的形成，是州、县学官学教育体系成熟的标志，对州、县学的规范化教育与管理产生了积极效果。在五代丧乱中被迫停办的县学，庆历以后纷纷重新恢复。嵊县学于宋仁宗庆历八年（1048）恢复，诸暨学在皇祐四年（1052）重建[（宋）嘉泰《会稽志》卷一《县学》]，上虞学庆历中建，余姚学元丰元年（1078）移建，萧山学在雷壤东，新昌学与县廨连垣[（明）万历《绍兴府志》卷十八《学校志·县学》]。而自唐以来受

---

① （宋）张伯玉：《越州新学记》，《全宋文》卷四百八十，上海世纪出版集团2006年版，第二十三册，第41页。

附郭县不设县学限制的山阴、会稽两县,在经历了庆历兴学、熙宁兴学之后,终于在崇宁兴学时冲破旧有限制,新建县学。"宋崇宁中,山阴始建学于城西南隅,以处多士",校址在柴场坊阳堂山东北〔(清)嘉庆《山阴县志》卷十九《政事志第三》〕。"会稽学,宋崇宁中建,在县南一里竹园坊"〔(明)万历《绍兴府志》卷十八《学校志·县学》〕。两县同时新建县学,或有某种政令使然。

北宋的三次兴学,不仅促使越州官学教育的蓬勃发展,也使得民间的私学教育蔚然成风。宋真宗景德初(1004),山阴士子陆轸,在越州城西60里牛峰寺侧创立书院,"与乡士数人,习业于此"。因为大雪封山,粮食断绝,捕得二麂以充饥〔(明)万历《绍兴府志》卷二十一《寺·牛峰寺》〕,可见读书十分艰苦。八年后即大中祥符五年(1012),陆轸与傅营同登进士榜〔(宋)宝庆《会稽续志》卷六《进士》〕,至宋仁宗康定元年(1040)六月,以工部郎中、集贤校理知越州〔(宋)嘉泰《会稽志》卷二《太守》〕,死后赠太傅。而他的前任便是范仲淹。当年陆轸创立的书院,后人称之为"陆太傅书院"。陆轸的这种刻苦读书精神,在他的子孙中广为流传,最为闻名的,便是他的孙子陆佃。《宋史·陆佃传》云:

> 陆佃……居贫苦学,夜无灯,映月光读书,蹑屩从师,不远千里。过金陵,受经于王安石。(《宋史》卷三百四十三《陆佃传》)

历史上"映月读书"的典故就出自陆佃。而陆佃之孙陆游,陆游之子孙,亦以勤读闻名乡里。据相关地方志书和《山阴陆氏宗谱》载,有宋一代,自陆轸、陆佃、陆游而下,山阴陆氏中式进士多达17名,可谓"进士世家"。

山阴陆氏勤奋、刻苦、好学的家学传统,不仅影响了陆氏子孙的成长道路,对越州城乡好学风气的形成也有深刻影响。嘉泰《会稽志》以《风俗》的名义,记录了当时的浓厚读书风气:

> 今之风俗,好学笃志,尊师择友,弦诵之声,比屋相闻,不以殖赀货、习奢靡相高。士大夫之家,占产皆甚薄,尤务俭约,缩衣节食,以足伏腊,输赋以时,不扰官府,后生亦皆习于孝弟廉逊。
> [(宋)嘉泰《会稽志》卷一《风俗》]

这实际上就是对唐宋时期越州教育事业成就的最好总结。

(二)科举与城市人才

科举制度,是隋唐时期创建并确立下来的选士制度。隋以前选士采取九品中正制,即首先推选各郡有声望者出任"中正",再由"中正"将当地士子按才能评为九等(品),经朝廷考核后按等选用。虽然九品中正制也经过考核,但士子的命运实际上还是掌握在地方官员和垄断乡里的世族豪门手里。为加强中央集权,扩大政权的阶级基础,隋文帝以"科举取士"之制取代了六朝以来的"九品中正"制。隋炀帝对"分科"作了进一步探索,确定"置明经、进士科"[(宋)王谠《唐语林》卷八],而"进士"的出现,标志着被沿袭1300多年的科举制度从此开始。由于当时的政治、文化中心在北方,地处东南沿海的越州士子,能参与科考和中式的机会是极少的。

唐代继续实行科举取士制度,并且在实践中不断加以完善。考试的科目,分为常科和制科,由于两者性质不同,因而考试时间、考生来源、考试内容和方法等方面都有很大区别。

所谓"常科",是每年分科举行的考试。常科的考生来源有两个,一是生徒,二是乡贡。每年冬天,中央和地方学校经过考试合格的学生,送尚书省参加考试的考生,叫作生徒。那些不在学校学习而学业有成的士子,向州县"自举",经考试合格后由州送尚书省参加考试的考生,称为乡贡。常科的科目,起初有秀才、明经、俊士、进士等十多种,其中有的不常进行,有的因各种原因被废,只有明经、进士两科,成了唐代常科的重要科目。

所谓"制科",是由皇帝下诏临时举行的考试。制科考试,由皇帝亲自主持,考生可以是得第得官的人,可以是登过常科的人,也可以是庶民百姓。① 制科考试内容科目,明万历《绍兴府志》云:"唐宋而下,既以诗赋经义取士矣,而又有所谓制科者,若博学宏词、贤良方正、材识兼茂之类,凡以蒐遗逸、罗俊杰也。"[(明)万历《绍兴府志》卷三十四《选举志五》]

实行科举制,实质上就是把选拔人才和任命官吏的权力,都集中到了中央。对于地方士子而言,参与科举考试,才是他们致仕的唯一途径。唐代越州虽然经济社会有了很大发展,但由于政治中心仍在北方,士子参与考试和登科的机会仍很有限。

所以唐代越州举明经的仅有:

> 孔若思,山阴人,中明经科。
>
> 孔季诩,山阴人,(秘书郎)。
>
> 唐希诜,会稽人,中明经科。
>
> 康子元,会稽人,中明经科。
>
> 徐　浩,会稽人,中明经科。
>
> 罗　让,会稽人,中宏词贤良方正科。
>
> 周丁会,中宏词科。
>
> [(明)万历《绍兴府志》卷三十四《选举志五》]

在七名制科中式者中,除周丁会县籍不明外,其余六名均为山阴、会稽人。唐代越州下辖七县,多数都设县学,唯山阴、会稽因系附郭县而不设县学,其生员只能就读于州学。虽然其他县的生员亦可通过考试升入州学读书,但都未见有中式者,这很可能是州城的教育资源优于各县城,从而使得山、会生员具备了更好的应试能力。这种情形在唐代越州的进士县

---

① 王道成:《科举史话》,中华书局1988年版,第3—8页。

籍构成中，同样具有明显反映。各县中式进士分别为：

山阴县 10 名：贺知章（其县籍有山阴、永兴、会稽诸说）（《绍兴市志》卷四十四《人物·历代进士名录》。以下进士不加注者，均据本志）严维、孔桢（《新唐书》卷一百九十九《孔若思附传》）、孔敏行、吴畦、吴融、吴蜕、罗让、罗劭京、罗劭权（《旧唐书》卷一百八十《罗让附传》）。

会稽县 1 名：徐延休。①

诸暨县 2 名：吴少邦、王祁。

新昌县 1 名：梁瀚。

越州 2 名：朱庆余、朱可名。

五代时，吴越国钱镠，虽然也设"择能院"（《新五代史》卷六十七）开科取士，但越州进士的县籍构成出现新的变数。由于州学被废，附郭县山阴、会稽又不设县学，应试生员减少自在情理之中。与此相反，新昌县作为由剡县分设的小县〔（宋）乐史《太平寰宇记》卷九十六《江南东道·越州》〕，对教育重视有加，举进士的人数大为增加，相继涌现梁国璋、俞承休、石渝、石渥、石延俸、胡公霸等 6 名进士，而山阴县仅吴程 1 名而已。② 从州城中式进士的减少和新昌的猛增，再次说明教育与科举的关系。

与五代吴越国时期不同，北宋王朝吸取唐末以来将悍兵骄、政权动荡不稳的教训，委派文官主持军务。因此，重文轻武，成了宋王朝的基本国策，在这样的背景下，科举制度的进一步发展，成了加强中央集权的必然选择。并且在完善科举制度方面，采取了一系列实际措施。如确立了由州试、省试和殿试组成的三级考试制度；考试科目（常科）除进士科外，其他科目总称

---

① （宋）陆游：《南唐书》卷五《徐锴传》，《陆放翁全集》，中国书店 1986 年版，上册，第 18 页。

② 任桂全总纂：《绍兴市志》卷四四《人物·历代进士名录》，浙江人民出版社 1996 年版，第五册，第 3267—3270 页。

"诸科"；考试时间从一年一次、两年一次，到最后定为三年一次；录取名额大幅增加，从最初的数十名，到进士数百、诸科上千；从宋真宗景德四年（1007）起又将进士分为五等：一、二等称"及第"；三等称"出身"，四、五等称"同出身"（《宋史》卷一百五十五《选举志一》）。

随着科举制度的不断完善和州县学的逐渐兴起，在越州士人中，勤学苦读，应试赶考，蔚然成风。中式进士，较之隋唐五代，均有成倍增长，山阴、会稽两县尤为显著。嘉泰《会稽志》评价称：

> 国朝崇儒右文，视古为重，而东南儒风，宏懋盛美，会稽为最焉。[（宋）嘉泰《会稽志》卷三《进士》]

从宋太宗淳化三年（992）壬辰科到宋徽宗宣和（1119—1125）中的100多年里，附郭县山阴、会稽和其他属县的中式文科进士分别为：

会稽县：62名；

山阴县：33名；

诸暨县：14名；

上虞县：17名；

嵊　县：16名；

新昌县：42名。①

从中式进士的地域分布看，越州城市的教育中心地位和人才集聚优势，仍然十分明显。

二　文学与艺术的繁荣

隋唐五代至北宋，是州城文学艺术创作空前繁荣的历史时期，从文学体裁、艺术形式、创作题材到表现手法等方面都有很大发展。在文学方

---

① 任桂全总纂：《绍兴市志》卷44《人物·历代进士名录》，浙江人民出版社1996年版，第五册，第3267—3270页。

面，诗歌创作达到顶峰，散文体裁一应俱全，小说创作渐趋成熟，参军戏初具雏形。在艺术方面，由王羲之开创的一代书风，在唐宋得到传承，传人辈出；绘画新人不断涌现，流派纷呈。这种文学艺术的繁荣景象，在浙东观察使元稹于望海亭宴酬郑从事一诗中有充分反映：

……

雪花布遍稻陇白，日脚插入秋波红。
兴余望剧酒四座，歌声舞艳烟霞中。
酒酣从事歌送我，歌云此乐难再逢。
良时年少犹健羡，使君况是白头翁。①

……

望海亭之宴，集中体现了"望剧""歌声""舞艳"与"歌云"等多种文学艺术形式在越州的繁荣景象。

(一) 诗歌创作活动的特点

从隋唐到北宋，伴随着诗赋在教育、科举领域里制度化程度的提高，客观上推动了素有优秀文化传统的越州，成为当时全国重要的诗歌创作活动中心之一。主要表现在：一是诗坛精英荟萃，二是唱和活动频繁，三是名篇佳作迭出。无数著名诗人发生在越州的诗坛故事，被后人传为佳话。

1. 诗人荟萃的越州诗坛

北宋大臣毕仲游在给哲宗的奏议中讲到唐代诗人辈出的原因时说："盖有不召而自至者：西汉重功名，则权奇倜傥之士出；东汉重名节，则

---

① (唐) 元稹:《酬郑从事四年九月宴望海亭次用旧韵》,《元稹集校注》卷二十六，上海古籍出版社 2011 年版，中册，第 789 页。

蹈难死义之臣众；有唐尚文词，则诗歌赋颂缀文之人亦出而不绝。"① 隋唐至北宋时期，越州诗人不但"出而不绝"，而且"精英荟萃"。主要由三部分诗人组成：

（1）本土诗人。隋朝虽然立国时间不长，诗歌创作活动也称不上繁荣，但山阴诗人孔绍安和会稽诗人孔德绍的诗作，给人留下深刻印象。孔绍安以《侍宴咏石榴》诗受人称颂。《旧唐书》本传说："绍安因侍宴，应诏咏《石榴诗》曰：'只为时来晚，开花不及春'。时人称之。"（《旧唐书》卷一百九十《孔绍安传》）

唐代是越州本土诗人辈出的历史时期。仅《全唐诗》著录的本土诗人就有40多名，未予著录的或许会更多。即使如此，在著录的诗人中，不仅各个时期都有分布，而且人数越来越多。其中初唐（618—741）11名，包括孔绍安、贺德仁、贺德基、贺敱（贺德基为贺德仁从兄，贺敱为贺德仁弟子，见《旧唐书》卷一百九十《贺德仁传》）、贺知章、贺朝、万齐融、崔国辅（国辅，一说吴郡人，《唐才子传》卷二云："国辅，山阴人"）、虞世南、孔德绍、释辩才（辩才，宋嘉泰《会稽志》卷十六有传）等。中唐（742—820）有徐浩、秦系、释清江、释清昼、释灵澈、严维、陈允初、罗珦、罗让、庄南杰（庄南杰，《全唐诗》卷四百七十未注明县籍，李志庭《浙江通史·隋唐五代卷》说是越州人）、项斯（项斯，《唐文拾遗》称项斯为江东人，而斯于诗中多次自称为"越人"。参见《唐才子传校笺》卷七《项斯》）、卢潘等12名。晚唐（821—907）18名为：朱可久（傅璇琮等《唐才子传校笺》卷六《朱庆余》条云："庆余字可久，以字行，闽中人"，考订认为"朱庆余实为越州人"）、朱可名、吴融、周镛、罗炯、王霞卿、若耶溪女子、越溪杨女、刘采春（女）、盛小丛（女）、周德华（女）[（明）刘耀文《正扬》卷四著录周德华《杨柳枝词》，题下注曰："周德华，刘采春女"]、诸葛觉、范氏子、叶简、释良价[（唐）良

---

① （宋）毕仲游：《上哲宗乞由县令然后居寺监由郡守然后至台省》，《宋朝诸臣奏议》，上海古籍出版社，上册，第800页。

价（807—869），《全唐诗补编·全唐诗续拾》卷三十一—存诗36首]、释栖白、钟谟、陈寡言等。这批诗人有两个特点，一是诗僧多达6名，二是女诗人5名也是少见的。从本土诗人的县籍统计看，会稽籍14名，山阴籍10名，署越州籍11名，其余五县才6名。

五代虽然对诗赋教育和以诗赋取士的制度受到冲击，但是盛唐诗风仍然影响着越州本土诗人的成长之路。如《全唐诗》存诗较多的徐铉、徐锴兄弟（《全唐诗》卷七百五十一称：徐铉，广陵人；卷七百五十七称：徐锴，广陵人。陆游《南唐书》卷五《徐锴、徐铉传》云："徐锴，字楚金，会稽人。父延林……仕至光禄卿，江都少尹。卒，二子铉、锴遂家广陵"）；以工诗好碑著称并在《全唐诗》存诗3首的钟谟；吴越王钱弘倧被废移居会稽，常于亭榭之上题诗的故事①及其诗作（钱弘倧有《越中吟》20卷，散见于《会稽掇英总集》和嘉泰《会稽志》），都传承了当时的时代风气。

与唐代一样，北宋越州本土诗人，仍以会稽和山阴籍为主。在《全宋诗》著录的诗人中，属会稽县籍的有齐廓、齐唐、钱易（钱弘倧子）、钱彦远（钱易子）、孙沔、沈绅、孔舜亮、孔舜思、顾临、华镇等10名。属山阴县籍的有杜衍、陆轸、姚勔、陆佃、贺铸等5名。另有生活在州城的诗僧仲休和显忠。

从《全唐诗》《全宋诗》和《会稽掇英总集》等文献著录的本土诗人看，绝大多数为会稽县和山阴县籍，其他县籍的诗人很少。会稽、山阴素为倚郭县，能称得上是士大夫或诗人的，大多生活在州城，城内无疑是诗人比较集中的地方。

(2) 幕府诗人。科举制度诞生后，以诗赋取士，成了士大夫进入官场的主要途径。因此衙门里的各级各类官吏，几乎都擅长诗歌，所谓"不会作诗也会吟"，成为官场的普遍风尚。唐宋时期的幕府，既是诗人荟萃之

---

① （清）吴任臣：《十国春秋》卷八十《吴越四·忠逊王世家》，中华书局2010年版，第三册，第1144页。

地，也是诗歌创作中心。

唐代越州城内设有路、州、县三个行政层级和四个行政机构，最高军政长官是都督，总管一州之政而兼督数州军事。由于职责的原因，初唐时都督人选一般偏重于军事才干，较少起用诗人担任此职。到中唐（742—820）以后，随着地方最高长官军事职能的逐步弱化，观察使人选配备上，诗人的比例逐渐增多。如唐宪宗元和二年至唐宣宗大中九年（807—855），先后在越州任职的18名观察使中①，差不多人人都有诗作存世，如当时就已闻名的有孟简、元稹、李绅等。诗人中有11人的作品被《全唐诗》著录，其余作品散见于《会稽掇英总集》、嘉泰《会稽志》等地方文献中。

需要指出的是，这些观察使的诗歌创作并不是孤立的自我陶醉，而是在诗人群体中的互相唱和或切磋，堪称是一种幕府文学活动。元稹的幕府就是一个典型。长庆三年至大和三年（823—829），元稹任浙东观察使、越州刺史。在越八年，广辟文士幕僚，优游山水，诗酒文会，如《旧唐书》本传所说："会稽山水奇秀，稹所辟幕职，皆当时文士，而镜湖、秦望之游，月三四焉。而讽咏诗什，动盈卷帙。"这就是中国文学史上著名的"浙东唱和"（《旧唐书》卷一百六十六《元稹传》）。参与这场地域文化与诗歌创作活动的幕佐，嘉泰《会稽志》记载至少是11人〔（宋）嘉泰《会稽志》卷十六《碑刻·禹穴碑》〕。咸晓婷则从幕府文学研究的视角，对元稹浙东10位幕僚的生平、交游及诗作已有详细考证。②

北宋越州知州中的诗人及其诗歌创作活动仍然十分可观。从宋太祖建隆元年至宋钦宗靖康二年（960—1127）的160余年间，共109人出任越州知州③，其中至少有50人的诗作，被收录新编印的《全宋诗》④。著名诗人

---

① 这18名观察使名单，见《绍兴市志》卷二十七《政府·机构》，浙江人民出版社1996年版，第三册，第1624页。

② 咸晓婷：《元稹浙东幕僚佐生平考》，《中文学术前沿》（第四辑），浙江大学出版社2012年版，第46—54页。

③ 这109名知州名单，见《绍兴市志》卷二十七《政府·机构》，浙江人民出版社1996年版，第三册，第1625—1627页。

④ 傅璇琮等编：《全宋诗》，北京大学出版社1998年版。

有蒋堂、范仲淹、张伯玉、孔延之、曾巩、赵抃、程师孟等。而且诗人之间发生过许多故事,被诗坛传为佳话。如诗人张伯玉酷爱越中山水,却因任职他郡,只好与正在越中任职的范仲淹、王逵等唱和往来,借以抒发向往越中的情怀。但他还是感到不能满足,于是主动请求圣上出守越州。他在《州宅》诗自序中写道:"余尝爱越中山水,然未之游……因乞此郡,圣恩得请……遂为主人矣。"① 十多年后,张伯玉的继任者程师孟,又与他的幕府中人"喜登临,乐吟赋",将"山川览瞩之美,酬献之娱,一皆寓之于诗",好友秦观为之作《会稽唱和诗序》。②

(3)游访诗人。这一时期在越州从事诗歌创作活动的诗人,除本土诗人、幕府诗人外,其实最多的还是游访诗人。这部分诗人游访越州的原因各不相同,情况比较复杂,大体而言,有因仰慕山水而壮游越中的,有因追求高名而隐居越中的,有因北方战乱而避难越中的,有因"志存传灯"而驻锡越中的,也有因探亲访古、追逐名利而到越中的。对于全国各地诗人纷至越中观赏、交流、创作的诗坛现象,穆员在为越州幕佐鲍防所作碑记中有如下描述:"自中原多故,贤士大夫以三江五湖为家,登会稽者如鳞介之集渊薮。"③

此话确非夸饰之辞,有人对录入《全唐诗》的2200余名诗人作过统计分析,其中生活或到过浙东并留下诗篇的达448名④,越州是这些诗人必到之地。根据诗人的生平履历和在《全唐诗》《唐才子传》《会稽掇英总集》和地方志书中存诗情况分析,以游访者身份到过越州,而且影响较大、存诗较多的著名诗人有:宋之问、王勃、崔融、骆宾王、沈佺期、李邕、卢象、丘为、崔颢、李颀、綦毋潜、刘长卿、孟浩然、李白、杜甫、

---

① (宋)张伯玉:《州宅并序》,《全宋诗》卷三百八十四,北京大学出版社1998年版,第4735页。
② (宋)秦观:《会稽唱和诗序》,《秦观集编年校注》卷二十四,人民文学出版社2001年版,下册,第531页。
③ (唐)穆员:《鲍防碑》,《全唐文》卷七百八十三,上海古籍出版社1993年版,第四册,第3630页。
④ 陆晓冬:《浙东唐诗之路形成的社会经济动因浅析》,《浙江社会科学》2006年第3期。

张鼎、皇甫曾、钱起、张继、独孤及、郎士元、皇甫冉、薛据、刘慎虚、顾况、耿㵾、戴叔伦、卢纶、杨凌、崔峒、张南史、张志和、陆羽、朱放、陈羽、孟郊、白居易、徐凝、鲍溶、施肩吾、姚合、章孝标、许浑、刘得仁、薛逢、马戴、温庭筠、李频、于㱩、皮日休、陆龟蒙、张乔、胡曾、方干、罗隐、唐彦谦、韦庄、张蠙、崔道融、曹松、李季兰、灵一、法振、皎然、贯休、齐己、昙翼、吴筠等（以上名单见《全唐诗》相关各卷）。游访者之多，当然不可能在此一一列出名单，但对于《唐才子传》的一个统计数字，却不该被忽视。有人统计，该传共收录278名唐代才子诗人，而其中173名生活或到过越州，占其总数的62%。① 尽管这些才子对于越州来说，有的属于本土诗人，有的属于幕府诗人，大多数属于游访诗人，但从整体看，他们作为当时诗坛精英，在越州这块神奇的地方相遇了。

北宋越州诗坛，继续保持着游访诗人接踵而至的热闹常态。孔延之《会稽掇英总集》著录的北宋诗人，除本土诗人、幕府诗人外，大多也是游访诗人。据统计，这类诗人多达73名，而且都有诗作保存在总集中。其中71名诗人的作品，现已录入由傅璇琮主编的《全宋诗》相关卷内。需要指出的是，《会稽掇英总集》编订于宋神宗熙宁五年（1072），此后仍有不少诗人如秦观等游访越中，存诗当远远多于总集著录的。即使如此，这一时期在中国文学史上占有重要地位的著名诗人，如王禹偁、梅尧臣、苏舜钦、王安石、苏东坡等，均有咏越诗篇被保存在总集中。苏舜钦、王安石、苏东坡还因各种机缘而作入越游，颇多歌咏。

2. 以唱和为主轴的创作活动

诗人是诗歌创作活动的主体。本土诗人、幕府诗人和游访诗人在越州的会合，是唐宋时期越州城市的一道独特风景线。诗人们如"鳞介之集渊

---

① 李永鑫主编，姚培峰撰：《绍兴通史》第三卷，浙江人民出版社2012年版，第155页。

薮"①，似"过江之鲫遨游"，在这里聚会、创作、酬唱、交流，形成了一个以承载唐宋士大夫人诗意和精神寄托的"文化气场"②。在这个以越州城市为中心的文化气场中，无数诗人以越地山水人文为题材，歌咏唱和，盛况空前，把越州诗歌创作推上了历史的最高峰。由于诗人的大批涌入和高度集中，此唱彼和、互相酬答，成为越州诗坛的一种常态，在中国诗歌史上也不多见。

天宝越中酬唱 以"善著述"、乐诗赋闻名的吴筠，因"爱会稽山水"③而分别于唐玄宗开元中、天宝中，两度隐居越中，且多有酬唱。第一次入越，权德舆《吴尊师传》载：筠于开元中东游天台，"在剡与越中文士为诗酒之会，所著歌篇，传于京师，玄宗闻其名，遣使征之"④。传记中虽然没有出现越中文士的姓名，但从《全唐诗》卷七百八十九严维《中元日鲍端公宅遇吴天师联句》可知，参加联唱的，除吴筠外，还有13人。分别是严维、鲍防、谢良辅、杜奕、李清、刘蕃、谢良弼、郑概、陈元初、樊珣、丘丹、吕渭、范淹等。而且影响之大，惊动了唐玄宗，吴筠因此被召入京，敕待诏翰林。可见，参与此番酬唱的，绝非等闲之辈。安史之乱起，得玄宗许可，吴筠二度"东游会稽，尝于天台、剡中往来，与诗人李白、孔巢父诗篇酬唱……竟终于越中"（《旧唐书》卷一百九十二《吴筠传》）。两次酬唱，究竟留下多少诗篇，虽还有待考证，但新旧唐书李白传和吴筠传，以及《唐才子传》卷一、卷二，均有越中酬唱的记录。据此可以认为，开元、天宝间的越中酬唱，无疑是李白、吴筠创作生活中的重要阶段。

法华寺唱和 释神邕（710—788），俗姓蔡，字道恭，诸暨人。曾游

---

① （唐）穆员：《鲍防碑》，《全唐文》卷七百八十三，上海古籍出版社1993年版，第四册，第3630页。
② 高利华：《越文学艺术论》，人民出版社2011年版，第191—192页。
③ 傅璇琮等：《唐才子传校笺》，中华书局2000年版，第一册，第150页。
④ （唐）权德舆：《吴尊师传》，《全唐文》卷五百七十，上海古籍出版社1993年版，第三册，第2287页。

长安，居安国寺，安史之乱后东归，居山阴法华寺。此时，殿中侍御史皇甫曾，大理评事张河、金吾卫长史严维，兵曹吕渭，诸暨长丘丹，校书陈元初等，赋诗往来，结而成集，卢士式为之作序。① 卢序没有写明书名，存佚自然难以推定；神邕诗作，《全唐诗》也未见著录。即使是严维、皇甫曾的诗篇，虽然《全唐诗》卷二百六十三和卷二百一十分别收录，但从存诗内容看，亦未见有与神邕唱和之作。可见，法华寺唱和诗作，失传已属无疑。

大历浙东唱和 这次以严维、鲍防为首的唐代宗大历年间的浙东唱和，参与人数多达 57 人。在《会稽掇英总集》《全唐诗》《崔元翰集》《宋高僧传·神邕》留名的有：郑概、严维、陈元初、吕渭、鲍防、周颂、贾弇、谢良辅、张叔政、杜奕、成用、谢良弼、裴晃、李清、刘蕃、丘丹、沈仲昌、袁邕、李聿、崔泌、杜倚、樊珣、萧幼和、庾骙、吴筠、刘全白、秦瑀、范灯、范淹、（刘）迥、章八元、贾肃、徐凝、张著、范绛、王纲、贾全、段格、刘题、任迷、崔元翰、神邕、皇甫曾、张河、卢士式等，参与法华寺唱和的诗人也都参与了大历唱和，另外尚有 12 人姓名待考。② 联唱活动以州城卧龙山为中心，兼及城郊兰亭、镜湖、若耶溪、云门寺、华严寺、法华寺等地。作品有唱和、联句、偈语等形式，唐结为"《大历年浙东联唱集》二卷"（《新唐书》卷六十《艺文志》），宋剩一卷，即"《大历浙东酬唱集》一卷"（《宋史》卷二百九《艺文志》），到清人彭定求等编《全唐诗》时，只剩 3 首。但若将联句、偈语联系起来，再参以《全唐诗》卷三百〇七的《状江南》12 首（鲍防等）和《忆长安》12 首（谢良辅等）以及《会稽掇英总集》存录的 11 首偈语，大历年浙东唱和尚存诗 49 首。③

---

① （宋）赞宁：《唐越州焦山大历寺神邕传》，《宋高僧传》卷十七，《高僧传合集》，上海古籍出版社 1991 年版，第 489 页。
② 邹志方：《会稽掇英总集点校·前言》，人民出版社 2006 年版，第 5 页。
③ 同上。

云门寺唱和 灵澈（747—816），会稽人，俗姓汤，越州云门寺僧。幼年出家，从严维学诗，与刘长卿、皇甫曾倾心相交，彼此唱和。后游吴兴，与谢灵运十世孙皎然（字清昼）一见如故。时江南有谚云："昼之昼，能清秀；越之澈，透冰雪；杭之标，摩云霄"，形容吴兴皎然、越州灵澈、杭州道标三位诗僧的名声和诗风。刘禹锡则更是看好灵澈，他在《澈上人文集纪》中引灵澈生徒秀峰的话说，"师赋诗仅二千首，今删取三百篇，勒为十卷，自大历至元和，凡五十年间，接词客闻人唱和酬别为十卷。"① 可见灵澈的唱和诗是很多的，但《全唐诗》卷八百一十、卷八百八十仅存18首。

石伞峰唱和 这次唱和以唐相齐抗之弟齐推为首唱，越州刺史杨於陵等为和作。陈谏《登石伞峰并序》说明了其中缘由：齐抗年轻时曾隐居会稽石伞峰，后官至宰相，隐居地由齐推继承。唐宪宗元和元年（806）秋九月七日，"浙东廉使越州牧兼御史中丞杨公，洎中护军王公，率僚佐宾旅同游赋诗。"② 除齐推、杨于陵、陈谏外，另有王承邺、卫中行、路黄中，以上6人的《登石伞峰》诗6首，均保存在《会稽掇英总集》卷四。《全唐诗》全佚，而且除杨于陵外，其他5人连名字都没有出现。其中陈谏是永贞革新的八司马之一，与王叔文（山阴人）友善，永贞革新失败，贬为台州司马。陈谏参与石伞峰唱和并作序，表明元和元年（806）他在越州。

禹庙祈雨唱和 以浙东观察使薛苹为首唱的禹庙祈雨唱和诗，诗题《禹庙神座，顷服金紫。苹自到镇，申牒礼司，重加衮冕。今因祈雨，偶成八韵》，此诗《全唐诗》佚。薛苹于元和二年（807）到任，五年八月移浙西观察使，嘉泰《会稽志》载：禹庙祈雨唱和诗，"薛苹及和者崔述等十七人，共十八诗。豆卢署正书。刻于夏禹衮冕碑之阴"[（宋）嘉泰《会稽志》卷十六《碑刻》]。和者崔述为盐铁转运使，豆卢署为衢州刺

---

① （唐）刘禹锡：《澈上人文集纪》，《刘禹锡集》，上海人民出版社1975年版，第175页。
② （唐）陈谏：《登石伞峰并序》，《会稽掇英总集》卷四，人民出版社2006年版，第67页。

史，其余和者所以不见姓名，宋欧阳修《文忠公集》卷一百四十二《集古录跋尾·唐薛苹唱和诗》有如下解释："右薛苹唱和诗，其间冯宿、冯定、李绅皆唐显人，灵澈以诗名后世，皆人所想见者，然诗皆不及苹。岂唱者得于自然，和者牵于强作耶？"结果，除薛苹一诗存于《会稽掇英总集》外，其余诗人及其作品均不见流传。

兰亭绝唱 中唐著名诗人元稹于长庆三年（823）至大和三年（829）任浙东观察使、越州刺史，在越八年的时间里，他广辟文士幕僚，优游山水，诗酒文会。《旧唐书·元稹传》载："会稽山水奇秀，稹所辟幕职，皆当时文士，而镜湖、秦望之游，月三四焉。而讽咏诗什，动盈卷帙。副使窦巩，海内诗名，与稹酬唱最多，至今称兰亭绝唱。"（《旧唐书》卷一百六十六《元稹传》）元稹幕中究竟有多少诗人，传记没有明示，但地方志的记载，却提供了重要信息。嘉泰《会稽志》："《禹穴碑》，郑昉撰，元稹铭，韩杼材行书，陆浑篆，宝历丙午秋九月……《禹穴碑》阴，元稹并僚属十一人官位名氏，并拜禹庙诗一首，后有章草一行。"［（宋）嘉泰《会稽志》卷十六《碑刻》］可知元稹幕佐至少有11人，咸晓婷考证其中10人分别为：卢简求（掌书记）、郑鲂（观察判官）、韩杼材、陆浑、周元范（判官）、刘蔚、王璩、韦瓘、李群、薛（景文？）（掌书记）。① 其实这11人只是宝历二年（826）的僚属人数，还有两个人不计在内：如副使窦巩，"海内诗名，与稹酬唱最多"，却不在11人之内；又如山阳赵嘏以大和初（827—835），元稹仍镇浙东，"嘏往游其门，盘桓越中约三四年"②，有《浙东陪元相公游云门寺》等许多首。另外，裴坰也是这一时期的越州观察判官。③ 兰亭绝唱以"动盈卷帙"著称，但经咸晓婷考证的10位幕府诗人作品，除周元范有二首存《全唐诗》外，其余全佚，对研究幕

---

① 咸晓婷：《元稹浙东幕僚佐生平考》，《中文学术前沿》（第四辑），浙江大学出版社2012年版，第46页。
② 谭优学：《赵嘏诗注·前言》，《唐诗小集》，上海古籍出版社1985年版，第1页。
③ 周相录：《元稹年谱新编》，上海古籍出版社2004年版，第259页。

府文学无疑是个损失。

竹筒传诗　唐穆宗长庆二年（822）白居易为杭州刺史，第二年八月元稹亦到浙东任观察使，从此这两颗诗坛明星隔钱塘江而分守浙江东西。两人关系，《唐才子传》作如此描述："微之与白乐天最密，虽骨肉未至，爱慕之情，可欺金石，千里神交，若合符契，唱和之多，毋逾二公者。"①元白之间的频繁唱和之作，每每以竹筒贮诗递送，"竹筒传诗"成了千古美谈。白居易《醉封诗筒寄微之》有"为向两州邮吏道，莫辞来去递诗筒"（《全唐诗》卷四百四十六）句。《与微之唱和来去常以竹筒贮诗陈协律美而成篇因此以答》诗，不仅表达了作者"拣得琅玕截竹筒，缄题章句写心胸"（《全唐诗》卷四百四十六）的诗意，也体现了诗人对往来诗篇生怕过江而"化作龙"的担心，告诉读者为什么采用竹筒传诗的原因。这些往来于杭越间的唱和诗篇，几乎倾注着两位诗人的全部心血，弥足珍贵，不好有点滴闪失。白居易承认"和答之多，从古未有"，他在《因继集重序》中透露了其中的不易："去年，微之取予《长庆集》中诗未答者五十七首追和之，合一百一十四首寄来，题为《因继集》卷之一。今年，予复以近诗五十首寄去。微之不逾月，依韵尽和，合一百首，又寄来，题为《因继集》卷之二。卷末批云：'更拣好者寄来'，盖示余勇，磨砺以须我耳。予不敢退舍，即日又收拾新作格律诗共五十首寄去。"②据清汪立名编《白香山诗集》收录的《白氏文集自记》云："元白唱和因继集共十七卷。"

听艺伎歌　出身梨园世家的盛小丛（女），能歌善舞，《全唐诗》卷八百〇二存诗一首。其母刘采春亦为越中著名女诗人。唐宣宗大中六年（852）八月，李讷为浙东观察使［（宋）嘉泰《会稽志》卷二《太守》］，夜登越州城楼，闻盛小丛"歌声激切"，恰好府中崔元范侍御行将赴阙，李便请盛小丛在镜湖光候亭，连日以歌为崔侍御饯行，在座诸人各赋诗赠

---

① 傅璇琮等：《唐才子传校笺》卷六《元稹》，中华书局 2000 年版，第三册，第 34 页。
② （唐）白居易：《因继集重序》，《白居易集》卷六十，岳麓书社 1995 年版，第 947—948 页。

之。李讷首唱，作《听盛小丛歌赠崔侍御并序》记其事。监察御史崔元范、浙东团练判官杨知至、浙东观察副使卢邺、浙东幕府封彦冲和高湘，浙东处士卢潋等6人唱和，题为《和听盛小丛歌赠崔侍御》，盛小丛有《突厥三台》诗一首。李讷等7首唱和诗，被完整保存在北宋孔延之编订的《会稽掇英总集》卷十《送别》①诗中，《全唐诗》以《和李尚书命妓歌饯崔侍御》为题全部收录，但分别编入卷五百六十三、卷五百六十六、卷五百九十七和卷八百〇二，使人无法感受到这是一次集体唱和的作品。

曲水阁唱和 州治西南有西园，园内有曲水阁、流觞亭、茂林亭、正俗亭诸景。宋仁宗景祐四年（1037）三月，时为越州知州的蒋堂，率郡曹及其僚属，到曲水阁仿当年兰亭流觞曲水故事，嘉其盛，乃作诗以美之，得21首，命属吏唐询作序。②首唱者蒋堂，作《题曲水阁诗》，和者有唐珣、林概、刘述、邵必等，题为《和题曲水阁诗》，其中邵必二首。《题曲水阁诗并序》及上述五人6首，存宋孔延之编《会稽掇英总集》卷二。《全宋诗》据《会稽掇英总集》著录，分别编入卷二百七十二、卷一百五十、卷二百六十七、卷三百四十七。

蓬莱阁唱和 蓬莱阁是吴越国钱镠据元稹《州宅》诗"我是玉皇香案吏，谪居犹得住蓬莱"③句所建，在州治卧龙山上。宋神宗熙宁四年（1071）四月，孔延之以度支郎官知越州，而由他编订的《会稽掇英总集》自序中则署"尚书司封郎中、知越州军州事，领浙东兵马钤辖"，时间是在熙宁五年（1072）五月。从总集收录蓬莱阁唱和诗的情况看，唱和时间当在是年五月之前，而且主唱者就是孔延之本人。令人费解的是，《会稽掇英总集》只收沈立、赵诚、沈绅、吴可几、裴士杰、孙昌龄、顾临、江衍等8首和诗，即《和孔司封题蓬莱阁诗》④，却不见孔延之的唱诗。是不

---

① （宋）孔延之：《会稽掇英总集》卷十《送别》，人民出版社2006年版，第141—143页。
② （宋）孔延之：《会稽掇英总集》卷二《西园》，人民出版社2006年版，第22页。
③ （唐）元稹：《以州宅夸于乐天》，《元稹集校注》，上海古籍出版社2011年版，中册，第651页。
④ （宋）孔延之：《会稽掇英总集》卷一《州宅》，人民出版社2006年版，第14—15页。

是因为自己是《会稽掇英总集》的编订者，故而有意回避自己的作品入选呢？若是，亦不失为文坛风范，值得后世景仰。遗憾的是人们无法再见到他的《题蓬莱阁诗》了。而其他8首和诗及其作者，因孔延之的编入而得以流传，为新编的《全宋诗》所收录。

会稽唱和 杭越相邻，唐长庆至大和间（823—829），元白演绎过"竹筒传诗"故事；北宋熙宁间（1075—1079），赵抃、程师孟两同年"会稽唱和"，亦为千古美谈。赵抃熙宁八年（1075）四月以资政殿学士、右谏议大夫知越州，十年（1077）六月移知杭州。程师孟，熙宁十年十月以给事中、充集贤殿修撰知越州，元丰二年（1079）十二月移任[（宋）嘉泰《会稽志》卷一《太守》]。秦观称他们俩"登进士第也为同年，其守浙东西也为邻国，又皆喜登临，乐吟赋，故其雅好视游，从中为厚。而山川览瞩之美，酬献之娱，一皆寓之于诗，旧所唱和多矣"①。元丰二年（1079）秦观到越中探亲，见两人唱和，"号为盛事"，人或"以后见为耻"，"因手写二十二篇之诗以遗越人"②，称为《会稽唱和诗》并为之作序。秦序唱和诗未见传本，但赵抃与程师孟的唱和诗，均存于赵抃《清献集》。

"唱和"是中国诗歌创作领域的重要活动形式之一。这种交织着诗人个体与群体、时代与政治、地域与文化种种丰富而复杂因素的文学现象③，对于推动越地诗歌乃至文学创作的发展，意义重大。一方面，这些来自四面八方的游访诗人、幕府诗人与越州的本土诗人会合，大家一起歌咏吟唱，互相交流，互为借鉴，驰骋才力，抒发心灵，既扩大了诗的创作面，又提高了诗的表现力，并且以涌现大量名篇佳作为标志，奠定了越州唱和在唐宋诗歌史上的重要影响和历史地位。另一方面，原本山水人文底蕴深

---

① （宋）秦观：《会稽唱和诗序》，《秦观集编年校注》卷二十四，人民出版社2001年版，下册，第531页。
② 同上。
③ 咸晓婷：《元稹浙东幕僚佐生平考》，《中文学术前沿》（第四辑），浙江大学出版社2012年版，第46页。

厚、素有骚人墨客修身养性理想之地美称的越州①，由于这些不同区域、不同类型、不同风格诗人的到来，并通过他们的游赏、体验、歌咏，以不同的诗风或流派，进一步揭示了越地山水人文的灵秀神韵，给后世留下无可替代而又不可磨灭的城市记忆，成为宝贵的文化遗产。

（二）书法艺术的传承

自从代表中国书法艺术最高水准的王羲之《兰亭集序》问世以后，书法圣地兰亭及其所在的越州，很自然地成了书法艺术的传承基地。

这种艺术上的传续，首先在王氏家族内部得到了充分体现。王羲之晚年退隐山阴，向子孙传授书艺，他的《书论》就专为子孙们写的。② 在王羲之的7子1女中，擅长书法者有5子，而且除第6子王操之外，其余都参加了当年兰亭雅集。王门诸子书法，幼子王献之已达到与父共圣的地位。唐张怀瓘评"二王"书法："逸少秉真行之要，子敬执行草之权，父之灵和，子之神俊，皆古今之独绝也。世人虽不能甄别，但闻二王，莫不心醉。"③ 其他如次子王凝之、三子王涣之、五子王徽之、六子王操之，在书法艺术上各有特色，各美其美。从继承王羲之书艺看，后世以为凝之"得其韵"，涣之"得其形貌"，操之"得家传"，徽之"律以家法"。因此宋人黄伯思有以下评述："王会稽七子，凝、操、徽、涣、献五人，书迹具传，惟玄、肃二子未见。余皆得家范，而体格不同，是善学逸少书者。"④ 对王门诸子传承家学的成就给予了充分肯定。

其实受王羲之家学影响的，不仅是他的子孙，而是整个琅琊王氏家族。王导十一世孙王方庆的话说明了这一点。唐武则天神功元年（697），

---

① 宋代吴迋《忆秦望、照湖二境》诗有"东南山水古驰名，合与骚人养性灵"句，《会稽掇英总集》卷三，人民出版社2006年版，第41页。
② 王羲之《书论》一文开头讲到为何作此文，有"恐子孙不记，故叙而论之"句。参见《历代书法论文选》，上海书画出版社1998年版，第28页。
③ （唐）张怀瓘：《书议》，《历代书法论文选》，上海书画出版社1979年版，第149页。
④ （宋）黄伯思：《东观余论》，《历代书法论文选续编》，上海书画出版社1993年版，第85页。

当凤阁侍郎王方庆被问及家中有多少右军遗迹时,"方庆奏曰,臣十代再从伯祖羲之书,先有四十余卷……进讫。臣十一代祖导、十代祖洽、九代祖珣、八代祖昙首、七代祖僧绰、六代祖仲宝、五代祖骞、高祖规、曾祖褒,并九代,三从伯祖晋中书令献之已下二十八人,书共十卷。"① 书法传人,可谓弥久不衰。

在王氏书法传人中,以王羲之七世孙智永最为闻名。智永系陈、隋间人,出自王徽之一支,与兄智楷同为会稽永欣寺僧。唐何延之《兰亭始末记》载,王羲之《兰亭序》留付子孙,传之智永,智永禅师居永欣寺,精勤书艺,"凡三十年于阁上临真草《千字文》八百余本,浙江东寺各施一本"。所退笔头置于大竹簏,簏受石余,而五簏皆满②,可见习艺之精勤。唐张怀瓘认为,智永书法"师远祖逸少,历记专精,摄齐升堂,真、草唯命,夷途良辔,大海安波。微尚有道之风,半得右军之肉。兼能诸体,于草最优,气调下于欧(阳询)、虞(世南),精熟过于羊(欣)、薄(绍之)。"③ 其兄智楷工草书,其弟子智果书法造诣亦颇深,隋炀帝有智永书法"得右军肉",智果"得右军骨"④ 的评价。

唐代由于唐太宗李世民的推崇,王羲之书成为书法正宗。唐太宗不仅四处搜罗王羲之书法遗迹,还亲自为《晋书·王羲之传》写赞辞。在列数名家书法之短后,独赞王羲之曰:"详察古今,研精篆素,尽善尽美,其惟王逸少乎!观其点曳之工,裁成之妙,烟霏露结,状若断而还连;凤翥龙蟠,势如斜而反直。玩之不觉为倦,览之莫识其端。心慕手追,此人而已"(《晋书》卷八十《王羲之传》)。帝王亲撰传论,造成了有唐一代的尊王书风,对越州影响很大,涌现了大批书艺传人,其中著名的有虞世南、贺知章、徐浩等。

---

① (宋)王溥:《唐会要》卷三十五《书法》,中华书局1998年版,中册,第647—648页。
② (唐)何延之:《兰亭始末记》,《全唐文》卷三百一十,上海古籍出版社1993年版,第二册,第1352页。
③ (唐)张怀瓘:《书断》,《历代书法论文选》,上海书画出版社1979年版,第191页。
④ 同上书,第200—201页。

虞世南（558—638），字伯施，越州余姚人。初，智永学逸少书精极，名重于陈，虞世南便从智永学，"尽得其法，而有过之"，隶、行皆入妙品。虞世南为人儒雅，学术渊博，论议持正，从不迎合曲从。书法也与他为人一样，"气秀色润，意和笔调，然而合含刚特，谨守法度，柔而莫渎，如其为人。虽欧（阳询）、虞（世南）同称，德义乃出询右也"①，书品与人品受人赞赏。陈、隋乃至初唐武德年间，虞世南不以书名，到贞观年间，奉敕与欧阳询"教示楷法"于弘文馆，所书《孔子庙堂碑》，又获唐太宗赐给的"王羲之黄银印"（《佩文斋书画谱》卷二十六《书家传五·虞世南》），遂与欧阳询并名天下。唐太宗虽然"心摹手追"，书学右军，但总难以达到右军之精，于是向虞世南学，米芾《书史》云："太宗力学右军不能至，复学虞行书。"[（宋）米芾《书史》]《宣和书谱》更具体："太宗乃以书师世南。然尝患'戈'脚不工，偶作'戬'字，遂空其落戈，令世南足之，以示魏徵。徵曰：'今窥圣作，惟'戬'字戈法逼真。'"（《宣和书谱》卷一《唐太宗》）虞世南书法在当时的影响，于此可见。

贺知章（659—744），字季真，越州永兴人。《新唐书》本传称贺"善草隶，好事者具笔研从之，意有所惬，不复拒，然纸才十数字，世传以为宝"（《新唐书》卷一百九十六《贺知章传》），其草书尤为时人所重。贺知章是初唐著名诗人，又常以草书题诗墙垣，在京城格外引人注目。温庭筠在题为《秘书省有贺监知章草题诗，笔力遒健，风尚高远，拂尘寻玩，因有此作》诗中赞道："出笼鸾鹤归辽海，落笔龙蛇满坏墙。"（《全唐诗》卷五百七十八）另一位唐代诗人刘禹锡看了贺知章的草书题诗，也有一首《洛中寺北楼见贺监草书题诗》，其中有"高楼贺监昔曾登，壁上笔踪龙虎腾。中国书流让皇象，北朝文士重徐陵"（《全唐诗》卷三百五十九）。贺知章继承"二王"行书风格，有章草《孝经》流传后世，作品随手写来，气势连贯，一气呵成，如同行云流水。唐代窦蒙、窦臮兄弟说他："湖山

---

① （宋）朱长文：《续书断》，《历代书法论文选》，上海书画出版社1979年版，第328页。

降祉，狂客风流。落笔精绝，芳嗣寡仇。如春林之绚彩，实一望而写忧。邕容省闼，高逸豁达。"① 今会稽山南坡飞来石上，尚存唐天宝三年（744）贺知章回乡后题书的《龙瑞宫记》楷书摩崖石刻。

徐浩（703—782），字季海，越州会稽人，人称"徐会稽"。出身书法世家。祖父徐师道，字太真，"精于翰墨"；父徐峤之，字惟岳，书承家学，"以世名家"。徐峤之"正书入妙，行书入能，遒媚有楷法……尝进书六体，手诏答曰：'得进书甚可观览，回鸾顾鹊，坠露凝云，虽古人临池悬帐之妙，何以过此'。乃赐物四十段以旌之。"② 徐浩也说他父亲"真、行、草皆名冠古今，无与为比"[（唐）徐浩《古迹记》，《法书要录》卷三]。徐浩自己则"受书法于父。少而清劲，随肩褚、薛；晚益老重，潜精羲、献。其正书可谓妙之又妙也，八分、真、行皆入能"③，受"二王"书法影响也很深。传世书迹有隶书《嵩阳观圣德感应颂》，楷书《朱巨川告身》（墨迹本）、《宝林寺诗帖》以及《李岘墓志》等多种。其子徐璹、徐岘均善书。徐浩自称："长男璹，臣自教授，幼勤学书、在于真行，颇知笔法，使定古迹，亦胜常人。"[（唐）徐浩《古迹记》，《法书要录》卷三]《佩文斋书画谱》谓徐岘"善书，工行草。石曼卿得其石刻，屡称于人"（据《续书断》载：石曼卿，名延年，字曼卿，北宋真宗朝太子中允、秘阁校理。其书法有"颜筋柳骨"之说）。

五代及北宋，越州书法艺术成就卓著者，有徐铉、徐锴和杜衍等。

徐铉（917—992）、徐锴（921—975）兄弟，越州会稽人，因父延休为吴江都少尹，遂家广陵（扬州）。④ 兄弟二人并精小学。徐铉校订的《说文解字》今为30卷，称"大徐本"，是完整而易读的流行本；徐锴著《说

---

① （唐）窦臮等：《述书赋并注》，《历代书法论文选》，上海书画出版社1979年版，第256页。
② （宋）朱长文：《续书断》，《历代书法论文选》，上海书画出版社1979年版，第330—331页。
③ 同上书，第331页。
④ （宋）陆游：《南唐书》卷五《徐锴传》，《陆放翁全集》，中国书店1995年版，上册，第18页。

文解字系传》45卷，是对《说文》进行系统研究、解释的专著。二人将中国文字与书法紧密结合，既有很高的文字学研究成果，又有独特的书法成就。《宋史》本传谓："铉精小学，好李斯小篆，臻其妙。隶书亦工。"（《宋史》卷四百四十一《徐铉传》）他以李斯小篆为范本，笔正而纯。"能存其法"，宋人朱长文将其归入"妙品"，并说："尤善篆，八分，精于字学。盖自阳冰之后，篆法中绝，而骑省于危乱之间，能存其法。"① 今西安碑林《重摹秦峄山石刻》，即据徐铉所书摹刻入石，另有尺牍墨迹纸本《私诚帖》藏台北故宫博物院。其弟徐锴亦工篆书，朱长文说："弟锴得兄之学，而名誉相上下，世号二徐。"②

　　杜衍（978—1057），字世昌，越州山阴人。有丰富的从政经历，先后任扬州、平遥、晋州、乾州、凤翔、潞州等地方官。为官清廉，办事公正，治政谨密，政绩闻名朝野，宋仁宗因此召他到朝廷任职，直至担任宰相要职。杜衍在书法上颇有造诣，《宋史》本传称他："善为诗，正书、行、草皆有法。"（《宋史》卷三百一十《杜衍传》）其作品今存两件③：一为书于宋仁宗至和元年（1054）的行书《题怀素自叙卷后》七绝诗，瘦硬兼备，一反宋初书法偏于用笔肥厚的审美倾向，独树一帜，达到了杜甫所说的"书贵瘦硬方通神"〔（唐）杜甫《李潮八分小篆歌》，《全唐诗》卷二百二十二〕的境界。二为草书《珍果帖》，原迹藏今台北故宫博物院。杜衍一生处事勤勉，与人书信往来，坚持亲自持笔作答，即所谓："尺牍必亲，人皆藏之。"④ 书札《珍果帖》行笔率意，法度谨严，墨趣枯湿相间，浓淡相宜，点画纤细，纤毫必呈，字字生动。⑤《佩文斋书画谱》引《东坡集》有云："正献（杜衍谥号）公晚乃学草书，遂为一代之绝，清闲妙丽，得晋人风气。"

---

① （宋）朱长文：《续书断》，《历代书法论文选》，上海书画出版社1979年版，第333—334页。
② 同上书，第334页。
③ 胡源：《越中书法史》，中国社会科学出版社2011年版，第158页。
④ （宋）朱长文：《续书断》，《历代书法论文选》，上海书画出版社1979年版，第349页。
⑤ 胡源：《越中书法史》，中国社会科学出版社2011年版，第159页。

总之，隋唐至北宋时期，凡越州书法有成就或以大家相称者，大抵以"二王"为宗，在传承中又有创新，城市书法艺术自成一格。

（三）造型艺术的应用

与书法艺术不同，隋唐至北宋时期越州从事造型艺术创作的名家虽然不多，但有一个显著特点，即造型艺术与城市建筑结合得非常紧密。大凡寺院、庙宇、官署乃至地方名胜等重要建筑，都以绘画、雕塑、工艺美术等作品来反映建筑物的主题，或所要表达的思想性。

寺院佛像是一种标志性的雕塑作品，虽然汉已有之，但"形制未工"（《南史》卷七十五《戴颙传》）。直至晋代，由于戴逵（约326—396）首创了干漆夹雕塑法，用"夹苎"漆艺雕塑佛像，大获成功。他曾为山阴灵宝寺塑丈六无量寿佛像，以为"古制朴拙，至于开敬，不足动心"，于是坐帷幕中偷听观众评论，细心研究修改，积三年之功方成。① 灵宝寺是越州城内第一家寺院，始建于西晋永康元年（300），唐大中元年（847）改大庆尼寺〔(宋)嘉泰《会稽志》卷七《寺院·大庆尼寺》〕。此举表明，越州城内寺院，从一开始就有雕塑佛像。戴逵工书画，尤精雕塑；长子戴勃"有父风"；次子戴颙承父业，精于雕塑佛像，而且首创"藻绘"，为后世错杂华丽的色彩画开辟了新路。

隋唐时期州城寺院佛像，有泥塑的，也有石雕的。石雕佛像，以石佛妙相寺的维卫尊佛最为闻名。该寺建于唐大和九年（835），会昌五年（845）废，五代天福中于废寺前水中得石佛，遂重建寺院〔(宋)嘉泰《会稽志》卷七《寺院·石佛妙相寺》〕。维卫尊佛像高0.58米，作全跏趺式，通身用青石雕凿而成，外施贴金，面相庄严，服饰依稀可辨。像背所刻雕凿年代为"齐永明六年太岁戊辰"（维卫尊佛，现藏绍兴市文物局，国家一级文物，详见《绍兴文物志》）即南齐武帝萧赜永明六年（488）。

---

① （唐）张彦远：《历代名画记》，《四库精品文存》卷二十九，团结出版社1997年版，第52页。

城中其他寺院佛像则以泥塑为多，而且各有特色。蕺山下曾为王羲之故宅的戒珠寺佛像气韵生动，栩栩如生："寺之中为卧佛殿，有所谓十大弟子者，哀泣其旁，或候气，或扪足，而佛之父母亦在焉。"[（宋）嘉泰《会稽志》卷七《寺院·戒珠寺》] 地处州城春波桥附近的大中禹迹寺，佛像众多，蔚为壮观，"寺门为大楼，置五百阿罗汉，甚壮丽"[（宋）嘉泰《会稽志》卷七《寺院·大中禹迹寺》]。由唐末董昌故第改建的开元寺，规模宏敞，气度不凡，"重甍广殿，修廊杰阁，大钟重数千斤，声闻浙江之湄。佛、大士、应真之像，皆雄特工致，冠绝它刹"[（宋）嘉泰《会稽志》卷七《寺院·开元寺》] 是越州城内最大寺院。

唐代越州绘画艺术也取得了非凡成就，代表性画家有陈闳和孙位，两人均为会稽县人，且又以人物画名闻朝野。

陈闳（闳一作"弘"、又作"宏"），善于写真，工人物、鞍马。初为永王府长史。唐玄宗开元中（713—741），召入宫供奉，专绘玄宗及唐室诸帝画像，妙绝当时。[1] 开元十三年（725），玄宗东封泰山，回来经过潞州金桥，见旌旗严明，羽卫整肃，便命陈闳、吴道子、韦无忝合作《金桥图》。闳画玄宗及所骑名马"照夜白"，道子画桥梁、山水、车舆、人物，无忝画狗马牲畜，各尽其妙，时称"三绝"[（宋）王谠《唐语林》卷四《豪爽》]。当时韩干亦以画马进献，玄宗怪其无陈闳笔法，命韩干好好向陈闳学习。作品除《金桥图》《上仙图》外，还有《明皇射马图》《写唐帝真》《明皇击梧桐图》《人马图》等，《历代名画记》《唐朝名画录》《宣和画谱》均有著录。

孙位，后改名遇，号会稽山人。唐僖宗广明元年（880）十二月初，黄巢起义军攻入长安，僖宗逃往四川，孙位随之入蜀。擅画人物、山水、松石、墨竹和寺院壁画，蜀中曾为应天、昭觉、福海等寺院画过不少壁画。后人评他画水龙，波涛汹涌，势欲飞动；画松石，笔墨精妙，气象雄

---

[1] 《宣和画谱》卷五《陈闳》，《四库全书精品文存》第二十九卷，团结出版社1997年版，第341页。

壮；画鹰犬，三五笔而成。喜与方外交，对豪贵简慢少礼，纵千金不卖一笔。作品《宣和画谱》著录27件[1]，《高逸图》为唯一传世名作，今藏上海博物馆。

越州的造型艺术，包括绘画、雕塑、工艺美术和建筑艺术，在城市重要建筑物中的综合运用水平，到五代吴越国时已有很大提高，集中体现在后唐清泰二年（935）新建的吴越国武肃王庙中。吴越国钱镠死于长兴三年（932），死后谥"武肃"，因越州为吴越国东都（亦称东府），钱元瓘即位后，便在越州投醪河边择地建庙，俗称钱王祠，实际上就是吴越钱氏家庙，人财物的投入可想而知。从皮光业《吴越国武肃王庙碑铭》记载看，这座规模宏大的建筑群，不仅四面墙上有壁画，金碧辉煌，如"琼瑶耀壁"，而且雕梁画栋，施以朱漆，有"丹漆明檐"之说。庙内有两组雕刻，一为《王母玄图》，将西王母形象置于庙中，是唐末五代很少见的。一为钱镠"圣容"，用白檀雕成，底座用黄金镂出，面部"凤目龙章，颜犹不改"，形象逼真，神采如生。大殿陈列着的俎豆、牺樽礼器，悬挂着的枳敔、钟磬乐器，还有后殿五彩翚衣和雉服等皇后服饰，都是当时精湛的工艺品。另外，正殿两侧的廊庑也尽现了建筑艺术的风采："左则回抱粉廊，连延绮栋，并图曹署，各列司存，乃至早世勋臣，无禄公子，皆塑仪像，并配荐羞。右则修庑飞甍，绿窗丹牖，阴兵神马，见雷电而没风云；明灶净厨，备粢盛而烹肥腯。"写到这里，作者不禁感叹"居然神府"。皮光业为唐著名诗人皮日休之子，时任吴越国宰相，记述钱王祠亦颇有文采。[2]

当然，由于历史原因，钱王祠当年的"壮观"景象，最终仅存于碑铭之中，即使是晚出的"永福院大像"，也难逃"佛不灭而世以为灭也"的

---

[1] 《宣和画谱》卷二《孙位》，《四库全书精品文存》第二十九卷，团结出版社1997年版，第326页。

[2] （五代）皮光业：《吴越国武肃王庙碑铭》，《会稽掇英总集》卷十七，人民出版社2006年版，第251—252页。

命运。宋仁宗嘉祐六年（1061）沈遘（字文通）知越州，大治学官，以宝积寺大殿为孔子殿。而原有殿中佛像岿然而立，若不加迁移，必遭毁坏。于是，永福院智印法师力主移归永福院，并且专造槥车与方舟，用4个月时间，通过陆路、水路，将大佛以及诸菩萨弟子凡十二躯移归永福院，旨在保护这批佛像。沈遘为之作《永福院大像赞并序》[①]，记述大佛之伟岸及其迁移过程。但是大佛的命运，与钱镠"圣容"一样，后世只能从文献中领略其风采。

三 城市居民的宗教信仰

随着经济社会的繁荣和对外关系的发展，隋唐时期西域的祆教、摩尼教、景教和伊斯兰教相继传入中土，从全国来看，宗教信仰日趋多元化，而地处东南沿海的越州城市居民，由于地理因素和受传统文化影响，仍以信仰道教和佛教为主，而且均较前代有新的发展。

（一）道教的兴起和发展

越州境内道教活动始于东汉。文献记载，东汉与六朝时期，会稽道教除求仙炼丹服食之外，还有修功德设道场，祈求免灾获福、人生平安等祈祷活动。

道教炼丹活动，以东汉末年的魏伯阳最为著名。魏伯阳（生卒不详），上虞人，名翔，号伯阳。出生缙绅之家，性好道术，葛洪《神仙传》记其与弟子入山炼丹故事。于汉顺帝、桓帝间著《周易参同契》三卷。以为炼丹之道与《易》理相通，故借爻象为象征性符号，以《易》所示阴阳二元素配合变化为理论，将天道、地道、人道统而为一，为后世道家所宗。嘉泰《会稽志》卷十五《神仙传》载，三国吴时丹阳葛玄

---

① （宋）沈遘：《越州永福院大像赞并序》，《会稽掇英总集》卷二十，人民出版社2006年版，第308—309页。

曾隐居会稽若耶溪，留有仙公钓矶与炼丹井。其从孙葛洪亦曾至会稽宛委山炼丹，有葛仙翁丹井〔（宋）嘉泰《会稽志》卷九《宛委山》、卷十五《神仙》〕。

早期越州道教有个显著特点，即无论是修道还是炼丹，都不在城内活动，而在城外名山胜水或山洞内进行，与大自然融为一体。原因是中国土生的道教，其核心思想就是神仙信仰，追求得道成仙、长生不老。道教认为，神仙不同凡人，其所居之处，一在海中，二在山中，三在天上，不与世人相杂。于是海上便有"蓬莱""瀛州""蓬丘"等"十洲三岛"说；陆上又有"洞天福地"说。所谓"洞"者"通"也，洞室既可以通达上天，又可以修道成神通天；所谓"福"，则指"福祥"，言就地修道可得福度世。因此道教便有"十大洞天""三十六小洞天""七十二福地"等名目。此说从东晋开始构架，到唐代正式定型。[1]

在"三十六小洞天"中，越州得其二：一为四明山洞，"周回一百八十里，名曰丹山赤水天，在越州上虞县"；二为会稽山洞，"周回三百五十里，名曰极玄大元天，在越州山阴县镜湖中"〔（宋）张君房《云笈七签》卷二十七《洞天福地》〕。会稽山洞在地方志书中均称"阳明洞天"，如宋嘉泰《会稽志》云："阳明洞天，在宛委山龙瑞宫，旧经云，三十六洞天之十一洞也，一名极玄大元之天。"〔（宋）嘉泰《会稽志》卷十一《洞》〕"七十二福地"中越州有其四，分别为：第十五沃洲（今嵊县南），第十六天姥岑（今新昌县），第十七若耶溪（今绍兴县），第十八金庭山（今嵊县，一说在安徽巢县）〔（宋）张君房《云笈七签》卷二十七《七十二福地》〕。从洞天福地的数量看，隋唐以前会稽地区的道教活动还是十分频繁的。

在越州境内六处洞天福地中，按道家说法，以离州城最近的会稽山洞即阳明洞天最为古老。嘉泰《会稽志》说："阳明洞天，在宛委山龙瑞宫。"又说龙瑞宫在会稽县东南25里，"宫有石刻《龙瑞宫山界至记》，不

---

[1] 卿希泰等：《中国道教》第四卷，东方出版中心1996年版，第115页。

知何人所记，乃贺知章书"［（宋）嘉泰《会稽志》卷十一《洞》，宝庆《会稽续志》卷三《宫观》］。贺知章书龙瑞宫记时间，当在他还乡入道以后，即唐玄宗李隆基天宝三年（744）后。宫记载："宫自黄帝建候神馆。宋尚书孔灵产入道，奏改怀仙馆。神龙元年再置。开元二年，敕叶天师醮，龙现，改龙瑞宫。"［（清）杜春生《越中金石记》卷一《龙瑞宫山界至记》］

开元二年（714）李隆基敕叶天师在龙瑞宫设斋坛祈祷神佛一事，足以说明朝廷对道教的重视。唐代把道教定为国教，喜好设斋建醮，希望上天保佑社稷永存，江山永固，风调雨顺，国泰民安。因此常常派出道士和宦官前往各地设斋建醮，所谓"敕叶天师醮"，便是其中之一。

而对于太子宾客、秘书监贺知章还乡入道，李隆基表现得更为隆重其事。天宝初，贺知章请为道士，还乡里，玄宗许之，"以宅为千秋观而居"，又诏赐镜湖一曲为放生池。天宝三年（744）正月初五日，贺知章离开长安时，唐玄宗又亲制御诗送行，太子以下百官饯送。《新唐书》载："既行，帝赐诗，太子百官饯送。"（《新唐书》卷一百九十六《贺知章传》）唐玄宗所赐题为《送贺秘监归会稽并序》，太子以下36位饯送者作应制诗，每人一首。这些诗作被录入《全唐诗》的仅8首，其余28首被《会稽掇英总集》完整保存了下来。唐玄宗所以如此隆重，一方面固然为了称赞这位老臣的"贤达"，同时也表达了他对贺知章入道的支持。诚如诗中所说："遗荣期入道，辞老竟抽簪。岂不惜贤达，其如高尚心。"[①] 不久，贺知章魂归道山，舍会稽宅为千秋观，唐玄宗想必也获此消息，便于天宝七年八月十五日敕："两京及诸郡所有千秋观寺，宜改天长名。"[②] 地处州署"东南六里一百六十六步"属会稽县境的千秋观，同年亦改名"天长观"。其原因，嘉泰《会稽志》有如下解释："开元十七年，从群臣请，

---

① （唐）李隆基：《送贺秘监归会稽并序》，《会稽掇英总集》卷二，人民出版社2006年版，第26页。
② （宋）王溥：《唐会要》卷五十《杂记》，中华书局1998年版，中册，第880页。

以八月五日上降诞日为千秋节，观盖用节名。后改千秋节为天长地久节，观名从之。"[（宋）嘉泰《会稽志》卷七《宫观寺院》]

千秋观的出现，标志着越州城内道教宫观建设进入了新的发展时期。道教初创之际，道士多入山修道，大多居于山洞，最多在洞旁搭一茅舍。东晋以后，道教取得在会稽为官的王羲之、王凝之父子信奉，道教地位逐渐提高。南朝陈代开始在越州城内建立宫观，规模扩大，既有祭神之所，又有道士生活用房。唐代由于皇室大力扶持道教，道士居所建筑越来越讲究，以致有"如王者之居"的说法。所建宫观也越来越多。

唐宋时期越州所在的会稽、山阴两附郭县内，有道教宫、观6所。除龙瑞宫外，城内最早出现的是思真观，南朝陈武帝永定二年（558）建。北宋太平兴国九年改额"乾明"；宋徽宗崇宁二年（1103）改"崇宁万寿"观，政和三年（1113）改"天宁万寿"观，置徽宗本命殿，号"景命万年殿"。唐玄宗时城内新建宫观2所；一为开元二十八年（740）所建的开元宫，在州署南四里一百二步，隶山阴，规模宏广，后为民居所侵。一为天宝三年（744）贺知章辞官入道，舍宅建，号千秋观，在州署东南六里一百六十六步，隶会稽。后改天长观。唐代越州城内紫极宫则在州署东南五里一百二十步的天庆观内，隶会稽。唐尊老子为玄元皇帝，唐玄宗时于两京（长安与洛阳）及诸州均置"玄元皇帝庙"。京师号玄元宫，诸州号紫极宫，宫内置玄元皇帝像，为一般宫观所无。至吴越钱镠天宝元年（908）改真圣观，北宋大中祥符元年（1008）又改为承天观。

从隋朝到北宋的很长时间内，州城的著名道士虽然不多，但道教素所崇奉的神灵，却在宫观乃至民间受到广泛信仰。从宫观建设、文字记载，到出土文物，都传递了这一信息。如被列为三十六小洞天的阳明洞天，道家以为传说中的黄帝，尝建候神馆于此 [（宋）嘉泰《会稽志》卷七《宫观·龙瑞宫》]。在出土的东汉会稽铜镜中，有许多是神仙画像镜，其中尤以西王母画像镜和东王公画像镜为多。① 在今绍兴平水镇出土的"釉陶屋模"大门两侧,线刻门神清晰可见。② 唐天宝三年(744)由贺知章舍宅所置的千秋观殿上,塑有麻姑、浮丘伯神像,为其他宫观所无〔(宋)嘉泰《会稽志》卷七《宫观·天长观》〕。越州城隍神于唐代已经出现,神主姓庞,讳玉,初唐时任越州总管,惠泽在民,卒后郡人追怀之,"祠以为城隍神"〔(宋)嘉泰《会稽志》卷六《祠庙·城隍显宁庙》〕。道家以为泰山神是阴间鬼魂的最高主宰者,唐代越州城内为之专设"东岳行宫"〔(宋)嘉泰《会稽志》卷六《祠庙·东岳行宫》〕。北宋政和四年(1114)二月,宋徽宗敕改越州禹祠为告成观,内作三清正殿,同时设有醮祭〔(宋)嘉泰《会稽志》卷七《宫观·告成观》〕,等等。道教神仙谱系中的神灵数量虽然众多,但从越州城市居民对黄帝、西王母、东王公、门神、麻姑、浮丘伯、城隍、东岳大帝以及三清境的三位高神崇奉,说明唐宋时期越州的神仙信仰已经十分普遍(以上诸宫观的记载,详见嘉泰《会稽志》卷七、宝庆《会稽续志》卷三)。

(二)佛教鼎盛时期的到来

会稽地区在六朝时期形成的江南佛教中心地位,在隋唐五代至北宋时进一步得到巩固,出现更为繁荣的局面。这种城市佛教繁荣,与当时佛教发展的大趋势是一致的。就全国而言,从开皇元年(581)隋文帝杨坚统一南北分裂局面,到隋炀帝失去权力,尽管只有30余年历史,但隋朝杨氏父子都笃信佛教,致力于佛教传播,作为巩固其统治的手段之一。唐代虽然以道教为国教,也发生过会昌法难,但总体而言,多数皇帝仍然十分重视对于佛教的整顿和利用,使佛教信仰和佛教文化深深扎根于民众之中,出现了中国佛教史上少有的繁荣局面。到五代十国时,南方社会安定,吴越国钱镠以"信佛顺天"为宗旨,大力提倡佛教。北

---

① 王士伦:《浙江出土铜镜》(修订本),文物出版社2006年版,第23—24页。
② "釉陶屋模"图片,见绍兴博物馆编《走近大越》,上海人民美术出版社2014年版,第407页。

宋政权建立之后，一反北周武帝毁佛政策，给佛教适当的保护来加强国内统治。在这样的大背景下，越州城内的佛教信仰出现繁荣景象，是可以理解的。

1. 寺院的新建

据南朝梁慧皎《高僧传》和宋嘉泰《会稽志》载，隋代以前，会稽郡城相继建有灵宝寺、戒珠寺、光相寺、禹迹寺、大能仁寺、竹园寺、龙华寺、龙兴寺、宝林寺、大善寺等10座寺院，成为江南著名佛教中心之一。隋唐至北宋年间，又陆续新建寺院19座，至北宋末年城内实有29座。如果加上会稽附郭县的44座、山阴附郭县的42座，州城寺院总数达115座[（宋）嘉泰《会稽志》卷七、卷八《寺院》]。唐宋时期越州城内新建寺院，《会稽志》记录甚详，列表如下：

表3－4　　　　　　　唐宋州城新建寺院名录

[（宋）嘉泰《会稽志》卷七、卷八《寺院》]

寺院名称	始建年代	曾用名称	坐落方位
延庆院	唐大中十二年(858)		府东南5里226步
悟本院	唐乾符二年(875)	镜水院、明心院	府东南3里34步
大中祥符寺	唐中和二(882)	中和水陆院、稽山罗汉院、保圣寺、法云寺	府东北3里200步
广教院	唐景福元年(892)	天王院、通教院	蕺山东麓
景德院	后梁开平元年(907)	镜清院、福清院	府东南6里74步
开元寺	后唐长兴元年(930)		府东南2里170步
永福院	后晋天福四年(939)	光明院、天台教院	府东258步
善法院	后晋天福七年(942)	永宁尼院、大庆院	府东南4里202步

续　表

寺院名称	始建年代	曾用名称	坐落方位
崇报院	后晋开运四年（947）	报恩院	府东 2 里 194 步
寿昌院	后汉乾祐三年（950）	吉祥院	府东南 5 里 146 步
旌教院	后周显德二年（955）	法华忏院、永寿院、杏花寺	府东南 4 里 194 步
明教院	北宋建隆元年（960）	弥陀院	府东南 5 里 46 步
妙明院	北宋开宝五年（972）	般若院	府北 3 里 107 步
能仁院	北宋开宝六年（973）	地藏院、承天院	府西北 3 里 337 步
圆通妙智教院	北宋开宝八年（975）	观音院	府东南 3 里 150 步
隆教院	北宋太平兴国元年（976）	无碍浴院	府东 1 里 346 步
广福院	北宋太平兴国元年（976）	俱胝院、寿圣院、天宁万寿院	府东南 6 里 76 步
法济院	北宋至道元年（995）		府东南 4 里 96 步
福果院	不详		府东南 3 里 35 步

　　州城新建寺院，除福果院不明始建年代外，唐代新建 5 座，五代 6 座，北宋 7 座。唐武宗会昌灭佛，对越州寺院无疑是一次沉重打击。会昌五年（845）敕令，凡天下节度观察使治所只允许保留 1 座寺院。① 越州因为是浙东观察使治所，故大善寺得以保留，由 5 名僧人守之（嘉庆《山阴县志》卷二十一《政事志》第三《肇兴庙碑记》），其余当然都在"毁撤"之列，城内外有明确记载的共 59 座。② 然而不到二年，唐宣宗即位后，马

---

① （宋）司马光：《资治通鉴》卷二百四十八《唐纪》卷六十四，中华书局 1956 年版，第十七册，第 8015 页。
② 任桂全主编：《绍兴佛教志·概述》，浙江人民出版社 2003 年版，第 7 页。

上"敕复佛寺",越州自然起而响应,在唐宣宗大中年间(847—859)一下子就恢复了16处,有的还冠以"大中"年号,如大中禹迹寺、大中昭福寺等。此后历懿宗、僖宗、昭宗,至吴越国钱氏为止,大多相继恢复,但损失仍然不小,突出一例是在中国佛教史上具有重要地位的会稽嘉祥寺,从此销声匿迹。嘉祥寺是东晋孝武帝初年由会稽太守王荟创建的寺院,位于城南秦望山麓,是当时高僧竺道壹与帛道猷相会之处。王荟仰慕道壹风德高远,特创嘉祥寺,请其上居僧首,时人称为"九州都维那"。道壹之后数百年间,高僧相继,大师纷至,法事兴隆,佛学鼎盛。庐山高僧慧虔、长安高僧昙机等,游学嘉祥,弘传佛法。著名佛教史学家慧皎高僧驻锡嘉祥,有三十年,每年春夏讲经,秋冬著述,撰《涅槃经义疏》《梵网经疏》《高僧传》14卷。《高僧传》以内容精深,义例明确,条理清晰,文采斐然,成为中国佛教史上第一部系统僧传。① 入隋以后,高僧吉藏自金陵东游会稽秦望山,止泊嘉祥寺,创三论学说②,故其有三论宗祖庭之说。自会昌灭佛后,未见有嘉祥寺记载。

五代时,吴越国钱镠年轻时信奉道教,后转而并奉佛、道,晚年更是笃信佛教,子孙亦深受其崇佛影响。从钱镠建吴越到钱弘俶归宋的71年间(907—978),不仅修复前代所废佛寺,还在越州城内外新建佛寺120座,可谓大兴土木。嘉泰《会稽志》称:

> 五代以来,寺院特盛,江南吴越、闽、楚建寺度僧不可胜计。今以会稽一郡考之,凡梁开平以后,称造某寺、赐某额,皆钱氏割据时为之。[(宋)嘉泰《会稽志》卷七《宫观寺院》]

北宋时期不但城内新建寺院最多,皇室对于寺院的护持亦远胜前代。

---

① (唐)道宣:《会稽嘉祥寺释慧皎传》,《续高僧传》卷六,《高僧传合集》,上海古籍出版社1991年版,第151页。

② (唐)道宣:《唐京师延兴寺释吉藏传》,《续高僧传》卷十,《高僧传合集》,上海古籍出版社1991年版,第194页。

对于州城、附郭县和属县寺院,皇帝先后多次敕赐匾额,其中规模较大的有两次:一次是宋真宗大中祥符元年(1008),按天下寺院赐额之例,赐越州城内外80座寺院额,有的以寺改院,有的以院改寺,有的借机更名。另一次是宋英宗治平三年(1066),共赐额58座寺院,情形与大中祥符元年大致相同。境内寺庙由皇帝敕赐匾额之例,始于晋代,此后从南朝宋齐梁陈到隋唐及五代,亦偶有赐额之例,目的似在提高寺院规格。北宋赐额如此之广,除体现原创本意外,更多的或为护持。

2. 经论的研究与传播

隋唐至北宋越州城市佛教的兴盛,着重体现在经论研究和佛学思想传播方面。一些高僧大德驻锡越中寺院,或讲经传播佛学思想,或著书立说阐发佛教义理,对中国佛教八大宗派的形成和发展做出了重要贡献,并涌现了一批在中国佛教史上颇有影响的代表人物和著作。

他们中间首先当推隋唐间佛教三论宗的实际创始人吉藏(549—623)。藏本安息(今伊朗)人,隋朝平定江南百越后,来会稽嘉祥寺开法,"志存传灯,法轮相继",先后15年。他在此著书讲道,弘扬三论,所著有《中论疏》《百论疏》《十二门论疏》《三论玄义》《三论略疏》等。因其重要著述,皆成于此寺中,遂呼为"嘉祥大师"云。所讲三论精义,听者甚众,有"禹穴成市,问道千余"[①]之说。吉藏应召入京后,他的弟子智凯(?—646),往来于越州嘉祥寺、静林寺、小龙泉寺之间,继续讲习三论,"四方义学八百余人,上下僚庶,依时翔集"[②],盛况不减当年。此时越州弘传三论的除吉藏一系外,尚有汝南慧持(隋末避难住越州弘道寺),"常讲三论、大品涅槃、华严、庄老,累年不绝。"[③] 法敏(579—645)法师应越州田都督之请,于唐贞观二年(628)在一音寺讲三论,"众集义学沙门

---

① (唐)道宣:《唐京师延兴寺释吉藏传》,《续高僧传》卷十一,《高僧传合集》,上海古籍出版社1991年版,第194页。
② (唐)道宣:《唐越州嘉祥寺释智凯传》,《续高僧传》卷十四,《高僧传合集》,上海古籍出版社1991年版,第217页。
③ 同上。

七十余州八百余人,当境僧千二百人,尼众三百,士俗之集不可复记,时为法庆之嘉会也"。① 说明当时越州实际上是全国三论宗的传播中心,所以三论宗又称"嘉祥宗",说嘉祥寺是三论宗祖庭也不为过。可是这种盛况到会昌法难之后,日渐衰微,而天台宗、禅宗开始盛行。

天台宗以祖庭在天台而得名,越州作为天台的近邻而得风气之先,也在情理之中。早期就有会稽籍僧普明(534—616)和山阴籍僧大志(568—609),皈依天台宗创始人智𫖮。接着又有天台宗五祖之称的灌顶(561—632),晚年在会稽称心资德寺开法华讲席,大振天台宗风。② 此后在越州寺院中弘传天台宗的情况仍较普遍,比较著名的有会稽称心资德寺僧大义(691—779)、山阴法华寺僧神邕(710—788)、会稽大禹寺僧神迥、山阴大善寺(时称开元寺)僧湛然(711—782)等。湛然在开元寺从昙一律师学律,并讲天台教观于寺中,以"挈密藏,独运江南",故有天台宗中兴之祖说。晚年住锡天台国清寺。③

略晚于天台宗,但与天台宗一样盛行的禅宗,其在越州的初传者,当数会稽山妙喜寺僧印宗(627—713)。他精于《大般涅槃经》,所著《心要集》,"起梁至唐,天下诸达者语言总录"。颇受越州刺史王冑礼重,请住妙喜寺,置戒坛,度僧数千④,为禅宗立宗后传入越州第一人。接着有越州诸暨僧慧忠(?—776)者,深入禅定,广开法门,以创"义理禅"名重朝野,深受唐玄宗、肃宗、代宗三帝礼遇,尊为国师。⑤ 时在州城大云寺讲习禅宗的慧海,所著《顿悟入道要门论》,以颇得禅意而使各地僧众

---

① (唐)道宣:《唐越州静林寺释法敏传》,《续高僧传》卷十五,《高僧传合集》,上海古籍出版社1991年版,第218页。
② (唐)道宣:《唐天台山国清寺释灌顶传》,《续高僧传》卷十九,《高僧传合集》,上海古籍出版社1991年版,第263页。
③ (宋)赞宁:《唐台州国清寺湛然传》,《宋高僧传》卷六,《高僧传合集》,上海古籍出版社1991年版,第414页。
④ (宋)赞宁:《唐会稽山妙喜寺印宗传》,《宋高僧传》卷四,《高僧传合集》,上海古籍出版社1991年版,第407页。
⑤ (宋)赞宁:《唐均州武当山慧忠传》,《宋高僧传》卷九,《高僧传合集》,上海古籍出版社1991年版,第436页。

结契来越，寻访依附［（宋）嘉泰《会稽志》卷十五《高僧·大珠慧海禅师》］。唐宪宗时，灵默禅师（748—818）至越州诸暨五泄，建三学禅院（今五泄禅寺）①，弟子中后来颇具声名的有五泄禅寺藏奂、洞山良价、龟山正元禅师和婺州苏溪和尚等。良价（807—869）本诸暨人，晚唐禅宗分出五家时，与弟子本寂先后在江西高安洞山和吉水曹山，举扬一家宗风，被后世称为曹洞宗。② 此宗在越州的弘传者有天依寺法聪禅师、超代禅师等。禅宗五家中的临济宗在越传承者，有云门显庆禅师、姜山方禅师和石城宝相寺的显忠禅师。沩仰宗在越的传人，仅会稽清化禅院的全怣而已。

相比之下，律宗在越州不仅传人辈出，而且还是浙东的传播中心。始传者为梁代石城寺僧祐（445—518），继则有嘉祥寺慧皎（497—554）。入唐以后，会稽籍文纲（636—727），先从道宣学律，后到长安崇圣寺讲律。文纲的高足道岸后来从光州来越州，住州城龙兴寺，于是"扬越黎庶，江淮释子，辐凑乌合"，所讲《四分律》由此盛于江淮。弟子甚众，越州城内有龙兴寺慧武、义海、道融，大禹寺怀则，大善寺道超，齐明寺思一等。③ 道岸曾为玄俨受具足戒，又为鉴真受菩萨戒，后来两人都是一代律学大师。玄俨（675—742）越州诸暨人，住山阴法华寺近30年，精研律学，著《辅篇记》10卷、《羯磨述章》3篇，"僧徒远近传写"，弟子遍于浙东。④ 而浙东主要律寺则为州城大善寺（时称开元寺），主寺者昙一（692—771），毕生讲《四分律》35遍，《删补钞》20余遍，著有《发正义记》。开元年间（713—741）在大善寺传法受戒，"从持僧律，盖度人十

---

① （宋）赞宁：《唐婺州五泄山灵默传》，《宋高僧传》卷十，《高僧传合集》，上海古籍出版社1991年版，第443页。
② （宋）赞宁：《唐洪州洞山良价传》，《宋高僧传》卷十二，《高僧传合集》，上海古籍出版社1991年版，第454页。
③ （宋）赞宁：《唐光州道岸传》，《宋高僧传》卷十四，《高僧传合集》，上海古籍出版社1991年版，第467页。
④ （宋）赞宁：《唐越州法华山寺玄俨传》，《宋高僧传》卷十四，《高僧传合集》，上海古籍出版社1991年版，第468页。

万计矣。"① 天台宗九祖湛然为其弟子,华严宗四祖澄观亦从其学南山律。昙一以后在大善寺主讲律宗的,先后有昙休、丹甫、允文、元表等,允文(805—882)应寺中耆宿之请,开讲律乘,一讲就是20余年。这一时期在越州传播律宗的,还有会稽云门寺僧灵一、灵澈,灵一持律甚严,灵澈著有《律宗引源》。

此外,唐代华严宗、净土宗、密宗在越州都有传播,虽然时有断续,影响不大,但也出现了像华严宗四祖澄观这样的高僧大德。澄观(738—839)山阴人,11岁依越州城内宝林寺霈禅师出家,20岁开始多方求师。曾从昙一学律,从湛然学天台止观,从法钦、无名学禅,从玄璧学三论,从法铣学华严。后游五台山,住大华严寺,精研华严,一生著有《华严经疏》等400余卷,有"华严疏主"之称,深得唐德宗、顺宗、宪宗、穆宗礼重。唐德宗命澄观于长安两街讲华严经疏,赐以"清凉法师",礼为"教授和尚";唐宪宗召澄观入内殿讲华严法界宗旨,加号"大统清凉国师"②。

隋唐间出现的佛教八大宗派中,在越州除唯积识宗外,其他七宗或创立于此,或弘传于此,呈现一派繁荣景象。但在唐以后,日渐衰微,盛况不再。表现在三论宗在中唐后衰落,一蹶不振,销声匿迹;律宗在越州盛于唐而衰于五代,并与天台、华严、净土、禅宗相融合,不再是一个独立宗派;天台宗在宋代只有指堂和仲休两传人,指堂曾主持国清寺,时称"治山法师"。其余诸宗虽有传人,但影响不大。

3. 佛教的对外交流

越州在佛教义理上的建树和由此带来的佛教兴盛,给外国求法僧,特别是高丽、日本僧侣到越州求法提供了现实可能。在中国佛教三论宗、天

---

① (宋)赞宁:《唐会稽开元寺昙一传》,《宋高僧传》卷十四,《高僧传合集》,上海古籍出版社1991年版,第471页。
② (宋)赞宁:《唐代州五台山清凉寺澄观传》,《宋高僧传》卷五,《高僧传合集》,上海古籍出版社1991年版,第412—413页。

台宗和密宗传入日本过程中，越州发挥了不可替代的重要作用。

隋文帝统一江南后，吉藏东游会稽，在越州城南秦望山麓若耶溪边的嘉祥寺讲经说法，著书立说，创立三论宗。他在嘉祥寺设讲筵，从者云集，一时间秦望山下、大禹陵旁，前来问道者不计其数。在上千的问道者中，有国内的，也有国外的，其中有一位来自高丽国的慧灌。他"入隋受嘉祥吉藏三论之旨"（日本《元亨释书》卷一），学成后没有回到自己的国家，而是去了日本传授三论宗，成为日本三论宗的初祖。慧灌抵日，推古天皇敕住元兴寺，"着青衣，讲三论"，元兴寺亦因此成为日本三论宗最初的传法中心。杨曾文《日本佛教史》载，慧灌在日本向福亮传授三论教义，福亮又传授给智藏。福亮原籍中国江南吴越，曾从吉藏学过三论宗（《元亨释书》卷十六）。智藏是福亮在俗时之子，后渡海入唐，重学三论，回日本后居法隆寺，为日本三论宗的第二祖。

智藏有道慈、智光和礼光3弟子。道慈（？—744）先是师事智藏学三论，后于唐武则天长安元年（701）入唐请益，到唐玄宗开元六年（718）回国，所传以"三论为本，兼弘法相，真言等宗"，被日本三论宗奉为第三祖。日本传授三论宗的寺院，除慧灌传法的元兴寺外，还有二祖智藏的法隆寺以及大安寺、西大寺等。大安寺为日本三论宗第三祖道慈所建，他按自己入唐时绘制的长安西明寺图样建造，对日本寺院建筑很有影响。

继三论宗后，天台宗在东传日本过程中，越州以其自身优势而发挥了积极作用。在日本入唐求法僧的八大家中，最澄、空海、圆珍以及园载等，到天台山求法的同时，都到越州进行佛学交流，对天台宗东传印象深刻。

日本睿山大师最澄（767—822），早在比睿山修行时，不仅研读过当时在日本最有影响的三论宗教义，对天台宗典籍也有浓厚兴趣，并向日本桓武天皇建议，应传入中国天台宗。天皇准奏，并诏派最澄为"天台法华宗还学僧"（短期修学天台宗的留学生）入唐求法。于唐德宗贞元二十年

（804）九月到达中国天台山，最澄一行拜见了修禅寺座主道邃，从佛院寺行满法师受法，并受天台宗教法和《摩诃止观》等抄本。

贞元二十一年（805）四月，最澄及其弟子义真等离开天台，途经天台宗创始人智𫖮圆寂的剡县石城寺（今新昌大佛寺），礼佛后到达越州城内，在龙兴寺、法华寺求法。从当时在越州龙兴寺的泰岳灵岩寺顺晓法师受密教灌顶（密教传法仪式）。其时，龙兴寺寂照法师因身体衰疾，遂致书顺晓师弟为最澄受密教灌顶。顺晓法师依寂照所示，坐船去镜湖峰山道场，为最澄授两部灌顶，并给予种种道具。顺晓是唐玄宗时中国传布密宗的印度僧善无畏的再传弟子。[1]

最澄在越州还得到顺晓法师帮助，获得一批佛经和其他书籍，并于唐贞元二十一年（805）五月搭乘遣唐使船只回国。按当时日本习惯，凡僧侣出国求法，都要带相当数量的佛典、佛具和其他典籍回国，并向朝廷递交一份"请来目录"。最澄的请来目录，即《日本国求法僧最澄目录》，"合计二百三十部，四百六十卷"。其中，"向台州求得法门，计一百二十八部，一百四十五卷"；"向越（州）府取本写经并念诵法门，计一百二部，一百十五卷"。这批从越州得到的经书目录，与台州得到的《台州录》一样，被称为《越州录》。而《台州录》后因兵乱，原本已经佚失，因此《越州录》更见珍贵，被指定为国宝。

最澄归国后受到日本天皇的高度重视，据杨曾文《日本佛教史》载，天皇敕文将最澄从台州、越州请回的典籍书写"流布天下"，命人送奈良七大寺。又敕在京都北的高雄山寺设立法坛，由最澄为道证等诸寺高僧举行密教灌顶仪式，并特命石川、桎生二禅师代天皇受灌顶传法，目的是"守护国家，利乐众生"。这也为最澄创立日本天台宗提供了有利条件。最澄入唐求法时，从天台道邃、行满学天台教义，又在越州从顺晓学密宗教义，并把所得的二宗典籍一并带回日本，实行二宗并重，

---

[1] 参见任桂全主编《绍兴佛教志》第三章《法务》第四节《对外交流》，浙江人民出版社2003年版。

让每年的得度僧分别修止观业（天台）和遮那业（密）。最澄认为"遮那宗与天台融通，疏宗亦同，诚须彼此同志，俱觅彼人"（《传教大师全集》卷四）。可见最澄主张台、密二教一致，即"圆密一致"，这是他创立的日本天台宗的一个显著特点。所以，后来日本天台宗传人到天台朝拜祖庭时，也没有忘记到越州密宗顺晓法师为最澄灌顶的镜湖峰山道场礼拜。

与最澄同时乘船入唐求法的还有空海等，因分坐不同船只，在风浪中离散，空海于唐德宗贞元二十年（804）八月，在福建长溪县（今霞浦北）登陆，比最澄提前一个月入唐，并径行北上，年底到达长安。第二年先后三次拜访了时居长安青龙东院的惠果法师，学习以《大日经》《金刚顶经》为基础的密教大法，并接受了惠果灌顶。空海原拟留学20年，而惠果希望他"早归乡国，以奉国家，流布天下，增苍生福"，遂决定在唐宪宗元和元年（806）回国。当时他正在抄写和搜集佛经，受时间和财力所限，四月从长安致函越州（应为浙东）节度使，要求援助经书。信中说，自己在长安抄写了300余卷经、论、疏，但终因资财耗尽，无法再雇人抄写，即使自己废寝忘食专心抄写，也难以达到要求。越州节度使（据《绍兴市志·政府》载，时任越州节度使的，应为杨於陵）为之作了准备。当年八月，空海从长安出发，经越州回国，在他的《请来目录》中，从越州求得的典籍就达150多卷。空海的《请来目录》原本尚存，也被指定为日本国宝。

继最澄、空海、义真之后，以请益僧或留学僧名义到天台、越州学天台宗、密宗的还有圆载、圆仁、圆珍等日本僧。留学僧圆载与请益僧圆仁，于唐文宗开成三年（838）入唐，未几，唐武宗会昌灭佛，圆载还俗居剡中，圆仁滞留扬州。圆珍是空海侄子，主要修持密教，所以入唐后从大中八年（854）九月至翌年二月，挂褡越州城内大善寺（时称开元寺），从道邃的再传弟子良谞讲授《法华经疏》，遍参越州名刹丛林。后入长安，从法全、智慧轮受密教灌顶和教义。回国前又回到越州开元寺，良谞赠给他《法华玄义》等典籍，大中十二年（858）带回日本。[1] 这些日本僧在与越州僧长期交往中，结下了深厚友谊。越州僧栖白《送圆仁三藏归本国》一诗，便是这种友谊的记录：

> 家山临晚日，海路信归桡。
> 树灭浑无岸，风生只有潮。
> 岁穷程未尽，天末国仍遥。
> 已入闽王梦，香花境外邀。
>
> （《全唐诗》卷八百二十三）

---

[1] 参见陈荣富《浙江佛教史》，华夏出版社2001年版。

后 记

按常理书稿到了提笔写后记的时候，就意味着既定目标即将完成，作者或许会有如释重负之感。然而当我面临"后记"时，却丝毫找不到心理上的些许愉悦和轻松，似乎还不到"后记"时刻，原因有二：

其一，文献记载与考古表明，绍兴有着2500年建城历史，又是我国第一批24个国家历史文化名城之一。作为专门记述这样一个文明古城的城市通史，自然应该体现史书的系统性和完整性。虽然我已尽了努力，但由于城市本体的复杂性和记述城市史的艰巨性，仅凭一己之力，实难与时间去赛跑。目前完成的只是先秦至北宋卷，接下来的南宋到当代卷，仍不允许我有丝毫放松与懈怠。

其二，目前我国城市史研究和城市史编纂，可称如火如荼，成就斐然，但对城市个体史编纂，由于城市个性不同和作者的认知不同，至今还处在百花齐放阶段，尚无一定范式。这对编纂绍兴城市史来说，既有广阔探索空间，又必须遵循史著一般规律。这本来就是一道难题，格外需要虚心倾听各方面的评说和赐教。

绍兴是很有个性的历史古城，表现在：（1）中国传统城市的行政性特点，从春秋晚期一直贯穿至当代，2500年从未间断；（2）城市形态，始终伴随着经济社会发展以及对自然环境进行人为加工而发生变迁，宜居是城市发展的主旋律；（3）以人口为主要标志的城市规模，顺应稽山鉴水有限的地理空间，而保持适度的城市成长机制；（4）历来重视城市文化的创造、累积和传承，并且在孕育人才、推动城市文明演进等方面形成了自己的优势。因此，编纂绍兴城市个体史，对探索城市发展规律，意义不同寻常。

此前，我曾从事地方志编纂工作，历时近20个年头。促使我从地方志编纂转向城市史研究，除了绍兴城市自身非常值得研究外，还有一个重要原因，这就是，从现阶段看，我国城市化率正以每年至少1%的速度在增长，已有超过半数的人口居住在城市，实现了从农业社会到工业社会的重大转型。这就要求史志工作者，不能再继续停留在农业社会的框架内研究历史，而应该更多地去关注居住着7亿多人口的城市。这是时代赋予史志工作者的使命。

都说地方志是资料性工具书，有"地方百科全书"之称。编纂《绍兴市志》的过程，实际上就是对地情资料（当然也包括城市史资料）的一次系统搜集与整理，虽然地方志与城市史有区别，但都在历史范畴之内。由地方志书提供的资料，对传统城市史编纂，十分重要，不可或缺。所以志书编纂结束后，绍兴市政协老领导陈惟于先生、中华书局老编辑吴翊如先生、绍兴市委党校李石民先生等许多老领导、老专家和老同事，都鼓励和纵容我把自己熟悉的地情资料充分利用起来。是他们给了我闯入绍兴城市史研究的信心和勇气。

这里特别要感谢的，是我素所景仰的当代著名历史地理学家、郦学家、方志学家陈桥驿先生。他出生在绍兴城里，无比热爱自己的家乡，生前为古城绍兴的研究做出了重要贡献，是绍兴城市研究的拓荒者和奠基人。他的《历史时期绍兴城市的形成和发展》《论绍兴古都》等论著，指引我一步步走向城市史研究的神圣领域。在我任《绍兴市志》总纂时，恳请先生为顾问，他的悉心指导，使我至今记忆犹新；在我由地方志编纂转向城市史编纂时,又是陈先生第一个给我支持和鼓励。如今,陈桥驿先生已经驾鹤西去,而我所能做的,是尽量努力实现自己许下的诺言,以告慰于陈桥驿先生的在天之灵。

最后,很高兴在本书出版过程中,得到了绍兴文理学院越文化研究院(浙江省越文化研究中心)潘承玉教授、莫尚葭博士、陈瑾老师的热情支持和绍兴市地方志办公室俞建华同志的帮助,在此一并深表感谢!

作　者

2016 年 4 月

于绍兴城西龙横江畔